21世纪法学研究生参考书系列

刘品新◎著

电子证据法

中国人民大学出版社
·北京·

作者简介

刘品新，1973年7月4日生，湖北洪湖人。1995年毕业于中央民族大学法学院，获法学学士学位，同年考入中国人民大学法学院，1998年获法学硕士学位，并留校任教。2000—2003年在中国人民大学在职攻读博士学位。2007—2008年赴美国伊利诺伊大学法学院（UIUC）做访问学者，2019年赴德国马普外国和国际刑法研究所做访问学者。2016—2018年挂职任最高人民检察院检察技术信息研究中心副主任。现任中国人民大学法学院教授、博士生导师，兼任中国人民大学刑事法律科学研究中心副主任、证据学研究所副所长、智慧法律科技创新研究中心主任、网络犯罪与安全研究中心执行主任、反腐败与法治研究中心副主任、刑事错案研究中心副主任、智慧检务创新研究院副院长、国家检察官学院教授等职，并从事电子证据鉴定、痕迹鉴定、文书鉴定及执业律师等专门性法律服务工作。

研究领域为证据法学、电子证据学、网络法学、网络犯罪治理、智慧司法。主要专著：《中国电子证据立法研究》（中国人民大学出版社，2005），2006年获第二届全国法学教材与科研成果三等奖，2007年获首届全国信息化研究优秀成果奖三等奖；《刑事证据疑难问题探索》（中国检察出版社，2006）；《反侦查行为：犯罪侦查的新视角》（中国人民大学出版社，2011）；《经由法律的正义》（清华大学出版社，2014）；教材：《网络法学》（第1、2版）（中国人民大学出版社，2009、2015）；《证据法学》（第1—6版）（法律出版社，2006—2019），2006年获第二届全国法学教材与科研成果一等奖。

另外，在《法学研究》（中国）等学术刊物上发表论文100余篇，获得《一种防篡改档案食品安全追溯系统》（CN104331762B）等发明专利。

长期致力于法学与信息科学的交叉研究，撰写了《电子证据法研究》《中国电子证据立法研究》《美国电子证据规则》《电子取证的法律规制》《国外电子证据适用指南选译》等系列作品，并探索设立“电子证据法”“大数据智能司法”“网络犯罪治理概论”等新型课程。

微信公众号：刘品新丨网眼观法
邮箱：liupinxin@263. net，liupx@ruc. edu. cn

序

证据数字化的时代

2019 年 10 月 30 日，我应邀到丹麦的哥本哈根大学开会讲学。11 月 1 日上午，我到哥哈大学法学院参加“数字化与法律文化——西方与中方的视角”研讨会，与会者是来自丹麦、中国、英国、意大利、巴西、匈牙利、乌克兰、美国等国家和地区的专家学者。作为大会的第一位主题发言人，我享受了 30 分钟的特别待遇，题目是《中国的反腐败与法律文化》。

在研讨会上，专家学者从不同的角度探讨了数字化与法律文化的问题，提出了不少新颖的问题和观点，令我获益匪浅。例如，有人探讨了数字化资本主义时代的法律职业问题；有人探讨了数字化对洗钱犯罪的影响；有人探讨了人工智能伦理与人工智能规制的问题；有人探讨了人工智能对战争法的影响；还有人提出了无性别机器人或智能法官的问题。有些学者对科学技术的发展表示忧虑，从一百多年前电话对人类生活的负面影响，谈到了到手机对现代人生活的负面影响。还有人介绍，丹麦一家新建立的银行决定不采用电脑自动服务系统，回归人工服务。那位教授认为，电脑系统的运转成本其实很高，不仅是购买仪器设备的成本，而且有不断维护升级的成本，还会增加人们的工作量。她举例说，现在大学管理都采用电脑系统，教师因此需要提交更多的材料并填写更多的表格。不过，她也承认，以电子计算机、移动电话、互联网、人工智能等技术为基础的数字化，代表了人类社会的发展趋向。

1999 年，我在《检察日报》发表了一篇文章，标题是《21 世纪中国证据法学前瞻》。我在文中提出，人类社会的司法证明历史经历了两次重大转变：第一次是从以“神证”为主的司法证明转向以“人证”为主的司法证明；第二次是从以“人证”为主的司法证明转向以“物证”为主的司法证明。在后一转变进程中，科学技术发挥了主要的推动作用，而人类社会的司法证明在 21 世纪将进入“科学证据时代”。当时，我认为自己是在“远望”，后来才发现有人比我看得更远，因为 21 世纪才走过 20 年，司法证明便已经跨入了“电子证据时代”。

刘品新于 1995 年考入中国人民大学法学院，在我的指导下攻读犯罪侦查学方向的硕士学位，1998 年毕业后，留校任教。他是个聪明而且勤奋的人，愿意思考难题，时常与人争论。不过，他为人谦虚，乐于助人，所以教研室的老师们都很喜欢他。2000 年，他又在我的指导下攻读证据学方向的博士学位。我记得，他在谈到自己的博士研究计划时就把电子证据作为主题之一。

我最早接触并使用“电子证据”的概念是在 1998 年。当时，我协助恩师徐立根教授主编《物证技术学》的第二版，负责审读第六编的文稿。经与作者协商，我们最后将该编定名为“音像物证技术和电子证据”。该书由中国人民大学出版社于1999年5月出版。

2000年9月，我作为“中国大学教授代表团”的成员到日内瓦访问世界贸易组织，主要任务是为中国的“入世”进行非官方的交流与沟通。同时，我们还访问了国际劳工组织、世界知识产权组织、国际电信联盟等机构。其中，国际电信联盟大厦的电子化或数字化水平令我耳目一新，该机构专家关于电子网络信息技术的介绍也给我留下了深刻印象。该专家还谈到了电子签名和电子证据等与法律实务有关的问题。

坦言之，我在接受新的科学技术方面是比较愚钝的。不过，我认为研究证据学的青年学者应该努力跟上科学技术的发展步伐。因此，我赞成刘品新把电子证据作为博士学习阶段研究的主攻方向之一。后来，我们就以“电子证据”为主题申报了教育部“十五”规划科研项目。该项目的研究成果由法律出版社于2002年7月出版，书名是《电子证据法研究》。该书应该是我国电子证据法研究领域的第一部学术专著。在此需要说明，虽然我是该科研项目的主持人和该书的主编，但我其实只是挂名指导，该项课题的研究和该书的写作都是由刘品新主持并组织实施的。当然，他也是该项研究的主要收获者。

常言道，师傅领进门，修行在个人。我曾经对学生们说，今天你们可以骄傲地对别人讲，你是何家弘的学生；但我希望在不久的将来，我也可以骄傲地对别人讲，我是某某某的老师。在过去二十年，我已经指导了几十名博士生。就学术研究而言，刘品新应该是最优秀的。十几年前，我应邀参加中国计算机取证专家委员会的会议。对我来说，那是一个相当陌生的群体，因为与会者大多是计算机领域的专家学者。我坐在前排，桌子上有我的名签。我听见背后有人小声问，这个何家弘是哪儿的；有人答，他是刘品新的老师！

如今，刘品新教授已经成为我国电子证据法学研究的领军人物。他集二十年研究之心得而写成的这本《电子证据法》，堪称厚积薄发之佳作。正如他自己所言，这是一本旨在创新法学理论的书，一本旨在推动制度改进的书，一本旨在催生新兴学科的书，一本旨在开发法律科技的书，一本旨在指导一线办案的书。一言以蔽之，这是一本有用的书！

是为序。

中国人民大学大华讲席教授
何家弘
2019年岁杪写于北京世纪城痴醒斋

自序

写一本有用的书

俗话说，十年磨一剑！时至今日，我对电子证据的主题研究及科研写作已有二十年。《电子证据法》一书的酝酿始于 1999 年。当时我留校刚刚开始上课，简单起草了一份粗糙的研究大纲，就开启了交叉学科跋涉之旅。我对电子证据的认识经历了从懵懂到参悟，再到体系化的过程。

为什么写一本专业书要如此漫长？除了我个人的慵懒、忙碌与不聪等因素之外，说得出口的理由还有“慢工出细活”。当今世界，信息化潮流浩浩汤汤，研究者求道析理需要与时代脉搏共频。我常常感到有一双无形的手在推动着研究进展、触角蔓延与果实缔结，许多专业问题的思考也是在不经意间透亮的。假如没有经历长时间的观察、审思，我恐怕难以看到证据转型之形之态，更难以解析其中之奥秘。这是一种回味悠长的小确幸。

时过境迁，原先的计划很多都变了，内心的信念则始终如一。那就是，“写一本有用的书”！现围绕本书主旨向读者们做些客观的汇报。

这是一本旨在创新法学理论的书。理论之树常青，电子证据的产生会颠覆哪些传统理论？催生哪些新理论？这是我持续关注的领域。本书提出了电子证据的双联性原理，强调电子证据之内容与载体同案件事实的双重关联特色；论证了电子证据的混合性原件理论，提出多层次的原件标准框架；澄清了电子证据“易失真论”与“极可靠论”之争，推崇基于原件、具象、整体和空间角度的理性真实观；破解了电子证据的专业本色同自由心证原则之间的天然冲突，架构囊括“孤证绝对否定”“不同节点印证”“属性痕迹补强”“区间权衡”等规则的印证体系……就连早期“电子证据七分法”的定位原理，也是对该证据源起规律进行的理论抽象。至于新近涉猎的“大数据证据”“区块链存证”等主题，更是把握学术发展的前沿，开启了“大胆假设+小心求证”的“新证据”理论扬弃之旅。

这是一本旨在推动制度改进的书。电子证据在当代中国的发展受到一系列专门规则的影响。2004 年《电子签名法》确立了“数据电文规则”，2010 年《关于办理死刑案件审查判断证据若干问题的规定》推出电子证据的审查条款，2012 年《刑事诉讼法》使得“电子数据”入法正名，2016 年两高一部联合颁行《关于办理刑事案件收集提取和审查判断电子数据若干问题的规定》……21 世纪以来，我国的电子证据法律规范如管涌般呈现，直接推动了电子证据制度的发展。据不完全统计，截至目前，全国推出了近百部不同位阶的电子证据法律法规，其中不乏繁缛的条文和琐碎的细则。这是快速变迁的标签。我十分关注电子证据领域的规则推新，也始终抱持学术助推制度建设的想法。在微观层面，我从具体个案切入，对有广泛影响的案件（如快播案）之电子证据运用问题展开学术检讨；在宏观层面，我以重要立法为契机，对电子证据规则的制定、修改与完善建言献策。可以说，本书给出了超越电子证据取证原则、搜查规则、勘验规则、鉴真规则、定案规则以及区块链存证规则等方面的学术方案。

这是一本旨在催生新兴学科的书。在选择电子证据为研究主题之初，我就深刻感受到它是一个真正的“跨学科”节点——不仅是沟通网络实体法与程序法的桥梁，也是连接网络法制与治理实践的枢纽，更是传统法学学科群升级的通道。就个人的专业旨趣而言，我特别关注侦查学、证据调查学、物证技术学、证据法学等证据学科群同信息科学的对话与交融。2012 年，我在中国人民大学申请开设《电子证据学》课程（现改名为《电子证据法》），开始讲授关于电子证据的法律规范、调查技巧和鉴定技术。之后每年均开设此课，课程内容不断迭代，受众也由人大学生扩展至公检法司、纪检监察、行政执法、公证鉴定等行业的实践工作者。随着专业影响力的扩散与提升，《电子证据法》落地为一门新兴的法律学科，让莘莘学子和法律工作者们受益。另据了解，一些政法院校也相继开设了相关课程。本书的出版将为课程铺开再添薪加火。

这是一本旨在开发法律科技的书。推动“法律＋科技”创新，是我们这个时代法律人的光荣使命。智慧法院、智慧检务、智慧公安、智慧司法行政等新事物不断勃发。在此大背景下，电子证据如何助推法律科技、监管科技、治理科技的大发展？围绕这一问题，我也有不间断的思考，并做了一些力所能及的破题尝试。本书针对 P2P 犯罪、网络虚拟财产犯罪等新型案件，从问题、本质、对策、示例等方面设计了一些交叉研究的方案。无论是法律科技产品还是科技法律产品，都展示了证据学人视野中的“法律＋科技”创新。证据学科要走向“未来法治”（2017 年人大法学院成立未来法治研究院），以电子证据管窥智慧法治，这是人大证据学科不容推脱的先行责任。

这是一本旨在指导一线办案的书。理论要联系实践，更要指导实践。这决定了电子证据的理论、制度、学科、研究必须给办案人员以知识供给。长期以来，人大法学院坚持不同专业背景、不同单位的“电子证据爱好者”们协同进步。这集中体现在我们能够分列典型类案、不同环节，总结电子证据实务工作的各种技巧、要领。本书从真实案例凝练的成熟经验出发，抽丝剥茧，期冀能向实务人员提供具有可操作性的办案指南。实践篇所汇集电子证据的“技战法取证”“对抗式举证”“聚焦式质证”“综合性认证”等，分别以一个关键词概括电子证据审查运用各环节的实践精髓，并以腐败犯罪案件、反不正当竞争案件、网络犯罪案件、P2P 犯罪案件为例多角度地析案释理。我有信心，这些源自实践的专业经验经得起重复检验，可以成为办案样本予以复制推广。

“关于电子证据的研讨，不仅关系到我们的今天，更关系到我们的明天。”在 2019 年 3 月主办的“电子数据司法运用高端论坛”上，我的恩师何家弘教授讲过这么一段开幕感言。作为学生，我颇有感动，更有触动。也就是在那个时刻，我觉得应当将自己在电子证据法领域长期耕耘的心得体会，向社会各界做一次集中汇报。我期待将本书打造为电子证据主题的“最佳”著作，更期待听到各种诤言与指谬。

电子证据领域的知识更新迭代速度很快，《电子证据法》一书的价值也仅在于“回顾历史，面向未来”。书中涉及的一些技术细节、工具版本可能发生了变化，但有关原理、基本规律则是恒远的。读者们一定能从本书看到电子证据“老”知识，而能否把握未来的电子证据“新”知识，则取决于品读时的智慧。

宝剑自磨砺，霜刃始出匣！我有一个愿望，《电子证据法》可以成为法律学人和办案人员了解电子证据的案头读物。

刘品新

2019 年 10 月草于德国弗莱堡

2019 年 12 月改定于中国北京

缩略语

《刑事诉讼法》——《中华人民共和国刑事诉讼法》

《民事诉讼法》——《中华人民共和国民事诉讼法》

《监察法》——《中华人民共和国监察法》

《死刑案件证据规定》——《最高人民法院、最高人民检察院、公安部、国家安全部、司法部关于办理死刑案件审查判断证据若干问题的规定》

《电子数据规定》——《最高人民法院、最高人民检察院、公安部关于办理刑事案件收集提取和审查判断电子数据若干问题的规定》

《刑诉法解释》——《最高人民法院关于适用〈中华人民共和国刑事诉讼法〉的解释》

目　录

第一篇　原　理

第二篇　规　则

第三篇　科　技

第四篇　实　践

细　目

第一篇　原　理

第二篇　规　则

第四篇 实 践

第一篇

原　理

第一章

电子证据的跨域奥秘——一种独树一帜的新证据

何家弘教授认为，"就司法证明方法的历史而言，人类曾经从'神证'时代走入'人证'时代；又从'人证'时代走入'物证'时代。也许，我们即将走入另一个新的司法证明时代，即电子证据时代。"时光荏苒，电子证据正以加速度改变着人们的司法证明观念，推动着司法证明制度的深度变革。电子证据在中国，不仅"入法"获得了独立的证据地位，更是当仁不让地呈现出"证据之王"的新气象。

一、说文解字

（一）语义解析

现如今，我们生活的空间无处不充斥着电子证据。比如，我们电脑播放 PPT，其中就有很多播放记录、临时文件、杀毒痕迹等信息；我们用的手机，其中就有手机与基站连接产生的记录、与 GPS 卫星联系产生的记录、使用微信、微博产生的记录、连接 WIFI 产生的记录等。这些证据形形色色，表述也五花八门。从英文来看，常见的表述就有不下十种，主要包括"Electronic Evidence""Digital Evidence""Computer Evidence""Computer-based Evidence""Computer-produced Evidence""Computer-created Evidence""Computer-generated Evidence""Computer-stored Evidence""Computer-related Evidence""Evidence from Computer Record"以及"Computer Output/Printout"等等；从中文来看，常见的表述也有近十种，除了"电子证据"之外，还有"计算机证据""计算机数据证据""电子数据""电子数据证据""数据电文证据""电子文件证据""数字证据""数位证据""数码证据""网络证据"以及"网上证据"等。①

① 本书使用的"电子数据"和"电子证据"是互换性概念，二者含义相同。

我们该如何认识这些形形色色的电子证据？对此，学界习惯上的做法是下定义。所谓“电子”，是指“由介质、磁性物、光学设备、计算机内存条或类似设备生成、发送、接收、存储的任一信息的存在形式”；所谓“电子证据”，是指电子形式的证据。这样下定义并不为错，但没有太大的实际意义，反而更容易使人糊涂。理由很简单，它并未将电子证据同物证、书证等传统证据区分开来，更未能突出电子证据的本质特点。

从规范层面来看，我国现行立法关于电子证据的定义主要有三种表述方式。第一种方式是对常见的电子证据形式进行列举。如《刑事诉讼法》司法解释第 93 条列举了电子邮件、电子数据交换、网上聊天记录、博客、微博客、手机短信、电子签名、域名等电子数据。又如最高人民法院《关于民事诉讼证据的若干规定》第 14 条亦作了常见信息文件的列举。第二种方式是对电子数据的本质特征进行列举。如《公安机关电子数据鉴定规则》第 2 条第 2 款规定：电子数据是指以数字化形式存储、处理、传输的数据。第三种方式是“定性＋列举”。如最高人民法院、最高人民检察院、公安部（以下简称“两高一部”）《电子数据规定》第 1 条第 2 款规定：“电子数据是案件发生过程中形成的，以数字化形式存储、处理、传输的，能够证明案件事实的数据。电子数据包括但不限于下列信息、电子文件：（一）网页、博客、微博客、朋友圈、贴吧、网盘等网络平台发布的信息；（二）手机短信、电子邮件、即时通信、通讯群组等网络应用服务的通信信息；（三）用户注册信息、身份认证信息、电子交易记录、通信记录、登录日志等信息；（四）文档、图片、音视频、数字证书、计算机程序等电子文件。”

（二）本质特征

探究何为电子证据，最好的方法就是将其与传统证据进行比较，找到电子证据的独有特点。传统证据有物证、书证、证人证言、当事人陈述、鉴定意见、勘验笔录等，电子证据同它们相比有何特点呢？①

中国人民大学的研究生们曾经整理过国内外专家关于电子证据特点的论述。他们归纳了 20 种主流说法，分别认为电子证据具有技术依赖性、非直观性、精密性、易消失性、系统性、安全性、混杂性、多元性、国际性、多媒体性、跨境性、超容性、复合性、虚拟性、可复制性、高科技性、易破坏性、数字性、无痕性、昂贵性等特征。这些表述的字面意义比较简单，大家可以通过下面的课堂讨论来理解电子证据的独有特点。

学生 1：虚拟性。就是要通过网络来进行。

老师：通过网络就是虚拟的么？网上买的东西都是虚拟的吗？

学生 1：电子证据需要通过网上的设备来获取。

① 视听资料也是一种法定证据形式，但它同电子证据的关系在现行三大诉讼法中不一致。在此，暂不拿视听资料同电子证据进行比较。

老师：传统证据也要通过设备来获取。

学生2：可复制性。

老师：这是最“笨”的答案。所有证据都有可复制性，都可分为原件与复制件。

学生3：无痕性，就是没有物理上的痕迹。

老师：没有物理痕迹吗？比如，电脑病毒会造成电脑硬盘的物理损坏。病毒造成电脑硬盘的损坏难道不是物理痕迹吗？又如，有的人从事色情网站服务、网上赌博等的活动，也是可以查到他的电脑或涉案光盘的，这些都是物理痕迹。

学生4：数字性。

老师：电子证据的信息形式不是1就是0，这个理解是对的。不管是图像文字音频视频都是由0和1组成。其他证据没有0和1组成的吗？其实也有。

…………

可见，上述观点所说的并非电子证据的独有特点。经过与国内外专家深度讨论后，我们越来越认同的一个观点是：相比于传统证据，电子证据具有虚拟空间性或者数字空间性。所谓的虚拟空间、数字空间，是美国人托夫勒所说的第三次浪潮之后人类社会才出现的空间。① 具体来说，传统证据都处在物理空间，是办案人员可以进去打交道的空间；电子证据则处在由0和1数字信号量构成的虚拟空间或数字空间，是办案人员不能直接进入的无形空间。要在这样的空间提取相关的电子证据，人们必须借助高科技的软硬件电子设备。在此过程中，电子设备实际上就起到了技术代理的作用。可见，电子证据是一种必须借助虚拟的“机器”代理才能产生的证据。

虚拟空间大致包括计算机空间、网络空间、服务器空间、手机空间、摄像机空间，打印机、复印机等存储介质空间，还有现在常说的云空间等。电子证据的虚拟空间性，即它通常不是实实在在的物，而是以某种信号量（包括模拟信号量和数字信号量）的方式存储着的信息。这些信息无法用肉眼识别，即使是技术专家也必须借助特定的设备或软件才能显现其内容；这些信息有着不同的解读方法，如果不按其本来的技术规则进行解读就不能得到正确的结果；这些信息通常是可以同载体相分离的，并且反复多次的精确复制也不会影响其内容的准确性。

人们也可以从另外一个角度理解电子证据的虚拟空间性。一般而言，电子证据的载体纷繁芜杂，常见的有固定硬盘、移动硬盘、光盘、优盘、内存条、DVD、闪存、CF卡、SD卡、MMC卡、SM卡、记忆棒（Memory Stick）、XD卡等。无论是上述哪一种载体，都是人所不能直接进入的空间。要在这样的空间生成任何电子证据，或者提取相关的电子证据，人们必须借助高科技的电子设备（包括硬件和软

① 托夫勒的《第三次浪潮》一书将人类社会划分为三个阶段：第一次浪潮为农业阶段，从约1万年前开始；第二阶段为工业阶段，从17世纪末开始；第三阶段为信息化（或者服务业）阶段，从20世纪50年代后期开始。

件)。在此过程中，电子设备即机器实际上就起到了一个代理的作用，当然是技术代理。对于这样一种必须借助虚拟的“机器”代理才能生成的证据，人们称之为“虚拟空间的证据”并无不妥。

值得注意的是，电子证据的虚拟空间性绝不是说它是一种虚无缥缈的证据。就像今天人们习惯于将因特网空间称为最大的虚拟空间，这并不意味因特网空间就是虚无缥缈的。因特网是个无形的大网，但当今世界的任何国家、社会组织、个人都处于这张大网之中。网上的各种违法行为、犯罪行为或其他法律行为，大多会在现实世界中产生实际的效力，甚至是掀起“惊涛骇浪”。同样，电子证据虽存在于虚拟空间，但其在定分止争时也会立下“汗马功劳”，甚至成为当仁不让的“证据之王”。单就功效而言，电子证据是实实在在的。

总之，电子证据离不开由电子设备和信息技术营造的特殊环境，该环境的特殊性决定了它同传统人证、物证相比具有明显的不同。电子证据处在看不见摸不着的虚拟空间。对环境虚拟性的认识，是我们研究电子证据起点之一。

(三) 基本分类

电子证据是借助现代信息技术形成的一切证据。它既包括以电子形式存在的材料，也包括其派生物。根据所蕴涵的内容和所起的作用不同，可以将电子证据分为数据电文证据、附属信息证据和关联痕迹证据。所谓数据电文证据，是指数据电文之正文本身，即记载法律关系发生、变更与灭失的内容数据，如电子邮件、文本文档、图片文件、加密文件、压缩文件等。所谓附属信息证据，是指数据电文生成、存储、传递、修改、增删而形成的时间、制作者、格式、修订次数、版本等信息，如电子邮件的制作人、发件人、收件人、传递路径、日志记录、文档本身的属性等，其作用主要在于证明电子数据的来源和形成过程。所谓关联痕迹证据，是指因生成、存储、传递、修改、增删数据电文而导致的电子环境新产生的相关痕迹，主要包括电子系统中快捷方式文件（*.lnk)、数据文件（*.dat)、数据流文件（*.identifier)、虚拟内存文件（*.sys)、临时文件（*.tmp）等，也包括该数据电文在数据磁盘层的存储规律等。关联痕迹证据对于判定数据电文的真实性具有重要价值。

根据所依存信息技术的不同，可以将电子证据分为电子通信证据、计算机证据、互联网证据、手机网证据和其他电子证据。电子通信证据，即由现代通信技术带来的电子证据，如电话证据、电报证据、传真证据等。计算机证据，即由计算机技术带来的电子证据，如计算机数据（电脑文档、计算机日志等)、计算机输出物、计算机打印物等。互联网证据，即由互联网技术带来的电子证据，如电子邮件、电子数据交换、电子聊天记录、电子公告牌记录、博客记录、微博记录、电子报关单、电子签名、域名、网页、IP 地址以及电子痕迹（系统文件、休眠文件、日志记录、上网痕迹）等。手机网证据，即由手机技术带来的电子证据，如手机录音证据、手机录像证据、手机短消息证据（第五媒体证据)、信令数据、上网痕迹、通讯痕迹。其他电子证据，即由其他信息技术带来的电子证据等，如雷达记录证据、录音证据、录像证据、摄像证据、GPS痕迹（即所谓的“视听资料”）。

根据形成机制的不同，可以将电子证据分为电子设备生成证据、电子设备存储证据与电子设备混成证据。电子设备生成证据是指完全由电子计算机等设备自动生成的证据。其最大特点是完全基于计算机等设备的内部命令运行，其中没有掺杂人的任何意志。电子设备存储证据是指纯粹由电子计算机等设备录制人类的信息得来的证据。电子设备混成证据是指由电子计算机等设备录制人类的信息后，再根据内部指令自动运行而得来的证据。若把相关的计算机等设备比喻成一个证人，那么电子设备生成证据就是基于该“证人”本身知情得出的，因此不发生英美法系中的传闻问题，其可靠性取决于电子设备的性能与运行状况。而电子设备存储证据则是由该证人“道听途说”得出的，故它必须经过英美法系传闻证据规则的检验，判断此类证据证明力的大小，除考虑电子设备的性能与运行状况外，还要考虑录入时是否有影响录入准确性的因素。电子设备混成证据兼有上述两种证据的性质，因此对其可采性和证明力的判断要复杂得多。

根据所处环境的不同，可以将电子证据分为单机电子证据和网络电子证据。单机电子证据是由某一台电子设备生成和存储的，所处的是一个封闭的系统。在封闭系统中，电子数据的来源比较单一，主要集中于单机的硬盘、光盘、优盘、内存条等存储介质中。网络电子证据是由若干电子设备构成的网络生成和存储的，所处的是一个开放性网络。在网络系统中，电子数据的来源相对不确定，可能分散于网络空间的各个角落。

我国还有学者根据所处阶段的不同，将电子证据分为源电子证据、目标电子证据和呈述电子证据。源电子证据是直接来源于案件事实的电子证据，即在案件发生、发展过程中产生的电子证据。目标电子证据是由合法主体依法对源电子证据进行收集提取得到的电子证据，实质上是依法收集的源电子证据的存储与传送。呈述电子证据是对目标电子证据进行分析、检验、鉴定得到的证据。①

二、系统性特色

电子证据存在于虚拟空间或数字空间，对于这样的空间，人们习惯于用以下术语来描述：计算机系统、操作系统、应用文件系统、网络系统、存储系统、手机系统、GPS系统、云系统等。这些词语的共同词根是“系统”。这表明电子证据的产生、出现、变化等都不是孤立的，而是系统性的，是由若干个元素组成的系统整体。相比而言，人们虽然也试图用系统观念来评价传统证据，但司法实践中的传统证据都是少量的，如裁判文书中所说的一个或几个物证、一份或几份书证。与此相反，任何电子证据都不是孤立存在的，而是遵循一系列计算机命令、程序或技术规

① 郭金霞．电子数据鉴真规则解构．政法论坛，2019（3）．

则的产物。这就奠定了电子证据的系统性特色。

那么，电子证据构成一个怎样的系统呢？具体来说，所有电子证据都是“三位一体”的，即数据电文证据、附属信息证据和关联痕迹证据密切联系，构成一个有机的整体，共同指向案件事实。基于此理，司法人员在使用电子证据办案时绝不能仅仅使用数据电文内容，还要依据数据电文内容背后的附属信息数据、关联痕迹数据。关于电子证据的系统性，我们可以通过【实验 1-1】、【案例 1-1】进行解读。

【实验 1-1】

文档内容篡改的实验①

1. 实验目的

本实验旨在证明篡改文档必然留下痕迹，这些痕迹是可以被发现的。

2. 实验步骤

（1）对 U 盘中的数据进行擦除（见图 1-1-1），进行分区格式化（见图 1-1-2）。

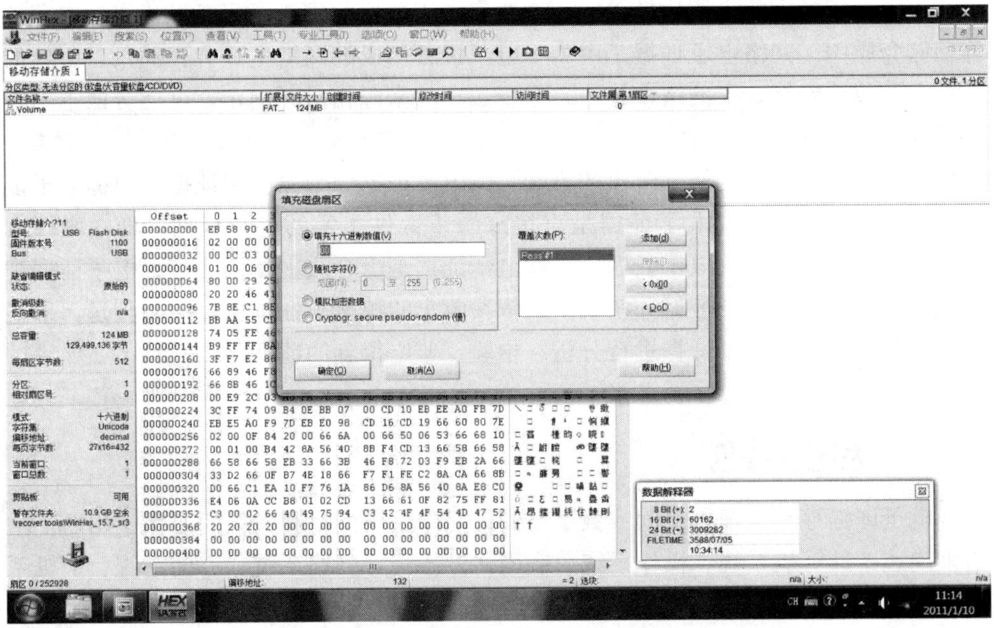

图 1-1-1

（2）拷入一个名为“劳动合同”的 Word 文档到 U 盘（见图 1-1-3）。

（3）对该 Word 文档的内容进行篡改。篡改前的文档内容见图 1-1-4，篡改

① 本次实验由谢君泽等同学在参与办案过程中制作完成。

后的文档内容见图1-1-5。

（4）分析篡改后留下的痕迹。篡改后的文档见图1-1-6中标色的文件，篡改遗留的旧版本文件见图1-1-7中标色的文件，篡改遗留的临时文件见图1-1-8中标色的文件。

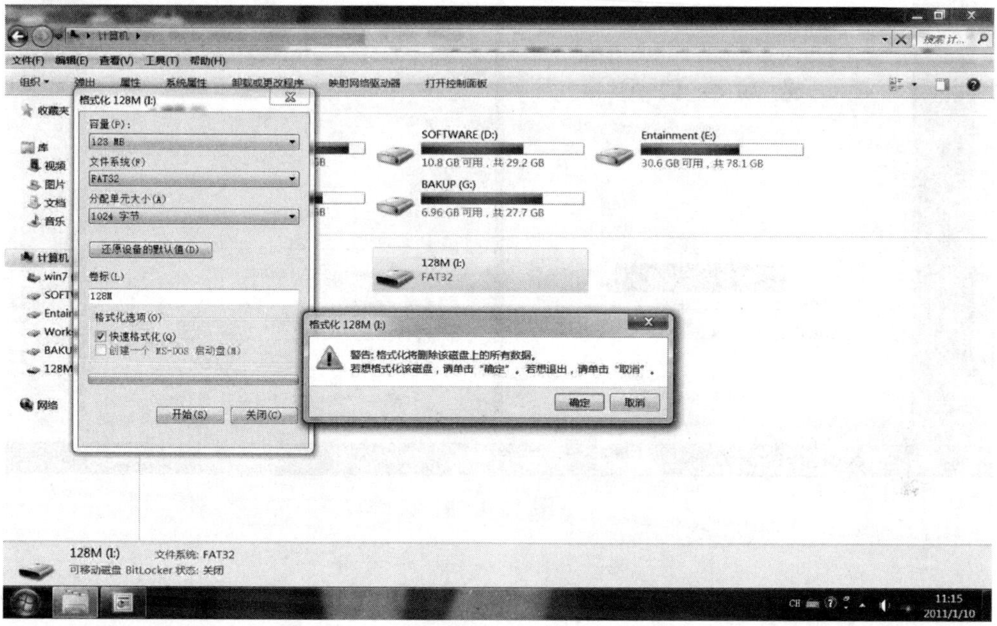

图1-1-2

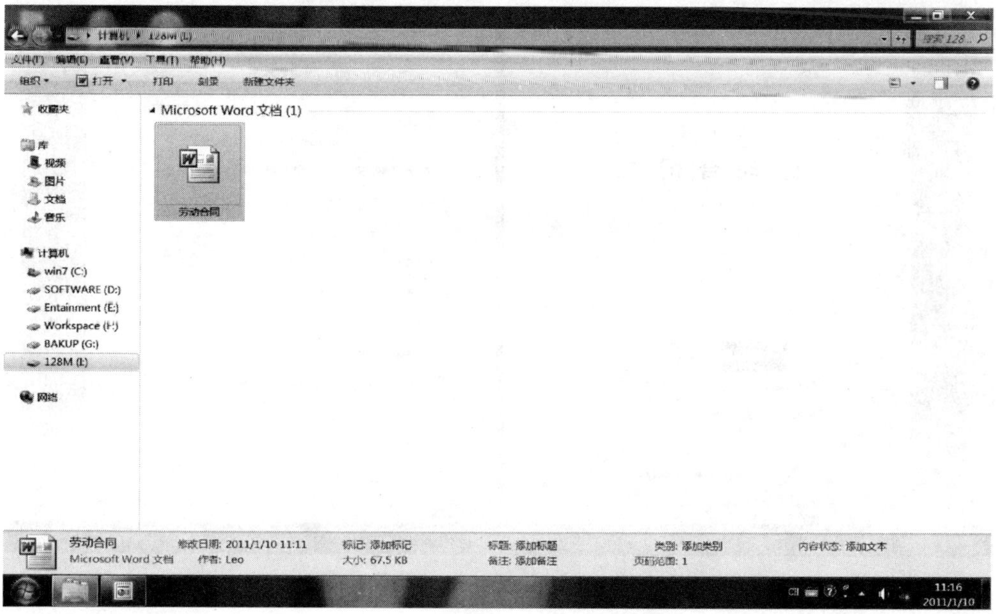

图1-1-3

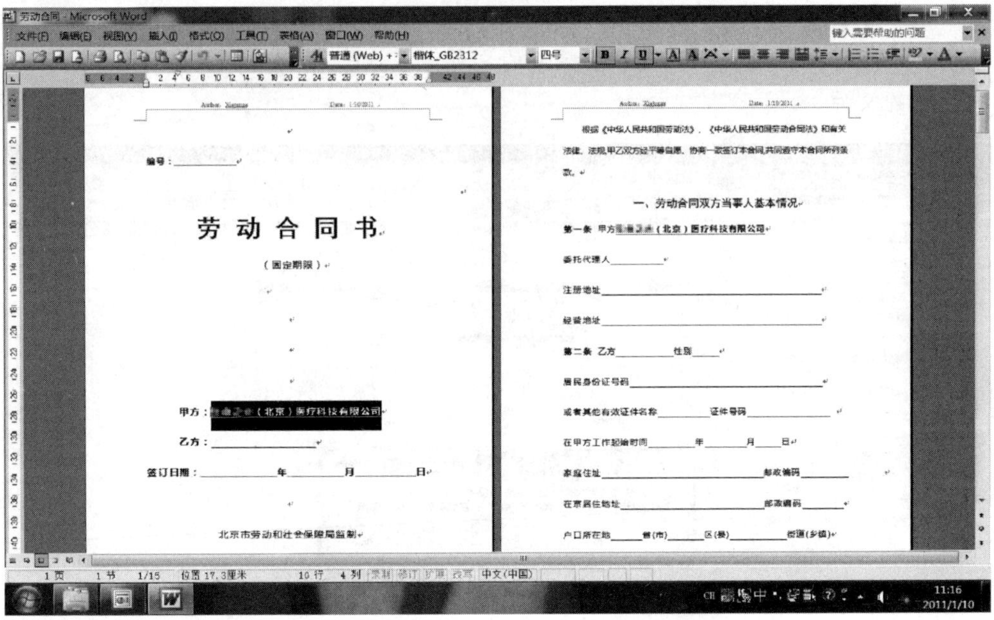
劳动合同 - Microsoft Word
编号：
劳动合同书
（固定期限）
甲方：
乙方：
签订日期：年月日
北京市劳动和社会保障局监制
一、劳动合同双方当事人基本情况
委托代理人
注册地址
经营地址
居民身份证号码
家庭住址
户口所在地
2011/1/10

图 1-1-4

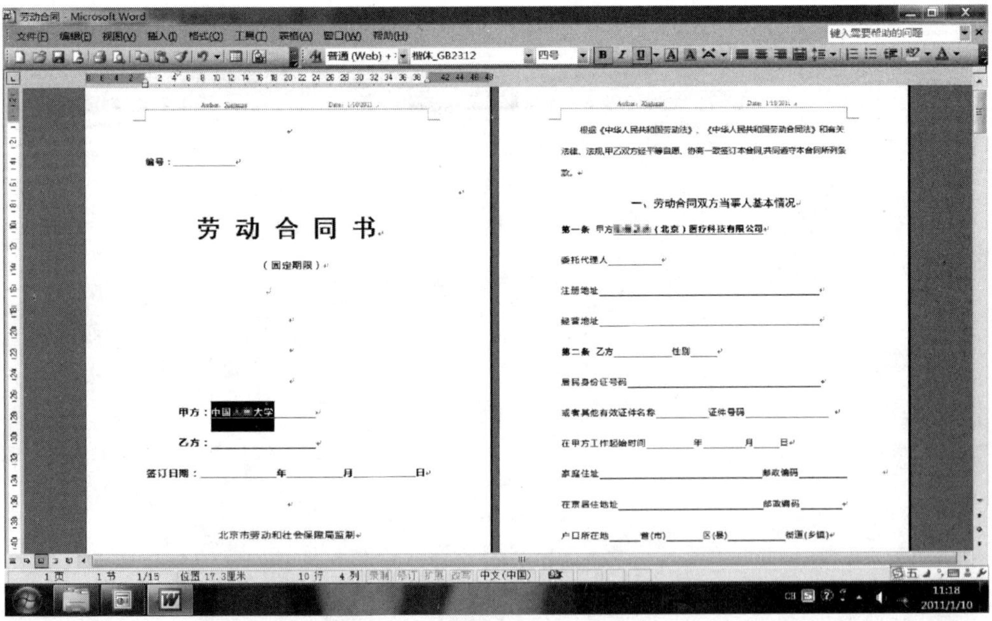
劳动合同 - Microsoft Word
编号：
劳动合同书
（固定期限）
甲方：
乙方：
签订日期：年月日
北京市劳动和社会保障局监制
一、劳动合同双方当事人基本情况
委托代理人
注册地址
经营地址
居民身份证号码
家庭住址
户口所在地
2011/1/10

图 1-1-5

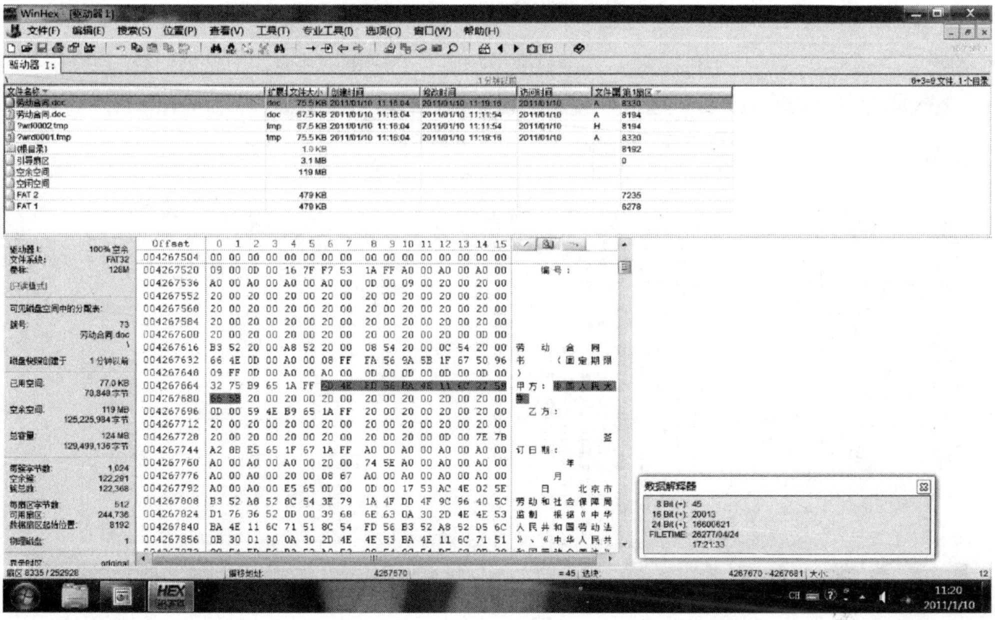

图 1-1-6

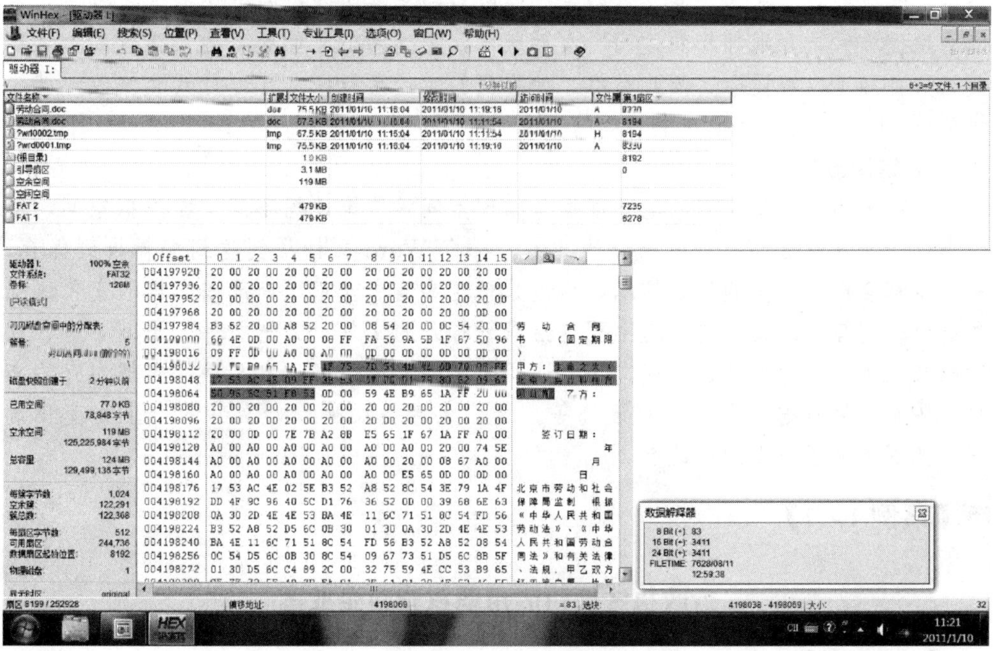

图 1-1-7

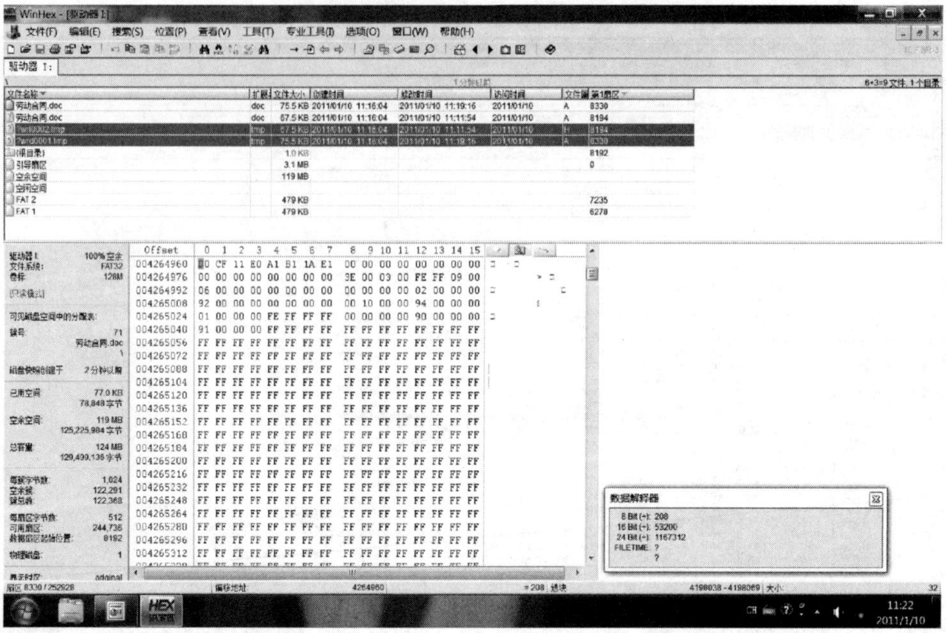

图 1－1－8

3. 实验结果

通过上述实验，我们可以看到，优盘中增加了两个主文件，两个快捷方式：两个主文件分别对应拷入的原文件版本、修改后的文件版本；两个快捷方式也不是单纯的快捷方式，分别都指向这两个文件版本，是这两个文件版本的快捷方式。且这两组文件都可以被提取。依此类推，如果我们对优盘新拷文件进行 n 次修改，就能找到 n＋1 组文件。这是一个客观的现象。

4. 结论分析

实验表明，虚拟空间的电子证据与物理空间的传统证据不同。在虚拟空间，每一个电子文件背后都有一批相应的文件。一个 Word 文档从创建到编辑再到保存，每一步都会产生大量的痕迹信息，通过分析这些信息就可以查清该文档的变化过程和更改的内容。这些痕迹信息主要包括最近打开的文件、日志文件、访问日志、预读取文件夹、临时文件、缓存文件、注册表文件、注册表日志文件、虚拟内存的文件、杀毒软件日志、空余空间痕迹等。这些文件会反映原始文件的产生和变化过程，体现了电子证据的系统性。

【案例 1－1】

行政执法部门滥用职权查封企业案

【基本案情】

一家企业举报行政执法部门滥用职权查封企业。行政执法部门称他们曾三次到过该企业并要求其按照相关规定进行整改，企业都未整改。而该企业称行政执法部门只来过一次。对此，行政执法部门的解释是前两次去时企业没人，只好将行政整改通知书、行政处罚决定书放在企业。对此，该企业拿出根据本单位电子考勤表制作的工资单，证明行政执法部门声称的其前两次去的日期企业有人上班。而行政执法部门则认为该企业的电子考勤表有可能造假。由于该企业是小企业，电子考勤表存在大量事后补填的情况，因此有一批电子考勤表并非是在正常时间制作的。这使得此证据的真实性被质疑。

【案件评析】

该案中要查清行政执法部门声称的其前两次去的日期企业是否有人上班，一个可行的方法是检查企业员工的电脑操作痕迹，以此判断那两天企业员工是否在工作。我们进行了相关检验，出具的鉴定意见表明："检材硬盘的使用者在 2011 年 8 月 2 日的操作记录如下：（1）2011 年 8 月 2 日 09：30：55、11：38：55、11：39：03、11：42：07、11：42：16、11：43：54、11：44：15、11：44：22、11：44：39、12：58：58、12：59：35、13：02：25、17：34：28、17：34：34、17：35：39、20：02：30、21：51：25、21：53：41、22：12：15，使用飞秋 FeiQ 软件进行聊天的记录；（2）2011 年 8 月 2 日 09：44：45、11：39：14、11：42：19、12：59：06、17：37：35、17：37：35、17：50：39、20：04：06、20：06：22、20：06：22、21：46：18、21：49：30、22：12：56，创建 13 个 Office 文档文件的记录。"① 鉴定意见反映出那两天该企业员工电脑有聊天记录，且内容基本是工作内容，也创建、修改过文件，文件内容与工作相关。这说明在那两天该企业员工是正常上班的。该案正是利用了电子证据的系统性特色，通过电子证据的附属信息查明了事实真相。（见图 1-2）

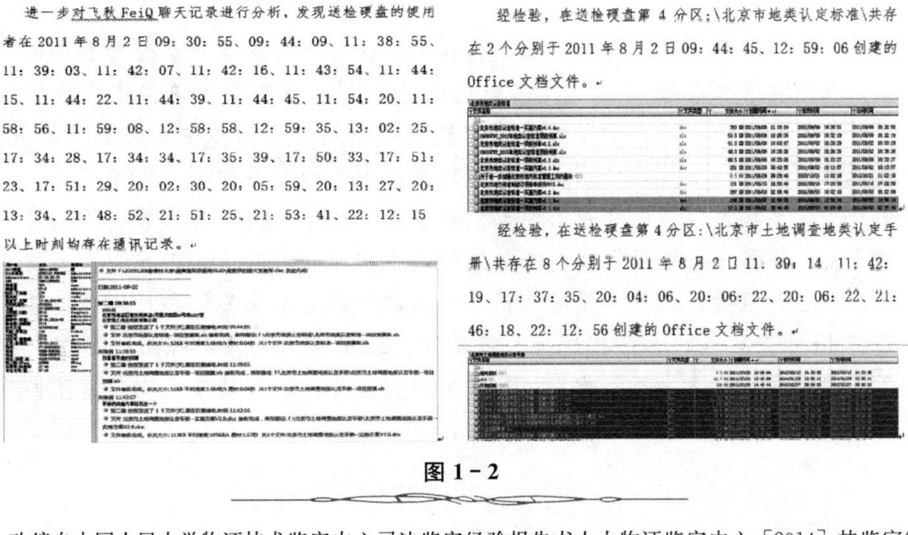

图 1-2

① 改编自中国人民大学物证技术鉴定中心司法鉴定经验报告书人大物证鉴定中心［2014］技鉴字第 37 号。鉴定人为刘品新、谢君泽。

三、稳定性特色

电子证据是否容易造假？这是一个老生常谈的问题。许多人的固有观念认为，电子证据特别容易被篡改，眼见不一定为实。以华南虎照片事件为例，为什么周正龙做出的假虎照能够欺骗全国人民？就是因为电子证据容易造假，所谓“一张数码照片抵一万句谎言”。但是，在阐述了电子证据的系统性之后，再问大家电子证据是否容易造假，可能很多人会有新的观点。

【案例 1-2】

于某贪污、受贿、徇私枉法案[①]

【基本案情】

2005 年年初，被告人于某在担任北京市公安局公共信息网络安全监察处（以下简称“市公安局网监处”）处长期间，接受北京瑞星科技股份有限公司要求解决该公司与股东刘某之间的股权转让纠纷的请托。2005 年 7 月至 2006 年，被告人于某利用担任市公安局网络监处处长的职务便利，借口对刘某所在的北京东方微点信息技术有限公司（以下简称“东方微点公司”）进行行政检查，以追究刑事责任为目的，亲自组织、指挥市公安局网监处干警张某云、齐某（另案处理）等人，采取伪造证据等手段，对东方微点公司员工田某某立案、侦查，致使田某某受到羁押长达 11 个月之久。田某某被解除羁押后持续信访多年。2008 年 7 月，北京市纪委成立专案组对于某等人的严重违法违纪行为进行立案调查。2008 年 9 月 18 日，于某在南非被捕。

法院认为，被告人于某身为国家工作人员，在任市公安局网监处处长期间及卸任之后，利用主管市公安局网监处工作的职务便利，向原业务单位索要或收取贿赂，其行为已构成受贿罪；于某作为国家机关委派到社会团体中从事公务的人员，利用在北京市网络行业协会任副会长，管理网协财务的职务便利，以虚假支出、签订虚假合同等手段，侵吞网协及下属部门公款，其行为已构成贪污罪；于某身为司法工作人员，在任市公安局网监处处长期间，为徇私利，以追究东方微点公司相关人员刑事责任为目的，指使下属警官伪造证据，致东方微点公司副总经理田某某被刑事羁押 11 个月，其行为已构成徇私枉法罪。北京市人民检察院第一分院指控被告人于某犯受贿罪、贪污罪、徇私枉法罪的事实清楚，证据确实、充分，指控罪名成立。于某最终被法院判处死刑缓期两年执行。

① 参见北京市第一中级人民法院（2010）一中刑初字第 188 号刑事判决书。

【案件评析】

本案中，公诉机关聘请了司法鉴定机构对涉案硬盘进行鉴定，鉴定意见显示，涉案电脑中的病毒处于未激活状态。也就是说，这台电脑中的病毒是被移植进去的，网上的流行病毒不可能是从这台电脑散布出去的。该案说明，电子证据其实不好造假；更准确地说，电子证据造假是更容易被发现的。理由很简单，电子证据总是以系统的面目呈现，真实行为产生电子证据就会产生一批真的附属信息、关联痕迹，造假行为产生电子证据就会产生一批假的附属信息、关联痕迹。通过查找和鉴别这一批附属信息、关联痕迹，就能够准确把握电子证据的真假。这就是电子证据的稳定性。该案的曝光就是缘于电子证据的稳定性：如果于某指使下属制造的假证是书证、物证等传统证据，则不一定能够轻易被发现。

司法实践中，有的行为人通过修改电脑的时钟或文档属性假造以前的 Word 文档，结果在软件版本信息中露出了破绽，被发现造假。有的行为人在被抓获之前用火烤、刀砍等方式将电脑损坏，但最后因为关键部分的磁盘信息没有损坏，还是被发现了造假的痕迹。类似这样的案例告诉人们，电子证据造假不被发现其实并不容易。相比于传统证据，电子证据造假更易被发现，理由如下。

其一，电子证据所在的虚拟空间是“人不能至”的空间。经验表明，有人的地方就可能存在造假，智商越高的人越容易造假。而计算机等电子设备由于人不能至，它们本身不会造假，只能够进行二进制运算。

其二，电子证据是系统性证据，每次产生电子证据都会随之产生一批相关的信息。系统性决定了电子证据不容易造假。造假不仅要对电子证据的主文件造假，还要对其附属信息、关联痕迹造假，如此一来难度就很大。传统证据的造假通常只要改动一两个地方，而电子证据的造假则要改变一批信息。例如电脑、手机等电子设备上的信息都是机器文件，很多格式的文件是不能人为改变的，即便对那些可以人为改变的格式文件也必须批量地改变。即便如此，不能人为改变的信息或者改变后不符合系统性规律的信息还是会被发现。

其三，虚拟空间与物理空间存在着对应的关系，利用这种关系也可以识别真假。如若对电脑空间、手机基站空间、GPS 空间的信息进行篡改，必须注意到所有虚拟空间的信息都必须同步改变，而且要与物理空间的证人证言、当事人陈述及痕迹物证相对应。而这几乎是不可能的。这里补充一则有意思的“案例”：北京某官员有一次向夫人“请假”去江苏开会，夫人嘱咐他不能去杭州，因为他初恋情人在杭州。他去江苏开会之余还是去了杭州，并把去杭州相关的联络短信、微信都删除。结果回北京还是被夫人勒令跪“搓衣板”，因为其手机中一条来自通信公司的“欢迎您来到浙江杭州”的“欢迎”短信被发现了。这就是物理空间与虚拟空间信息不能同步调整的“事故”。

四、多元性特色

过去，人们可用指纹、足迹、毛发等痕迹物证重建案件现场，也可依靠当事人陈述、证人证言重建案件事实。现在，西方国家当代侦查学提出了虚拟空间案件事实重建的理论。怎样重建虚拟空间的案件事实呢？就是要把电子证据看成一个信息“场”。具体来说，电子证据不是简单的涉案线索或证据，而是虚拟的作案场所。办案人员面前的电子证据及其所依存的电子介质中存在海量信息，既有与案件有关的，也有与案件无关的，既有数据电文，也有附属信息和关联痕迹。它们构成了一个整体，能够告诉办案人员案件事实的来龙去脉。

电子证据是由海量数据电文、附属信息与关联痕迹按照一定规律构成的场所。孤立的电子文件如一个文档、一张图片是一个小“场”，能讲小故事；如果将其保存在电子介质中，电子介质就是一个大“场”，能讲更详细的故事。将电子证据的线索价值、证据价值与场价值结合起来，就构成了电子证据的多元性。

任何简单地将电子证据视为线索或证据的观点都是片面的，都有可能低估电子证据的价值。将其用作线索，可以用来转化为别的证据；将其用作证据，可以用来证明案件事实；将其作为场，可以用来还原案件事实。我们应当将这三种观点有机地结合起来，最大限度地发挥电子证据的多元性价值。此处以一起招投标案例来解释电子证据的“场”理论。

【案例 1-3】

高校图书馆装修招投标案

【基本案情】

2012 年 8 月，一所学校对新建的图书馆进行装修招标。招标政策是，有资质的公司都可以投标，哪家的报价接近于各家报价的平均值哪家中标。当时一共有 7 家公司投标，一家中标。在临近签合同的时候，学校有关部门接到举报称存在内外勾结的围标问题，要求查处并将投标结果作废。

该案早期的调查方法是核查这 7 家公司的纸质标书，将其中的错误表述标出来，看看有无共同的错误表述。如果不同公司的标书存在着大量共同的错误表述，那就可能存在围标的问题。但这一调查方案工作量太大，可操作性不强。后来采取的调查方法是核查 7 家公司投标材料的光盘。光盘是电子证据，纸面投标材料是书证；光盘中不仅有投标材料的内容，还有附属信息、关联痕迹，甚至无关的信息，纸面投标材料中只有跟投标相关的内容；光盘中的信息能够反映出标书等文件的制作过程，纸面投标材料不能反映出标书等文件的制作过程……总之，根据光盘的“场”信息可以重建部分纸面材料无法反映的案件事实。

【案件评析】

基于电子证据的“场”理论，对该案的具体分析过程如下。

第一，关于送审光盘中文件审查的分析说明：技术原理表明，Office 文档的内部创建时间（即第一次编辑文档内容的时间）记录在 Office 文档内部，不会因为 Office 文档的复制、编辑、访问等行为而变化。此次送审的 1 号光盘、2 号光盘、3

号光盘、4号光盘中均含有“商务标.doc”文件，且它们的内部创建时间完全一致，均为2011-07-22 09：54：00（该时间以创建文档时所使用计算机的时钟为准），表明这四张光盘中的“商务标.doc”文件来源于同一初始文档。

另外，1号光盘、2号光盘、3号光盘、4号光盘同时存在相关文件夹下文件目录结构完全相同，一部分文档的内部元信息完全相同，以及一部分文件最后修改时间十分相近的现象（见图1-3）。即：（1）有4份投标书Word文档的“作者”和“最后一次保存者”是完全一致的。第一个“作者”是指创建Word文档的电脑所安装Office软件使用的用户名，“最后一次保存者”是指最后保存这个文档的电脑所安装的Office软件使用的用户名。（2）这4份投标书Word文档的“修订号”非常接近，分别为29、31、30、29次。“修订号”是指一个文件被保存了多少次，这说明这4份文档保存的次数是接近的。（3）这4份投标书Word文档的“公司”信息均为WWW.YlmF.CoM，这说明它们使用了同一个盗版软件——“雨林木风”软件编制。（4）这4份投标书Word文档的“最后一次保存的日期”（文档内容定稿的时间）基本上是同一天（有一份在前一天，但是是在23：00）。这说明，这4家公司基本上是在同一天对投标书进行定稿的。这些现象佐证了送审光盘中一部分文件来源于同一初始文档的判断。

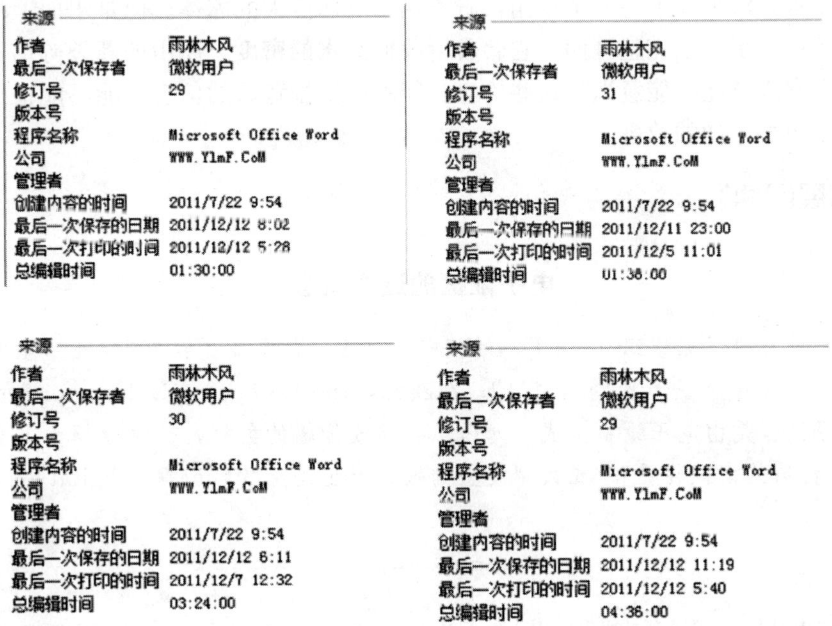

图1-3

第二，对送审纸质文件审查的分析说明：对其中7家公司提交的纸质投标文件进行审查，发现其投标文件商务标部分分别在别字、多余标点符号以及字符特殊位置等书面语言特征或文字布局特征方面存在不正常现象，且这些不正常呈现出一致性。这些不正常现象、特别是一致的不正常现象不能用不同文件间的偶然巧合来解释，而体现出不同文件之间的关联性。即，该7家公司提交的商务标纸质文件中的不正常特征系同一来源。

第三，对送审光盘和纸质文件比较审查的分析说明：将送审光盘与纸质文件结合起来比较审查发现，甲公司的电子版文件与其提交的纸质文件不相符合，而与乙的纸质文件、电子版文件相符合。这表明，甲公司的投标文件与乙公司的投标文件之间具有关联性。①

五、“冰山一样的证据存在”

系统性、稳定性及多元性，是研究电子证据的认识起点。我们应当从电子证据的这三大特色出发，反思各种各样的审查判断规则——关联性规则、合法性规则、客观性规则、证明力规则；反思取证制度和辩护技巧、认证技巧。大凡将电子证据视为孤立的证据、容易造假的证据、单一的证据，均属于认识上的误区。

为了重塑关于电子证据的正确观念，我习惯于借助冰山的比喻做总结。一座冰山通常只有一小部分露在了外面，大部分还在水底。电子证据就是一座冰山，人们看到的永远是海平面上的一个小角，看不到水下面巨大的冰体。但是水面上的冰山角与冰体构成了一幅完整画面，它会告诉我们海水的密度、冰山的断裂等信息。关键是看办案人员能不能意识到这些信息，能不能挖掘背后的信息，能不能根据背后的信息去挖掘未知的故事。

【拓展阅读】

电子证据的近似概念

国际计算机证据组织（IOCE）对“电子证据”的界定是：“可在法庭上使用的以二进制形式存储或传输的信息”②。在欧洲，the European Evidence project③ 提出：电子证据是由电子设备生成、处理、存储或传输的数据，这种数据由具有潜在（证明）价值的模拟装置和/或数字装置的输出产生的。数字证据（digital evidence）

① 改编自中国人民大学物证技术鉴定中心关于对××××等七家公司投标文件进行文证审查的复函（2012年1月5日）。

② Protecting the Integrity of Digital Evidence and Basic Human Rights During the Process of Digital Forensics.（2015）.

③ The European Evidence project，European Data Informatics Exchange Framework for Courts and Evidence，is a project financed by the European Commission as part of the 7th Framework Programme (Grant Agreement 608185)，www.evidenceproject.eu.

是生成或转换为数字格式的电子证据。[①] 伴随着现代信息技术的迅猛发展，电子证据已然形成了一个十分庞杂的“大家族”。而且，随着信息技术的革新，电子证据必将愈加枝繁叶茂，花样翻新。如果人们关注到移动互联网技术的大趋势，肯定会对电子证据“大家族”的未来走向产生更加深刻的认识。

关于电子证据与计算机证据的关系，早期我国一些学者认为电子证据与计算机证据是同一事物[②]，这种观点值得商榷。计算机证据是以计算机为基础的证据或者与计算机有关联的证据。计算机最初是指具有计算功能的装置，英文名称为“computer”；后来逐渐发展为集计算、存储、逻辑处理等于一体的多功能装置，英文名称为“electronic computer”，中文名称为电子计算机或电脑。从逻辑上看，计算机与电子计算机存在种属关系，前者包含后者。从历史渊源上看，计算机与电子计算机存在继承关系，先发明的用以运算或辅助运算的机器主要是机械式计算机，而后经过改进创造了利用电子方式进行运算的机器即电子计算机。

现代计算机科学家预言未来还会出现光学计算机、生物计算机等。计算机技术的发展使得各国立法者很难定义“计算机”一词，也难以界定“计算机证据”的内涵。即便如此，人们依然可以大胆推论，在某些情况下，计算机证据的外延大于电子证据，因为以机械式计算机、光学计算机或生物计算机为基础的证据并非典型的电子证据，其只能在“功能等同”的角度上临时当作电子证据处理。与此同时，人们又会发现在某些情况下，电子证据的外延大于计算机证据。例如，电话机是基于属于模拟电子技术的半导体技术而制成的现代通信工具，它所录制的电话资料就属于电子证据，但不属于计算机证据。因此，从严格意义上讲，电子证据同计算机证据是交叉关系。当然，考虑到两者的共性大于差异，通常也认为两者是可以互换的。

数字证据（digital evidence）一词在国内著作中并不多见，但在英文法律文献中的使用率颇高。丹麦政府 IT 安全委员会（The Danish Government IT Security Council）于 1999 年上半年开发出一套名为《确保数字文件证据力之指南》的规范，用于指导国家机关和私人企业开展无纸化办公，其中就多次使用了“数字证据”一词。[③] 计算机犯罪专家奥恩·凯西于 2000 年出版了名为《数字证据与计算机犯罪》的专著，为警察、法庭科学家、律师以及程序员提供重要指导。[④] 该书对“数字证据”的定义是：“数字证据是指包含有下述各种数字式数据的证据，即能够证明发生了某一犯罪的数据，或者能够在犯罪行为与被害人之间、犯罪行为与犯罪人之间

① Biasiotti MA, Mifsud Bonnici JP, Cannataci J, Turchi F. *Handling and Exchanging Electronic Evidence Across Europe*. Cham: Springer, (2018): 4.

② 如张西安在《论计算机证据的几个问题》一文中，白雪梅、孙占利在《电子证据中的法律问题》一文中，均将电子证据与计算机证据等同起来使用。

③ Mads Bryde Andersen, Digital Evidence. Computer Law & Security Report Vol. 16 no. 2, 2000.

④ Eoghan Casey, Digital Evidence and Computer Crime. Academic Press, 2000.

建立某种联系的数据”①。当然，由于作者探讨的问题限于计算机犯罪领域，故其定义存在狭隘之处。

从汉语的构词法上看，所谓数字证据是指表现为数码形式的一切证据，或者说是借助数字电子技术而形成的一切证据。现代电子技术包括模拟电子技术与数字电子技术。第一代移动电话采用的是模拟电子技术，第二代移动电话采用的是数字电子技术。由此可见，电子证据既包括数字制式的证据，也包括模拟制式的证据。因此，电子证据的外延大于数字证据的外延。

就电子证据与数字证据的关系而言，数字证据从属于电子证据，这类似于数字签名从属于电子签名。从各国电子商务实践来看，电子签名主要表现为数字签名，但除此之外还有各种诸如生物笔迹鉴别法、指纹鉴别法、眼虹膜鉴别法、声纹鉴别法等生物特征电子签名。同样，由于电子证据主要需要借助计算机设备，而现代各种电子设备广泛采用的是数字电子技术，所以电子证据主要表现为数字证据，但也有少数模拟式电子证据。鉴于电子证据与数字证据间的特殊关系，人们可以认为广义的电子证据不限于数字证据，狭义的电子证据基本等同于数字证据。

① “Digital Evidence：Encompasses any and all digital data that can establish that a crime has been committed or can provide a link between a crime and its victim or a crime and its perpetrator.” See Eoghan Casey. Digital Evidence and Computer Crime. Academic Press，2000：260.

第二章

电子证据的定位原理——一段循法正名的变迁史

电子证据的法律定位包括应否赋予电子数据以证据地位以及赋予其何种证据地位。从立法来看，三大诉讼法修订后均将“电子数据”列为法定的证据种类之一。但关于电子证据定位的争议并未完全消失。仅从学理上讲，对电子证据的定位主要存在“视听资料说”“书证说”“物证说”“鉴定意见说”“混合证据说”和“独立证据说”六种观点。当下我国还要回答大数据材料、传统证据电子化材料如何定位的新问题。

一、“用作证据”的双重含义

对电子数据①进行合理定位，是消除相关法律障碍的前提，其直接关系到各国解决电子数据问题的总思路。如果定位问题明确了，那么运用电子数据的很多难题将逐一破解。从完整意义上讲，电子数据定位就是要讨论能否及如何“用作证据”的问题。这主要包括两项内容：一是应否赋予其证据地位，二是赋予其何种证据地位。

纵观世界其他国家，美国很早就以判例形式确认了电子证据材料的证据地位，《1999年统一证据规则》以“记录”（record）一词替代原来的“文书”（writings）、“录音”（recordings）、“照片”（photographs）。规则101（3）中规定“记录”是指通过有形方式记下的信息，包括存储在电子媒介或其他媒介中、并且可通过可察觉形式获知的信息。这实质上是扩展了传统“文书”“录音”“照片”等术语的内涵，使得电子数据能与“文书”“录音”“照片”等证据接受相同证据规则的约束。南非《1983年计算机证据法》规定了计算机打印输出物的鉴证，业经鉴证的计算机打印输出物的可采性，业经鉴证的计算机打印输出物的证据力等内容。加拿大《1998

① 本章这一部分主要讨论能否“用作证据”的问题。为行文便利，在此部分优先使用“电子数据”的术语，专门法条中使用“电子证据”术语的为例外。

年统一电子证据法》对电子证据的定义、适用、鉴证、最佳证据规则、完整性推定、标准等作出了规定。菲律宾最高法院于 2001 年制定的《电子证据规则》共有 12 项规则，分别对电子证据、电子签名、电子文件的概念、鉴证、可采性、证明力、特免权规则、最佳证据规则、传闻规则以及证明方法等作了系统性规定。这反映出世界各国普遍承认电子证据材料的证据地位这一规律。

对于应否赋予电子数据以证据地位，我国早期法律就持肯定态度，因为否认世界电子化或信息化的潮流是不明智的，也是不现实的。2004 年 5 月 1 日起施行的《道路交通安全法》第 114 条①就规定："公安机关交通管理部门根据交通技术监控记录资料，可以对违法的机动车所有人或者管理人依法予以处罚。对能够确定驾驶人的，可以依照本法的规定依法予以处罚。"最高人民法院 2002 年 10 月 1 日起施行的《关于行政诉讼证据若干问题的规定》第 12 条规定："根据行政诉讼法第三十一条第一款第（三）项的规定，当事人向人民法院提供计算机数据或者录音、录像等视听资料的，应当符合下列要求……"类似这样的法律规定反映的立法导向是应当赋予电子数据以证据地位。

对于应赋予电子数据以何种证据地位，早期学术界曾存在"视听资料说""书证说""物证说""鉴定意见说""混合证据说""独立证据说"之争。在立法层面，我国早期立法对电子数据定位的处理并不相同。有的立法将电子数据作为"视听资料"对待，如最高人民法院 2002 年 4 月 1 日起施行的《关于民事诉讼证据的若干规定》第 22 条②中规定："调查人员调查收集计算机数据或者录音、录像等视听资料的，应当要求被调查人提供有关资料的原始载体。"有的立法将电子数据作为"书证"对待，如 1999 年 10 月 1 日起施行的《中华人民共和国合同法》第 11 条规定："书面形式是指合同书、信件和数据电文（包括电报、电传、传真、电子数据交换和电子邮件）等可以有形地表现所载内容的形式。"近年来，我国立法明确了电子数据的独立证据地位。2012 年修订的《刑事诉讼法》将"电子数据"列为法定的证据种类之一，随后《民事诉讼法》《行政诉讼法》也相继将"电子数据"纳入其中，电子证据得以入法正名。2020 年《关于民事诉讼证据的若干规定》（民法典）新鲜出炉，分别调整了前述法律。

二、主要观点述评

应该说，在我国关于电子证据究竟应当作为何种证据形式，这一争议并未随着法律修改而销声匿迹。学术界一直众说纷纭，各种主要观点的交锋延续至今，但其均始于早年的启蒙研讨。下面简单地做承前启后的梳理。

① 2004 年《道路交通安全法》已被修改，2011 年《道路交通安全法》第 114 条保留了该规定。

② 2002 年《最高人民法院关于民事诉讼证据的若干规定》已被修改，2008 年《最高人民法院关于民事诉讼证据的若干规定》第 22 条保留了该规定。

(一) 视听资料说

人们在早期一般认为电子证据属于视听资料，这种观点也符合早期我国立法机关与司法机关的看法。我国第一部诉讼法即 1979 年《刑事诉讼法》并未将视听资料规定为独立证据。第二部诉讼法即 1982 年《民事诉讼法（试行）》首次以法律的形式肯定了视听资料的名称和地位。1989 年《行政诉讼法》、1991 年《民事诉讼法》、1996 年《刑事诉讼法》（修正案）相继接受了肯定视听资料独立证据地位的做法，将其确定为法定证据种类之一。在此过程中，学者们围绕三个问题展开过长时间的争论，即应否确认视听资料的独立证据地位，应如何为之命名，这一证据具体包括哪些表现形式等。

从争论结果来看，对于第一个问题，肯定的观点逐渐占据上风；对于第二个问题，学术界主要提出过视听资料、音像证据与计算机证据三种名称①，立法部门最后选择了“视听资料”这一用语；对于第三个问题，虽然学者们的意见不尽相同，但大都主张包括录音资料、录像资料、计算机存储资料和其他音像证据等。客观看待这一立法演变过程，就不难理解主张电子证据属于视听资料的观点，即这在很大程度上系历史原因使然。②

除历史原因外，主张电子证据系视听资料这一观点的理由还包括：（1）视听资料是指可视、可听的录音带、录像带之类的资料，电子证据可显示为“可读形式”，因而也是“可视的”；（2）视听资料与电子证据在存在形式上有相似之处，都是以电磁或其他形式而非文字符号形式储存在非纸质的介质上；（3）存储的视听资料及电子证据均需借助一定的工具或以一定的手段转化为其他形式后才能被人们直接感知；（4）两者的正本与复本均没有区别；（5）把电子证据归于视听资料最能反映它的证据价值。③

反对电子证据系视听资料这一观点的学者则认为：（1）法律上将视听资料与其他证据相区分，强调的是以声音和图像而非文字内容证明案件的真实情况，将电子证据中文字的“可视”和视听资料中的“可视”混在一起没有充分的理由，这样很难解释“其他文书、鉴定结论、勘验笔录等证据都是可读的，当然也是可视的，因而可以归为‘视听资料’的结论”。（2）从证据的角度来看，将电子证据视为视听资料不利于电子证据在诉讼中充分发挥证据作用。因为我国 1991 年 4 月 9 日七届全国人大四次会议通过的《民事诉讼法》第 69 条（现为第 71 条）规定，人民法院

① 柯昌信．刑事证据视听资料论．中国法学，1996（4）．

② 从最高人民检察院 1996 年 12 月 31 日发布的《关于检察机关贯彻刑诉法若干问题的意见》第 3 条第 1 款，前广电部于 1992 年 1 月 12 日发布的《关于广播电影电视行政复议若干规定》第 25 条第 4 款，交通部 1990 年 9 月 24 日发布的《公路路政管理规定（试行）》第 20 条第 2 款等相关规定可以看出，早期立法主张电子证据属于视听资料。但现阶段，前述三部法规均已失效。

③ 李学军．电子数据与证据//证据学论坛：第 2 卷．北京：中国检察出版社，2001：444－445；魏士廪．电子合同法理论与实务．北京：北京邮电大学出版社，2001：130．

对视听资料，应当辨别真伪，并结合本案的其他证据，审查确定能否作为认定事实的根据。由此得出结论，如果某一案件只有电子证据，因其被视为视听资料，即使经辨别为真实可靠，也会因该案无其他证据结合使用，而不能作为认定事实的根据，因而这类案件将无法解决。①

上述支持电子证据系视听资料的观点及其反对观点，均存在片面与不足之处。依照前者，在电子商务活动中当事人通过 e-mail、EDI 方式签订的电子合同，属于以连续的声像来发挥证明作用的视听资料，显然有些牵强；对于后者，简单依据《民事诉讼法》第 69 条②就断定“视听资料系间接证据，故若主张电子证据系视听资料将面临重大法律障碍”，显然过于轻率。

（二）书证说

随着电子商务的蓬勃兴起，许多学者转而借鉴外国电子商务法律文件中的经验，提出了“电子证据系书证”的学术观点。例如，有人援引 1982 年欧洲理事会的《电子处理资金划拨》秘书长报告以及 1982 年英国 A. 克尔曼（A. Kelman）、R. 塞泽（R. Sizer）在《计算机在法庭上的地位》中的观点，提出计算机记录相当于书面文件作为证据的看法，进而认为将电子证据划入书证更符合其特点和国际规范。③

主张电子证据系书证的观点还提出了如下理由：(1) 普通的书证是将某一内容以文字符号等方式记录在纸张上，电子证据则只是以不同的方式（电磁、光等物理方式）将同样的内容记载在非纸质的存储介质上，两者的记录方式不同，记载内容的介质也不同，但却具有相同的功能，即均能记录完全相同的内容。(2) 电子证据通常也是以其表达的内容来说明案件中的某一问题，且必须输出、打印到纸上（当然也可显示在屏幕上），形成计算机打印材料之类的书面材料后，才能被人们看见、利用，因而具有书证的特点。(3)《合同法》第 11 条中规定：“书面形式是指合同书、信件和数据电文（包括电报、电传、传真、电子数据交换和电子邮件）等可以有形地表现所载内容的形式。”据此也可以推断出电子证据系书证的一种。(4) 各国立法上尝试的功能等同法亦在填平传统书面形式与电子证据之间的鸿沟。④

反对电子证据系书证的观点认为，将电子证据归为书证很难解决证据“原件”问题。我国 1991 年《民事诉讼法》第 68 条（现为第 70 条）和《最高人民法院关于适用〈中华人民共和国刑事诉讼法〉的解释》第 71 条分别规定“书证应当提交原件”“收集、调取的书证应当是原件……”而在大多数情况下，电子证据是依自

① 李学军．电子数据与证据//证据学论坛：第 2 卷．北京：中国检察出版社，2001：445－446；魏士廪．电子合同法理论与实务．北京：北京邮电大学出版社，2001：130－131.

② 1991 年《民事诉讼法》现已被修改，2017 年《民事诉讼法》第 71 条保留了这一规定。

③ 张西安．论计算机证据的几个问题．人民法院报，2000－11－07.

④ 张西安．论计算机证据的几个问题．人民法院报，2000－11－07；李学军．电子数据与证据//证据学论坛：第 2 卷．北京：中国检察出版社，2001：445－446.

动程序生成、传输、交换的，有时则是录入人员录入后销毁了底稿，有时还可能是作者在没有底稿的情况下直接键入的。在这几种情况下，很难认定哪些是电子证据的原件。①

笔者并不同意反对者所持的理由②，但也认为"书证说"确有不妥之处。一则外国法律文件的规定不能成为我国类比适用的当然理由。例如，外国并不承认视听资料的独立证据地位，我国法律却将视听资料从"物证"或"书证"中分离出来，将其作为法定证据种类之一。即使其他国家确认"电子证据系书证"，也不能简单推出在我国"电子证据就是书证"的结论。二则书面形式并不等同于书证。如勘验笔录、鉴定意见以及部分当事人陈述、证人证言、视听资料都可能以书面形式呈现，但它们肯定不是书证。三则"功能等同法"及电子证据的显示方式不能解决其定性问题。四则"书证说"难以回答计算机声像资料、网络聊天资料的证明机制问题。

（三）物证说

在我国，只有少数人主张电子证据系物证。有学者提出，电子证据在不需鉴定的情况下属于书证，"但有时也可能需要鉴别其真伪，故也可能成为物证"③。这实际上是附条件的物证说。④ 也有学者认为，物证可区分为狭义的物证与广义的物证，电子证据应属于广义的物证。这种观点虽指出电子证据为物证，但并非指三大诉讼法规定的"物证"，而是学理上广义的实物证据。

我国主张"物证说"的学者未能提供令人信服的理由。国外学者奥恩·凯西的理由却颇值得重视。她在《数字证据与计算机犯罪》一书中谈道："数字证据是物证（physical evidence）的一种。尽管数字证据不像其他形式的物证（如指印、DNA、兵器、计算机组件等）那样有形，它仍然属于物证。"⑤ 她所持的理由是：其一，"数字证据是由能借助特定工具和技术加以收集并分析的各种磁性物质和电脉冲物质形成的"；其二，"许多法庭都承认，这种无形物可作为证据扣押"⑥。奥恩·凯西给出的理由虽然颇有说服力，但她仅仅涉及了电子证据的一部分，即数字

① 魏士廪．电子合同法理论与实务．北京：北京邮电大学出版社，2001：129.

② 关于电子证据的原件问题，宜适用"拟制原件说"解决。关于"拟制原件说"的含义，可参见美国《联邦证据规则》规则1001（3），其中规定："文书或录音的'原件'是指该文书或录音本身，或者制作者或发行者意图使其具有同等效力的复本。照片的'原件'包括底片或由底片冲洗出的任何相片。如果数据被储存在计算机或类似装置里面，则任何可用肉眼阅读的、表明其能准确反映数据的打印物或其他的输出物，均为'原件'。"这实际上提出了原件不一定是指自然意义上的原件的思想，也可以包括通过拟制方式形成的纯粹法律意义上的原件。何家弘，张卫平．外国证据法选译：下卷．北京：人民法院出版社，2000：866.

③ 徐立根．物证技术学．2版．北京：中国人民大学出版社，1999：759.

④ 汪建成，刘广三．刑事证据学．北京：群众出版社，2000：204.

⑤ Eoghan Casey. *Digital Evidence and Computer Crime*. Academic Press，2000：4.

⑥ 同⑤.

制式的电子证据，而且仅限于刑事司法领域讨论，故仍有很大的局限性。

(四) 鉴定意见说

鉴定意见说也是极少数学者持有的观点，其主要是从转换的角度思考问题。如冯大同在《国际货物买卖法》一书指出："……如果法院或诉讼当事人对电子数据的可信性有怀疑，可以由法院指定专家进行鉴定，辨明其真伪，然后由法院确定其能否作为认定事实的根据。"①

针对鉴定意见说，反对者认为："根据我国法律的规定，鉴定是具有专门知识或专门技能的人，接受委托或聘请，对案件中某些专门性问题进行分析、判断的一种诉讼活动，其得出的结论性意见即鉴定结论。鉴定的目的是为了解决案件中某些关系是否存在、某些事实或现象的真伪、某些事实的有无、某些事实的程度及某些事实的因果等，而这些需要鉴定的关系、事实或现象等通常已是可采用的证据，只是还需要以鉴定的方式判断其是否可采信。"在电子证据被许可采用之前，不存在对其可信度进行判断的问题；换言之，只有在电子证据已被采用的前提下，才需要专家就其真伪进行分析判断，才需要法院依据专家的鉴定结论确定其是否能作为认定事实的根据。因此，"鉴定意见说"有其不妥之处。②

(五) 混合证据说

"混合证据说"认为电子证据既不属于某一种传统证据，也不是独立的新型证据，而是若干传统证据的组合。蒋平先生在《计算机犯罪问题研究》一书中率先提出了"混合证据说"。该书将电子证据分为四类，即书证、视听资料、勘验、检查笔录与鉴定结论证据。③ 他认为，电子证据基本有如下三种形式：(1) 计算机输入、存储、处理（包括统计、综合、分析）、输出的数据；(2) 按照严格的法律及技术程序，利用计算机模拟得出的结果；(3) 按照严格的法律及技术程序，对计算机及其系统进行测试得出的结果。

那么，上述三种形式的电子证据如何归入四种传统证据呢？蒋平先生提出："首先，从承载介质看，如果输入、存储的信息记录在诸如硬盘、磁盘、光盘等介质上，即为准书证，在保证此类介质的内容能固定、不会消失或修改的情况下，即可视为书证；计算机处理过的信息如果仍存储在上述介质上，同样仍被视为准书证和书证；如果输出到打印纸上，理当为书证。从输出的形式来看，如果以纸张形式表现，即为书证；如果以声音、图像形式表现，即为视听资料。其次，利用计算机模拟是根据已知条件和事实，依照法律程序和技术要求进行计算机演示，以确定犯罪的可能性概率。因而，模拟的结果可列为勘验、检查笔录。再者，对计算机及其系统进行测试，是运用软件按照法律程序对机器及其系统的性能、受损情况等进行

① 冯大同．国际货物买卖法．北京：对外贸易教育出版社，1993：292.

② 李学军．电子数据与证据//证据学论坛：第2卷．北京：中国检察出版社，2001：446.

③ 蒋平．计算机犯罪问题研究．北京：商务印书馆，2000：253-254.

测量、测算、鉴定，从而确定犯罪的危害程度，因而可列为鉴定结论证据。”①

“混合证据说”无疑给人耳目一新的感觉。但蒋平先生有关三种电子证据形式的概括并不周延，以输出形式来区分书证与视听资料的做法也缺乏理论依据，这些显然导致其结论仍有重大缺憾。

（六）独立证据说

“独立证据说”代表了新思潮。这一观点认为，任何一种传统证据都无法完全囊括电子证据，电子证据在司法活动中将起到越来越大的作用，而法律应有一定的前瞻性，因此应将电子证据规定为一种独立的证据类型。例如，2000 年 8 月 12 至 13 日全国人大法工委民法室、中国人民大学法学院、最高人民法院、最高人民检察院以及北京大学、清华大学等单位的专家学者在北京研讨《中华人民共和国民事证据法（草案）》初稿时，有些专家就提出应当增加规定电子数据为新的证据种类，认为现在的电子文本越来越多，与其他证据相比有不同的属性，必须加以规定。会后的倾向性意见是：民事证据法中的证据种类应当包括书证、物证、视听资料、证人证言、当事人陈述、鉴定意见、勘验笔录及电子数据。又如，最高人民法院 2000 年 2 月 5 日公布的《民事诉讼证据规则（征求意见稿）》第 2 条规定“民事诉讼证据有以下几种：……（八）其他能够证明案件事实的证据”，此中隐含之义似乎是“电子证据属于第八项，即‘其他能够证明案件事实的证据’”，可称之为一种隐性的“独立证据说”。

还有学者从构建有利于电子商务法律环境的角度，亦得出了类似的结论：“电子证据显然有其自身区别于其他证据的显著特征，它的外在表现形式亦是多媒体的，几乎涵盖了所有的传统证据类型，把它塞入哪一类传统证据都不合适。而所有电子证据均是以数据电讯为交易手段的，以商事交易的现实需要来说，完全有理由将其作为一种新类型证据来对待，确立起电子证据自身统一的收集、审查、判断规则，为电子商务关系的法律调整提供一个完整的法律平台。”②

三、入法表述演变

（一）无独立地位的阶段

电子证据在产生之初，并未被立法所认可，长期没有独立的法律地位。1996 年《刑事诉讼法》第 42 条第 2 款规定：“证据有下列七种：（一）物证、书证；（二）证人证言；（三）被害人陈述；（四）犯罪嫌疑人、被告人供述和辩解；（五）鉴定结论；（六）勘验、检查笔录；（七）视听资料。”1991 年《民事诉讼法》第 63 条第 1 款规定：“证据有下列几种：（一）书证；（二）物证；（三）视听资料；（四）

① 蒋平．计算机犯罪问题研究．北京：商务印书馆，2000：254.

② 游伟，夏元林．计算机数据的证据价值．法学，2001（3）.

证人证言；（五）当事人的陈述；（六）鉴定结论；（七）勘验笔录。”1989年《行政诉讼法》第31条第1款规定：“证据有以下几种：（一）书证；（二）物证；（三）视听资料；（四）证人证言；（五）当事人的陈述；（六）鉴定结论；（七）勘验笔录、现场笔录。”据此基本可以得出，过去我国立法确定的证据包括七种：物证、书证、视听资料、证人证言、当事人陈述（含刑事被害人陈述与犯罪嫌疑人、被告人供述和辩解）、鉴定结论以及勘验、检查笔录。

前述“证据七分法”的立法例一直延续到2012年之后。可以说，由于诉讼法层面未作出实质的改进，电子证据长时期只能依附于“七种”传统证据获取名分。这是电子证据的“妾身不明”的立法阶段。

（二）有独立地位的阶段

近年来我国在一系列立法活动中肯定了电子证据的独立诉讼地位。2012年《刑事诉讼法》第48条将“电子数据”与“视听资料”并列，作为法定证据种类之一。2012年《民事诉讼法》第63条和2014年《行政诉讼法》第33条也将“电子数据”列为法定证据。这是标志性的法律突破。至此，三大诉讼法明确赋予了电子证据独立的法律地位。

两高一部《电子数据规定》第1条就对电子数据做了进一步的界定，即：“电子数据是案件发生过程中形成的，以数字化形式存储、处理、传输的，能够证明案件事实的数据。电子数据包括但不限于下列信息、电子文件：（一）网页、博客、微博客、朋友圈、贴吧、网盘等网络平台发布的信息；（二）手机短信、电子邮件、即时通信、通讯群组等网络应用服务的通信信息；（三）用户注册信息、身份认证信息、电子交易记录、通信记录、登录日志等信息；（四）文档、图片、音视频、数字证书、计算机程序等电子文件。以数字化形式记载的证人证言、被害人陈述以及犯罪嫌疑人、被告人供述和辩解等证据，不属于电子数据。确有必要的，对相关证据的收集、提取、移送、审查，可以参照适用本规定。”2019年2月起实施的《公安机关办理刑事案件电子数据取证规则》虽然未对“电子数据”作出专门的界定，但实际上是沿用了《电子数据规定》的相关规定。2019年12月最高法新颁布的《关于民事诉讼证据的若干规定》第14条也有类似的规定。

【拓展阅读】

电子证据与传统证据电子化的关系

随着国家治理现代化进程的推进及司法智能化水平的提升，愈来愈多的传统证据以数字化的形式呈现。最高人民法院《关于互联网法院审理案件若干问题的规定》第9条明确规定：“互联网法院组织在线证据交换的，当事人应当将在线电子数据上传、导入诉讼平台，或者将线下证据通过扫描、翻拍、转录等方式进行电子化处理后上传至诉讼平台进行举证，也可以运用已经导入诉讼平台的电子数据证明自己的主张。”

该法第10条进一步规定，书证、鉴定意见、勘验笔录等证据材料进行电子化处理后提交的，经互联网法院审核通过后，视为符合原件形式要求。那么，我们该如何看待以数字化形式记载的传统证据呢？对此，我们可以从立法原意出发加以探究。

在两高一部《电子数据规定》起草时，就有意见提出：讯问同步录音录像和以数字化形式记载的证人证言、被害人陈述以及犯罪嫌疑人、被告人供述和辩解等证据与电子数据是否有区别？是否应当适用本规定？经研究认为，电子数据通常是在案件发生过程中形成的，讯问同步录音录像则是在案件发生后的侦查阶段形成的，属于对言词证据的记录，不属于《电子数据规定》所称的电子数据。同理，以数字化形式记载的证人证言、被害人陈述以及犯罪嫌疑人、被告人供述和辩解等证据，也不属于电子数据。但考虑到上述证据材料与电子数据一样，都是以数字化形式记载的，《电子数据规定》第1条第3款中规定："确有必要的，对相关证据的收集、提取、移送、审查，可以参照适用本规定。"① 由此观之，电子证据与传统证据（特别是传统证据电子化）之间存在交叉关系。

我国传统证据均存在着电子形式，包括电子物证、电子书证、电子证人证言、电子当事人陈述、关于电子证据的鉴定结论以及电子勘验检查笔录。电子物证即英美法系学者所说的电子形式的"实在证据"（real evidence），它是以电子信息的存在与状况来证明案件事实的。② 电子物证可能在很多场合出现。例如，在侵入计算机系统犯罪中，入侵者在所侵入计算机系统中留下的关于自己计算机的电子"痕迹"即为电子物证，因为这种"痕迹"系计算机自动生成的，而且是以其存在状态来证明案件事实的。实际上，把电子痕迹视为物证吻合数字空间的"物质交换原理"。所谓"物质交换原理"，又称为"洛卡德物质交换原理"，是指在犯罪活动中，作案人不可避免地要将自身原有的物质全部或部分地遗留于犯罪现场被侵犯的客体上，同时还会从现场及被侵犯的客体上带走某些物质，形成物质交换现象。③ 计算机侵入犯罪中存在电子物证，正好表明"物质交换原理"同样对虚拟犯罪空间适用。在英美法系国家，电子物证因是实实在在的证据，故并不适用传闻规则。④

电子书证即电子形式的"书面证据"（document evidence），它记载的是当事人

① 万春，王建平，等．《关于办理刑事案件收集提取和审查判断电子数据若干问题的规定》理解与适用．人民检察，2017（1）．

② Alan M. Gahtan. *Electronic Evidence*. the Thomson Professional Publishing (1999). 139. 在该书中，作者举例说，如果某一计算机硬盘上含有儿童色情的图片，举出该图片仅仅是为了证明它属于被告人所有，则该计算机硬盘所含信息即电子物证。

③ 刘品新．论侦查学的基本原理．法学家，2002（1）．

④ Michael Chissick. *Electronic Commerce*: *Law and Practice*. Sweet & Kelman，1999：143-144. 在该书中，作者将电子证据分为"电子物证"（real evidence）、"电子书证与记录"（documents and records）以及"电子衍生证据"（derived evidence）。作者认为，凡是由计算机自动记录装置而形成的记录（automatic records），是电子物证；凡是人类提供给计算机、由计算机记录的信息，是电子书证与记录；凡是由电子物证以及提供给计算机的信息联合形成的混成记录（composite record），是电子衍生证据。在该书中，作者所使用的电子物证系广义的界定。

之间的意思表示。当事人通过 e-mail 或 EDI 方式签订的商业合同就是典型的电子书证。电子书证的重要特点是：(1) 它主要是由计算机或类似设备记录而形成的，在形成过程中计算机或类似设备基本上起一个记录员的作用；(2) 它以其中所记载的文字内容来证明案件事实。因此，在英美法系国家中，电子书证在被法庭采纳之前，必须一并经受传闻规则、最佳证据规则与鉴证规则的检验。

电子证人证言即电子方式的言词证据，如电子聊天记录等，它属于英美法系所说的典型传闻证据 (hearsay evidence)。它是以电子方式所表达的口头内容来证明案件事实，需要考虑证人谈话时的举止、语境等因素。例如，各种证人进行电子聊天的记录 (e-chat)，尤其是通过麦克风进行电子聊天的记录，又如对证人的电话录音等。

电子当事人陈述同电子证人证言基本相似，只是陈述的主体不同。如刑事犯罪嫌疑人、被害人以及民事当事人的电子聊天记录、电话录音等。

电子证据的鉴定结论是指由电子专家对存在真伪问题的计算机记录等进行鉴定，所出具鉴定书中反映的鉴定结论。2000 年上海某法院在审理被称为“全国首例以电子邮件为定案根据”的劳动争议案件时，曾经就一份电子邮件是否属实聘请上海市浦东新区公安局公共信息网络安全监察处进行鉴定，最后该监察处出具了一份“电子邮件书证意见书”①。这份“电子邮件书证意见书”虽然最后为法院所采信，但其本身不是鉴定书，故所反映的结论还不属于关于电子证据的鉴定结论。

电子勘验、检查笔录是指司法人员与行政执法人员在办理案件过程中，以电子形式作出的勘验、检查笔录。如侦查人员在勘查犯罪现场时通过数码相机拍摄的现场照片、交通警察在纠正汽车违章时通过“刷卡”得来的“交通处罚单”等。这些证据是由司法人员或行政执法人员在执行公务活动中形成的，受公务纪律的约束，本身带有一定的可靠性保障。

在电子证据获得独立法律地位的今天，传统证据依然存在着电子形式，而且传统证据电子化存在着扩大的趋势。这是一种颇为吊诡的现象，值得关注和思考。

① 王申．全国首例以电子邮件为定案证据的劳动争议案理论研讨会综述．法学，2001 (2)．

第三章

电子证据的关联性原理——建构内容与载体同案件的共联系

关联性是电子证据在法庭上运用的关键性指标。司法实践中电子证据面临着各式各样的关联性挑战，关联性对电子证据认定结果的实际影响远超过真实性、合法性和证明力之效果。作为一种虚拟空间的证据，电子证据用于定案必须同时满足内容和载体上的关联性。前者是指其数据信息要同案件事实有关，后者突出表现为虚拟空间的身份、行为、介质、时间与地址要同物理空间的当事人或其他诉讼参与人关联起来。这些关联性的良好实现，有赖于我国电子证据规则、刑事民事取证制度以及司法鉴定技术规范的创新。

一、被习惯忽视的关联性问题

（一）统计分析

2012年刑事诉讼法、民事诉讼法修正后，“电子数据”以法定证据的身份“入法”，正式登上我国司法舞台。① 为了掌握现阶段我国电子证据的运用状况，我们通过网上搜索和线下调研的方式收集涉及电子证据的判决书进行统计分析。网上搜索主要以“北大法宝”的司法案例数据库为对象，以“电子证据”“电子数据”为关键词，对2013年后宣判的刑事、民事案例进行检索，再通过人工筛查，排除重复或无关的案例。线下调研主要通过走访司法机关与访问实务人员的方式，收集有关电子证据的典型案例。通过这两种方式，共获得2013年1月至2015年7月期间作出的508份判决书（刑事判决书327份，民事判决书181份）。这虽不足以精准反映目前司法实践中涉及电子证据案例的全貌，但基本构成了可反映电子证据运用

① 行政诉讼法修改后也将“电子数据”定位为一种法定的证据形式。限于使用电子证据的行政诉讼案例相对不多，难以形成代表性，故本章不将其纳入讨论范围。

规律的小规模案例库。从涉及的法院及案由来看，这些案例具有相当广泛的代表性。①

统计分析表明，电子证据“四性”对司法裁判结果有不同影响。分析前，我们的一个经验性假设判断是，电子证据因技术上的特殊性易陷入真伪难辨的境地，因而真实性应是其面临的最大挑战。然而，统计结果表明该认识值得检讨。在实际案例中，虽然诉讼双方对电子证据真实性提出的质疑多于对关联性的质疑，但法官的认证结果却是对关联性质疑的支持远大于对真实性质疑的支持。具体来说，在181份民事判决书中，原、被告任一方对电子证据真实性、合法性、关联性和证明力提出质疑的频率分别为65.7%、29.8%、40.3%、24.3%；在327份刑事判决书中，控辩任一方对电子证据真实性、合法性、关联性和证明力提出质疑的频率分别为6.4%、0.9%、2.8%、2.8%。

从认证结果来看，民事诉讼中法官对电子证据未予采信的案例数为42例，刑事诉讼中法官对电子证据未予采信的案例数为7例。进一步分析，民事诉讼中因电子证据的关联性受质疑而未予采信的有27例，因真实性受质疑而未予采信的仅有29例②；刑事诉讼中因电子证据的关联性受质疑而未予采信的有3例，因真实性受质疑而未予采信的仅有1例。可以认为，在法庭上质疑电子证据关联性的效果好于质疑真实性的效果。

统计分析还发现，关联性并不是电子证据能否得到采信的孤立标准，它同真实性、合法性、证明力之间存在着一定程度的交叉。首先，电子证据的关联性与真实性存在着一物两面的现象。有些电子证据因缺乏同当事人主体之间的关联性，也可能被解读为不具有真实性，如在上诉人濮阳市××公司与上诉人贺×民间借贷纠纷案中③，贺×提交了从××公司网名为“春天的故事”员工的QQ邮箱所发的一份收据打印件，证明已还借款100万元。××公司陈述从未通过QQ邮箱向贺×发送收据，本公司亦无员工的网名为“春天的故事”。法庭的最终认定“贺×没有提供证据证明名为‘春天的故事’QQ邮箱与××公司有关联”，同时认定该电子收据“证据来源不清”。

其次，在许多部门规章对电子证据的关联性提出明确要求的情况下，关联性也

① 统计分析发现，上述案例涉及电子邮件、网页、即时通讯记录、单机文件（视频、图片、文本）、光盘文件、移动电话/短信、操作/浏览痕迹、传真文件、软件及其他计10类电子证据形态，涵盖最高人民法院以及全国31个省级区域（西藏自治区除外）的三级地方法院，案由包括民事领域的合同纠纷、知识产权与竞争纠纷、劳动争议、人事争议等10类，刑事领域的诈骗罪、非法经营罪、盗窃罪、走私贩卖运输制造毒品罪、组织领导传销活动罪、走私普通货物物品罪、开设赌场罪、侵犯著作权罪、传播淫秽物品罪等14类。

② 其中有15例属于涉案电子证据同时受到了真实性和关联性两方面的质疑，经法庭认证后最终予以排除的情形。

③ 参见“濮阳市××公司与贺×民间借贷纠纷案民事判决书”，河南省濮阳市中级人民法院（2013）濮中法民开终字第213号。

可能以合法性的面貌呈现出来。如最高人民法院、最高人民检察院、公安部、国家安全部、司法部（以下简称“两高三部”）《死刑案件证据规定》第29条第1款规定：“对于……电子证据，应当主要审查以下内容：……（五）该电子证据与案件事实有无关联性。”这就将电子证据的关联性作为了司法解释性文件所专门关注的一项内容。司法实践中也不乏以违反合法性为由质疑电子证据关联性的案例，如在胡××等涉嫌破坏计算机信息系统罪一案中①，辩护意见认为“鉴定书的鉴定材料来源不明，鉴定意见不具有关联性、合法性”。这实际上是将电子证据的关联性以违反规范性文件即不具有合法性为由提出。

最后，电子证据关联性与证明力的差异在于程度方面，形式上的有无关系属于关联性问题，实质上的有多大关系则属于证明力问题。如在马××与北京×××公司劳动争议纠纷上诉案中②，马××提交一份公证书证明×××公司给其发放了提成奖金；×××公司对电子邮件及公证书的证明目的不予认可，称该份电子邮件的内容与马××有关，故抄送给马××本人，但并不意味着公司对马××的承诺。电子证据关联性与真实性、合法性、证明力之间的交叉关系进一步表明关联性在电子证据运用方面的重要地位。

通过对裁判文书的分析，我们可以发现两个值得深思的现象：一是电子证据的攻防效果堪忧。在中国的司法环境中，电子证据的司法运用尚未形成成熟的机制。诉讼双方就电子证据如何使用普遍缺乏经验，法庭上的许多交锋都带有明显的形式主义色彩，审判人员也缺少审查认定电子证据的成熟经验。二是电子证据的质证认证重心应当调整，即由侧重于对真实性的质证，转向同等重视对关联性的质证。因为现阶段，相比于真实性质疑，法庭更易接受对电子证据关联性的质疑。由此可见，我国要推动电子证据运用机制的建立，关联性方面是一个值得重视且更为有效的切入点。

（二）调研分析

为了更好地把握电子证据在实务中的运用规律，我们对近一百位法律专家进行了面对面调研。调研对象基本上都是一线的法官、检察官、警官、律师和行政执法人员，他们中绝大多数人有着处理电子证据案件的实务经验，有的兼具法律背景和技术背景，有的积极推动了电子证据规章或行业规范的出台。调研方法包括集体座谈和个别访谈等。

调研过程中，大家普遍认可当前我国处于电子证据运用的低水平阶段，也赞同电子证据的关联性比真实性更能影响法庭认证这一观点。为何就电子证据的关联性提出质疑更容易说服法官？专家们给出的解释包括：（1）关联性问题主要是经验层

① 参见“胡××等涉嫌破坏计算机信息系统罪案刑事判决书”，湖北省荆门市东宝区人民法院（2013）鄂东宝刑一初字第00153号及提交的质证意见书。

② 参见“马××与北京×××公司劳动争议纠纷上诉案民事判决书”，北京市第二中级人民法院（2013）二中民终字第14829号。

面的内容，而真实性问题主要属于科学层面，甚至是科学技术暂时无法定论的，如传真件的真实性问题；(2) 关联性问题是法官必须直接和正面作答的，而对真实性问题的回应法官可以借助司法鉴定或检验报告来完成，即法官可以拒绝直接表态；(3) 关联性问题在裁判文书中必须作出认定，真实性问题则可以通过举证责任规则来处置；(4) 关联性问题的结论都比较明确，真实性问题的结论则可以模糊化处理，即法官可以不明确表态；(5) 关联性问题不能通过证据保全等程序予以保障，而真实性可以进行事先固定。在上述理由中，第一点和第二点是专家们普遍认可的，对于其他几点，则有超过一半的专家支持。

综上可见，关联性是电子证据运用中至关重要的一个问题。这既是从案例统计中得出的判断，也得到了调研结果的支撑。

二、从单联性到双联性的理念正源

(一) 原理展开

关联性是电子证据运用的关键，这一论断不仅是“对内”相比电子证据的真实性等标准而言的，也是“对外”相较于传统证据之关联性审查认定而言的。传统理论认为，“每一个具体的证据必须对证明案件事实具有实质性意义”[①]，即具有实质性；“证据必须与需要证明的案件事实或其他争议事实具有一定的联系”[②]，即具有证明性。这两点决定了评断证据的关联性往往要考察证据所蕴含的信息或内容是否有价值。证据是由信息与载体[③]或者说内容与形式两部分构成的。评断传统证据的关联性通常仅需考虑信息或内容的关联性，而不用专门关注载体或形式的关联性。但对电子证据而言，既要考察信息或内容的关联性，也要考察载体或形式的关联性。从这个角度来说，电子证据的关联性体现为鲜明的双联性。

电子证据是寓存于虚拟空间的证据。“电子证据离不开由电子设备和信息技术营造的特殊环境，该环境的特殊性决定了它同传统人证、物证相比具有明显的不同。不同之处首先表现为电子证据的虚拟空间性，即它通常不是实实在在的物，而是由某种信号量（包括模拟信号量和数字信号量）的方式存储着的信息。”[④] 电子证据所存在的虚拟空间表现繁杂，并且网络、云盘、单机、硬盘、光盘、优盘等电子信息空间，都是人们不能亲临之处所。这些虚拟空间同案件事实通常所存在的物理空间无法一一对应，必须经过某种转换才能建立相应的联系。而无论是虚拟空间本身，还是虚拟与物理两种空间的区隔，都决定了电子证据在用于证明案件事实时

① 何家弘，刘品新．证据法学．5版．北京：法律出版社，2013：114.

② 同①.

③ 所谓“证据载体”，是指那些记载或者证明一定证据事实的证据形式。陈瑞华．刑事证据法学．北京：北京大学出版社，2012：63.

④ 何家弘．刑事诉讼中科学证据的审查规则与采信标准．北京：中国人民公安大学出版社，2014：167.

必须满足内容与载体的双重关联性，二者缺一不可。

内容关联性是电子证据的数据信息同案件事实之间的关联性，载体关联性是电子证据的信息载体同当事人或其他诉讼参与人之间的关联性。具体来说，前者影响案件事实存在与否的认定，后者确定电子证据所蕴含的信息同诉讼主体的关联性；前者属于一种经验上的关联性，后者属于一种法律上的关联性；前者等同于对传统证据提出的一致要求，后者体现出对电子证据关联性的特殊要求；前者主要涉及物理空间，即判断电子证据的内容是否对证明物理空间的案件事实产生了实质性影响，后者则主要涉及虚拟空间，即借助电子证据的形式确立虚拟空间的案件事实并搭建两个空间的对应关系。这些内容共同构成了电子证据双联性原理的内涵。案例3-1即阐明了电子证据的双联性原理。

【案例3-1】

张某某与李某民间借贷纠纷上诉案①

【基本案情】

2012年8月17日，张某某以李某欠款为由诉诸法院。张某某在举证中提交了一份公证书。该公证书系对张某某所持手机中接收短信现状及内容进行的证据保全。其记录发出短信的手机号为1369999××××，张某某称系李某本人的手机。涉及钱财内容的短信为“卡号我记住了，我想办法给你还吧！看年底有没有我们的奖金，要是有的话估计有四五千吧先给你，剩下的我尽快可以吧。”

【案件评析】

本案中，经过公证的手机短信能否通过关联性标准的检验呢？首先，短信的内容必须能够证明借款事实存在或借款的金额等，即具有内容关联性。其次，还必须确立载体关联性，这就包括该手机号的使用是否与被告人相关等。庭审中，承办法官为了查清1369999××××机主的身份，在庭上亲自拨号核对，这就是尝试确立该证据的载体关联性。从本案可以看出，在判断电子证据关联性时，内容关联性的认识规律同传统证据是一致的，主要是审查评断数据信息是直接关联还是间接关联；而载体关联性的认识规律则不同于传统证据，它具有明显的特质。

双联性原理决定了法庭须对电子证据进行双重关联性评断。无论是缺少了对内容关联性的认定，还是缺少了对载体关联性的认定，抑或是对两种关联性中任一关联性认定的结论是否定的，都会导致法庭作出不采纳电子证据的裁判。其中，载体关联性问题相对复杂，司法人员的经验也更加缺乏，因而成为判断电子证据关联性的核心。

① 改编自“张××与李×民间借贷纠纷上诉案民事判决书”，新疆乌鲁木齐市中级人民法院（2013）乌中民一终字第103号。

在人类社会出现虚拟空间以后，就产生了将虚拟空间的行为同物理空间的人相对应的问题，即实现人机同一。这一难题不仅出现在审判领域，也存在于侦查活动中。当代侦查学的理论研究表明："网络时代的侦查模式是新型的'事——机——人'模式或'人——机——事'模式，其突出特点在于以电子设备或账号为中介的双向调查。"① 这样的侦查区分为"从事/人到机"与"从机到人/事"两个阶段，侦查人员既要找到涉案电子设备或账号等，更要找到涉案电子设备或账号的使用者等。完成后一任务，就是要确定电子证据的载体关联性。

（二）载体关联性

证据是内容与载体的有机统一。对电子证据而言，其载体通常被称为信息载体，是指脱离数据本身、承受电子信息的一种形式。其可能是案件中的手机、电脑、网络服务器、优盘、光盘或者云存储装置等。有人错误地认为，只有单机数据才有载体，网络数据没有载体。这一观点并不符合事实。"不论是在个人计算机上直接产生还是在网络中形成，电子证据中的待证事实的事实信息也是必须存储在一个客观存在的物体中……一般来说，人操作终端计算机的行为可以在该计算机硬盘中留下相应的信息，其在网络上产生的信息最终也会存储在网络的服务器上。也就是说，不论何种计算机信息、网络信息都会有一个具体的物质载体。"②

载体关联性不能仅理解为电子证据的信息载体同诉讼主体相关，还必须考虑案件中的争议事实在虚拟空间的具体呈现。司法实践中几乎找不到两起完全相同的案件，但从结构上看，任何案件都是由人、事、物、时、空构成的。虚拟空间的人、事、物、时、空任一项出现争议的，都需要通过电子证据的信息载体呈现出诉讼主体同虚拟空间的人、事、物、时、空的联系。换言之，法庭要通过确认信息载体的关联性，将物理空间与虚拟空间这两个空间的案件事实关联起来。

其一，人的关联性，即身份关联性。在虚拟空间，人的行事身份主要表现为各种电子账号，包括电子邮箱、手机号、微信号、钉钉号、QQ 号、陌陌号、旺旺号、宽带账号、网络电话账号、微博号、Facebook 账号、网游账号、银行卡号、支付宝账号、云账号、域名以及其他网络用户名/号，等等。这就存在一个身份关联的问题，需要有证据证明涉案的电子账号归行为人所有或所用。如果不能排除共有、共用或者案外人使用、冒用的情况，这种关联性就无法构建起来。这实际上是虚拟空间"如何证明你我他"的问题，即证明行为人就是虚拟空间中以某个特定身份行事之人。司法实践中一些电子证据正是因为未确立"人的关联性"而遭到异议或排除。具体情形包括当事人或其他诉讼参与人否认发过邮件/传真、邮件发/收件人身份不明、短信发送记录单不能确认身份等情形。

例如，在北京某某科技有限公司等与某某科技（上海）有限公司北京分公司买

① 刘品新．论网络时代侦查制度的创新．暨南学报（哲学社会科学版），2012（11）：68.

② 熊志海．信息视野下的证据法学．北京：法律出版社，2014：122.

卖合同纠纷上诉案中[①]，法院在判决书中写道："从内容上，邮件内容无法显示发件人、收件人身份……不认可上述证据的……关联性。"在胡某诉某某（上海）流体技术有限公司劳动合同纠纷案中[②]，法院在判决书中写道："原告……表示该邮件其未发过，本院……对其关联性不予确认。"在许某诉上海某某维修服务有限公司修理合同纠纷案中[③]，法院在判决书中写道："电话语音详单没有电信部门确认；短信发送记录单不能确认是被告员工号码"。在上海某某网络科技发展有限公司诉江某侵犯经营秘密纠纷案中[④]，法院在判决书中写道："所涉邮件的发送邮箱使用的是公共平台的电子邮件服务，因电子邮箱并非实名登记，任何人均可申请注册，通过邮箱账户名并不能确定其所有人。被告否认该邮箱系其注册、所有，原告也未提供被告曾使用该邮箱的其他证据，本院难以认定从该邮箱发送邮件的行为系被告所为"。在济南某某网络信息有限公司与北京某某科技有限公司合作协议纠纷上诉案中[⑤]，法院在判决书中写道："虽然济南××公司提交了合作协议的传真件，但是在北京××公司否认曾经发过该传真件的情况下，济南××公司未能提供其他证据证实该传真件确系北京××公司所发……依法不应支持"。

其二，事的关联性，即行为关联性。案件事实涉及行为人的各种法律责任，其主要发生在物理空间，但虚拟空间的案件事实也不容漠视。如行为人是否收发了一封邮件、一条短信，是否制作或者修改了某个文档，是否下载了某个网页等等。此时行为人的身份问题并无争议，需要确认的是其有无实施相关行为，正是这些行为将影响责任主体的责任认定。

例如，在江门市蓬江区某某广告有限公司与陈某某劳动争议纠纷上诉案中[⑥]，为证明双方存在劳动合同关系，原告陈某某向法庭提交了公司法定代表人李某发出的手机短信，发送时间为 2011 年 2 月 26 日，发送号码为 186××××××××，内容为："陈总，你的工资待遇是不变的，一样的 6 000 元底薪"。被告公司表示上述号码虽为其法定代表人李某使用，但平时很少使用，也没有发过包含上述内容的短信，对该证据的关联性不予确认。这一争议的实质就指向电子证据的行为关联性。

① 参见"北京××科技有限公司等与××科技（上海）有限公司北京分公司买卖合同纠纷上诉案民事判决书"，北京市第一中级人民法院（2013）一中民终字第 524 号。

② 参见"胡×诉××（上海）流体技术有限公司劳动合同纠纷案民事判决书"，上海市奉贤区人民法院（2013）奉民三（民）初字第 348 号。

③ 参见"许×诉上海××维修服务有限公司修理合同纠纷案民事判决书"，上海市闵行区人民法院（2013）闵民二（商）初字第 917 号。

④ 参见"上海××网络科技发展有限公司诉江×侵犯经营秘密纠纷案民事调解书"，上海市浦东新区人民法（2010）浦民三（知）初字第 262 号。

⑤ 参见"济南××网络信息有限公司与北京××科技有限公司合作协议纠纷上诉案民事判决书"，山东省济南市中级人民法院（2013）济商终字第 546 号。

⑥ 参见"江门市蓬江区××广告有限公司与陈××劳动争议纠纷上诉案民事判决书"，广东省江门市中级人民法院（2013）江中法劳终字第 142 号。

其三，物的关联性，即介质关联性。承载电子证据的物是电子介质。这时就需要确认电子介质同行为人的关系。如有关电子介质是否为行为人所有或所用，是否存在共有或共用的情况，若存在共有或共用情形该如何确立电子介质中的数据同行为人的对应关系，等等。判断物的关联性，仅依靠类型化的信息（如介质的外观、品牌、型号等）是不够的，还需要一些特定化的信息（如介质序列号、其上的指印痕迹、领用清单、使用记录等）提供强有力的支撑。

例如，2016 年年初快播公司涉嫌传播淫秽物品牟利罪案的一个争议焦点，就是四台服务器是否与快播公司相关。辩方提出质疑："保管、查封、鉴定程序都是后补的"，"提交鉴定的每台服务器都比扣押笔录中少了 1 块硬盘"，无法证实服务器的文件来源于快播公司。控方回应说：执法人员"依照相关规定对该公司四台服务器 IP 地址进行了登记保存"，现在服务器的 IP 地址同笔录是一致的。辩方再质疑："电脑的 IP 地址是可以改的"，"电脑的 IP 地址改起来是非常方便的"。控方再回应，"辩护人无端指控 IP 地址进行了修改，没有实质性的依据"①。在这里，双方的争议焦点就在于物的关联性。

其四，时的关联性，即时间关联性。虚拟空间的时间通常就是机器时间，同物理空间的时间具有一定的对应关系，但又不完全一致。有些没有差别或差别不大，有些差别却是实质性的。② 时间关联性就是要确定机器时间同物理时间是否一致，或者其对应关系如何，进而确定在涉案时间谁的行为产生了相应的电子证据。在司法实务中，诸如电子日志的形成时间、数码照片的拍摄时间、办公文档的修改时间、电子邮件的发送时间等，可能对定案至关重要，此时一旦出现了机器时间与物理时间不同的情况，就会引发时间关联性之争。

例如，在一起伪基站③犯罪案件中，为了查证嫌疑人利用伪基站发送短信的行为造成多少用户通信中断，警方聘请专家对嫌疑人电脑中的发送记录和日志进行了检验。但是，在送检之前警方提取电脑时发现"电脑系统时间与北京时间不吻合"④，即电脑系统时间不反映物理空间时间，而由于疏忽也未能记录电脑系统时间与物理时间的实际差值。这就造成了对中断通信用户数的鉴定意见缺少时间关联性的困扰。

① 快播涉黄案庭审实录．[2016－02－13]．http：//tech.sina.com.cn/i/2016－01－08/doc-ifxnkkux0980107-p19.shtml.

② 关于机器时间与物理时间的关系，参见刘品新，胡忞．论电子证据时间鉴定的科学基础．山东警察学院学报，2012（3）：68－71.

③ "伪基站"即假基站，设备一般由主机和笔记本电脑组成，通过短信群发器、短信发信机等相关设备能够搜索以其为中心、一定半径范围内的手机卡信息，通过伪装成运营商的基站，冒用他人手机号码强行向用户手机发送诈骗、广告推销等短信息。

④ 即电脑系统时间不反映物理空间时间。

其五，空的关联性，即地址关联性。虚拟空间有着独特的地址概念，如 IP 地址①、MAC 地址②、GPS 地址、手机基站定位③以及文件存储位置等。许多电子证据产生后都带有内置或外置的地址信息。这就需要确认这些地址信息同行为人之间的关系，即这些地址是否归他们所有或所用，是否存在共有、共用或者被冒用的情况。

例如，唐某某与中国证监会行政诉讼纠纷案④就反映了这种关联性争议：证监会认定唐某某存在操纵股价行为的重要证据之一是涉案账户交易股票共用 MAC 地址和 IP 地址的交易记录。唐某某一方提出，电脑的 MAC 地址、IP 地址可以进行任意修改，并不能根据相同地址信息判断交易是在同一台电脑上操作的。在行政诉讼中，一审法院最终认定涉案交易所用 MAC 地址、IP 地址具有较高的重合率。⑤显然，本案的焦点就是依据现有证据能否认定唐某某实施了操纵股价的行为，而这里的关键即 MAC 地址、IP 地址证据是否具有关联性。

前述人、事、物、时、空的关联性均立足于虚拟空间，它们共同构成电子证据的载体关联性。当然，在具体案件中这五项内容并不都会成为争点，通常只有成为争点的关联性问题才有实际意义。这也是电子证据关联性的特色所在。实践表明，电子证据载体关联性的审查评断还遵循两个规律：一是五项关联性之间存在一定的交叉，大凡当事人有争议的都需要在法庭上解决；二是确立这些关联性既可以依靠当事人自认、证人证言、书证、情况说明等传统证据，也可以通过电子证据的附属信息、关联痕迹等加以证明。

三、三项基本的制度建设

（一）关联性规则

2010 年《死刑案件证据规定》对电子证据的审查内容作出了详细的规定，其中涉及关联性的内容有两项：（1）审查“该电子证据与案件事实有无关联性”；（2）“对电子证据，应当结合案件其他证据，审查其……关联性”⑥。2012 年最高人民法院发布《刑诉法解释》时，对关联性规则进行了微调：（1）审查“电子数据与案件事实有无关联”；（2）审查“与案件事实有关联的电子数据是否全面收

① IP 地址是指互联网协议地址，是 IP Address 的缩写，是“IP 协议提供的一种统一的地址格式。它为互联网上的每一个网络和每一台主机分配一个逻辑地址，以此来屏蔽物理地址的差异。”

② MAC（Media Access Control 或者 Medium Access Control）地址，意译为媒体访问控制，或称为物理地址、硬件地址，用来定义网络设备的位置。

③ 手机基站定位是指通过电信移动运营商的网络获取移动终端用户的位置信息。

④ 参见中国证券监督管理委员会行政复议决定书（2013）6 号。

⑤ 参见北京市第一中级人民法院行政判决书，（2013）一中行初字第 1171 号。

⑥ 《死刑案件证据规定》（2010 年 6 月 13 日发布）第 29 条。

集”①。这些规则过于简单，其最大的缺陷在于不能反映电子证据关联性的特点和规律。

要构建切实有效的电子证据规则，必须严格把握其特殊性。就关联性而言，其特殊性集中体现于庭审中的攻防策略。学理上所梳理的人、事、物、时、空关联性，在审判活动中就转化为控辩双方的证据对抗。国内外学者总结了一些关于电子证据的经典抗辩策略，如“黑客”等行为抗辩、“木马”等病毒抗辩、“他人”行为抗辩、“溢波”等窃用行为抗辩等，基本上都属于关联性之辩。这些抗辩策略的指向非常明确，即要说明案件中的电子证据及其载体与当事人或其他诉讼参与人无关。这些策略也只是电子证据关联性抗辩的一部分，实务的发展已经远远超越了该范围，这是构建电子证据关联性规则所必须关注的。表 3－1 列举了一些代表性案例中的关联性抗辩。

表 3－1

案件名称	举证的证据及目的	质证内容及类型
何××走私弹药案②	电子邮箱及邮件：被告人何××通过邮箱××@yahoo.com.hk与另一被告人进行邮件联系，商量弹药走私。	“身份关联性”抗辩：（1）电子邮箱地址××@yahoo.com.hk是另一人麦××与被告人共用的；（2）涉案邮件不是被告人所发的。
××公司与王×等技术转让合同纠纷上诉案③	手机邮箱及邮件：××公司工作人员于2011年6月20日13时35分向××@139.com发送电子邮件，足以说明按照合同约定期限解除合同的意思表示。	“行为关联性”抗辩：××公司没有证据证明电子邮件已经有效送达叶××，更没有证据证明叶××已经收到并阅读了邮件。
胡×诉×××公司劳动合同纠纷案④	上网记录及其公证书：证明原告胡×在上班时间经常浏览娱乐性网页，使用与业务无关的网上声音或图像载体……属严重违纪行为的事实。	“介质关联性”抗辩：不能证明经公证的电脑是原告胡×使用过的。
陈××与××公司租赁合同纠纷上诉案⑤	网页证据：××县国土资源局国有土地使用权挂牌出让成交网页信息，证明涉案土地于2012年7月5日成交，被上诉人陈××已经取得了土地使用权。	“时间关联性”抗辩：由于涉案租赁合同是2011年4月28日签署的，而该份证据显示在2012年7月份之前被上诉人对挂牌土地无使用权、处分权，故对该证据……关联性不予认可。

① 最高人民法院《关于适用〈中华人民共和国刑事诉讼法〉的解释》（2012年11月5日通过）第93条。

② 参见“何××走私弹药案刑事判决书”，江苏省高级人民法院（2009）苏刑二终字第16号。

③ 参见“××公司与王×等技术转让合同纠纷上诉案民事判决书”，广东省广州市中级人民法院（2013）穗中法知民终字第568号。

④ 参见“胡×诉××公司劳动合同纠纷案民事判决书”，上海市奉贤区人民法院（2013）奉民三（民）初字第348号。

⑤ 参见“陈××与××公司租赁合同纠纷上诉案民事判决书”，江苏省淮安市中级人民法院（2013）淮中商终字第0050号。

续前表

案件名称	举证的证据及目的	质证内容及类型
胡××等与景×名誉权纠纷案①	博客及 IP 地址证据：网络用户“打狗棒 11111”“打狗棒”在网上发布的网帖，内容带有明显侮辱性的语言；其注册 IP 地址与被告公司的微博注册 IP 地址一致	“地址关联性”抗辩：仅能显示其博客发帖的 IP 地址与网络用户“北京超人 2012”的注册 IP 地址一致，但不能证明被告景×就是网络用户“北京超人 2012”。

构建电子证据关联性规则，就是要形成针对关联性抗辩的认证规则。在这一点上，司法实务中除了遵循现已规定的综合性认证规则外，还必须引入适用广泛的经验法则、举证责任规则等。例如，在一起海上货物运输合同纠纷案中②，原告出示 QQ 聊天记录与电子邮件，以证明涉案货物已被提走的事实。被告经当庭核实，指出邮件中发件人、收件人等身份信息无法查清，内容也与涉案货物无关，对关联性提出异议。法院认为，虽然被告对邮箱 grace. zhang@hl-line. com 未予确认，但该邮箱的域名与被告确认的公司邮箱 joy. wang@hl-line. com 域名一致，且被告确认曾有名为 Grace 的员工，并与涉案提单签发处签名一致，可以推定邮件中的 Grace Zhang 为被告工作人员，故该邮件与本案存在关联性。这里所说的“推定”，实际上是将举证责任分配给被告，援引举证责任规则来解决关联性问题。此外，电子证据的关联性有时也以专门性问题的面貌呈现，这就需要依靠技术鉴定等手段来解决。上述实务经验和方法，可以总结提升法律规范。

基于以上分析，我们试拟电子证据的关联性规则如下：(1) 电子数据在内容上对证明案件事实能够产生一定实质性影响的，且能确认其信息载体在身份、行为、介质、时间、地址方面同案件中行为人有联系的，应当认定其具有关联性；(2) 审查电子数据的关联性，应当针对待证事实和质证内容，基于经验法则进行综合性判断，必要时可以通过司法鉴定予以查明；(3) 通过上述方法无法肯定或否定电子证据关联性的，可以依照举证责任规则处理。③

(二) 取证制度

取证环节是司法证明的起点，电子证据取证的规范性直接为其关联性认定奠定了基础。迄今为止，我国构建了面向刑事、民事活动的电子取证框架制度。它们以部门规章和司法解释为主，也包括一些行业指导件的软规范；它们多数为专门的电子取证规则，也有一些是含电子取证在内的综合性规则。规范分析表明，现存立法

① 参见“胡××等与景×名誉权纠纷案民事判决书”，北京市第二中级人民法院（2015）二中民终字第 04564 号。

② 参见“浙江××化工有限公司诉××国际物流（上海）有限公司海上货物运输合同纠纷案民事判决书”，上海海事法院（2013）沪海法商初字第 197 号。

③ 这一条款是我们团队向全国人大财经委员会（负责《电子商务法》起草工作）提交的“电子商务中电子数据规则立法建议稿”（2014 年 12 月 30 日）的内容，此处做了进一步修改。

对电子证据的关联性重视不够。绝大多数法条仅提出了笼统的要求，如对于“可以作为证据使用的”“能够证明……案件真实情况的”“与犯罪/案件相关/有关联的”“与拟证明的事实之间存在法律上的客观联系的”电子证据/电子数据进行发现、固定和提取，对于载体关联性的规定甚少或者未做任何规定。详情见表3-2。

表3-2

规范名称	颁布单位	是否规定内容关联性	是否规定载体关联性				
			身份关联性	行为关联性	介质关联性	时间关联性	地址关联性
《计算机犯罪现场勘验与电子证据检查规则》	公安部	√	×	√	×	√	×
《人民检察院刑事诉讼规则》	最高检	√	×	×	×	√	×
《人民检察院电子证据鉴定程序规则（试行）》	最高检	√	√	×	√	×	×
《人民检察院电子证据工作细则（试行·审议稿）》	最高检	√	√	√	√	√	√
《关于办理网络赌博犯罪案件适用法律若干问题的意见》	最高法、最高检、公安部	√	√	×	√	×	×
《关于办理网络犯罪案件适用刑事诉讼程序若干问题的意见》	最高法、最高检、公安部	×	×	√	√	√	×
《关于审理证券行政处罚案件证据若干问题的座谈会纪要》	最高法	×	×	×	√	√	√
《关于工商行政管理机关电子数据证据取证工作的指导意见》	工商总局	√	×	×	√	√	√
《律师办理电子数据证据业务操作指引》	中华全国律师协会	√	√	×	√	√	×
《办理保全互联网电子证据公证的指导意见》	中国公证协会	√	√	×	×	×	×
《公安机关办理刑事案件电子数据取证规则》	公安部	√	√	√	√	×	√

在这些规范性文件中，只有最高人民检察院起草的《人民检察院电子证据工作细则（试行·审议稿）》，对电子取证既提出了内容关联性的要求①，也提出了载体

① 该稿第3条规定“电子证据工作应当遵循以下原则……确保合法性、完整性、真实性、关联性”。

关联性的各项标准。具体来说，该审议稿第 8 条规定："勘验人员应当根据实际情况，对涉及的场所进行全面勘验，提取电子设备、存储介质、密钥……记录密码设置情况、运行状态、特殊要求等信息"，这是涉及行为关联性的内容。第 9 条规定："勘验笔录应当记录以下内容……（二）电子设备、存储介质的品牌、型号、序列号或出厂号、外观、结构、状况等信息，移动通信号码；（三）电子设备、存储介质所有人、保管人、使用人等信息"。第 16 条规定："提取电子设备、存储介质，应当……记录其型号、容量、序列号、识别码、移动通信号码、用户标识等信息，由取证人员、保管人、见证人签字确认"。第 18 条规定："提取数据内容予以固定的，应当……记录原始的电子设备、存储介质的型号、容量、序列号、识别码、存放位置、保管人等信息"。前述三条是涉及身份关联性、介质关联性的内容。该审议稿第 11 条第 1 款规定"数据内容的勘验笔录，应当详细记录……系统设置、系统时间及误差等信息"；第 2 款规定"远程勘验计算机网络系统，还应当详细记录目标网络地址、网络域名、网络运营商、网络路径、服务器名称、系统环境、系统设置等信息"，这是涉及时间关联性、地址关联性的内容。遗憾的是，这一规章至今未获通过。

现阶段我国取证制度对电子证据载体关联性的漠视，给司法实践带来了难题。一些司法人员遇到棘手的关联性抗辩，通常采取回避的态度，不敢在裁判中归纳这样的质疑，以避免在裁判文书中作答；也有的司法人员勉强作出了回应，但其裁判逻辑和语言表述却混乱不堪。在前述胡××等涉嫌破坏计算机信息系统罪一案中，辩方对网安部门 34 号远程勘验笔录提出质疑，认为笔录反映的勘验结束时间是 2011 年 11 月 3 日 17：20，而其附件第 2 页上反映的最近登录邮箱时间也是"2011 年 11 月 3 日 17：20"，地点为"湖北省"，该地点与被告人无关，这里存在无法解释的矛盾。判决书对登录时间异常质疑的回应是："……说明办案单位在远程勘验工作记录中作风不够严谨，但并不影响工作的结果内容"①。对于该案中对登录地点异常的质疑，判决书竟未作任何回应。

在取证制度中严格落实电子证据关联性的基本原则，并在取证规范中对保证载体关联性的五项内容作出规定，电子取证部分的改革与完善之路便会清晰明确。具体落实时，我国可以构建和完善如下电子证据取证制度：(1) 包括电子文件管理在内的日常管理制度，如政府、企事业单位对重要电子文件及其介质的全过程、规范化管理；(2) 电子设备的交接制度，如政府、企事业单位对重要电子设备基于领用单、归还单、验收单等清单的管理；(3) 提取确认制度，如侦查人员、行政执法人员、司法人员在提取电子证据过程中实施的当事人签名确认、见证人见证以及录像固定的身份识别；(4) 传统证据的关联制度，主要是通过口供、证言、书证等辅助

① "胡××等涉嫌破坏计算机系统罪案刑事判决书"，湖北省荆门市东宝区人民法院（2013）鄂东宝刑一初字第 00153 号。

证据证明电子证据的关联性等；(5) 专门的司法鉴定制度，主要是通过司法鉴定的方法确认电子证据或其介质的使用者、使用时间、使用地点、使用身份等。

有效保障电子证据的关联性，是我国电子取证制度创新的一个方向。国际上流行的逻辑树（Logic Tree）理论可供借鉴。以证明电子证据的地址关联性为例，调查人员应当一方面收集 IP 地址证据（证明上网地点）、上网终端归属证据（如手机、电脑、其他设备注册登记、购买信息、卡号识别码、硬件识别码）、网上活动记录证据（如登录日志、轨迹、位置信息）、数字证书（如 PKI 证书、生物特征认证证书），另一方面收集物证（如介质上的指印、毛发）、书证（如保管使用记录、领用清单）、证人证言、犯罪嫌疑人、被告人供述和辩解等。调查人员还可以依靠专门制作的笔录（如当事人或保管人在提取笔录上确认签字、照片、录像）、情况说明、公证文书、见证文书等辅助手段进行补强。这就构成了以电子证据或传统证据为主干的逻辑树体系。诚然，实践中搭建逻辑树并不苛求千篇一律，还须考虑不同部门规章和行业规范的自身特点，但其核心要旨，就是尽可能全面地收集纠纷发生前后出现的相关电子证据或传统证据，满足法庭对证据关联性各方面内容设定的要求。

（三）关联性鉴定

通过司法鉴定确定电子证据的关联性，不仅合理，而且可行。司法鉴定通常是解决证据专业性问题的可靠手段，在电子证据关联性争议的处理上也不例外。若在个案中诉讼双方对电子证据有无关联性产生了实质性争议，又无法通过别的手段甄别，那么寻求司法鉴定的专业帮助就成为一种自然的选择。

我国关于电子证据司法鉴定的部门立法有两种类型。一种是“下定义”型。2000 年司法部发布的《司法鉴定执业分类规定（试行）》[①] 第 13 条规定：“计算机司法鉴定：运用计算机理论和技术，对通过非法手段使计算机系统内数据的安全性、完整性或系统正常运行造成的危害行为及其程度等进行鉴定。”2005 年公安部发布的《公安机关电子数据鉴定规则》[②]第 2 条规定，电子数据鉴定是指“公安机关电子数据鉴定机构的鉴定人按照技术规程，运用专业知识、仪器设备和技术方法，对受理委托鉴定的检材进行检查、验证、鉴别、判定，并出具鉴定结论的过程”。依照这两个规章，是否可以开展电子证据关联性鉴定，完全由实践自行摸索。

另一种是“下定义＋列举”型。最高人民检察院 2009 年发布的《人民检察院电子证据鉴定程序规则（试行）》除给出定义外，还在第 4 条规定了电子证据的鉴定范围，即：“（一）电子证据数据内容一致性的认定；（二）对各类存储介质或设备存储数据内容的认定；（三）对各类存储介质或设备已删除数据内容的认定；（四）加密文件数据内容的认定；（五）计算机程序功能或系统状况的认定；（六）

① 司发通［2000］159 号。

② 公信安［2005］281 号。

电子证据的真伪及形成过程的认定；（七）根据诉讼需要进行的关于电子证据的其他认定。”前6项与关联性鉴定的关系似乎不大，而第7项为概括性的兜底条款。严格来说，虽然现行规章没有明示针对电子证据关联性的鉴定业务，但通过文义解释将其囊括在内，似乎也并未突破法条规定。这一理解亦契合了学理上的主流观点。

电子证据司法鉴定的本质是由具有专门知识的人协助司法人员对有关电子证据的专门性问题作出判断。《刑诉法解释》第93条第2款规定，“对电子数据有疑问的，应当进行鉴定或者检验”。从文义解释的角度讲，其内涵当然包括电子证据关联性的专门鉴定。当前我国教材也普遍将电子证据关联性鉴定纳入司法鉴定科目。司法部组织编写的司法鉴定教育培训教材《电子数据司法鉴定实务》指出，电子证据的应用层鉴定类别包括“认定信息的来源”，即“通过分析信息的传播渠道、生成方法、时间信息等认定信息的最初源头”；“用户身份确定技术”，即确定用户本地身份和用户网络身份①；另指出，“在网络数据的鉴定过程中，可以应用关联分析技术，对各种线索进行关联分析，发掘同一事件的不同数据间的联系”，关联分析包括用户名关联、密码关联、时间关联、关系人关联等。② 此外，我国还有学者将电子证据关联性鉴定同真实性鉴定并列起来，合称为以“评估证据”为目标的司法鉴定。③

不同于理论学说基本一致的见解，实务做法在该问题上略显保守和模糊。实证调研表明，在我国面向社会服务的电子数据司法鉴定中，以“评估证据”为目标的司法鉴定只占少数，且在该少数中占比较大还是真实性鉴定，典型的关联性鉴定少之又少。这种差异同样在电子证据鉴定技术规范中体现出来。本章在“延伸阅读”部分列举了我国截至2019年1月1日的电子证据司法鉴定技术标准，其中绝大多数技术规范都难以适用于电子证据关联性的判断，极少数涉及电子证据关联性的技术规范④也只限于内容关联性方面。

在我国电子证据鉴定领域推动关联性鉴定的开展，需要研制出相关的技术项目。电子证据关联性的核心内容包括身份关联性、行为关联性、介质关联性、时间关联性和地址关联性。一旦这些关联性需要靠技术鉴定予以解决，就需要有相应的鉴定科目。当前实务中摸索出了一些新的鉴定方案，如介质/文档使用者鉴定、电子证据形成时间鉴定、上网地点鉴定等，都值得关注。介质/文档使用者鉴定，就是对介质/文档使用者的身份或特征进行专业性判断；电子证据形成时间鉴定，就

① 麦永浩．电子数据司法鉴定实务．北京：法律出版社，2011：120.

② 同①276.

③ 杜志淳，廖根为．电子数据司法鉴定主要类型及其定位．犯罪研究，2014（1）：68.

④ 这部分规范包括《电子物证数据搜索检验规程》（GB/T 29362—2012）、《数字化设备证据数据发现提取固定方法》（GA/T 756—2008）、《电子物证数据搜索检验规程》（GB/T 29362—2012）、《法庭科学电子物证 Windows 操作系统日志检验技术规范》（GA/T 1071—2013）、《移动终端取证检验方法》（GA/T 1170—2014）、《即时通讯记录检验技术方法》（GA/T 1173—2014）等。

是对电子证据的产生、修改、存储、传送、删除等过程进行专业性描述；上网地点鉴定，就是对网络行为通过检验鉴定进行物理定位。

例如，在一起反不正当竞争案件①中，被告对涉案硬盘及电子文档提出质疑，主张其与当事人无关。为此，原告提起了对涉案硬盘的使用者信息以及电子证据的最后写入时间、来源及形成过程等的专门鉴定。鉴定报告表明，涉案硬盘的使用者具有以下特征：使用××电子邮箱、拥有署名为××的个人文件、拥有“家庭照片”和“同学照片”文件夹内的照片文件以及拥有卡号为××的招商银行信用卡等；鉴定报告还证实，涉案 ppt 文档最初由作者××于××年××月××日 15：44 创建，在××年××月××日 21：54：16 等进行了修改，在××年××月××日 14：48：04 至 15：03：04 期间进行了删除。这一鉴定报告最终确立了电子证据的关联性，对于法院认定案件事实起到了重要作用。另外，在前述地址关联性判断问题中，鉴定人员也有明显的专业优势，可以鉴定 IP 地址、上网终端卡号识别码、硬件识别码、登录日志、登录轨迹、登录位置信息、数字证书，进而帮助确定位置信息。当然，关于电子证据关联性的鉴定科目远不止于此，相关大批量的项目研发倚赖法律与技术专家共同的持续努力。

【拓展阅读】

鉴定技术标准有指向电子证据关联性的吗？

序号	类别	编号	名称
1	国家标准	GB/T 29360—2012	《电子物证数据恢复检验规程》
2	国家标准	GB/T 29361—2012	《电子物证文件一致性检验规程》
3	国家标准	GB/T 29362—2012	《电子物证数据搜索检验规程》
4	国家标准	GB/T 31500—2015	《信息安全技术 存储介质数据恢复服务要求》
5	公共安全行业标准	GA/T 754—2008	《电子数据存储介质复制工具要求及检测方法》
6	公共安全行业标准	GA/T 755—2008	《电子数据存储介质写保护设备要求及检测方法》
7	公共安全行业标准	GA/T 756—2008	《数字化设备证据数据发现提取固定方法》
8	公共安全行业标准	GA/T 757—2008	《程序功能检验方法》

① 参见“××光电（成都）公司、××光电（深圳）公司诉××资本公司、××咨询公司、成都××技术公司侵害商业秘密不正当竞争纠纷案民事判决书”，四川省成都市中级人民法院（2009）成民初字第 460 号。

续前表

序号	类别	编号	名称
9	公共安全行业标准	GA/T 825—2009（已废止）	《电子物证数据搜索检验技术规范》
10	公共安全行业标准	GA/T 826—2009（已废止）	《电子物证数据恢复检验技术规范》
11	公共安全行业标准	GA/T 827—2009（已废止）	《电子物证文件一致性检验技术规范》
12	公共安全行业标准	GA/T 828—2009	《电子物证软件功能检验技术规范》
13	公共安全行业标准	GA/T 829—2009	《电子物证软件一致性检验技术规范》
14	公共安全行业标准	GA/T 976—2012	《电子数据法庭科学鉴定通用方法》
15	公共安全行业标准	GA/T 977—2012	《取证与鉴定文书电子签名》
16	公共安全行业标准	GA/T 978—2012	《网络游戏私服检验技术方法》
17	公共安全行业标准	GA/T 1069—2013	《法庭科学电子物证手机检验技术规范》
18	公共安全行业标准	GA/T 1070—2013	《法庭科学计算机开关机时间检验技术规范》
19	公共安全行业标准	GA/T 1071—2013	《法庭科学电子物证 Windows 操作系统日志检验技术规范》
20	公共安全行业标准	GA/T 1170—2014	《移动终端取证检验方法》
21	公共安全行业标准	GA/T 1171—2014	《芯片相似性比对检验方法》
22	公共安全行业标准	GA/T 1172—2014	《电子邮件检验技术方法》
23	公共安全行业标准	GA/T 1173—2014	《即时通讯记录检验技术方法》
24	公共安全行业标准	GA/T 1174—2014	《电子证据数据现场获取通用方法》
25	公共安全行业标准	GA/T 1175—2014	《软件相似性检验技术方法》
26	公共安全行业标准	GA/T 1176—2014	《网页浏览器历史数据检验技术方法》
27	公共安全行业标准	GA/T 1474—2018	《法庭科学计算机系统用户操作行为检验技术规范》
28	公共安全行业标准	GA/T 1475—2018	《法庭科学电子物证监控录像机检验技术规范》
29	公共安全行业标准	GA/T 1476—2018	《法庭科学远程主机数据获取技术规范》
30	公共安全行业标准	GA/T 1477—2018	《法庭科学计算机系统接入外部设备使用痕迹检验技术规范》
31	公共安全行业标准	GA/T 1478—2018	《法庭科学网站数据获取技术规范》
32	公共安全行业标准	GA/T 1479—2018	《法庭科学电子物证伪基站电子数据检验技术规范》
33	公共安全行业标准	GA/T 1480—2018	《法庭科学操作系统仿真检验技术规范》
34	司法部技术规范	SF/Z JD0400001—2014	《电子数据司法鉴定通用实施规范》

续前表

序号	类别	编号	名称
35	司法部技术规范	SF/Z JD0401001—2014	《电子数据复制设备鉴定实施规范》
36	司法部技术规范	SF/Z JD0402001—2014	《电子邮件鉴定实施规范》
37	司法部技术规范	SF/Z JD0403001—2014	《软件相似性鉴定实施规范》
38	司法部技术规范	SF/Z JD0401002—2015	《手机电子数据提取操作规范》
39	司法部技术规范	SF/Z JD0402002—2015	《数据库数据真实性鉴定规范》
40	司法部技术规范	SF/Z JD0403002—2015	《破坏性程序检验操作规范》
41	司法部技术规范	SF/Z JD0402003—2015	《即时通讯记录检验操作规范》
42	司法部技术规范	SF/Z JD0400002—2015	《电子数据证据现场获取通用规范》
43	司法部技术规范	SF/Z JD0403003—2015	《计算机系统用户操作行为检验规范》
44	司法部技术规范	SF/Z JD0402004—2018	《电子文档真实性鉴定技术规范》
45	司法部技术规范	SF/Z JD0403004—2018	《软件功能鉴定技术规范》
46	司法部技术规范	SF/Z JD0404001—2018	《伪基站检验操作规范》
47	国家认可委	CNAS-CL27—2010（已废止）	《检测和校准实验室能力认可准则在电子物证检验领域的应用说明》
48	国家认可委	CNAS-CL27—2014（已废止）	《司法鉴定法庭科学机构能力认可准则在电子物证鉴定领域的应用说明》
49	国家认可委	CNAS-CL08：2018	《司法鉴定/法庭科学机构能力认可准则》
50	国家认可委	CNAS-CL08—A001：2018	《司法鉴定/法庭科学机构能力认可准则在电子数据鉴定领域的应用说明》
51	国家认监委	RB/T 214—2017	《检验检测机构资质认定能力评价 检验检测机构通用要求》
52	国家认监委	RB/T 219—2017	《检验检测机构资质认定能力评价 司法鉴定机构要求》
53	最高人民法院 最高人民检察院 公安部	公通字［2014］10号	《关于办理网络犯罪案件适用刑事诉讼程序若干问题的意见》
54	公安部		《公安机关办理刑事案件电子数据取证规则》
55	公安部	公信安［2005］161号	《计算机犯罪现场勘验与电子证据检查规则》
56	公安部	公信安［2005］281号	《公安机关电子数据鉴定规则》
57	最高人民检察院		《人民检察院电子证据鉴定程序规则（试行）》
58	最高人民检察院		《人民检察院电子证据勘验程序规则（试行）》
59	国家工商行政管理总局		《关于工商行政管理机关电子数据证据取证工作的指导意见》
60	中华全国律师协会		《律师办理电子数据证据业务操作指引》

第四章

电子证据的真实性原理——回归理性真实的实践立场

司法实务中电子证据面临的真实性障碍，从深层分析可归因于观念冲突，亟待正本清源。基于法律与技术的交叉研究表明，认识电子证据的真实性应当从原件、具象、整体和空间的理性立场出发，遵循系统性原理、电子痕迹理论与虚拟场理论；同传统证据相比，电子证据具有更为良好的真实性保障。这就构成了电子证据的理性真实观。树立这一新观念有助于推动配套制度创新，我国应当构建关于电子证据真实性的可操作性的判断标准，开发超越纯技术领域的溯源性鉴定等新型鉴定方法，改造“谁主张，谁举证”的证明机制。

一、被人为放大的真实性难题

作为一种高科技产物，电子证据仿佛带有与生俱来的真实性疑问。司法实践中，控辩双方对电子证据是否存在伪造、变造情形容易习惯性地产生争议。这从表面上看是由制度建设滞后造成的，但从深层次来看，则应当归因于观念冲突。我国应当从反思基础观念开始改变。

（一）观点分歧

学理上关于电子证据真实性存在三种观点，分别为“易失真论”“极可靠论”“折中论”。根据“易失真论”，电子证据是最容易失真的证据，是欺骗性极高的证据。代表性的论述有：“电子证据是电子信息技术发展的产物，属于科技类证据的一种，其本身具有易被修改且不易被察觉的特性。”① “传统证据的原件复制件较容易识别，通过物理方法、化学方法对原件进行识别就可以发现两者的差异；而电子

① 王敏远，祁建建．电子证据的收集、固定和运用的程序规范问题研究．法律适用，2014（3）．

证据的原件与复制件、真实性与伪造件则真伪难辨。”[①]

“极可靠论”主张电子证据远比传统证据更为真实，堪称新一代“证据之王”。如有学者将电子证据同书证进行比较，并指出电子证据更具有稳定性和安全性。[②]具言之，“对于一份传统书证，一旦原件遭到毁损，则再无法复原证据；而计算机硬盘上的每一次擦写记录都可以被轻松地捕捉到”[③]。司法鉴定实践亦表明，电子证据的任何删除、复制、修改痕迹，都有可能通过技术手段分析判断。

“折中论”既强调电子数据比传统数据更容易发生变化，又强调电子证据具有变动的可察觉性。[④]代表性的论述有：“传统证据，如物品、文件、痕迹等一旦发生变动，尤其是被毁弃后很难查清其原始状况，而电子证据与此不同。电子证据发生变动，甚至被毁弃后，仍然能够，甚至很容易查清其原始状况。”[⑤]这里包含了两层含义，即电子证据是否比传统证据更容易发生变化，及变化后是否容易被识别，但重点落脚于电子证据变化后的易识别性，因此仍可归属于“极可靠论”之列。

实务分析结果亦印证了上述观点。笔者以“北大法宝”司法案例数据库为数据来源，以“电子证据”“电子数据”为关键词进行案例检索，再通过人工筛选，排除命中结果中重复或无关的裁判文书。同时，收集源于线下渠道的裁判文书作为补充，最后汇总 2003 年至 2017 年的民事案件 2 067 例（涉及真实性问题的有 1 295 例），刑事案件 1 092 例（涉及真实性问题的有 475 例）。[⑥]这些案例时间跨度大，地域范围广，案件种类繁多，因而具有代表性。

通过分析裁判文书，可以发现实务中存在两种对立的看法：一些人倾向于认为电子证据“易失真”，另一些人则倾向于认为电子证据“极可靠”。主张“易失真论”的代表性说法有“计算机存储的材料或者资料的可修改性非常大，内容可以随意变更”；电子证据“存在易创建、易修改的特点”[⑦]，“具有极易修改性”[⑧]，“任何人都可以进行任意修改”[⑨]等。持这种观点的有居中裁判的法官，也有处于质证地位的律师。他们通常是基于抽象的立场发表意见。主张“极可靠论”的情况要复杂一些，通常是针对具体情形下的电子证据。有的针对的是第三方提交的电子证据，如在王某某、马某某、李某某与平顶山市某有限公司劳动争议纠纷案[⑩]中，原告提

① 何家弘．电子证据法研究．北京：法律出版社，2002：16.

② 同①.

③ Alan M. Gahtan. Electronic Evidence. the Thomson Professional Publishing，1999：7.

④ 陈永生．电子数据搜查、扣押的法律规制．现代法学，2014（5）.

⑤ 同④.

⑥ 在该数据库中关于电子证据的案例最早可追溯至 2003 年。另外，考虑到其中有关电子证据的行政案例数量很小，不具有代表性，因而不将其纳入分析范围。

⑦ 上海市浦东新区人民法院（2012）浦民三（知）初字第 331 号民事判决书。

⑧ 山东省高级人民法院（2009）鲁民三终字第 190 号民事判决书。

⑨ 湖南省高级人民法院（2008）湘法民三终字第 8 号民事判决书。

⑩ 河南省平顶山市叶县人民法院（2013）叶民劳初字第 1、2、3、5、6、7 号民事判决书。

交了以第三方名义出具的电子文档打印件，法院认为“三原告提供的电子数据来源于×××汽车公司内部网络的专门平台……应认为是真实可信的”。有的针对的是来源可信的电子证据，如在某专利纠纷案①中，申请人提交的网页证据源自信誉度较高的网站，专利复审委员会认为“信誉度较高的网站……以自己名义发布的信息……一般可以确认其真实性”。还有的针对的是数量众多的电子证据，如在某不正当竞争案②中，法院认为“本案所涉及电子证据繁多，原告要伪造数量如此多、相互间能印证的电子证据……缺乏合理性和可操作性，故对本案所涉电子证据的真实性……予以确认”。透视这些裁判说理不难发现，这部分法官的观念可以归入“极可靠论”之列。由此可见，实务中亦存在着两论并存的局面。当然，从整体上看，“易失真论”的观念占据了绝对的主流。

统计分析表明，对电子证据的最终裁判存在三种结果：肯定真实性（占48.53%）、否定真实性（占36.03%）、未表态（占15.44%）。③ 不同的裁判结果不能简单理解为案情不同、证据各异所致，因为即使案情类似的案件也会出现对电子证据真实性作相反裁判的情形。因此，一个合理的推断是：裁判者对电子证据的认定结果受到了前述不同观念的潜在影响。

（二）实务偏差

案例分析还表明，司法实务中存在着关于电子证据真实性的运用偏差。其突出表现为电子证据运用的复制件化与空洞化。具体来说，个案中的裁判对象多是电子证据复制件的真实性，而非原件的真实性；裁判逻辑多是笼统的讨论，而非具体的评断。与公、检、法、律等单位一线工作人员的座谈交流也证实了这一点。④ 实务偏差是否影响观念偏见的放大，也是认识电子证据真实性须考虑的问题。

第一，电子证据运用的复制件化。证据原件与复制件在真实性及其审查方面具有差异应属常识。在各国普遍实行原件规则或最佳证据规则的今天，向法庭举证时原则上要提交原件；基于特定原因不能提交原件的，才可以提交复制件，并且提交复制件还需要满足额外的要求——“当事人以复制件代替原件提交的，必须提交基础证据证明复制件的可靠性。”⑤ 实践表明，由于复制件与原件在形态、信息量等方面存在较大差异，因此复制件满足上述要求非常困难。有实务专家指出，审查证据真实性的原则是“要求有原件，如果不是原件，复制件要在特定条件下按照特定

① 北京市第一中级人民法院（2010）一中知行初字第1320号行政判决书。

② 四川省成都市中级人民法院（2009）成民初字第460号民事判决书。

③ 这一结果是不区分两种诉讼的统计。当然，刑事诉讼与民事诉讼的认证结果有所区别，前者对电子证据真实性作出肯定认证的超过90%。基于论证便利的考虑，本书不作此类区分统计。

④ 访谈的对象主要包括参加全国检察技术信息部门培训的检察技术人员、全国刑事技术人才培训的警官、参加全国高级法官培训的刑事法官、某省主管知识产权审判的民事法官、参加电子证据与电子取证学术研讨会的检察官、某省主管网络犯罪检察工作的检察官以及中华全国律师协会信息网络与高新技术法律专业委员会的专业律师等。

⑤ Alan M. Gahtan. Electronic Evidence. the Thomson Professional Publishing，1999：157.

标准提供，否则没有证据效力”①。这一道理同样适用于电子证据。

当前学术界对电子证据原件、复制件的区分标准尚未达成一致。依主流观点，区分原件和复制件的标准为是否直接产生于案件事实或者来源于原始出处，由此将电子证据的原件理解为“最初生成的电子数据及其首次固定所在的存储介质”②。而统计分析和座谈交流表明，现阶段绝大多数的电子证据是以打印件、复印件、网页截屏、拍屏照片、拷贝、抄写件、笔录、公证书、刻盘、网页快照等方式提交的，这些材料基本可纳入复制件范围，质证和认证也是围绕这些材料展开。进一步分析表明，裁判者对于电子证据原件与复制件之真实性的裁决迥异：对前者裁定为真的比例占压倒性优势，达到88.46%；对后者则更多地裁定为假或未表态，比例分别为42.73%、18.18%。③ 这说明，我国司法实践中电子证据复制件举证偏多的现象导致较多地出现否定其真实性的裁判结果。例如，在一起货运代理纠纷④中，原告自行打印了几份商业往来的电子邮件、MSN聊天记录，将这些复制件提交给法庭，但被告对其真实性不予认可。经法庭提示后，原告亦未“提交上述电子证据最初生成的电子数据及其首次固定所在的存储介质”，未提交“真实有效、完整的电子复本或经公证的电子复本”。最终，法庭对上述电子证据的真实性均不予确认。

类似的司法处理带有很大的普遍性，也呈现出同样的规律。举例如表4－1所示。

表4－1

案由	举证形式	法庭裁决
网络营销服务合同纠纷上诉案⑤	QQ聊天记录、电子邮件打印件	不符合电子证据的形式要件，且对方不予确认，故难以确认其真实性，不予认可
劳动合同纠纷案⑥	电子邮件的打印稿	不符合电子证据的形式要件，且对方不予认可，故难以确认其真实性，不予认可
专利权纠纷上诉案⑦	美国外观设计专利的英文打印件	不能证明互联网的电子证据究竟来源于什么网站，是否曾经被人为修改……不予采纳

① 张军．刑事证据规则理解与适用．北京：法律出版社，2010：9（绪论）．

② 电子证据的原件标准还应当包括拟制意义的标准等。刘品新．论电子证据的原件理论．法律科学，2009（5）．

③ 这里的“比例”反映的是法官在裁判文书中对电子证据真实性问题有过明确表述的概要情况，并不反映案件中存在电子证据真实性问题、但法官未在裁判文书中表述的情况。尽管如此，有关“比例”仍然足以揭示文中所说的规律，即法官对电子证据原件与复制件之真实性的裁决明显不一样。

④ 广州海事法院（2011）广海法初字第405号民事判决书。法庭在判决书中的意见为“对上述电子证据的证明力均不予确认”，应当属于表述错误。

⑤ 广东省广州市中级人民法院（2013）穗中法民二终字第999号民事判决书。

⑥ 上海市第一中级人民法院（2011）沪一中民三（民）终字第1793号民事判决书。

⑦ 广东省高级人民法院（2013）粤高法民三终字第486号民事判决书。

续前表

案由	举证形式	法庭裁决
劳动合同纠纷案①	考勤记录打印件	未提供证据证明该记录与储存于数据库的电子考勤数据相一致，且电子数据未被修改……
不正当竞争纠纷案②	《销售记录》打印件、网页打印件	因该证据由被告一自行制作，且系电子证据的书面文本，存在易创建、易修改的特点……难以采信为定案证据
著作权侵权纠纷上诉案③	网页打印件	网页复印件作为单一证据的证据效力明显不足
建设工程合同纠纷上诉案④	会议纪要打印件	该纪要是以电子数据方式保存，没有会议参与人的签名，且无法查看电脑 OA 系统的内容，其内容不予采信

显然，电子证据复制件的真实性标准不能简单地等同于原件的真实性标准，其复制件的真实性审查结果不能简单地当成原件的真实性审查结果。不难发现，在实务中“易失真论”的观念占据主流，这同复制件远远多于原件的现象有着密切关系。同样，关于电子证据真实性的争论也不可避免地受到复制件举证偏多的影响。许多参与论争者表达的不是对电子证据（原件）真实性的看法，而是对其复制件真实性的看法。如果基于电子证据的原件展开讨论，那么持“易失真论”者的比例定会大幅下降。

第二，电子证据运用的空洞化。司法实践中，任何证据的运用都离不开特定的案件事实，电子证据也不例外。统计分析表明，大量案例中充斥着脱离案件事实的对电子证据的空洞化评判。例如，许多质疑者的习惯性表达是“系电子证据，不予质证”⑤；“属电子证据，对其真实性不予认可”⑥；“不符合证据形式要件”⑦；“不符合法定要求”⑧；“单方制作的证据”⑨；“电子证据能够证明事实可靠性很低”⑩等。法庭上审查的重点亦围绕这些空洞的说辞展开，这样处理无疑会陷入方法论上的陷阱。

要深刻理解蕴含在这背后的道理，人们需要牢牢把握司法领域中真实的特质。

① 上海市青浦区人民法院（2013）青民四（民）初字第 273 号民事判决书。
② 上海市浦东新区人民法院（2012）浦民二（知）初字第 330 号民事判决书。
③ 浙江省宁波市中级人民法院（2013）浙甬知终字第 9 号民事判决书。
④ 广东省东莞市中级人民法院（2013）东中法民二终字第 175 号民事判决书。
⑤ 上海市闵行区人民法院（2013）闵民二（商）初字第 504 号民事判决书。
⑥ 广东省广州市天河区人民法院（2007）天法知民初字第 14 号民事判决书。
⑦ 上海市奉贤区人民法院（2013）奉民三（民）初字第 395 号民事判决书。
⑧ 上海市青浦区人民法院（2013）青民一（民）初字第 1836 号民事判决书。
⑨ 上海市闵行区人民法院（2011）闵民二（商）初字第 1827 号民事判决书。
⑩ 浙江省金华市婺城区人民法院（2013）金婺刑初字第 00129 号刑事判决书。

传统理论中，司法真实观可分为“客观真实论”与“法律真实论”两派。前者是司法活动中人们对案件事实的认识完全符合客观的实际情况，即符合客观事实的真实；后者是在司法活动中人们对案件事实的认识符合法律所规定或认可的真实，即在具体案件中达到法律标准的真实。[①] 如果用概率来表示，前者是客观上“100%属实”意义上的真实性，是可以脱离案件事实而论的；后者是“N%属实（0<N<100)”意义上的真实性，是基于具体案情而言的。新近出现的“技术真实论”观点，指的是在具体案件中对科学证据要排除从技术上造假的可能性，表示的是技术上“100%属实”意义上的真实性。

美国证据法大师摩根曾指出：“法律工作者认识到，诉讼不是也不可能是发现真情的科学调查研究。诉讼中应调查的事项是诉讼当事人决定的……法院没有发现当事人不知道的或未经他们披露的信息渊源的手段。……事实审理者只能取得双方当事人有能力并愿意提出的信息。”[②] 因此，对证据属实的内涵要求不可能是难以达到的“客观真实”或“技术真实”，只能是在具体案件中有法律意义的“真实”。换言之，“客观真实论”“技术真实论”只有抽象、宏观的指导意义，落到实处的真实性审查还得以案件的微观场景为据。

司法人员对证据真假的判断应是具象的判断。例如，文检专家开展文书真实性鉴定，通常表现为签名同一性鉴定、印章印文同一性鉴定、朱墨时序鉴定、纸张年代鉴定等。司法人员一般不会要求文检专家泛泛地开展工作，而是会细化为具体的鉴定请求。如司法人员不会要求就朱墨时序能否鉴定或其正确率有多高进行分析，而可以要求就个案中某份文件属于“先印后字”还是“先字后印”作出判断。令人遗憾的是，当前实务中对电子证据真伪判断充斥着空对空的争议，这属于要求畸高的怪现象。人们面对电子证据的真实性，应转入与传统证据平等对待的基调。[③]

动辄对电子证据提出空泛的真实性要求，有违司法人员的定位。司法人员拥有法律适用的权力，其优势在于掌握法律专业知识，职责在于秉持职业操守定纷止争，他们对游离于个案之外的认识问题（尤其是科学认识问题）并无“发言权”，也难以借助专业力量的帮助获得“发言权”。离开具体案件去评判抽象的真伪，司法工作就是“越界”。要有效甄别电子证据真伪，司法人员须谨守权力边界，解决具体争议。若如此，则持“易失真论”者的人数将会再次出现缩减。

① 何家弘，刘品新．证据法学．5版．北京：法律出版社，2013：313.

② 沈达明．英美证据法．北京：中信出版社，1996：1.

③ 平等对待原则符合法律中立的价值取向，也是国际法律的普遍要求。例如，联合国贸法会《电子商业示范法》第9条、《中华人民共和国电子签名法》第3条第2款、第7条均规定，电子证据不受差别待遇，即适用与传统证据完全一致的裁判标准。

二、基于理性维度的理念正源

（一）立场调整

“面对新生事物，人们在抱有巨大的好奇心的同时总会有种种戒备或顾虑，这是因为，与已知事物相比较，人们对新生事物的认识尚处于未知状态。目前人们对电子数据的认识就处于这样一个从无知到已知的阶段。”① 那么，在人类深化认识电子证据的进程中，如何从经验感觉走向理性思考？

首先，认识电子证据的真实性须严格把握两个理论前提：一是电子证据真实性是一个同传统证据相比较的问题。离开了物证、书证、证人证言、当事人陈述、笔录等各种传统证据，电子证据根本无所谓“更”容易或“更”不容易造假。二是电子证据真实性不仅指电子证据是否可以被伪造或变造，而且包括被伪造或变造的电子证据是否容易被发现。人类的司法经验表明，任何证据都存在被伪造或变造的可能，关键在于被伪造或变造后被发现的可能性及难度大小。这两个理论前提是正确认识电子证据真实性的基点，并且后一基点更为关键。

其次，认识电子证据的真实性须克服司法实务中存在的偏见或偏差。具言之，对电子证据的真伪判断应当是基于电子证据的原件，而非基于复制件。对电子证据真实性的判断应当是基于案件事实，而非脱离案件事实的空洞化判断。此外，还应同等对待电子证据与传统证据，而非提出畸高的要求。这样的立场调整是为了正本清源，确立符合理性的观念。

当下，传统证据是一个集合概念，在实践中的表现形式非常庞杂。一般认为，传统证据包括主观性证据和客观性证据两类。前者是容易受人为因素影响的言词证据，如证人证言，被害人陈述，犯罪嫌疑人、被告人供述和辩解等；后者是有确定的表现形式且不受人的意志影响的证据，如物证、书证等。按照这种分类，电子证据属于客观性证据。当然，仅凭这一点还不足以说明电子证据真实性的特点。那么，基于前述调整后的三点立场，电子证据与传统证据相比在真实性方面究竟如何？尤其是当电子证据出现被伪造或变造的情况时，是否更容易被发现？回答这些问题，需掌握将电子证据与传统证据相区分的理论基础，主要是一些用于指导认识的证据科学与信息科学原理。

（二）理论基础

1. 系统性原理

系统性原理为人们认识电子证据的真实性提供了第一个理论工具。系统论是研究共同规律的理论，它很早就被引入证据法学领域。在信息科学领域，系统是一个

① 何文燕，张庆霖．电子数据类型化及其真实性判断．湘潭大学学报（哲学社会科学版），2013（2）．

很重要的概念，如人们常说的 Windows、Linux 操作系统、Office、WPS 应用软件系统以及网络系统、文件存储系统等。这就表明，任何电子证据的产生都不是孤立的事件，而是由一系列命令或程序遵循一定的技术规则所得到的系统性产物。如前面章节所述，电子证据的载体或设备不仅会记录涉案的内容数据，而且还会记录有关附属信息和关联痕迹。内容数据是电子证据的正文；附属信息是在内容数据生成、存储、传递、修改、删减时发生的记录，如电子系统的日志记录、电子文件的附属信息等；关联痕迹是因生成、存储、传递、修改、删减内容数据而导致新产生的相关痕迹，如电子系统中的快捷方式（*.lnk）、数据文件（*.dat）、临时文件（*.tmp）等，也包括内容数据在数据磁盘层的存储规律等。① 它们之间既有相对稳定的层次结构，又有极强的规律性、协同性。总之，电子证据不是一个孤立的文件或数据，而是内容数据、附属信息和关联痕迹的总和。②

系统性原理告诉人们，要以普遍联系的眼光看待电子证据，不能仅拘泥于某一份电子证据，也不能仅拘泥于电子证据的某一部分。按照这一原理，制造一份假的电子证据，既要伪造或变造出假的内容数据，又要遵循系统性规律伪造或编造出假的附属信息、关联痕迹，甚至要伪造或变造出假的系统环境。后三者的数量更大，造假的技术难度也更大，并且造假后容易被发现，因为它们很多是由系统自动生成而非人为编制的。以伪造一份电子邮件为例，伪造者既要在发件人或收件人电脑中进行邮件内容、附属信息、关联痕迹的伪造，又要在双方邮箱服务商的服务器上进行伪造。在电子邮件涉及的网络空间不同节点或设备中造假，本身就极难做到，要想假得天衣无缝更是难上加难。

2. 电子痕迹理论

电子痕迹理论为认识电子证据的真实性提供了第二个理论工具。在证据科学领域，痕迹的内涵极为广泛，其是指由客体的活动在周围环境中形成的各种物质性变化。电子证据留存进存储介质的过程，通常表现为信息转移的过程。如果说传统痕迹是触物留痕，那么电子痕迹则是非触物留痕。早期研究表明，电子证据的信息转移过程遵循不守恒性、不一定对称性的规律。③ 近年来的研究表明，电子证据的信

① 何家弘．刑事诉讼中科学证据的审查规则与采信标准．北京：中国人民公安大学出版社，2014：162.

② 我国有学者以提供主体为标准，将电子证据划分为“孤立数据与系统数据”。“如果电子数据仅由一方主体自行制作或在其自己的设备中生成，并由其控制、储存、传递，则属于孤立数据，典型的例子如当事人在本地计算机抓取的截图或自行录制的遗嘱音频、制作的遗嘱电子文档等；相反，如果电子数据由纠纷的双方或多方当事人及其设备制作、生成、控制、储存、传递，或者除了当事人之外，尚有第三方主体或保障机制参与该证据的制作、生成、控制、储存和传递，不同主体控制的数据组合在一起便形成了一个彼此印证的数据系统，那么这种电子数据就属于系统数据，典型的例子就是储存在电子邮件系统中的邮件正文及其附件。”何文燕，张庆霖．电子数据类型化及其真实性判断．湘潭大学学报（哲学社会科学版），2013（2）．笔者认为，这一观点并不准确。技术分析表明，即便是一方当事人独立制作或掌握的单机数据，也是系统性的。只要不是复制件的形式，电子证据就不可能孤立地存在。

③ 刘品新．论犯罪过程中的信息转移原理．福建公安高等专科学校学报，2003（1）．

息转移过程还遵循非直接接触性的规律。[1] 这三大规律解释了电子痕迹产生的必然性。简言之，凡产生电子证据，必留电子痕迹。[2]

电子痕迹既有信息科学所讲的痕迹文件，又有证据科学所指的痕迹特征。当前关于电子痕迹的学术研究还不够深入，但大体揭示了其主要类型。概言之，电子痕迹既包括电子证据的各种关联文件（包括但不限于前述的关联痕迹），如计算机日志、缓存文件、休眠文件、分页文件等，也包括电子证据与相关数据间的关联关系，如存储位置、存储规律、碎片特征等；既包括特殊的电子文件，如日志文件，也包括非文件性痕迹，如同一批电子文件的存储格式、位置和相互关系等规律，还包括两个空间交互作用形成的特征反映体，如键盘、语音输入法特征；既包括可见的电子痕迹，如正常产生的计算机日志等，也包括不可见的电子痕迹，如擦除数据后留下的磁道痕迹等。

这些痕迹通常表现为在电子证据产生之际因运算行为所产生的正常痕迹。但如果行为人基于特殊目的进行其他处理，试图掩盖这些正常痕迹，那么又会产生新的反常痕迹。这是不以人的意志为转移的特殊规律，就像“说一句谎言必须用一百个谎言来圆谎”一样。电子痕迹理论告诉人们，电子证据的形成过程就是海量电子痕迹的产生过程，电子痕迹是人们判断电子证据真伪的锐利武器。

3. 虚拟场理论

虚拟场理论为认识电子证据的真实性提供了第三个理论工具。电子证据离不开由电子设备和软件营造的特殊环境——主要是以数字信号量的方式存储信息的无形空间。它通常表现为固定/移动硬盘、光盘、优盘、内存条、闪存、CF卡、SD卡、MMC卡、SM卡、记忆棒、XD卡等信息载体。新近出现的网盘、云盘等也未改变数码产品的存储机理。无论是上述哪种情况，都出现了人类所不能直接进入的空间，呈现为独特的人造场所，简称为虚拟空间场所或虚拟场。这一特点强化了电子证据同传统证据的可比性。因为它们是分属两个空间的证据，两者的比较在实质上是两个空间证据的比较。

在虚拟场中，用于定案的电子证据不是单独存在的，而是与海量有关或无关的信息混合在一起。以计算机信息系统为例，用户或应用程序执行一个简单的操作命令，就会触发操作系统、应用系统产生一系列事件，会导致场域发生连锁反应。例如，用户执行一个简单的显示当前日期和时间的date命令，该命令就会触发操作系统执行100多个系统调用，而它们共处于一个或多个信息载体中。

“虚拟场”观念源于司法实践，已逐渐得到推广。当前实务中运用的电子勘查（包括远程勘查）手段，就是将电子证据视为一种“证据集中的场所”——“虚拟场”进行取证。在实践中，司法人员在获取电子邮件、Word文档等电子证据后，

① 刘品新．论网络时代侦查制度的创新．暨南学报（哲学社会科学版），2012（11）．

② 严格地讲，电子痕迹也是广义的电子证据的组成部分，即一类特殊的电子证据。

还会继续挖掘和提取相关文件的形成痕迹等关联信息，这同在物理空间进行的现场勘验类似。从单纯证据到“虚拟场”，反映了人们对电子证据的认识逐渐趋于深化。在新形势下，电子证据虚拟场理论得到进一步发展，突出表现为更加细化的虚拟空间案件事实重建理论的推陈出新。① 其主要内容是将电子证据（或其载体）当作“虚拟场”，研究通过电子勘验等措施重建虚拟空间大事表的新思维、新方法。

虚拟场是人迹“难”至的地方，任何人都不可能亲临其“境”。经验告诉人们，凡是有人的地方就有造假的可能。美国的法科学家赫伯特·麦克唐奈有一段经典语录：“在审判过程中，被告人会说谎，证人会说谎，辩护律师和检察官会说谎，甚至法官也会说谎……”② 这说明，人的介入因素越多，证据失真的可能性越大。就电子证据而言，它所在的空间是数字式的虚拟场，排除了人直接介入的干扰；它形成的空间类似于信息的集合，累积了各种信息的生成、留存、传递、转移和其他处理痕迹。这种集合的信息为人们认识电子证据的真实性奠定了坚实的基础。在这样的场所制造假证据，其难度不仅在于造出假证据本身，更在于根本不可能毫无破绽。

（三）理性真实观

认识电子证据的真实性，一要坚持两个基本前提，调整不合适的立场；二要遵循三大理论，跳出狭隘的经验层面。与传统证据相比，电子证据具有更为良好的真实性保障。这里强调的是电子证据具有“附条件的”“更为良好的”真实性。这是一种跃升至理性层面的新观念。这种观念颠覆了电子证据的“易失真论”，也对“极可靠论”做出了修正。在此不妨将其简称为“理性真实观”。

电子证据的理性真实观可分解为如下四个维度（见图 4－1）。

（1）“原件真实观”，即应当立足于电子证据的原件讨论其真实性。那些由打印等方式形成的电子证据属于证据的复制件，不再具有典型的代表性。

（2）“具象真实观”，即应当结合具体案件的争议点讨论电子证据的真实性。在办理案件过程中，司法人员只需要解决控辩双方关于涉案电子证据的哪一种说法更可信，不需要陷入泛泛的技术对抗、哲学思辨。

（3）“整体真实观”，即从体系化而非孤立思维去讨论电子证据的真实性。电子证据是由内容数据、附属信息、关联痕迹组成的综合体，任何造假都必须进行三位一体的“制作”，而这几乎不可能不被识别。正常生成电子证据时会留下海量的正常痕迹，造假生成电子证据时也会留下海量的反常痕迹。这些痕迹是识别电子证据真假的“钥匙”。

（4）“空间真实观”，即从虚拟场方面讨论电子证据的真实性。电子证据寓存于

① Carrier BD，Spafford EH. Defining Event Reconstruction of Digital Crime Scenes. 49（6）Journal of Forensic Sciences：1291－1298（2004）.

② 阿尔弗雷德·刘易斯．血痕弹道指纹探奇．何家弘，译．北京：群众出版社，1991：133.

形形色色的信息载体中，寓存于人类可以利用却不能进入的特殊空间。这也增加了造假的难度，提高了识假的可能性。

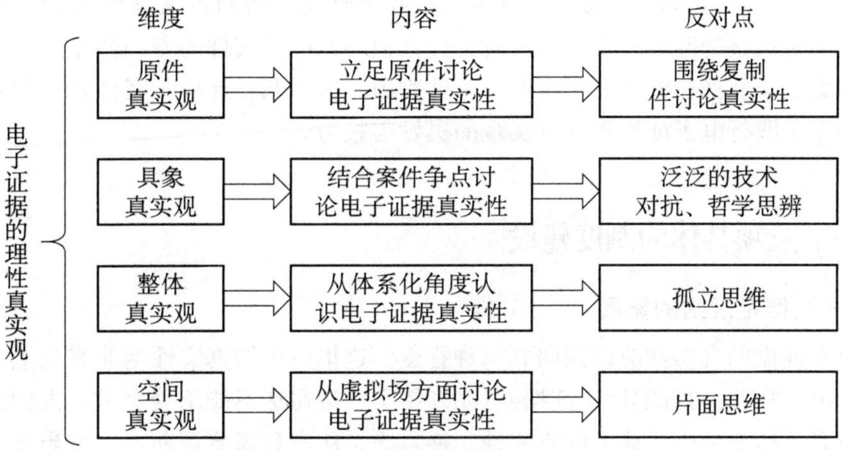

图 4－1　电子证据的理性真实观

我们以【案例 1－1】“行政执法部门滥用职权查封企业案”为例，阐释电子证据的理性真实观。该案的争议事实是涉案企业在案发日期是否开过工。对此，企业拿出基于员工考勤做出的月度工资单（系 Excel 表格文件），证明案发日期确实有员工上班、企业也支付了上班工资。在办案初期，司法人员将该 Excel 表格文件送交司法鉴定机构，委托鉴定电子证据的真伪。这起案件就可以对照前述四个维度处理。

第一点，基于“原件真实观”，本案送鉴的只能是存储有该 Excel 表格文件的电脑（含硬盘），而不能是随便刻制的光盘或拷贝的优盘等，因为只有该电脑硬盘中的那一份 Excel 表格文件才是原件。

第二点，基于“整体真实观”，本案鉴定的范围既包括该文件的内容，也包括该文件产生的属性信息、痕迹文件及其他关联文件。在实际工作中，鉴定人员通过对该文件的时间属性进行检验，很快发现该文件的创建时间晚于案发日期。

第三点，基于“具象真实观”，在发现文件的创建时间晚于案发日期这一重大“疑点”后，能否得出该文件属于伪造的结论呢？这需要结合案件事实、特别是争议点进行核实，即涉及“具象真实观”。在本案中经过向涉案企业了解，其在客观上确实存在有些月份是事后补制工资单的情况。这就说明前述“疑点”并不能表明该 Excel 表格文件是伪造的，相反可以初步佐证其是真实的。

第四点，基于“空间真实观”，鉴定人员通过核查员工对电脑的操作痕迹，能够重点了解案发日期电脑的使用情况。这就涉及“空间真实观”，也就是将该电脑作为一个办公场所进行“事件重建”。经“事件重建”发现，在电脑中存有案发日期产生的多份电子文件，包括关于当日交流工作的许多条网聊记录，还包括创建、修改的多份办公文档；同时，核查电脑的开关机日志、使用日志等，能够验证电脑中各种操作痕迹符合正常规律。① 这样一来，最终出具的鉴定意见书揭示的事实是“电脑中存在着关于案发日期的大量办公文档、网聊记录以及其他必要正常痕迹文件”。准确地说，它不是对最初提起的 Excel 表格文件进行的真实性鉴定，而是结合案件事实调整的鉴定方案——对大量其他涉案电子文件的专门性鉴定，以及对大量涉案电子文件在整体上所做的真实性判断。这一调整促成了案件真相的水落石出，展示了践行电子证据理性真实观的奥妙与魅力。

三、三项具体的制度建设

（一）推定规则的拓展

电子证据的真实性应该证明到何种程度？这里所说的真实性绝非客观上或技术上“100%属实”的真实性。证据“100%属实”是司法不能承受之重，人们需要证明的只是具体案件中法律上的真实性。换言之，法庭只需要评断，一方当事人所举电子证据中蕴含的信息与其主张的收集、保全证据情形是否相一致，以及对方当事人关于电子证据造假的质疑是否得到有效的信息支持。简言之，法庭的任务是揭示电子证据所反映的案件事实同控辩哪一方的说法是吻合的。因此，我国法律需要构建可操作的真伪判断标准。

构建这样的判断标准，需要设置判断个案中控辩的哪一方围绕电子证据真实性的证明更可信赖的规则。我国有一些地方性规范涉及电子证据真实性的认定方法。例如，2007 年，北京市高级人民法院《关于知识产权民事诉讼证据适用若干问题的解答》针对“如何认定电子证据的真实性”问题指出，“根据案件的具体情况，对电子证据的真实性可以从电子证据是如何形成、如何存储、如何传送、如何收集以及电子证据是否完整等方面认定”。这一表述的中心词包括“根据案件的具体情况”“从……形成……存储……传送……收集……是否完整等方面”。类似这样的规则较为具体，若再细化则更具有可用性。

构建这样的判断标准，还需要进一步确立相关的推定规则。推定用于判断电子证据的真实性是一种国际惯例。在证据法发达的国家中这种推定规则很多，它们的规则内容也高度相似。例如，加拿大《1998 年统一电子证据法》第 5 条规定：“在任何法律程序中，如果没有相反证据，则可以通过下述证据或者在下述条件下，推定记录或存储电子记录的那一电子记录系统具有完整性②：（1）通过那些支持如下裁定的证据——裁定该计算机系统或其他类似设备在所有关键时刻均处于正常运作状态，或者，即便不处于正常运作状态，但其不正常运作的事实并不影响电子记录的完整性，并且没有其他合理理由对该电子记录系统的完整性产生怀疑。（2）如果

① 参见中国人民大学物证技术鉴定中心司法鉴定意见书，［2014］技鉴字第 37 号。

② 这里所说的电子证据完整性属于直译，基本上等同于电子证据的真实性。下同。

有证据证明，该电子记录系由如下当事人记录或存储的——与诉讼中意图引入该记录的那一当事人在利益上相反的其他当事人；或者（3）如果有证据证明，该电子记录系由除诉讼当事人以外的某人，在惯常而普通的业务活动中记录或存储的，而且其所进行的记录或存储并非根据意图引入该记录的当事人的指令。"① 该条规定的实质是"系统正常的推定""内容不利的推定"与"业务惯例的推定"，具有深厚的实践基础。它为英联邦《2002年电子证据示范法（草案）》与加拿大爱德华王子岛省《2001年电子证据法》、加拿大育空地区《2002年电子证据法》所援引。

虽然此类推定规则在我国还没有司法判例作支撑，但其精髓已经广泛体现于司法人员作出的生效裁判中。因此，吸收其合理内核进行电子证据的真实性判断是可行的。现阶段我国在参考国际立法例和剖析海量案例的基础上，可以推行如下推定规则：（1）内容不利的推定规则，即"对于由不利方当事人提交和保管的电子证据，司法人员通常可以初步确认其真实性"；（2）系统运行正常的推定规则，即"对于有证据证明在电子证据产生的关键时刻，电子设备等系统处于正常状态的，司法人员通常可以初步确认电子证据的真实性"；（3）符合业务惯例的推定规则，即"对于在正常业务活动中形成的电子证据，司法人员通常可以初步确认其真实性"。以上三项是借鉴国外经验拟定的。除此之外，我国还可以从基本国情出发，推行"具有安全保障的推定规则"，即"对于附加防伪保障措施的电子证据，司法人员通常可以初步确认其真实性"。这里所说的防伪保障措施，是指对电子证据采取了电子签名、数据固化、可信时间戳、区块链、档案化管理等防篡改的保真方法，如【案例4-1】。当然，在上述情况下，均应当给予对方当事人提出反驳证据的机会。这些建议实际上列出了满足电子证据真实性判断标准的四条推定规则。

【案例4-1】

全国首例区块链存证案②

【基本案情】

2018年6月28日，全国首例"区块链存证案"在杭州互联网法院一审宣判。在该案中，原告为了证明被告在其运营的网站上发表了原告享有著作权的相关作品，选择了区块链存证的方式，通过第三方平台保全网进行了侵权网页的自动抓取及侵权页面的源码识别，并将该两项内容和调用日志等的压缩包计算成哈希值上传至Factom（公证通）区块链和比特币区块链中。法院从存证平台资质、侵权网页取证技术手段可信度和区块链电子证据保存完整性三个方面，审查了区块链存证方

① 本法由加拿大统一法律委员会自20世纪90年代中期开始制定，1998年核准后推荐给加拿大各省、地区和联邦使用。

② 参见杭州互联网法院（2018）浙0192民初81号民事判决书。

式是否符合电子数据相关规定及证明力大小，又从电子证据是否真实上传、是否为诉争电子证据两个方面审查了电子证据是否已上传至区块链，最终认可了原告区块链存证的方式，认定了侵权事实。

【案件评析】

在万物互联时代，对电子证据进行存证已然成为刚需。那么，该如何确保存证取得证据的法律效力？2018 年“区块链存证”一词在法律圈迅速蹿热。年中杭州互联网法院宣判“全国首例区块链存证案”[（2018）浙 0192 民初 81 号，以下简称“81 号案”]，更是标志性事件。该案法院支持了当事人采用区块链作为存证方式。对于这种基于“区块链”技术的“存证链”可作如下理解。

第一，存证链是一种法律链。通俗来讲，区块链就是一种不可伪造的分布式账本数据库。区块链早期被用于比特币，如今拓展至电子证据的存证领域，由此形成的存证链不再仅具有技术范，而是被赋予了鲜明的法律色。其功能在于及时保全电子证据以防止发生变化，就像人们习惯于在打官司前将证据材料进行提存公证一样。简言之，存证链就是电子证据的新式保管链。

第二，存证链是一种中立链。技术无党派，存证链无门户。诉讼双方、法院、公证机构、鉴定中心、律师事务所及专门的法律服务公司（如“第三方存取证机构”）等均可使用存证链。在 81 号案中，先有“保全网”抓取数据并上传至区块链，中有“千麦鉴定所”核验校验值并出具鉴定书，后有法庭登录网站查询并核实结果。未来随着司法理念的更新，存证链的用户定会愈来愈多。

第三，存证链可能是一种标签链。81 号案宣判之后，社会上赞扬者居多，也有少数商榷者。后一种声音关注的是，该案用的是真正的区块链技术，还是仅算作贴区块链的标签。回应这一问题，需理解该案“分布式”存储了什么材料。如果存的不是证明案件事实的“数据”，而是起佐证作用的非主要证据，就难逃噱头之嫌。81 号案的判决书表明，“保全网”将“网页截图”“源代码”和“调用信息”打包压缩，计算出校验值后上传。我理解，对该案存证链的评价取决于“源代码”是否为合格的电子证据。因为此处的“源代码”是与案件中争议的侵权事实最为相关的材料。但即便是标签链，又当如何？该案的亮点在于，鉴定机构被纳入了“存证链”的节点，可以从形式上背书。

第四，存证链或将是一种中国链。81 号案确立了存证链的法律地位，发挥了典型案例引领示范作用，实现了互联网法院“探索涉网案件诉讼规则”的基本定位。2018 年 9 月 7 日，最高人民法院发布《关于互联网法院审理案件若干问题的规定》，该法第 11 条第 2 款规定：“当事人提交的电子数据，通过电子签名、可信时间戳、哈希值校验、区块链等证据收集、固定和防篡改的技术手段或者通过电子取证存证平台认证，能够证明其真实性的，互联网法院应当确认。”这是我国首次以司法解释形式对区块链电子存证进行法律确认。这一立法导向表明立法者鼓励构建符合司法规律且紧跟时代潮流的网络诉讼规则。假以时日，一“案”一“解释”若能经历足够的实践检验，便能为网络时代的全人类法治建设贡献中国经验与中国智慧。

应当说，截至目前，前述关于设置电子证据真实性推定规则的学术建议在很大程度上为我国《关于民事诉讼证据的若干规定》修正案所接受。2019 年 10 月，最高法通过《关于修改〈关于民事诉讼证据的若干规定〉的决定》。修改后的《关于民事诉讼证据的若干规定》第 94 条规定："电子数据存在下列情形的，人民法院可以确认其真实性，但有足以反驳的相反证据的除外：（一）由当事人提交或者保管的于己不利的电子数据；（二）由记录和保存电子数据的中立第三方平台提供或者确认的；（三）在正常业务活动中形成的；（四）以档案管理方式保管的；（五）以当事人约定的方式保存、传输、提取的。电子数据的内容经公证机关公证的，人民法院应当确认其真实性，但有相反证据足以推翻的除外。"这里面就有推定规则的智慧。诚然，未来我国还需要不断总结实践经验，完善这样的规则。

（二）鉴定制度的完善

关于能否以及如何通过司法鉴定解决电子证据真实性问题，法律部门和鉴定行业长期以来存在着错误的认识。对此，我们可以从鉴定科目、意见表述和鉴定方法三个层面完善鉴定制度，助力电子证据真实性鉴定的法律制度和技术规范的建设。

1. 鉴定科目方面

我国规章规范应当扩充电子证据的鉴定科目。为了规范电子证据鉴定，我国主管部门颁行了一些部门规章和技术规范。部门规章包括公安部《公安机关电子数据鉴定规则》、最高人民检察院《人民检察院电子证据鉴定程序规则（试行）》（以下简称《检察电子证据鉴定规则》）、司法部《司法鉴定执业分类规定（试行）》以及发改委《司法鉴定收费项目和收费标准基准价（试行）》；技术规范包括《电子数据司法鉴定通用实施规范》等国家标准、部委标准和行业标准等。其中绝大多数规章规范并未涉及电子证据真实性鉴定。与电子证据真实性鉴定直接相关的规章规范主要有《检察电子证据鉴定规则》《电子邮件鉴定实施规范》《数据库数据真实性鉴定规范》《电子文档真实性鉴定技术规范》。根据《检察电子证据鉴定规则》第 4 条之规定，"电子证据的真伪及形成过程的认定"属于检察系统电子证据鉴定的范围。《电子邮件鉴定实施规范》《数据库数据真实性鉴定规范》和《电子文档真实性鉴定技术规范》是关于电子证据真实性鉴定的技术规范，但鉴定科目仅限于电子邮件、数据库数据、电子文档。[①] 要改变这一状况，须调整关于电子证据鉴定的法律规范和技术规范。

一方面，我国可以调整关于电子证据鉴定的法律规范，这主要指要将真实性鉴定明确纳入鉴定范围。《公安机关电子数据鉴定规则》第 2 条中规定："本规则所称

① 这一规范所说的"电子文档"，是指"文件处理软件生成的以数字形式存在的文件"。

的电子数据鉴定，是指公安机关电子数据鉴定机构的鉴定人按照技术规程，运用专业知识、仪器设备和技术方法，对受理委托鉴定的检材进行检查、验证、鉴别、判定，并出具鉴定结论的过程。”这样的定义相当模糊，其中可以增加“对电子证据真伪进行检查、验证、鉴别、判定”的内容。司法部《司法鉴定执业分类规定（试行）》中没有关于电子证据真实性鉴定的类型，对这一规范的调整是应当增加“电子证据鉴定”的类型，并在释义中明确“电子证据真实性鉴定”的含义。《检察电子证据鉴定规则》第4条规定：“电子证据鉴定范围：（一）电子证据数据内容一致性的认定；（二）对各类存储介质或设备存储数据内容的认定；（三）对各类存储介质或设备已删除数据内容的认定；（四）加密文件数据内容的认定；（五）计算机程序功能或系统状况的认定；（六）电子证据的真伪及形成过程的认定；（七）根据诉讼需要进行的关于电子证据的其他认定。”这是将“电子证据的真伪及形成过程的认定”融合在一起的，今后修改时也应当将“电子证据的真伪认定”独立出来。

另一方面，我国可以调整关于电子证据鉴定的技术规范，这主要指增加一些新的鉴定科目。以对科目列举最为详细的《司法鉴定收费项目和收费标准基准价（试行）》① 为例，其中用列表的方式明确了硬盘检验、服务器检验、CD及DVD光盘检测鉴定、U盘及存储卡检测鉴定、软盘检测鉴定、电子设备检验鉴定、存储介质物理故障排除、手机机身检验、注册表检验鉴定、软件一致性检验鉴定、软件功能检验、文件一致性检验鉴定、数据库数据恢复、数据库一致性检验鉴定、其他电子数据检验鉴定、密码破解、现场数据获取、网络数据获取、光盘溯源检验、光盘刻录机检验、电子物证鉴定文证复审等21种项目的收费办法，也可以理解为明确了21个鉴定项目。然而，这些科目中看不出适用于电子证据真实性鉴定的，故也应当进行必要的扩充。这样修改并不意味着我们要研发如同《电子邮件鉴定实施规范》或《数据库数据真实性鉴定规范》那样针对每种电子证据的真实性鉴定规范。为每一种电子证据都制定一份真实性鉴定规范既不现实也无必要。这就需要从鉴定技术的角度开发科目，而这又涉及具体鉴定意见表述的问题。

2. 意见表述方面

我国应优化电子证据真实性鉴定的意见表述方式。电子证据真实性的鉴定可以使用溯源性鉴定、时间鉴定、痕迹鉴定与碎片鉴定等方法。这就需要针对不同种类的鉴定优化鉴定意见表述方式。从逻辑上讲，也有人将痕迹鉴定与碎片鉴定细分为倾向于为假和倾向于为真。从鉴定实践来看，鉴定专家在新型鉴定中通常不愿意给出“确认为真”之类的鉴定意见，而喜欢表述为“未发现经过伪造篡改”、“未发现造假特点/痕迹”之类的鉴定意见，如在杨某与李某债权人利益责任纠纷上诉案② 中，鉴定机构对四条短信是否为伪造、篡改形成进行了鉴定，鉴定书中“分析说

① 这一规定自2016年5月1日起废止，不过其规定的鉴定项目仍然沿用。

② “杨某与李某债权人利益责任纠纷上诉案”，上海市第一中级人民法院（2012）沪一中民四（商）终字第956号民事判决书。

明”一栏载明：“在检材手机中未发现可用于对短信进行伪造、篡改的功能或程序。通过间接途径进行短信的伪造、篡改是技术可行的，但实现难度较高”；“鉴定意见”一栏则载明“无法判断检材中需检短信是否为伪造、篡改形成”。对于这样的鉴定意见，一、二审法院只能结合证明责任规则处理。二审法院指出，“对于该短信记录的真实性，杨×予以否认，相关鉴定机构亦无法进行判断……本院认为，李×提供的短信证据从某方面已经可以反映相关事实，此时相应的举证责任应当转为由杨×承担，即杨×需要举证证明该些短信的虚假性”。本案中司法人员因证据真假问题向鉴定专家寻求帮助，但后来还是不得不根据证明责任规则进行认定。这反映了当前的电子证据真实性鉴定并不能从根本上满足司法办案的需要。从审判实践来看，司法人员对于“无法作出明确的真假判断”以及“未发现经过伪造、篡改”“未发现造假特点/痕迹”等意见表述往往无所适从，认为没有什么价值。这种问题在电子证据真实性鉴定中尤为突出。

要改变这一状况，必须优化鉴定意见的表述方式。意见表述是鉴定规范化的核心内容之一，其一方面要符合技术现实，另一方面要最大限度地满足司法需求。如果电子证据鉴定在任何情况下都不能像指纹鉴定、DNA 鉴定那样给出肯定为真的结论，那就有必要作出根本性的改变。以《电子邮件鉴定实施规范》中的意见表述部分为例，共包括“确定经过伪造篡改”“排除经过伪造、篡改”“未发现经过伪造、篡改”“无法判断是否经过伪造、篡改”四种，其中争议较大的是第二、三种。第二种是“排除经过伪造、篡改”，这种意见能够解决司法问题，然而其判断前提包括“分析不存在通过现有技术手段无法发现的伪造、篡改可能性”，这在鉴定实践中是无法实现的；第三种是“未发现经过伪造、篡改”，这种意见符合鉴定技术能力，然而用词“未发现”相当模糊，并不能满足司法需求。①

其实，不同的真实性鉴定方法有着不同的意见表述方式。如果当事人对电子证据的形成过程有争议，通常可以采取溯源性鉴定方法，意见表述为“电子证据的形成过程是……”也可以采取痕迹鉴定方法或碎片鉴定方法，意见表述为“检验发现存在或者不存在……的痕迹或碎片”。如果当事人对电子证据的时间信息有争议的，通常可以采取时间鉴定方法，意见表述为“电子证据的创建时间/修改时间/访问时间是……”并注明该时间同物理时间的对应关系。依此类推，不一而足。我国新发布的《电子文档真实性鉴定技术规范》将意见表述方式概括为“根据综合分析结果，对检材文档的形成过程及修改情况进行客观描述”，“信息不充分的，可出具无

① 譬如，在快播公司传播淫秽物品牟利罪一案开庭时，控辩双方就围绕涉案服务器硬盘是否被调包、涉案视频文件是否造假等真实性问题开展了激烈的攻防战。为此，法庭委托国家信息中心电子证据司法鉴定中心进行检验，以审查鉴定检材的真实性。国信司法鉴定中心最终的鉴定意见是“未发现在 2013 年 11 月 18 日后有从外部拷入或修改的痕迹”。这一鉴定意见在法庭上受到质疑，因为“未发现”的鉴定意见表述不清，不足以释疑解惑。刘品新．电子证据的鉴真问题：基于快播案的反思．中外法学，2017（1）．

法判断的鉴定意见"①。这在很大程度上使用了满足司法要求风格的表述，当然仍有完善的空间。

3. 鉴定方法方面

我国需要开发跨越技术领域的电子证据真实性鉴定方法。同法律界的乐观自信相比，鉴定行业对于能否以及如何通过司法鉴定解决电子证据真实性问题仍充满疑虑。调研表明，我国绝大多数鉴定机构尚未开展电子证据真实性鉴定业务，许多鉴定人甚至认为电子证据真实性鉴定不是也不应该纳入鉴定业务范围。司法鉴定领域的现行规章制度和技术规范也明显缺乏相关的内容。②

电子证据的真实性判断需置身于个案的语境中，这就决定了电子证据的真实性鉴定不是纯粹的技术问题，而是基于法律要求的技术判断。鉴定专家需要基于案件事实作出专业性判断，这也是我国法律赋予鉴定人的一项权利。我国《司法鉴定人登记管理办法》第 21 条规定："司法鉴定人享有下列权利：（一）了解、查阅与鉴定事项有关的情况和资料，询问与鉴定事项有关的当事人、证人等……"这一权利对于鉴定人判断电子证据真伪至关重要，它能将判断的语境限定在个案中，而不至于变成空泛的技术对抗。

当前，我国涉及电子证据真实性鉴定的技术规范对电子邮件、数据库数据、电子文档的真实性鉴定做了非常原则的规定。例如，《电子邮件鉴定实施规范》要求对邮件基本信息、邮件结构和格式、邮件头、邮件正文、邮件附件、往来邮件、其他相关信息以及邮件服务器进行分析，分析的重点限定为"是否存在异常""是否存在矛盾""是否存疑"等内容。③ 这种思维属于"技术范"，其有效性值得怀疑。此外，有的学者从计算机系统、文件系统、文件结构与编码等方面，分析不同计算机行为的运行规律④；有的学者通过研究特定类型电子证据（如 Office 文档、电子邮件等）的运行规律，提出鉴定真伪的技术策略。⑤ 这些研究同样存在纯粹局限于技术领域的缺陷。

电子证据真实性鉴定要突破纯技术的领域，走向跨越法律和信息技术领域的"基于法律要求的技术判断"。这主要是基于不同的案情，考虑控辩双方的争点，选择合适的鉴定方法。实践探索表明，电子证据真实性的鉴定可以使用溯源性鉴定、时间鉴定、痕迹鉴定与碎片鉴定等方法。具体来说，溯源性鉴定是根据现有的电子证据及相关痕迹，追查其来源及形成过程，进一步分析电子证据是否符合信息系统的形成规律以及具体案情的发展进程；时间鉴定主要是基于信息系统的时间规律，

① 《电子文档真实性鉴定技术规范》（SFZJD0402004—2018）第 6 条。

② 我国主管部门颁行了一些电子证据鉴定规章，包括公安部《公安机关电子数据鉴定规则》、最高人民检察院《人民检察院电子证据鉴定程序规则（试行）》等。它们基本上没有明示电子证据真实性鉴定。

③ 参见《电子邮件鉴定实施规范》（SF/Z JD0402001—2014）第 3.4 部分。

④ 林九川，孙永清，钱伟，等．字符编码在电子数据司法鉴定中的应用．中国司法鉴定，2008（6）．

⑤ 陈晓红，杨旭，施少培，等．篡改 Microsoft Office 办公文件的实验研究．证据科学，2009（3）；廖根为．电子邮件真伪鉴定初探．犯罪研究，2009（3）．

解决电子证据记录的时间信息是否真实的问题；痕迹鉴定是通过分析电子文件相关的痕迹，反查产生该痕迹的二进制运算事件，在此基础上从时间、内容、功能、存储特征等方面进行分析，判断二进制运算事件产生的相关痕迹是否与现存涉案文件的形态特征相吻合、是否符合信息系统运行的规律；碎片鉴定是指对文件系统中数据片段进行内容提取、形态分析、溯源分析。这些方法的共同点是要在具体案件中判断哪一方诉讼主体提交的电子证据更为可信，或者判断哪一方诉讼主体关于电子证据的证明更为可信，而非无条件的真实性。其都是在判断某种法律意义上的真实性，而非科学领域的真实性。以上提出的新技术方案，也经历过多起案件鉴定实践的检验，如【案例 4－2】。

【案例 4－2】

手机短信鉴定案①

一、基本情况

2013 年 3 月 26 日，中国人民大学物证技术鉴定中心接受大连市某区检察院委托，对三星品牌的一台手机进行检验分析。鉴定请求是："1. 提取手机内的涉案短信；2. 上述涉案短信是否正常通信形成。"

二、检验过程

经查询三星手机的官方网站，GT—I9228 所安装的操作系统为 Android 2.3。

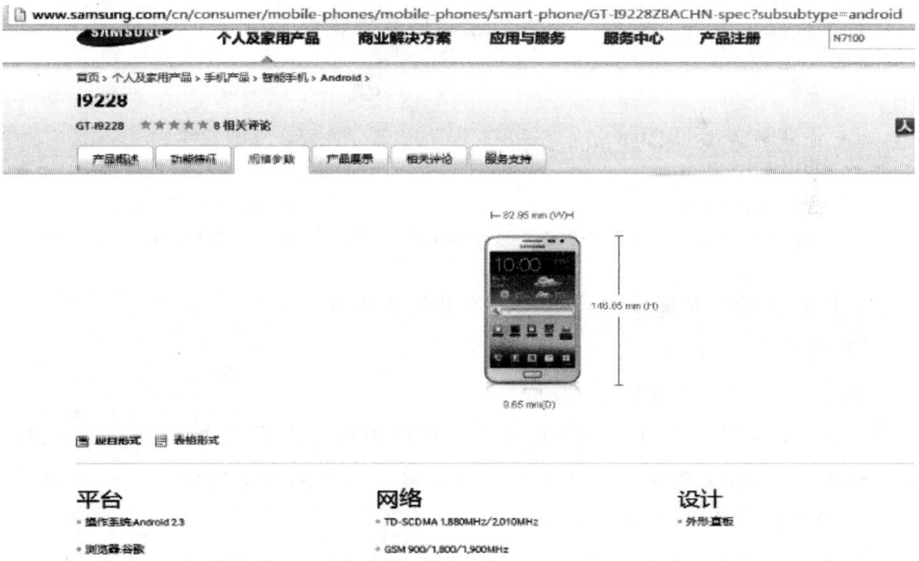

① 改编自中国人民大学物证技术鉴定中心司法鉴定意见书，［2013］技鉴字第 7 号。鉴定人为梁彬、刘品新，鉴定意见书主要由谢君泽执笔。

(一) 手机预检

启动司法检验工作站，并对整个系统平台进行杀毒·启动91手机助手软件进行预检。经检验，发现检材手机的固件版本号为2.3.6，且显示为“未ROOT”状态，使用android adb命令进一步确认检材手机的系统权限，发现检材手机Root权限确实未被获取。

进一步对手机短信进行检验，发现检材手机的短信收件箱存在以下涉案短信：

+86135007[redacted]	广东发展银行：62256833210[redacted]	2012-08-09 14:42

检材手机的短信发件箱存在以下涉案短信：

135007	主任，今日转帐7100。（上周的）	2012-10-20 12:50
13500[redacted]	主任，今日转帐17100，请查收。	2012-08-10 13:19
13500	主任，把卡号发短信给我。我换手机了。您的卡号我存在以前的手…	2012-08-09 14:37
139428	主任，今日应该转帐41200元，减去33900元（3把枪，19个仓，2把3…	2012-09-14 12:40
139428	主任，今日转帐49600元。枪10把，仓66个。	2012-08-09 14:18
+861554	主任，今日转帐48700元请查收。	2012-09-14 12:35
155411	主任，今日转帐1000，枪一把，请查收。小×	2012-08-21 12:16
155411[redacted]	主任，今日转帐2200。1把吻，2个仓。请您核对查收。小×	2012-08-16 09:33
155411[redacted]	主任，今日转帐37400，12把枪，22个仓，12把吻，下周我查好后在…	2012-08-10 13:17

(二) 镜像复制

启动手机取证系统，对检材手机的存储器制作镜像。

名称	大小	类型
blk0_mmcblk0.bin	15,388,67...	BIN 文件
log.txt	3 KB	文本文档
procdata.zip	797 KB	WinRAR ZIP arch...
Samsung GSM_GT-N7000 Galaxy Not...	1 KB	UFED Dump

以下检验分析均对镜像文件进行，不再使用检材手机。

(三) 数据库分析

1. 短信数据库文件分析

启动X-ways司法分析软件查找并导出存储短信的数据库文件mmssms.db。启动OxySQLiteViewer软件对前述文件进行检验，提取到涉案短信。

2. 通信日志文件分析

启动X-ways司法分析软件对通信日志文件logs.db进行检验、分析。经检验，通信日志文件中存在前述短信的相应记录。

3. 空余空间分析

启动X-ways司法分析软件对空余空间进行检验、分析。经检验，空余空间中存在多处前述短信的相关记录。

（四）关联分析

提取涉案短信前后时间的短信记录。

三、分析说明

根据Android系统的存储原理，mmssms.db是存储手机短信的数据库文件，logs.db是记录手机通信的日志文件。

经检验，mmssms.db数据库文件中存在以下10条涉案短信：

事件	联系人	时间	短信内容
Send_发件	1394285XXXX〈1394285XXXX〉；	2012/8/9 14：18：30	主任，今日转帐49 600元。枪10把，仓66个。
Send_发件	1350070XXXX〈1350070XXXX〉；	2012/8/9 14：37：59	主任，把卡号发短信给我。我换手机了。您的卡号我存在以前的手机上，那个手机坏了，开不了机。
Receive_收件	+861350070XXXX〈1350070XXXX〉；	2012/8/9 14：42：52	广东发展银行：6225683321000XXXXXX
Send_发件	1554117XXXX〈1554117XXXX〉；	2012/8/10 13：17：30	主任，今日转帐37 400，12把枪，22个仓，12把吻，下周我查好后在联系您。今天的请查收。
Send_发件	1350070XXXX〈1350070XXXX〉；	2012/8/10 13：19：08	主任，今日转帐17 100，请查收。
Send_发件	1554117XXXX〈1554117XXXX〉；	2012/8/16 9：33：20	主任，今日转帐2 200。1把吻，2个仓。请您核对查收。小×
Send_发件	1554117XXXX〈1554117XXXX〉；	2012/8/21 12：16：27	主任，今日转帐1 000，枪一把，请查收。小×
Send_发件	+861554117XXXX〈1554117XXXX〉；	2012/9/14 12：35：06	主任，今日转帐48 700元请查收。
Send_发件	1394285XXXX〈1394285XXXX〉；	2012/9/14 12：40：38	主任，今日应该转帐41 200元，减去33 900元（3把枪，19个仓，2把30B），实际转帐7 300元。请查收。
Send_发件	1350070XXXX〈1350070XXXX〉；	2012/10/20 12：50：03	主任，今日转帐7 100。(上周的)

经检验，logs.db中记录了前述10条短信的相应记录，能够与前述10条短信形成印证。这表明了前述10条短信是正常通信所形成的。

空余空间中发现的前述10条短信的相关记录进一步佐证了前述结论。

关于“关联分析”的分析说明：根据Android系统的存储原理，mmssms.db数据库文件的“_id”参数记录了短信的存储位置号，其与短信时间之间具有特定的对应顺序。mmssms.db数据库文件的“thread_id”参数记录了短信的会话号，同一联系人的会话应当具有相同的会话号，会话号本身也具有特定的顺序。

经检验，前述10条涉案短信的“_id”参数能够符合前后短信的顺序特征，即前后相邻时间短信的存储位置号是依顺序递增的。同时，相同联系人短信的“thread_id”参数是相同的。这些表明了前述10条涉案短信的形成时间均是符合正常特征的。此外，部分涉案短信存在回复或被回复短信，它们之间在内容上的连贯性进一步佐证了前述结论。

四、意见表述

上述涉案短信是正常通信所形成。

在该案中，根据涉案短信在时间上、内容上、存储位置上均符合正常通信形成的特征，得出了系“正常通信所形成”的技术结论。这在法律语境中就等于肯定“真实性”的司法结论。这一鉴定过程就综合使用了时间鉴定方法、痕迹鉴定方法与碎片鉴定方法。当然，上述技术方案还将随着实践的发展而不断完善，全新的方法也会进一步涌现。

（三）证明机制的优化

在具体案件中，究竟由哪一方诉讼主体负责对电子证据真伪的证明？这涉及证明机制问题，即由哪一方诉讼主体率先启动对电子证据真伪的证明，以及在真伪不明的情况下由谁承担不利的后果。例如，在××图文公司诉某商贸有限公司定作合同纠纷案①中，原告提交刻录的数码照片光盘证明其履行了制作安装义务，被告质证说“对数码照片的真实性无法确认，数码照片的拍摄时间是根据相机的系统设置时间来确定的，且数码照片的日期是可以修改的，该照片说明不了任何情况”，法庭裁决“虽然××商贸公司不认可照片的真实性，但并未申请对照片的真实性进行鉴定，本院认可××图文公司举示照片的真实性”。这一裁决便是基于特定的证明机制作出的。这样的机制很容易被简单理解为适用了“谁主张，谁举证”规则。该规则在我国源远流长，《民事诉讼法》第64条第1款将之表述为：“当事人对自己提出的主张，有责任提供证据”。实行“谁主张，谁举证”规则，有利于查明案件中关于电子证据真实性的具体争议。但人们对“主张”一词的含义通常会有不同的认识，这会引发实务的混乱。

就电子证据的真实性而言，一种理解就是“谁举证，谁证明”，即由举证方承担证明电子证据为真的责任；另一种理解则是“谁反驳，谁证明”，即由反驳方承担证明电子证据为假的责任。实务中司法人员倾向于选择“谁举证，谁证明”规则。在调研过程中，一些法官声称这样的分配机制符合司法遵循的公正效率原则，有的还更赞同将之表述为“谁提交，谁证明”。在电子证据立法先进的国家的确有相似的立法例。例如，加拿大《1998年统一电子证据法》第3条规定：“在任何法

① 参见重庆市江北区人民法院（2012）江法民初字第7495号民事判决书。

律程序中，拟介绍电子记录的那一方当事人附有如下责任，即通过那些足以支持作出‘该电子记录即此人所说的东西’的裁定的证据，证明其真实性的责任。”① 加拿大爱德华王子岛省《2001 年电子证据法》第 3 条、加拿大育空地区《2002 年电子证据法》第 3 条、英联邦《2002 年电子证据示范法（草案）》第 5 条作了几乎完全相同的规定。菲律宾《2000 年电子证据规则》规则 5 之第 1 条②、多米尼加联邦《2005 年电子证据法》第 5 条③与加拿大《1998 年统一电子证据法》没有承继的渊源，但也作了相似的规定。值得注意的是，外国法中相关规定所指的“真实性”同中国法中的真实性并不同义，不能简单借镜。

上述法案的英文版本中使用的条文标题均是“Authentication”，我国一般译为“鉴证”，也有人译为“鉴识”“辨真”“确证”“鉴真”或“证真”等。它指的是证据与案件事实的联系必须真实，不能是举证方的主观臆造。如果证据是虚构、伪造的，那么它与案件事实就没有关联，也就不能证明案件事实。美国证据法大师威格摩尔把对证据的鉴证需要视为“固有的、逻辑上的必要性”④。当代美国学者米歇尔·汉农说：“未经鉴证的证据等于不具有关联性，必须予以排除。”⑤ 米歇尔·芬纳进一步指出，“对证据进行鉴证的，举证方无须证明其是……准确的，只需证明其是拟提交的”⑥。由此可见，它实际上是从属于证据关联性的一个要素，核心内容即判断是否“真正的关联”。如果不注意中外相关法律中“真实性”认定的语义差别，照搬照抄“谁举证，谁证明”规则，就很有可能犯简单粗疏的错误。

为电子证据设计关于真实性的证明机制，必须考虑实务中电子证据的复杂表现。实践表明，有的电子证据具有可信的来源，如具有公文书性质的电子证据、来自可信档案网站的电子证据等；有的是由反驳方当事人或其接近的人负责保管的证据，如电子商务平台保管的电子交易记录等。凡此种种，规定一律由举证方进行证明，显然并不合理。对此，我国部分法院早有认识。2008 年 12 月，浙江省高级人民法院指出：“一般而言，证明电子证据完整性的举证责任应当由该证据的提交人承担，但由于电子证据的生成、存储、传输以及提取等环节可能出现的不公正、不正当、不规范、不完整性的事实大多为否定性事实，要求电子证据的提交人证明上述事实不存在则不具有操作上的可能性，因此证明这些否定性事实的举证责任可以

① 刘品新．国外网络犯罪法律制度选译．北京：中国人民公安大学出版社，2012：147.

② 同①165.

③ 同①171.

④ 美国《联邦证据规则》咨询委员会对规则第 901 条的注释。刘品新．美国电子证据规则．北京：中国检察出版社，2004：31.

⑤ Michael J. Hannon，An Increasingly Important Requirement：Authentication of Digital Evidence，70（6）Journal of the Missouri Bar，314（2014）；Saunders v. Bowersox，179 S. W. 3d 288，292（Mo. App. S. D. 2005）.

⑥ G. Michael Fenner，The Admissibility of Web-Based Evidence，47（1）Creighton Law Review，90（2013）.

适当分配给对电子证据完整性持有异议的当事人。”① 论述中提及的“适当分配”，反映了司法机关对于机械适用“谁主张，谁举证”规则或“谁提交，谁举证”规则的忧虑。

针对电子证据的具体情形不一，我国有必要对“谁主张，谁举证”规则进行改造，实行区分对象的不同规则：(1) 对于具有可信来源的电子证据，由反驳方承担证明其不属实的责任。此即实行有条件的“谁反驳，谁证明”规则。这与前述电子证据真伪判断标准是一脉相承的。(2) 对于依法或依约定由一方当事人保管的电子证据，由该方当事人承担证明其属实的责任。(3) 对于由第三方保管的电子证据，当事人可以请求第三方协助当事人举证。上述第二、三种可概括为有条件的“谁持有，谁举证”规则。实践中，电子证据“持有者”负责举证的，值得肯定的做法是提交原件或同原件一致的复制件，并将内容数据、属性信息、关联痕迹等或其他证据等组合起来提交。北京市高级人民法院《关于知识产权民事诉讼证据适用若干问题的解答》就体现了这样的思想，其中明确规定：“当事人对接收或者发出电子邮件的事实予以否认的，可以要求主张接收或者发出电子邮件事实的一方继续提出其他证据予以证明，若主张接收或者发出电子邮件事实的一方确实无法提出其他证据，但是能够提出调查线索，并提出调查申请的，可以就此进行调查”②。这些宝贵的司法经验可以提升为法律规则。

【拓展阅读】

“可重复性检验”与“可验证性检验”标准

尽可能地保证电子证据在取证后未发生篡改等造假，是电子取证的基本要求。当今各国电子取证措施种类繁多，从技术的角度来看，电子取证活动大体可以归为两种模式：一是“一步式”，即调查人员直接操作涉案的计算机、手机等存储介质，从中检验分析涉案的电子证据，加以提取和保全；二是“两步式”，即调查人员先对涉案的计算机硬盘等存储介质制作镜像，然后在镜像盘上检验和分析，从中提取和保全涉案的电子证据。两种模式的区别在于是否存在一个复制原始载体的过程。“一步式”取证是直接获取电子证据，而“两步式”取证是先保全载体，再获取电子证据。

相比而言，通过“两步式”取证获取的电子证据在真实性方面更有保障，因为任何怀疑者都可以通过重新检验来验明真伪。这就满足了“可重复性检验”的特点。对于“一步式”取证的真实性，我国司法实践中主要靠同步录像或专业人士见证，即达到“可验证性检验”的要求。也即，某个调查人员所获取的电子证据，能

① 浙江省高级人民法院．知识产权审判疑难问题与解答——程序篇．内部印刷文件，2008：22.

② 北京市高级人民法院《关于知识产权民事诉讼证据适用若干问题的解答》(2007年4月5日发布，京高法发［2007］101号)。

够交由其他专家通过查看录像或证言的方式予以确认。

这里的“可重复性检验”“可验证性检验”，正是电子证据收集方面比较独特的地方。它们是判断电子证据在取证后是否属实的可操作标准。

在当前我国的电子取证活动中，“两步式”取证居多，“一步式”取证较少，后者往往是在客观条件限制的情况下使用。譬如，涉案的服务器在境外，我国侦查人员不可能赴境外取证，这时就需要采取远程勘验的方法下载涉案数据，这一全过程必须由录像或专业人士见证。相应地，调查人员在收集电子证据时应当遵循两种机制的要求：一是能够制作复制盘（镜像盘）的，应当制作复制盘后在复制盘上进行检查分析，以满足“可重复性检验”的标准；二是在特殊情况下电子取证不能在原盘上进行的，应当采取数据保护措施并进行全程录像，以满足“可验证性检验”的标准。

第五章

电子证据的原件理论——认可多元并存的原生证据

诉讼中提交原件是一条古老的证据法则，被称为“最佳证据规则”或“原始文书规则”。电子证据是信息时代诞生的证据，其引发的原件障碍困扰着法律界，推动着关于电子证据原件规则的探讨。本章在对诸原件理论进行分析的基础上，提炼出认可原件多元并存的混同理论，并论证了基于分门别类进行规则设计的制度改进方案。

一、“古树发新枝”

书证要求原件，这曾经是英美法系国家源远流长的一条霸王条款——最佳证据规则。据说，18世纪末英美证据法学者认为证据法可浓缩为这条单一规则。1794年威利·哈士丁案件中巴尔克法官曾经说他知道有一只鹦鹉能在半小时内学会证据规则并在5分钟的时间内复述完毕，提到的大概就是这一时期的证据规则。斗转星移，最佳证据规则在英美法系国家已经演化出许多版本。

我国同许多大陆法系国家一样，虽然没有明确的最佳证据规则，但也有要求原件、原物的相关规定。如《民事诉讼法》第70条第1款规定：“书证应当提交原件，物证应当提交原物，提交原件或者原物确有困难的，可以提交复制品、照片、副本、节录本。”当审判中试图引入电子证据尤其是电子书证时，法庭就被要求判断所提交的电子打印物或显示物是原件还是复印件。按照证据法的传统理论，以书证的来源为标准，可以将其分为原件和复制件，前者是指直接来源于案件事实或原始出处的书证，后者是指经过复制、复印、传抄、转述等中间环节形成的书证。那么，电子书证究竟在什么情况下可以视为直接来源于案件事实呢？或者说，究竟在什么情况下理解为来源于原始出处？这无疑是各国证据法遇到的新难题。司法实践中涉及电子证据原件问题的案件屡见不鲜，如【案例5-1】。

【案例5-1】

购销毛豆油合同纠纷案

【基本案情】

2000年原告某油厂向被告某贸易公司求购毛豆油7 000吨，价金4 620万元。依照合同约定，原告事先支付了定金1 200万元。但由于国际市场上毛豆油价格暴涨，被告在履约期间并没有发货。为维护合法权利，原告诉诸法院，请求追究被告的违约责任，判令双倍返还定金。法官审理时发现，本案的法律关系非常简单，证据问题却颇为棘手。原告提供的购销合同、双方往来函件等证据，无一例外都是传真件。我国《合同法》第11条规定，书面形式是指合同书、信件和数据电文（包括电报、电传、传真、电子数据交换和电子邮件）等可以有形地表现所载内容的形式。显然，本案是一起电子合同纠纷案，合同的成立不因电子方式而受影响，但合同的内容需要传真证据来证明。

【案件评析】

作为电子书证，本案的传真作为证据被使用并无大碍，关键在于它能否以原件形式来发挥证明作用，如何审查复制件与原件是否相符合。在庭审过程中，当事人双方都意识到传真件的效力问题将对本案结果产生实质性影响，决定本案胜负。原告为支持己方主张，提交了银行承兑汇票的存根，证明定金已支付；提交了被告所在地电信局长途话费计费清单、通话时间记录等证据，证明收发传真的过程；提交了被告方某一职工的书面证言，其承认有关该笔业务的往来传真件均是由自己经手办理的。而被告则通过全面否认传真件证据效力的方式进行抗辩，指出原告仅有复制件形式的传真属举证不足。本案中，当事人意在通过传统方式高效、便捷地签订合同，其发送给对方的传真件虽然不是电子数据本身，但属于发送者意图使其具有与电子数据同等效力的复本，因此归为电子书证原件应不为错。至于能否借此认定案件事实，则取决于对其真实性、合法性的考量，还取决于它与其他证据相结合能否构成一个完整的证据体系。本案一审结束后，法官基本上就是按照这种思路处理的，作出了被告败诉的判决。

在本案中，原、被告是通过传真方式签订的买卖合同，传真在技术上就像是一种“远程”复印。原告发出要约，被告作出承诺，都是发出方首先有一份底稿，借助电信系统的传真设备进行“复制”传输给对方，收到方随后收集和保留的只是底稿的“传输件”。这样的传真件很容易被理解为复制件，结果就造成了原告只有用于证明的“复制件”，从而难以定案。E-mail合同亦面临相似的问题。例如，原、被告双方通过E-mail方式发出了要约、承诺，此时E-mail合同至少存在于原告的计算机、原告的网络服务商的计算机硬盘中、被告的计算机及被告的网络服务商的计算机硬盘中。那么，究竟原告或被告计算机中的数据是留存的电子证据、为原件，还是保留在原、被告的网络服务商计算机硬盘中的电子证据为原件？

二、主要观点述评

为解决电子证据原件与复制件的区分障碍，目前世界范围内不同组织或学者从不同的角度进行了探讨，关于电子证据原件的观点大致有七种。

（一）原始载体说

依照来源的不同，证据可分为原始证据和传来证据。① 前者是指直接来源于案件事实或原始出处的证据，后者是指经过复制、复印、传抄、转述等中间环节形成的证据。在我国，传统证据的原件标准同这一分类理论有着密切联系，即需考察证据是否直接来源于案件事实或原始出处。这一标准基本上为我国证据法学界所公认。以此为据，电子证据原件理当是指最初生成的电子数据及其首先固定所在的各种存储介质。如果某一电子证据首先固定于某块计算机硬盘上，则该硬盘或其上的电子数据就是原件；如果某一电子证据首先固定于磁带、软盘或光盘上，则磁带、软盘、光盘或其上的电子数据就是原件。除此之外，据此转换而来的任何电子证据均属于复制件。这是简单援引传统标准判断电子证据原件的一种结论。

我国现行的司法解释即秉持这种观点。最高人民法院《关于民事诉讼证据的若干规定》第 15 条第 2 款规定："当事人以电子数据作为证据的，当提供原件。电子数据的制作者制作的与原件一致的副本，或者直接来源于电子数据的打印件或其他可以显示、识别的输出介质，视为电子数据的原件。"与此相似，《关于行政诉讼证据若干问题的规定》第 12 条规定："根据行政诉讼法第三十一条第一款第（三）项的规定，当事人向人民法院提供计算机数据或者录音、录像等视听资料的，应当符合下列要求：（一）提供有关资料的原始载体。提供原始载体确有困难的，可以提供复制件……"这两个条文明确地将电子证据的原始载体与复制件并列起来，潜台词就是电子证据的原件即原始载体（参见图 5－1）。该处置办法是将电子证据（主要是计算机数据）与录音、录像资料等同起来考虑的结果，认为电子证据的原件标准可以参照适用录音、录像资料的原件标准。这一观点特别强调以电子证据载体来判断原件，故可称其为"原始载体说"。

"原始载体说"属于形式上的标准，优点是简单明了，但其在司法实践中面临着难以克服的障碍。首先，电子证据的移转是通过机器运算的方式进行的，它不像传统证据一样发生物理空间或形式上的变化，这决定了电子证据的"原始出处"很难判断。其次，由于计算机硬盘等电子介质的自然寿命有限（理论上硬盘的使用年限一般不超过 10 年），其上的电子证据必然会被周期性地复制到其他介质上，这决定了电子证据的"原始"载体必定消失。最为重要的是，电子证据必须以显示或打

① 张子培，陈光中，张玲元，等．刑事证据理论．北京：群众出版社，1982：182.

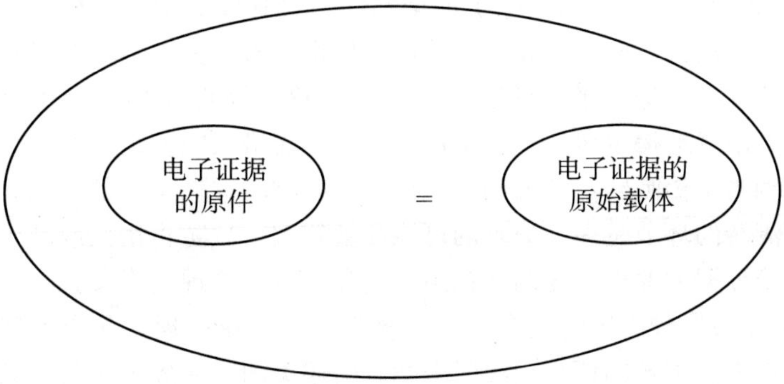

图 5-1 “原始载体说”的原件示意图

印的方式才能为人所感知，这决定了即便将电子证据的原始载体拿到法庭上可能也没有实际意义。总之，“原始载体说”的界定标准存在着先天不足。

（二）原件废止说

为化解电子证据同“原始出处”的联系纽带难以确立的矛盾，一些专家学者曾提出取消电子证据原件概念的观点。2001 年在湖南大学法学院举行的“中国电子商务示范法第三次高级研讨会”上，一些民商法学者指出，无论从哪个角度来界定电子证据的原件都不能与传统原件的含义相吻合，因此对电子证据可以不进行原件与复制件的分类，干脆弃用传统的原件观念。最高人民法院《关于行政诉讼证据若干问题的规定》第 64 条规定：“以有形载体固定或者显示的电子数据交换、电子邮件以及其他数据资料，其制作情况和真实性经对方当事人确认，或者以公证等其他有效方式予以证明的，与原件具有同等的证明效力。”关于这一条款的含义，权威人士解释为在某种意义上是将行政诉讼电子证据统统划入复制件范畴。① 上述观点可以归纳为“原件废止说”②。

国外学术界也有类似的观点，并在某些电子证据法案中有所体现。例如，美国统一州法委员会于 1949 年颁布的《业务记录与公共记录的摄影复本用作证据的统一法》，专门规范因缩微拍摄技术的应用而出现的缩微胶片副本及其放大照片③的运用问题。根据该法第 1 条，只要缩微胶片副本及其放大照片属于在正常商务活动中制作的，就具有原件的效力。换言之，法律在判断缩微胶片副本及其放大照片的证据效力时，并不考虑其采用了翻录或复制的手段，并不区分原件与复制件。④ 这是电子证据原件与复制件不分的典型立法例。

① 李国光．最高人民法院《关于行政诉讼证据若干问题的规定》释义与适用．北京：人民法院出版社，2002：143. 不过，笔者认为，将这一条款理解为后文所述的“功能等同法”更为妥当。

② 刘品新．中国电子证据立法研究．北京：中国人民大学出版社，2005：210.

③ 这是一种特殊的电子证据，包括摄影本、影印本、缩微胶片、缩微卡片、缩微摄影本等。

④ Uniform Photographic Copies of Business and Public Records as Evidence Act. http：//www. law. upenn. edu/bll/archives/ulc/fnact99/1920 _ 69/upcbpr49. htm.

"原件废止说"回避了划分电子证据原件与复制件的难题，在一定程度上解决了电子证据"复制件"的运用障碍。但该学说也从根本上否定了要求提交原件的证据规则，有违证据法原件的理论基础。向法庭提交原件就相当于传唤目击证人到庭，既能最大限度地揭示所反映的案件事实，又能最大限度地展开质证；向法庭提交复制件就相当于传唤转述证人到庭，会严重影响对案件事实的证明。电子证据生成后，传播流转的环节越多，失真的可能性就越大。从防止错误或减少欺诈的角度看，区分电子证据的原件与复制件在当代仍具有重大的现实意义。

"原件废止说"颇有因噎废食之嫌，故其犹如昙花一现，并未得到主流学术思想的认同，也未能被各国证据立法所采纳。前述美国《业务记录与公共记录的摄影复本用作证据的统一法》只是一部示范性的法律，不具有当然的强制效力。该法创制的不区分原件与复制件规则并未被推广开来，更未扩充至除缩微胶片副本及其放大照片以外的其他电子证据。如今愈来愈多的法律界人士投入电子证据原件理论的创新探索之中。从回避到正视，是当今各国解决电子证据原件问题的正确选择。

（三）功能等同法

功能等同法的观点最早由联合国国际贸易法委员会（以下简称"贸法会"）提出。该组织是联合国系统国际贸易法领域的核心法律机构，自 20 世纪 80 年代开始致力于解决电子商务法律障碍。它强调在电子商务中"原件"的概念还是有用的，因为实践中发生的许多争端都涉及文件是否为原件的问题，须提交原件的要求构成了电子商务推广的主要障碍；同时它主张，如果把"原件"界定为"信息首先固定于其上的媒介物"，则根本不可能谈及任何数据电文的"原件"，因为数据电文的收件人所收到的总是该"原件"的副本。①

为此，该组织分析了传统原件的功能，意图根据电子商务环境下数据电文如何实现传统原件的功能来构建原件标准，此即功能等同法。贸法会指出，传统上原件具有可识别修改和可阅读等功能，使用复制件则难以发现篡改情况，会动摇国际贸易中当事人各方的交易信心；只要数据电文确实起到了在"功能上等同或基本等同"于书面原件的效果，便可视为一种合法有效的原件，就能满足证据法对原件的要求。②

这实际上是一种实质性的标准，即贸法会《电子商务示范法》第 8 条第 1 款的规定："（1）如法律要求信息须以其原始形式展现或留存，倘若情况如下，则一项数据电文即满足了该项要求：（a）有办法可靠地保证自信息首次以其最终形式生成，作为一项数据电文或充当其他用途之时起，该信息保持了完整性；和（b）如要求将信息展现，可将该信息显示给观看信息的人。"③ 依照此规定，只要某一数

① Guide to Enactment of the UNCITRAL Model Law on Electronic Commerce. http：//www. uncitral. org/english/texts/electcom.

② 吕国民．国际贸易中 EDI 法律问题研究．北京：法律出版社，2001：181－182.

③ UNCITRAL Model Law on Electronic Commerce. http：//www. uncitral. org/english/texts/electcom.

据电文具有完整性且可显示，即被认为满足法律关于原件的要求。

贸法会解释说，如果某一数据电文是直接输入计算机的，则只要自它首次转成电子形式时起保持完整和未予改动，且后来可显示为人们可知的形式，就符合“原件”的要求；如果某一数据电文最初是制成书面文件、而后才输入计算机的，则要求它自制成正式书面文件时起保持完整性，且在需要时可打印或显示出来，才符合“原件”的要求。这里所说的“完整性”，应当注意把对最初的（即“原始”）数据电文所作的必要添加，例如背书、证明、公证，同其他改动区分开来。① 如果在一份数据电文“原件”的末尾添加一份电子证书来证明该数据电文的“原始性质”，或者由电脑系统在数据电文的前后自动添加数据以便进行传递，这种添加将视为等同于书面“原件”的一纸补充，或者等同于用来寄发书面“原件”的信封和邮票。这里所说的“首次以最终形式生成”，包括先将信息制成书面文件，后来才输入电脑的情况。② 在这种情况下，完整性应理解为要求确保信息自制成书面文件时起，而不是自它转成电子形式时起，就保持了完整和未予改动。这一机制所界定的电子证据原件标准参见图 5－2。

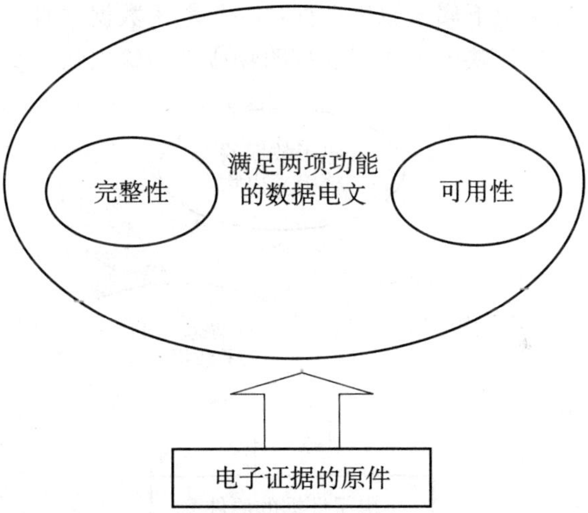

图 5－2　“功能等同法”的原件示意图——联合国贸法会《电子商务示范法》模式

这一做法将具有传统原件基本功能的数据电文纳入“原件”之列。贸法会认为，功能等同法已经解决了数据电文的“原件”障碍问题。虽然作为一种国际组织的示范法，联合国贸法会《电子商务示范法》并不具有强制性，但一些国家的电子商务法“承袭”了上述条款，如加拿大《统一电子商务法》的第 11 条。

① Guide to Enactment of the UNCITRAL Model Law on Electronic Commerce. http：//www. uncitral. org/english/texts/electcom.

② 同①.

（四）拟制原件说

依照《布莱克法律大辞典》的解释，拟制（Legal Fiction）是指在司法判断过程中，将真伪不明的事物假定为真实，以便顺利适用某一法律规则。① 我国学者将拟制界定为，法律在特定情况下，把某种事实视为另一种事实并发生相同的法律效果；用公式表示为“明知为A，视其为B”②。仔细推敲，这两种说法之间还有着些许差别。但不论如何，拟制本质上是一种同自然判断相对应的手段，其得出的结论带有人为色彩。基于此，拟制在解决电子证据的原件障碍方面能够起到独特的作用。美国证据法堪称这种做法的代表。

美国《联邦证据规则》规则1001（3）规定：“文书或录音的‘原件’是指该文书或录音本身，或者制作者或发行者意图使其具有同等效力的复本。照片的‘原件’包括底片或由底片冲洗出的任何相片。如果数据被储存在计算机或类似装置里面，则任何可用肉眼阅读的、表明其能准确反映数据的打印物或其他的输出物，均为‘原件’。”《1999年统一证据规则》规则1001（3）与《加利福尼亚州证据法典》第255条亦有着完全相同的规定。据此可以得出，美国成文证据法的主流观点认为，电子证据在两种情况下属于原生证据：一是电子数据本身；二是具有同等效力的复本，特别是能准确反映电子数据的打印物或其他输出物（参见图5-3）。

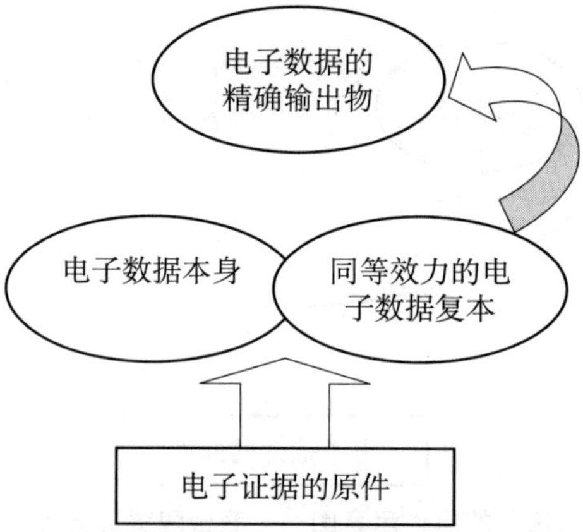

图5-3 “拟制原件说”的原件示意图——美国证据法典模式

拟制原件说实际上扩大了原件的范围，即不限于自然意义上的原始证据，而是扩大至拟制意义上的原始证据。前者来自原始出处，后者则显然同原始出处没有关联，但被法律规定或当事人约定为“原件”。为什么美国法律会对最佳证据规则所要求的原件作如此调整？联邦最高法院咨询委员会借喻法律对待照片证据的态度作了类比解释：“严格地讲，只有照相底片才被认为是原件；而实际的、

① Black Law Dictionary. 7th edition. St. Paul, Minn., 1999: 904.

② 何家弘，刘品新．证据法学．北京：法律出版社，2007：269.

通常的做法是，要求将由底片冲洗出的任何相片都视为原件。与此相似，按照实际的、通常的做法，任何计算机打印输出物都属于原件。"① 这反映了美国立法者务实的态度。

拟制原件说也是对美国司法实务判例经验的总结。例如，在合众国诉桑德斯一案中法庭指出，将计算机记录进行重新排序，而对原信息未作任何筛选的，这样形成的新电子记录不是摘要——复制件②；在伯尔逊诉得克萨斯州一案中法庭指出，计算机生成显示物是通过计算机显示的而非打印的，是通过视觉可读的，并且是数据的准确反映，属于原件之列③；在约翰·道诉合众国一案中法庭指出，威阿军事研究中心提交的程序性资料能够证明其打印表确实属于计算机数据的准确打印物，采纳这样的打印表作为证据"虽不是典型地符合最佳证据规则，但不构成违反规则"④。

"拟制原件说"没有固守自然原件的概念，而是立足于从法律意义上解决电子证据的原件问题，其不强求当事人举出那些潜在的电子化数据，而是许可提交电子记录的精确打印输出物。拟制原件说巧妙地将证据法原件理论与拟制制度相结合，为立法和司法开辟了一条解决电子证据原件问题的重要渠道。至于如何合理界定拟制原件说的适用范围和适用条件，则需各国从自身法律传统出发加以考量。

（五）混合标准说

在解决电子证据的原件问题上，功能等同法与拟制原件说虽然选择了不同的切入点，但也存在密切的联系。例如，对于任何直接源于电子原本的准确打印输出物和其他输出物，即美国法中所说的"精确输出物"，依照"拟制原件说"均可视为原件；这些"精确输出物"实际上也具有原件的功能，即同时符合"功能等同法"的要求。从一定意义上讲，它们分别使用的"完整性"与"准确性"貌似不同，实则具有相同的含义。⑤ 不过，功能等同法与拟制原件说的差异是主要的。前者专门适用于电子商务等民商事领域，后者则可拓展至各种形态的诉讼；前者属于事后适用标准的认定，后者则需预先设定标准。它们各有所长，两者结合起来便形成了一种新的电子证据原件理论。

加拿大统一州法委员会颁布的《1998 年统一电子证据法》即采取混合标准说，该法第 4 条规定："在任何法律程序中，如果最佳证据规则可适用于某一电子记录，则通过证明如下电子记录系统——其中记录或存储有数据的那一电子记录系统、或

① Advisory Committee Notes，56 F. R. D. 183，341，from Federal Rule of Evidence (1997—98 Edition). West Publishing Co. 1997：197－198.

② United States v. Sanders，749 F. 2d 195，(5th Cir. 1984)．

③ Donald Gene Burleson v. the State of Texas，802 S. W. 2d 429；1991 Tex. App. LEXIS 229.

④ Doe v. United States，805 F. Supp. 1513，1517 (D. Hawaii. 1992)．

⑤ Amelia H. Boss，the Uniform Electronic Transactions Act in a Global Environment，37 Idaho L. Rev. 27，2001.

者借助其数据得以记录或存储有数据的那一电子系统——的完整性，最佳证据规则即告满足；但是，如果明显地、一贯地运用、依靠或使用某一打印输出物形式的电子记录，作为记录或存储在该打印输出物中信息的记录，则在任何法律程序中，该电子记录是符合最佳证据规则的记录。”① 立法者解释说，最佳证据规则的目的在于确保记录的完整性。对于纸面文件，在其原件上进行变造都有可能被察觉；对于特定的电子记录，直接证明其完整性常常是不可能的；故本法规定用计算机系统的可靠性代替电子记录的可靠性，来完成检验电子记录完整性的任务。

采取“混合标准说”，意味着当事人双方可以提交两种原件：一是源于具有完整性的电子记录系统生成或存储的电子记录；二是严格依据商业习惯制作的电子记录打印输出物。前者主要是基于“功能等同法”，即满足“完整性”的功能；后者主要是一种拟制，即基于商业习惯的可靠性保障而将有关电子记录打印输出物视为原件（参见图 5-4）。这两种原件在地位上是平等的，法律并不明显倾向于哪一种。

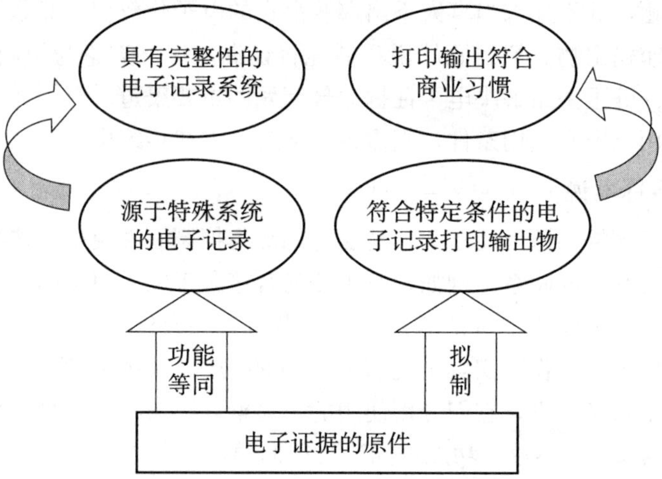

图 5-4　“混合标准说”原件示意图——加拿大《1998 年统一电子证据法》模式

《1998 年统一电子证据法》是对加拿大证据法判例的总结。在早期的司法实践中，加拿大法官对计算机打印输出物是否为原件存在认识混乱。例如，在 1979 年的女王诉麦克穆伦一案中，安大略省上诉法院认为，银行制作的电子账簿是原件，据此形成的计算机打印输出物是复制件。② 在 1982 年女王诉贝尔一案中，同一法院则作出裁决：“计算机打印输出物不是复制件，而是事实上的原始记录。”③ 该法院在两起案件中观点截然相反。与此相似，其他法院也有着同样的分歧。例如，在

① Uniform Electronic Evidence Act of Canada. http://www.ulcc.ca/en/us/index.cfm? sec=1&sub=1u2.

② R. v. McMullen (1979), 47 C.C.C. (2d) 499 (Ont. C.A.).

③ R. v. Bell (1982), 65 C.C.C. (2d) 377 (Ont. C.A.).

女王诉万勒伯格①、女王诉康戴尔②等案件中，法庭裁决计算机打印输出物可以构成原件；而在女王诉汉龙案③中，法庭认为渔业部计算机的打印输出物是复制件，而不是原始记录。④《1998年统一电子证据法》的出台终结了上述乱象。

（六）复式原件说

复式原件说主要适用于文书一式多件的情形。司法实践中，当事人签订契约时往往制作同一内容的一式二件，分别签名、签章或按手印，双方各执一份。这些文本具有同一的效力，英美法系称为复式原件。当然，如果当事人制作一式三件的，则为三联式原件，每一件均为原件。同理，行政机关签发公文书证如收费联单时，往往是一联自存、一联交缴费人、一联交代收银行，以上任一联均为公文书证原件，即复式原件。

复式原件说是一种传统的原件理论。美国证据法学大师威格摩尔曾经用该理论解释电报原件的判断问题。他认为，电报通常为复式原件，不仅寄件人交予电信局的原稿可能是原件，收件人收到的电报也可能是原件。如果收件人与寄件人产生诉讼争执，需要以电报为证据，则由电信局送到收件人手中的电报为原件。如果寄件人与电信局发生诉讼争执（如电报迟延或错误等等），则以寄件人交予电信局的原稿为原件。⑤ 迄今为止，这一学术思想在英美法系仍有着深远的影响。

电报是人类社会最早出现的电子证据之一，此后，电传资料、传真资料、BP机记录、IP电话记录、计算机文件、计算机数据、电子邮件、电子数据交换、电子聊天记录、电子签名等新型电子证据纷至沓来。⑥ 受威格摩尔电报原件理论的启发，我国台湾地区证据法学者周叔厚提出了将复式原件说适用于“计算机打印输出物”的思想。他指出：“电脑印出文件，虽属法庭外的陈述，仍迳得作为证据，并可认为复式原本。”⑦ 他援引威格摩尔的电报原件学说论证了这一观点。

菲律宾《电子证据规则》在一定程度上践行了这一理论，其规则4第2款规定：“……如果某一文件在同一时刻或前后不久就同一内容执行两份或更多复本，或者该文件是通过与原件相同的印模、或者使用同一字模、或者通过机械或电子的再录制、或者通过化学复制方法、或者通过其他能正确复制原件的相应技术而形成的复制件，则对该复本或复制件均应视为原件的相当物。”⑧ 电子证据的“复式原件说”可谓“老树发新芽”，这种与时俱进的精神值得肯定，其结构体系参见图5-5。

① R. v. Vanlerberghe (1976), 6 C. R. (3d) 222 (B. C. C. A.).

② R. v. Cordell (1982), 39 A. R. 281 (Alta. C. A.).

③ R. v. Hanlon (1985), 69 N. S. R. (2d) 266 (N. S. Co. Ct.).

④ Alan M. Gahtan. Electronic Evidence. Thomson Professional Publishing (1999): 155-156.

⑤ 周叔厚．证据法论．台北：三民书局，1995：1091.

⑥ 刘品新．中国电子证据立法研究．北京：中国人民大学出版社，2005：4-5.

⑦ 同⑤1103. 其中所说的“电脑印出文件”（computer printouts）就是一般所说的计算机打印输出物，翻译表述不同而已。

⑧ Rules on Electronic Evidence of Philippines. http: //www. supreme court. Gov. ph/roc.

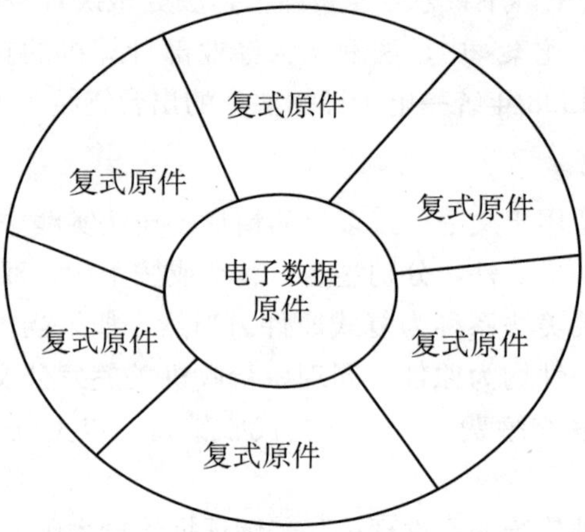

图 5-5　“复式原件说”的原件示意图

（七）结合打印说

为克服电子数据难以直接识别的障碍，早期有少数学者提出了结合打印说。韩国学者李井杓曾在《EDI 合同的法律问题》一文中谈道：“电脑信息里面只有标准化、构造化的 Data，根本没有与纸文书相同的原本性因素。要使电子文书具有原本性的要素，只有具备与原本相同程度的条件。为此，必须使 Data 具有可信赖性。但这种 Data 的信赖性成为证据的价值问题，将由法官来认定。在电脑里面的电子数据与打印出来的文书二者中，哪一个作为原本？我认为，电子数据虽然无可读性、可视性，但依照当事人的意思，若用转换软盘，就可立刻变为可读的、可视的。因此，应视为与打印出的文件一起构成原本。”① 也就是说，电子证据原件不是孤立的，它既包括人眼不可识别的电子形式证据，也包括人眼可以识别的打印证据，两部分不可或缺。这一观点重点在于解决电子证据原件的可视性问题，其结构体系参见图 5-6。

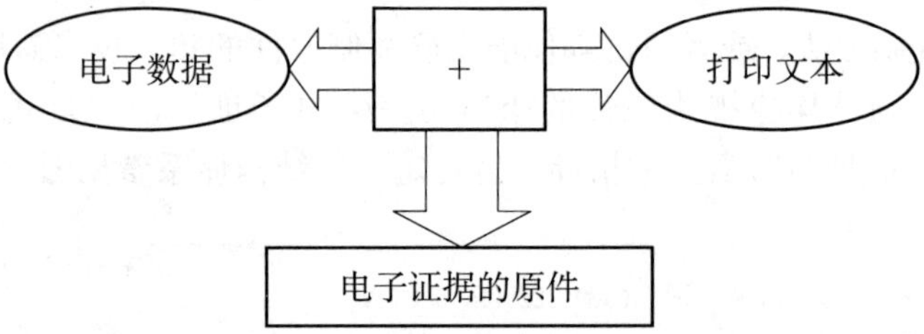

图 5-6　“结合打印说”的原件示意图

前述各种学说均有一定道理，但也存在不同程度的局限：第一，它们的适用对象存在局限，主要适用于电子文书、数据电文等电子证据。（见图 5-7）第二，不

① 李井杓．EDI 合同的法律问题——兼论《中国合同法（草案）》上的 EDI 问题．法商研究，1999（1）．

同理论的切入点比较单一，大多只从一个角度解决问题。第三，有些理论过于理想化，不具有可操作性。最典型的就是“结合打印说”，一方面并非所有电子证据都能打印出来提交法庭，如计算机数据库中的海量电子数据根本无法打印；另一方面，它将电子证据的两种形式一起使用，必然会导致电子证据原件只能是证据组合而非单一证据，这有违各国普适的传统原件理论。基于此，“结合打印说”并未被任何国家的立法所采用。

也正因为各学说的切入角度不一致，所以存在交叉融合的可能性。如“混合标准说”实际上是“功能等同法”与“拟制原件法”相结合的产物。复式原件说则适用于完全不同的情形，同其他各种理论之间存在明显的互补性。这些是国外电子证据原件理论给我国的重要启示。

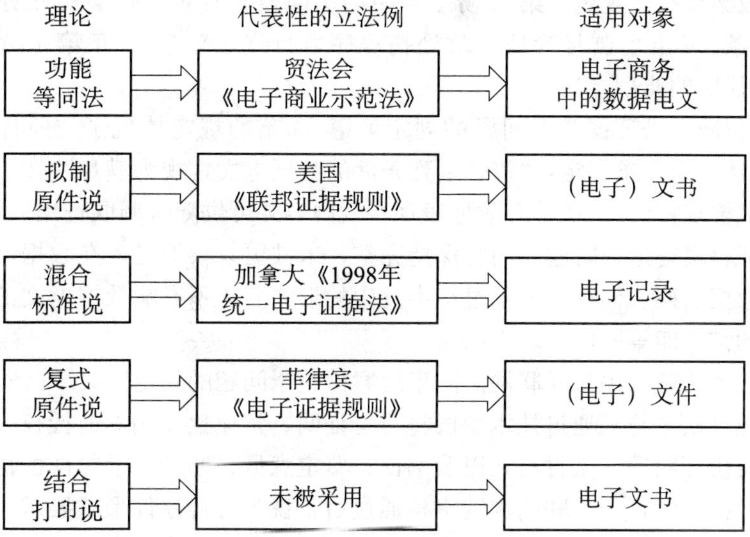

图 5-7　电子证据的原件理论及相关立法例、适用对象

三、多层次原件的理论体系及制度建设

考虑到每个国家的证据法律制度有着自己的传统和特色，上述各国的理论不太可能简单地援引至中国。一条合理而现实的思路是，走“借鉴国外先进经验，推动融入世界规则与本土化改造相结合”的道路①，构建符合我国国情的电子证据原件理论，充实和完善相关的原件规则。

（一）中国的立法现状及理论缺失

电子证据原件在我国是一个重大的理论问题，尚未得到根本解决。不过，这并

① 刘品新．中国电子证据立法研究．北京：中国人民大学出版社，2005：188.

不妨碍立法领域的积极探索。我国相关立法关于电子证据原件的规定存在冲突。两高一部《电子数据规定》第8条第1款规定："收集、提取电子数据，能够扣押电子数据原始存储介质的，应当扣押、封存原始存储介质，并制作笔录，记录原始存储介质的封存状态。"《监察法》第25条规定："监察机关在调查过程中，可以调取、查封、扣押用以证明被调查人涉嫌违法犯罪的财物、文件和电子数据等信息。采取调取、查封、扣押措施，应当收集原物原件……"《交通运输行政执法程序规定》第37条规定："收集电子数据应当遵守下列规定：（一）收集电子数据的原始存储介质。收集电子数据原始存储介质确有困难的，可以收集电子数据复制件……"这些法律条款均体现了"原始载体说"的观点。此外，《关于民事诉讼证据的若干规定》第15条、《关于行政诉讼证据若干问题的规定》第12条、《公安机关办理行政案件程序规定》第32条、《中国保险监督管理委员会行政处罚程序规定》第27条、《市场监督管理行政处罚程序暂行规定》第23条第1款也是关于"原始载体说"的典型立法。

《关于行政诉讼证据若干问题的规定》第64条的规定体现了"原件废止说"。《电子签名法》第5条规定："符合下列条件的数据电文，视为满足法律、法规规定的原件形式要求：（一）能够有效地表现所载内容并可供随时调取查用；（二）能够可靠地保证自最终形成时起，内容保持完整、未被更改。但是，在数据电文上增加背书以及数据交换、储存和显示过程中发生的形式变化不影响数据电文的完整性。"这是典型的"功能等同法"之立法例。

最高人民法院《关于互联网法院审理案件若干问题的规定》第10条规定："当事人及其他诉讼参与人通过技术手段将身份证明、营业执照副本、授权委托书、法定代表人身份证明等诉讼材料，以及书证、鉴定意见、勘验笔录等证据材料进行电子化处理后提交的，经互联网法院审核通过后，视为符合原件形式要求。对方当事人对上述材料真实性提出异议且有合理理由的，互联网法院应当要求当事人提供原件。"该规定笼统地指出，传统证据经电子化处理后，只需经互联网法院审核通过，就视为符合原件形式要求。这是典型的"拟制原件说"之立法例。

上述立法冲突体现出我国电子证据原件规则不完善的现状。因此，我国有必要重新检讨电子证据的原件理论，尽快彻底地终结立法混乱的局面。

（二）中国的特殊困难及理论需求

中国要完善电子证据原件理论，除了注意电子证据原件与传统证据原件相比的特殊之处外，更要注意中国的电子证据规则同外国、国际组织的电子证据规则相比的特殊之处。与国外相比，我国电子证据的外延要宽泛得多。当前国际组织或外国制定的电子证据原件条款主要适用于电子书证或部分电子书证。与之形成鲜明对比，我国的原件规则不仅适用于书证，也适用于物证、视听资料等各种证据。例如，我国最高人民法院《关于民事诉讼证据的若干规定》第21、22、23条就将"书证的原件""物证的原物"与"视听资料的原始载体"一并规定。而且，我国的电子证据也不仅包括电子书证，还包括电子物证、电子视听资料、电子的证人证言、电子的当事人陈述、关于电子证据的鉴定意见以及电子勘验、检查笔录等。① 这些电子证据均存在区分原件与复制件的问题，需要遵循的原件理论也不尽相同。

其中，电子物证是指以其存在与状况来证明案件事实的电子信息，如在非法侵入计算机系统的犯罪中入侵者在所侵入计算机系统中留下的有关自己计算机的电子“痕迹”；电子书证即记载当事人之间意思表示的电子形式的书面证据，如当事人通过电子邮件方式签订的商业合同；电子视听资料即电子形式的音像证据，如各种数码照相材料等；电子的证人证言与电子的当事人陈述即电子方式的言词证据，如证人、当事人进行网络聊天的记录等；关于电子证据的鉴定意见，是指由专家对电子证据真伪等问题进行鉴定所出具鉴定书中给出的意见；电子勘验、检查笔录是指司法人员与行政执法人员在办理案件过程中以电子形式作出的勘验、检查笔录，如侦查人员在勘查犯罪现场时用数码相机拍摄的现场照片等。②

鉴于电子证据外延十分庞杂，电子证据原件问题相当复杂，因此我国构建电子证据的原件规则还须针对不同种类的电子证据分别确定原件。

（三）认可原件多元并存的混同理论

中国的电子证据原件理论不是某种单一的理论，而是一种多层次的理论体系。人们可称之为“认可原件多元并存的混同理论”。其具体内容如下。

第一，电子物证本质上就是一种特殊的实物证据，可适用“原始载体说”，即以直接获得于案件原始出处的电子数据载体为原件。一方面，因为它们的“原始载体”相对容易确认，“原始载体”对案件事实的证明至关重要，“原始载体”灭失后，案件事实的证明可能会变得困难甚至不可能；另一方面，它们是以其存在与状况来证明案件事实的，往往无须以打印或显示的方式提交法庭，也就不存在“原始载体拿到法庭上无实际意义”的问题。

第二，电子的证人证言与电子的当事人陈述均属于言词证据的范畴，它们总表现为复制件的形式。因为它们是各种涉案人员陈述的电子载体，是以电子方式保全下来的言词证据。如果需要提交它们的“原件”，那就应当传唤证人、民事或行政当事人、刑事被害人出庭作证，法庭上的证人证言、当事人陈述才是具有法律意义的“原件”。

第三，关于电子证据的鉴定意见适用传统鉴定意见的原件规则，即以提交法庭的鉴定书或出庭作证的鉴定人发表的意见为原件。这种鉴定意见的特殊性仅仅在于鉴定客体方面，其他同传统的鉴定意见没有实质的区别，因而不必也不可能单独制定一套原件规则。

第四，电子书证、电子勘验、检查笔录和电子视听资料同属书面证据的范畴，

① 刘品新．中国电子证据立法研究．北京：中国人民大学出版社，2005：177－178.

② 刘品新．论电子证据的定位——基于中国现行证据法律的思辨．法商研究，2002（4）．

它们的原件规则要复杂得多，也是我国完善电子证据原件理论的重点。电子书面证据与传统书面证据的共同点在于都是以内容来证明案件事实，不同点在于电子书面证据不能直接用肉眼识别，必须通过机器运算加以转化。这样一来，判断电子书证、电子勘验、检查笔录和电子视听资料的原件必须解答一系列棘手问题，诸如：如何解决原始电子数据的不可读障碍？计算机打印或显示输出物是否一律为复制件？当电子数据分布在虚拟空间的若干地方时，如何判断哪一个更原始？等等。

（四）电子书面证据的原件规则设计

解答关于电子书面证据的前述问题，必须处理好三组关系。

（1）报道性书面证据与处分性书面证据的关系，前者指记录、描述或报道某种具有法律意义事实的书面证据，后者指具有法律处分关系性质并可能导致一定法律后果的书面证据。这是依据内容性质和功能进行的分类，电子书面证据同样存在这种分类。报道性书面证据与处分性书面证据的原件，在数量和判断标准上具有明显的不同。前者的原件应当具有物理上的原始性，即当事人最初制成的文本；后者的原件则强调法律意义上的原始性，即当事人赋予设立、变更、消灭一定法律关系之效力的文本。前者的原件既可能是一份也可能是多份，具体数量取决于案件发生过程中形成了几份报道性书面证据；后者的原件则肯定是一式多份，究竟哪些属于原件应当援引“复式原件说”判断，任何当事人所持的文书均可能是原件。

（2）电子原本与电子复本之间的关系。电子书面证据的原本往往表现为最初生成的电子数据及其首先固定所在的各种存储介质。它们是人眼不可读的电子信息，提交法庭时必须通过打印、显现等方式转化为复本，甚至还要通过电子运算的方式多次传递而形成复本。电子原本肯定属于原件的范畴，即自然意义上的原件，但它往往只具有取证的意义。从举证、质证与认证的角度来看，电子复本的价值更大。人们可以参照“功能等同法”和“拟制原件说”，将符合一定标准的复本视为原件，即拟制意义上的原件。这两种原件可以分别简称为自然原件与拟制原件。

依照“功能等同法”，可将具有最终完整性和可用性等功能的电子复本规定为原件；依照“拟制原件说”，可将符合特定标准的电子复本视为原件。这两种方法均针对电子复本，它们既有密切联系亦有所区别。有论者指出，在我国当前审理证券行政处罚案件的司法实践中，不少法官将“经过公证机关公证，对方当事人提供不出反证”的电子证据视为原件。例如，证券管理机关发现某人在网上发布有关虚假证券的信息，在调查时申请公证机关对该网上信息以现场监督的方式，复制下来并制作书面公证，法庭对这些复制的电子证据一般应确认其与原件具有同等的效力。在这里，法官基于经验和法理将“经过公证机关公证，对方当事人提供不出反证”的电子证据用作原件，这是根据“功能等同法”判断原件。假如立法者将这一经验上升为法律规范，那么法官再做此类认定的便又契合了“拟制原件说”。“拟制原件说”的适用条件比较宽泛，符合“功能等同法”要求的电子复本可以被拟制为原件，符合其他特定标准的电子复本也可以被拟制为原件；法律可以规定拟制的标准，当事人也可以约定标准。

（3）法定拟制原件和约定拟制原件的关系。从学理上讲，拟制的方式包括法定和约定两种。我国当前的司法实践表明，不少法官对于具备下列条件之一的电子证据视为原件：一是一方当事人提供电子证据的制作情况和真实性，得到对方当事人确认的；二是一方当事人向法庭提供的电子证据经过公证机关公证，对方当事人提供不出推翻公证的证据的；三是附加了可靠电子签名的电子证据。① 这些标准完全可能通过立法上升为电子证据的拟制原件标准。至于当事人自己约定的原件标准，则庞杂得多。例如，在电子商务活动中，当事人考虑到自然意义上的电子书证原件难以认定，他们可以通过协议事先规定保存在买方与卖方计算机中的数据备份或留存均是电子书证原件，也可以约定只有保留在第三方即网络服务商计算机硬盘中的数据备份或留存才是电子书证原件，甚至可以约定必须按照某一程序保存在某一路径的电子数据才被视为电子书证原件等。只要这些约定是明确、自愿的，就可产生相应的法律后果。

综上可见，我国在构建电子书面证据原件的规则方面，必须突破传统观念，将“原始载体说”“功能等同法”“拟制原件说”与“复式原件说”进行融合，即汇总为前述的混同理论。

基于此，本书试对我国的电子书面证据原件规则作如下设计：电子书证、电子勘验检查笔录和电子视听资料的原件是指最初生成的电子数据及其首先固定所在的各种存储介质，也包括如下电子复本：（1）准确反映原始数据内容的输出物或显示物；（2）具有最终完整性和可供随时调取查用的电子复本；（3）双方当事人均未提出原始性异议的电子复本；（4）经过公证机关有效公证、不利方当事人提供不出反证推翻的电子复本；（5）附加了可靠电子签名或其他安全程序保障的电子复本；（6）满足法律另行规定或当事人专门约定的其他标准的电子复本。

【拓展阅读】

一张数码照片等于一万句谎言？

当下我国社会上频频出现所公布的数码照片爆发造假丑闻的公众事件。2008年陕西农民周正龙拍摄假华南虎照片，演变成一场世人关注的打假风波，便是一个典型例子。这仿佛验证了一句网络名言：“一张数码照片等于一万句谎言！”

笔者建议，与其局限于某一件事就事论事，不如全面检讨数码照片之容易造假的现象。

曾几何时，数码相机的诞生被称为摄影科学的革命。它不需要暗室冲洗的加工环节、可即时显示拍摄效果和自由地进行网络传输，这些优点都奠定了数码照相取

① 蔡小雪．证券行政处罚案件的事实认定及证据规则的运用．人民法院报．2008－05－22.

代胶片照相的基础。然而，诸如华南虎照片之类的事件使国人清楚地认识到，数字化技术实际上为照片制假打开了潘多拉之盒。操作者很容易地利用图像处理软件对照片进行加工处理，实现“移花接木”“张冠李戴”“无中生有”而让人真假莫辨。现如今，数码照片的诚信度普遍降低，人们已然不再相信眼见为实。照片证据还有得可信吗？这是新时代面临的新问题，也可以称为华南虎照片事件的后效应。

显而易见，数码照片的诚信危机是与其技术特点密不可分的。任何数码照片的生成与修改，实际上都是计算机二进制运算的结果。它们之间不存在明显的界限。拍摄效果的可处理性，使得数码照片修修补补不仅成为可能，而且成为惯例。以个人的经历为例，笔者在多本书中的“作者照片”就是人为加工的。这些技术处理，恐怕一般外人是无从知晓的。有些摄影师坦言，大凡数码照片没有不作修改的。他们或出于“美化”的需要，完全可能对照片明暗、颜色、反差、对比度和饱和度等在一定范围内作适当的调整，岂有以本来面目示人的道理?!

如此一来，就揭示出了一件当代社会中“皇帝的新衣”——无论是在新闻报道中，还是在日常生活中，数码照片修饰都是稀松平常事。

然而，照片修饰在司法领域却是禁忌。假如刑事警察勘查犯罪现场时，拍几张照片然后“润色”一下，冲洗或打印出来以笔录的方式提交法庭，这样的“勘验、检查笔录”能够如实地反映犯罪现场情况吗？假如道路交通违章监测仪对司机违章行为拍片为证，交通警察适当改造所录制的照片，这样的“现场笔录”又能否客观地反映道路上的案件事实？……否也！在数码照相大行其道的今天，如果人们意识到提交法庭的笔录照片已经不再是胶片照相，而是很可能遭到修改的数码照片，那么有关造假之质疑声必然会喧嚣而至。即便司法机关确实未予任何改动，也难挡当事人乃至普通民众草木皆兵式的怀疑。而假如在不久的将来各种数码照片均要严格过堂验明正身，又将是一种多么可怕的司法景象！

传统上，照片在各国证据法上有着颇为优越的地位。例如，世界上普遍对书证实行最佳证据规则，即原则上只有直接源于案件事实或原始出处的原件具有可采性；但是，对于照片而言，不仅底片被认为是原件，而且由底片冲洗出的任何相片都被视为原件。这也是照片往往被称为实况证据、效力优先的重要原因。又如，英美法系源远流长的证据法理论认为，照片相当于“沉默的证人”，虽不能像活生生的证人一样说话，但具有独立的证明价值，可以单独地证明案件事实。现如今，照片的可靠性因数字化而被釜底抽薪，未来的司法该如何面对照片证据？

与国内的悲观论调不同，国际上有相当一部分学者认为，数码照片本质上是可靠性极高的证据，关键在于能否切实地固定最原始的数据形式。无数司法实例表明，只要制作数码照片时采取了必要的防篡改措施，如加密钥、数字水印或数字签名等，那么法庭科学手段便能够轻松地捕捉到数码照片的每一次改写；即便事后数码照片的原件被毁损，也能通过技术手段得到分析和认定。近些年来，信息化程度高的欧美国家以此为据，努力开发和创建关于数码照片的原件标准与提取、保全、检验规则，在数码照片的司法运用方面逐渐走上了平稳和顺畅之路。从这个意义上说，数码照片远比胶片照片安全，堪称新一代的“诚实血清”。

反观我国，问题的症结在于法律界对照片证据“转型”的集体无意识。虽然目前各类司法和行政执法活动中已经大规模地使用数码照片，即将完成从胶片技术到数码技术的演变，但是配套的数码照片原件规则、提取规则、保全规则与检验规则均属空白。也就难怪国人大声惊呼法律案件中的数码照片几无可信。

怎么办？第一，要求原件！第二，严格要求原件！第三，要求符合法律语境的不同原件！这是当下司法的三点诉求。于数码照片如此，于其他电子证据更是如此。

第六章

电子证据的证明力原理——走向客观化采信的认证模式

电子证据的专业性与司法人员的自由心证之间存在天然冲突。破解该体制性障碍，需构建客观化采信机制。从注重经验判断转向追求客观量化，是电子证据采信实践的一大动向。这种转型既是一种抽象的理念正源，也是一种具体的实务操作。这要求我国创设关于电子证据的“孤证绝对否定”“不同节点印证”“属性痕迹补强”“区间权衡”等规则。在数据科学时代，人们还可以基于概率的乘积规则设计和采用电子证据印证公式。

一、不能沿袭自由心证的体制性障碍

（一）体制性障碍

从学理上讲，电子证据采信可以类型化为以下三种情形：其一，若干份电子证据的采信；其二，以电子证据为主的采信；其三，将电子证据用作补充的采信。其中，第三种情形只是将电子证据作为补强口供等言词证据或者物证、书证等实物证据之用，与传统证据的采信相比并无太多的特殊性。而前两种情形必须考虑电子证据的特殊属性和独特规律，构建特色的采信模式与方式。本章将对这两种情形进行重点讨论。

为了解我国实践中电子证据的采信现状，我们借助互联网分析引擎系统，从中国裁判文书网（http：//wenshu. court. gov. cn/）抓取了 8 095 份与“电子证据”“电子数据”相关的裁判文书，其中民事裁判文书 2 702 份、刑事裁判文书 5 295 份、行政裁判文书 98 份。这些案例的数量较大，所涉及的电子证据形态多样，在学术研究上具有足够的代表性。统计分析结果表明，绝大多数情况下法庭对电子证据未明确作出是否采信的判断，其占比 92.8%；明确作出采信判断的只是少数，仅占比 7.2%。后一情形又可区分出完全采信、部分采信、不采信（认定不具有证明力）三种意见，分别占比 29.2%、2.0%、68.8%。① 总体来看，司法人员对电子证据的采信呈现出质量不高的状况，突出表现为普遍地不给出明确采信理由，亦即司法人员“不说理”的现象严重。而在“说理”的文书中，不采信的比例又偏高。这都反映出广大司法人员采信电子证据的信心不足。

进一步分析法律文书中相关的理由表述，发现深入阐述的少，使用“套话”的多，而且不同案件针对同一采信问题的理由表述存在着诸多矛盾之处。例如，许多案件都讨论了电子证据采信与证明责任间的关系，有的以证据提交方“无法证明该电子证据系通过适当的安全程序得出”为由“依法不予确认为有效证据”②，将有关的证明责任分配给证据提交方；有的以对方当事人“既没有提出异议也没有提出相反证据”③，“未提交相应的证据……应当承担举证不能的不利法律后果”④ 为由而采信电子证据，将有关的证明责任分配给证据反驳方。又如，部分文书讨论了如何处理电子证据采信与公证间的关系，有的强调电子证据“未经公证”而“不予采信其证据效力”⑤；有的认为“是否经过公证也非电子证据产生证据效力的前置程序和条件”⑥；有的认为电子证据“系公证机构依法制作，予以认定”⑦，或者“电子证据，其本身证明力相对较弱，但经过公证后，补强了其证明力”⑧；有的则认为“公证人员只能对在公证当时的电子数据进行公证……无法证明……（案发）当

① 其中有 7 511 份法律文书未明确是否采信电子证据，有 584 份法律文书对是否采信电子证据作了判断和说理。后一种情况具体包括刑事裁判文书共 191 份（判决书 140 份、裁定书 51 份）、民事裁判文书 381 份（判决书 373 份、裁定书 8 份）以及行政裁判文书共 12 份（判决书 9 份、裁定书 3 份）。本研究采取先由专门计算机软件进行信息抽取，再由人工审核校正，所确定文书数量的误差率已得到有效控制。特别是关于不同采信结果的占比率，主要是人工统计的结论，是可以确信的。至于相关软件的技术信息与抽取细节，已超出本书的讨论范围。

② “告谢×与××××投资管理（北京）有限公司劳动争议纠纷案”，湖南省永州市冷水滩区人民法院民事判决书（2015）永冷民初字第 379 号。

③ “中国××银行股份有限公司宾县支行与杨××、张××、邢××、李××、李××金融借款合同纠纷案”，黑龙江省宾县人民法院民事判决书（2015）宾民商初字第 00248 号。

④ “兰×、四川××电子商务有限公司与成都××××电子商务有限公司劳动争议案”，四川省成都市中级人民法院民事判决书（2014）成民终字第 6505 号。

⑤ “中国××财产保险股份有限公司上海市虹口支公司与上海××国际船舶管理有限公司等海上货物运输合同纠纷案”，上海市高级人民法院民事判决书（2013）沪高民四（海）终字第 105 号；“成×与深圳市××连锁股份有限公司劳动合同纠纷案”，广东省深圳市中级人民法院民事判决书（2014）深中法劳终字第 3706 号；“上海××照明工程有限公司诉上海××景观工程有限公司建设工程合同纠纷案”，上海市第一中级人民法院民事判决书（2014）沪一中民二（民）终字第 2950 号；“××集运（深圳）有限公司与被告广州××国际货运代理有限公司海上货运代理合同纠纷案”，广州海事法院民事判决书（2013）广海法初字第 1015 号。

⑥ “深圳市×××技术股份有限公司与武汉×××科技发展有限公司、湖北×××科技发展有限公司委托合同纠纷案”，湖北省武汉市中级人民法院民事判决书（2015）鄂武汉中民商终字第 01157 号。

⑦ “浙江××纺织印染有限公司与绍兴××国际货运代理有限公司海上、通海水域货运代理合同纠纷案”，宁波海事法院民事判决书（2014）甬海法商初字第 313 号。

⑧ “广西××能源有限公司与广西××实业有限公司买卖合同纠纷案”，广西壮族自治区马山县人民法院民事判决书（2015）马民二初字第 64 号。

时的完整记录”①。显然，四种看法并不兼容。

电子证据采信水平堪忧与深层次的体制性障碍不无关系。这就是电子证据的专业性同当代证据采信原则之间的天然冲突。近代以来，各国基于司法理性的考虑一般实行自由心证的采信原则。这有两层含义：一是证据证明力的有无及大小由裁判者依靠良心和理性自由决定；二是裁判者要在对案件事实形成内心确信的基础上认定事实。然而，无论是司法人员还是普通陪审员，他们通常并无足够的专业知识或经验以径行采信电子证据。

这一体制性障碍与要求司法人员自由采信其他科学证据从而陷入困境的成因一样。美国证据法学者麦考密克曾经断言，法官采信科学证据是要做“力所不能及”的裁判。② 德国证据法学者罗科信也说过，“当用自然科学的知识可以确定事实时，此时法官的心证即无适用之余地”③。关于证据采信的法律规则未做改变，针对电子证据采信的配套措施又跟不上，其结果必然是问题多多、隐患重重。

（二）发展方向

解决电子证据的采信问题，须在设置可操作性标尺方面取得突破。值得注意的是，这一标尺应当是传统司法经验与专门科学知识相融合的客观标准。唯有标准客观化，才能弥补司法人员不擅长信息科学的劣势，使采信结果达到可重复或可检验的程度。何家弘教授曾经指出：“通过证据的审查规则与采信标准的完善，我们应努力在司法裁判中达致法律与科学的完美结合。”④ 而借助专门科学知识实现电子证据采信的客观化转型，正是朝向目标彼岸行进且顺应司法发展潮流的改革之路。

从司法实践发展的视角看，证据的客观化采信也是人类司法活动的不懈追求。它能够提高司法的可预期性、公正性和公信力。人类社会早期的水审、火审、秤审、抽签审等神判方法都带有客观化标签，它们将采信证据与作出裁判合二为一，以“神示”采信的直观方式呈现出来。到了中世纪，欧洲大陆国家实行的法定证据制度将证据的客观化采信发展到空前的高度，其核心思想是“有了完整的证明就必须作出判决”⑤。虽然这些做法在某一历史时期具有一定的合理性，但其整体上有违理性，显得过于僵化，因此陆续退出了历史舞台。

近现代自然科学走进司法，为人们重新认识并构建客观化的采信机制打开了另一扇大门。它突出体现为以数学方法为基石的采信标准。这一变革既富有创造性，也具有可行性。计算机先驱思想家莱布尼兹曾经预言：“我们要造成这样的一个结果，使所有推理的错误都只成为计算的错误，这样，当争论发生的时候，两个哲学家同两个计算家一样，用不着辩论，只要把笔拿在手里，并且在算盘面前坐下，两

① “陈××与许××、方××买卖合同纠纷案”，浙江省义乌市人民法院民事判决书（2015）金义佛堂商初字第1228号。

② ［美］约翰·W. 斯特龙，麦考密克．麦考密克论证据．汤维建，等译．北京：中国政法大学出版社，2004：400.

③ ［德］克劳思·罗科信．刑事诉讼法．吴丽琪，译．北京：法律出版社，2003：121.

④ 何家弘．证据的采纳和采信——从两个“证据规定”的语言问题说起．法学研究，2011（3）：156.

⑤ Julius Stone. Evidence：Its History and Policies. the Lexis Law Publishing（1991）：14.

个人面面相觑地说：让我们来计算一下吧！"[①] 这可谓一语中的，各种证据——主要是科学证据——的采信标准客观化，走的就是数学化之路。

以指纹证据为例。1914 年法国法庭科学家埃德蒙·洛卡德就提出了著名的"指纹认定的特征符合点一般不能低于 12 个"的标准。[②] 这一标准以当时指纹的数理统计成果为基础，后被世界各国广泛采纳。法国、荷兰、奥地利、日本和德国等国实行的均是指纹"12 个特征点规则"[③]。该标准名义上只是指纹鉴定中使用的技术规范，但实际上对司法人员采信指纹证据起到了约束作用。此外，一些学者还提出了"加权"式量化特征评分标准[④]、图形＋最低符合点特征数量标准[⑤]、面积＋特征质量标准[⑥]等科学采信标准。同样，DNA 证据自诞生伊始，也带有鲜明的数学化特征。DNA 检验并不能直接告诉人们案件现场发现的血痕、精斑等物证是否为犯罪嫌疑人所留，它只能提供一个可供分析的图谱，然后由专家对图谱进行比对，给出物证检材和样本的匹配概率，进而得出匹配、不匹配或不排除三种意见。匹配概率说明的是现场物证为犯罪嫌疑人所留的可能性有多少。此外，其他科学证据的采信亦呈现出概率化的态势。

所谓概率，简言之，就是描述某一事件发生可能性大小的比率。在证据采信标准的客观化转型过程中，数学是基础，概率论是钥匙，概率化则是标志。通过统计方法分析得出概率性质的结论，其说服力和可信度显然大于单一的主观性经验判断。司法实践中也有使用概率论辅助电子证据采信的成功案例，如【案例 6－1】。

【案例 6－1】

"古惑天王（Big Crook）"案[⑦]

【基本案情】

2005 年，香港司法机关办理了全球首例"BT"[⑧] 传播盗版电影案。[⑨] 该案当时被媒体称为"古惑天王（Big Crook）"案。最初，海关官员在巡查社交论坛时，发现用户"古惑天王"在网络新闻组发布 BT 种子文件；海关官员将种子文件下载后

① 肖尔兹．简明逻辑史．张家龙，译．北京：商务印书馆，1977：54.

② 何家弘．刑事诉讼中科学证据的审查规则与采信标准．北京：中国人民公安大学出版社，2014：97.

③ 同②.

④ 何家弘．对法定证据制度的再认识与证据采信标准的规范化．中国法学，2005（3）：144－151.

⑤ 同②101－102.

⑥ 吕导中．基于指纹面积和特征质量的指纹鉴定量化标准研究．中国人民公安大学学报（自然科学版），2008（2）.

⑦ 改编自香港大学邹锦沛教授在人民大学法学院的讲座整理稿。

⑧ BT 是一种互联网上新兴的 P2P 传输协议，全名叫"Bit Torrent"，中文全称"比特流"，现在已独立发展成为一个有广大开发者群体的开放式传输协议。

⑨ Kwan，M.，Chow，K.-P.，Law，F. and Lai，P.，2008，in IFIP International Federation for Information Processing，Volume 285；Advances in Digital Forensics IV；Indrajit Ray，Sujeet Shenoi；（Boston：Springer）：275－289.

激活，发现可以下载三部盗版电影。海关官员分析确定了发布信息的源 IP 地址，通过技术手段定位到嫌疑人的私人电脑，扣押送检，后来嫌疑人被捕、被诉。

【案件评析】

本案核心问题是控方能否排除合理怀疑地证明“古惑天王”就是上传盗版电影的第一个人？为此，控方主要提供了包括盗版电影、服务器登录日志、文件快捷方式、浏览器缓存文件在内的 18 份电子证据。香港高科技犯罪局聘请权威专家基于这些电子证据进行概率分析，得出被告人犯案的可能性是 92.27%。[①] 这一概率足以支持法庭作出有罪判决。当年 10 月 24 日法庭认定被告人罪名成立。[②] 基于这一概率意见作出的证据采信判决，便是一种带有客观化意味的采信。可以说，“古惑天王（Big Crook）”案为电子证据的客观化采信提供了良好的示范。它展示了借助数学方法破解电子证据采信所面临的体制性障碍的可能性。这里，概率 92.27%就是对 18 份电子证据的证明力进行数学分析的结果，是对这些证据间的相互关系——主要是印证关系的量化呈现。

该案例若得到推广，将极大削减纯粹自由心证的空间，也可避免“神示采信”“法定采信”方式的弊端。特别是，它同我国的“印证证明模式”呈现出一种暗合关系，是符合我国司法传统和土壤的。当然，我们仍需深入挖掘这两者之间的规律，并结合当前国情进行改造。

二、转轨客观化采信的理念正源

（一）证据印证与客观化采信

证据相互印证并非新理论。通常所说的“证据相互印证”，指的就是两个以上证据所包含的事实信息得到相互验证的状态。[③] 我国强调“证据相互印证，形成完整的证据锁链”，重视“证据之间排除矛盾或者证据矛盾得到合理解释”，本身即是司法实践的经验总结。2004 年，我国证据法学者龙宗智教授率先对此进行理论概括，称之为中国的“印证证明模式”[④]。其主要的功能和特点是“获得印证性直接支持证据是证明的关键”，“注重证明的‘外部性’而不注重‘内省性’”[⑤]。简言

① 准确地说，这一概率表明，根据现有证据，所扣押电脑是用作上传这三部盗版电影 BT 种子文件的可能性是 92.97%。

② Magistrates' Court at Tuen Mun，Hong Kong Special Administrative Region v. Chan Nai Ming，TMCC 1268/2005，Hong Kong，China（www.hklii.hk/hk/jud/en/hksc/2005/TMCC001268A 2005.html），2005.

③ 陈瑞华．论证据相互印证规则．法商研究，2012（1）：113.

④ 龙宗智．印证与自由心证——我国刑事诉讼证明模式．法学研究，2004（2）．该文发表之后，产生了很大反响，也引发了后续研究。最近，龙教授对有关观点做了进一步完善。龙宗智．刑事印证证明新探．法学研究，2017（2）．

⑤ 龙宗智．刑事印证证明新探．法学研究，2017（2）．

之，在我国，定案应当建立在由若干份证据所构成的一个相互印证的体系之上。①

这一观点得到了规则制定部门的确认。2010 年《死刑案件证据规定》在 11 处使用了“印证”的表述。该规定第 5 条对“证据确实、充分”之证明标准作出的解释中包含了印证精神，第 33 条针对间接证据定案则直接写入了诸如“证据之间相互印证”“形成完整的证明体系”之类的印证规则。这使印证在规范性文件中被正式确立为一项证据规则。2012 年《刑诉法解释》中也出现了 10 处“印证”用语。由此，印证证明模式就上升到了法律规范的层级。

电子证据出现以后，印证证明规则可谓亟待嫁接“新枝”的“古树”。从司法惯性来看，电子证据通常也是通过证据组合的方式发挥作用。如果不同证据之间在细节上是吻合的，不存在无法合理解释的矛盾，那就足以采信。这是一种客观化的采信。表 6－1 列举了一些代表性的案例。

表 6－1　　　　　　　　　电子证据基于印证采信的代表性案例

案件名称	采信电子证据的“印证”理由
谭××与韦×甲、韦×、韦×乙、韦××盗窃罪案②	以上证据来源合法，证据间相互印证，本院予以采信
周××组织卖淫，季×、吴×甲协助组织卖淫案③	该电子证据获取方法合法有效，所获取的内容同各被告人供述、证人证言能够相互印证，足以证实其真实可信，故本院予以采信
广西××能源有限公司与广西××实业有限公司买卖合同纠纷案④	证据 6、8、9、10 属于电子证据，其本身证明力相对较弱，但经过公证后，补强了其证明力……故原告提交的证据之间已形成了完整的证据链，本院均予以采信
杜××诉高××民间借贷纠纷案⑤	短信材料系电子证据且能与原告提出的证据 1 相互印证，能反映案件的基本事实，本院予以采信
徐××与袁××、姜××债权转让合同纠纷案⑥	手机短信打印件、网络查询单与原告提供的证据 7、8 相互印证，且原告在庭审中出示了原始载体，本院予以认定

① 至少在刑事诉讼中是如此。民事诉讼中是否需要满足这一要求，虽然在我国理论上存有争议，但在实务中普遍遵循。笔者持赞同的观点。

② “谭××与韦×甲、韦×、韦×乙、韦××盗窃罪案”，江苏省南京市雨花台区人民法院民事判决书（2014）雨刑二初字第 71 号。该案中的电子证据包括车辆行车轨迹、手机通话清单、小区监控录像、机动车视频行车信息等。

③ “周××组织卖淫，季×、吴×甲协助组织卖淫案”，浙江省温州市中级人民法院刑事判决书（2010）浙温刑初字第 131 号。

④ “广西××能源有限公司与广西××实业有限公司买卖合同纠纷案”，广西壮族自治区马山县人民法院民事判决书（2015）马民二初字第 64 号。

⑤ “杜××诉高××民间借贷纠纷案”，江苏省徐州市鼓楼区人民法院民事判决书（2014）鼓民初字第 01140 号。

⑥ “徐××与袁××、姜××债权转让合同纠纷案”，浙江省嘉善县人民法院民事判决书（2012）嘉善商初字第 1466 号。

这些案例均对包括电子证据在内的一组证据或全案证据作出了“印证”的评判。裁判理由中有的专门指出电子证据，有的并未提及；行文措辞包括“相互印证”“能够相互印证”“形成了完整的证据链”等。这种采信方式，是根据若干份电子证据与传统证据相互印证来认定案件事实，同传统证据体系的定案几乎一致。【案例 6-2】即是典型一例。

【案例 6-2】

薄某某受贿、贪污、滥用职权案①

【基本案情】

2013 年 7 月 25 日，薄某某涉嫌受贿、贪污、滥用职权犯罪一案，由山东省济南市人民检察院向济南市中级人民法院提起公诉。2013 年 8 月 22 日，薄某某案在济南市中级人民法院一审公开开庭审理。2013 年 9 月 22 日，法庭对被告人薄某某以受贿罪、贪污罪、滥用职权罪依法判处刑罚，数罪并罚，决定执行无期徒刑，剥夺政治权利终身。该案的一项争议事实是薄某某对妻子薄谷某某收受法国一套别墅的事情是否知情。

【案件评析】

本案法庭裁决薄某某对妻子薄谷某某收受法国一套别墅的事情知情，就是根据电子证据与传统证据相互印证来认定案件事实。薄妻收受巨资购买了法国的一套别墅，为装修的需要设计制作了两套 PPT，并于 2002 年 8 月播放给薄某某观看。关于这一事实，控方的主要证据是从薄谷某某的电脑中提取的两份关于别墅情况的 PPT，文件名分别为“Feeling Zen”和“Flowering Zen”。公诉人当庭播放了上述 PPT。公诉人提交的“说明”表明了提取情况，询问笔录、作证录像均证明证人薄谷某某、徐某认可相关事实。此外，这些 PPT 的信息也与被告人薄某某自书的亲笔供词相一致。这就构成了一个印证体系。该案证据的印证采信涉及电子证据与传统证据，交由司法人员基于经验进行自由判断并不难。

若全案证据全部或者主要是电子证据，该如何评断证据是否相印证并构成了一个印证体系？从技术形态来看，电子证据存在于由 0 和 1 数字信号量构成的虚拟空间或数字空间。② 这个空间是现代信息技术革命之后才在人类社会出现的，大致包括计算机空间、网络空间、服务器空间、手机空间、摄像空间，优盘、硬盘、打印机、复印机等存储介质空间，以及晚近发展产生的云空间。③ 在这些空间留下的诸多痕迹或碎片信息就是电子证据。它们并不为司法人员所熟悉。因此，完全或主要

① “薄××受贿、贪污、滥用职权案”，山东省济南市中级人民法院刑事判决书（2013）济刑二初字第 8 号。

② 刘品新．电子证据的基础理论．国家检察官学院学报，2017（1）：152.

③ 同②.

基于电子证据进行印证采信，超出了一般司法人员的经验范围。即使在前述对大样本案例的分析中，也很少见到“纯粹基于电子证据的印证”的做法，便反映了这一规律。由此可见，构建虚拟空间的印证体系理论，是电子证据采信理论再造的主要任务。

基于在该领域的理论研究积累，笔者曾就这一现象得出过基本结论：采信电子证据离不开“证据体系观”，“由若干份电子证据相印证，构成一个虚拟空间中的证据锁链”①。这里所说的“证据体系”“证据锁链”，虽然表达的侧重点不同，但实质都在强调电子证据的采信要构成印证体系。时至今日，这一观点得到了较为广泛的理论认同②，也得到了实践检验。学术观点要在承继的基础上不断向前发展，如今人们须将关注点由物理空间的印证体系转向虚拟空间的印证体系。

（二）电子证据体系与客观化采信

同传统的证据体系相比，电子证据的体系具有自身的特点，即它可以分为物理空间的证据体系与虚拟空间的证据体系两种。前者是由若干份电子证据与传统证据相印证，构成一个虚拟空间与物理空间中证据相结合的锁链；后者是由若干份电子证据相印证，构成一个虚拟空间中的证据锁链。这两者的证明任务不尽相同，但均构成客观化的模式。

1. 物理空间的证据体系

从司法实践来看，电子证据的认定是通过证据组合的方式进行的，需要评断不同证据之间是否构成了印证关系或证据体系。这同传统证据是没有什么区别的。尤其是根据若干份电子证据与传统证据相印证来认定案件事实，这种体系同传统的证据体系也相当一致。如果司法人员从犯罪嫌疑人的电脑中收集到涉案电子邮件，同时获取了相关的物证、书证、证人证言、口供、被害人陈述、视听资料或鉴定意见等，它们之间在细节上是吻合的，不存在无法解释的矛盾，那么就构成了定案的证据体系。这个证据体系与传统证据的印证体系相比无实质性不同。不妨称之为第一层证明体系。

电子证据的第一层证明体系是外省性的。从数量上看，这一体系的构成需要两份以上的证据（其一是电子证据）；从质量上看，这一体系的构成需要证据之间具有印证性或一致性。如果一份证据仅仅是在解释另一份证据，或者是对另一份证据的解读，则不构成证明体系。例如，当事人向法庭提交了一份电子邮件，其又以当庭陈述的方式讲述了这一份电子邮件是如何产生的，那么一般还不足以认定有关邮件内容的案件事实；当然，若这一份电子邮件对该当事人不利，则另当别论。

① 刘品新．论电子证据的定案规则．人民检察，2009（6）；Pinxin Liu，Trial on the Electronic Evidence：China's Rules on Electronic Evidence，Frontiers of Law in China，Vol. 7：74－90.

② 我国许多实务专家提出的电子证据定案规则，就是这种思路。如有专家提出，如何发挥能动性、正确看待电子证据对于定罪至关重要，需要关注“不能根据电子证据孤证定案”“电子证据与传统证据二者互相印证方可定案”。周晓燕．电子证据检察实务研究．中国刑事法杂志，2011（1）：63－64.

2. 虚拟空间的证据体系

虚拟空间的证据体系是由若干份电子证据相印证，构成一个虚拟空间中的证据锁链。根据所蕴涵的内容和所起的作用不同，电子证据可分为数据电文证据、附属信息证据和关联痕迹证据。根据所处环境的不同，电子证据可以分为单机电子证据和网络电子证据。将这两种分类结合起来，就不难发现虚拟空间的证据体系大体上包括网络空间的印证体系与单机空间的印证体系两种。

（1）网络空间的证据体系

网络空间是同单机空间相对应的概念。后者是由单一的电子设备组成的系统，其特点是电子系统不向外界开放；前者则是由多台电子设备组成的系统，这些电子设备相对独立，它们之间可以相互传递信息。国际互联网是当今最大的网络，在这个空间中各台电子设备可以被视为不同的节点，同一个案件行为会在不同的节点留下相关的电子证据。手机网、通信网也是如此。假如司法人员从不同节点获取了电子证据，并且它们相互印证，那就构成了第一种虚拟空间的证据体系。这是一个涉及网络空间电子证据的印证体系，不妨称之为第二层证明体系。

电子证据的第二层证明体系具有如下特点：1）电子证据分散在网络的不同节点；2）所有电子证据均是同一次案件行为产生的，但属于不同计算机系统运算的产物；3）用于印证的电子证据主要是从两个以上节点获取到的数据电文证据，它们在内容上是一致的，呈现前后对应的关系；4）从不同节点中获取的附属信息证据、关联痕迹证据起辅助印证作用，特别是能够证明数据电文证据的形成过程。

（2）单机空间的证据体系

在信息技术迅猛发展的今天，台式机、笔记本电脑、平板电脑、数码相机、摄像机、手机等电子设备层出不穷，合理界定“单机”这一概念并非易事。不过，从技术原理上讲，电子设备就是指由硬件和软件组成，能够应用电子技术发挥作用的设备。它的核心部件是运算装置、存储装置以及显示装置等。具备了这些基本构件并能够进行自动化处理，就可称之为单机。在单机的存储装置所留下的各种类型的电子证据能否相互印证，涉及评断单机的证据体系问题。

以单一的计算机系统为例，涉案的计算机文件一般是由其中的应用软件系统所产生的，如 Word 文档、Excel 文档、PDF 文档、图片文件、电子邮件等。将它们用于定案，就构成数据电文证据。此外，产生数据电文证据的应用软件系统也会同步产生一些附属信息证据，如文档的创建时间、修改时间、访问时间、保存者、类型、格式等。产生数据电文证据所基于的操作软件系统、文档存储系统还会同步产生关联痕迹，如 Windows 系统的日志文件、休眠文件、页面文件、删除指针或数据存储规律等，它们是附随案件行为的电子痕迹乃至痕迹的痕迹，即关联痕迹证据。由于数据电文证据、附属信息证据、关联痕迹证据是由不同的软件系统或者存储系统产生的，有的附属信息证据和关联痕迹证据是不可能伪造或极难伪造的，因此可以根据它们之间的相互印证来认定某一案件事实。换言之，只要从一台单机的应用系统、操作系统和存储系统中找到两处以上的电子证据，特别是找到从技术上讲是不可能伪造或极难伪造的电子证据，如果它们相互印证就可以定案。

这是电子证据的第三层证明体系。这个证明体系具有如下特点：1）电子证据分散在单机的操作系统层、应用系统层、数据存储层；2）所有电子证据均是同一次案件行为产生的，但属于同一计算机系统运算的产物；3）用于印证的电子证据主要是从操作系统层、应用系统层、数据存储层之三层获取到的数据电文证据、附属信息证据、关联痕迹证据，它们能够揭示电子证据的形成过程。从这个意义上讲，依靠单机的电子证据定案的关键在于"重建"单机空间的案件事实。

3. 不同印证体系的比较

无论是物理空间的证据体系，还是虚拟空间的证据体系，都是依靠电子证据定案的基本模型。这些模型表明，唯有依靠一系列相印证的电子证据或传统证据，方可证明待证事实。这其中既有对相关证据的数量要求，更有对相关证据是否印证的质量要求。这是不同印证体系的共同点。

物理空间的证据体系与虚拟空间的证据体系也存在明显的区别：其一，前者涉及的是人所能进入的物理世界，后者涉及的是人不能进入、只能感知的数字式世界；其二，前者依靠传统证据与电子证据相结合完成证明任务，后者则基本上由电子证据单独完成证明任务；其三，前者在本质上属于传统的经验认证，司法人员可以基于经验法则或自由心证进行判断，后者则属于科学证明的范畴，司法人员必须按照认定科学证据的一般方法进行判断。

那么，什么是科学证据的认定方法？这一方法首先肯定不是经验方法，因为多数司法人员只是法律方面的专家，并无依靠电子证据定案的知识，更无相关的经验。从词源上讲，科学一词的英文为 science，源于拉丁文的 scio，后又演变为 scientin，最后成了今天的写法，其本意是"知识""学问"，即反映现实世界各种现象的本质的规律的知识体系。一般认为，科学的特点是可重复验证、可证伪、自身没有矛盾。将这一观念具体到虚拟空间的证明体系方面，就要求人们根据电子证据定案时能够达到可重复性或可验证性的程度。而要做到这一点，设计和使用客观化、外在化的评价标准，即拟定电子证据的印证公式，是一种可行的选择。后文将作展开阐述。

三、基于印证体系的理论再造及制度建设

电子证据采信理论层面的再造还必须落实至规则层面。迄今为止，没有任何一部法律规范对电子证据的印证体系提出了规则意义上的要求。《死刑证据规定》虽然对具体证据如何印证作出了专门规定，如其中有关于证人证言、被告人供述、特殊言词证据如何印证的条款，但对电子证据如何印证并未表态。《刑诉法解释》也未明确回答该问题。因此，我们应当将电子证据的采信规则建构纳入理论再造的任务中来，以推动电子证据制度建设。

印证体系的证明方法具有以下特点："证据的多数性""可重复检验的特性""客观性"和"稳定性"①。电子证据的采信也应当体现这些特点。对此，司法人员要审查判断涉案的电子证据是否相印证，是否足以支撑认定所指向的待证事实或争议情节。下面就是从印证体系理论的角度拟定电子证据规则的建议。

（一）孤证绝对否定规则

"在我国这种以印证为最基本要求的证明模式中，证明的关键在于获得相互支持的其他证据。单一的证据是不足以证明的，必须获得更多的具有内容信息统一性的证据来对其进行支持。"② 孤证不能定案，是印证证明模式的基本要求。这不仅是对证据数量的要求，也是对证据质量的要求，即必须借助两个以上具有"独立信息源"的证据，使它们包含的事实信息环环相扣，共同指向同一案件事实。司法实务中，该要求常常会面临挑战，突出表现为只有单一的证据，或虽有多份证据但实质同源（如针对同一人的多份言词证据）。

相比传统证据，电子证据具有鲜明的系统性，这极大地消解了上述困境。系统性是电子证据的一大特征。"任何电子证据均不是孤立存在的，而是由一系列命令或程序遵循一定技术规则的海量电子数据的融合物"③。"电子证据的产生、出现、变化都不是孤立的……是由若干元素组成的系统整体"④。具体来说，有的电子证据是基于信息网络的，那么同一行为会在不同的网络节点留下相关的电子证据；有的电子证据是基于单机空间的，那么同一行为会产生涉案的内容证据、附属信息、关联痕迹。无论哪一种情况，从理论上讲都能找到相互印证的电子证据并构成体系。

实践也表明，孤立的电子证据并不存在。电子证据通常是主文件与痕迹文件、内容文件与附属信息、节点文件与节点文件的统一，其中还蕴含有大量的隐蔽性信息。因此，电子证据的采信事实上能够适用最严格的孤证不能定案规则，可称之为孤证绝对否定规则。

如在【案例 4-2】手机短信鉴定案中，犯罪嫌疑人被指控向医生行贿，在其手机里发现了若干条行贿短信，内容主要为"主任，今日转账××元，请查收"。那么，仅仅根据这些单一的短信证据，能否认定给付酬金的事实呢？在嫌疑人零口供的情况下，显然不够。这时，常规的印证方法就是获取一些可供印证的、有独立来源的其他证据。假如从受贿人手机中查找到接收的短信，从行贿人、受贿人手机中查找到银行转账通知的短信，或者从银行调取到行贿人与受贿人间的转账记录，从电信服务商调取到相关的手机短信记录等，都可以用于印证。在该案中，最终通过鉴定行贿人的手机，不仅从中发现了相应的短信发送记录，而且找到了有关短信的

① 谢小剑．我国刑事诉讼相互印证的证明模式．现代法学，2004（6）：74.

② 同①72.

③ 刘品新．论电子证据的定案规则．人民检察，2009（6）：153.

④ 同③.

日志记录和对应的回复记录，特别是在手机的空余空间发现了有关短信的临时文件、存储位置特征。① 这些电子证据构成了印证关系，足以确认案件事实。②

在大样本的案例分析中，也很容易发现司法人员自觉践行电子证据的“孤证绝对否定”规则的实例（见表 6-2）。相关的表述用语有“无其他证据佐证/辅证”“无相关证据印证”“未提供其他证据佐证”“在无其他证据相佐证的情况下”以及“在没有旁证的情况下”等。我国应当将这一实践做法吸收进法律规则，使其得到更多司法人员的确认和遵循。

表 6-2　　电子证据因孤证被否定的代表性案例

案件名称	不采信电子证据的具体理由
国家工商行政管理总局商标评审委员会与北京××模型艺术有限责任商标异议复审行政纠纷案③	证据 5 属于电子证据，在无其他证据予以佐证的情况下，不予采信。
许×与王×离婚纠纷案④	证据二、五电子证据无其他证据相印证，且原告予以否认，故对该组证据本院不予采信。
李××与浙江××电器制造有限公司承揽合同纠纷案⑤	原告提供的证据 1、3 均系电子数据，被告未提供其他证据佐证其待证事实，故本院不予认定。
孙×与胡×离婚纠纷案⑥	原告提供的证据 2，系电子数据证据，在无其他证据佐证情况下，无法证明短信由被告胡×发送以及该短信内容是否为被告胡×的真实意思表示，故本院对该证据不予认定。
陈××与林××民间借贷纠纷案⑦	对证据 1 的短信列表、证据 2 音频资料没有其他相关证据相印证，且原告不予认可，本院不予确认。
黄××与绍兴县××进出口有限公司委托合同纠纷案⑧	第三、第四条短信因被告否认收到，且短信本身系电子数据证据，在无其他证据佐证的情况，依法不能单独作为认定本案事实的依据，不予确认。

① 中国人民大学物证技术鉴定中心司法鉴定意见书，［2013］技鉴字第 7 号。

② 参见“梅×犯行贿案”，辽宁省大连市西岗区人民法院刑事判决书（2013）西刑初字第 346 号。

③ “国家工商行政管理总局商标评审委员会与北京××模型艺术有限责任商标异议复审行政纠纷案”，北京市高级人民法院行政判决书（2013）高行终字第 1985 号。

④ “许×与王×离婚纠纷案”，湖北省随县人民法院民事判决书（2014）鄂随县民初字第 01400 号。

⑤ “李××与浙江××电器制造有限公司承揽合同纠纷案”，浙江省海宁市人民法院民事判决书（2015）嘉海商初字第 2299 号。

⑥ “孙×与胡×离婚纠纷案”，浙江省奉化市人民法院民事判决书（2013）甬奉莼民一初字第 193 号。

⑦ “陈××与林××民间借贷纠纷案”，广西壮族自治区钦州市钦北区人民法院民事判决书（2013）钦北民初字第 515 号。

⑧ “黄××与绍兴县××进出口有限公司委托合同纠纷案”，浙江省绍兴县人民法院民事判决书（2011）绍商初字第 1591 号。

续前表

案件名称	不采信电子证据的具体理由
唐×与余×离婚纠纷案①	被告余×提交的证据材料……系民事诉讼法规定的电子数据……被告余×提交的该部分证据材料亦不能与原、被告双方提交的其他证据相互印证，不能确定该部分电子数据系唐斌形成，本院在本案中对该部分证据材料不予确认。
北海××海运有限责任公司与连云港市×××船务有限公司定期租船合同纠纷案②	证据 4 为电子数据证据，无其他可供相互印证的证据，对其证明力不予确认。

（二）不同节点印证规则

对于网络空间的电子证据，其印证关系突出体现为源自不同节点的印证。网络是由多台电子设备组成的系统，这些电子设备相对独立，它们之间能够相互传递信息。每台设备可以被视为不同的节点。假如司法人员从上述不同的节点中获取到了电子证据，而且它们是相互印证的，那就满足了印证的基本要求。这是一种外部印证。

譬如，司法人员从发件人的电脑中收集到了一份重要的涉案电子邮件，又从其邮件服务商的电脑、收件人的邮件服务商电脑或收件人的电脑中找到了“同一份”的电子邮件，那就可以认定发件人与收件人之间发送过某份电子邮件。该规则背后的技术理论依据在于：任何一份电子邮件的发送都以机器运算的方式进行，它至少会经过发件人的电脑、其邮件服务商的电脑、收件人的邮件服务商的电脑和收件人的电脑这四个节点，并会留下足以印证的电子信息。这与传统邮局收发信件的机理类似。因此，只要从上述四个节点中找到两个以上节点的电子证据（它们是不同计算机系统的产物）相互印证，就可以采信。当然，不同节点的电子证据若存在矛盾，则不能认定案件事实。如在某建设工程合同纠纷案③中，法官就作出了这样的认定：“两份邮件可以相互印证，证明发件人确系被上诉人，故本院对该两份电子邮件予以采信”。究其本质，就是不同节点的电子邮件相印证。不仅电子邮件如此，手机短信、微信记录、QQ 记录、网页记录等证据亦是如此。

（三）属性痕迹补强的规则

对于单机空间的电子证据，其印证机制是借助属性、痕迹文件进行补强。在一个封闭的单机环境中，用户或应用程序执行一个简单的操作，也能触发操作系统、

① “唐×与余×离婚纠纷案”，云南省昆明市西山区人民法院民事判决书（2015）西法民初字第 646 号。

② “北海××海运有限责任公司与连云港市×××船务有限公司定期租船合同纠纷案”，厦门海事法院民事裁定书（2015）厦海法商初字第 161 号。

③ “上海××照明工程有限公司诉上海××景观工程有限公司建设工程合同纠纷案”，上海市第一中级人民法院民事判决书（2014）沪一中民二（民）终字第 2950 号。

应用系统产生一系列的“事件”。这就说明，在 Word 文档、Excel 文档、图片文件、压缩文档等主文件产生的同时，一定会产生大量的附属信息和关联痕迹。一般理解，由于这些主文件、附属信息、关联痕迹也是由不同的应用程序或者指令产生的，有的附属信息和关联痕迹从技术上讲是不可能伪造或极难伪造的，因此可以依靠它们之间的印证来认定案件事实。这是一种内部印证。如在某不正当竞争纠纷案[①]中，主要证据是被告电脑中发现的一份“隐名投资表”（Excel 文档），此时如何形成印证关系呢？原告提交的补强证据包括：（1）该证据（即主文件）本身的附属信息，证明其创建时间、创建者与案情一致；（2）“回收站的链接指针”痕迹文件，证明主文件被删除的时间；（3）关于主文件的 100 多份快捷方式等痕迹文件，证明主文件的编辑过程。这些属性、痕迹文件的补强显然是有效的。法庭最后判决采信电子证据。

属性、痕迹补强规则同西方国家的证据补强规则具有相似之处。“补强证据规则是指为了防止错误认定案件事实或发生其他危险性，法律规定在运用某些证明力显然薄弱的证据认定案件事实时，必须有其他证据补充说明其证明力的一项证据制度。”[②] 有时，通过挖掘电子证据的属性痕迹文件，也可以发现它们之间存在矛盾，进而得出不能印证的结论，对有关证据不予采信。如【案例 6-3】本身是一次关于电子邮件真伪的鉴定，但其检验分析过程形象地展示了痕迹属性异常而不能采信的内在原理。

【案例 6-3】

电子邮件真实性鉴定[③]

一、基本情况

2012 年司法部组织全国司法鉴定机构开展能力认证，要求之一即判断一封主题为“加快进度指示”的电子邮件的真假。

二、检验过程

1. 针对主题为“加快进度指示”电子邮件的直接检验

经检验，主题为“加快进度指示”电子邮件其源代码存储于第二分区 \ Users \ nlyz \ AppData \ Local \ Microsoft \ Windows Live Mail \ 163（nlyz _ a）\ Inbox \ 21EF41C3-000000A3. eml。

① “××光电（成都）公司、××光电（深圳）公司诉×资本公司、××咨询公司、成都××技术公司侵害商业秘密不正当竞争纠纷案”，四川省成都市中级人民法院民事判决书（2009）成民初字第 460 号。

② ［美］达马斯卡．漂移的证据法．李学军，等译．北京：中国政法大学出版社，2003：28.

③ 司法部司法鉴定科学技术研究所．2012 年司法鉴定能力验证鉴定文书评析．北京：科学出版社，2013：494-523. 此处检验过程及分析说明部分改编自中国人民大学物证技术鉴定中心电子证据鉴定书［2012］技鉴字第×号。该鉴定书主要由谢君泽完成。

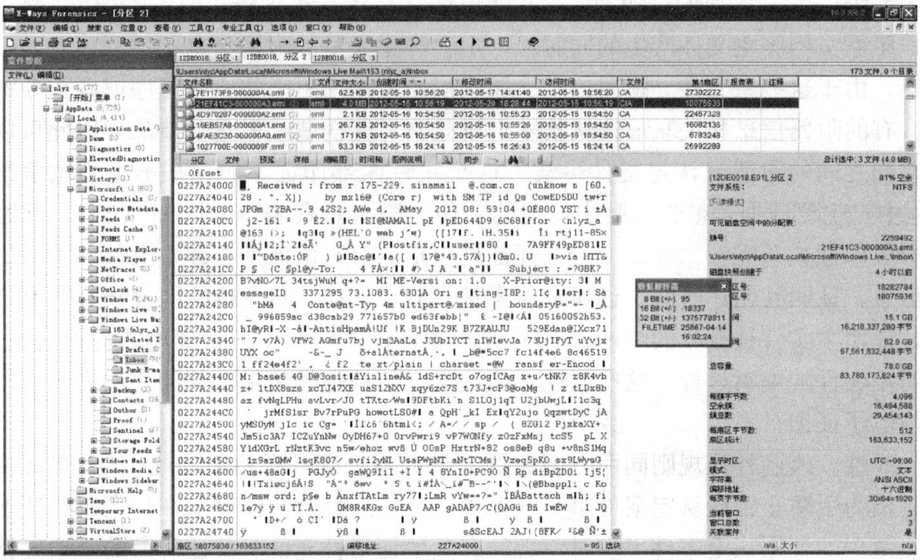

该 eml 文件的逻辑大小为 4 184 121 字节，其文件时间属性如下：

创建时间	修改时间	访问时间
2012-05-16 10:56:19	2012-05-20 18:28:44	2012-05-16 10:56:19

该电子邮件的具体内容如下：

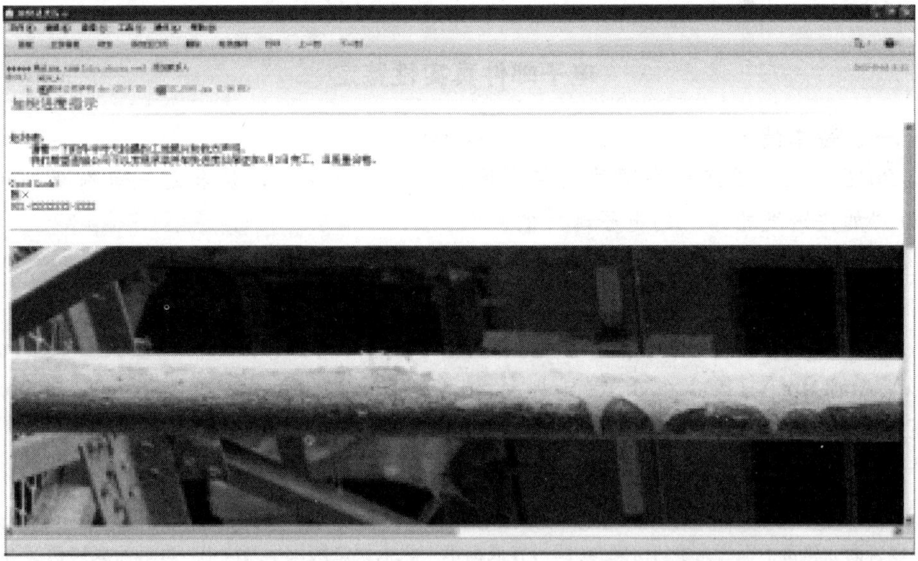

该电子邮件附件“鹏来公司声明 . doc”的内容如下：

经检验，在第二分区 \ System Volume Information 下存在前述邮件的备份源代码。

经比对，该备份源代码的邮件头部分与主题为“加快进度指示”电子邮件邮件

鹏来公司声明

在鹏来公司与通城建筑签订协议后，贵方承诺直接重新开始工作。

直到今天，没有任何施工在进行，尽管之前通城建筑承诺于**5月17号**开始安装屋顶板。

今天工地上只有3个工人！

所以，根据鹏来公司与通城建筑之间签订的合同35.1条的规定，鹏来公司在此正式要求贵方大力加快工程速度，同时增加贵方现场施工人员。**大量还未完工的施工项目至少需要30-50名工人在工地上才能弥补因通城建筑自身的低效率和缺乏内部管理所造成的延迟。**

我们再次提醒通城建筑作为总包由于其自身原因导致工程进度延误产生的可能性后果-参见鹏来公司与通城建筑签订的总包合同37.2条的规定，**所有的经济损失将由通城建筑承担。**

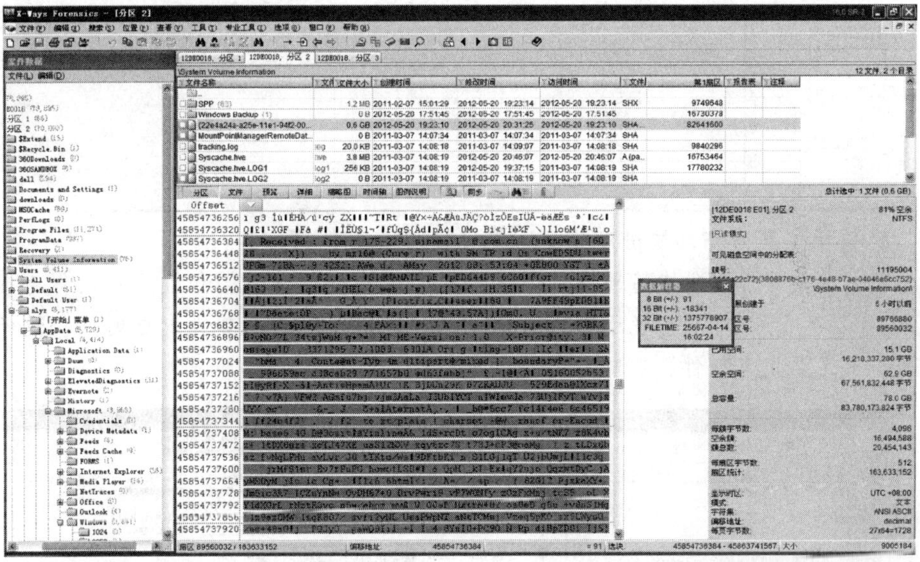

头一致，但邮件附件存在不一致的情形，即：前者附件中承诺时间为5月14号，后者附件中承诺时间为5月17号。该备份源代码邮件的附件“鹏来公司声明.doc”经解析如下：

鹏来公司声明

在鹏来公司与通城建筑签订协议后，贵方承诺直接重新开始工作。

直到今天，没有任何施工在进行，尽管之前通城建筑承诺于**5月14号**开始安装屋顶板。

今天工地上只有3个工人！

所以，根据鹏来公司与通城建筑之间签订的合同35.1条的规定，鹏来公司在此正式要求贵方大力加快工程速度，同时增加贵方现场施工人员。**大量还未完工的施工项目至少需要30-50名工人在工地上才能弥补因通城建筑自身的低效率和缺乏内部管理所造成的延迟。**

我们再次提醒通城建筑作为总包由于其自身原因导致工程进度延误产生的可能性后果-参见鹏来公司与通城建筑签订的总包合同37.2条的规定，**所有的经济损失将由通城建筑承担。**

经检验，21EF41C3-000000A3.eml文件的流属性信息显示该文件大小为

9 005 105字节，但其实际大小为 4 184 121 字节。

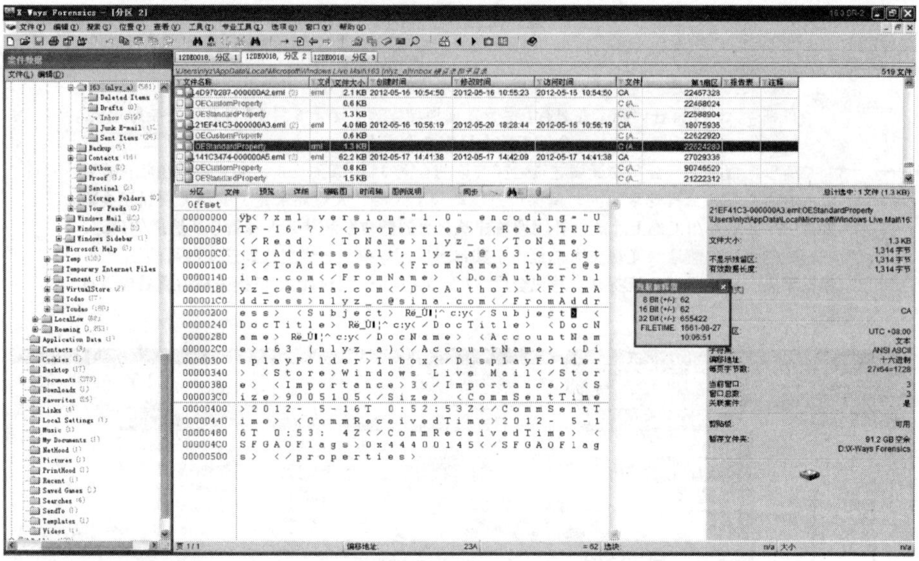

2. 关于主题为“加快进度指示”电子邮件之附件的检验

经比对，邮件附件“鹏来公司声明 .doc”的内容创建时间和最后一次保存时间均为 2012 年 5 月 20 日，晚于邮件头中记录的路由器时间及邮件发送时间。这不符合正常情况下先有附件再有邮件的时间逻辑顺序。

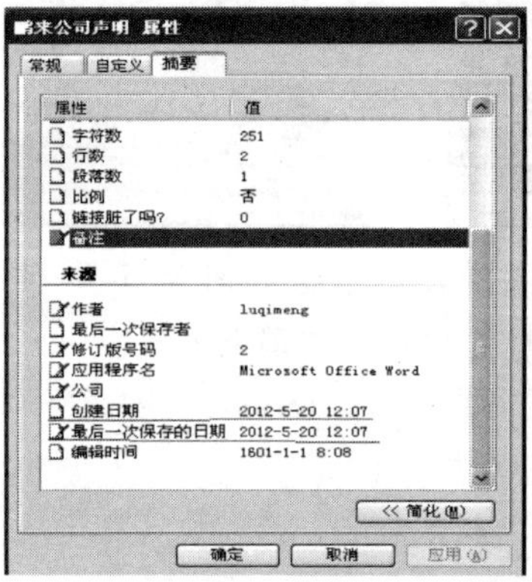

经检验，发现在检材硬盘中存在 1 个与附件“鹏来公司声明 .doc”内容相似的 doc 文档（下称“相似文档”），该相似文档与附件“鹏来公司声明 .doc”内容上仅有 1 处差异，即：前者为“5 月 14 号”，后者为 5 月 17 号。该相似文档的存储位置为第二分区 \ Users \ nlyz \ AppData \ Local \ Microsoft \ Windows \ Temporary Internet Files \ Content. IE5 \ LWEX2M8X \ 鹏来公司声明 .doc。

该相似文档的内容创建时间为 2012 年 5 月 16 日 8：38，最后一次保存时间为 2012 年 5 月 16 日 8：41；该相似文档在检材硬盘上的创建时间、最后修改时间均为 2012 年 5 月 16 日 11：06：39。

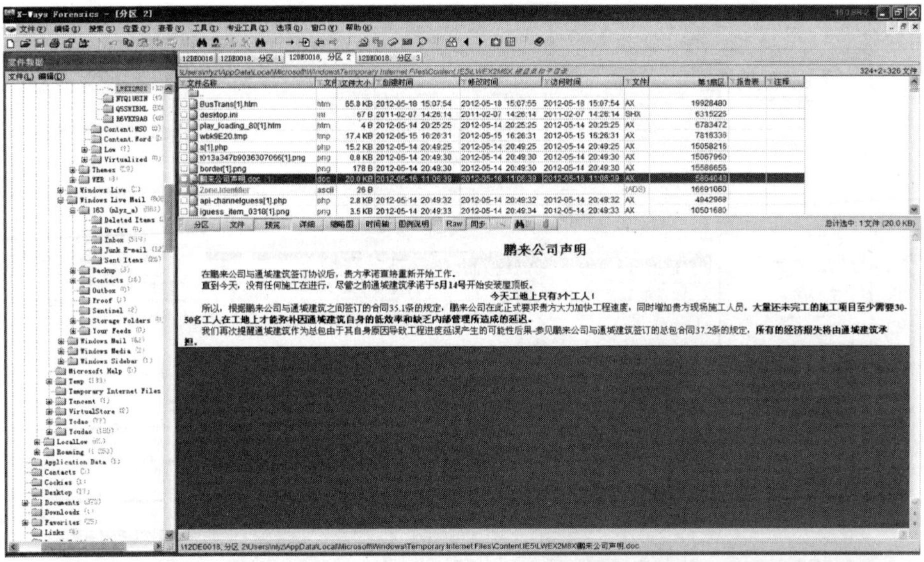

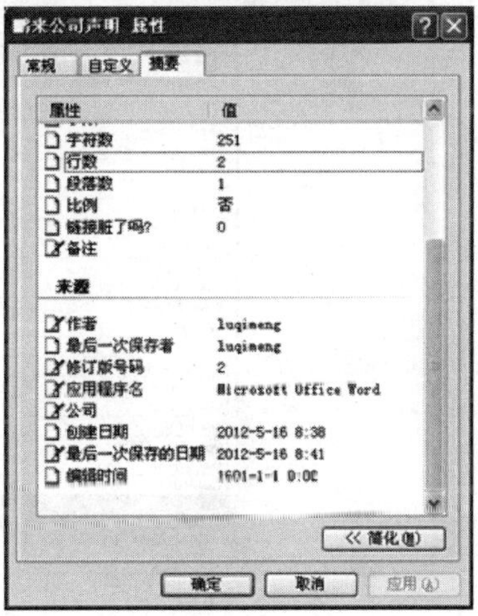

3. 关于主题为“加快进度指示”的电子邮件之相关痕迹的检验

经检验，发现在360杀毒软件日志中存在NOTEPAD.EXE程序调用21EF41C3-000000A3.eml文件的记录。

经检验，发现在Windows最近使用的项目中存在打开21EF41C3-000000A3.eml文件的记录。

三、分析说明

经检验发现：(1) 该邮件存在一封备份邮件；(2) 该邮件与备份邮件的附件存在不一致的情形；(3) 该邮件的流属性信息显示的字节数与实际的字节数不一致；(4) 该邮件附件的内容创建时间、最后保存时间均晚于路由器时间、邮件发送时间；(5) 在360杀毒软件日志中还发现了该邮件被调用的记录。反常点如此多，足

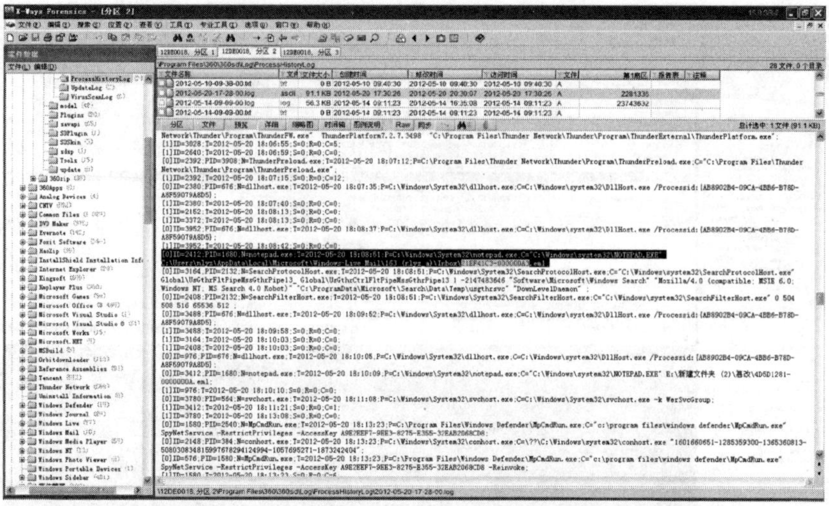

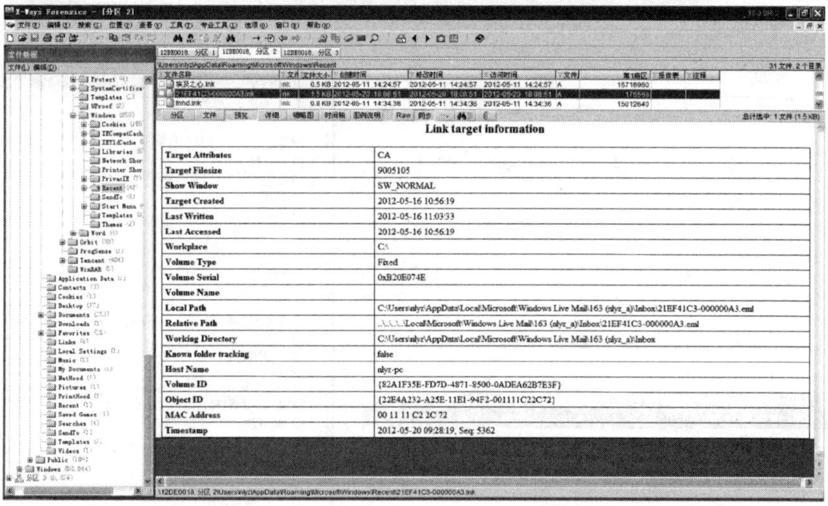

以支撑得出"该邮件经过篡改"的结论，因而不能被采信。详细分析如下。

首先，根据 Windows 系统的备份还原机制，System Volume Information 是 Windows 用于存储备份信息的系统文件夹，该文件夹是由计算机系统自动处理及管理，计算机用户无法直接对该文件夹中的内容进行创建、修改、访问等操作。也就是说，System Volume Information 文件夹中的内容具有极高的可靠性。经分析，主题为"加快进度指示"电子邮件附件"鹏来公司声明.doc"与该邮件备份源代码（存储于 System Volume Information 文件夹）的邮件附件存在内容不一致的情形，前者附件中承诺时间为 5 月 17 号，后者附件中承诺时间为 5 月 14 号。这表明了主题为"加快进度指示"的电子邮件存在篡改的情形。

其次，根据 Windows Live Mail 客户端的处理机制，邮件流属性是用于记录电子邮件的属性信息、状态信息等的独立数据流。邮件流属性是由计算机软件自动处理产生、管理，计算机用户无法直接对该数据流进行查看、修改等操作。因此邮件流属性的信息内容具有良好的可靠性。经分析，21EF41C3-000000A3. eml 文件的流属性信息显示的文件大小与该文件的实际大小不一致。这进一步表明了主题为“加快进度指示”的电子邮件存在篡改的情形。

最后，经分析，邮件附件“鹏来公司声明 .doc”的内容创建时间和最后一次保存时间均为 2012 年 5 月 20 日，晚于邮件头中记录的路由时间及邮件发送时间。这不符合正常情况下先有附件再有邮件的时间逻辑顺序，加之 21EF41C3-000000A3. eml 的最后修改时间为 2012 年 5 月 20 日，这初步表明了邮件附件“鹏来公司声明 .doc”存在篡改的可能。与此同时，在检材硬盘发现的相似文档与附件“鹏来公司声明 .doc”在内容上仅有 1 处差异，前者为“5 月 14 号”（与主题为“加快进度指示”电子邮件的备份源代码附件内容一致），后者为 5 月 17 号，加之相似文档在检材硬盘上的创建时间、最后修改时间均为 2012 年 5 月 16 日 11：06：39。一般情况下，当发件人发送带有附件文档的电子邮件给收件人，收件人收到电子邮件附件后打开或另存到本地硬盘上时，其时间逻辑应当是：附件文档的内容创建时间、最后一次保存时间均应早于邮件发送时间，邮件发送时间应当早于邮件附件文档在收件人电脑硬盘上的文件创建时间。从附件“鹏来公司声明 .doc”与其相似文档的时间属性信息来看，前者不符合一般规律，而后者符合其作为主题为“加快进度指示”电子邮件附件的一般规律。这佐证了主题为“加快进度指示”的电子邮件存在篡改的情形。

此外，在检材硬盘中存在使用 notepad. exe 程序调用 21EF41C3-000000A3. eml 的可疑痕迹，这也一定程度上佐证了前述结论。

（四）区间权衡规则

在司法实践中，同样的证据可能满足了一部分案件（如民事案件）的印证要求，却没有满足另外一部分案件（如刑事案件）的印证要求。这就意味着电子证据的印证存在度量的问题，也存在不同诉讼证明标准间的权衡问题。“实践中，何谓相互印证，达到什么样的程度才可以算是相互印证，这可能是很多司法工作者的难题。”① “相对于应否坚持证据相互印证的证明模式这一问题而言，也许更重要且更为迫切的问题是证据相互印证的限度。即证据相互印证到什么程度，法官就可以采信或认定案件事实；证据相互印证应当达到何种程度，法官才能采信和认定案件事实。”② 承认电子证据印证的区间概念，与不同性质诉讼的证明标准多元化规律相吻合。

印证不是一个界点，而是一个区间。那么，如何判断电子证据的印证是否充分？“证据相互印证应当达到何种程度，即从证据可以被采信和足以认定案件事实

① 张文娟．我国刑事诉讼证明模式“相互印证”与“自由心证”之辩：相互印证弊端之实证分析．证据学论坛，2007（2）：210.

② 李建明．刑事证据相互印证的合理性与合理限度．法学研究，2005（6）：21.

的意义上讲，证据至少应当印证到何种程度或者印证到何种程度便已足够，这就是证据相互印证的合理限度问题。”① 该问题的关键在于，如何设定简单有效的印证程度？简单作答，电子证据的印证程度要大于或等于案件的证明标准。换言之，量化得出的证据概率要大于或等于证明标准的量化数值。区间权衡规则对电子证据的采信提出了量化的要求。

四、辅助判断证明力的概率公式

电子证据印证体系，既是一种新观念，也应该形成一种新机制。前者昭示应当尽可能地挖掘电子证据背后的海量信息，从印证的角度解决采信的问题。后者要求针对电子证据的印证与否创设出判断方法。若单纯依靠个人的经验，这几乎是一项不能完成的任务，因为短时间内司法人员还很难累积经验进而抽象规则。幸运的是，今天是数据科学的时代，“一切皆可量化”②。

（一）设计思路

美国证据法学者艾伦指出：“证明力意味着某种程度，即证据将要改变要素事实的概率及诉讼要件的程度。”③ 关于由若干证据形成的联合证明力有多少，通常认为可以借助多个概率值的合成公式来计算。概率值合成公式是统计概率的理论，其在司法证明中的运用主要体现为概率的乘积规则。该规则表明，两个或两个以上的独立事件为真的概率等于每一事件为真的概率之乘积。④ 毫无疑问，援引乘积规则来评断证据是否达到印证的程度，必须满足前述的基本要求。就电子证据印证的客观化机制而言，人们必须依靠一定数量和质量的电子证据（或者部分传统证据），构建一个能够联动发挥证明作用的印证体系。

通过概率的乘积规则来评断电子证据的印证体系，关键在于确保满足两个标准：一是所有用于定案的电子证据（或者部分传统证据）必须满足独立来源的要求；二是所有用于定案的电子证据（或者部分传统证据）必须进行可信度估算。这些标准或要求都有特定的限制条件，并不是绝对的、无条件的。

独立来源是关于印证公式的量化前提。如果不同的证据均同出一源，则不可能构成实质性的印证体系。判断电子证据是否来源独立，就涉及这一证据的形成机理。简单地说，源于不同应用程序或者指令的电子证据，均可以看作独立的来源；

① 李建明．刑事证据相互印证的合理性与合理限度．法学研究，2005（6）：28.

② Douglas W. Hubbard. How to Measure Anything Finding the Value of “Intangibles” in Business. the John Wiley & Sons，Inc Publishing（2007）：xiii.

③ ［美］罗纳德·J. 艾伦．证据法：文本、问题和案例．张保生，等译．北京：高等教育出版社，2006：180.

④ ［美］理查德·A. 波斯纳．证据法的经济分析．徐昕，徐昀，译．北京：中国法制出版社，2001：99-100.

源于不同计算机系统的电子证据，更可以看作独立的来源。譬如，在一台电脑中由Office等不同应用软件产生的电子文档，或者在若干台电脑中由Office等同一应用软件产生的电子文档，或者在网络空间中存在于不同节点的电子证据等，通常均属于有独立来源的证据。至于物证、书证、证人证言等传统证据，通常来源于人或者实物，也应当归于与电子证据不同源之列。

可信度是关于印证公式的量化指标。证据的真假总是存在着证据为真、为假、真伪不明三种情形。对于确有证据证明电子证据为假的，不能将其用于构建印证体系。如果证明电子证据存在一定的不属实可能性，则可通过降低其可信度的方式，构建印证体系。这里，电子证据的可信度是赋予其初始概率值的基础。

综上，人们在评断电子证据的印证体系时，应当遵循四个基本步骤：第一步，将不同来源的电子证据分列开来，分别称为具有独立性的证据1、2、……、n；第二步，估算每一个电子证据（包括少量的传统证据）的可信度，并简单换算为初始概率值，分别称为p_1、p_2、……、p_n，也就是说每个证据所指向的案件情节发生的可能性分别是p_1、p_2、……、p_n；第三步，计算在每个证据的独立支撑下不发生所指向的案件情节（即存在其他情形）的可能性，分别为$1-p_1$、$1-p_2$、……、$1-p_n$；第四步，依照概率的乘积规则计算所有电子证据（包括少量的传统证据）的可信度及证明力，记为P，这就需要援引如下公式——电子证据的印证公式进行判断：

$$P = 1 - \prod_{i=1}^{n}(1 - p_i)$$

在这个公式中，无论是P还是p_i、$1-p_i$都介于0与1之间，即$0<P/p_i/1-p_i<1$。随着证据数量和/或某单一证据可信度的增加（即i、p_i值的增大），相关证据的证明力会相应地增加（即P值增大），证据被采信的可能性也就随之增大。

（二）适用条件

由于数学语言或符号的特殊性，司法人员对数学公式往往抱有一种天然的陌生感。因此，要准确地理解上述公式的适用，不妨从解读人们熟知的案例着手——深圳市快播科技有限公司、王欣等传播淫秽物品牟利案（【案例6-4】快播案）。本案形成的印证体系是否达到了排除合理怀疑的程度呢？这完全可以借助电子证据的印证公式进行量化分析。

【案例6-4】

快播案①

【基本案情】

自2007年12月成立以来，快播公司基于流媒体播放技术，通过在网上发布免费的QVOD媒体服务器安装程序和播放器软件的方式，提供网络视频服务。2013

① 参见北京市第一中级人民法院刑事裁定书（2016）京01刑终592号。

年 11 月 18 日，北京市海淀区文化委员会（以下简称“海淀文委”）在行政执法检查中，从北京网联光通技术有限公司（以下简称“光通公司”）查获了快播公司托管的 4 台服务器。2014 年 4 月 11 日，海淀公安分局以涉嫌传播淫秽物品牟利罪对快播公司及几名高管立案侦查。7 月 28 日，该案被移送审查起诉。2015 年 2 月 6 日，海淀检察院提起公诉，2 月 10 日海淀法院受理该案。2016 年 1 月 7 日、8 日，一审公开开庭。庭审中，辩方坚持做无罪辩护，并就电子证据问题提出了种种抗辩，与控方展开了激烈的拉锯战。后由于控辩双方对部分证据争议较大，海淀法院决定检验核实相关证据。9 月 9 日，庭审恢复，主要被告人当庭认罪悔罪。9 月 13 日，海淀法院一审判决快播公司等犯传播淫秽物品牟利罪，对王欣等直接责任人处以 3 年至 3 年 6 个月不等的有期徒刑，并处 20 万元至 100 元不等的罚金，对快播公司判处 1 000 万元罚金。被告人吴铭不服判决提出上诉，12 月 16 日，北京市一中院作出二审裁定，驳回上诉，维持原判。该案的司法处理结果尘埃落定。

【案件评析】

快播案颇具争议。在案材料显示，海淀文委针对侵犯著作权违法活动进行执法检查时，于 2013 年 11 月 18 日从光通公司扣押了涉案 4 台服务器。因该案涉黄，2014 年 4 月 10 日，海淀公安分局调取了该 4 台服务器，随即移交进行淫秽物品审验。该案中，一个重要的争议事实是“现有存在淫秽视频的服务器是否由快播公司实际控制使用”①。准确地说，争议事实还包括淫秽视频是否与快播公司相关。“在该 4 台服务器的扣押、移交、鉴定过程中，执法机关只登记了服务器接入互联网的 IP 地址，没有记载服务器的其他特征，而淫秽物品审验人员错误地记载了硬盘的数量和容量。由于接入互联网的 IP 地址不能证明服务器与快播公司的关联关系，前后鉴定意见所记载的服务器的硬盘数量和容量存在矛盾，可以让人对现有存储淫秽视频的服务器是否为原始扣押的服务器、是否由快播公司实际控制使用产生合理怀疑。”② 实际上，法院在第一次开庭后就已经产生了疑问。③

针对第一次庭审中产生的合理怀疑，法院委托××鉴定中心对 4 台服务器及其存储内容进行了检验，分析了 4 台服务器的系统日志，检索到服务器的管理者频繁远程登录使用的 IP 地址为 218.17.158.115。而经调取有关专线协议确认，该 IP 地址为快播公司专用。同时，鉴定人员经对 4 台服务器内现存快播独有视频格式文件 QDATA 文件属性等各类信息的检验分析，没有发现 2013 年 11 月 18 日后从外部拷入或修改 QDATA 文件的痕迹。在这种情况下，第二次庭审后，“综合海淀文委、北京市版权局、北京市公安局等办案机关、办案人员出具的证据材料，结合对 4 台服务器的检验结果”，法院认定快播公司“是服务器的远程控制者和日常维护

① “快播案”，北京市海淀区人民法院刑事判决书（2015）海刑初字第 512 号，第 5 页。

② “快播案”，北京市海淀区人民法院刑事判决书（2015）海刑初字第 512 号，第 52 页。

③ “快播案”，北京市海淀区人民法院刑事判决书（2015）海刑初字第 512 号，第 52 页。

者"①。这一结论也是基于印证理念得出的。②

第一步，可以将一审法院认定的主要案件事实分解为两个方面：一是现有存储淫秽视频的服务器是否为原始扣押的服务器；二是现有发现的大量淫秽视频是否与快播公司的抓取、上传等行为有关，即是否由快播公司实际控制使用产生。对于第一项事实需要排除诸如服务器被调包的可能，主要的证据包括管理者远程登录的日志与IP地址等电子证据，也包括行政执法检查记录、行政执法物品清单、调取证据清单、接收证据材料清单、各种工作说明或情况说明以及有关员工的证人证言等传统证据。对于第二项事实需要排除诸如淫秽视频文件被"植入"，即内容被污染的可能，主要的证据是视频文件的格式信息、时间信息、涉案服务器的访问日志以及未发现服务器有"从外部拷入或修改"QDATA文件所留痕迹的鉴定意见等。这两组证据是否均构成独立的印证体系，即各种证据之间是否相互印证，是法官作出肯定性判决的基础。

支持第一项案件事实的证据既有电子证据也有传统证据，其印证关系是很明确的。例如，××鉴定中心的鉴定意见表明，4台服务器的使用日志记下了8个远程登录IP地址，其中访问最多的IP地址为218.17.158.115③；而光通公司出具的IP地址分配说明等7份证据表明"IP地址218.17.158.115为快播公司专享"④。同时，行政执法检查记录、行政执法物品清单、调取证据清单、接收证据材料清单、各种工作说明或情况说明以及有关员工的证人证言等传统证据足以有力地进一步补强。支持第二项案件事实的证据基本上均为电子证据，其印证关系不是那么明确，下面专门展示其证明力的计算过程。

第二步，估算每项证据的初始概率值。一般来说，可信度与证据的两方面要素密切相关。其一是证据的关联程度，具体来说，即要分析证据是直接证据还是间接证据，是原始证据还是传来证据。如果是直接证据，则主要考虑该证据的可靠性如何；如果是间接证据，则主要考虑通常需要多少个证据才能构成锁链及每个证据的可靠性如何。如果是原始证据，其可信度不受证据的流转行为、流转次数的影响；如果是传来证据，其可信度则随着证据的流转而有所降低。其二是证据的真假程度，具体来说，即要判断证据有无反证予以驳斥，是对举证方有利的证据、对举证方不利的证据还是由第三方提交的证据，是主观性证据还是客观性证据。

如果在这些不同种类的证据之间进行证明力的评断，大体可以参照如下规则：

① "快播案"，北京市海淀区人民法院刑事判决书（2015）海刑初字第512号，第52-53页。

② 具体来说，快播公司的合同签订者侯××作证"证明自己与光通公司进行了有关合同内容的沟通"；快播公司的网络维护员钟×证实"其为涉案缓存服务器安装了快播系统软件，并通过账户和密码来远程控制和维护"。而"上述证言与光通公司合同签订联系人、工程师陈×的证言，以及××鉴定中心检验所证实的远程控制IP为快播公司所有等证据内容完全相符，印证了快播公司负责涉案4台缓存服务器的软件安装和远程控制这一事实。"同①，第60页。

③ 相比其他远程访问的IP地址而言，这一IP地址不仅对服务器的访问更为频繁、每次持续时间偏长，明显属于远程控制服务器的IP地址。

④ "快播案"，北京市海淀区人民法院刑事判决书（2015）海刑初字第512号，第46-47页。

(1) 直接证据＞间接证据；(2) 原始证据＞传来证据；(3) 确凿证据＞瑕疵证据；(4) 由举证方提交的对其不利的证据＞由第三方提交的证据＞由举证方提交的对其有利的证据；(5) 客观性证据＞主观性证据。这些规则就为人们估算每项证据的初始概率值提供了可以实际操作的基础。具体来说，人们必须先根据经验判断一项证据的初始概率值 p_i ($0<p_i<1$)，由于即便是直接证据也不可能单独定案，那么直接证据的 p_i 可分为 0.1 到 0.9 九个级别；相应地，间接证据则需要根据所需推理的步骤数目或所需补强的间接证据数目来确定其 p_i。在此基础上，人们再参考其他规则对证据的初始概率值作相应的调整（一般按照±0.1 或±0.2 处理）。

在该案中，涉及现有淫秽视频是否由快播公司实际控制使用产生的主要证据包括：(1) 视频文件为快播公司所独有的 QDATA 格式（含关于 4 台服务器内存储的视频文件均为 QDATA 格式的工作说明等证据材料）。该证据能够直接证明淫秽视频文件同快播公司的技术相关，但是否为快播公司实际控制使用产生尚需要结合其他证据判断。再考虑到该证据属于对举证方有利的客观性证据，其初始概率值可以酌定为 0.2。

(2) 视频文件的“修改时间”(mtime) 信息。① 这一证据表明，4 台服务器 QDATA 文件的修改时间均处于 2013 年 11 月 18 日之前，即扣押之前。

(3) 视频文件的“状态改变时间”(ctime) 信息。② 这一证据表明，4 台服务器 QDATA 文件中部分文件的“状态改变时间”处于 2013 年 11 月 18 日之前，即扣押之前；部分文件的“状态改变时间”处于 2013 年 11 月 18 日之后，即扣押之后的 2014 年 4 月 21 日或 22 日，但这些文件的“状态改变时间”属性为“时间间隔为每秒钟 1 000 个左右的文件（产生）”，记录的“不是以拷贝的方式进入当前存储位置”的时间。同理，证据 2、3 的初始概率值可以酌定为 0.2。主要证据的具体估算方法见表 6-3 所示。

表 6-3　　快播公司涉嫌传播淫秽物品牟利案的证据概率分析

	对于证明现有淫秽视频是由快播公司实际控制使用产生之事实的初始概率值						总计
	直接还是间接关联	是否原始证据	有无可疑之处	对举证方是否有利	客观还是主观证据	其他方面	
证据 1 (p_1)	0.3	−0.1	0	−0.1	+0.1		0.2
证据 2 (p_2)	0.3	0	0	−0.1	+0.1	−0.1（时间文件的稳定性差③）	0.2
证据 3 (p_3)	0.3	0	0	−0.1	+0.1	−0.1（时间文件的稳定性差）	0.2

① ××鉴定中心［2016］电鉴字第 2 号司法鉴定意见书，第 10-11 页。

② ××鉴定中心［2016］电鉴字第 2 号司法鉴定意见书，第 10-11 页。

③ 这些时间文件属于可修改的属性文件，修改的难度较小。

办案机关、办案人员出具的工作说明、关于服务器情况的证人证言等，属于控方提交的有利于己方的言词证据，且存在着合理疑点，其初始概率值均可以酌定为趋近于0。证人证言、现场勘验检查笔录、审验操作记录等，同这一主张事实的关系过于遥远，其初始概率值也均可以酌定为趋近于0。

总体来看，基于上述表格的分析比较直观，也显得有些机械。对此，有的学者为了化解初始概率值估算的难题，同时提高估算的可信度和精确性，提出了依靠权威专家得到客观概率的方法。【案例6-1】“古惑天王（Big Crook）”案即采取了该方法。在快播案中，前述证据1、2、3使人们相信现有淫秽视频是由快播公司实际控制使用产生的可能性分别为20%、20%、20%，这一观点结论也是符合人们感知的。①

在【案例6-1】“古惑天王（Big Crook）”案中，香港警方高科技犯罪局和香港海关计算机鉴定实验室制作了一份调查问卷②，向有经验的执法人员进行询问。他们基于所收到的31份回答，用加权平均的方法计算出初始概率值。③ 这一客观概率算法本质上就是借助足够多的专业人士力量来判断某一个证据证明案件事实发生的可能性是多少④，同现代社会心证公开的方法有异曲同工之妙。

第三步，也即最后一步，适用公式进行计算。考虑到这三份证据分别来自不同的电脑（即属于不同的来源），可以通过前述印证公式进行计算：

$$
\begin{aligned}
P &= 1-\prod_{i=1}^{n}(1-p_i)\\
&= 1-(1-0.2)\times(1-0.2)\times(1-0.2)\\
&= 0.488
\end{aligned}
$$

由此可见，现有证据表明，淫秽视频是由快播公司实际控制使用产生的可能性为48.8%。这并未达到排除合理怀疑的刑事证明要求，甚至没有满足高度盖然性的民事证明标准。即便人为拔高工作说明、证人证言等其他材料的效力，赋予它们一定的辅助证明力，也不能得出足以采信证据的结论。这一建立在印证体系下的判断，比孤立的司法鉴定意见——“未发现其在2013年11月18日后有从外部拷入或修改的痕迹”，要有说服力得多。即便考虑到统计公式计算的合理误差，本案中

① 笔者就这些证据的初始概率值，向一些电子证据鉴定专家作过专业访谈，他们基本同意上述结论。

② 该问卷请测试者回答以下几个问题：（1）电子证据鉴定的相关培训和经历；（2）在多大程度上相信电子证据是由普通计算机操作所产生的；（3）在多大程度上相信是由与BT相关的操作所产生的。See www.cs.hku.hk/kylai/qr.pdf.

③ 例如，问卷第七项通过要求回答“估计多少链接地址和访问网站的时间会存在IE5里面名称为index.dat的历史文件夹中”来衡量概率范围。答复是：20%～40%，1人；40%～60%，1人；60%～80%，6人；80%～100%，22人；不确定的1人。使用加权平均数的方法来计算“是”的概率为：（1×0.3）+（1×0.5）+（6×0.7）+（22×0.9）=24.8，那么它的概率值就是24.8÷31=0.8。Michael Y. K. Kwan，Kam-Pui Chow，Frank Y. W. Law，and Pierre K. Y. Lai，Reasoning About Evidence Using Bayesian Networks，IFIP Int. Conf. Digital Forensics，Vol. 285Springer (2008)：275-289.

④ 如果100个人中相信案件事实成立的人数是30，那么该证据的初始概率值就是0.3。

证据的证明力（48.8%）确实还有提升空间。从这个意义上讲，各辩护人在第二次庭审中提出“现有证据……无法认定是快播公司抓取、上传了涉案4台服务器中的淫秽视频”是有道理的，法庭作出采信证据的判决值得商榷。快播案中，鉴定专家还应当继续查找指控服务器中视频文件符合正常缓存规律的存储位置等证据，或者通过模拟实验验证这些视频文件的缓存规律，以便使援引公式算出的数值能满足较高的证明标准，从而增加判决的合理性。

【拓展阅读】

计算电子证据的证明力：以激情向未来

概率的乘积规则揭示了隐藏在案件事实认定背后的逻辑法则，可以适用于所有证据的采信活动。但是，由于传统证据在独立性方面的不足，对其适用概率的乘积规则在法学界一直存在着正反两种声音。作为证据领域的“后起之秀”，电子证据因其虚拟空间性和系统性而独具特色，较为充分地解决了不同证据间的独立性问题，这为适用概率的乘积规则奠定了基础，也扫除了构建客观化采信机制道路上的最大障碍。上述公式便是这样一种大胆探索下的试验样品。

诚然，该公式仍需要进一步雕琢，也有待于实践的深入检验。但它足以告诉人们如何科学地看待证据的印证体系。首先，这一印证体系绝不是仅仅强调围绕同一案件事实的电子证据数量，还必须注意各个电子证据的印证质量，即电子证据之间的独立性、可印证性；其次，这一印证体系绝不是纯粹的经验判断，为此适当引入可靠的数理公式、数学模型也是必需的。总之，从注重证据的数量转向注重证据的质量，从注重经验判断转向追求客观化的判断，这是电子证据印证公式带来的初步启示。

电子证据的客观化采信是一种具有可操作性的学术方案，其背后既有对大量样本案例的分析，也有贝叶斯概率理论的支撑。当然，与贝叶斯概率理论适用于证据法时遇到的挑战相似，电子证据的客观化采信也存在障碍。“从贝叶斯怀疑主义的角度来看，在审判的全部过程中使用贝叶斯定理，由于在计算上过于复杂，使得它超越了事实认定者的能力”①。此外，作为一种新型的证据，司法人员普遍对电子证据缺乏认识，这也增加了其赋予每个电子证据以合适的初始概率值的困难。

不论如何，通过印证公式来计算电子证据的证明力都是一个令人充满激情的领域。该公式能够为人们提供一种采信证据的新模型或新思维，它以新证据切入探求改革人类传统裁判过程的方法。在可以预见的将来，随着这种公式能够在电子证据

① Laurence H. Tribe. Trial by mathematics：precision and ritual in the legal process ［J］. Harv. L. Rev.，1971，(84)：1377.

专家人群中取得某种共识，专家们将能够以“专业报告”的方式向法庭提供咨询意见。从长远计，如果人们能够以此为基础开发出类似于“电脑量型”的“电脑认证”软件系统，使该公式的计算方法更为简便，那就能在司法人员群体中最大范围地推广开来。

第七章

大数据证据原理——由现象到规律而生的新“新证据”

大数据开启了证据法制建设的时代转型。大数据证据是电子证据迭代的产物，主要以分析结果或报告的形式呈现，以海量电子数据凝练的规律性认识发挥证明作用。相比早期一条一条的电子数据，大数据证据以数据量大为新特色，且可以隐藏其中的规律证明案件事实。这已然是一种质变。对于这一证据如何定位，各国法律界存在着不同的理论争论和实务处理，中国现实的便宜选择是将其纳入鉴定意见的证据法定形式。对于这一证据如何审查判断，我国应当聚焦真实性与关联性规则进行创新，包括建设以“大”真实性为主的真实性规则、针对机器算法是否可信的真实性规则、不同于人类经验判断的关联性规则。

一、大数据何以作证

“大数据开启了一次重大的时代转型。就像望远镜让我们能够感受宇宙，显微镜让我们能够观测微生物一样，大数据正在改变我们的生活以及理解世界的方式，成为新发明和新服务的源泉，而更多的改变正蓄势待发。”① 这是2013年英国学者维克托对大数据改变社会所做的预言。近年来，世界范围内司法领域确实发生了巨变，突出表现为基于机器算法、机器人和高级人工智能等新兴科技的各种大数据材料涌向法庭。

美国实务中已出现了将汽车事件数据记录系统数据②、谷歌地球卫星图像和

① [英] 维克托·迈尔·舍恩伯格. 大数据时代：生活、工作与思维的大变革. 周涛，译. 杭州：浙江人民出版社，2012：1.

② Commonwealth v. Safa，95 A. 3d 304，308－09 (Pa. Super. Ct. 2014).

GPS坐标数据[①]、“查找我的iPhone”功能数据[②]等用作证据的案例。这些材料的特点是数据量巨大，并可被编译为分析报告。如汽车事件数据记录系统（EDR）是专门记录汽车行驶数据的系统，它通常可以在撞车发生前、中、后，按照秒级自动提取车辆运行、系统状态、司机指令、撞车特征等各种数据，以在需要时还原汽车事件真相。我国的司法舞台也上演着同样的故事。早期，海量的通信数据、资金流数据、账户信息、网页数据、网络舆情信息、GIS地理信息及专业数据库的数据被运用于侦查活动中，成为侦查信息化转型的一道道亮丽风景。新近，人们又接续看到将“舆情分析报告”[③]“百度指数”[④]“淘宝客反作弊系统数据”[⑤]“轨迹大数据”[⑥]“公安大数据平台数据”[⑦]“证券交易监控系统数据”[⑧]“大数据资金分析报告”[⑨]等用于证明的情景，同时遇到控辩双方产生争议及裁判者任意裁决的种种问题。这些都需要我们针对性地进行制度建设。

二、大数据用作证据的理论基础

证据是证明的根据，但并不是一切用于证明的根据都属于法定的证据。在司法中，某些可用作证明根据的特定材料会被习惯性地排除出证据范围。它们通常难以为人们快速地普遍接受，像视听资料、电子数据等在很长一段时间后才入法正名。[⑩]现如今，形形色色的、以海量信息特征呈现的大数据材料，便处于寻求获得法律认可的一种境地。大数据材料具有“容量大”“类型繁多”“价值密度低”等特点，尤以“容量大”为基础特征，如【案例7-1】。

将海量数据交由司法人员一条一条地筛选使用根本不现实，但可以借助数据统

① United States v. Lizarraga-Tirado, 789 F. 3d 1107, 1109-10 (9th Cir. 2015).

② Pickett v. State, 112 A. 3d 1078, 1090 (Md. Ct. Spec. App. 2015).

③ 参见山西省晋城市中级人民法院刑事判决书（2017）晋05刑终271号。在该案中，控方举证了公安局制作的关于刑满释放人员程幼泽出狱网上舆情相关数据统计及舆情专报。

④ 参见广东省高级人民法院民事判决书（2013）粤高法民三终字第565号。在该案中，原告提交了公证人员百度指数查询qunar和quna两个关键词的指数对比情况。

⑤ 参见浙江省杭州市余杭区人民法院民事判决书（2014）杭余民初字第3号。在该案中，被告（淘宝）提供了抓取淘宝客异常推广行为的反作弊系统的数据。

⑥ 参见江苏省高级人民法院刑事裁定书（2017）苏刑终135号。在该案中，公安机关依法调取了警务大数据平台之车辆大数据（截图）。

⑦ 参见四川省成都高新技术产业开发区人民法院刑事判决书（2018）川0191刑初392号。在该案中，控方提交了公安大数据平台及情报系统查询资料。

⑧ 参见北京市第一中级人民法院（2013）一中行初字第1171号行政判决书。在该案中，中国证监会提交了证券交易监控系统记录的数据作为证据，证明这些证券账户网上委托交易所用的IP地址、Mac地址高度重合。

⑨ 参见湖南省长沙市中级人民法院刑事判决书（2018）湘01刑终18号。在该案中，控方提交了利安达鉴审财报字［2016］第1209号鉴定意见书，以证明非法集资的金额和投资人数。

⑩ 在我国，视听资料为1996年《刑事诉讼法》修法时入法，电子数据为2012年《刑事诉讼法》修法时入法。此前，关于视听资料、电子数据的证据地位一直存有争议。

计、数据碰撞、数据挖掘与机器学习等方法形成分析报告，用作办案支撑。这一现象不是特例。随着司法实践的发展，各种类似的报告还会花样翻新。那么，面对大数据材料，我们是抱陈守旧地将之局限于作为侦查线索，还是将其延展一步用作审判环节的证据？这就需要从基础理论层面进行考量。

（一）价值论基础

当下，依靠大数据证明案件事实已经成为一种客观需要。这首先是由案件专业化、巨型化演变态势所决定的。在越来越专业、复杂的案件中，用于证明案件事实的证据也必然趋于专业化和复杂化。当今涉众型犯罪就呈现出涉案人数不特定、证据巨量的特点。据报道，我国金融领域涉众型犯罪案件的涉案金额已超过百亿元、千亿元，涉案人员达到十万人、百万人，数额之大、人数之众令人瞠目。调研表明，一线司法机关办理的涉众型犯罪案件中证据材料达到数千卷，背后是司法人员庞大的人力与时间付出。此种情形下，仅仅凭借传统证据来证明案件事实面临着难以承受之重。与之相反，通过大数据证明案件事实就明显高效得多，尤其是基于海量数据的分析报告通常浓缩为具体的一份或多份文书证据，使用起来更具可操作性。

其次，这符合降低司法证明难度的导向。证据是一种稀缺的资源，证据短缺是人类司法的永恒规律。千百年来人类一直在寻找有效化解证明难题的方法，包括新型证明方法的探索与推广。当前我国面临着惩治以网络犯罪为代表的新型犯罪的艰巨任务，不同层面的法律规范一直在探索降低证明难度的方法，包括更多引入“综合认定”① “综合评估”② 的规则，甚至尝试推出含有“证明责任移转”③ 意味的条款。学理上也提出了“底线证明法”④ “抽样取证法”⑤ “等约计量法”⑥ 等建议。若能直接从扩充证据范围的角度进行制度建设，即引入大数据以证明案情，将具有

① 最高人民法院、最高人民检察院、公安部《关于办理电信网络诈骗等刑事案件适用法律若干问题的意见》中规定：“办理电信网络诈骗案件，确因被害人人数众多等客观条件的限制，无法逐一收集被害人陈述的，可以结合已收集的被害人陈述，以及经查证属实的银行账户交易记录、第三方支付结算账户交易记录、通话记录、电子数据等证据，综合认定被害人人数及诈骗资金数额等犯罪事实。”

② 最高人民法院、最高人民检察院《关于利用网络云盘制作、复制、贩卖、传播淫秽电子信息牟利行为定罪量刑问题的批复》中提道：“鉴于网络云盘的特点，不应单纯考虑制作、复制、贩卖、传播淫秽电子信息的数量，还应充分考虑传播范围、违法所得、行为人一贯表现以及淫秽电子信息、传播对象是否涉及未成年人等情节，综合评估社会危害性，恰当裁量刑罚，确保罪责刑相适应。”

③ 最高人民法院、最高人民检察院《关于办理侵犯公民个人信息刑事案件适用法律若干问题的解释》第11条第3款规定，“对批量公民个人信息的条数，根据查获的数量直接认定，但是有证据证明信息不真实或者重复的除外”。很多人理解这是将关于个人信息真实性和是否重复的证明责任移转至辩方。

④ 底线证明是指按照法定的入罪和加重处罚两道“坎”，提供能用以定案的最基本的证据。刘品新．网络犯罪证明简化论．中国刑事法杂志，2017（6）：35.

⑤ 抽样取证是指办案人员从较大数量的物品中提取具有代表性的一定量的物品作为样本证据，并据此证明全体物品属性。万毅，纵博．论刑事诉讼中的抽样取证．江苏行政学院学报，2014（4）：120.

⑥ 等约计量是指对海量化的犯罪对象进行“估堆式”计量，作为认定犯罪数额的标准。罗猛，邓超．从精确计量到等约计量：犯罪对象海量化下数额认定的困境及因应．预防青少年犯罪研究，2016（2）：40.

更为深远的意义。实践中，我国许多案件虽未将大数据列明为证据，但仍技巧性地发挥出它的证明作用。[①] 这在很大程度上是因受制于旧观念，却也反证了司法证明中存在着大量需求。

最后，大数据用作证据具有独到的价值。每一份具体的传统证据反映的是案件中具体的人、事、物、时、空等信息，而大数据反映的是案件整体或作为其很大一部分的人、事、物、时、空等信息。这一差异在涉众型犯罪案件中尤为明显。调研发现，涉众型犯罪案件中难以通过传统证据证明的案件事实，都有可能通过大数据材料找到便捷的解题之策。比如，在证明涉众型犯罪案件的组织架构时，传统上调查工商注册材料等证明方法面临着工作量巨大、材料真假难辨的困扰，而海量资金流数据等能够像 DNA 一样将涉众型犯罪中不同涉案人员识别并关联起来，揭示不同人员在犯罪组织中的具体角色[②]；又如，在证明涉众型犯罪行为人主观故意时，传统的证明方法主要是通过口供或者“通过客观行为推断主观明知”[③]，易遇到嫌疑人以不知情为由进行辩解的挑战，而利用数据挖掘方法则能发现行为人存在着规避打击的习惯做法[④]，从而以犯罪习惯证明其主观故意。目前这样的探索取得了初步成功，表明以大数据化解司法证明难题值得实践推广和理论提升。

（二）方法论基础

大数据材料并非空中飘来之物，客观上就是一个个具体数据的聚合。当聚合到一定规模之后，将其中的数据规律揭示出来，就能够用于还原案件事实。如在一起涉税案件中，办案人员调取了涉案的全量资金数据——资金流水数据上亿条、账户数达上万个，聘请技术专家“建立了资金特征分析模型……在很短时间内完成可疑资金网络的刻画，利用关系可视化技术清晰展现可疑资金的来源和去向，并且自动标注账号和主体的类别标签”[⑤]。在这里，起到证明作用的就是海量数据凝练而成

① 参见浙江省宁波市江北区人民法院刑事判决书（2017）浙 0205 刑初 411 号。在该案中，控方提交的宁波市社会保障管理局报案书等证据表明，社会保险管理部门通过医保大数据分析审查，发现励某某等参保人员异常就医、违规配药情况，有诈骗医疗保险金的嫌疑。在审判中，医保大数据分析意见没有标识为证据，其实质内容被吸收到书证等证据中。另见新疆维吾尔自治区乌鲁木齐市中级人民法院刑事判决书（2017）新 01 刑初 200 号。在该案中，为了证明被告人普某某的行程轨迹，控方将被告人普某某的 1 张登机牌提交，证实与公安机关通过大数据平台分析的侦破本案的线索一致。在这里，大数据平台分析的意见仅仅用于说明书证“登机牌”的证明价值，未单独列为证据。

② 2015 年，公安部会同国家税务总局、人民银行用 8 个月时间查处了一起虚开增值税专用发票犯罪案件。办案人员收集到 10 亿多条资金流水，利用分析模型分析虚开发票公司资金流向，清楚地将涉案公司分为开票公司、收票公司、中转公司三层，根据资金流向区分出会员单位、二级单位等，绘制出资金流的闭环关系。这样的公司层级和会员关系，就揭示出涉案单位和人员在犯罪组织中的具体角色。

③ 刘福谦．涉众型经济犯罪案件证据审查的几个问题．人民检察，2018（4）：13.

④ 通过对海量资金流进行数据挖掘可以发现，许多嫌疑人存在有规律性地瞬间转走账户来款、用 1 元钱给自己账户转账来测试账户是否正常、通过同一渠道将资金转出等规避打击的规律性反常行为。

⑤ 何家弘，等．大数据侦查给证据法带来的挑战．人民检察，2018（1）：54.

的规律性认识——具体呈现为专业分析报告。这是大数据用作证据的特色及魅力所在。这样的分析报告类似于鉴定人或其他专家的意见，但也与之有明显不同，其专业化程度已经超越人类的专家。准确地说，这种分析报告是借助于机器算法形成的判断。

【案例7-1】

e租宝案①

【基本案情】

2014年7月中旬，e租宝上线。

2015年年初开始，国内媒体开始陆续报道e租宝的风险问题。

2015年12月3日，e租宝遭深圳经侦突查，40余人被警方带回调查，平台"辟谣"只是例行检查，但实际上，当时的深圳警方正在彻查e租宝是否涉嫌洗钱的问题。

2015年12月8日，"e租宝"网站以及关联公司在开展互联网金融业务中涉嫌违法经营活动，正接受有关部门调查。

2015年12月9日，财新发布消息确认，e租宝实控人、钰诚集团董事长丁宁目前已被警方控制，警方还带走了一批高管。同时，北京、上海、安徽、广东等多个省市均开展了对钰诚集团及e租宝的调查，已确定e租宝及关联公司涉嫌非法集资。

2016年12月15日，北京市人民检察院第一分院以被告单位安徽钰诚控股集团、钰诚国际控股集团有限公司以及被告人丁宁等10人涉嫌集资诈骗罪，被告人王某某等16人涉嫌非法吸收公众存款罪，依法向北京市第一中级人民法院提起公诉。检察机关经依法审查查明，2014年6月至2015年12月间，被告单位安徽钰诚控股集团、钰诚国际控股集团有限公司及被告人丁宁等人违反国家法律规定，组织、利用其控制的多家公司，在其建立的"e租宝""芝麻金融"互联网平台发布虚假的融资租赁债权及个人债权项目，以承诺还本付息为诱饵，通过媒体等途径向社会公开宣传，非法吸收公众资金累计人民币762亿余元，扣除重复投资部分后非法吸收资金共计人民币598亿余元。至案发，集资款未兑付共计人民币380亿余元。

2017年4月，北京市一中院公开开庭审理"e租宝"案，据"e租宝"案一审判决书披露的信息，其通过电视台、网络、散发传单等途径向社会公开宣传，吸收115万余人资金共计762亿余元，其中重复投资金额为164亿余元。二被告单位集资后大部分集资款未用于生产经营、挥霍部分集资款、将部分集资款用于违法犯罪

① 改编自2016年度十大法律监督案例之四：北京检方对"e租宝"案提起公诉，认定涉案非法吸收公众资金达762亿余元. https：//xueqiu. com/1535310163/138952541.

活动，造成集资款损失380亿余元。

2017年9月，北京市第一中级人民法院依法公开宣判该案件，对钰诚国际控股集团有限公司以集资诈骗罪、走私贵重金属罪判处罚金人民币18.03亿元；对安徽钰诚控股集团以集资诈骗罪判处罚金人民币1亿元；对丁宁以集资诈骗罪、走私贵重金属罪、非法持有枪支罪、偷越国境罪判处无期徒刑，剥夺政治权利终身，并处没收个人财产人民币50万元，罚金人民币1亿元；对丁甸以集资诈骗罪判处无期徒刑，剥夺政治权利终身，并处罚金人民币7 000万元。同时，分别以集资诈骗罪、非法吸收公众存款罪、走私贵重金属罪、偷越国境罪，对张敏等24人判处有期徒刑15年至3年不等刑罚，并处剥夺政治权利及罚金。

2018年2月7日，北京市第一中级人民法院已对被告单位安徽钰诚控股集团、钰诚国际控股集团有限公司、被告人丁宁、丁甸、张敏等26人犯集资诈骗罪、非法吸收公众存款罪、走私贵重金属罪、偷越国境罪、非法持有枪支罪一案立案执行。

2018年5月21日，e租宝在全国各地的关联公司、分公司相继宣判。累计已有111名相关涉案人员受审，主犯丁宁被判处无期徒刑。各地对涉案人员罚金累计约20.05亿元，e租宝正式结案。

2019年6月26日，全国受损集资参与人进行信息核实登记的公告正式下发。

2019年7月2日至2019年8月30日对“e租宝”和“芝麻金融”网络平台集资的全国受损集资参与人进行信息核实登记。

2020年1月16日，对在“e租宝”和“芝麻金融”网络平台参与集资且已经参加信息核实登记的受损集资参与人进行资金清退。

【案件评析】

据调研得知，本案侦查阶段收集的海量数据包括：(1) e租宝及芝麻金融数据；(2) 集团OA系统中关于会议、财务、合同的数据；(3) 关于公司及其产品介绍的电子数据；(4) 涉案人员的手机数据；等等。它们的数据体量大到难以想象的程度。其中，“e租宝及芝麻金融数据”至少包括从4 000多家银行、247家第三方支付平台、164家保险公司、114家券商汇总的1万多个账户的几十亿条资金交易流水信息，“集团OA系统中关于会议、财务、合同的数据”主要是部署在阿里云平台的、涉及200多台服务器的数据。全案数据的总量达到30TB左右。

在本案中，北京检察机关曾经对海量的电子数据做了分类处理。其中，对于涉案人员的手机数据、产品介绍数据，主要是通过扣押、勘验、检验、远勘的方式形成扣押清单、勘验笔录、数据刻盘、远勘笔录等证据，这是以电子介质的载体和电子数据的内容来证明案件事实；对于相关的资金流水数据、OA办公系统数据，主要是通过通知调取、扣押、勘验、委托鉴定的方式形成镜像数据、扣押清单、勘验笔录、鉴定意见书等证据，这是以转化性证据来证明案件事实。它们的共同之处是利用证据所蕴含的内容或信息。

在e租宝案中，司法证明的思路仍是将大数据材料转化为传统证据，即以转化性证据办案。如此办案不仅费时费力，亦呈现“固守”传统证据的陈旧观念。假如该案能够将基于海量资金数据的各种分析报告（其时主要是服务于侦查工作）提交法庭，那就跃升到一个更高级的司法证明层次，即将大数据用作证据证明的新境界。之后许多类似案件中出现了基于海量数据的电子证据鉴定意见、司法会计审计报告。这是我国司法实践中的一种现实变化。

三、大数据证据的法律地位探讨

从技术原理上讲，大数据变身证据通常要经过三个环节：第一步是汇总数据并进行数据清洗，第二步是建构分析模型或机器算法，第三步是进行运算形成分析结论。这一过程结束后，就会产生大数据证据。为论述便利，本书将“大数据证据”限定为基于海量电子数据形成的分析结果或报告。当然，在特殊情况下，从海量电子数据中“淘”出来某一条或多条数据也可能起到证明作用。这一条或多条数据也可以被理解为“果”。对于如何赋予大数据证据以法律地位，目前共有如下几种选择方案。

（一）鉴定意见

一种主流观点认为，大数据证据应当作为鉴定意见使用。有论者针对“资金大数据分析结论”提出：“最好把资金大数据分析纳入司法鉴定范畴。这有利于司法实践的展开，在法律上也可以找到依据。”① 在组织传销案件、非法吸收公众存款案件、集资诈骗案件中，确实出现了很多这样的新型鉴定意见书，如在王某某等组织、领导传销活动罪一案②中，司法鉴定机构对“××平台后台数据库”进行了检验分析，得出的鉴定意见为：“该网站注册账户1×××个，成功激活1×××个；缴纳会费账户1×××个，空单账户1××个……根据推荐与被推荐的层级关系，共计22级；收取会员投资共计26××××××元；除被告人所有的账户外，还有1×××个会员账户共计17××××××元投资款没有返还。”然而，鉴定意见本意是由鉴定机构的鉴定人对专业问题作出的专业判断。将大数据证据纳入司法鉴定的范围，必然会面临诸多挑战。

首先，法条上语焉不详，导致该做法的合法性存疑。我国公安部《公安机关鉴定规则》、司法部《司法鉴定执业分类规定（试行）》、最高人民检察院《人民检察院鉴定规则（试行）》均未将大数据鉴定明确纳入司法鉴定的业务范围。③ 其次，在鉴定方法、鉴定主体等具体细节方面存有障碍。就鉴定方法来说，鉴定机构出具

① 何家弘，等．大数据侦查给证据法带来的挑战．人民检察，2018（1）：56.

② 参见山东省济南市中级人民法院刑事裁定书（2017）鲁01刑终88号。

③ 一些学者认为，可以类比电子数据鉴定开展大数据鉴定。例如，根据《人民检察院电子证据鉴定程序（试行）》第4条规定，可以将大数据鉴定纳入电子证据鉴定的范围。

的现有“大数据分析鉴定意见书”显示，采取的鉴定方法通常是《电子物证数据搜索检验规程》① 和《数字化设备证据数据发现提取固定方法》②，而其实际检验过程同这两个方法并不完全对应；就鉴定主体来说，“大数据分析鉴定意见书”在很大程度上是由机器算法给出实质判断——不同于以往专家借助仪器设备作出判断，这对于由专家作出判断的司法鉴定体制是一个过于超前的突破。

（二）专家辅助人意见

2016年两高一部《电子数据规定》其第16条规定：“对扣押的原始存储介质或者提取的电子数据，可以通过恢复、破解、统计、关联、比对等方式进行检查。”这一规定规制的范围已超越司法鉴定工作，而更多的是专家辅助办案活动。其中的关键词“统计”“关联”“比对”等通常理解可用于大数据分析。2018年最高人民检察院发布司法解释明确，各级人民检察院可以指派、聘请有专门知识的人，运用专门知识参与办案活动，协助解决专门性问题或者提出意见。③ 专家辅助人意见是一种比鉴定意见更加宽泛的概念。任何有专门知识的人参与办案，提出的意见都是专家辅助人意见。那么，大数据证据可否作为“专家辅助人意见”（或“有专门知识的人意见”）④ 提交呢？

这种观点比较接近于前述“鉴定意见说”，但在很大程度上还属于一种学术观点，因为诉讼法中并不存在“专家辅助人意见”这一证据形式，故若延伸至司法层面仍需要进一步定位。最高人民法院《关于适用〈中华人民共和国民事诉讼法〉的解释》第122条第2款规定：“具有专门知识的人在法庭上就专业问题提出的意见，视为当事人的陈述。”⑤《刑诉法解释》第87条第1款规定：“对案件中的专门性问题需要鉴定，但没有法定司法鉴定机构，或者法律、司法解释规定可以进行检验的，可以指派、聘请有专门知识的人进行检验，检验报告可以作为定罪量刑的参考。”这说明，大数据证据相应地可以作为“准当事人陈述”或“定罪量刑的参考”。当然，关于该问题现阶段还存在着广泛争议，我国有必要通过立法明确“专家辅助人意见”的证据地位。⑥

① 《电子物证数据搜索检验规程》规定的是电子物证检验中数据搜索检验的方法。

② 《数字化设备证据数据发现提取固定方法》规定的是从数字化设备发现提取固定证据数据，并保证证据数据原始性和证据数据完整性的方法。

③ 参见《最高人民检察院关于指派、聘请有专门知识的人参与办案若干问题的规定（试行）》第2条及第7条。

④ 这里所说的专家辅助人，三大诉讼法中的正式术语是“有专门知识的人”。

⑤ 在司法实践中，法官确实习惯于这么处理。参见最高人民检察院指导性案例（检例第28号），法庭的审理表明：“专家意见（对鉴定意见或专业问题）经质证，可以作为认定事实的根据。”

⑥ 我们在推动制定《最高人民检察院关于指派、聘请有专门知识的人参与办案若干问题的规定（试行）》时，对有专门知识的人给出的意见的证据地位曾经征求过不同部门、部分知名专家学者的意见。最高人民法院、最高检侦监厅和部分专家认为，其不宜作为证据使用，建议写为“以作为诉讼材料使用”；最高检刑事申诉厅建议从“可以作为定罪量刑的参考”角度规定；最高检反贪四局和部分专家认可“意见”的证据资格，并建议明确具体类别；人大法工委、公安部和部分专家则建议再慎重考虑。

（三）证人证言

美国学者洛斯教授指出，机器在解决法律争议事实中正扮演着越来越重要的角色，机器传递出的一些信息可作为“机器证言”①。她列举的“机器证言”包括专家系统的意见等。她还解释，与人类证言一样，机器证言的可信性取决于其来源的可信性；而类似于“传闻的危险”潜藏在人类主张中，“黑箱危险”（人类或机器的错误导致机器被错误的设计）也潜藏在机器传达的信息中。这一“机器证言说”，理论上可适用于大数据证据。但我国还普遍不接受机器证言这类概念，其在法律中也不是法定证据形式，故对大数据证据套用“机器证言说”仍存在较大困难。

不过，在我国司法实践中，已经出现以大数据证据辅助或质疑证人证言的案例。在程某某贪污案中，湖北省住建厅 2016 年通过大数据对比有重大案情发现，控方在庭审中将此内容纳入证人朱某的证言予以举证。② 本案中将大数据证据转化为证人证言使用。在赵某某组织、领导传销活动案③中，为质疑证人胡某，控方询问：“通过大数据查找你的下线人数为 291 人，你怎么解释?”胡某回答：“我一共发展了 10 多个，剩下的那些下线都是多个人发展的，具体多少数我不知道。”这是将大数据证据作为一种质证方式。

（四）其他证据

司法实践中，还存在将大数据证据作如下处理的情形：（1）作为物证、书证。如在孙某某、周某某掩饰、隐瞒犯罪所得、犯罪所得收益、信用卡诈骗、传授犯罪方法案④中，控方举出“关于手机号 187××××8422 的大数据查询”结果，证明该手机机主“自 2016 年 12 月份以来连续多天××网咖上网”。且裁定书中明确将大数据查询结果标示为定案的书证、物证。（2）作为“破案经过材料”。在陈某某等盗窃案中⑤，控方举出“本案的侦破经过”，证实“通过大数据分析等技侦手段，确定被告人陈某某手机运行轨迹与案发地在时间上、空间上相吻合”。（3）作为单列出来的报告。例如，在唐某某操纵“航天动力”股票案⑥中，为证明唐某某是 19 个账户的实际控制者，证监会提交了如下证据：19 个账户的 Mac 地址、IP 地址具有高度重合性的数据分析（实质上属于大数据证据）；19 个账户交易股票品种具有共同性的数据分析；19 个账户交易行为具有一致性的数据分析。法院最终也据此认定了这些账户由唐某某操纵。

（五）评价

前述各种做法体现了现阶段的实务探索或理论思考。在具体案件的语境中，每

① Andrea Roth, Machine Testimony, 126 Yale L. J. 1972 (2017).

② 参见湖北省麻城市人民法院刑事判决书（2017）鄂 1181 刑初 273 号。

③ 参见吉林省松原市宁江区人民法院刑事判决书（2017）吉 0702 刑初 460 号。

④ 参见山东省菏泽市中级人民法院刑事裁定书（2018）鲁 17 刑终 430 号。

⑤ 参见湖北省安陆市人民法院刑事判决书（2017）鄂 0982 刑初 13 号。

⑥ 参见中国证券监督管理委员会行政处罚决定书［2012］43 号。

一种处理均有一定的合理性；在具体探讨的学理上，每一种观点均能自圆其说。经分析可知，上述探索和思考呈现出一定的共性规律。剖析其中的规律，能够为大数据证据的合理定位提供一份答案。

问题之一，单独讨论大数据证据的证据地位还是结合其他证据一起考虑。当下司法实践中两种情况并存。但本书认为，考虑大数据证据的地位，归根到底，还是要讨论其单独发挥作用时的定位问题。在第二种情况下，大数据证据就是简单用作其他证据的支持或反驳材料，这只能算为讨论问题提供了素材，其处理结果并不具有参考价值。

问题之二，是否应在现有证据形式的法律框架内进行讨论。理想的学术研究是应然层面的讨论，相应地对大数据证据的定位也就不能局限于我国法定的八种证据形式。换言之，既可以在物证、书证、证人证言等法定证据的框架内将大数据证据对号入座，也可以呼吁未来将大数据证据单列出来作为一种新的证据形式。而后一种选择有赖于司法案例和实践经验的丰富，更有赖于学术理念和司法观念的与时俱进。有学者指出：“未来的证据法当中，大数据分析报告有必要单列出来作为独立的证据种类。”① 这种未来之策是有道理的。而现实的研究从实然层面讨论，多数人认为大数据证据的定位应该放入我国现行的法定证据形式。这也是实务部门容易接受的做法，如有些裁判文书将大数据证据列入物证、书证、鉴定意见的范围，有的将其转化为证人证言。就我国现有法律框架而言，实务中最常见的做法、学理上最流行的观点当属“鉴定意见论”。

本书赞同现阶段的这一便宜选择。大数据证据无疑是一种专业性或科学性很强的证据，其结论部分的意见表达，普通人无法凭借常识理解。而在我国现行法律框架中，只有鉴定意见与之相符。一些案件的裁判文书将大数据证据列为物证、书证或证人证言等，会给人以生搬硬套的感觉。将大数据证据纳入鉴定意见之列，既具有形式上的亲缘性、可比性，也满足司法追求经济性的原则，司法人员可以相对容易地援引鉴定意见的审查判断规则去认定大数据证据的效力。当然，严格地讲，大数据证据同一般的鉴定意见相比尚存差异，这就需要在设立其采用规则时进行必要的调整。

四、两项核心的制度建设

大数据证据并不是普通司法人员能够解读的，甚至不是具有专门知识的人能够辨析的，其极致形态是机器学习的产物。大数据证据如何适用证据规则？回答这个问题，要厘清传统证据规则适用于大数据证据的审查判断时可能面临的挑战，全面审视“大数据证据＋证据规则”的问题与出路，特别是聚焦大数据证据在真实性与关联性审查判断方面的难题，进行证据规则的创新。

① 何家弘，等．大数据侦查给证据法带来的挑战．人民检察，2018（1）：56.

(一) 数据来源真实性的规则

人们对大数据真实性的质疑大体包括数据本身与分析结果两个方面。在此先讨论数据本身的真实性问题，即如何对海量数据进行逐一核实。通常的疑问包括：海量数据中是否存在不实的、误导的数据？是否存在着重复的、过时的数据？是否存在着其他不为人知的错误？例如，在一起侵害商标权纠纷案件中，原告举出了“淘宝指数”和“百度指数”，拟证明被告使用相似的商标标识造成相关公众混淆。[①] 如果对诸如此类的指数所依据的数据产生真实性的疑问，从表面上看针对的是“淘宝指数”和“百度指数”的公信力，实质上针对的是“淘宝指数”和“百度指数”的数据来源及质量。

从学理上讲，数据源的真实性审查包括整体数据的真实性和具体数据的真实性。前一层含义是指大数据作为一个整体数据集的真实性；也就是说，赖以作出大数据分析报告的数据（通常呈现为一份或多份数据库文件）必须是客观形成及收集的真实文件。至于该份或多份数据库文件中每一条记录或信息是否属实，则是后一层含义。简言之，两者分别指向宏观真实性与微观真实性。按照这样的思路，司法实务中对数据来源真实性的审查判断通常要分两步走，第一步是宏观真实性审查，第二步是微观真实性审查，【案例 7 - 2】就用到了这种方法。

【案例 7 - 2】

兴中天案[②]

【基本案情】

“新乡市兴中天电子商务有限公司”“河南裕中天食品有限公司”（以下简称“两公司”）分别于 2016 年 6 月 14 日、2017 年 8 月 31 日登记成立，两公司实际办公地点均在“河南中天食品有限公司”，两公司人员构成、运行流程等一样。2016 年 10 月份至 2017 年 10 月张某某为两公司的董事长。2016 年 11 月份公司成立文教部，刘某某为文教部负责人，负责公司宣传、培训等工作；于 2017 年 10 月 14 日负责两公司整体事务。在公司工作期间，张某某、刘某某本人亦发展参与传销活动人员。

两公司对外以“中国中天集团”等名义，利用微信等网络，制作“采风中

① 参见广东省高级人民法院民事判决书（2015）粤高法民三终字第 444 号。在该案中，原告所举的“淘宝指数”和“百度指数”具体表述为：179882 号公证书显示，在淘宝指数搜索栏输入“新百伦”时，出现“新百伦男鞋”“新百伦女鞋”等结果；在淘宝指数上搜索“新百伦”和“new balance”时，显示二者的搜索指数曲线基本一致。179823 号公证书显示，在百度指数搜索栏输入“新百伦”和“new balance”进行对比显示，发现对“新百伦”的搜索量远远高于对“new balance”的搜索量。最后，法庭综合多份证据，认定了造成相关公众混淆的事实。

② 改编自案件新闻报道。

国”杂志或视频音频等宣传资料、布置展厅、召开产品推广会或颁奖大会等形式在公司总部及公司的办事处或区域代理商处等全国范围内进行夸大宣传，以免费开车为诱饵，要求参加者以缴纳费用的方式注册成为会员，承诺“拉人加入会员返利”、会员交纳车辆押金有权免费使用公司车辆，车辆退还公司后，退还会员车辆押金。

两公司的运营模式实行会员制，并设置网络平台管理会员，通过线上线下推广“免费工作车”“拉人加入会员返利”的方式在全国范围内进行传销活动。经审计，两公司会员人数至少为1 630人，直接或间接收取的传销资金数额至少为1 380万元，获利金额至少为69万元，会员层级数至少18层，张某某位于系统第一层级。另外，被告人刘某某发展的会员至少为320人，直接或间接收取的传销资金数额至少为643万元，获利金额至少为30万元。

2018年4月15日、16日，刘某某、张某某因涉嫌集资诈骗分别被济南铁路公安局青岛公安处淄博站派出所和青岛铁路公安处青岛北车站派出所抓获。2019年4月19日，封丘县人民法院以组织、领导传销活动罪，判处张某某有期徒刑10年，并处罚金20万元；判处刘某某有期徒刑8年，并处罚金10万元，违法所得依法予以追缴。宣判后，张某某、刘某某均不服，提出上诉，新乡市中级人民法院受理后，经过阅卷，讯问上诉人，听取辩护人意见，认为本案事实清楚，决定不开庭审理。二审法院认为，原判定罪准确，量刑适当，审判程序合法。近日，二审法院依照相关法律的规定，驳回张某某、刘某某的上诉，维持原判。

【案件评析】

该案对数据来源真实性审查的第一步是宏观真实性的审查。兴中天公司在被查处之前已经将传销网站资金盘停盘，公安机关介入后调取的是该公司为稳定会员情绪开发的网上商城数据。此时需要审查数据在从传销网站迁移到商城网站的过程中是否经过篡改。办案人员调查发现了解这一情况的，只有一名掌握核心技术的公司技术人员。经向该证人取证，其承认“该数据系其从传销网站迁徙到商城网站的原始数据，未进行删改”。这就说清了该数据集的来源。第二步是微观真实性的审查。办案人员一是调取部分传销参与人员的银行交易明细，同数据库中150万条排单打款记录及90万条收款记录进行比对，确认能够相互印证；二是选择该传销组织的一个县分支机构进行查证，部分印证了该数据层级关系和会员数量的准确性；三是对每一个犯罪嫌疑人发展的下线进行抽样取证，连取三级，每一级选择两名会员调取证据，对会员数量和层级进行验证，以完成微观核实的工作。

大数据证据在宏观真实性方面能够、也必须做到查证无疑。然而，实务中这一点往往被忽略。在一起组织传销犯罪案件中，控方指控的证据主要是上海××计算机司法鉴定所提取该公司会员系统后台数据的鉴定意见及有关会计师事务所做的会计报告。其中，该鉴定意见书表明，鉴定人的主要工作是远程登录相关网站提取某某公司会员系统的数据。① 然而，该次鉴定选择的技术标准错误，且关于鉴定实施过程的录像被“掐头去尾”，使得整个鉴定过程在关键环节上无法查清；在涉案网站已经无法访问的情况下，无从对涉案数据集的真实性进行核实。之后，会计师事务所据此得出关于吸收会员层级、人数、资金数的判断，其真实性就必然大打折扣。

大数据证据在微观真实性方面很难做到查证无疑，一般要求进行必要的验证。英国学者维克托指出，“‘大数据’通常用概率说话，而不是板着‘确凿无疑’的面孔……当我们试图扩大规模的时候，要学会拥抱混乱”②。“除了纠结于数据的准确性、正确性、纯洁度和严格度之外，我们也应该容许一些不精确的存在。数据不可能是完全对或者完全错的。当数据的规模以数量级增加时，这些混乱也就算不上问题了”③。这里说的是，大数据中只要在整体上达到一定规模的具体数据属实，对案件事实的认定就不会产生实质性影响，如【案例 7－3】。

【案例 7－3】

王某某等组织、领导传销活动案④

【基本案情】

2014 年 11 月，李某友召集王某某、杨某某、李某等人成立传销组织，并商定以山东某食品有限公司济南分公司为活动场所，以销售“永丰园”牌有机食品为名，通过召开招商会、宣讲授课、发放宣传材料等形式，宣传有机食品的益处，宣讲返利、计酬方案，吸引、发展下线人员加入。李某友等人要求，凡加入该组织的，均以“投资”的名义分别缴纳 5 000 元、1 万元、2 万元不等的费用，然后获得“代理商”资格，并可获赠有机食品，而投资本金可在 13 周之内返还。如果能发展他人加入，并按照一定顺序组成层级，即可分别获得本金翻倍等多重奖励。

李某友等人以上述模式设计、制作了“永丰有机项目平台”网络管理系统，形成了直接或间接以发展人员数量作为计酬、返利依据的多层次网络传销模式。2015 年 3 月 5 日，济南市槐荫区公安分局、工商局等单位在开展联合执法时，发现了这一非法传销组织，李某友等人随即被立案侦查。一审法院以组织、领导传销活动罪判处被告人李某友有期徒刑 6 年 6 个月，分别判处被告人王某某、杨某某、李某有期徒刑 6 年。一审宣判后，李某友等人提出上诉。2017 年 4 月 5 日，二审裁定驳回上诉，维持原判。

① 参见上海××计算机司法鉴定所［2017］鉴字第 69 号司法鉴定检验报告书。

② ［英］维克托·迈尔·舍恩伯格．大数据时代：生活、工作与思维的大变革．周涛，译．杭州：浙江人民出版社，2012：46.

③ 同②240.

④ 参见山东省济南市中级人民法院刑事裁定书（2017）鲁 01 刑终 88 号。

【案件评析】

在该案中，控辩双方围绕是否存在一人多号、虚拟账户、上级会员为下级会员垫付投资款的情况产生了争议。二审法院经审理后认为，"由于涉案人数众多，且存在不少会员进行匿名登记的情况，本案无法逐一核实会员身份是正常的。但一审已经基于相关鉴定意见，对空单账户进行了排除，目前也没有其他相反证据，据以对鉴定的会员人数和参与传销资金数额进行扣减，并且，鉴定的会员人数和收取的参与传销资金数额，远远超过司法解释规定的'情节严重'认定标准，因此，一审依据鉴定意见认定有关犯罪数额，并据此认定各被告人犯罪属于情节严重也无不当"。在这里，法院对如何看待"网站后台数据库信息中每个账户、会员、人员"信息的真实性的意见，是有道理的。可见，大数据中只要确保真实的具体数据在整体上达到一定规模，就不会对案件事实的认定产生实质性影响。

形象地说，宏观真实性可称为"大"真实性，微观真实性可称为"小"真实性。大数据证据的真实性规则应当是以"大"真实性为主、兼涉"小"真实性的规则。"大"真实性审查要严格，"小"真实性审查则不能僵化，两个部分合为一个整体。

（二）分析结果真实性的规则

关于大数据分析结果的质疑，主要指向结论的可靠性。人类经验表明，数据越多越大，得出结论越可靠。我国有学者指出："数据之大，充分抵消了少数个体的特殊性，类似于在众多裁判中去掉最高分和最低分。显然，裁判越多，打分的结果就越接近运动员的真实水平。"① 但这里的特殊性在于，大数据分析结果是由机器算法得出的，有的机器算法还涉及数据模型。人们提出此类质疑，实质针对的是机器算法等分析方案的可信度。当下许多设计者将机器算法与数据模型视为核心的商业秘密，并不愿公开细节。由此，人们对机器算法之参数是否正确及数据模型之逻辑合理与否，难免心怀疑虑。

一种观念认为，既然基于机器学习的大数据证据被作为证据提交法庭，那就应当要求设计者公开技术方案。如果不公开，大数据证据就难以满足真实性标准。反过来，"如果设计者能够保证机器算法的透明度，那么该工具就更容易被法庭接受，而且这些计算的透明度也会同时提高刑事司法系统的透明度"②。这一看法过于武断。洛斯教授指出，"像基于复杂、不透明算法的谷歌地球卫星图像分析报告，往往就被认为含有相当准确的信息而具有高度的证明力。持异议的当事人不能仅仅说，自己无从获取有关的源代码，而要求法庭对该证据予以排除"③。在我国，人

① 吕乃基．大数据与认识论．中国软科学，2014（9）：36.

② Ric Simmons，Quantifying Criminal Procedure：How to Unlock the Potential of Big Data in Our Criminal Justice System，2016 Mich. St. L. Rev. 947，951（2016）.

③ Andrea Roth，Machine Testimony，126 Yale L. J. 1972，2030（2017）.

们也不会仅仅因为不了解技术原理而否认各种基于GPS、基站、IP地址的轨迹分析报告的证据价值。

即便要公开机器算法，“算法透明也不能保证软件得到有效的审查”①。由于部分机器算法是机器学习的产物，人类的专家并不能有效解释或说明。“源代码是冗长的，像TrueAllele② 软件有170 000行代码。只要案件中持异议的当事人（或公众）可以自由不受限地接触、测试该软件，只要该软件客观上是扎实开发并经过标准检测的，那么获得软件源代码本身就不那么紧要了”③。况且，司法人员绝大多数都是技术外行，如何进行关于数据模型与机器算法的准确裁断？又如何进一步去评价其中哪些因素可能影响到机器结论？

解决大数据分析结果可靠性难题，需要法律界与科技界的协同探索。当前实践中试行的一种技术方案是，由法庭组织司法鉴定机构或行业组织的专业人员进行黑箱测试。黑箱测试是在已知产品所应具有功能的前提下，通过测试来检测每个功能能否正常的一种测试方法。在测试时，把软件程序看作一个不能打开的黑盒子，在完全不考虑其内部结构和内部特性的情况下，在软件程序接口进行测试。④ 例如，笔者所在团队在协助办理一起组织传销犯罪案件中，为借助某个大数据分析平台对后台数据库中海量的会员数据、资金数据等进行分析，通过模拟数据反复启动对该大数据分析平台的多轮黑箱测试，抽样验证过关后再用于检验鉴定，得出了传销犯罪的组织层级、成员关系等。⑤

另一种是值得推行的法律方案，是由法庭组织控辩双方进行对抗。“就像法官判断一个新的、复杂的科学流程是否满足多伯特标准⑥，需要组织听证会听取各方专家意见一样，法官在评估一个（机器）算法的方法论与可靠性时，同样可以召集听证会听取双方专家的作证意见。”⑦ 为了使得这样的庭上对抗富有效率，法庭还应给出庭发表意见的双方专家提供必要的条件。具体来说，“控辩双方都可以审查可公开的机器（程序）代码、设计不同的输入指令、机器运行的不同参数，特别是测试与案件中当事人说法吻合的材料看看机器会产生什么样的报告”⑧。这说明，面对大数据证据，司法领域的经典对抗制仍是一把金钥匙，可以帮助人们解开评价大数据证据之机器算法是否可靠的难题，如【案例7-4】。

① Andrea Roth，Machine Testimony，126 Yale L. J. 1972，2034 (2017).

② TrueAllele是一家公司开发的非常规DNA检测工具。其利用复杂的数学公式，从统计学的角度来测定案件中DNA样本是来自某人的可能性。

③ 同①2035.

④ 田培．软件系统的黑箱测试．计算机教育，2005 (8)：61.

⑤ 参见××××大学物证技术鉴定中心司法鉴定意见书，××鉴定［2018］电子第14号。

⑥ Daubert v. Merrell Dow Pharm.，509 U. S. 579，597 (1993).

⑦ Ric Simmons，Quantifying Criminal Procedure：How to Unlock the Potential of Big Data in Our Criminal Justice System，2016 Mich. St. L. Rev. 947，998 (2016).

⑧ 同①2028.

【案例 7－4】

许某某诉淘宝软件公司等网络服务合同纠纷案①

【基本案情】

原告许某某于2013年1月19日注册成为阿里妈妈用户，PID号为34929×××，并为委托人进行推广服务收取佣金。2013年4月16日，淘宝软件公司冻结许某某账号。后许某某的阿里妈妈账户内的佣金无法结算及提现。2013年5月8日，阿里妈妈向许某某发送电子邮件一份，内容为：许某某3月份的佣金申诉经过技术工人复审，核实到收入确实存在不正常情况，无法解冻。2013年5月24日，阿里妈妈又向许某某发送电子邮件一份，内容为：收到许某某的来电申诉后，对其账户进行了再次核查，确认其存在违规推广行为，并在5月8日发送申诉结果的通知给许某某，保持原来的处理，许某某的具体违规行为为流量劫持，且该违规性质严重，故对许某某的处理无法改变。淘宝软件公司认为许某某在2013年3月、4月、5月的推广数据被反作弊系统抓取存在明显异常，2013年3—5月份共劫持淘宝流量626次、天猫流量4 952次，属于严重违规行为。在审理过程中，许某某与淘宝软件公司均认可许某某账户未结算的佣金为248 740.74元。许某某与被告淘宝软件公司均同意解除许某某与淘宝软件公司签订的“淘宝客推广软件产品使用许可协议”。淘宝软件公司于2013年8月5日单方向上海××计算机司法鉴定所对淘宝软件公司的淘宝客反作弊系统进行验证，以确定系统是否能找出推广数据异常的淘宝客，并界定推广数据异常的淘宝客的推广行为是否是不正当的推广行为。2013年8月30日，上海××计算机司法鉴定所作出司法鉴定结论如下：(1) 系统可以找出推广数据异常的淘宝客；(2) 系统所使用的异常检测方法是建立在大规模数据分布式计算基础之上的，有成熟的概率学理论作为支撑，通过该方法检测异常淘宝客并判定其推广行为为不正当推广行为，是科学合理的。淘宝软件公司主张许某某违规推广的具体行为为流量劫持。

【案件评析】

在本案中，为了维护淘宝客推广秩序，被告（淘宝）开发出反作弊系统，它可以通过抓取异常推广数据识别淘宝客的不正当推广行为。被告（淘宝）指称，原告的淘宝客PID在2013年3月、4月、5月的推广数据被反作弊系统抓取存在明显异常，三个月内共劫持淘宝流量626次、天猫流量4 952次。法庭上，原告对被告（淘宝）通过机器算法——反作弊系统抓取淘宝客异常推广行为的做法表示强烈不服，双方产生了激烈的争议。对抗式庭审在解决该案的争议问题中必不可少，专业测试也极具价值。在该案中，被告（淘宝）提供了上海××计算机司法鉴定所出具

① 参见浙江省余杭区人民法院（2014）杭余民初字第3号民事判决书。

的司法鉴定意见书一份，用以证明淘宝客反作弊系统异常检测方法的科学性、合理性及劫持流量的方法、统计依据的事实。[①] 该案虽然回避了公布淘宝反作弊算法模型的问题，但同样通过庭上对抗的方式解决了大数据分析结果的真实性认定。当然，假如该鉴定所能够进行技术上的黑箱测试，则司法裁判将更具有公信力。

（三）基于机器识别的关联性规则

关联性是证据发挥证明作用的自然属性。只有对案件事实的证实与证否具有实质意义的证据，才具有关联性。大数据产生之初，早期的研究就提出："在小数据世界中，相关关系也是有用的，但在大数据的背景下，相关关系大放异彩。"[②] 但是，基于大数据分析得出的相关性，是否可以纳入证据法的相关性概念范畴？这是一个值得深究的问题。

一种观念认为，"大数据相关性与证据相关性在概念上相差不大，核心差异在于面向的问题域，以及是否有人的参与因素"[③]。相应地，许多人主张，大数据证据完全可以援引证据关联性的传统规则或标准进行审查。"传统的关联性判断标准还是可以用的，这个标准可以分为两个具体标准：一是指向标准，即这些数据和相关分析是不是指向案件的争点问题；二是功能标准，即这些数据和相关分析得出的结论，对于证明对象，有没有证明作用或者证明价值，亦即这个材料的存在使争议的问题变得更有可能或者更无可能。"[④] 传统的判断方法对大数据证据的关联性审查具有应用价值。

实践表明，部分大数据分析所揭示的关联性结论，很可能是人类依靠经验一时无法确认的。例如，沃尔玛公司通过分析其历史交易记录的庞大数据库发现，每当在季节性飓风来临之前，不仅手电筒销售量增加了，而且 POP-Tarts 蛋挞（美式含糖早餐零食）的销量也增加了。[⑤] 英国学者维克托评价说："认识论意义上大数据分析运用的相关性理论是超脱于人类经验判断的'数据经验'……"[⑥] 我国有学者将这种现象称为产生了一种不同于人类经验的新经验。"大数据分析方法让我们看到了瞬间大批量处理非结构化信息的可能性，同时大数据分析方法能够弥补人类对庞大数据分析理解上的不足，为事实认定者提供了基于数据的'数据经验'或者'特殊经验'。"[⑦] 而这就是大数据带给证据关联性规则的关键性挑战。

化解挑战须从整体数据与具体数据两个方面去构建规则。如果整个数据集同案

① 参见浙江省余杭区人民法院（2014）杭余民初字第 3 号民事判决书。

② ［英］维克托·迈尔·舍恩伯格．大数据时代：生活、工作与思维的大变革．周涛，译．杭州：浙江人民出版社，2012：71.

③ 周蔚．大数据在事实认定中作用机制分析．中国政法大学学报，2015（6）：82.

④ 何家弘，等．大数据侦查给证据法带来的挑战．人民检察，2018（1）：57.

⑤ 同②73.

⑥ 同③70.

⑦ 同③82.

件中的人事物时空没有关联，那么大数据证据的关联性就没有搭建起来。① 至于具体数据的关联性判断，人们要学会认可机器的关联性判断，即由机器识别的关联性意见转化为人类接受和认同的因果关系认识。“传统证据的因果关系是一种强关联关系，而大数据的相关关系是一种弱关联关系。实际上，大数据的相关性是基于机器逻辑的相关关系。”② “在大数据时代，因果关系不仅不会退居次于相关关系的地位，而且相反，作为因果派生关系，相关关系的当然基础是因果关系。”③

人们对这一规律的认识需要一个过程。我国在以前治理网络犯罪，面对网络犯罪呈现的“事—机—人”特殊规律，经常遭遇无法依靠电子证据证明实际作案人的难题。从人类的因果逻辑认识上看，电子证据是由机器产生的，根据从中的信息只能追查到涉案机器，根本追不到作案人。但是，随着轨迹大数据分析④技术的出现，人们可以将得出的机器轨迹同行为人的轨迹进行匹配，实现关联性证明方面的认识跃升。如在徐某某、卢某走私、贩卖、运输、制造毒品案中，控方举出的证据既包括几名被告人的住宿证明，也包括反映其驾驶车辆活动轨迹的智能轨迹分析材料。⑤ 两者相一致，就将贩毒的犯罪行为与具体的被告人关联起来了。

五、接踵而至的“采”“鉴”“审”问题

“凡是过去，皆为序曲”⑥，莎士比亚道出了历史与当下的关系。大数据证据是电子证据迭代的产物。相比于早期一条一条的电子数据，大数据证据呈现出数据量大的新特色，且可以其中隐藏其中的规律来证明案件事实。这已然是一种质的变化。现阶段通过大数据证据化解各种证明难题现已初露端倪，且还会有更长远的发展。在司法实践探索的基础上，承认大数据证据的法律地位并进行证据规则建设，就成为当务之急。

与大数据证据相关的配套制度建设还会接踵而至。其一，如何对大数据进行高效率采集。具体包括梳理可适用于大数据收集、保全的法定取证措施，设计将社会大数据平台接入司法机关证据平台协助办案的机制，以及采集数据证据的规范化、法治化问题等。其二，如何开展大数据鉴定的规范化建设。具体包括为司法鉴定行

① 笔者调研的一起非法经营罪案件中，被告人被指控利用境外网站经营期货业务，指控证据是一份没有标明出处的期货交易清单。然而，由于有关证据不能反映出是来自涉案网站的特定账户，以及该账户确实属于被告人实施期货交易所单独使用，亦无法排除系模拟交易服务的记录截屏，因此无法建立证据的关联性锁链。

② 刘品新．电子证据的关联性．法学研究，2016（6）：189.

③ 王天思．大数据中的因果关系及其哲学内涵．中国社会科学，2016（5）：37.

④ 大数据轨迹分析意指根据海量的话单基站数据、车辆运行数据、出入境数据、航班车辆使用数据、GPS 定位数据等，确定行为人的历史活动轨迹。

⑤ 参见云南省高级人民法院二审刑事裁定书（2015）云高刑终字第 226 号。

⑥ William Shakespeare，The tempest（Cambridge University Press，2013）：160.

业划定清晰的大数据鉴定范围，确立机器算法作出专业判断时的角色和限度，出台基于机器学习的主要司法鉴定方法等。其三，如何对大数据证据开展技术性审查。具体包括设置针对大数据证据的抽样验证标准，完善借助专家辅助人出庭质疑大数据证据的规则等。

【拓展阅读】

警惕智慧法治的数字鸿沟

这是一个司法各界积极拥抱大数据、人工智能、物联网、区块链与云计算等新兴科技的时代。自2014年以来，一年一度的中央政法工作会议均提到了政法领域要进行深刻科技创新的要求。这一动向不仅发生在中国，也是国际潮流。2012年英国牛津大学教授理查德·萨斯坎德在名著《法律人的明天会怎样》中，曾经预言了一个法律服务的未来世界，包括虚拟法庭、基于互联网的全球化律所、执业泛化的法律市场、法律服务大宗商品化与外包、基于网页的模拟法律执业，以及全新的工作机遇……现如今，这些描述已经或正在成为现实，不在描述中的场景也在成为现实。

为什么通常认为相对保守的司法领域也要敞开胸怀走向新兴科技？我想，这主要是因为人类正处在一个科技迭代驱动大转型的历史机遇期。新鲜科技层出不穷，就像从地下冒出来的新资源，在改变我们的生活，赋能我们的工作。中国的政法机关在世界范围内积极探索，已经推出了智慧法院、智慧检务、智慧警务、智慧法务等各大类科技法治产品。我国的智慧警务更是战绩赫赫，智慧法务亦崭露头角。一些国外法律同行评价，中国的智慧法治走到了世界的前列，跟美国一样进入了“无人区”。

“大趋势”之下，尤需“冷思考”。我们需要认识智慧法治建设运用中的一些客观规律，揭示普遍性的问题。我个人的观察是，中国的智慧法治探索存在一种客观的“割裂”现象。具体来说，“政法智能化”属于法律职业共同体的“大变革”，理应由全体法律人共同参与，但实际情况却是协同创新没有做好。

“烟囱林立”，这是有人对公安机关各条线开展智慧建设的评价。它说的是公安部门的智慧警务并不是“大一统”的，而这极大地限缩了科技赋能的效果。其实，法院系统、检察系统、司法行政系统的智慧法治产品，何尝不存在更广泛的潜在“烟囱”或“界线”？放眼望去，很多司法机关的业务部门和技术部门不能拧成一股绳，相互抱怨这个那个是对方的事儿，或者不是对方的事儿。绝大多数公检法在“画地为牢”“各自为战”。而司法行政机关“埋头”开发面向广大老百姓的“法律服务云”“无人律所”“自助公证一体机”等产品。这些东西本身都很好，不过人们没有看到司法行政机关或其管理的律师团体参与公检法智慧产品建设——这一“参与”显然更为重要。难道我们要努力实现的智慧法治是各管一段的么？

前述迹象中，有些只是一时的观念问题，有些是暂时的体制问题，有些则是长期性的方向问题。对于后者，则不得不警惕！

我在一线调研过许多有影响的智慧法治产品。它们也是一些取得初步成功的地方模式，像贵州模式、上海模式、浙江模式、山东模式，特别是江苏模式（包括无锡模式）等，都值得近距离观察和用心体验。调研表明，既有模式存在着普遍性地“疏离”律师现象。

以上海模式为例，其中赫赫有名的是206刑事辅助办案系统，该系统是2017年中央政法委提出的，希望上海开发一个“推进以审判中心的诉讼制度改革软件”，特别是研发统一适用的证据标准，并嵌入数据化的程序中，减少司法任意性，提高审判效率。之后，人们看到了公检法的团队合成战，看到了司法机关的同志们与科研机构的专家们的协同奋战，他们的努力最终取得了巨大的成功，拿出了206系统这一分别面向公安、面向检察、面向法院的三大平台界面。现在这个系统的试点范围进一步扩大到其他六七个省份。不知道大家会不会联想到，借助这个系统进行刑事办案（或者说辅助刑事办案），刑辩律师摆到哪里去了？有面向律师的平台界面吗？这个系统现阶段是基于OCR文本识别对笔录等文书进行机器学习和判断，尚不能读取实物证据，亦不能有效分析言词形式的证据，何以形成“统一适用的证据标准”？这个系统对刑事定罪量刑的导向究竟是“审判中心的诉讼制度改革”，还是“平台中心的诉讼制度改革”？我的判断是，其研发过程和运用结果自始至终都没有律师的身影，也没有代表律师的声音。

愈是对科技引领司法的实践和走向做深度调研，愈是要思考一个基本的问题：在智慧法治的时代，法律共同体将何去何从？人们常说法律人是一个职业共同体。所谓法律共同体，是包括法官、检察官、警察和律师等在内的一个职业群体，他们相互联系、相互影响的，共同构成一个没有疆域的分工合作体。过去说公检法是“亲”兄弟，公安是“做饭”的，检察官是“端饭”的，法官是“吃饭”的。律师不是兄弟，称为“要饭”的。现在，政法智能化进程中律师进一步被走向外围。

智慧法治的推动中出现了种种“缝隙”，并不为怪；但长此以往，则会汇聚成数字鸿沟，那就真正割裂了法律共同体。数字鸿沟是信息化时代联合国特别关注的社会问题。它指的是存在于国与国、地区与地区、产业与产业、社会阶层与社会阶层之间的“数字”差距。早在1990年，美国著名未来学家托夫勒在《权力的转移》一书中，就提出了信息富人、信息穷人、信息沟壑和数字鸿沟等概念。现如今，智慧法治正在推着律师跌进新一代“智慧鸿沟”。这必将造成表面上的特定法律职业受损，也会根本性地动摇国家的法治大业。于国于人，贻害无穷！

第二篇

规　则

第八章

电子证据规则述评——面对信息化大潮的证据制度调整

> 电子证据的搜查、勘验、审查判断等活动具有独特性，需要立法设置专门规则予以规制。我国现行电子证据规则蔚为大观，主要存在着时代问题、实务问题与文本问题。电子证据规则的完善需要把握电子证据迭代的规律，系统整理不同时期实践中出现的真正问题，重点剖析现有规则的缺陷，优化相关规则的法律表述。我国电子证据规则的建设，只有进行时，没有完成时。

一、人类共同面临着电子证据迭代的挑战

电子证据自出现伊始，至今已经历过三次迭代，产生了计算机证据、网络证据和大数据证据三种形式的证据。计算机证据产生于20世纪80年代，其主要面临证据真实性问题；网络证据产生于20世纪90年代，其主要面临证据关联性问题；大数据证据产生于当今大数据智能时代，其主要面临证据证明力问题。

（一）第一代电子证据：计算机证据

电子证据的出现与计算机技术的发展密切相关。世界上第一台现代电子计算机于1946年2月14日诞生在美国宾夕法尼亚大学，计算机证据随之产生。计算机证据是指在计算机或计算机系统运行过程中产生的以其记录的内容来证明案件事实的电磁记录物。[①] 英国、南非等国的统治阶层很早就将计算机运用于工作中，如南非银行家们在办理银行金融业务时，摒弃了过去常用的手写记账方法，改用计算机记账方式。由此产生了银行账户记录等电子文档，用以证明金融纠纷事实，这便是早期的“计算机证据”。

① 于海防，姜沣格．数字证据的程序法定位——技术、经济视角的法律分析．法律科学（西北政法学院学报），2002（5）．

人们形象地称这一代电子证据是“最大的谎言”“眼见不为实”。计算机证据具有精密性、脆弱性、多媒体性和隐蔽性等特征。“计算机数据的脆弱，使得其真实性和安全性受到威胁。在诉讼与仲裁中，能否将它采纳为证据，便成为证据法上的一个难题。”① 此外，“依据最佳证据规则，诉讼中的当事人向法庭提交文书证据证明其主张时，总是要尽可能提供文书的原件，但对计算机打印输出证据而言，很难依据传统的方法区分其是原件还是复制件，甚至有时这种区分也没有意义，那么究竟应以何种标准确定计算机打印输出证据的可采性呢?”②

为解决计算机证据的真实性问题，南非率先做出了探索。南非《1983 年计算机证据法》被誉为“南非电子交易的绿皮书”③。这部法律的核心内容主要是如何审查判断民事诉讼中计算机生成证据的真实性。该法规定，计算机打印输出物的“业经鉴证”是其具备可采性的前提条件。鉴证具结就是要证明该计算机打印输出物中的信息与计算机自身存储的信息具有一致性，并不因其打印输出为各种文书证据的形式而使信息有所毁损，信息仍保持真实性和可靠性。“业经鉴证”的计算机打印输出物，可被视为等同于原件的“最佳证据”。对证据真实性问题的关注在计算机证据时代有特殊价值，但今天制定电子证据规则应与时俱进，不能局限于电子证据的真实性问题。

目前我国关于电子证据规则的立法明显滞后于时代需求。据不完全统计，现有规范中关于电子证据内容的法规中主要规定了如何审查判断电子证据的真实性。代表性的规定有：(1) 2005 年《计算机犯罪现场勘验与电子证据检查规则》第 12 条指出，固定和封存电子证据的目的是保护电子证据的完整性、真实性和原始性。(2) 最高人民法院、最高人民检察院、公安部《关于办理刑事案件收集提取和审查判断电子数据若干问题的规定》(以下简称《电子数据规定》) 第 22 条明确了判断电子数据是否真实的审查内容，第 28 条指出不具备真实性的电子数据不得作为定案的根据。(3)《公安机关办理刑事案件电子数据取证规则》第 2 条规定收集、提取涉案电子数据应确保电子数据的真实、完整。该规则第 46 条第 2 款进一步指出：“对于移交时电子数据完整性校验值不正确、原始存储介质封存状态不一致或者未封存可能影响证据真实性、完整性的，检查人员应当在有关笔录中注明。”这样的立法关注点是计算机证据时代的思维，具有滞后性。

(二) 第二代电子证据：网络证据

20 世纪 90 年代以来，以现代信息技术为基础的互联网在全球迅速兴起，人类社会进入互联网时代。互联网的蓬勃发展促成了电子证据的更迭换代，第二代电子证据悄然出现。由于与互联网紧密相连，第二代电子证据被称为“互联网证据”或

① 游伟，夏元林．计算机数据的证据价值．法学，2001 (3)．

② 何家弘，刘品新．电子证据法研究．北京：法律出版社，2002：333.

③ 南非《1983 年计算机证据法》已于 2002 年被废止。

"网络证据"，其表现形式主要有电子邮件、网页记录、网络聊天记录、网络购物信息等。网络证据可以通过专门的网络取证软件直接在网络中收集，其真实可靠性一般会高于其他电子证据等。① 网络证据登上"司法舞台"后，电子证据的真实性问题得到了有效缓解，这是因为网络证据会在多个环节留痕，办案机关可以向网络服务商等中立第三方调查取证。也即"网络证据既可以通过现场的计算机以及其他电子设备收集，还可以委托网络运营单位在现场以外的网络中继设备、网络监控设备收集。通过网络运营单位或者网络监察机构收集网络证据，可以有效地避免诉讼当事人对证据的影响"②。

网络证据面临的最大的挑战应当是如何判断其关联性。1993 年 7 月 5 日《纽约客》发表了漫画家彼得·施泰纳的漫画，一只狗坐在电脑前告诉它的同伴"在互联网上，没人知道你是一条狗"（见图 8－1）。这幅图画的寓意就是：人们在网络空间活动时，很难证明是否本人所为。网络空间的行为只能证明是机器作出的，却不能证明是某个具体的人所为。在世界范围内，我国堪称电信诈骗最猖獗的国家，一个"戏谑"的解读是老百姓对网络空间的关联性认识不足。社会生活中，经常会看到这样的新闻——"男子给女友微信转账 10 000 元，女友却说没收到过钱。"③ 原来是他人冒充该男子女友的微信名称、头像进行诈骗。这名男子误将微信名称、头像与女友相关联，由此被骗。

图 8－1

有学者认为，如果电子证据采用了可靠的电子签名，则可以直接认定电子证据的主体身份。这有一定道理，因为可靠的电子签名可以将电子证据同行为人"关联"起来。但是，对于没有使用电子签名或可靠电子签名的电子证据，法庭则需要结合案件的其他证据进行认定，如电子证据所涉及的技术等级、账号平时的使用情

① 熊志海．网络证据的特殊性及其研究价值．河北法学，2008（6）．

② 同①．

③ https：//baijiahao. baidu. com/s? id＝1596096678893709247&wfr＝spider&for＝pc.

况等，也就是采取证据间相互印证的方法。①

调研表明，我国司法人员对电子证据关联性的关注甚少且存在理解偏差。电子证据的关联性不仅仅是指证据内容与案件事实之间具有关联，而应当是具有特色的“双联性”。“电子证据的双重关联性包括内容关联性和载体关联性，内容关联性是电子证据的数据信息同案件事实之间的关联性，载体关联性是电子证据的信息载体同当事人或其他诉讼参与人之间的关联性。”② 在今后电子证据规则完善的过程中，应当更多关注电子证据的双重关联性。至于如何设计电子证据的关联性规则，可具体参见本书第三章。

（三）第三代电子证据：大数据证据

2011年6月，全球知名咨询公司麦肯锡发布《大数据：下一个竞争、创新和生产力的前沿领域》。麦肯锡称：“数据，已经渗透到当今每一个行业和业务职能领域，成为重要的生产因素。人们对于海量数据的挖掘和运用，预示着新一波生产率增长和消费者盈余浪潮的到来。”随后，大数据（big data）一词被愈来愈多的人们提及。大数据智能时代的特点是“一切皆可量化”。大数据证据出现后，电子证据的关联性问题得到了缓解。通过对海量数据信息的分析，办案人员可以轻易地将“行为”与“人”联系起来。在“大数据反腐”或“大数据反扒”中，办案人员通过对关联数据的分析，便可以得知哪些主体已经有或可能有腐败行为或扒窃行为。

大数据证据面临的最大挑战是证明力问题。证明力是指证据在证明案件事实方面所起的作用。确定证据证明力大小有两种方式，一种是法律事先做出明确规定，一种是司法人员根据经验法则做出判断等。有学者谈道：“在传统的破案过程中，证据分析会放在一个特定的人群之中来进行界定。这是小数据时代所采用的‘按图索骥’的方法。”而“大数据规避了‘按图索骥’的缺陷，因为大数据区分的是个人而不是群体，所以我们不会再通过‘牵连犯罪’给群体中的每个人都定罪。但是大数据‘预测’却将我们置于另一个司法难题中，即通过数据挖掘得到的电子数据证据能否直接成为诉讼中的证据”③。

今天大数据证据在我国的法律地位尚不明确，遑论判断其证明力之大小。在以互联网金融犯罪为代表的新型犯罪中，办案人员往往面临海量数据信息，如上千万条的个人身份信息、几十亿元的资金往来记录等，如此海量的信息是无法作一一审查的。例如，e租宝被认定为非法集资最初就是由机器而非人作出的预测性“判定”。由机器作出法律判断，这就挑战了法官等法律群体的经验法则，进而影响到确定证据证明力大小的方式。未来已来，第三代电子证据正带给法律共同体更大的挑战。

① 汪闽燕．电子证据的形成与真实性认定．法学，2017（6）．

② 刘品新．电子证据的关联性．法学研究，2016（6）．

③ 高波．大数据：电子数据证据的挑战与机遇．重庆大学学报（社会科学版），2014（3）．

（四）电子证据迭代背景下的立法思路

电子证据的迭代不能被简单理解为三个时期、三种证据，而是呈现出“三代并存”的特点。也就是说，计算机证据、网络证据、大数据证据在当下司法办案实践中是同时并存的。这是我国进行电子证据立法所面临的基本背景。

迄今为止，我国电子证据的法律规范体系已经形成。据不完全统计，共有近百部法律规范。影响最大的当属 2016 年 10 月实施的两高一部《电子数据规定》和 2019 年 12 月最高人民法院发布的《关于民事诉讼证据的若干规定》。但从整体上评价，目前我国立法还停留在对第一代电子证据——计算机证据真实性问题的规制阶段，对第二代电子证据——网络证据关联性问题的关注较少或不够具体。① 至于针对第三代电子证据——大数据证据的证明力问题，现行法律则几乎没有进行规制。

我国完善电子证据规则，应当将电子证据的发展与时代问题相衔接，以电子证据迭代的眼光进行设计思考。具体来说，我国既要关注第一代计算机证据的真实性问题，又要关注第二代网络证据的关联性问题，更要关注未来大数据证据的证明力问题。

二、基于一线观察的规则整体反思

完善电子证据规则须立足于司法实践，发现实践问题，解决实务诉求。调研表明，我国司法人员在实务中运用电子证据时主要面临“取”与“审”的两大问题，即如何有效取证和如何高效审查。

（一）网络/数据公司协助取证方面的规则供给不足

电子数据的取证方式多种多样，调取证据是使用最频繁的取证方式。《电子数据规定》第 3 条对此作出了规定：“人民法院、人民检察院和公安机关有权依法向有关单位和个人收集、调取电子数据。有关单位和个人应当如实提供。”从学理上评价，这一条属于原则性规定，是对《刑事诉讼法》第 52 条②进行稍加变形后作出的规定，其操作性有待提高。从我国司法实践上来说，《电子数据规定》第 3 条中提到的“有关单位和个人”主要是指百度、阿里、腾讯等各大互联网企业，因为绝大多数的涉案网络电子数据都集中存储在这些互联网企业。

国外也存在着大量向网络/数据公司调查取证的需求和实践。根据欧盟委员会的报道，大约 85%的刑事调查需要电子证据，其中三分之二的调查需要从另一个司

① 如两高一部《电子数据规定》第 2 条规定：“应当围绕真实性、合法性、关联性审查判断电子数据。”该法第 25 条第 2 款规定：“认定犯罪嫌疑人、被告人与存储介质的关联性，可以通过核查相关证人证言以及犯罪嫌疑人、被告人供述和辩解等进行综合判断。”这样的立法体现出粗疏的特点。

② 《刑事诉讼法》第 52 条规定：“人民法院、人民检察院和公安机关有权向有关单位和个人收集、调取证据。有关单位和个人应当如实提供证据。”

法管辖区的在线服务提供商那里获取证据。当前，主要的在线服务提供商基本上将总部设在美国。在2013—2018年期间，对主要在线服务提供商的请求数量持续增长。① 例如，2015年，Google收到了美国执法部门针对用户数据提出的24 000多项请求，比2010年增加了近三倍。Facebook在2015年收到针对用户数据的请求近37 000个。②

网络/数据公司与国家公权力机关之间的关系具有多样性。一方面，网络/数据公司需在法律框架内展开活动。另一方面，公检法等司法机关办案时可能需要寻求网络/数据公司的帮助。公司的根本目的是营利，司法的终极目标是追求正义，这就决定了网络/数据公司与公权力机关的目标不一致。司法实践中经常出现网络/数据公司拒绝协助取证的情形。

Alan Z. Rozenshtein在其最近撰写的文章中关注了新一代以用户为中心的技术公司，这些公司为消费者提供数字通信、数据存储和处理。他将这些技术公司称为"监督中介机构"——介于执法机构和公众个人信息之间的实体。为何这些技术公司会拒绝协助取证，Alan Z. Rozenshtein指出了两个原因：一是经济因素。只要拒绝协助取证的成本并不太大，公司就有动力通过抵制政府监管来降低成本。斯诺登事件还将这种抵制演变为了制造产品差异化的机会。例如，当苹果公司公开宣传其商业模式不需要访问用户数据时，就是在抨击依靠扫描用户数据销售广告的Google和Facebook等公司。此外，抵制政府监管还可以提高公司的全球竞争力，特别是其在国外销售产品和服务的能力。国际市场为现代科技公司提供了巨额利润，例如，Facebook有超过20亿月活跃用户，其中绝大多数在美国以外。同样，该公司超过一半的广告收入来自国外。③

二是意识形态因素。政府等国家公权力机关与技术公司的文化意识形态存在差异，也即文化上的不相容性。很多为技术公司工作的人都赞同一些社会学家所谓的"加利福尼亚意识形态"，即在生活方式上同时反文化的世界观，经济学中的自由放任和政治中的自由主义者的世界观。正如记者Cade Metz所说："在硅谷，强加密并不是真正值得讨论的。在科技界最强大的领导者中，这是正统的。"当然，并非所有在硅谷工作的工程师都有如此强烈的观点。但是，管理者和企业领导者仍可能有动力在招聘中将公司政策与"加利福尼亚意识形态"结合起来。更一般地说，只需要少数真正的信徒就可以有效地阻止政府监督。例如，在推出端到端加密时，WhatsApp只有大约50名工程师，其中只有15名需要为10亿人提供加密信息。技术的巨大规模赋予那些持更激进观点的人力量。例如，Moxie Marlinspike开发了安全通信服务信号，并帮助WhatsApp对其系统进行了加密，他为加密辩护，称加

① European Commission, Press Release IP/19/843, February 5, 2019.

② APA 6th ed. Rozenshtein, A. Z. (2018). Surveillance intermediaries. Stanford Law Review, 70 (1), 99-190.

③ 同②.

密可以使违法行为刺激社会变革。Marlinspike 的观点只是硅谷中一种情绪的清晰描述：重新引入完全私人谈话，端到端加密可以将执法监督恢复到数字时代之前的水平。①

在规范建设的层面，向网络/数据公司调查取证主要涉及四个法律问题，包括可以调取的数据内容、调取数据的程序、调取数据的手续文件、调取数据的期限。下面笔者主要结合 2016 年对百度、阿里巴巴、腾讯的多轮调研，初步展开阐述这四个问题。

第一，可以调取的数据内容广泛。调研结果表明，在百度公司可以调取的数据内容包括：百度账号和百度云发帖信息（手机号、邮箱、注册 IP），登录日志（IP 和时间），发帖内容；在阿里巴巴可以调取的数据内容包括：注册信息、登录日志、交易信息、账户信息、转账记录；在腾讯可以调取的数据为用户端所有可见信息。但“不加限度地‘地毯式’搜索无疑有过度侵害公民隐私之嫌，为防止公民隐私被过度侵犯，电子数据的搜查必须遵守有限性原则。这是各国公认的计算机取证原则，意指‘搜查令状确定的或法官授权的搜查范围必须是有限制的’”②。实践中网络/数据公司在协助取证时，可能仅会提供少量数据。例如，雅虎向用户保证，其会“仔细审查政府数据请求的合法性，并对其进行狭隘解释”；Twitter 指出其“可能会寻求缩小过于宽泛的请求”③。我们在调研中了解到，阿里巴巴一般能够提供 3 个月的数据，经内部审批可以提供 2 年的数据。

第二，调取电子数据应遵循正当程序。网络/数据公司与国家公权力机关之间的合作可以分为两种：一种是正式合作，即公权力机关按照法律规定的程序向网络/数据公司调取电子数据，如提供搜查令状、法院传票等；另一种是非正式合作，即公权力机关无须通过正式的法律请求、履行法律手续，就从网络/数据公司处调取到电子数据。非正式合作是开放式的，其优点是能够快速获取数据，但缺点是容易遭受抵制，并且可能面临证据合法性的质疑。通常而言，网络/数据公司不会主动向公权力机关提供数据。例如，谷歌就声称：“需要法律程序——例如传票，法院命令或搜查令，来迫使谷歌披露用户信息。”④

遵循法律的正当程序能够保障调取的电子数据具备合法性要件。从理论上讲，向网络/数据公司调取电子数据有三种方式：一是直接向网络/数据公司调取，二是由中央级别的国家公权力机关统一调取，三是请求互联网企业总部所在地的省（市）国家公权力机关协助调取。尽管方法看起来不少，但实践中办案机关在调取

① APA 6th ed. Rozenshtein，A. Z. （2018）. Surveillance intermediaries. Stanford Law Review，70（1），99－190.

② 骆绪刚．电子数据搜查扣押程序的立法构建．政治与法律，2015（6）.

③ 同②.

④ APA 6th ed. Rozenshtein，A. Z. （2018）. Surveillance intermediaries. Stanford Law Review，70（1），99－190.

证据时，经常遇到有关单位和个人拒不配合的情形。

第三，调取电子数据时需具有详备的手续文件。以公安机关为例，公安机关调查取证时需要警官证、立案决定书、调取证据通知书、协助冻结财产通知书。其他国家公权力机关（如网信部门），现阶段在调取电子证据时需具备什么手续尚无明文规定，实践中可以参照公安机关的做法。《电子数据规定》第 13 条就规定："调取电子数据，应当制作调取证据通知书，注明需要调取电子数据的相关信息，通知电子数据持有人、网络服务提供者或者有关部门执行。"调取电子数据时准备必要的手续文件才符合法律的程序要求，"持证调取电子数据显示了侦查程序的合法性，提供证据方的签名盖章则显示了自愿配合的意愿，有利于说明证据来源，加强证据效力"①。

当办案机关需要第三方协助取证时，还需提供协查函。例如，在利用支付宝进行诈骗、盗窃的案件中，犯罪嫌疑人往往会在作案完成之后，偷偷删除转账记录以麻痹被害人一段时间，拖延案发的时间，由于支付宝记录和微信转账记录易于删改的特点，需要调取相应的银行卡账单或者支付宝公司的协查记录以确认案件事实。由于数据量过大，这些材料往往是以电子文档的格式提供的，因此在审查银行交易记录、支付宝记录、微信转账记录的协查数据时必须注意审查有无协查函。②

第四，调取电子数据的期限有一定限度。调取数据的期限是指办案机关向被调查取证人出具手续后，被调查取证人多长时间内可以将证据提供给办案机关。调取电子数据需有时间限度是出于办案效率的考量，更重要的是网络/数据公司并非永久留存数据。调研结果显示，腾讯一般是自接到深圳市公安局网安支队通知后一周内提交数据，阿里巴巴一般自接到通知后 5 个工作日内提交数据。个别公司表示，国家公权力机关要求调取证据的期限短、任务重，短时间内很难完成。比如某网信部门上午发通知，要求查某一贴吧的 14 个账号信息和样本，并要求下午提供；10T 的网盘溯源至少需要两周以上的时间，期限太短根本无法完成。因此，被调查取证的公司大都希望尽量延长调取数据的期限，比如延长到一个月或两个月，而办案机关则认为拖延太久根本无法办案。法律在该问题上亦无明确规定。

（二）审查判断方面的规则理解偏差

根据《电子数据规定》第 2 条之规定，电子数据的审查判断应当集中在证据的真实性、合法性、关联性上。总的来看，我国法律对电子证据的审查判断虽有规定，但司法人员在理解和执行上均有偏差。下面对有关规定进行学理上的解读。

1. 电子数据真实性的审查判断

根据《电子数据规定》第 22 条之规定，审查判断电子数据的真实性需考虑五个方面的因素。

① 王敏远，祁建建．电子数据的收集、固定和运用的程序规范问题研究．法律适用，2014（3）．

② 陈思．刑事诉讼电子数据审查探讨．人民检察，2018（5）．

一是审查电子数据的原始存储介质。扣押原始存储介质能够避免办案人员对电子数据的破坏，保证技术人员在分析证据时能够获取原始数据。在原始介质无法封存、不便移动时，则无须移送原始存储介质，但需要说明原因，并注明收集、提取过程及原始存储介质的存放地点或者电子数据的来源等情况。

二是审查电子数据有无数字签名、数字证书等特殊标识。数字签名，是指利用特定算法对电子数据进行计算，进而得出的用于验证电子数据来源和完整性的数据值。数字证书，是指包含数字签名并对电子数据来源、完整性进行认证的电子文件。

三是审查电子数据的收集、提取过程能否重现。电子数据在被提取后，人们仍可以通过技术手段再现电子数据的取证过程，通过对比两次获得的数据内容是否一致，审查判断电子数据的真实性。

四是审查电子数据有无增删改。一般而言，若电子数据存在增加、删除、修改的情形，则会影响其真实性，但办案人员仍需判断这种增删改对认定案件事实是否产生了实质性影响。在判断过程中，对于涉及专门知识的内容，办案人员可寻求鉴定人或具有专门知识的人的帮助。

五是审查电子数据的完整性是否得到保证。有观点认为，电子数据完整性是真实性的要素之一，甚至是最重要的要素，如果电子数据完整性遭到破坏，则意味着电子数据可能被篡改或者破坏，其真实性无法保证。①《电子数据规定》第 22 条规定："对电子数据是否真实，应当着重审查以下内容：……（五）电子数据的完整性是否可以保证。"《关于互联网法院审理案件若干问题的规定》第 11 条规定："当事人对电子数据真实性提出异议的，互联网法院应当结合质证情况，审查判断电子数据生成、收集、存储、传输过程的真实性，并着重审查以下内容：……（五）电子数据的内容是否存在增加、删除、修改及不完整等情形。"这其实是将完整性作为真实性的下位概念审查。真实性和完整性是深刻的且有争议的哲学问题。笔者认为，以电子数据的完整性为标准判断其真实性的观点值得商榷。电子证据的完整性不影响证据失真与否，只影响证明力。

2. 电子证据合法性的审查判断

根据《电子数据规定》第 24 条之规定，对电子数据合法与否应着重审查四个方面的内容：（1）收集、提取电子数据是否由两名以上侦查人员进行，取证方法是否符合相关技术标准。（2）收集、提取电子数据，是否附有笔录、清单，并经侦查人员、电子数据持有人（提供人）、见证人签名或者盖章；没有持有人（提供人）签名或者盖章的，是否注明原因；对电子数据的类别、文件格式等是否注明清楚；（3）是否依照有关规定由符合条件的人员担任见证人，是否对相关活动进行录像；

① 周加海，喻海松.《关于办理刑事案件收集提取和审查判断电子数据若干问题的规定》的理解与适用. 人民司法，2017（28）；郭金霞. 电子数据鉴真规则解构. 政法论坛，2019（5）；李睿懿，韩景慧. 电子数据的证据资格和证明力的审查与判断. 中国检察官，2017（16）.

(4) 电子数据检查是否将电子数据存储介质通过写保护设备接入检查设备；有条件的，是否制作电子数据备份，并对备份进行检查；无法制作备份且无法使用写保护设备的，是否附有录像。电子证据合法性的审查判断总体上围绕着取证主体合法性、取证程序合法性、证据形式合法性展开。

电子数据取证主体的合法性，是指收集提取电子数据的主体需符合法律规定。从广义上讲，电子数据的取证主体可以是任何人，即实施电子取证的人不能局限于某些特殊的群体。无论是侦查人员、司法人员、行政执法人员、诉讼各方当事人及其律师，还是网络服务提供商、民间技术专家等，都有可能成为电子取证的主体。这体现出取证主体的多元化的特点。① 在刑事诉讼中，涉及侦查权的行使，如搜查、勘验电子数据等，电子数据的取证主体就只能限定为侦查人员，并且需是两人以上。

电子数据取证程序的合法性，是指电子数据应按照法定程序收集提取。对于违反法定程序获取的电子证据是否适用非法证据排除规则，《刑事诉讼法》未明确立场。《刑事诉讼法》第 56 条规定："采用刑讯逼供等非法方法收集的犯罪嫌疑人、被告人供述和采用暴力、威胁等非法方法收集的证人证言、被害人陈述，应当予以排除。收集物证、书证不符合法定程序，可能严重影响司法公正的，应当予以补正或者作出合理解释；不能补正或者作出合理解释的，对该证据应当予以排除。"这里只对言词证据和物证、书证适用非法证据排除规则作出了规定。有学者提出，之前我国刑事诉讼法对电子数据的收集是否适用非法证据排除规则语焉不详，而《电子数据规定》则将电子数据排除的情形分为可补正（第 27 条）与强制排除（第 28 条）两种情形。实证研究显示，此前收集电子数据中的程序违误最后几乎均被侦查机关予以补正，此次明确的电子数据非法证据排除规则的实际实施效果仍有待观察。此外，目前所确立的电子数据的非法证据排除规则依旧只是电子数据收集、提取中的排除规则，然而在电子数据的运输、保管、移送等环节亦可能发生电子数据被污染或者被破坏的情形。②

电子数据的证据形式合法性有两层含义：一是电子数据需是法定证据种类之一，二是电子证据需符合法律规定的形式及格式。就前者而言，因应时代变革之需求，2012 年《刑事诉讼法》立法修改时将电子证据纳为法定证据种类之一，随后，电子数据又相继在《民事诉讼法》和《行政诉讼法》中获得了法定证据地位。就后者而言，收集、提取电子数据时需严格遵循法律规定的形式要件要求。例如，在搜查电子证据时，侦查人员需要制作搜查笔录，搜查笔录要清楚明确地记载电子数据的类别、文件格式等，并需要经过侦查人员、电子数据持有人（提供人）、见证人签名或者盖章。

① 刘品新．电子取证的法律规制．法学家，2010（3）．

② 胡铭，王林．刑事案件中的电子取证：规则、实践及其完善——基于裁判文书的实证分析．政法学刊，2017（1）．

3. 电子证据关联性的审查判断

与传统证据的关联性不同，电子证据的关联性体现为双联性。其中，内容关联性是电子证据的数据信息同案件事实之间的关联性，载体关联性是电子证据的信息载体同当事人或其他诉讼参与人之间的关联性。因此，审查判断电子证据的关联性也需从内容关联性与载体关联性两方面进行分析。

内容关联性要求审查判断电子数据与案件事实是否存在联系，对于这里的“案件事实”是指要件事实还是非要件事实，是程序法事实还是实体法事实，法律没有明确规定。对此，有学者提出，一方面，需要判断电子数据与案件实体法事实的关联性。实体法事实包括犯罪构成要件事实和影响量刑轻重的各种量刑情节的事实，前者是证明对象的核心。另一方面，还需判断电子数据与案件程序法事实的关联性。程序法上的事实包括回避、延长诉讼期限、采取或变更强制措施等。① 判断内容关联性，非常重要的一点是看电子数据与案件事实，尤其是要件事实之间，是否建立起了实质性的联系。

司法实践中经常遇到虚拟身份与真实身份对应，以及存储介质的关联判断等问题。例如，经常出现一人使用多个虚拟身份，或一个虚拟身份多人使用，多人共享同一上网线路的情况。同时由于部分网络服务提供商不保存日志，或移动上网日志中只保存 IP 地址和时间，不保存端口号，导致 IP 地址无法对应到唯一当事人或 IP 地址无法落地，虚拟身份关联的唯一性难以认定。② 为解决这一司法难题，《电子数据规定》第 25 条第 1 款规定：“认定犯罪嫌疑人、被告人的网络身份与现实身份的同一性，可以通过核查相关 IP 地址、网络活动记录、上网终端归属、相关证人证言以及犯罪嫌疑人、被告人供述和辩解等进行综合判断。”《电子数据规定》第 25 条第 2 款属于对电子数据的介质关联性的规定：“认定犯罪嫌疑人、被告人与存储介质的关联性，可以通过核查相关证人证言以及犯罪嫌疑人、被告人供述和辩解等进行综合判断。”对于存储介质的关联性判断，还可以提取必要的指纹、DNA 等痕迹物证进行综合判断。③ 这是对载体关联性中身份关联性和介质关联性的规定。此外，立法还应关注行为关联性、时间关联性、地址关联性等问题。

三、《电子数据规定》专门条款的文本问题

2016 年两高一部《电子数据规定》出台意味着我国有了十分详尽的电子证据规范，但指导的效果并不那么令人满意。调研显示，《电子数据规定》在司法实践中可操作性不强，一些专业的技术术语常令司法人员疑惑不解，比如，何谓“完整

① 王敏远，祁建建．电子数据的收集、固定和运用的程序规范问题研究．法律适用，2014（3）．

② 周加海，喻海松．《关于办理刑事案件收集提取和审查判断电子数据若干问题的规定》的理解与适用．人民司法，2017（28）．

③ 同①．

性校验值”“远程勘验”“网上在线提取”等。《电子数据规定》本身存在的文本问题，导致实践应用产生了诸多分歧。这一部分重点以此为例进行展开说明。

（一）对适用技术侦查程序语焉不详

《电子数据规定》第6条和第9条规定了可以通过网络在线提取和网络远程勘验的方式获取电子数据。立法者解释说：“网络在线提取基本可以理解为是一个下载动作，既包括对公开的门户网站上的网页信息进行下载，也包括经网络远程勘验后下载。网络远程勘验是指通过网络对远程计算机信息系统实施勘验，发现、提取与犯罪有关的电子数据，记录计算机信息系统状态，判断案件性质，分析犯罪过程，确定侦查方向和范围，为侦查破案、刑事诉讼提供线索和证据的侦查活动。可以说，网络远程勘验的最终目的也是在线提取电子数据，但它有一个勘验的过程，甚至涉及技术侦查措施的使用。”①

对网络在线提取获得电子数据的行为，立法似有规避适用技术侦查程序之嫌。一般而言，办案人员通过网络在线提取电子数据时需要监控被取证者的数据行为，比如进行记录监控、行踪监控、通信监控、场所监控等，这些监控措施被《公安机关办理刑事案件程序规定》第255条规定为技术侦查措施。也就是说，办案人员实际上可以采取技术侦查措施提取电子证据，但《电子数据规定》并未规定适用技术侦查措施的程序。技术侦查措施的适用对象是犯罪嫌疑人、被告人以及与犯罪活动直接关联的人员，网络在线提取电子数据的适用对象则不限于上述人员，根据《公安机关办理刑事案件电子数据取证规则》第23条之规定，对公开发布的电子数据、境内远程计算机信息系统上的电子数据，均可通过网络在线提取。

此外，针对网络远程勘验需要采取技术侦查措施的情形，《电子数据规定》只规定了需经过严格批准手续，未提及是否应受限于《刑事诉讼法》规定的适用对象等内容。根据《电子数据规定》第9条第3款之规定，进行网络远程勘验，需要采取技术侦查措施的，应当依法经过严格的批准手续。《公安机关办理刑事案件程序规定》第267条第1款规定：“采取技术侦查措施，必须严格按照批准的措施种类、适用对象和期限执行。”《刑事诉讼法》第152条第1款规定：“采取技术侦查措施，必须严格按照批准的措施种类、适用对象和期限执行。”那么，在进行网络远程勘验采取技术侦查措施时，是否应严格限于批准的适用对象和期限？《电子数据规定》对此未作正面回答。

（二）对适用“搜查”程序未予规定

根据《刑事诉讼法》第136条的规定，为了收集犯罪证据、查获犯罪人，侦查人员可以对犯罪嫌疑人以及可能隐藏罪犯或者犯罪证据的人的身体、物品、住处和其他有关的地方进行搜查。此处的用词“其他有关的地方”是否包括虚拟网络空

① 王敏远，祁建建．电子数据的收集、固定和运用的程序规范问题研究．法律适用，2014（3）．

间？有观点认为现行法律规定似乎都隐设了一个前提：搜查是针对实体物品进行的，必须存在于现实的场域之中。《电子数据规定》中回避了“搜查”一词，继续采用“收集与提取”的传统表述方式，这也表明我们尚未把电子数据纳入搜查范围。①

实际上，规范层面并未明确的“远程搜查”也大量以“远程勘验”的名义得到适用。例如，侦查机关若要进入嫌疑人的住处查扣计算机设备，只能按照搜查程序进行。但在虚拟空间，侦查机关使用“勘验”设备远程“进入”嫌疑人设置在境外的计算机系统并提取其中的电子数据，目前确是按照远程勘验程序开展的。又如，侦查机关若要对嫌疑人持有的书信进行调查，一般只能通过搜查程序要求或强制其提交；然而，侦查机关通过讯问获得了嫌疑人提供的邮件账号和密码后，远程登录境外邮件系统提取相应数据，在实践中亦是按照远程勘验程序进行的。② 远程勘验不同于现场勘验，犯罪现场勘验一般不涉及侵犯他人隐私权的问题，“但网络远程勘验并非一般意义上的犯罪现场勘验，如果进入权属明确的他人空间尤其是采取了保密措施的空间搜索，应当属于对虚拟空间的秘密搜查”③。

虽然勘验和搜查的对象从表面来看有所重合，但针对嫌疑人的物品、住处及其他有关地方进行的查证因可能侵犯《宪法》《刑事诉讼法》保护的公民基本人权而只能按照搜查程序开展。特别是就虚拟空间中远程收集计算机系统中的电子数据而言，除了涉及财产权外，还可能侵犯《宪法》第 40 条保护的通信自由和通信秘密，理应定性为搜查。《刑事诉讼法》第 130 条规定，侦查人员执行勘验，必须“持有”证明文件。该法第 138 条规定，进行搜查，必须向被搜查人“出示”搜查证。由于缺乏对电子证据远程搜查的立法，办案人员只得进行远程勘验。而“远程勘验”只需“持有”证明文件即可，无须嫌疑人知晓，这对嫌疑人权利的保障显然不利。④

（三）部分内容未与《刑事诉讼法》衔接

关于取证主体。《刑事诉讼法》第 118 条规定了侦查人员讯问犯罪嫌疑人时至少需要 2 人，但对于询问证人、搜查、勘验、检查等侦查方法并未要求至少需要 2 人。《电子数据规定》第 7 条规定，收集、提取电子数据，应当由 2 名以上侦查人员进行。这就出现了《刑事诉讼法》与《电子数据规定》对于取证侦查人员的人数要求不一致的情形。

关于见证人。《电子数据规定》第 15 条规定：“收集、提取电子数据，应当根据刑事诉讼法的规定，由符合条件的人员担任见证人。由于客观原因无法由符合条件的人员担任见证人的，应当在笔录中注明情况，并对相关活动进行录像。针对同

① 胡铭，王林．刑事案件中的电子取证：规则、实践及其完善——基于裁判文书的实证分析．政法学刊，2017（1）．

② 梁坤．跨境远程电子取证制度之重塑．环球法律评论，2019（2）．

③ 龙宗智．寻求有效取证与保证权利的平衡——评“两高一部”电子数据证据规定．法学，2016（11）．

④ 同②．

一现场多个计算机信息系统收集、提取电子数据的，可以由一名见证人见证。”可见，收集、提取电子数据时，必须要求制作笔录，要求见证人在场。但《刑事诉讼法》第二章中并未要求所有的侦查方式都必须制作笔录且有见证人在场。

关于是否遵循技术标准。《电子数据规定》第7条和第24条都提到“取证方法应当符合相关技术标准”，《刑事诉讼法》则无此要求。要求侦查人员在取证时懂得技术规范，无疑是增加了一个限定条件。“作为侦查人员，首先应当注意遵循电子数据取证的法律程序要求；作为证据审查人员，首先应当审查取证方法是否符合《刑事诉讼法》的程序规范包括司法解释性规范。而要求遵循相关技术标准以及审查是否符合相关技术标准，对于一般执法人员、司法人员，在一定程度上也许是勉为其难。”[①] 实践中，侦查人员不懂技术亦属常态。

四、《电子数据规定》运行实效的统计分析

笔者在“威科先行”搜索“关于办理刑事案件收集提取和审查判断电子数据若干问题的规定”，搜索日期是2016年10月1日至2019年8月27日，得到88个结果。经人工筛选，剔除其中未涉及电子证据争议的案件和重复性案件，最后得到81个案件。遂逐一剖析相关案例，以期发现其中的规律和问题，为完善《电子数据规定》提供基本思路。统计结果显示如下。

第一，《电子数据规定》不仅适用于刑事公诉案件（73件），也适用于刑事自诉案件（1件）、民事案件（6件）、行政案件（1件）。两高一部最初制定《电子数据规定》的目的是规范电子数据的收集提取和审查判断，提高刑事案件办理质量。这里的“刑事案件”不仅包括公诉案件，还包括自诉案件。在某职务侵占罪案中，法院指出：“本案虽为自诉案件，但对电子数据的收集规范仍应参照《最高人民法院、最高人民检察院、公安部关于办理刑事案件收集提取和审查判断电子数据若干问题的规定》，以确保电子数据的完整性、真实性”[②]。实践案例还表明，民事诉讼、行政诉讼当事人在遇到与电子数据相关的法律问题时，也会援引《电子数据规定》。如在某买卖合同纠纷案中，上诉人称：“根据最高人民法院、最高人民检察院、公安部日前联合印发《关于办理刑事案件收集提取和审查判断电子数据若干问题的规定》，该规定虽然针对刑事案件，但其中关于电子数据收集提取与审查判断的论述，对包括劳动争议在内的普通民事案件仍有重要的参考价值。”[③] 在某行政复议案中，上诉人称：“根据……《关于办理刑事案件收集提取和审查判断电子数据若干问题的规定》

① 龙宗智．寻求有效取证与保证权利的平衡——评“两高一部”电子数据证据规定．法学，2016（11）．

② “乐山市沙湾区中阳水务有限公司、刘英职务侵占”，四川省乐山市沙湾区人民法院刑事判决书（2018）川1111刑初29号。

③ “邓国坚、浙江玉尔达金属制品有限公司买卖合同纠纷案”，广东省佛山市中级人民法院民事判决书（2017）粤06民终6289号。

第一条之规定，京口公安分局想要达到证明目的，必须明确指出其提供的光盘里的视听资料中哪一秒发生了殴打，否则不能证明行政行为的合法性。”①

第二，在刑事公诉案件中②，当辩方依据《电子数据规定》质疑电子数据收集提取的规范性时，法院的处理结果有三种：一是不采纳辩方意见，这种情况占绝大多数（59件）；二是采纳辩方意见，这种情况较少（10件）；三是未正面回应辩方意见，这种情况较为罕见（3件）。法院不采纳辩方意见的理由包括以下几种：(1) 办案机关收集提取电子数据符合《电子数据规定》的要求。(2) 办案机关收集提取电子数据虽有瑕疵，但经过补正可以作为证据使用。(3) 案件不应适用《电子数据规定》，这又可以分为两种情况，一是《电子数据规定》对其实施前已完成的取证程序不具有溯及力，二是案件中收集调取的证据不属于《电子数据规定》调整的电子数据范围。

《电子数据规定》对其实施前的取证行为是否具有溯及力值得思考。最高人民法院、最高人民检察院《关于适用刑事司法解释时间效力问题的规定》中规定：“对于司法解释实施前发生的行为，行为时没有相关司法解释，司法解释施行后尚未处理或者正在处理的案件，依照司法解释的规定办理。”《电子数据规定》属于司法解释性质文件，关于其适用的时间效力理应遵循《关于适用刑事司法解释时间效力问题的规定》，也即《电子数据规定》对其实施前的取证行为具有约束力。法院不能仅以电子数据收集提取发生在2016年10月《电子数据规定》出台前为由，就得出该规定不适用于本案的结论。

第三，关于《电子数据规定》第1条的适用表明，该规定调整的电子数据范围在实践中存在争议。在某合同诈骗案中，法院认为：“受害人欧某公司提交的涉案车辆GPS离线信号纸质截图及使用说明不符合电子数据的法定形式，辩护人提出其不具有合法性的质证意见成立。但该证据仍然属于书证，只是不能发挥电子数据特有的证明作用而亟待补强。”③ 在某非法经营案中，法院认为：“办案人员调取的交易流水系从证人的手机中提取整理后形成表格形式……该证据系从证人的手机内通过技术手段调取的，不属于《关于办理刑事案件收集提取和审查判断电子数据若干问题的规定》所调整的电子数据范围。”④ 在刘某某诈骗案中，法院认为：“本案侦查机关向物流公司收集调取涉案公司交易金额的数据，不属于电子数据，不适用

① “仇萍与镇江市公安局京口分局、镇江市人民政府行政复议案”，江苏省镇江市中级人民法院行政判决书（2018）苏11行终241号。

② 这里只分析了72起刑事公诉案件，统计结果排除了“被告人李某某犯交通肇事罪一案”，这是因为该案是由被告人提供的电子数据，法院认为：“在原件没有提交并经侦查机关核实的情况下，该U盘作为一个复制品，无法辨别是否经过人为处理，该U盘所载视频内容的客观性、真实性、合法性无法核实。……被告人提交的行车记录仪视频拷贝U盘及截图照片不具有证据效力，不能作为认定本案事实的依据。”[参见被告人李某某犯交通肇事罪一案甘肃省张掖市中级人民法院刑事附带民事判决书（2016）甘0702刑初30号。]

③ “刘跃国合同诈骗案”，河北省元氏县人民法院刑事判决书（2018）冀0132刑初110号。

④ “李玉非法经营案”，山东省德州市中级人民法院刑事判决书（2018）鲁1482刑初172号。

《关于办理刑事案件收集提取和审查判断电子数据若干问题的规定》。"[1] 在某贩毒案中，法院认为："《关于办理刑事案件收集提取和审查判断电子数据若干问题的规定》中载明，电子数据是……其中包括短信……涉案短信可作为证据使用。"[2] 在邹某某诈骗案中，法院认为："公诉机关提交了被害人提供的微信、短信截图……依照《关于办理刑事案件收集提取和审查判断电子数据若干问题的规定》第一条、第七条的规定，上述证据属于电子证据……"[3]

第四，关于《电子数据规定》第5条的适用表明，电子数据的完整性是否影响证据效力在实践中存在不同看法。传统观点认为，客观性、关联性、合法性是证据资格的三要素，真实性和证明价值属于证明力的内容。而《电子数据规定》中却特别规定了电子数据的完整性。实践中有的法院认为无法保证完整性的电子数据不具有证据效力，有的法院认为电子数据虽不完整但经补正可获得证据资格。表8-1列举了几个涉及电子证据完整性的案件。

表8-1

案号	当事人意见	法院裁判
郭礼国生产、销售不符合安全标准的食品案，刑事判决书 江苏省淮安市淮阴区人民法院（2018）苏0804刑初132号	从扣押至移交检查期间，侦查人员对被告人郭礼国讯问时曾多次翻阅微信信息、播放语音聊天……无法保证郭礼国手机中所保存电子数据的完整性。	侦查人员出具情况说明证明从扣押至移交检查提取期间……并不存在伪造、增加、删除、修改等篡改数据的情形。……本案中该电子数据可以作为证据使用，同时，该电子数据也不是作为认定犯罪金额的唯一证据，需结合其他证据进行综合认定。
张宗凯、杨小乔伪造货币罪、出售、购买、运输假币案，刑事裁定书江苏省徐州市中级人民法院（2017）苏03刑终9号	电子证据不合法、不完整，不能作为定案证据使用。	本案中，侦查人员依法扣押了……涉案电子数据原始存储介质，并交由徐州市公安局电子物证检验鉴定中心进行勘验检查。该中心……将提取的电子数据制成光盘备份，且备份光盘有完整性校验值，能够防止数据被篡改，保证了电子数据的完整性。
赖云明非法持有毒品案，民事判决书重庆市第三中级人民法院（2018）渝03刑再5号	拍照不属于以上任何一种法律规定的提取方式，也不属其他保护电子数据完整性的方法，本案中相关电子数据已灭失的事实恰好证明这种方式不能保证电子数据的真实、完整。	公安机关采取截屏打印方式对赖云明手机微信聊天内容等电子数据进行证据固定，其收集、提取方法不属于最高人民法院、最高人民检察院、公安部《关于办理刑事案件收集提取和审查判断电子数据若干问题的规定》中的保护电子数据完整性的方法……手机微信聊天内容等截屏图片，依法不能作为本案定案证据。

① "刘保东诈骗案"，河南省信阳市中级人民法院刑事裁定书（2018）豫15刑终590号。
② "丁荣峰贩卖毒品案"，山西省运城市中级人民法院刑事裁定书（2017）晋10刑终45号。
③ "邹俊卿诈骗案"，湖南省双牌县人民法院刑事判决书（2019）湘1123刑初5号。

续前表

案号	当事人意见	法院裁判
廉刚诈骗案新疆维吾尔自治区昌吉回族自治州玛纳斯县人民法院刑事判决书（2017）新2324刑初93号	本案公安机关收集的电子数据……对其真实性被告人廉刚并无异议，只是对其完整性提出质疑。	电子数据虽不完整但具有真实性、合法性、关联性，本案电子数据经补正已经具有证据资格。
企山石场与庄志锋、企业经营部、黎健腾粤鸿公司买卖合同纠纷案广东省广州市中级人民法院民事判决书（2018）粤01民终2947号	电子数据是否完整对于其真实性有关键性作用。而本案庄志锋提交的微信聊天记录由庄志锋自行截取，毫无完整性可言。	庄志锋提交了微信记录原始载体手机予以核对，并当庭演示通过手机号码搜索微信聊天相对方，企山石场对手机号码予以认可，亦未提交足以反驳微信记录真实性的证据，故一审法院对微信记录予以采信亦无不妥。
甘肃省张掖市甘州区人民法院刑事判决书(2016)甘0702刑初30号		……对作为证据使用的电子数据，应当采取以下一种或者几种方法保护电子数据的完整性，扣押、封存电子数据原始存储介质……现彭某某车辆的行车记录仪和内存卡原件都不存在……该U盘所载视频内容的客观性、真实性、合法性无法核实……被告人提交的行车记录仪视频拷贝U盘及截图照片不具有证据效力，不能作为认定本案事实的依据。

《电子数据规定》在实践适用中呈现的新特征及面对的新问题，需要在未来的立法中加以解答。笔者期望，在实务活动中影响广泛的《电了数据规定》可以尽快得到进一步完善，由“试行”规范变为“正式”规范，由规范性文件提升为司法解释①，由针对刑事诉讼拓展至针对各种诉讼，并且在规则细节表述上得到梳理。

五、面向未来之规则再建

完善电子证据规则需要厘清现实问题，树立问题意识、坚持问题导向。针对当下电子证据规则的主要问题，我国可以通过发布指导性案例或制定部门规章的方式

① 《电子数据规定》（法发〔2016〕22号）由最高法、最高检、公安部联合发布，对公检法部门均适用。很多人误以为这是一部司法解释或司法解释性文件。其实，从通过机制、发布文号及效力等级来看，这仅仅是一部普通的规范性文件。

加以解决。

（一）发布指导性案例

根据2010年《最高人民法院关于案例指导工作的规定》，法院系统的指导性案例是指为统一法律适用，由最高人民法院确定并发布的已经发生法律效力的案例，其对后续法院审判的类似案例具有参照和指导意义。根据2019年《最高人民检察院关于案例指导工作的规定》，检察系统的指导性案例是指为确保法律统一正确实施，由最高人民检察院选编的案件处理结果已经发生法律效力的案例。各级人民检察院应当参照指导性案例办理类似案件，可以引述相关指导性案例进行释法说理，但不得代替法律或者司法解释作为案件处理决定的直接依据。案例指导制度在我国自古有之，只是表现形式各异。中国古代具有判例功效的法律表现形式可以分为：廷行事、决事比、故事、编敕、例、条格、事例、则例、条例、成案、判决例和解释例。①

发布与电子证据相关的指导性案例，能够促进同案同判，进而为电子证据规则的完善奠定基础。近年来，我国十分重视指导性案例制度的建立和完善，这与该制度的价值与功效密不可分。域外学者对司法判例作用的关注侧重于两方面：一是宣示和完善法律，二是法律的确定性及相关社会生活的可预期性、稳定性等价值。②哈特认为，“虽然‘同样案件同样对待，不同案件不同对待’是公正理念的一个中心部分，但它本身是不完全的，在加以补充前，它无法为行为提供任何确定的指引……在决定什么相似点和不同点具有相关性前，‘同样案件同样对待’必定还是一种空洞的形式。要充实这一形式，我们必须知道在什么时候为了眼前的目的案件将被看作相同的，以及什么不同点是相关的”。鉴于此，中国的案例指导制度需重视法官的自由裁量权，案例指导制度的目的不是要减少甚至阻却法官行使自由裁量权，而是要规范其自由裁量权的行使。③

2017年10月17日最高人民检察院将李丙龙破坏计算机信息系统案等六件指导性案例（检例第33—38号）作为第九批指导性案例发布，这些指导性案例在实践中取得了较好的指导效果。案例一：李丙龙破坏计算机信息系统案，指导要旨：“以修改域名解析服务器指向的方式劫持域名，造成计算机信息系统不能正常运行，这种行为被认定为破坏计算机信息系统的行为。”案例二：李骏杰等破坏计算机信息系统案，指导要旨：“冒用购物网站买家身份进入网站内部评价系统删改购物评价，属于对计算机信息系统内存储数据进行修改操作，应当认定为破坏计算机信息系统的行为。”案例三：曾兴亮、王玉生破坏计算机信息系统案，指导要旨：“智能手机终端，应当认定为刑法保护的计算机信息系统。锁定智能手机导致不能使用的

① 何家弘，刘品新．法治国家建设中的司法判例制度研究．北京：经济科学出版社，2017：83.

② 同①12－13.

③ 同①29.

行为，可认定为破坏计算机信息系统。”案例四：卫梦龙、龚旭、薛东东非法获取计算机信息系统数据案，指导要旨：“超出授权范围使用账号、密码登录计算机信息系统，属于侵入计算机信息系统的行为；侵入计算机信息系统后下载其储存的数据，可以认定为非法获取计算机信息系统数据。”案例五：张四毛盗窃案，指导要旨：“网络域名具备法律意义上的财产属性，盗窃网络域名可以认定为盗窃行为。”案例六：董亮等四人诈骗案，指导要旨：“以非法占有为目的，采用自我交易方式，虚构提供服务事实，骗取互联网公司垫付费用及订单补贴，数额较大的行为，应认定为诈骗罪。”

从上述六个案例指导要旨的表述可以发现，已经发布的这些指导性案例主要表现为对实体法问题的规范指引。目前我国还没有关于规范程序与证据问题的指导性案例，而证据和程序又是司法实务中迫切需要接受指导的问题域。因此，最高人民法院或最高人民检察院可以通过发布与电子证据规则相关的指导性案例，规范法官的自由裁量权，更好地指导司法实践和实现公平正义。

（二）制定部门规章

《电子数据规定》旨在规范公检法三机关收集提取和审查判断电子数据的行为，提高刑事案件办理质量。除了联合制定法规外，公检法等办案机关还可以结合自身办案特点和办案需求，制定与电子证据相关的部门规章，为本部门办案提供具有可操作性的指引。在这方面，公安机关走在了规则制定的前列。为规范公安机关办理刑事案件时的电子数据取证工作，公安部于2019年发布了《公安机关办理刑事案件电子数据取证规则》，其主要围绕电子数据的收集提取、检查和侦查实验、委托检验与鉴定等内容进行规范。

检察机关制定与电子证据相关的部门规章有多种方案可供选择，例如可以制定“人民检察院电子数据工作规定”“人民检察院电子数据技术工作细则”“人民检察院电子数据技术性审查规则”“人民检察院关于调取电子数据若干问题的规定”等。这些部门规章的适用对象包括人民检察院、检察官、检察技术人员等。规章的名字不同，反映出规制内容的差异。

监察体制改革将检察机关的职务犯罪侦查权转移至国家监察委员会。根据《监察法》第25条之规定，“监察机关在调查过程中，可以调取、查封、扣押用以证明被调查人涉嫌违法犯罪的财物、文件和电子数据等信息”。这就表明监察机关可以收集提取电子数据。根据《监察法》第33条之规定，“监察机关依照本法规定收集的物证、书证、证人证言、被调查人供述和辩解、视听资料、电子数据等证据材料，在刑事诉讼中可以作为证据使用”。这表明监察机关收集的电子数据可以在刑事诉讼中使用。那么，检察机关制定的电子数据规则能否适用于监察机关？监察机关是否需要单独制定与电子数据相关的规则？这些都是亟待解决的问题。

【拓展阅读】

人民检察院电子数据技术工作细则

（2018年4月18日征求意见稿）①

第一章 总则

第一条【目的和依据】

为促进和规范人民检察院电子数据技术工作，根据《中华人民共和国刑事诉讼法》、《中华人民共和国民事诉讼法》、《中华人民共和国行政诉讼法》、《人民检察院刑事诉讼规则（试行）》等有关法律法规，结合检察工作实际，制定本规定。

第二条【适用范围】

本规定适用于检察技术人员在刑事诉讼中开展电子数据的检验鉴定与协助取证、审查、展示与质证等技术工作。

检察技术人员在民事、行政诉讼中开展电子数据的检验鉴定与协助取证、审查、展示与质证等技术工作的，可以参照本规定执行。

第三条【基本原则】

检察技术人员开展电子数据技术工作，应当遵循以下基本原则：

（一）遵守国家法律法规的有关规定和普遍性的技术规范；

（二）保证电子数据及存储介质的关联性、合法性、完整性和真实性；

（三）注重电子数据与传统证据的结合使用；

（四）对电子数据及存储介质采取特定措施时，尽量避免或减少对正常生产经营活动的不利影响。

第四条【电子数据的完整性要求】

检察技术人员开展电子数据技术工作，应当采取以下一种或几种方法保护电子数据的完整性：

（一）采用写保护方式进行相关操作；

（二）计算完整性校验值；

（三）查封、扣押封存原始存储介质；

（四）制作、封存备份或复制件；

（五）冻结电子数据；

（六）对收集电子数据的相关活动进行录像；

（七）其他有效方法。

第五条【电子数据的保密要求】

对涉及国家秘密、商业秘密或者个人隐私的电子数据，检察技术人员应当

① 本稿件由笔者在最高人民检察院检案技术信息研究中心挂职期间完成。

保密。

检察技术人员对开展电子数据技术工作中知悉的公民个人信息和商业数据，应当依法保密。

第二章 电子数据的收集提取

第六条【立案前的收集提取措施】

在刑事案件立案前，检察技术人员可以接受指派，协助检察官采取查询、勘验检察、检验鉴定、调取证据等措施，收集提取与案件有关的电子数据及存储介质。

第七条【侦查中的收集提取措施】

在刑事案件侦查过程中，检察技术人员可以接受指派，协助检察官采取上述收集措施，还可以采取搜查、查封、扣押、冻结、侦查实验等措施，收集与案件有关的电子数据及存储介质。

第八条【查询的一般规定】

根据侦查犯罪的需要，检察技术人员可以接受指派，协助检察官查询案件管理数据信息、行业数据信息、互联网信息等。

第九条【查询记录】

查询时，应当记录信息来源、查询人、查询时间、查询地点等必要信息。

经查询获得的电子数据应当制作清单。

第十条【远程查询】

电子数据位于异地、远程或境外的，可以进行远程查询，并在记录中注明远程查询的原因和查询过程。必要时，可以对查询过程进行录像。

第十一条【查询结果及其转化】

经查询获得的电子数据应当通过计算完整性校验值等方式加以固定，也可以打印作为书证使用。

配合查询的有关单位和个人应当就查询结果出具纸质版和电子版文件。不便或者不需要出具纸质版文件的，可以仅提供电子版文件。电子版文件应当通过计算完整性校验值等方式加以固定。

第十二条【勘验、检查的一般规定】

人民检察院在对与犯罪有关的场所进行勘验时，可以指派检察技术人员，在检察官的主持下对电子设备和电子数据同步进行勘验。

为了确定电子数据及存储介质的某些特征、情况或者状态，检察技术人员应当协助检察官对电子数据及存储介质进行检查，提取生物样本、唯一性标识以及账号、密码等个体性信息。

第十三条【现场保护】

检察技术人员到达现场后，应当协助检察官及时了解并记录电子设备的所有人、持有人、使用人、账号密码设置情况及运行状态等信息。

电子数据存在灭失、破坏等紧急情形时，检察技术人员应当根据现场状况和技术条件，采取相应措施及时进行保护、固定。

第十四条【现场勘验、检查】

具有下列情况之一的，检察技术人员应当协助检察官在现场进行电子数据勘验、检查：

（一）调取、扣押存储介质或电子设备确有困难，或因其他原因不能调取、扣押的；

（二）电子设备处于开机状态，因特殊情况不能关机或关机会造成关键数据丢失或者改变的；

（三）必须通过特定系统或环境才能访问的；

（四）情况紧急等原因必须在现场进行勘验、检查的。

勘验、检查时，检察技术人员应当保护电子数据的原始性，采取计算完整性校验值或者其他保护措施，保证电子数据不被增加、删除、修改。

因取证技术等客观原因无法避免电子数据增加、删除、修改的，检察技术人员应当采取必要措施防止原始数据遭受实质性破坏，并在笔录中说明原因。必要时可以对相关活动进行录像。

第十五条【勘验、检查的内容】

对开机状态的电子设备进行现场勘验、检查时，检察技术人员应当协助检察官着重收集以下信息：

（一）指纹等生物样本或其他唯一性标识；

（二）操作系统的名称、版本；

（三）系统设置、系统时间及误差信息；

（四）使用的网络端口、网络连接、IP地址和防火墙配置；

（五）电子设备、应用软件、网络平台等的账号、密码；

（六）应用软件的名称、版本和相关功能；

（七）打开的文档；

（八）打开的网页、邮件、聊天记录；

（九）其他与案件事实相关的信息。

第十六条【设备的身份确定】

现场勘验、检查时，检察技术人员应当协助检察官通过指认、拍照、录像或者提取领用记录等方式，明确电子设备、存储介质、系统账户、应用程序账户的所有人、保管人和使用人。

第十七条【网络远程勘验】

具有下列情形之一，检察技术人员可以协助检察官通过网络远程勘验提取电子数据：

（一）原始存储介质位于境外或难以提取的；

（二）不及时提取可能造成电子数据灭失、变化的；

（三）其他需要通过网络远程勘验提取电子数据的情形。

通过网络远程勘验提取电子数据的，应当在笔录中说明原因，并由见证人见证。必要时，可以对相关活动进行录像。

远程勘验计算机网络系统，除收集、固定与案件相关的电子数据以外，还应当详细记录目标网络地址、网络域名、网络运营商、网络路径、服务器名称、系统环境、系统设置等信息。

第十八条【勘验、检查笔录】

对电子数据及其存储设备进行勘验、检查的情况，检察技术人员应当协助检察官制作笔录，重点记录以下内容：

（一）电子设备、存储介质摆放位置等信息；

（二）电子设备、存储介质的品牌、型号、序列号或出厂号、外观、结构、状况、移动通信号码等信息。

（三）电子设备的运行状态、系统时间、网络连接状况、连接方式、连接设置等信息；

（四）从电子设备中获取的电子数据；

（五）其他应当记录的信息。

勘验、检查笔录应当由参加勘验、检查的检察官、检察技术人员和见证人签名或者盖章。

对勘验、检查获得的电子数据，检察技术人员应当采用计算完整性校验值等方式进行固定，作为勘验、检查笔录的附件。

第十九条【检验的一般规定】

根据案情需要，人民检察院可以指派检察技术人员对已经查封、扣押封存的电子设备和经勘验、检查、冻结获得的电子数据进行检验。通过数据恢复、破解、仿真、统计、关联、比对等方式，收集、分析相关的电子数据。

第二十条【鉴定的一般规定】

为了查明案情，解决案件中电子数据的专门性问题，人民检察院可以委托有鉴定资格的检察技术人员进行鉴定。

根据案情需要，检察技术人员可以对电子数据的具体内容进行鉴定，还可以对其关联性和真实性进行鉴定。

第二十一条【电子数据完整性检查】

在开展检验、鉴定前，检察技术人员应当检查电子数据的完整性：

（一）对于以完整性校验方式保护的电子数据，应当核对其校验值是否正确；

（二）对于以封存方式保护的电子数据存储介质，应当比对封存的照片与当前封存的状态是否一致；

存储介质完整性校验值不正确、封存状态不一致或未封存的，应当在检验报告或鉴定意见中注明。

第二十二条【存储介质的开封要求】

对未计算完整性校验值、以封存方式保护的电子数据存储介质进行检验、鉴定时，检察技术人员应当对电子数据存储介质的拆封过程进行录像，或者在见证人的见证下开封，并在鉴定意见或检验报告中注明。

第二十三条【检验、鉴定的方式】

检察技术人员开展检验、鉴定的，原则上不得直接对原始存储介质进行操作。

检察技术人员可以采取写保护方式对原始存储介质或者复制件进行操作；也可以采取写保护方式制作原始数据的复制件，对复制件进行操作。

检验、鉴定结束后，应当按照本细则第三十七条的规定重新封存原始存储介质。

第二十四条【制作原始存储介质复制件的要求】

检察技术人员在检验、鉴定中需要对原始存储介质制作复制件的，应当遵循以下要求：

（一）在写保护的状态下制作复制件；

（二）复制件制作完成后进行完整性校验值一致的确认；

（三）复制完成后重新封存原始存储介质。

第二十五条【有损检验、鉴定】

因客观原因无法采取写保护方式进行检验、鉴定或者制作复制件，需要直接对原始存储介质进行操作的，应当采取必要措施防止原始数据遭受实质性破坏，并对检验、鉴定过程进行录像。

在检验报告或者鉴定意见中，应当注明直接对原始存储介质进行操作的原因和目的、实施的操作、对原始数据可能产生的影响。

第二十六条【联网检验、鉴定】

检察技术人员在开展检验、鉴定时，相关的电子设备和检材原则上不应当接入互联网。确实需要接入互联网的，严格遵循相关的技术规范进行操作。

第二十七条【电子数据检验报告、鉴定意见】

检察技术人员在开展检验、鉴定时，应当制作《电子数据检验报告》、《电子数据鉴定意见书》，记录以下事项：

（一）电子数据的完整性校验值或原始存储介质的开封情况；

（二）检验、鉴定所采用的方法；

（三）检验、鉴定的经过；

（四）提取的电子数据；

（五）分析电子数据得出的结论性意见；

（六）原始存储介质重新封存的情况；

（七）其他需要记录的事项。

检察技术人员应当在《电子数据检验报告》、《电子数据鉴定意见书》上签名或者盖章。

第二十八条【调取电子数据的一般规定】

检察技术人员可以协助检察官，凭人民检察院的证明文件，向有关单位和个人调取能够证明案件事实的电子设备和电子数据。

需要向本辖区以外的有关单位和个人调取电子设备和电子数据的，可以商请当地人民检察院给予协助。

第二十九条【调取电子数据的要求】

检察技术人员协助检察官调取电子数据的，应当制作调取证据通知书和调取清单，注明需要调取电子数据的相关信息，通知电子数据持有人、网络服务提供者或者有关部门执行。

有关单位和个人应当在调取证据通知书上盖章或者签名；无法签名或者拒绝签名的，应当在笔录中注明，由见证人签名或者盖章。必要时，可以对相关活动进行录像。

第三十条【收集电子数据的优先顺序】

检察技术人员协助检察官调取电子数据的，应当结合具体案情，按照以下优先顺序，选择电子设备、存储介质及数据内容的收集方法：

（一）查封、扣押电子设备、存储介质并予以固定；

（二）制作电子数据的复制件并予以固定；

（三）提取电子数据并予以固定；

（四）通过拍照、录像等方式予以固定；

（五）其他可以保证电子数据完整性和真实性的措施。

第三十一条【搜查的一般规定】

检察人员对犯罪嫌疑人以及可能隐藏罪犯或者犯罪证据的人的住处、工作地点和其他有关的地方进行搜查时，可以指派检察技术人员参加，对电子数据及存储介质进行搜查。具体要求按照《人民检察院刑事诉讼规则》的相关规定执行。

第三十二条【查封、扣押的一般规定】

检察技术人员协助检察官对电子数据及原始存储介质进行搜查的，应当查封、扣押原始存储介质，采取封存或者计算完整性校验值等措施予以固定。同时记录原始存储介质的型号、容量、序列号、识别码、用户标识等外观信息。必要时，可以对相关活动进行录像。

检察技术人员协助检察官封存电子数据原始存储介质的，应当保证在不解除封存状态的情况下，无法增加、删除、修改电子数据。封存前后应当拍摄被封存原始存储介质的照片，清晰反映封口或者张贴封条处的状况。

检察技术人员协助检察官封存手机等具有无线通信功能的存储介质的，应当采取信号屏蔽、信号阻断或者切断电源等措施。

第三十三条【直接提取电子数据】

无法获取原始存储介质的，检察技术人员可以协助检察官直接提取电子数据，但应当在笔录中注明不能获取原始存储介质的原因、原始存储介质的存放地点等情况。有条件的，应当对相关活动进行录像。

第三十四条【打印、拍照或者摄像方式固定电子数据】

对于不宜影响正常使用的电子设备，具有下列二种情形之一，检察技术人员可以协助检察官采取打印、拍照或者摄像等方式固定相关电子数据：

（一）能够获取原始存储介质，但确因客观原因限制，不适宜或者无法扣押原始存储介质的；

（二）无法获取原始存储介质，但确因客观原因限制，不适宜或者无法直接提取电子数据的。

采用打印、拍照或者摄像等方式固定相关电子数据的，应当在笔录中注明原因。

第三十五条【冻结的一般规定】

具有下列情形之一，经检察长批准，检察技术人员可以协助检察官对电子数据进行冻结：

（一）数据量大，无法或不便提取的；

（二）提取时间长，可能造成电子数据被篡改或消灭的；

（三）通过网络应用可以更为直观地展示电子数据的；

（四）其他需要冻结的情形。

第三十六条【冻结手续】

检察技术人员协助检察官冻结电子数据的，应当制作协助冻结通知书，注明与被冻结电子数据有关的网络应用账号等信息，通知电子数据持有者、网络服务提供者或有关部门协助办理。不需要继续冻结时，应当及时通知电子数据持有者、网络服务提供者或有关部门处理。

检察技术人员协助检察官冻结电子数据的，应当采取以下一种或者几种方法保证电子数据不被增加、删除、修改：

（一）计算被冻结电子数据的完整性校验值；

（二）锁定网络应用账号；

（三）其他可以防止电子数据增加、删除、修改的保护措施。

第三十七条【侦查实验的一般规定】

对于下列情形，经检察长批准，检察技术人员可以协助检察官进行电子数据侦查实验：

（一）验证在一定条件下是否产生特定电子数据的；

（二）确定计算机程序是否具有特定功能的；

（三）其他查明案件情况的需要。

对电子数据侦查实验的经过和结果，检察技术人员应当协助检察官制作侦查实验笔录，记录案由、对象、内容，侦查实验的时间、地点、方法、过程和结果，并由参加实验的人签名或者盖章。有条件的，应当对侦查实验过程进行录像。

第三章　电子数据的审查判断

第三十八条【审查判断电子数据的内容】

对于诉讼活动中获得的电子数据，检察技术人员可以协助检察官对其关联性、合法性、完整性和真实性进行审查判断。

第三十九条【关联性审查】

检察技术人员协助检察官审查电子数据的关联性，应当针对待证事实，基于经验法则进行综合性判断：

（一）案件当事人、犯罪嫌疑人网络身份和现实身份之间的关联性；

（二）原始存储介质与案件当事人、犯罪嫌疑人之间的关联性；

（三）电子数据与案件当事人、犯罪嫌疑人行为之间的关联性；

（四）电子数据与原始存储介质之间的关联性；

（五）电子数据与案件事实发生的时间、地点等方面的关联性。

检察技术人员协助检察官审查电子数据的关联性，可以通过核查相关 IP 地址、网络活动记录、上网终端归属，结合其他证据进行综合判断。

通过上述方法无法确定电子数据关联性的，可以进行司法鉴定。

第四十条【合法性审查】

检察技术人员协助检察官审查电子数据的合法性，应当着重审查以下内容：

（一）取证主体是否符合法定要求；

（二）取证人员是否持有依法开具的勘查证、搜查证，遇有紧急情况，不另用搜查证进行搜查后，是否及时补办有关手续；

（三）取证时，是否制作笔录、清单，并经检察人员、电子数据持有人（提供人）、见证人签名或者盖章，没有持有人（提供人）签名或者盖章的，是否注明原因；

（四）是否依照有关规定由符合条件的人员担任见证人，在应当录像的情形下是否对相关活动进行录像。

第四十一条【真实性审查】

检察技术人员协助检察官审查电子数据的真实性，应当着重审查以下内容：

（一）送审的电子数据是否完好、规范，送审的电子数据存储介质封存状况是否完好，收集的电子数据和制作的复制件完整性校验值是否一致；

（二）获取电子数据的过程和依据的方法是否符合相关技术标准，取证过程是否可以重现；

（三）获取电子数据的设备或软件工具是否具备相关资质，是否经过核证程序验证；

（四）鉴定意见论证过程是否客观科学、符合逻辑，认定的事项、提出的意见是否依据充分，鉴定文书的制作是否规范、有无遗漏等。

（五）勘验、检查笔录、检验报告、侦查实验笔录及相关技术操作记录、说明等是否客观、科学、完整，有无遗漏的项目和内容；

（六）电子数据如有增加、删除、修改情形的，是否能够作出合理解释；

（七）其他需要技术性审查的内容。

第四十二条【完整性审查】

检察技术人员协助检察官审查电子数据的完整性，应当根据保护电子数据完整性的相应方法进行验证：

（一）审查原始存储介质的封存状态；

（二）审查电子数据的收集、提取过程，查看相关录像；

（三）比对电子数据完整性校验值；

（四）与备份的电子数据进行比较；

（五）审查冻结后的访问操作日志；

（六）其他有效方法。

第四章　电子数据的举证质证

第四十三条【举证方式】

检察官可以指派检察技术人员通过庭上勘验、整理列表、动态演示或仿真展示等方式，向法庭提交电子数据。

电子数据需要当庭出示的，检察技术人员可以根据电子数据的具体类型，借助多媒体设备出示、播放或演示。

第四十四条【专家辅助】

检察技术人员可以接受指派出庭，协助检察官对庭审中所涉及的电子数据相关专业问题发表意见，或者对鉴定意见进行质证。

第五章　附则

第四十五条【专业名词解释】

本规定中下列用语的含义：

（一）电子数据，是指由现代信息技术应用而出现的、能够证明案件事实情况的一切材料。本细则中的电子数据，可以参照但不限于最高人民法院、最高人民检察院、公安部《关于办理刑事案件收集提取和审查判断电子数据若干问题的规定》第一条的规定。

（二）存储介质，是指具备数据信息存储功能的电子设备、硬盘、光盘、优盘、记忆棒、存储卡、存储芯片等载体。

（三）电子设备，是指由电子元器件组成，且借助一定的处理系统用于生产、修改、删除、存储、传递电子数据的设备，主要包括台式电脑、笔记本电脑、平板电脑、掌上电脑、服务器、手机、数码照相机、数码摄像机、打印机、复印机、传真机、电话机、扫描仪、导航仪、路由器、电视机顶盒、手机基站等。

（四）完整性，是指电子数据自形成之时起，其内容保持完整并且未予改动。

（五）完整性校验值，是指为防止电子数据被篡改或者破坏，使用散列算法等特定算法对电子数据进行计算，得出的用于校验数据完整性的数据值。

（六）网络远程勘验，是指通过网络对远程计算机信息系统实施勘验，发现、提取与犯罪有关电子数据的侦查活动。

（七）核证程序，是指由法定机关对有关应用软件按一定的标准和步骤进行审核，经审核后符合法律规定的软件并签发相应证书的软件程序。

第四十六条【解释机构】

本规定由最高人民检察院负责解释。

第四十七条【实施时间】

本规定自颁布之日起施行。

第九章

一般化的取证规则——一种由技术规范凝练而成的法律设计

> 作为信息技术与法律知识交叉的前沿阵地，电子取证是电子证据行业发展的绝对热点。它不仅意味着一切传统取证措施的电子化，也意味着某些全新取证措施的出现。21 世纪以来，关于电子取证的多个年度国际会议成为各国专家学者切磋技艺的重要舞台，也推动了各国积极开展相关制度与平台建设。当前电子取证面临着技术提升和法律规制的迫切任务。一方面，电子取证须迈向取证技术综合化、取证范围扩大化、取证工具专业化、取证过程标准化；另一方面，电子取证本质上属于主权国家的证据调查活动，需要纳入法治轨道，接受法律规制。

一、朦胧走来的电子取证

自 1991 年美国召开的国际计算机专家会议首次提出电子取证一词后①，关于电子取证的实务和理论发展便一直处于快车道。电子取证是伴随着信息技术的飞速发展出现的新事物。迄今为止，人们对何谓“电子取证”众说纷纭，尚不存在大一统的概念。从英文表达来看，这一概念的主要表述有“E-discovery”和“Computer Forensics”等。前者又称为“Electronic Evidence Discovery”，是指对电子文件或电子数据的获取②；后者又称为“Cyber Forensics”“Digital Forensics”，是指对以比特形式存储或传递的数据加以恢复、保存、检查的各种工具或技术。③ 它们之间的区别主要在于取证主体不同，前者往往是由诉讼各方当事人及其律师取证，后者则限定为特别聘请或委派的计算机专家（包括一些专业公司的技术人员）进行取证。从中文表述来看，电子取证、计算机取证、电子证据的收集（提取）等术语也常常混

① 当时使用的是“Computer Forensics”，即狭义的电子取证。

② Hon. Shira A. Scheindlin & Jeffrey Rabkin. Electronic Discovery in Federal Civil Litigation: Is Rule 34 Up to the Task? . 41 *Boston College Law Review* (2000): 333.

③ Erin Kenneally. Computer Forensics. 27 *Magazine of Usenix & Sage* (2002): 8.

用。其实，它们的含义是在"大同"的前提下存在"小异"，并没有严格区分的必要。

关于什么是电子取证，我国学术界存在广义说和狭义说两种观点。狭义说将电子取证与"Computer Forensics"等同起来。例如，有人认为，电子取证是"将计算机系统视为犯罪现场，运用先进的技术工具，按照规程全面检查计算机系统，提取、保护并分析与计算机犯罪相关的证据，以期据此发起诉讼"①。取证的主要过程包括保护和勘查现场、获取物理数据、分析数据、追踪源头、提交结果等。也有人认为，电子取证"也称计算机法医学，它是指运用计算机辨析技术，对计算机犯罪行为进行分析以确认罪犯及计算机证据，并据此提起诉讼。也就是针对计算机入侵与犯罪，进行证据获取、保存、分析和出示"②。还有人认为，电子取证就是"运用软件技术和工具，按照预定的步骤检查计算机系统和相关外部设备，保护、提取和分析计算机系统和相关外部设备，保护、提取和分析计算机犯罪的痕迹，并产生具有法律效力的电子证据的过程"③。

广义说认为电子取证包括但不限于特殊的技术手段。例如，有人认为，电子取证是指对能够为法庭所接受的、足够可靠和有说服性的，存在于计算机和相关外设中的电子证据的确认、保护、提取和归档的过程。④ 还有人认为，所谓电子取证是指对存储在计算机系统或网络设备中潜在电子证据的识别、收集、保护、检查、分析以及法庭出示的过程。电子取证不单单是计算机或网络的技术问题，还涉及法律和道德规范。⑤

与狭义说相比，广义说的观点更为可取。虽然电子证据是带有一定高科技色彩的新型证据，但从司法实践来看，获取电子证据并不限于技术手段，也不限于专家提取，当事人完全可以利用一般知识或经验事先保全或事后收集。换言之，尽管专家在电子取证方面作用巨大，但并不能掩盖当事人在电子取证方面的特殊作用。特别是从制度建设的角度来看，构建一个国家的电子取证制度绝不应忽略多方主体的作为。

准确把握电子取证的含义，需要注意以下几点：其一，取证手段是借助计算机等电子设备；其二，取证对象主要是处于虚拟空间的电子证据；其三，取证主体呈现多元化的特点，即实施电子取证的人不能局限于某些特殊的群体。无论是侦查人员、司法人员、行政执法人员、纪检监察人员、诉讼各方当事人及其律师，还是网络服务提供商、鉴定专家等，都有可能成为电子取证的主体。

以证据来源为标准，电子取证可分为单机取证、网络取证与相关设备取证；以取证时刻潜在证据的特性为标准，电子取证可分为静态取证与动态取证⑥；以取证

① 王彩玲，陈贺明．浅析计算机犯罪取证与反取证．吉林公安高等专科学校学报，2007（2）．

② 张斌，李辉．计算机取证有效打击计算机犯罪．网络安全技术与应用，2004（7）．

③ 苏成．计算机取证与反取证的较量．计算机安全，2006（1）．

④ 王玲，钱华林．计算机取证技术及其发展趋势．软件学报，2003（9）．

⑤ 赵小敏，陈庆章．计算机取证的研究现状及趋势．网络安全技术与应用，2003（9）．

⑥ 静态取证所收集的是存储在未运行的计算机系统、未使用的存储器或独立的磁盘、光盘等媒介上的静态数据，这些数据不会随着计算机电源的切断而消失；动态取证所收集的是切断计算机电源后就会消失的各类易失性数据，如计算机当时运行的进程信息、内存数据、网络状态信息、网络数据包、屏幕截图和交换文件拷贝等。张新刚，刘妍．计算机取证技术研究．计算机安全，2007（1）．

时间为标准，电子取证可分为事后取证与事前取证；以调查人员是否需要亲临证据现场为标准，电子取证可分为临场取证与远程取证①；以技术手段为标准，电子取证可分为数据获取、数据恢复、数据分析与数据鉴定等。

严格地说，电子取证还不是一个严格的法律术语。《刑事诉讼法》等现行法规定的各种取证措施都存在着电子化的可能性，如搜查升级为电子搜查、勘验升级为电子勘验等。同时，现行法尚未做出规定的全新取证措施也可能浮出水面，如大数据侦查、区块链存证、人肉搜索等。从这个意义上讲，我国法律对电子取证进行规制，难以使用一个统一风格的法律术语。例如，最高人民法院、最高人民检察院、公安部制定的《关于办理刑事案件收集提取和审查判断电子数据若干问题的规定》选择了"电子数据的收集与提取"的技术风格之表述。通读规范全文可以发现，"电子数据的收集与提取"指的是包括扣押、封存、网络在线提取、网络远程勘验、技术侦查、冻结、调取、检查、侦查实验、鉴定等在内的各种取证措施。通俗地说，它们的集合可简称为电子取证。

二、基于抽象司法模型的电子取证程序

电子取证的表现形式多样，它既可能是新式的技术取证手段，也可能是传统取证方法的电子化。那么，电子取证有无可供普遍遵循的流程？这就涉及电子取证的程序问题。对此，一些学者选择从电子取证的基本模型切入分析。这里所说的模型，指的是某种事物的标准形式。它用在电子取证方面具有确定取证步骤的指导意义。

早在1999年，美国人法默和韦尼玛就在一次电子取证分析培训班上提出了电子取证的基本取证过程：第一步，保护现场安全并进行隔离；第二步，对现场进行记录；第三步，系统地查找证据；第四步，对证据进行提取和打包；第五步，建立证据保管链。这一流程又被称为基本过程模型。② 此后，事件响应过程模型③、执法过程模型④、抽象过程模型⑤、综合数字取证模型⑥、增强式数字取

① 远程取证是指通过远程连接的方式，从正在运行的计算机系统中获取电子证据的方式。Erin Kenneally. Confluence of Digital Evidence and the Law: On the Forensic Soundness of Live-Remote Digital Evidence Collection. 5 *UCLA Journal of Law and Technology* (2005): 1.

② Farmer D. & Venema W. Computer Forensics Analysis Class Handouts. (1999). http://www.fish2.com/forensics/class.html.

③ Chris Prosise & Kevin Mandia. *Incident Response: Investigating Computer Crime*. Osborne/McGraw-Hill, 2001: 87-130.

④ Technical Working Group for Electronic Crime Scene Investigation. *Electronic Crime Scene Investigation: A Guide for First Responders*. (2001). http://www.ojp.usdoj.gov/nij/pubs-sum/219941.htm.

⑤ Mark Reith, Clint Carr & Gregg Gunsch. An Examination of Digital Forensic Models. 3 *International Journal of Digital Evidence* 1 (2002): 8.

⑥ Brian Carrier & Eugene H. Spafford. Getting Physical with the Digital Investigation Process. 2 International Journal of Digital Evidence 2 (2003): 5-12.

证模型[①]、基于需求的计算机取证过程模型、多维计算机取证模型[②]、可信计算取证模型[③]以及网络实时取证模型[④]陆续被提出。总的来看，这些模型分别立足于不同的取证环境或技术，所反映的取证流程也有所差异。其中最大的差异是，有的只适用于某一种或几种电子取证措施，如事件响应过程模型、网络实时取证模型等专门性取证模型；有的则适用于全部的电子取证措施，如基本过程模型、抽象过程模型等通用取证模型。

电子取证的模型本质上属于技术层面，无须强求一致；但电子取证的程序本质上属于法律制度层面，应当实现统一，否则，一个国家便难以对这种新式取证措施进行有效的法律规制。我国电子取证程序的构建应当既参考上述各种模型，又不能受缚于模型理论；应当既参考传统搜查、现场勘查、鉴定、保全、技术侦查或通缉等取证措施的程序，又关注电子取证措施的特殊性。按照上述思路，我国的电子取证程序可以概括为四个环节。

一是电子取证的准备阶段。这是基础性阶段，主要任务包括对电子取证的技术和设备的研发、取证人员的培训和选择、取证前的信息搜集、取证设备和器材的选择、取证计划的制定等。

二是电子证据的收集保全阶段。这是初步的实施阶段，主要任务既包括对物理空间中电子证据的收集与保全，也包括对虚拟空间中电子证据的收集与保全，既包括对计算机主机与其他电子设备的临场取证，也包括网络在线提取等远程取证。

三是电子证据的检验分析阶段。这是深入的实施阶段，它充分体现了电子取证不同于传统取证的特点。一般来说，传统取证多是“现场式”的，即主要活动都集中在证据所在地；而电子取证多是“实验室式”的，即主要实施活动都集中在证据分析实验室，调查人员在证据所在地开展的活动基本上是在为实验室分析做准备。这是因为计算机硬盘等虚拟空间是电子证据的大仓库，分析海量电子证据必然要花费很长时间。若直接在犯罪嫌疑人的电脑上分析，既不能保证提取到有用的电子证据，又容易破坏原始证据造成难以弥补的损失。[⑤]

四是电子证据的提交阶段。这一阶段是对取证结果进行汇总提交，主要任务是根据检验分析结果制作电子证据鉴定书、勘验检查笔录及其他书面报告。如果发现电子取证过程中存在问题，还应当提出相应的改进建议或补救措施。

上述四个环节相互之间是层层推进的关系，在特殊情况下也可以有条件地回溯。例如，调查人员在电子证据的检验分析阶段发现取证有遗漏或者偏差的，不排除重新启动电子证据的收集保全程序。这样的做法不仅在技术上是必要和可行的，而且体现了我国诉讼法所确定的取证原则。如果套用模型理论，上述四个环节所构

① 丁丽萍，王永吉．多维计算机取证模型研究．计算机安全，2005（11）．

② 同①．

③ 李炳龙，王清贤，罗军勇，刘镔．可信计算环境中的数字取证．武汉大学学报，2006（5）．

④ 郝桂英，刘凤，李世忠．网络实时取证模型的研究与设计．计算机时代，2007（4）．

⑤ 刘品新．论计算机搜查的法律规制．法学家，2008（4）．

成的电子取证程序不妨概括为抽象司法程序模型（见图 9-1）。①

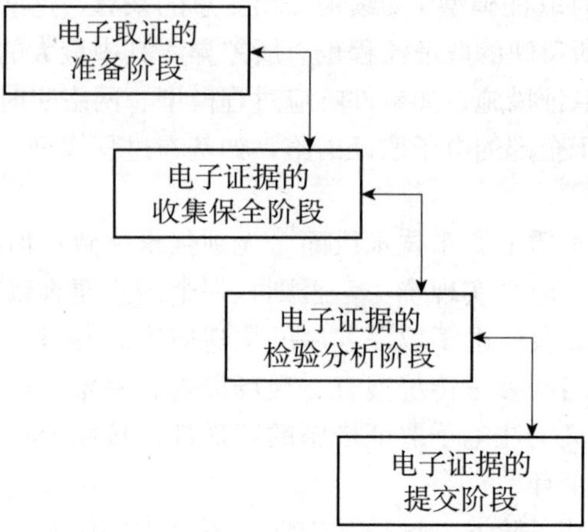

图 9-1　电子取证的抽象司法程序模型

三、电子取证如何规制

（一）规制方式

通过电子取证获得的证据可能仅被当作办案线索，而未成为定案证据，这种现象在司法实践中较为普遍。在很多案件中，电子取证所获取的电子证据或是仅被用于侦查阶段，或是以鉴定意见、勘验检查笔录、口供、证人证言等“转化型”证据的形式被提交法庭。这主要是因为办案人员在多数情况下不知实施电子取证的法律界限何在，更不知所获取的电子证据能否以及如何递交法庭。

电子取证程序的四个环节即准备阶段、收集保全阶段、检验分析阶段与提交阶段，应主要接受技术的规制还是法律的规制？前者是从技术角度推动电子取证的标准化，后者是从法律角度促进电子取证的合法化。譬如，1999 年 10 月电子证据科学小组在伦敦举办的国际高技术犯罪和取证会议上指出，为使电子证据能够以一种安全的方式收集、保存、检查和传输，以确保其准确性和可靠性，法律部门和取证机构必须建立一个有效的质量体系并需编制一份标准化操作规程（Standard Operating Procedures，SOP）。所有进行获取和检查电子证据的机构必须提供一份 SOP 文件，所有该机构的政策和操作规程都必须在 SOP 文件中明确写出，并获得权威管理机构的认可。这一标准化操作规程，实际上对于所有国家开展的电子取证活动都具有指导意义，属于技术规制的范畴。

电子取证的法律规制必然带有不同国家法律制度的传统特点。举例来说，有的

① 这里所谓的“抽象”，是指该模型适用于各种电子取证方法；所谓的“司法程序”，是指该模型立足于我国现行的司法程序制度。

国家开展传统搜查必须申领搜查令状，有的国家不一定需要，而是允许有条件的无证搜查；在申领搜查令状的国家，有的是由警察机关审批，有的是由检察机关审批，有的则是由审判机关审批。相应地，进行计算机搜查是否需要申领专门令状、如何审批令状也因国而异。总之，不同国家存在不同的证据法律规范，它们对电子取证所提出的法律规制也不尽相同。

如果说电子取证的技术规制是世界性标准，已经相对成熟；那么，电子取证的法律规制则是地方性标准，亟待建设。在我国建设社会主义法治国家的今天，法律理当是衡量行为正当与否的基本标尺。具体到电子取证方面，我国调查人员理应主动接受法律规制，以确保所收集的电子证据在法庭上具有可采性和证明力。换言之，我国电子取证制度建设的当务之急是构建符合国情的法律规则。

电子取证的法律规制与技术规制并非泾渭分明，两者之间存在相互转化的可能性。人类社会的立法经验告诉我们，技术标准经过法律认可就可能转化为法律标准，技术规则经过法律确认便成为法律规则。这在各种科学证据的收集与运用方面，早已成为一种普遍的规律。以鉴定意见（或专家证言）为例，司法人员应当如何判断它们是否可采？显然，简单地从鉴定主体的资格合法、鉴定过程合法、鉴定意见合格等方面进行形式审查是不够的。司法人员还必须判断鉴定专家所使用的鉴定方法是否科学可靠，如一项鉴定意见所依据的原理和方法的科学可靠性是否已经在该学科领域得到了普遍的承认。这实际上就是将技术规则提升为法律规则。

当前一些法律学者在建构普遍适用的法律规则方面做出了有益尝试。例如，巴西学者在该国立法的基础上，提出了用于指导电子取证的 20 项全球标准或规则。①这些标准既有源于法律要求的，也有源于技术要求的；它们立足于巴西法律，同时对于其他国家亦具有重要的参考价值。具体来说，“巴西标准”中关于电子取证主体的规则，包括取证主体应当具有资格证书、至少两人以上以及实行利益回避等，

① 许榕生．国际计算机取证的操作规程标准化动态．金融电子化，2003（9）．这 20 项标准或规则如下：（1）取证分析与检查规程和协议的研究和评估一样，应当由持有资格证书的人员操作。他应当胜任取证工作，具有技术和科学方法，其道德品质也应当是无可置疑的。（2）无论何时设计出一种新的取证检查规程，使用前都应先对它进行鉴定和测试。（3）取证的最低要求应当提前制定并作准确说明。（4）技术标准应当保证获得最低要求的证据。（5）取证的操作规程应当与所制定的标准相符。（6）取证的操作规程和标准应当得到相关科学团体的认可，并应进行定期的复查。（7）取证工具应当获得许可证或授权才能使用，这些工具应当得到业界的认可或能通过科学评测。（8）应当确立对私人数据的访问权限（如在取证过程中，允许取证专家访问所有的私人数据），检查规程应当保障这些相关的权限。（9）取证检查应当根据某种标准模型得出结论。（10）取证专家应当对其检查结果和获得的证据负法律责任。（11）当某位取证专家在法律上不允许执行取证检查时（如当该取证专家与犯罪者有血缘关系时），应当提前通知。（12）为减少个人因素对结果的影响，取证检查人员应当不少于二人。（13）为确保取证专家准确而高效地工作，应当保证有一个良好的取证环境，特别是取证检查所需的设备和材料。（14）取证专家必须以科学的态度得出结论，即结论不能存在其他可能性。（15）无论何时对证据进行分析，取证检查都应当作为调查工作中必不可少的一部分。（16）应当保存取证证据，以进行第二次分析。（17）在取证专家到来之前，应当对现场进行保护。任何发生的变动都应当作出报告。（18）可以使用照片、图纸、图表等，以使检查结果尽可能地详尽。（19）应当事先获得对计算机的搜查证。（20）要确立在没有计算机搜查证的情况下取证的规章制度。

可以为我国所借鉴。

综上可见，电子取证的技术规制与法律规制不可偏废。我国电子取证立法要将一些有益的技术标准吸收为法律规则。办案人员在电子取证时既要主动接受传统法律的规制，又要接受为法律所认可的技术标准的规制，这就为通过电子取证获得的证据在法庭上的使用奠定了基础。两高一部于 2016 年 9 月 20 日发布的《关于办理刑事案件收集提取和审查判断电子数据若干问题的规定》（以下简称《电子数据规定》）就将技术标准融入了法律规则当中。《电子数据规定》第 2 条①属于在法律规范中引入技术标准的一般规定，该条要求侦查机关既应当遵守法定程序，又应当遵循技术标准。《电子数据规定》第 7 条②和第 17 条③属于在收集和提取电子证据中引入技术标准的法规。《电子数据规定》第 21 条④属于在移送与展示电子证据中引入技术标准的法规。《电子数据规定》第 24 条⑤和第 26 条⑥属于在审查与判断电子证据中引入技术标准的法规。

（二）规制原则

确立电子取证的规制原则，既要参考我国传统的取证原则，也要吸收借鉴国外先进立法例的成熟经验。国外关于电子取证的规制原则中，具有代表性的是“六原则论”和“三原则论”。计算机证据国际组织于 2000 年 12 月 4 日在八国集团的会

① 《电子数据规定》第 2 条规定：“侦查机关应当遵守法定程序，遵循有关技术标准，全面、客观、及时地收集、提取电子数据；人民检察院、人民法院应当围绕真实性、合法性、关联性审查判断电子数据。”

② 《电子数据规定》第 7 条规定：“收集、提取电子数据，应当由二名以上侦查人员进行。取证方法应当符合相关技术标准。”

③ 《电子数据规定》第 17 条规定：“对电子数据涉及的专门性问题难以确定的，由司法鉴定机构出具鉴定意见，或者由公安部指定的机构出具报告。对于人民检察院直接受理的案件，也可以由最高人民检察院指定的机构出具报告。”

④ 《电子数据规定》第 21 条规定：“控辩双方向法庭提交的电子数据需要展示的，可以根据电子数据的具体类型，借助多媒体设备出示、播放或者演示。必要时，可以聘请具有专门知识的人进行操作，并就相关技术问题作出说明。”

⑤ 《电子数据规定》第 24 条规定：“对收集、提取电子数据是否合法，应当着重审查以下内容：（一）收集、提取电子数据是否由二名以上侦查人员进行，取证方法是否符合相关技术标准；（二）收集、提取电子数据，是否附有笔录、清单，并经侦查人员、电子数据持有人（提供人）、见证人签名或者盖章；没有持有人（提供人）签名或者盖章的，是否注明原因；对电子数据的类别、文件格式等是否注明清楚；（三）是否依照有关规定由符合条件的人员担任见证人，是否对相关活动进行录像；（四）电子数据检查是否将电子数据存储介质通过写保护设备接入到检查设备；有条件的，是否制作电子数据备份，并对备份进行检查；无法制作备份且无法使用写保护设备的，是否附有录像。”

⑥ 《电子数据规定》第 26 条规定：“第二十六条　公诉人、当事人或者辩护人、诉讼代理人对电子数据鉴定意见有异议，可以申请人民法院通知鉴定人出庭作证。人民法院认为鉴定人有必要出庭的，鉴定人应当出庭作证。经人民法院通知，鉴定人拒不出庭作证的，鉴定意见不得作为定案的根据。对没有正当理由拒不出庭作证的鉴定人，人民法院应当通报司法行政机关或者有关部门。公诉人、当事人或者辩护人、诉讼代理人可以申请法庭通知有专门知识的人出庭，就鉴定意见提出意见。对电子数据涉及的专门性问题的报告，参照适用前三款规定。”

议上提出“六原则论”：（1）在处理电子证据时，各种普遍性的法科学原则和程序原则必须得到遵守；（2）扣押电子证据时必须保证其不发生改变；（3）任何需要接触原始电子证据的人员必须经过专业的培训；（4）对电子证据进行扣押、接触、存储或转移的一切行为，都必须完整记录，并加以归档备查；（5）有关人员在保管电子证据时，对其上所实施的一切操作负责；（6）任何负责扣押、接触、存储或转移电子证据的机构，均有责任落实上述原则。① 美国司法部于 2001 年在《计算机现场勘查指南》中提出了“三原则论”，即处理电子证据时应当遵循以下普遍性的法科学原则和程序原则：（1）固定和收集电子证据时不能改变该证据；（2）对电子证据实施检查的人员必须经过专业的培训；（3）对电子证据进行扣押、检查或转移的一切行为，都应当完整记录，并加以归档备查。② 不难看出，这两种思想在电子取证的规制原则方面是基本一致的（“六原则论”相比“三原则论”只是在数量上多了责任方面的规则），它们主要从电子取证的技术角度设置规制原则，并兼顾了电子取证的法律程序。

在我国学术界，学者们习惯于从法律角度提出电子取证的规制原则。如有学者主张，以下几条原则可以作为规范和调整（刑事）电子证据取证活动的纲领性准则：（1）任意侦查原则，即“对于任意侦查，法律没有特别限制，即使法律没有明文规定，原则上也可以采取适当的方式进行；对于强制侦查，则只要刑事诉讼法上没有具体的规定，就不得进行”；（2）相称性原则，即侦查机关在进行实时数据收集与截获等任意侦查活动时，保持必要之谨慎，以适度技术手段，将对公民隐私权、财产权的侵犯降至可容忍的限度，从而实现维护网络公共秩序与网络空间公民权益保障的平衡；（3）令状原则，即侦查人员实施强制侦查中的搜查、扣押电子资料需以申领和签发令状为前提；（4）合法性原则，即刑事电子证据取证中必须主体合法、程序合法；（5）及时性原则，即刑事电子证据取证必须及时，反对不当的迟延。③

还有学者认为，电子取证的原则应当包括：（1）及时性原则，即要求计算机证据的获取有一定的时效性；（2）取证过程合法的原则，即要求电子取证过程必须按照法律的规定公开进行；（3）多备份的原则，即对于含有计算机证据的媒体至少应制作两个副本，原始媒体应存放在专门的房间由专人保管，复制品可以用于电子取证人员进行证据的提取和分析；（4）环境安全的原则，即存储计算机证据的媒体或介质应远离高磁场、高温、灰尘、挤压、潮湿、腐蚀性化学试剂等；在包装计算机

① IOCE. *G8 Proposed Principles For The Procedures Relating To Digital Evidence*. http：//www.ioce.org/core.php? ID=5.

② Technical Working Group for Electronic Crime Scene Investigation. *Electronic Crime Scene Investigation：A Guide for First Responders*.（2001）. http：//www.ojp.usdoj.gov/nij/pubs-sum/219941.htm.

③ 乔洪翔，宗森．论刑事电子证据的取证程序——以计算机及网络为主要视角．国家检察官学院学报，2005（6）．

设备和元器件时尽量使用纸袋等不易产生静电的材料，以防止静电消磁；防止人为地损毁数据；（5）严格管理过程的原则，即含有计算机证据的媒体的移交、保管、开封、拆卸等过程必须由侦查人员和保管人员共同完成，每一个环节都必须检查真实性和完整性，并拍照和制作详细的笔录，由行为人共同签名。①

电子取证既要遵循传统的法律原则，也要有自己相对独立的原则。前者应限定为三大诉讼法所确立的一些基本原则，如及时取证原则、全面取证原则与合法取证原则；后者是今后诉讼法修订时要专门针对电子取证制定的原则，主要应当是一些上升为法律层面的技术规制标准。从这个角度来说，笔者赞同以无损取证原则（简称“无损原则”）为核心构建电子取证的原则。② 也就是说，在电子取证的全过程中要尽可能保证电子证据的客观、真实与完整，这理当成为一条黄金法则。具体而言，无损取证至少要做到以下几个方面：第一，不能直接对原始电子证据进行分析、检验和鉴定。第二，对电子证据进行复制时，要使用洁净的存储设备实施精确复制，同时制作多个备份并进行校验，确保每个复制件均与原件一致。第三，以防篡改技术手段保障电子证据的原始性。第四，分析数据的计算机系统、辅助软件和分析方法必须安全可信。第五，整个取证过程，包括检验鉴定过程，都必须详细记录并受到监督。

（三）规制内容

电子取证的规制原则确定后，还需将之细化为可操作性规则。这就涉及电子取证的规制内容。从学理上讲，电子证据在我国运用的标准同传统证据一样，即可采性与证明力；但其运用难题则有所不同，电子证据的运用障碍集中体现在如何保证其原始性、真实性与合法性。相应地，无论是何种电子取证在我国均应当接受证据之原始性、真实性与合法性标准的具体规制。这三个方面是我国电子取证的主要法律规制内容。

首先，诉讼中要求提交原件、原物是世界上一条古老的证据法则，这一规则为电子取证设置了第一道法律障碍。我国法律中就有提交原件或者原物的要求。例如，最高人民法院《刑诉法解释》第 70 条第 1 款规定：“据以定案的物证应当是原物。原物不便搬运，不易保存，依法应当由有关部门保管、处理，或者依法应当返还的，可以拍摄、制作足以反映原物外形和特征的照片、录像、复制品。”该法第 71 条第 1 款规定：“据以定案的书证应当是原件。取得原件确有困难的，可以使用副本、复制件。”《民事诉讼法》第 70 条第 1 款规定：“书证应当提交原件。物证应当提交原物。提交原件或者原物确有困难的，可以提交复制品、照片、副本、节录本。”那么，何为电子证据的原件？司法实践中，侦查人员获取到电子证据后，常常是通过证据转化的方式将其提交法庭。有的是打印出来，有的是拷贝存盘，有的

① 丁丽萍，王永吉．计算机取证的相关法律技术问题研究．软件学报，2005（2）．

② 何家弘．证据调查．2 版．北京：中国人民大学出版社，2005：162.

是刻录成数据光盘，还有的是适当进行编排整理……这样做的目的在于保障诉讼顺利进行和提高诉讼效率，因为存储在计算机硬盘等介质中最原始的电子数据是肉眼看不见的，必须通过机读方式进行二进制转化。这些转化是否会改变电子证据的原始属性？如何明确电子证据的原件与复制件之间因取证方式不同而呈现的差异？

关于这些问题，虽然我国现行法律规范有所涉及，但仍然存在操作性缺失等问题。一种立法例是最高人民法院《关于民事诉讼证据的若干规定》，其第 23 条规定："人民法院调查收集视听资料、电子数据，应当要求被调查人提供原始载体。提供原始载体确有困难的，可以提供复制件……"这就要求电子取证必须获取电子数据的原始载体，但该要求并不总能得到满足。另一种立法例是我国《电子签名法》，该法第 5 条规定："符合下列条件的数据电文，视为满足法律、法规规定的原件形式要求：（一）能够有效地表现所载内容并可供随时调取查用；（二）能够可靠地保证自最终形成时起，内容保持完整、未被更改。但是，在数据电文上增加背书以及数据交换、储存和显示过程中发生的形式变化不影响数据电文的完整性。"这是将具有传统原件基本功能（即具有最终完整性和可用性等功能）的数据电文纳入"原件"之列。不过，对于何为"数据电文的完整性"，《电子签名法》立法语焉不详。倒是《电子数据规定》第 5 条列举了六种保护电子数据的完整性的方法，即：(1) 审查原始存储介质的扣押、封存状态；(2) 审查电子数据的收集、提取过程，查看录像；(3) 比对电子数据完整性校验值；(4) 与备份的电子数据进行比较；(5) 审查冻结后的访问操作日志；(6) 其他方法。总之，如何确保所获取电子证据的原始性亟待立法进一步地明确。

其次，如何保证电子证据的真实性是电子取证无法回避的难题。电子证据对电子系统具有依赖性，其生成、存储和传递都必须借助电子系统，任一方面的差错都有可能导致电子证据出现不为人们所觉察的改变，加之电子系统还容易受到外部攻击，有关电子证据有可能被修改且不留痕迹，因此人们普遍对电子证据的真实性心存疑虑。从技术规制的角度上讲，确保不出现伪造电子证据的情况过于理想化，即使通过专家鉴定的方式也存在力不能及之处。这样就需要在电子取证的各环节保证电子证据的真实性：一是严格形成电子证据的保管锁链，即从发现、提取、保全、检验、使用直至提交法庭的各个环节，都有严格的反篡改环节，以确保所获取的电子证据不出现改变；二是通过技术比对的方式，如哈希函数、数字签名等，以确保所获取的电子证据复制件与原件在内容上一致。

下面以国外法律界极力推崇的电子证据保管锁链为例展开说明。所谓证据保管锁链，是传统上针对物证的一项制度，指的是涉及证据的收集、保全和分析各个环节的证据清单和转移手续所构成的保管体系，用以确认物证的真实性。具体来说，如果举证方拿出证据证明一项物证是由何人、何时、何地、如何从其发现处提取、处理、保管直至提交法庭的，即形成了该物证的保管锁链，那么该物证的真实性就可以得到确认。在当前英美国家的司法实践中，执法人员在扣押物证时已经形成了一套保管锁链的惯例制度。这同样可以成为电子取证中保障电子证据真实性的一项措施。美国学者艾琳·科尼利提出，参考法庭普遍采用的物证保管锁链之原则、政策和程序，调查人员应当从无损检验等九个方面入手保证电子证据的真实性。① 若我国建成了电子证据的保管锁链制度，那就能在很大程度上解决电子取证过程中电子证据的保真问题。令人遗憾的是，证据保管锁链制度在我国并未得到正式推行，传统物证如此，遑论电子证据。

通过技术比对的方式来验证和保证电子证据真实性在司法实践中得到广泛应用，并且已为我国立法所认可，今后还应转化为调查人员的自觉行为。两高一部《电子数据规定》第22条规定："对电子数据是否真实，应当着重审查以下内容：……（二）电子数据是否具有数字签名、数字证书等特殊标识。"最高人民检察院《检察机关办理电信网络诈骗案件指引》中也有与之相似的规定。《公安机关办理刑事案件电子数据取证规则》第24条规定："网络在线提取应当计算电子数据的完整性校验值；必要时，可以提取有关电子签名认证证书、数字签名、注册信息等关联性信息。"最高人民法院《关于互联网法院审理案件若干问题的规定》第11条第2款规定："当事人提交的电子数据，通过电子签名、可信时间戳、哈希值校验、区块链等证据收集、固定和防篡改的技术手段或者通过电子取证存证平台认证，能够证明其真实性的，互联网法院应当确认。"

此外，需要特别指出的是，即便我国立法有效地落实了前述两条规则，也不可能化解关于电子取证保真的全部困难。司法实践中电子取证工作复杂多样，在个案中保证电子证据的真实性仍会面临很多困难。例如，远程取证是由调查人员通过技术下载等方式获取证据的，这种取证既难以通过比对方式判断真伪，也难以构成严密的证据保管链，证据的真实性需要在个案中具体判断。又如，为保证电子证据不失真，一般开展电子证据鉴定是在复制盘上进行的，但在特殊情况下电子证据无法复制，若在电子证据的原始载体上进行"有损检验"，就面临如何确保和检验其真实性的问题。换言之，在遵循"无损取证"原则的前提下，在特殊情况下能否实施不得已的"有损取证"，诸如此类的问题都亟待回答。

再次，如何保证电子证据的合法性值得深思。当前我国关于电子取证的法律法

① 这九个方面具体包括：（1）严禁在收集、存储和分析过程中改变原始的电子证据（包括只在电子证据复制件上分析、对电子证据原件进行防篡改加密等）；（2）在收集、存储和分析电子证据的过程中严格作书面记录，记录的内容要特别包括收集到了何种电子证据，在何处收集到的电子证据，在收集之前、存储之际和检验之后何人接触过电子证据，电子证据是如何收集和存储的（包括所使用的工具和方法），电子证据是在何时收集的，等等；（3）对电子证据的任何改变作书面记录和解释，必要时建立稽核程序；（4）保持电子证据的连续性；（5）对有争议的电子证据进行完全复制；（6）复制电子证据的方法必须足够可靠（如可借助独立的哈希函数进行验证）；（7）尽可能采取安全措施（如采取防干扰存储措施、写保护措施等）；（8）正确标注各个环节的时间、日期和来源；（9）限制接触电子证据的人员，并进行记录。Erin Kenneally. Confluence of Digital Evidence and the Law: On the Forensic Soundness of Live-Remote Digital Evidence Collection. 5 *UCLA Journal of Law and Technology* (2005): 10.

规不多，主要是公安部、最高人民检察院所颁行的一些内部规章或工作规定，如两高一部《电子数据规定》《公安机关办理刑事案件电子数据取证规则》《公安机关电子数据鉴定规则》《计算机犯罪现场勘验与电子证据检查规则》和《人民检察院电子证据鉴定程序规则（试行）》等。它们针对的只是部分电子取证措施，无法涵盖全部。即便是那些针对部分电子取证措施的法律规定也非常原则，难以直接用作判断电子证据合法性的依据，例如，在什么情况下通过网络监控、网络过滤、网络搜索、网络公证得来的电子证据可以采纳？网络人肉搜索和网络通缉如何用作有效的取证手段？电子搜查是否需要办理搜查令？搜查或勘查电子证据时，能否停止整个网络服务器的运行？电子证据鉴定的规范化流程是什么？诸如此类的问题都需要法律的规制。特别值得一提的是，在我国当前开展电子取证的实践中，调查人员经常面临能否使用未经核准的计算机软件（如自行开发的软件或未经合法授权的盗版软件）进行取证的问题，通过未经核准的软件所获取的电子证据的合法性也值得思考。

要解决上述问题，一方面有赖于我国有关部门的专门性规章进一步充实；另一方面我国三大诉讼法修改时，也应当针对电子取证作出必要的规定。前者涉及《电子搜查规则/工作规定》《电子数据扣押规则/工作规定》《电子档案管理规则/工作规定》《网络公证规则/工作规定》《网络监控规则/工作规定》《网络过滤规则/工作规定》《网络通缉规则/工作规定》以及《网络搜索规则/工作规定》等的出台。它们不仅是公安部、最高人民检察院的职能所在，同司法部、国家安全部、工业和信息化部等主管部委也存在密切的关系。后者涉及修改三大诉讼法及其相关司法解释的问题。对此，法律共同体应当对电子取证立法的重要性形成清晰的认识，并协力作出关键性的推动。

【拓展阅读】

跨境电子取证与数据主权原则

随着大数据时代的到来，数据中蕴含的价值引起了各国重视，大数据已然成为国家竞争力的重要组成部分。然而云技术带来的数据跨境流动和存储，为数据的管理和保护带来了风险。一国的某些重要数据一旦被他国掌控，后果不堪设想。越来越多的国家意识到数据主权的重要性，开始宣示数据主权的基本原则。

我国《网络安全法》第 37 条规定："关键信息基础设施的运营者在中华人民共和国境内运营中收集和产生的个人信息和重要数据应当在境内存储。因业务需要，确需向境外提供的，应当按照国家网信部门会同国务院有关部门制定的办法进行安全评估；法律、行政法规另有规定的，依照其规定。"这是对数据境内存储及数据跨境传递进行的规定，初步勾勒出我国的数据主权原则。

数据主权原则的确立给电子取证带来了巨大的挑战。在很多网络安全事件中，违法犯罪嫌疑人往往将服务器设在境外，那么如何获取这些存储在境外的数据呢？境外的电子数据一般有两种获取方式：一种是境外取证，在刑事诉讼中主要通过国际司法协助、区际司法协助的相关规定来完成；在民事、行政诉讼中，除了司法协助方式外，也可以由当事人自行完成。另一种是境内远程取证，在境内即可完成，只需要遵守我国的相关法律规定即可，并不涉及其他国家的法律规定。无论是哪一种方式，电子取证都要妥善落实数据主权的原则。在涉及境内外数据流转的情况时，电子取证主体必须尽谨慎义务。

“微软爱尔兰案”就暴露出跨境远程电子取证问题。本案关于政府对云端数据的访问存在争议。作为贩毒调查的一部分，美国联邦政府根据“存储通信法案”（SCA）第2703条向微软发布了逮捕令，授权政府强制通信服务提供商提供用户数据。该令状要求微软提交其存储在爱尔兰数据中心的数据。第二巡回法院同意微软的意见，鉴于反对治外法权的推定，该法案未授权政府强制获取储存于国外的数据。2017年10月，最高法院批准了审查第二巡回法院的决定。①

微软爱尔兰案可能会妨碍政府在国外调查中收集电子证据的能力。它甚至可能妨碍纯粹的国内调查，因为它适用于国内用户的外国存储数据。

在某些情况下，政府仍然可以通过司法协助条约（MLATs）获取数据，该条约允许美国要求外国政府帮助收集其他政府领土内的证据。但正如詹妮弗·达斯卡尔所指出的那样，MLATs“缓慢而笨拙”，美国只与世界上大约一半的国家有司法协助条约。在某些情况下，科技公司的数据存储架构可能使任何国家的流程都无法应用。例如，虽然谷歌将一些用户的电子邮件存储在国外，但只有谷歌在美国的员工可以访问它。在微软爱尔兰案中，美国不能强迫谷歌转交外国存储的电子邮件，但也不能使用MLATs获取存储在国外的数据，因为外国可能对谷歌的美国员工缺乏管辖权。对于此类数据，这种安排会造成正当的黑洞。②

① APA 6th ed. Rozenshtein，A. Z. （2018）. Surveillance intermediaries. Stanford Law Review，70（1），99-190.

② 同①.

第十章

电子搜查规则——一项遵循国际准则的法律设计

信息技术的迅猛发展促使电子搜查步入各国司法舞台，在国际上得到了相对广泛的运用。本章从两个空间并存的视角切入，揭示了电子搜查的专门性；通过比较研究，指出我国实践中使用电子搜查相对较少，应当大幅度提升。为鼓励高效率、法治化地使用该措施，本章对照国际准则，论证了我国应当实现由“一步式”向“两步式”的根本性转变，并对有关申请令状、确定范围、保护权利和第三方协助电子搜查等问题建言献策。

一、跨越两个空间的专门搜查

在当今世界各国，传统意义上的搜查是一种颇具强制力度的侦查措施。许多国家不仅在刑事诉讼法等法律中对其加以规范，而且在宪法或宪法性判例中也有规定。例如，我国《宪法》第 37 条第 3 款规定：“禁止非法拘禁和以其他方法非法剥夺或者限制公民的人身自由，禁止非法搜查公民的身体。”第 39 条规定：“中华人民共和国公民的住宅不受侵犯。禁止非法搜查或者非法侵入公民的住宅。”美国《宪法》第四修正案规定：“公民的人身、住宅、文件和财产的安全受法律保护，不受非法搜查、扣押。基于合理的原因并有宣誓和确认，而且是特定的地点被搜查、特定的物品被扣押或者特定的人被采取强制措施的，不经批准也可以实施搜查、扣押。”

这里所说的搜查，指的就是对住所、人身等封闭场所的搜查。在我国，具体是指公安机关、国家安全机关、人民检察院的侦查人员为了收集犯罪证据、查获犯罪嫌疑人，依法对犯罪嫌疑人及可能隐藏犯罪嫌疑人或者犯罪证据的人的身体、物品、住处和其他有关场所进行搜索与检查的一种证据调查手段。① 由于传统搜查直接影响到公民的人身权利和财产权利，故不难理解各国法律为何普遍确立了以令状主义和预先审查为核心的程序保障制度。

社会变迁使得搜查的含义发生变化，传统搜查有了新的发展。在信息技术时代，人们可以不再局限于物理空间或财产权的观念来理解搜查，而是基于侦查行为是否侵害相对人具有“隐私合理期待”的物品、空间或信息。也就是说，虽然侦查人员没有进入某个物理空间，但其只要探知了相对人具有“隐私合理期待”的信息，就构成搜查。②

一些域外国家或地区已在立法中将电子证据纳入搜查范围，并且以令状原则加以规制。例如，我国台湾地区 2001 年“刑事诉讼法”修改，特别将“电子记录”纳入搜索的客体中。《网络犯罪公约》第 19 条规定：“各缔约方应调整必要的国内法或者规定，授权有权机关搜查或者相似地进入其境内的：a. 一个计算机系统或者其中某部分和存储在其中的计算机数据；b. ……”③

司法实践中有一种观念认为，电子搜查就是由办案人员“浏览”存储电子证据的计算机等存储设备，并从中提取信息。这种思维过于简单，早年出现的【案例 10－1】就表现出这种思维。

【案例 10－1】

赵某、王某某侵犯商业秘密案

【基本案情】

2005 年广西柳州警方接到轶新公司的报案称，该公司的软件被杰威特公司盗版并销售，造成重大的经济损失。经查明，该案犯罪嫌疑人是曾与轶新公司签订技术开发合同的博士生赵某。他利用在该公司任职掌握重要商业秘密的便利，与他人合伙成立了杰威特公司，先后四次将该公司委托其开发及升级的软件源代码私自复制，并将其中的两套软件稍做修改与更名，然后以杰威特公司的名义在国家版权局进行版权登记，在国内市场上公开销售。

该案的核心证据是计算机软件源代码，取证的专业技术性很强。警方经过反复商量，聘请一位计算机技术专家协助制定了周密细致的取证方案。行动开始，警方在一家咖啡店里先将赵某控制住，并带着赵某迅速赶往杰威特公司，以防止其同伙毁灭罪证。到该公司后，侦查人员立即切断了外部网线，同时命令所有工作人员立即离开座位，然后让赵某坐到他的电脑前面，开机并按照技术专家的指令进行操

① 何家弘．证据调查．2 版．北京：中国人民大学出版社，2005：316.

② 骆绪刚．电子数据搜查扣押程序的立法构建．政治与法律，2015（6）.

③ 胡铭，王林．刑事案件中的电子取证：规则、实践及其完善——基于裁判文书的实证分析．政法学刊，2017（1）.

作。20分钟后，技术专家找到了署名“杰威特公司”的软件源代码，侦查人员松了一口气。按照取证要求，侦查人员让赵某自行将电脑中的硬盘拆卸后封存，同时对拆卸、贴封等取证过程进行全程摄像。经过10个多小时不间断的搜查，侦查人员在杰威特公司一共扣押了3台笔记本电脑和8块计算机硬盘，后送到有关部门进行鉴定。①

【案件评析】

在本案中，办案人员的取证从效果上看获得了成功，但仍存在诸多值得商榷之处，如取证时命令犯罪嫌疑人自己操作电脑，直接在犯罪嫌疑人的计算机系统中进行检验等。从性质上看，本案仍属于传统搜查，并未展示电子搜查的魅力。切实将传统搜查升级换代，并在此基础上建规立制，是新时代的法律命题。

对于电子搜查，目前理论界与实务界并没有趋于统一的界定。从字面上看，它是指对计算机硬盘与其他电子存储介质的搜查，也可以被简称为计算机搜查。显然，这种新型的搜查并不仅仅针对物理空间，而是关注物理空间与信息空间的同步搜索、检查。如果说传统搜查一般表现为侦查人员持证“闯入”某个封闭的场所，“检查”并“带走”某些涉案的物品，那么电子搜查则完全是另一回事。电子搜查是电子取证工作的重要组成部分，需要由技术专家来实施。他们将嫌疑人的计算机硬盘等存储介质中的数据直接复制下来，或者将计算机硬盘等存储介质拿到实验室中分析检验，再将所发现的涉案数据复制留存。这一过程短则几天，长则几月，且始终离不开专家与专门的软件。电子搜查在很大程度上是借喻于传统搜查，两者的共同之处在于以发现和获取隐匿于封闭场所的犯罪信息为目的，但二者的区别仍是本质的。对此，美国学者克尔概括如下。②

第一，搜查的环境不同。传统搜查针对的是住所等物理区域，侦查人员要通过“门窗”进入，从一个“房间”走到另一个“房间”，打开一个又一个的抽屉或盒子，搜索与查看各种物品，并取走一些有价值的东西。电子搜查针对的是硬盘、软盘、U盘和ZIP盘等数据存储介质，侦查人员不可能破“门”而入，也不可能直接观察那些表现为“0”和“1”代码组合的数据，他只能是输入指令操作计算机以解读其中的信息。我国还有学者干脆将传统搜查称为对现实空间的搜查，将电子搜查归为对虚拟空间的搜查。③

第二，搜查的地点不同。传统搜查常常发生在犯罪嫌疑人的住所等地，而电子搜查应当远离犯罪嫌疑人的住所或计算机进行。司法实践中为防止电子证据的完整

---

① 洪露露，张英华．软件博士涉嫌侵犯商业秘密被公诉．法制日报，2006-01-13.

② Orin S. Kerr. Searches and Seizures in a Digital World. *119 Harv. L. Rev. 531*，(*2005*)．

③ 刘方权．从现实空间到虚拟空间：两种搜查的比较．江西公安专科学校学报，2005（3）．

性遭到破坏，技术专家通常会建立完全的镜像复制①，将电子证据从原先的存储介质拷贝到新介质中，变成只读文件，再对新制成的介质进行多方位检验分析。也即实际的“电子搜查”是在侦查机关的计算机系统而非犯罪嫌疑人的计算机系统中完成。

第三，搜查的信息量不同。住所等区域可以放置犯罪嫌疑人的各种实物，但容量毕竟有限，犯罪嫌疑人也比较容易控制或销毁涉案物品。传统搜查在正常情况下只涉及有限的场所、实物。计算机硬盘等存储的信息是海量的，甚至有很大一部分是犯罪嫌疑人不知情或无法控制的（如已经被犯罪嫌疑人删除的部分信息），因而电子搜查相当于对一座巨型信息库的搜索。

第四，搜查的机制不同。传统搜查只涉及物理空间，通常只需要组成一个搜查小组，按照搜查证的范围开展集中式的大搜索。而电子搜查既涉及物理空间也涉及虚拟空间（或逻辑空间），其中对虚拟空间的搜索通常需要交由少数人员来完成，当然需要花更多的时间。按照美国联邦调查局地方计算机法科学实验项目的前主任马克·波利特的说法，电子搜查的时间取决于专家检验硬盘等介质的时间，假如案件重要或证据复杂，技术专家检索一块硬盘可能要耗费几个星期或几个月的时间，假如案件不重要或证据简单，或许只需几个小时。

二、电子搜查转向两步式的程序变革

司法实践中，传统搜查已经形成了基本的程序：侦查人员通常要手持搜查证，强行进入某一个空间，搜索到有关的犯罪物品，妥善扣押之后离开。电子搜查应当遵循何种程序，理论界众说纷纭，实务中也有不同探索。以电子搜查遵循的程序为例，美国司法部联邦调查局总结出四种可供选择的方案：（1）在现场直接搜查计算机，查找到具体电子文件打印成复制件予以保存；（2）在现场直接搜查计算机，查找到具体电子文件后进行电子复制予以保存；（3）在现场对计算机硬盘等存储介质进行完全复制，而后进行现场外检验；（4）在现场扣押计算机硬盘等存储介质，完全取走进行现场外检验。②

上述四种程式各有优劣。第一种方案最为快捷简便，任何略懂计算机基本知识

① 镜像复制（bitstream copy）与将个别计算机文件从一台电脑转移到另一台电脑的普通复制有所不同：（1）普通复制只能复制可识别文件，而镜像复制能够将目标驱动器中的每一个字节都复制下来，包括所有文件、空白空间、主文件表和元数据等；（2）普通复制可以在计算机运行时进行，而镜像复制通常是在数据机器关机状态下进行；（3）普通复制不改变原文件属性，而镜像复制形成的文件都是只读文件，用于分析时不至于发生篡改；（4）普通复制完毕后不必进行校验，而镜像复制完毕后必须进行校验，实践中常常采取哈希函数检验数据的完整性。两份不同的文件输入哈希程序，得出的哈希值是不同的；两份完全相同的文件输入哈希程序，才能得出相同的哈希值。

② U. S. Department of Justice，Searching and Seizing Computers and Obtaining Electronic Evidence in Criminal Investigation pt. II. B. 1（2002），http：//www. cybercrime. gov/s&smanual2002. htm.

的警察都能做得到，同时它对网络空间所造成的负面影响也最小，如从电子商务网络中打印电子文件不会影响商务活动的进行。不过，这一方案会损失大量有证据意义的电子信息，包括电子文件的日期、时间戳、路径、历史、添注等元数据。第二种方案比较简单和便捷，也获取到了元数据，不过受限于现场搜查的时间，要做到不遗漏任何电子文件是不可能的，而且现场开机分析与复制容易改变电子文件的时间属性等信息。① 第三种方案克服了前两种方案的局限，一方面，完全复制涵盖对存储介质中元数据、系统文件与被删除文件等所有数据的复制，能保证原始数据的完整性；另一方面，复制的方法是比特级的镜像复制，能确保原始数据的每个比特都被精确复制。不过，这种方案耗时较长，而且将原始介质和电子证据留在了现场，只是在复制件上进行检验，所以也不为实务人员所认同。第四种方案既扣押了原始介质，又建立了精确的镜像复制，事后只在复制件上离线分析，并以原件加以验证，因而最能为司法人员和技术专家所接受，被称为“最佳选择”②。在当前欧美各国的司法实践中，第四种方案已经得到普遍适用。

有学者将传统搜查称为“一步式”，将电子搜查的第四种方案——“最佳选择”归为“两步式”③：第一步是传统搜查，即由侦查人员进入某个空间，进行物理搜查，扣押涉案的计算机硬盘等介质；第二步才是真正意义上的电子搜查，即由技术专家验证、分析计算机硬盘等介质，从中找出涉案电子证据，并加以扣押。④ 由此可见，电子搜查其实同传统搜查并非截然分开，后者可以被理解为前者的前奏。

那么，为何电子搜查应当采取“两步式”？为何侦查人员通常不直接在犯罪嫌疑人的电脑上查看、分析与扣押数据？原因在于计算机硬盘等空间是电子证据的大仓库，分析海量电子证据必然要花费很长时间。若直接在犯罪嫌疑人的电脑上分析，既不能保证提取到有用的电子证据，又容易破坏原始数据造成难以弥补的损失。例如，对于犯罪嫌疑人已经删除的电子文件，通常在主文件表没有显示但实际上仍然存在于硬盘中，侦查人员在犯罪嫌疑人电脑的操作系统下是无法发现的，但在实验室中就完全可以恢复出来；又如，Windows 操作系统产生的重要元数据能证明该计算机的使用情况，Word 文字处理程序会生成许多临时文件以备恢复，IE 等网页程序会记下计算机用户的上网兴趣、习惯、身份和行踪，这些无法第一时间在犯罪嫌疑人的电脑查到，而要在实验室中慢慢揭秘；再如，假如侦查人员要搜索犯罪嫌疑人电脑上的色情图片，但犯罪嫌疑人改变了色情图片文件的扩展名（由“.jpg”改为了“.doc”“.wpd”等），或者进行了加密处理，那么就无法在犯罪嫌疑人的电脑上检索到，必须在实验室里一一破解。显然，电子搜查采取“两步式”

① 例如，启动 Win NT 操作系统的电脑，将有 500 多份电子文件出现变化。

② U. S. Department of Justice, Searching and Seizing Computers and Obtaining Electronic Evidence in Criminal Investigation pt. II. B. 1 (2002), http: //www. cybercrime. gov/s&smanual2002. htm.

③ Orin S. Kerr. Search Warrants in an Era of Digital Evidence. *75 Miss. L. J. 85*, (*2005*) .

④ 同③.

方法能够从根本上克服“一步式”的缺陷。

三、电子搜查走向法治化的法律规制

传统搜查是一项重要的取证措施，各国法律均制定了较为成熟的约束规则。我国《刑事诉讼法》第138条规定：“进行搜查，必须向被搜查人出示搜查证。在执行逮捕、拘留的时候，遇有紧急情况，不另用搜查证也可以进行搜查。”据此，我国传统的搜查规则可以概括为“有证搜查为主、无证搜查为补充”，类似这样的规则体现了人类司法实务的普遍经验，各国规定大同小异。

针对电子搜查的法律规制，各国大致有两种模式：一是类比和解释，即把传统搜查规则略作调整适用于电子搜查；二是根据现代科技的发展和司法实践经验，创制新的适用于虚拟空间的搜查规则。鉴于针对电子搜查采取全新的程序，多数学者赞同第二种选择。例如，我国有学者提出，基于电子证据的特性、虚拟空间搜查方式方法上的差异，有必要在《刑事诉讼法》中对虚拟空间搜查进行特别规定，明确有关的实体要件和程序要件，如扣押的范围、方式等。① 还有学者在分析电子数据搜查扣押程序立法构建的必要性与可行性之后，提出电子数据可以成为搜查扣押程序的对象。②

从规范的角度看，我国目前尚无关于电子搜查的特别规定。2016年两高一部制定的《关于办理刑事案件收集提取和审查判断电子数据若干问题的规定》没有使用“搜查”一词，而是继续使用“收集、提取”这种表述。2019年公安部制定的《公安机关办理刑事案件电子数据取证规则》亦使用了“收集、提取”的表述，并未提及“搜查”。

针对电子搜查，理想状态表现为“两个阶段”的搜查，因此传统的搜查规则完全可以适用于第一阶段，而第二阶段因存在明显不同则必须适用全新的规则。新规则涉及的内容主要包括如何申领搜查令状、如何确定搜查范围、其他人员的电子数据可否被扣押以及如何促使第三方协助搜查等。

（一）搜查令状

传统搜查必须申领搜查令状，法律另有规定的除外。这是一项基本原则，不过各国适用该原则的理论基础各异。有的国家以隐私权保护为基础，如美国《宪法》第四修正案确立了保护公民合法隐私权期待的宪法性原则。有的国家以其他人身权为基础，如在我国隐私权还不是宪法性权利，故要求申领搜查证的理论基础不是隐私权，而是住所权、人身自由等宪法性人身权利。与之相似，针对电子搜查是否需要申请令状，各国的法律要求不尽一致。

① 刘方权．从现实空间到虚拟空间：两种搜查的比较．江西公安专科学校学报，2005（3）．

② 骆绪刚．电子数据搜查扣押程序的立法构建．政治与法律，2015（6）．

一般理解，人们使用计算机等设备必然有着一定的隐私需要，所以在美国实施电子搜查需要申领令状是不言而喻的。而在我国，这一问题则值得探究。一种观点认为，隐私权不受我国宪法保护，相应地针对电子搜查也就无须申领令状，这就相当于询问等非强制侦查措施无须申领令状一样，而且现实生活中我国目前也不存在有能力的审批机构。另一种观点认为，电子搜查比传统搜查的强制力度更大，理当由侦查人员持证进行。也有观点认为，需要根据具体情况判断电子搜查是否需申领令状。“如果在其他侦查活动中扣押电子证据存储介质，对该存储介质进行电脑鉴识以获取电子数据须再次申请搜查令；如果以搜查电子数据为目的申请搜查令，扣押电子数据存储介质后进行电脑鉴识无须再次申请搜查令，此时搜查令授权范围已经包括存储介质中的电子数据。”①

针对电子搜查是否需要申请令状，本质上需要在国家机关顺利开展侦查与公民生活不受打扰两方面进行利益权衡。虽然我国现行《宪法》第 37、39 条只明确了人身自由、住所权等人身权利，但是基本隐私权也应涵盖在广义的人身权利范围内。尤其值得注意的是，我国还签署了《公民权利和政治权利国际公约》，该文件第 17 条规定：“公民的私生活、家庭、住所和通信不得加以任意或非法干涉，他的荣誉和名誉不得加以非法攻击。人人有权享有法律保护，以免受这种干涉和攻击。”不难看出，隐私权已然成为我国公民日常生活中的一项基本人权。因此，除法律特别规定外，电子搜查原则上应以申领令状为前提。

那么，哪些是“法定无须申请搜查证”的例外情形呢？我国有学者认为：“对于电子搜查、扣押……在紧急情况下，侦查人员也可以进行无证搜查、扣押，以保证能够及时地收集到证据，查获犯罪嫌疑人。”② 这基本上是我国传统搜查规则的翻版。《公安机关办理刑事案件程序规定》第 224 条规定：“执行拘留、逮捕的时候，遇有下列紧急情况之一的，不用搜查证也可以进行搜查：（一）可能随身携带凶器的；（二）可能隐藏爆炸、剧毒等危险物品的；（三）可能隐匿、毁弃、转移犯罪证据的；（四）可能隐匿其他犯罪嫌疑人的；（五）其他突然发生的紧急情况。”不难看出，这些紧急情况在电子搜查中并不典型，不能用以概括无须申领令状的例外情形。

美国的判例确定了电子搜查中不用签发搜查令状的三种情形：（1）没有合理的隐私期待，如警方从捡到的手机中发现了有关犯罪的照片，这一手机可以被搜查，这些照片可以用于指控；（2）当事人放弃隐私权的，如经同意后的搜查；（3）善意的例外等。③ 这些例外情形主要立足于限制公权力机关侵犯隐私权，对我国具有重要的借鉴意义。

① 骆绪刚．电子数据搜查扣押程序的立法构建．政治与法律，2015（6）．

② 刘广三，向德超．论电子证据的搜查、扣押．北方法学，2007（2）．

③ Kelly A. Borchers. MISSION IMPOSSIBLE：APPLYING ARCANE FOURTH AMENDMENT PRECEDENT TO ADVANCED CELLULAR PHONES，*40 Val. U. L. Rev. 223*（*2005*）．

至于需要申领搜查令状的，电子搜查证应当至少满足三项条件：(1) 建立在正当理由的基础上。申请令状的侦查人员必须有相当证据表明，将能从计算机硬盘等介质中寻找到涉案证据。这需要结合具体案情判断。例如，在美国的合众国诉海氏案中，侦查人员申请令状时声称“犯罪嫌疑人存在使用电脑存储和传输儿童色情图片、偶尔向外散播性行为材料的行为，专家可能将这些删除的计算机文件恢复出来”，联邦上诉法院第九巡回法庭裁定这些构成正当理由①；在合众国诉合恩案中，侦查人员向法庭提交了犯罪嫌疑人 3 个月前写的信，证明其曾经持有、并可能继续持有一些儿童色情图片，联邦上诉法院第八巡回法庭裁定虽然这些信是几个月前写的，但足以表明犯罪嫌疑人具有很深的、持续的儿童色情兴趣，因而实施电子搜查具有正当性。② (2) 由合格的司法人员签发。目前我国的搜查证由侦查机关的负责人审查签发。从审判中立的理念出发，今后司法改革不排除由不参与侦查的法官进行审查。就电子搜查而言，无论是由侦查机关负责人还是由法官签发令状，他们都必须具有判断电子搜查正当性的专业知识和能力。(3) 详细描述搜查的地点和扣押的项目。确定搜查的地点和扣押的项目具有重要意义，这直接关系到搜查的范围。传统上，搜查范围是根据物理空间和物品属性确定的，如犯罪嫌疑人的住所与被搜查物的基本情况等。不过，对于电子证据及其所处的虚拟空间而言，要事先确定搜查的地点和扣押的项目显然面临着更大的挑战。

(二) 搜查范围

当今各国进行搜查时必须遵循有限制的原则，不受限制的搜查在法治国家是不存在的。例如，为了侦查一起盗用拨号上网的案件，就不可能授权对犯罪嫌疑人房间内所有的抽屉进行搜查；为了调查一起网络赌博案件，也不应授权对该计算机所有的用户文件、系统文件、删除文件都进行搜查。这是出于利益平衡的考量，一方面侦查人员要通过搜查获取同犯罪相关的证据，另一方面侦查人员要确保同案件无关的财产、人身与住所不受侵犯。因此，明确电子搜查范围，是审查批准的一项重要内容。

《刑事诉讼法》第 136 条规定：“为了收集犯罪证据、查获犯罪人，侦查人员可以对犯罪嫌疑人以及可能隐藏罪犯或者犯罪证据的人的身体、物品、住处和其他有关的地方进行搜查。”这表明，我国搜查的范围是“犯罪嫌疑人以及可能隐藏罪犯或者犯罪证据的人的身体、物品、住处和其他有关的地方”，扣押的范围是“与案件有关的物品、文件”。此外，《公安机关办理刑事案件程序规定》第 222 条、第 227 条和《人民检察院刑事诉讼规则》第 203 条、第 210 条重申了这些规定。由此可见，侦查人员在申领令状之前应当明确搜查的范围，在搜查过程中应当区分哪些电子证据是与本案有关的、哪些电子证据是与本案无关的。

① United States v. Hay, *231 F. 3d 630 (9th Cir. 2000)*.

② United States v. Horn, *187 F. 3d 781 (8th Cir. 1999)*.

电子搜查要经历现场扣押存储介质及实验室检验两个阶段。这就会引发一些法律问题：一是侦查人员在申领令状时，容易将计算机等存储电子证据的设备视为单一的、离散的空间。但是，大多数计算机等设备都是多人使用的，特别是网络计算机还可能是成千上万的不特定多人使用，其中的电子证据是否与案件相关难以区分。将计算机空间都纳入搜查范围，是否同搜查规则相矛盾？是否侵犯权利人的合法权益？二是技术专家在检验分析前对电子证据存储介质进行镜像复制阶段，是不是意味着对全部原始的电子证据的“扣押”？如果是，这种“扣押”是否合理？侦查人员委派专家对原始数据的镜像复制件进行搜查是否该有所限制？对其中删除的各种数据进行恢复是否合法合理？

为了解决这些问题，我国有学者将计算机系统分成单机系统与网络系统，进而提出：（1）对存储在单机系统的硬件及相关设施等有形载体中的电子证据，可以完全依据我国《刑事诉讼法》第 114 条①进行搜查、扣押；（2）对于网络数据处理系统中的电子证据，可以将其复制到其他的物质载体上加以扣押，而不能对该主机系统进行扣押。② 然而，这些建议似是而非，问题多多。首先，单机系统的存储介质及其相关设施等同样也可能包含很多无关信息，直接扣押亦会侵犯他人的隐私权等合法权利。其次，对于网络中有哪些涉案电子证据，侦查人员并不能一眼明知，因此也就不能将其从其他证据中分离开来加以扣押。

在美国当前的司法实践中，法院对电子搜查的范围形成了两种观点：一些法院主张搜查的范围是涉及犯罪的一切计算机设备。这些法院所持的理由是，犯罪嫌疑人在计算机空间藏匿证据的方法是形形色色的，只要令状上注明与犯罪有关即符合明确搜查范围的要求，是实践中可执行的范围。例如，合众国诉安哈姆案的搜查范围概括为“一切计算机软件和硬件、计算机硬盘、硬盘驱动器以及一切有关未成年人性展示的描述物”③，合众国诉霍尔案的搜查范围概括为“计算机硬件、硬盘、硬盘驱动器、内置调制解调器、磁带驱动器、磁盘申请程序、数据盘、系统盘操作系统”④，合众国诉米克案的搜查范围概括为“计算机设备、计算机打印输出物、数据存储设备与计算机硬件文件”⑤，合众国诉翁案的搜查范围概括为“与谋杀有关的、警方希望查获的 12 项物品”⑥，戴维斯诉格雷斯案的搜查范围概括为“有关

① 1997 年《刑事诉讼法》第 114 条规定：“在勘验、搜查中发现的可用以证明犯罪嫌疑人有罪或者无罪的各种物品和文件，应当扣押；与案件无关的物品、文件，不得扣押。对于扣押的物品、文件，要妥善保管或者封存，不得使用或者损毁。”该条款对应的是 2018 年《刑事诉讼法》第 141 条，即：“在侦查活动中发现的可用以证明犯罪嫌疑人有罪或者无罪的各种财物、文件，应当查封、扣押；与案件无关的财物、文件，不得查封、扣押。对查封、扣押的财物、文件，要妥善保管或者封存，不得使用、调换或者损毁。”

② 刘广三，向德超．论电子证据的搜查、扣押．北方法学，2007（2）．

③ United States v. Upham，*168 F. 3d 532（1st Cir. 1999）*．

④ United States v. Hall，*F. 3d 988（7th Cir. 1998）*．

⑤ United States v. Meek，*366 F. 3d 705（9th Cir. 2004）*．

⑥ United States v. Wong，*334 F. 3d 831（9th Cir. 2003）*．

儿童色情材料的发送设备或显示设备"①，以上搜查范围均得到了法官的核准。

一些法院（主要是各级联邦法院）主张搜查的范围尚需进一步明确。例如，在合众国诉奥案中，搜查范围原限定为"与'欺诈'交易和虚假上报收益相关的文件"，但主审的联邦上诉法院第九巡回法庭裁定这种范围太过含糊而无效，法庭认为警方知道该从哪儿找到相关文件而故意不明确搜查范围，这造成了警方实际上将对所有计算机文件、文档进行搜查。② 此外，阿肯色州科尼克诉伊斯利案的搜查范围原确定为"包含有邮件、信件、备忘录和杂志的任何计算机设备"③，合众国诉亨特案的搜查范围原确定为"一切计算机、一切计算机储存设备、一切计算机软件系统"④，均被主审的联邦地区法院以过于宽泛为由而推翻。

有限制原则并非美国部分法院针对电子搜查的"专利"，而是国际上公认的电子取证原则。在国际权威的计算机调查专家国际协会公布的《电子检验程序》中，就特别强调："基于各种原因的制约，检验员要对介质上所有数据实施彻底检验常常得不到授权或者不可能、不必要、不可行。这时，检验员就只能进行有限制检验，应将不能实施彻底检验的理由记录存档。"其中，这一原则的含义之一便是"搜查令状确定的或法官授权的搜查范围必须是有限制的"⑤。受该协会影响，"有限制原则"在欧美计算机取证实践中日益受到重视。

从承袭国际公认准则的角度出发，我国进行电子搜查应明确搜查范围。不同于传统搜查中将搜查范围进行物理空间限制，电子搜查范围应当采取技术手段加以界定，比如可确定为某个时间段、某个制作者、某个电子邮箱、某个关键字、某种类型或某个虚拟空间的电子证据。这些范围的限定其实可以通过现有技术手段实现，计算机取证软件的常用查询与搜索功能就能满足这些要求。需要特别指出的是，在限定搜查范围有可能遗漏犯罪证据的情况下，搜查范围的确定可实行有条件的"宜大不宜小"规则。

（三）权利保护

电子搜查措施不仅影响犯罪嫌疑人的权益，而且会影响网络服务提供商和公众等其他人员的合法利益。具体来说，如果侦查人员搜查的计算机系统是多人共享甚至联网的，则其中既会存储有犯罪嫌疑人的数据，也会存储其他无关人员的数据，特别是可能会有涉及他人隐私或商业秘密的数据等。在有效进行电子搜查与避免侵犯他人合法权益之间达致一种平衡，是必须解决的问题。

一方面，完全禁止侦查人员在电子搜查中对其他人员数据的扣押是极不现实的。因为犯罪嫌疑人有可能对犯罪证据进行隐蔽处理，如变更文件名、将犯罪证据

① Davis v. Gracey，*111 F. 3d 1472*（*10th Cir. 1997*）.

② United States v. Kow，*58 F. 3d 423*（*9th Cir. 1995*）.

③ Arkansas Chronicle v. Easley，*321 F. Supp. 2d 776*（*E. D. Va. 2004*）.

④ United States v. Hunter，*F. Supp. 2d 574*（*D. Vt. 1998*）.

⑤ 刘品新．中国电子证据立法研究．北京：中国人民大学出版社，2005：66.

和其他电子文件混杂在一起，或者嵌入与案件无关的信息，所以侦查人员应当尽可能扩大搜查范围，对可能隐藏有犯罪数据的虚拟空间进行细致的查看，有时甚至要利用特殊技术分析某一似乎与案件毫不相干的电子文件。另一方面，漠视或肆意侵犯网络服务提供商和公众的合法权益同现代法治精神相违背，当侦查机关造成他人权益受损时，还会面临侵权之诉。这就要求今后立法与司法必须兼顾取证与维权两种价值。

对此，我国有学者提出了“必要性”之判断标准，即侦查人员根据当时的具体情况判断电子搜查过程中有无扣押他人数据的必要性。具体来说，如果有必要，则可以将他人数据作为扣押的对象；如果无必要，则可以通过复制方式将与案情相关的数据进行扣押。至于如何判断扣押他人数据的必要性，该论者建议可以结合以下几个要素进行判断：犯罪嫌疑人涉嫌犯罪的内容，该数据作为证据的证明价值，数据受到篡改、删除的可能性，以及该数据所有人的商业秘密和隐私的保护等。①

该论者列举了 1998 年日本东京地方法院判决的一起司法机关扣押网络公司服务器争端案加以说明。在该案中，原告是一家网络电信服务业者，该公司某一成员在东京分公司所设服务器的数据库中藏有名为“地下影院”的一个色情网页，导致多人对该网页中的淫秽图片、影片进行复制和浏览。但该成员在网页和电子邮件中使用的地址均为“morokin”，真实姓名不详。侦查人员持证对该公司的网络服务器进行了搜查，并对包含该公司 428 名客户的姓名、地址和联系方式等资料的电子磁盘进行了扣押。该网络公司提起诉讼要求解除扣押。东京地方法院判决认为，该网络公司并非是犯罪嫌疑人而是电信通信业者，对客户的资料负有保密的义务。在本案中，犯罪嫌疑人使用的是“morokin”网址，不能认为 428 名客户均与犯罪有牵连，所以判决扣押其他人员的电子资料并没有必要。②

“必要性说”提出了具体情况具体分析的思路，这无疑是非常正确的。从一定意义上讲，犯罪侦查是一种国家公权力，是打击犯罪、保护人民的需要，因此侦查人员在必要时有权获得网络服务提供商和公众的配合，有权扣押其他人员的数据。然而司法实践是复杂的，当侦查人员并不能清楚判断是否有必要扣押其他人员数据时，应尽可能减少对网络服务提供商和公众利益的影响。一旦造成损害，则需要予以赔偿。例如，搜查计算机系统时应减少妨碍服务器运行的时间或尽快使用替代系统，扣押数据的方式要因案而异，对因办案而知悉的数据要严格保密、防止毁损等。

（四）第三方协助

传统搜查主要是由侦查人员实施，第三方通常只起到见证作用。电子搜查在很多时候离不开第三方的支持和参与。因为有些涉案的电子证据是由第三方保管的，

① 刘广三，向德超．论电子证据的搜查、扣押．北方法学，2007（2）．

② 同①.

第三方代为收集具有天然优势；而由侦查人员亲自搜查可能会延长搜查时间，并严重影响到被搜查单位的正常工作秩序。例如，亚马逊公司等网络销售商在开展业务的同时，也会如实记录消费者每次购物的信息，包括个人身份和户名情况等。如果侦查人员需要这些信息，就可以要求网络销售商（其实就是网络服务提供商）代为获取和提供，然后送交警方拿到实验室中进行数据分析。这一取证过程看起来是证人的一种协助举证行为，实际上却是由第三方协助制作电子证据盘——完成电子搜查的第一步，而后由警方的技术专家进行检验——完成电子搜查的第二步。

在电子搜查活动中，第三方如何提供协助，特别是是否需要申领令状，这在美国曾产生广泛的争议。在 1976 年合众国诉米勒案中，联邦警察为了调查犯罪嫌疑人的财务记录，向有关银行发出了协查传票。但犯罪嫌疑人声称其银行财务记录受《宪法》第四修正案的保护，警方必须取得特别搜查令方能要求银行提供；联邦警察则认为银行财务记录不受《宪法》第四修正案保护。最后，法庭驳回了犯罪嫌疑人的主张。法庭认为，犯罪嫌疑人选择在银行存钱，就意味着他自愿将其账户和存取钱信息提供给银行及其职员，因而他对银行财务记录缺乏合理的隐私期待，不受《宪法》第四修正案的保护；相应地，政府有权通过第三方即银行获取有关的信息。① 基于该案和类似判例，美国司法实践中已经形成了所谓的“第三方搜查原则”，即：假如犯罪嫌疑人的电子信息为第三方合理地持有或获知，则第三方在协助警察开展电子搜查时无须以申领令状为前提。② 当前，由于“第三方搜查原则”对隐私权构成威胁，已然在美国引起了激烈辩论和深刻忧虑。

那么，我国电子搜查实践中需要第三方开展协助时，是否需要以申领令状为前提？答案是肯定的。这是因为，我国现行法律已经确认了公民享有公民个人信息权。而且，在我国现阶段网络服务商私下搜集他人的电子数据，再转交给司法人员，还涉及网络服务商应否妥善保护公民个人信息的问题，涉及私人公司能否行使国家公权力的问题等。如果没有必要的令状授权，这些涉嫌侵犯隐私权、个人信息权和国家公权力的法律问题，就无法得到有效解决。

不过，从我国的司法传统出发，搜查证是由侦查机关负责人审查签发的、用以证明侦查人员开展的搜查行为正当合法的法律手续，这样的令状不可能用于对私人公司的搜查授权。也就是说，侦查人员要求第三方代为收集电子证据、协助电子搜查所需要申办的令状肯定不是搜查证，那该是什么呢？要回答这一问题，应厘清针对电子搜查中第三方协助的定位问题。从立法来看，最高人民法院、最高人民检察院、公安部发布的《电子数据规定》第 3 条规定：“人民法院、人民检察院和公安机关有权依法向有关单位和个人收集、调取电子数据。有关单位和个人应当如实提供。”这就确立了“有关单位和个人”的协助取证义务。我国也有学者提出，有关

① United States v. Miller，*425 U. S. 435（1976）*.

② U. S. Department of Justice，supra note 8.

单位和个人协助侦查人员进行电子搜查，应当规定为一项“必须履行的法定义务”；在协助过程中取证措施对第三方利益造成影响的，侦查机关应当给予一定的经济补偿。① 这一建议是符合我国法律和国情的。由此可见，侦查人员进行电子搜查要求第三方协助的，应当开具一种特殊的“协助调查通知书”。这一令状究竟如何设置，还有待于今后立法加以明确。

【拓展阅读】

美国电子搜查应遵循宪法中权利保护规定②

对电子证据的搜查，像对其他形式证据的搜查一样，受制于联邦和州关于搜查和获取的宪法性法律、法庭规定。传统的宪法第四修正案原则，同样适用于电子证据。

第四修正案保护个人不受无理搜查和逮捕。援用第四修正案保护的两个主要要求是——

- 是否涉及政府行为？
- 该受影响的人在被搜查的地方或事情上是否有合理的隐私期待？

如果第四修正案保护规定适用，那么执法部门必须获得令状，除非存在“例外”——

- 同意搜查的例外
- 紧急情况的例外
- 逮捕附带搜查的例外
- 汽车搜查的例外
- 一览无余的例外

值得注意的是，虽然“例外”可以为扣押含有电子证据的介质（如计算机、CD-ROM、其他存储设备）提供法律基础，但是对所扣押介质进行司法检验还必须遵循其他法律程序。

依据令状进行的搜查和逮捕

如果需要适用第四修正案、且不存在例外情形，则执法机构必须获得令状。一般地说，准备和执行电子证据搜查令适用同其他侦查一样的令状规则。

为了准备搜查令的宣誓书，侦查人员应当考虑如下几点——

- 正在侦查的是什么犯罪？（如电子邮件威胁、谋杀、违反保护命令）。

① 皮勇．电子证据的搜查扣押措施研究．江西公安专科学校学报，2004（1）．

② 这部分内容改编自美国国家司法所《网络犯罪侦查指南》（Investigations Involving the Internet and Computer Networks），https：//www.ncjrs.gov/pdffiles1/nij/210798.pdf。中文译本参见刘品新，张晶．国外电子证据适用指南选译．北京：中国人民公安大学出版社，2012：69－71. 此部分原由戴羽翻译，编入本书时重新进行调整润色。

■ 搜查将发生在哪个特定地点（如描述房子、地址）。

■ 想要找到什么东西？（如硬盘、存储设备、手册、密码）。

■ 是否知道它在哪里？（如跟踪 IP 地址、账户名、计费信息）。

■ 为什么它与犯罪有关联？（如犯罪工具、资源库或犯罪的目标）

在实施搜查时，侦查人员还应当考虑包括如下几点——

■ 所披露的证据是否在搜查令范围之外

——有必要或建议增加一个搜查令以便扩大原有搜查令的范围

■ 是否要做合理的方案调整

——对商业干扰的最小化

——若犯罪证据与所扣押数据混存，基于合理请求，归还违禁数据之外的数据。

第十一章

电子勘验规则——一项彰显中国智慧的法律设计[①]

从实践来看，现场勘验往往是事实上的侦查起点，也是对犯罪证据最集中现场的全面取证。当下有的现场会出现电脑硬盘、手机、U盘等各种存储介质，有的现场是人所不能亲至的网络网点、远程服务器或云存储空间，它们均应纳入勘验的范围。由此，电子勘验应运而生。传统勘验针对的是物理现场，电子勘验针对的是虚拟场。这就使得传统勘验规则无法完全适用于电子勘验。实践中既出现了附随于物理勘验的单机勘验，也出现了完全独立性质的远程勘验、网络在线提取等。针对这种新型取证方式，法律需要分类别地建规立制，明确电子勘验与电子证据检查的关系，解决勘验工具合法性问题，注重对相关权利人的利益保护。

一、面向数字空间的专门勘验

现场是指案件发生的地点，往往是遗留痕迹物证较多的场所。网络的互联性使得遗留电子证据的场所分布广泛，既包括传统现场即物理空间，也包括非传统意义的场所即虚拟空间。以计算机病毒入侵犯罪案件为例，其中遗留电子证据的场所不仅包括犯罪人实施犯罪行为的房间，更主要是指从犯罪人作案使用的计算机一直到受害人的计算机系统，加上中间途经的所有站点的计算机所形成的虚拟空间。后者具有抽象性、不可见性和潜在性，是绝大多数电子证据的隐身之所。

针对物理现场的传统勘验方法几乎不能适用于电子勘验。在存储电子证据的虚拟场，即数字化的空间中，传统的空间概念实际上是没有意义的，办案人员只能借

① 本章系在同梁坤同学共同完成《论计算机现场勘查的法律规律》（载《山东警察学院学报》2009年第5期）一文的基础上全面修改形成。梁坤同学对于原文做出了重要贡献，特向其致谢。

助科技的力量获取证据，或者说只能由电子技术专家来完成。电子勘验需要借助高超的电子技术从计算机存储器等部位获取电子证据。因此，电子勘验可以说是专家高超的电子技术的“演练”。不懂网络和计算机技术的侦查人员进行这样的现场勘验，不但收集不了证据，而且可能毁坏证据。

司法实践中，电子勘验不限于刑事案件，民事案件中成功通过勘验获取电子证据的实例已不少见，例如在早年著名的“戏说 MAYA”案中，法院在庭审时就使用了所谓的“现场勘验方法”，即对网络现场中存在的网页进行浏览、上载与删改，并获得了成功。[①] 刑事案件的电子勘验更具有典型意义。因此，下文在论述时将着重围绕刑事案件展开。

当研究对象主要限定于刑事案件中的电子勘验时，有必要将其与电子搜查进行初步比较。实际上，这两种刑事侦查措施从技术上讲并没有实质的差异。电子证据二步搜查模式与现场初步勘验分析及后续的实验室检验分析有异曲同工之处，都需要技术专家运用相应的软件进行检验。

作为刑事侦查措施的电子勘验和电子搜查的不同表现为：（1）对象的不同。《刑事诉讼法》第 128 条规定：“侦查人员对于与犯罪有关的场所、物品、人身、尸体应当进行勘验或者检查……”因此，勘验的适用对象是与犯罪有关的场所、物品、人身、尸体。《刑事诉讼法》第 136 条规定：“为了收集犯罪证据、查获犯罪人，侦查人员可以对犯罪嫌疑人以及可能隐藏罪犯或者犯罪证据的人的身体、物品、住处和其他有关的地方进行搜查。”因此，搜查的对象是犯罪嫌疑人以及可能隐藏罪犯或者犯罪证据的人的身体、物品、住处和其他有关的地方。（2）适用范围的不同，电子勘验可分为单机勘验与远程勘验，因此比电子搜查的适用范围更广泛。（3）程序不同。与传统搜查相似，电子搜查也要特别考虑是否需要提前申领令状，从而涉及其他机关对侦查机关的权力制衡问题。而电子勘验在这点上也与传统勘验相似，并不需要受到其他机关的制约，而只需在进行勘验时出示相应的证明文件即可。当然，对电子勘验与电子搜查的比较远非此处所能穷尽。

一个值得思考的问题是，这两种措施在国际范围内存在不同程度的混同现象，中国司法机关更为推崇电子勘验，西方国家更愿意称为电子搜查。对于单机、单一介质的取证如此，对于网络空间的数据亦是如此。例如，对于境外服务器中的数据，中国往往是通过特殊的电子勘验——远程勘验、网络在线提取获取，而美欧国家通常需要申领令状进行搜查（有时也使用调取等措施）。两相比较，似乎高下立现：电子搜查需要更注意相关权益（特别是隐私权、个人信息权）的保护和令状申领，而电子勘验则可以缓解这方面的问题。一个硬盘、一台服务器、一个局域网乃至远程的网站节点都可以是现场，可以作为电子勘验的对象。这既是当代中国的现实选择，也是国人的实践智慧。我国在电子勘验上积累了更多的经验，建立了相关

① 何家弘．电子证据法研究．北京：法律出版社，2002：59.

的制度，推广了相关的做法。作为一项面向数字空间的专门勘验，电子勘验可以被理解为一项彰显了中国智慧的法律设计。

二、电子勘验的一般流程再造

各国规范电子勘验的一般流程，通常需要遵循三大原则：其一，固定和收集电子证据的措施应当确保证据的完整性；其二，实施勘验的人员必须获得专门培训；其三，与电子证据的扣押、检验、贮存和运输相关的活动都应当进行记录、保存，以便接受后续审查。① 在此基础上，电子勘验的流程可以确定为五个步骤。

（一）现场保护

对现场证据的保护，被美国国土安全部颁布的《电子证据扣押之最佳方法》列为黄金法则的第一条。② 其重要性可见一斑。现场保护的一般任务是，封存存储电子证据的目标系统，并避免发生任何数据破坏或病毒感染，绘制犯罪现场图、网络拓扑图等，在移动或拆卸任何设备之前都要拍照存档，为今后模拟和还原犯罪现场提供直接依据。

保护人员赶赴现场后，通常应当做到：（1）封锁现场，进行人、机、物品之间的隔离。将现场所有人员迅速带离现场，并立即检查他们随身携带的物品，重点是书面记录、通信工具、磁卡类可以读写的卡片、磁介质（软盘、光盘等）。有关人员在滞留检查期间，不能与外界进行联系。（2）加强现场保护。迅速看管配电室，避免发生突然断电导致系统运行中的各种数据丢失。看管现场以及现场周围的各种电信终端设施（例如传真机、调制解调器等），检查现场及周围有没有强磁场和可以产生强磁场的物品，妥善保管各种磁介质，避免被各种磁场消磁。

对现场的保护没有固定模式，应当具体问题具体分析。有的专家认为：检查一个系统并保持可靠证据的理想方法是冻结现有的系统并分析原有数据的拷贝。但是这种做法并不总是可行的。例如，机器设备的冻结是否合法，在停机时间难以确定时是否会引起有关人员的反对等。又如，对于到达现场后，是否要立即切断电源的问题也应当具体分析。在理想状态下，任何一台需要分析的电子数据存储设备都可以关掉电源，重新启动，做一个完整的镜像。然而电子取证领域最具争议的话题之一就是：在取证时究竟是让一台机器设备继续运行还是立即拔掉电源，或者执行正常的关机。该问题与单机勘验的具体方法密切相关。

（二）临场检验

临场检验是电子勘验的重要步骤。以单机勘验为例，办案人员通常需要在现场

① U. S. Department of Justice Office Programs: Forensic Examination of Digital Evidence: A Guide for Law Enforcement, p. 12.

② U. S. Department of Homeland Security, Best Practices For Seizing Electronic Evidence, v. 3.

检验封闭的计算机系统，有关证据主要分散在单一计算机的存储介质中，不涉及网络。一般来说，针对单机的临场勘验需要注意如下事项。

一是初步巡视物理现场后，确定中心现场和勘验范围，确定物理空间的勘验顺序。确定中心现场的方法是，以发现问题的计算机为中心，根据计算机系统日志或审计记录以及现场发现的其他相关信息，充分考虑行为人的动机、手段以及计算机知识水平，对整个案件进行综合、全面的分析；勘验顺序可选择从中心到外围或者从外围到中心的顺序，根据已掌握的案件事实，将计算机所在的场所确定为勘验重点。

二是勘验单机的存储介质前，先用照相、录像、绘图、笔录方式对原始现场情况进行记录，对显示器屏幕上的图像、文字也应用照相、录像等方式记录。特别是对于计算机本身及其相对于其他物品的位置、每根线的连接方式和方向，应尽可能准确地标明，贴上标号。在照相或录像时，要根据亮度来定曝光量，基本的参考数据是光圈 F5 或 F6、快门速度 1/15 或 1/30 秒。

三是扣押数据存储介质或者通过镜像复制电子数据。

四是勘验中注意技术手段与普通现场勘验手段相结合，以发现与犯罪有关的传统痕迹物证，如指纹、足迹、工具痕迹、DNA 生物证据等。

五是勘验中注意取得系统管理员的配合，邀请两名与案件无关、为人公正的人做见证人，侦查人员应制作现场勘验笔录，记录计算机犯罪案件现场勘验的情况，为诉讼提供证据。

必要时，需要在现场进行远程勘验或网络在线提取的，有关步骤参照后续说明。

（三）提取电子证据

在临场勘验中，调查人员需要有效地提取各种电子证据，以便用于实验室检验分析。一般来说，提取电子证据时可以采用以下步骤和方法。

一是记录和封存。记录和封存的对象主要是：各种数据、计算机软硬件、各种输入和输出设备、调制解调器、各种操作手册、各种连接线，同时还要注意提取计算机附近遗留的可能写有计算机指令的纸片等。

二是初步分析。分析计算机的类型、采用的操作系统，是否为多操作系统或有隐藏的分区；有无可疑外设；有无远程控制、特诺伊木马及当前计算机系统的环境。特别注意开机、关机环节，避免正在运行的进程数据丢失或存在不可逆转的删除程序。

三是备份。利用同规格的软盘、硬盘、光盘、MO 盘等介质对系统中的相关数据、系统日志文件等进行复制备份。备份数目原则上应为两份。备份当中应注意的问题是：对于磁介质中所有的数据按照其物理存放格式进行全盘复制，而不是简单地拷贝文件。

四是辨析数据。通过比较的方法，并运用数据分析技术对存储于系统中的大量数据进行分析，从中分辨出与犯罪有关的、反映案件客观事实的数据证据。在查找到相应证据后，应先确定其在计算机中存放的位置并摄像拍照。此后，将证据显示在计算机显示器上再进行摄像拍照。

现场提取电子证据需尽可能地确保所提取电子证据的完整性。这要求在取证过程中采取一些保护措施。例如，可以采用证据监督链的技术和方法。电子指纹技术是常用的技术，它也被称为数字指纹，其对象可以是单个文件，也可以是整张硬盘。该技术的原理是，如果一方的身份"签名"未与任何应签署的报文（message）本身相联系，就留下了篡改、冒充或抵赖的可能性。调查人员需要从报文中提取一种格式确定的、符号性的摘要，以将千差万别的报文与数字签名结合起来，这种"报文摘要"（message digest）就是"数字指纹"（digital fingerprint）。在开始取证时就使用数字指纹技术，而且每做一个分析动作都要再生成数字指纹，与分析前进行对比以保证所收集到的证据是可靠的。时间戳也是取证工作中非常有用的技术。它是对数字对象进行登记来提供注册后特定事物存在于特定日期的时间和证据。时间戳对于收集和保存数字证据非常有效。因为它证明了数字证据在特定的时间和日期里是存在的，并且从该时刻起到出庭这段时间里不曾被修改过。

（四）实验室检验分析

实验室检验分析是电子勘验的核心和关键。实验室检验分析的内容包括：分析计算机的类型，采用的操作系统是否为多操作系统，有无隐藏的分区，有无可疑外设，有无远程控制、木马程序，当前计算机系统的网络环境等。需要注意的是，分析过程的开机、关机阶段，应当尽可能地避免正在运行的进程数据丢失或存在不可逆转的删除程序；分析在磁盘的特殊区域中发现的所有相关数据；利用磁盘存储空闲空间的数据分析技术进行数据恢复，获得文件被增、删、改、复制前的痕迹；通过将收集的程序、数据和备份与当前运行的程序数据进行对比，从中发现篡改痕迹；可以通过该计算机的所有者，或电子签名、密码、交易记录、回邮信箱、邮件发送服务器的日志、上网 IP 等计算机特有信息识别体，结合全案其他证据进行综合审查。另外还需要注意的是，该电子证据要与其他证据相互印证、相互联系起来综合分析。同时，要注意电子证据能否为侦破该案提供其他线索或确定可能的作案时间和罪犯情况。

（五）形成意见或提交报告

电子勘验的最后阶段是提交收集证据情况的意见说明，并给出必需的专业报告。侦查人员在完成电子证据的收集工作后，必须提交收集证据的意见说明，其中应包括工作时间、地点、操作人员、收集提取的内容、提取经过及详细步骤。在此材料上必须注明备份介质，在复制电子证据前经过格式化并保证其在装载电子证据前是空白干净的。

电子数据不直观，无法在法庭上作为证据直接呈现，所以对能够证明犯罪的电子证据，要转化为鉴定意见等较为直观的证据。如犯罪嫌疑人故意制作、传播的计算机病毒，就应该对计算机中有没有这种病毒、病毒的危害性等进行鉴定。同时，在许多情况下，对已作为物证的物品也要进行鉴定。这主要是指涉案的一些信息存储媒体如软盘、光盘、磁带等，其存储的信息内容不直观，要通过鉴定证明其与犯罪事实有关，才能发挥有效的证明作用。

三、远程勘验、网络在线提取的后来居上

现实生活中的计算机并不都是单独存在的。在世界任何地方，从任何一个节点进入网络，都可以对网络上的其他节点的计算机系统进行犯罪，犯罪行为完全通过网上数据传输来实现。在这些案件中现场勘验的对象是一张由若干计算机构成的无形网络。互联的网络环境实际上就是网络犯罪的现场，与犯罪有关的电子证据就散布在这个大环境中。这样一来，电子证据所处的虚拟现场从学理上讲可分为两种，一种是单一计算机的硬件环境和软件环境，另一种是许多计算机构成的网络内部的现场。前者即单机现场，后者即网络现场。相应地，可将电子勘验分为单机勘验和远程勘验。单机勘验是对单一计算机及相关设备的现场勘验。远程勘验是指对若干电子设备构成的开放性网络进行远距离的勘验。从技术上讲，远程勘验与单机勘验是有区别的：在远程勘验时调查人员并未接触到涉案的计算机，勘验活动也不能重复，因此远程勘验应当全程录像，以证明取证过程的合法性与真实性。

2005 年，公安部制定《计算机犯罪现场勘验与电子证据检查规则》将电子勘验分为现场勘验检查和远程勘验。根据该规则第 3 条之规定，现场勘验检查“是指在犯罪现场实施勘验，以提取、固定现场存留的与犯罪有关电子证据和其他相关证据”。远程勘验“是指通过网络对远程目标系统实施勘验，以提取、固定远程目标系统的状态和存留的电子数据”。该规则第 23 条对远程勘验提出了要求，即“应当采用录像、照相、截获计算机屏幕内容等方式记录远程勘验过程中提取、生成电子证据等关键步骤”。2014 年最高人民法院、最高人民检察院、公安部制定的《关于办理网络犯罪案件适用刑事诉讼程序若干问题的意见》中对远程提取电子数据提出要求，即：“远程提取电子数据的，应当说明原因，有条件的，应当对相关活动进行录像。”

2016 年两高一部《电子数据规定》第 29 条对“网络远程勘验”这一术语进行了解释，即：“网络远程勘验，是指通过网络对远程计算机信息系统实施勘验，发现、提取与犯罪有关的电子数据，记录计算机信息系统状态，判断案件性质，分析犯罪过程，确定侦查方向和范围，为侦查破案、刑事诉讼提供线索和证据的侦查活动。”该规定还对网络远程勘验应遵循的程序进行了规定，其第 9 条第 3 款规定：“为进一步查明有关情况，必要时，可以对远程计算机信息系统进行网络远程勘验。进行网络远程勘验，需要采取技术侦查措施的，应当依法经过严格的批准手续。”

2019 年公安部发布的《公安机关办理刑事案件电子数据取证规则》中对网络

远程勘验作出了更加详细的规定，而且区分了网络在线提取与网络远程勘验。该规则第 23 条规定："对公开发布的电子数据、境内远程计算机信息系统上的电子数据，可以通过网络在线提取。"该规则第 27 条规定："网络在线提取时需要进一步查明下列情形之一的，应当对远程计算机信息系统进行网络远程勘验：（一）需要分析、判断提取的电子数据范围的；（二）需要展示或者描述电子数据内容或者状态的；（三）需要在远程计算机信息系统中安装新的应用程序的；（四）需要通过勘验行为让远程计算机信息系统生成新的除正常运行数据外电子数据的；（五）需要收集远程计算机信息系统状态信息、系统架构、内部系统关系、文件目录结构、系统工作方式等电子数据相关信息的；（六）其他网络在线提取时需要进一步查明有关情况的情形。"该规则第 34 条对网络远程勘验应当同步录像的案件进行了不完全列举，包括："（一）严重危害国家安全、公共安全的案件；（二）电子数据是罪与非罪、是否判处无期徒刑、死刑等定罪量刑关键证据的案件；（三）社会影响较大的案件；（四）犯罪嫌疑人可能被判处五年有期徒刑以上刑罚的案件；（五）其他需要全程同步录像的重大案件。"自此，网络在线提取与远程勘验开始从规则上区分开来。

无论是进行远程勘验还是进行网络在线提取，必须首先了解网络的分层。根据开放式互联系统（OSI）的参考模型，可以将网络形象地分为七层：最上层为应用层，往下依次为表示层、会话层、传输层、网络层、数据链路层和物理层。每一层都有自己独特的功能，并且掩盖了下一层的复杂技术细节。（见图 11－1）

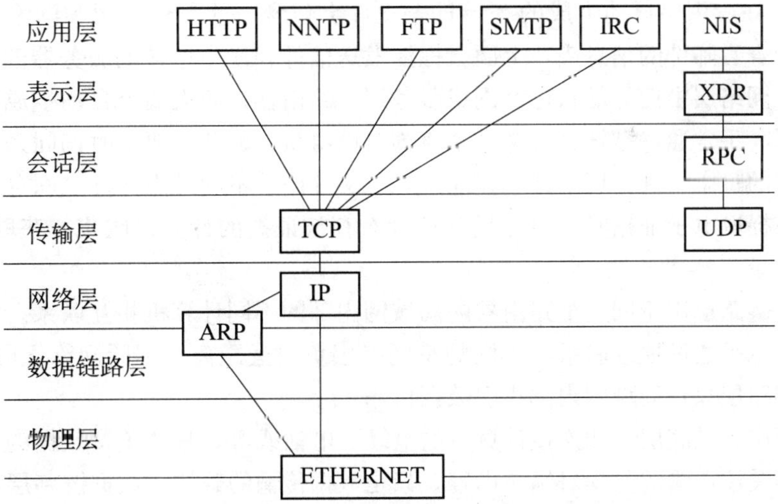

图 11－1　开放式系统互联模型

应用层提供了人与计算机交互操作的直观界面。用户在发电子邮件、浏览网页时，用到的首先就是它。大多数的网络犯罪都是在应用层实施的。应用层包含的电子证据很多，但由于离作案人最近，因此也最容易被破坏。应用层中电子证据常常以网页内容、电子邮件、聊天记录等形式呈现。如在网络浏览器的浏览记录中包括以前登录过的网站记录和浏览内容。故对应用层的勘验应当注意以下要点：在勘验之初，应当灵活使用搜索工具缩小勘验范围；在提取证据之际，应当使用照相、录像的方法对采集过程进行记录，这样即使提取的电子证据被修改，也可以通过录制资料的方式验证。

表示层用于提供一个可供应用层选择的服务的集合。虽然网络传输数据的表示形式、语法、数据加密技术各不相同，但表示层均可以将不同网络使用的数据格式（ASCII或EBCDIC）转化成一种能共同接受的形式。但因这一层包含的电子证据很少，故勘验的实际意义不大，此处不作特殊介绍。

会话层是通过建立、保持、管理、终止计算机相互之间的通讯来协调网络联系的。其中包含的电子证据也很少，此处同样不作特殊介绍。

传输层与会话层很相似，也负责建立、保持、管理、终止计算机相互之间的通讯。它将较大的数据分成很多更小的数据包，并在需要时能按原有顺序重新组合它们。如果数据在传输过程中丢失，那么传输层将重新发送，直到收到发送成功的讯号为止。

至于网络层，它的任务是通过网络地址，指引数据到达传送目的地。在传输层和网络层中，最重要的电子证据是IP地址，它能够指引数据到达目的地。IP地址虽不能直接认定作案的计算机，但可以用来确定计算机所处的大致区域，缩小查证范围。在网上即时聊天室中，有经验的罪犯为了掩饰身份，常常隐藏或修改自己的IP地址。在应用层自动生成的登录日志文件会包含一些与传输层和网络层有关的信息，如查看邮件的信息头，上面会标注发送信件和途中中转的服务器的IP地址。传输层和网络层中搜寻的目标有网络服务器、路由器、防火墙上自动生成的日志文件。犯罪高手常通过破坏日志文件来掩饰自己身份。因此，要及时询问系统管理员有无更多的日志文件，还要善于在同一日志文件内、不同日志文件之间寻找矛盾的地方。在提取电子证据时，应尽量直接针对存放证据的计算机收集。获取证据后，应及时记录。

数据链路层用于同一个路由器的局域网内部的不同计算机相互联系。它与网络层相似，也是通过地址联系，不同的是网络层负责远距离、不同网络之间的通讯，而数据链路层只在局域网内部指引数据传输。

物理层为最底层，如连接计算机的电缆、电话线等，具体负责数据的传输。这一层并不关注传输的数据对错、内容，只是数据传输的载体。数据链路层和物理层存储的电子证据最丰富，也最有价值，数据链路层中的MAC地址要比网络层的IP地址精确得多，因为MAC地址直接与网络适配器相关，每台计算机会有固定的、不同的MAC地址，但IP地址有可能是动态分配的，容易被改动。当数据包在因特网上传输时，并不包括发送信息的计算机的MAC地址，而是根据接受方的IP地址，用TCP/IP协议来传输数据。MAC地址只用于同一网络内部的数据传输，因此只有此网络的路由器上才会留下关于它的信息，如果路由器的日志文件保存完整，那么就有可能准确识别某一台特定的计算机。

网络监听是获取物理层证据的主要手段。这种方式可能会侵犯个人隐私，应该由特定的侦查机关依法定程序实施。

网络勘验有时会涉及计算机追踪，即事件发生后对目标系统的静态分析。随着计算机犯罪技术手段的升级，静态分析已经无法满足要求，其发展趋势是将计算机取证与入侵检测等网络安全工具和网络体系结构技术相结合，进行动态取证。整个取证过程将更加系统化并具有智能性，也将更加灵活多样。对某些特定案件，如网络遭受黑客攻击，应收集的证据包括：系统登录文件、应用登录文件、AAA 登录文件（比如 RADIUS 登录）、网络单元登录（network element logs）、防火墙登录、HIDS 事件、NIDS 事件、磁盘驱动器、文件备份、电话记录等。对于取证期间犯罪还在持续进行的计算机系统，采用入侵检测系统对网络攻击进行监测是十分必要的。也可以通过采用相关的设备或设置陷阱跟踪犯罪嫌疑人。

四、电子勘验强化权利保护的法律规制

电子勘验对传统的勘验理念、措施、方法等带来了新的挑战。《公安机关刑事案件现场勘验检查规则》第 10 条规定："涉及两个县级以上地方公安机关的刑事案件现场勘验、检查，由受案地公安机关进行，案件尚未受理的，由现场所在地公安机关进行。"这样的规则立足于传统案件的勘验。当现场勘验的对象是受到病毒非法入侵的计算机系统时，全国各地的计算机都有可能成为勘验对象，那么该如何确定现场呢？根据《计算机犯罪现场勘验与电子证据检查规则》第 9 条之规定，"现场勘验检查，应当邀请一至两名与案件无关的公民作见证人"，但是在专业性极强的电子勘验中，见证人能起到多大的监督作用？邀请的见证人是否应具有专门知识？诸如此类的法律问题远非文本所能穷尽。随着电子勘验实践的发展，还会面临更多法律挑战。本章选取了一些在理论和实践中亟须解决的法律问题进行初步分析。

（一）勘验与检查

根据适用对象的不同，学理上对勘验和检查进行了明确区分。代表性的观点认为：勘验，是指公安司法人员针对同案件有关的场所、物品、尸体等"死"的物体进行观察、测量、检验、拍照、绘图等活动。检查，是指公安司法人员针对与案件有关的"活"着的人所进行的观察、检验等活动。① 按照这种观点，勘验和检查实际上可以同时进行，只是对象不同。该观点与我国《刑事诉讼法》关于勘验、检查

① 樊崇义．证据法学．北京：法律出版社，2008：210.

的规定相一致。①

但公安机关制定的一些部门规章与《刑事诉讼法》的规定不尽一致。比如，《公安机关刑事案件现场勘验检查规则》第31条第3项和第4项规定的是“初步勘验、检查现场”和“详细勘验、检查现场”，该法第32条规定：“勘验、检查与电子数据有关的犯罪现场，应当……”这种笼统的表述并未将“勘验”和“检查”进行明确区分，也就谈不上把“检查”的对象限定为“活物”。《计算机犯罪现场勘验与电子证据检查规则》第四章规定了“现场勘验检查”，第五章规定了“远程勘验”，第六章规定了“电子证据检查”，并且将勘验人员与检查人员进行了区分。②由此可知，《计算机犯罪现场勘验与电子证据检查规则》中关于“勘验”和“检查”的关系出现了变化，两种侦查措施的对象都是“死物”——计算机及相关设备和电子证据，也不再像《公安机关刑事案件现场勘验查检规则》那样进行笼统表述。

电子勘验中是否有必要区分“勘验”和“检查”？这种区分的正当性何在？对此，我们可以考察一下美国和我国台湾地区对这个问题的认识。我国台湾地区学者梁德昭和林子涵曾专门撰文分析“数位勘验模式”，文中重点比较分析了 Digital Forensic Research Workshop 的勘验模式，Reith、Carr 和 Gunsch 提出的勘验模式以及 Séamus Ó Ciardhuáin 提出的勘验模式。③ 在这些文献所提出的诸多勘验步骤中，鉴别（identification）、保存（preservation）、收集（collection）等过程类似于“勘验”以及作为前置程序的现场保护活动；而 examination 则处于其后，这类似于对电子证据的“检查”。此外，美国司法部司法项目办公室颁发的一份关于电子证据的指导性文件也明确地将 evidence acquisition 和 evidence examination 作为前后相继的两个步骤。可见，将“勘验”和“检查”进行区分是比较普遍的做法。然而，区分的标准看来并不是“活物”和“死物”，而是勘验活动的流程。我国《计算机犯罪现场勘验与电子证据检查规则》的做法与之相似。

电子勘验与电子证据检查的区分思路，已被2019年2月起实施的《公安机关办理刑事案件电子数据取证规则》固定下来。该规则对电子数据的勘验、检查进行了区分。电子勘验的内容主要规定在第二章“收集提取电子数据”中。电子数据检查的内容则主要规定在第三章“电子数据的检查与侦查实验”中，该法第43条规定：“对扣押的原始存储介质或者提取的电子数据，需要通过数据恢复、破解、搜索、仿真、关联、统计、比对等方式，以进一步发现和提取与案件相关的线索和证据时，可以进行电子数据检查。”

① 从《中华人民共和国刑事诉讼法》第128、132条的字里行间可以看出，立法对勘验和检查的对象是加以区分了的，特别是第132条针对被害人、嫌疑人的某些特征、伤害情况或生理状态使用的是“检查”而非“勘验”。

② 这从《规则》第26条可以看出来：“办案人员将电子证据移交给检查人员时应同时提供《固定电子证据清单》和《封存电子证据清单》”。

③ 梁德昭，林子涵．数位勘验模式之刍议．http：//www.im.tku.edu.tw/teacher/book/7184.pdf.

总体而言，“勘验”主要指的是电子证据的收集和提取，而“检查”主要指的是对电子证据所作的后续分析。进行这样的区分与电子勘验的特性密不可分。在传统案件的勘验过程中，“勘验”和“检查”在许多情况下可以同时进行。但是在进行电子勘验时，除了特定情形需要开机勘验或在线勘验外，都应当先行收集或提取证据，然后再进行下一步的“检查”。

（二）工具合法性

证据的合法性包括主体合法、形式合法和程序合法三种情况。① 其中，程序合法指的是证据的提取方法必须符合法律的有关规定。具体到电子勘验问题上，勘验工具或设备具有合法性，这样获得的证据才具有合法性。美国司法部颁布的一份电子证据的法庭科学检验指南便要求，应当确保检验单位所采用的软件获得许可或授权。②

目前我国电子取证实践中出现的一个极具争议的问题是，侦查机关通过盗版取证软件获取的证据能否直接作为定案依据。之所以会出现这样的争议，是因为我国目前在计算机取证方面的技术还十分落后，自主研发的具有独立知识产权的取证工具还比较少见。而在该领域处于领先地位的国家则往往对中国实行高水平取证软件的禁运，那些向中国出售的部分软件则多属于受到技术限制的企业版，而非政府版。此外，这些国家向中国出售的软件也因技术垄断而价格高昂，导致我国侦查部门难以承担。

这样，侦查机关便可能采取对他国先进取证软件盗版或破解的方法，以便为我国所用。具体到勘验实践中，这些取证工具的合法性会受到质疑，进而影响到通过这些工具所获得证据的可采性。于是，侦查实践中便出现了通过盗版、经破解的软件证据所获取的证据转化为常规证据，或者再经正版软件进行二次分析获得证据的现象。实际上，经过转化、二次分析获得的勘验证据从本质上看来自盗版或破解软件。没有解决盗版、破解软件的地位问题，那么作为“毒树之果”的经转化、二次分析的证据同样难逃正当性的危机。

关于盗版取证软件获得证据合法性的争议，实际反映出绝对的程序正义与实体正义之间的权衡。实际上，从非法证据排除规则的源头来看，也并不追求绝对的程序正义。按照英国普通法的传统，对于以不适当手段获取的控方证据，法官除了在极为有限的场合下可以通过自由裁量进行排除外，一般是承认其可采性的。③ 因此，在目前我国计算机取证及网络取证技术相对落后的情况下，可以赋予经转化、二次分析的盗版软件和破解软件所获得的证据的可采性。当然，如果这些办法不可行，比如盗版软件勘验的电子证据还未及时转化成常规的现场勘验笔录或讯问、询

① 何家弘，刘品新．证据法学．3版．北京：法律出版社，2008：118.

② U. S. Department of Justice Office Programs：Forensic Examination of Digital Evidence：A Guide for Law Enforcement：14.

③ 陈瑞华．刑事诉讼的前沿问题．2版．北京：中国人民大学出版社，2005：607.

问笔录，那么也可以考虑对程序上存在瑕疵的证据予以直接采纳，作为定案依据。

至于国内自行开发的软件，当然可以补充到勘验等电子取证活动中。需要注意的是，在侦查活动中使用这些软件之前，有必要经具备相关资质的技术机构进行严格测评，并且应当对取证软件实行准入制，防止软件滥用。实际上，国内目前也已经涌现了一些从事数字取证方面的企业和相关产品，取得了良好的效果。

另一个值得研究的法律问题是能否采用木马软件或者“病毒”进行电子证据远程取证。比如，在一起大面积的计算机病毒入侵案中，犯罪“现场”在网络中广泛分布，侦查人员不可能对这些受害计算机一一勘验。那么，侦查机关是否可以将木马软件植入受害者的计算机以获得勘验证据呢？其实，这种勘验取证方式可以采用，但应受到严格限制。我们在认识上不能对木马或病毒标签化，从而谈木马、病毒色变。毕竟，不管是木马还是病毒，其本质上都是计算机程序。某些木马、病毒侵入计算机后的确会破坏文件和系统，但是另外一些木马、病毒则具有获取目标计算机内信息的功能，甚至是从目标计算机中直接下载、复制文件的功能。对于后一种功能而言，其实际上可以为远程勘验所用。但是，这种远程勘验之所以会饱受争议，是因为其经常是在未经许可的情况下便在线侵入目标计算机获取证据，因此极可能侵犯受害者甚至是非涉案对象的隐私及其他合法权益。因此，对于这种远程勘验的方式，我们认为可以比照目前公安机关技术侦查的做法，通过严格审批手续，甚至是事前或事后的司法审查（在我国现阶段可以是作为检察机关的司法审查）加以解决。

（三）第三方权利义务

办案机关勘验的对象不仅包括案件现场存储电子证据的计算机等设备，也包括网络现场中的第三方计算机（比如 ISP——网络服务商的计算机系统）以及网络本身。美国有学者将涉网电子证据分成三类：贮存在第三方计算机中的电子证据、目标计算机中的电子证据和传输过程中的电子证据。① 对第三类动态的电子证据收集而言，有时需在勘验的同时进行网络监控，因此作为电子证据传输介质的网络本身也可成为勘验对象。这里重点分析电子勘验中涉及第三方计算机时面临的法律挑战。

首先需要解决的是网络服务商（ISP）的权利义务问题。网络服务商通常会自动贮存用户的大量信息，而这些信息都可以为系统管理员所获知。于是，系统管理员便可以读取用户的私人电子邮件信息、网盘信息及其他的系统日志等。因此，调查人员便可要求网络服务商提供用户信息从而获取证据。② 不过，这种针对网络服

① Orin S. Kerr. DIGITAL EVIDENCE AND THE NEW CRIMINAL PROCEDURE, 105 Colum. L. Rev. 279.

② 比如，在“美国诉肯尼迪”一案中，联邦调查局的调查人员在认定 IP 地址为“24.94.200.54”的计算机中含有儿童色情画片后，便联络到掌控该 IP 地址的网络服务商 Road Runner，进而获得了如下信息：在 1999 年 7 月 2 日晚 11 点 49 分使用该 IP 地址的用户的地址是……电话号码是……United States v. Kennedy, 81 F. Supp. 2d 1103 (D. Kan. 2000).

务商计算机的勘验毕竟不同于针对犯罪嫌疑人、受害者计算机的勘验。对后者的勘验往往是由具有专业知识的调查人员独自展开，而针对网络服务商计算机的勘验则并不会这么简单。在实践中，网络服务商作为案件调查的配合者往往是由其向调查人员提供证据，而不是由调查人员独立调取证据，这就使得这种勘验具有了间接勘验的特征。① 但是网络服务商有时可能会基于对用户信息的保密而阻碍调查的进行，对调查活动不予配合。② 在这种情况下，如果调查人员认定网络服务商并未积极配合，是否可以实地勘验其服务器计算机，从而将间接勘验转换为直接勘验？回答该问题需特别谨慎，原因在于由调查人员对网络服务器进行直接勘验，不仅可能会触及服务商的商业秘密、阻碍其正常的商业活动，还可能在勘验的过程中侵犯其他善意用户的权益。

调查人员原则上应当采取间接勘验的方式。只有在具备充分理由认为网络服务商对调查活动消极应对或构成阻碍时，才可在获得授权的情况下进行直接勘验。当然，这种授权前置程序应当参照电子搜查设置一些诸如紧急情况的例外情形。在进行直接勘验时，还有一些必须注意的问题。首先，当勘验对象是网络服务商的计算机或者是涉及商业活动的计算机时，不能轻率地关机进行勘验，因为这不仅会阻碍正常的商业活动，而且可能导致勘验部门承担相应的法律责任。其次，对服务器进行勘验时，原则上不应当停止服务器的运行。如果案情重大、紧急，确有必要暂停服务器，也应当以比例原则为基础，而且应当尽量采用其他替代方案。

在要求网络服务商提供相关电子证据的时候，还会遇到其他问题。比如，网络服务商即使配合调查人员的工作，也可能会将大量证据笼统地交给调查人员，而不会仔细地搜索、检查指定的电子证据。服务商的通常做法是简单复制大量文件，而往往不顾这些文件是否会侵犯其他善意用户的权益。③ 从证据调查的法律规制角度上讲，单纯要求服务商严格遵循调查人员的要求是不切实际的，而可行的办法只能从调查方来加以考虑。为此，法律可以提高调查人员要求服务商强制披露有关计算机信息的法律条件。比如，这种强制性披露的间接勘验可以进行提前或事后的及时

① 需要说明的是，这种并非由调查人员直接开展的活动并不是严格意义上的勘验，其所获取的证据形式也往往是物证、书证、视听资料等，而并非勘验笔录。但是在某些情况下，调查人员也可以进行直接勘验或者在勘验的时候由网络服务商的工作人员代为操作或配合操作，这便符合了勘验的基本特征。因此，这里对这些由不同主体获取电子证据的情况一并予以讨论。

② 常规案件的侦查活动也会出现类似的情况。比如侦查机关在查阅嫌疑人的银行账户时，往往是由银行的工作人员代行，于是某些银行为了不泄露客户的信息而不予配合，甚至设置障碍。

③ Cf. William J. Stuntz, Commentary, O. J. Simpson, Bill Clinton, and the Transsubstantive Fourth Amendment, 114 Harv. L. Rev. 842, 857-58 (2001).

告知①，对勘验获取的电子证据或信息应当严格限制在证据调查的目标之内等。

（四）扣押规则

《公安机关刑事案件现场勘验检查规则》第52条第1款规定："现场勘验、检查中发现与犯罪有关的痕迹、物品，应当固定、提取。"该规则第54条贯彻了比例原则，进一步规定了应当扣押的是"能够证明犯罪嫌疑人有罪或者无罪的各种物品和文件"。侦查人员扣押这些物品或文件有助于以此为线索采取进一步的侦查措施，或者随案移送以作为获得检察机关对嫌疑人批捕和起诉、法院对被告人定罪量刑的重要证据。在某些案件中，由职权机关扣押、保管、移送证据并将之作为原件提交法庭，具有重要意义。但即使在常规案件的侦查中，这种扣押所带来的消极效果也是显而易见的，即极可能侵犯受害人或者与案件有关的第三方的合法权益。对此《公安机关刑事案件现场勘验检查规则》第59条规定，"对不需要继续保留或者经调查证实与案件无关的检材和被扣押物品、文件，应当及时退还原主"。但是根据该条款，一旦所扣押的物品、文件"需要继续保留"或者"经调查证实与案件有关"，那么侦查机关就可以对这些证据进行扣押。证据是否需要继续保留、是否与案件有关，其实是主观性极强的问题。于是侦查实践中的一个现实便是，在冗长的侦查、起诉和审判过程中，职权机关会对一些经勘验的证据予以保管，从而一扣就长达数月。

美国《1980年隐私保护法》（Privacy Protection Act of 1980）规定，侦查人员在刑事调查中扣押合法持有人的相关物品和文件时，该持有人应当享有充分的机会以主张这些文件或物品不应当被扣押。② 由于计算机目前在人们的生活中所发挥的作用越来越大，计算机所贮存的隐私信息也大量存在，因此在扣押计算机及相关设备时要特别注意不能违反《1980年隐私保护法》的相关规定。③

那么，这些常规的扣押规则是否也适用于电子勘验呢？首先，单机勘验后的扣押可以适用《公安机关刑事案件现场勘验检查规则》，因为这类条件下的勘验其实与常规案件勘验没有实质区别，相应的扣押措施也只涉及计算机持有人的权利问题。但需要注意的是，计算机毕竟不同于一般物品和文件，其不仅对大部分中国民众而言价格不菲，而且其内部往往储存有持有者的重要文件和资料。因此，勘验人员在作出扣押决定时一定要特别谨慎，并且需要严格把握"需要继续保留"的标准

① 《1974年隐私权法》对于要求第三方开示他人的有关信息的问题规定了"未经许可不得披露"（No Disclosure Without Consent）的原则，同时也规定了许多例外情况，其中便包括法律执行机构要求的例外。参见 The Privacy Act of 1974，http：//www.usdoj.gov/opcl/1974condis.htm#need. 不过我们认为，这样的规定其实还比较笼统。比如以刑事侦查为例，便应当进一步区分搜查和勘验，如果是通过网络服务商搜查对嫌疑人的计算机信息进行搜查，显然不能告知嫌疑人，这是侦查保密原则的要求。但是如果是勘验受害人或善意第三方的计算机资料，基于隐私权的保护便有必要进行告知。

② The Privacy Protection Act of 1980，Sec. 2000aa.

③ U. S. Department of Justice Office of Programs：Electronic Crime Scene Investigation：A Guide for First Responders，Second Edition：11.

和“与案件相关”的标准。当然，这些标准今后应当进一步细化，方能得到有效适用。

此外，对作为贮存介质的计算机的扣押与对计算机内资料和信息的扣押应加以区分。有学者认为，在有关计算机的侦查活动中，需要扣押的主要是计算机内部的数据（如果计算机本身要作为物证使用则例外）。① 这种观点有一定道理。也就是说，如果调查人员只需要获取计算机内存贮的相关证据或信息，只需要对这些证据或信息进行扣押即可，而不得连同计算机一并扣押。电子证据的扣押方法与传统案件的扣押方法也有所不同。在传统案件的扣押中，调查人员需要将有关物体或文件进行位置移动，并且带回调查机关。但是电子证据的扣押则不然。以计算机内存储的一个视听资料而言，调查人员实际上只需要进行“复制”即可，无须“剪切”，这样扣押物的空间位置实际上并没有发生任何改变。

但网络勘验则不能适用以上标准。当勘验对象是网络服务商的计算机或者是涉及商业活动的计算机时，不仅不能轻率地关机进行勘验，而且除了案情特别重大、复杂的情况下，原则上不能对这些计算机进行扣押，以免阻碍正当的商业活动。实际上，网络服务商的计算机一般情况下并不会成为案件中的物证，其中存贮的有关电子证据才是调查人员扣押的对象。如果是扣押网络服务器中存贮的电子证据，只需进行“复制”即可。

【拓展阅读】

“网络在线提取”数据的有效质疑②

“网络在线提取”是一种很有特色的电子勘验措施。在一起涉嫌提供侵入计算机信息系统程序、工具罪中，公安机关通过开公（网）勘【2018】021 号网络在线提取笔录表明，侦查人员自 2018 年 5 月 17 日 9 时 00 分至当日 9 时 10 分，通过网络在线提取的方式固定了电子数据“××数据库远程勘验 .zip”，该文件的校验值（MD5）为“5B4EABAA0905C1F942B3384B611B3A2”。其中，具体包括“login. csv”“new _ user. csv”两个文件，“login. csv”共导出数据 574 390 条，“new _ user. csv”共导出数据 60 147 条。该电子数据被刻制至光盘 1（即“在线提取数据”光盘）中。

其一，真实性质疑。在“在线提取数据”光盘中目录下，存在一个压缩包文件“××数据库远程勘验 .zip”。经计算，“××数据库远程勘验 .zip”的 MD5 值为：F76B6AD6B2306D8D3E46332E364BFFA0。显然，与开公（网）勘【2018】021 号网络在线提取笔录所描述的“××数据库远程勘验 .zip”MD5 值不一致。这表明，

① 孙铁成．计算机与法律．北京：法律出版社，1998：216.

② 改编自笔者撰写的一份辩护词。

"在线提取数据"光盘内文件不真实，或者经过调换。

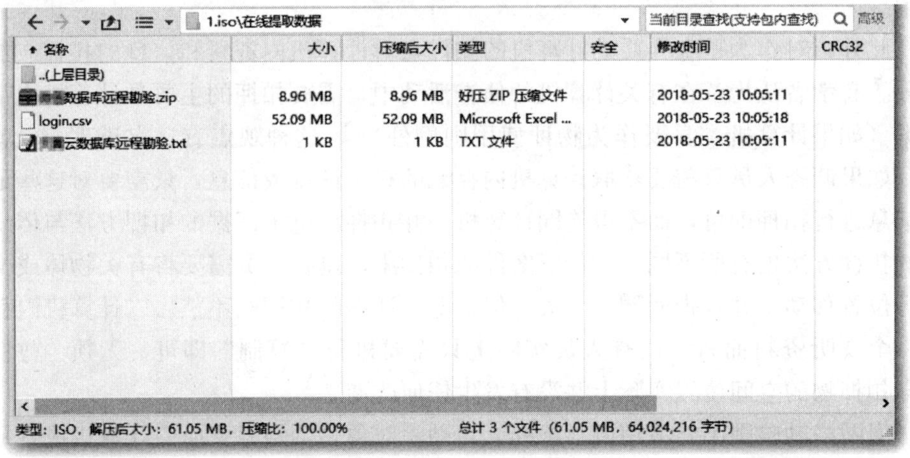

若扩大范围进行文件校验，也无法找到同开公（网）勘【2018】021号网络在线提取笔录相一致的文件。具体来说：

在光盘中"在线提取数据"目录下，存在一个表格文件"login. csv"。经计算，"login. csv"的 MD5 值为：FA572C5C058151910DD4C9BFA85BD217。

文件名	文件扩展名	逻辑大小(字节)	创建时间	修改时间	MD5值
login.csv	csv	54,623,250	2018-06-05 11:07:33	2018-05-23 10:05:18	FA572C5C058151910DD4C9BFA85BD217
[redacted]云数据库远程勘验.txt	txt	364	2018-06-05 11:07:33	2018-05-23 10:05:11	40109D02D828ECC58A0A2B895BC24E71
[redacted]数据库远程勘验.zip	zip	9,400,602	2018-06-05 11:07:33	2018-05-23 10:05:11	F76B6AD6B2306D8D3E46332E364BFFA0

解压"××数据库远程勘验 . zip"，得到两个表格文件，分别是"login. csv""new _ user. csv"。

文件名	文件扩展名	逻辑大小(字节)	创建时间	修改时间	MD5值
login.csv	csv	54,623,250	2018-05-17 09:06:59	2018-05-17 15:58:14	FA572C5C058151910DD4C9BFA85BD217
new_user.csv	csv	11,252,677	2018-05-17 09:11:02	2018-05-17 09:11:40	6FEF9590583515A2B4982B66B47C4C29

经计算，压缩包内的"login. csv"的 MD5 值为：FA572C5C058151910DD4C9BFA85-BD217，"new _ user. csv"的 MD5 值为：6FEF9590583515A2B4982B66B47C4C29。

以上任何校验值均同开公（网）勘【2018】021号网络在线提取笔录所描述的"××数据库远程勘验 . zip"MD5 值不一致。

最重要的是，"在线提取数据"光盘显示"××数据库远程勘验 . zip"文件的"修改时间"为"2018-05-23　10：05：11"①，这远远晚于此项在线提取工作的完成时间 2018 年 5 月 17 日 9 时 10 分，进一步佐证"在线提取数据"光盘内文件不真实，或者经过调换。

① 该时间为电子证据的"机器时间"。按照电子证据的时间规律，若电子证据的"机器时间"晚于取证时间（物理时间），则完全可以说明有关的电子证据造假。若电子证据的"机器时间"早于取证时间（物理时间）的，尚不能说明有关的电子证据是真实的。

同理，“在线提取数据”光盘显示：“login. csv”的创建时间为“2018－05－17 09：06：59”，修改时间为“2018－05－17 15：58：14”；“new _ user. csv”的创建时间为“2018－05－17 09：11：02”，修改时间为“2018－05－17 09：11：40”。它们系同时产生的文件，但修改时间均晚于此项在线提取工作的完成时间 2018 年 5 月 17 日 9 时 10 分（最长达 7 个小时）。这进一步佐证了“在线提取数据”光盘内文件不真实，或者经过调换。

其二，关联性质疑。使用 Excel 打开“new _ user. csv”，表格中存在共 16 列、60 159 行数据。如下图所示：

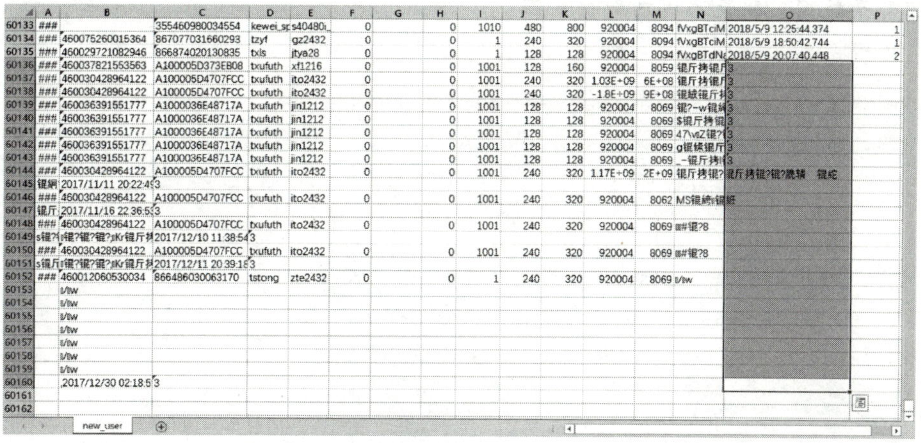

	A	B	C	D	E	F	G	H	I	J	K	L	M	N	O	P
60133	###		355460980034554	kewei_sp	s40480i_	0		0	1010	480	800	920004	8094	fVxgBTciM	2018/5/9 12:25:44.374	1
60134	###	460075260015364	867077031660293	tzyf	gz2432	0		0	1	240	320	920004	8094	fVxgBTciM	2018/5/9 18:50:42.744	1
60135	###	460029721082946	866874020130835	txls	jtya28	0		0	1	128	128	920004	8094	fVxgBTdNe	2018/5/9 20:07:40.448	2
60136	###	460037821553563	A100005D373EB08	txufuth	xf1216	0		0	1001	128	160	920004	8059	锟斤拷锟斤	3	
60137	###	460030428964122	A100005D4707FCC	txufuth	ito2432	0		0	1001	240	320	1.03E+09	6E+08	锟斤拷锟斤	3	
60138	###	460030428964122	A100005D4707FCC	txufuth	ito2432	0		0	1001	240	320	-1.8E+09	9E+08	锟絨锟斤拷	3	
60139	###	460036391551777	A1000036E48717A	txufuth	jin1212	0		0	1001	128	128	920004	8069	锟?~w锟絴	3	
60140	###	460036391551777	A1000036E48717A	txufuth	jin1212	0		0	1001	128	128	920004	8069	$锟斤拷锟	3	
60141	###	460036391551777	A1000036E48717A	txufuth	jin1212	0		0	1001	128	128	920004	8069	47\vsZ锟?	3	
60142	###	460036391551777	A1000036E48717A	txufuth	jin1212	0		0	1001	128	128	920004	8069	g锟絺锟斤	3	
60143	###	460036391551777	A1000036E48717A	txufuth	jin1212	0		0	1001	128	128	920004	8069	_-锟斤拷	3	
60144	###	460030428964122	A100005D4707FCC	txufuth	ito2432	0		0	1001	240	320	1.17E+09	2E+09	锟斤拷锟?	锟斤拷锟?锟?鐪辕　锟絃	
60145	锟斨	2017/11/11 20:22:4	3													
60146	###	460030428964122	A100005D4707FCC	txufuth	ito2432	0		0	1001	240	320	920004	8062	MS锟絝锟綖		
60147	锟斤	2017/11/16 22:36:5	3													
60148	###	460030428964122	A100005D4707FCC	txufuth	ito2432	0		0	1001	240	320	920004	8069	##锟?8		
60149	s锟?	锟?锟?锟?Kr锟斤拷	2017/12/10 11:38:54	3												
60150	###	460030428964122	A100005D4707FCC	txufuth	ito2432	0		0	1001	240	320	920004	8069	##锟?8		
60151	s锟斤	锟?锟?锟?Kr锟斤拷	2017/12/11 20:39:18	3												
60152	###	460012060530034	866486030063170	tstong	zte2432	0		0	1	240	320	920004	8069	t/tw		
60153		t/tw														
60154		t/tw														
60155		t/tw														
60156		t/tw														
60157		t/tw														
60158		t/tw														
60159		t/tw														
60160		,2017/12/30 02:18:5	3													
60161																
60162																

new_user

这里的“60159”行数据，竟然大于开公（网）勘【2018】021 号网络在线提取笔录所称的“在 new _ user 表中共导出数据 60 147 条”的数值。这是令人匪夷所思的。这足以说明，“在线提取数据”光盘内文件不仅存在造假的问题，而且同被告单位、被告人的服务器及相关行为没有任何关联性。

侦查人员使用××网安的密码“××wangan2018”进行在线提取。这违反了两高一部《关于办理刑事案件收集提取和审查判断电子数据若干问题的规定》第 2 条，违反了公安部《办理刑事案件电子数据取证规则》第 33 条。前者规定：“侦查机关应当遵守法定程序，遵循有关技术标准，全面、客观、及时地收集、提取电子数据。”后者规定：“网络在线提取或者网络远程勘验时，应当使用电子数据持有人、网络服务提供者提供的用户名、密码等远程计算机信息系统访问权限。”这一做法严重违反了客观、及时取证原则，存在着重大造假嫌疑，更导致“在线提取数据”光盘内文件同被告人无关，顶多与××网安的行为相关。

其三，证明力质疑。我国《刑法》第 285 条第 3 款规定：“提供专门用于侵入、非法控制计算机信息系统的程序、工具……情节严重的，依照前款的规定处罚。”这里的“情节严重”，按照最高人民法院、最高人民检察院《关于办理危害计算机信息系统安全刑事案件应用法律若干问题的解释》（法释［2011］19 号）第 3 条之规定，“提供侵入、非法控制计算机信息系统的程序、工具，具有下列情形之一的，应当认定为刑法第二百八十五条第三款规定的‘情节严重’：（一）提供能够用于非法获取支付结算、证券交易、期货交易等网络金融服务身份认证信息的专门性程序、工具五人次以上的；（二）提供第（一）项以外的专门用于侵入、非法控制计算机信息系统的程序、工具二十人次以上的……”而［2018］021号记录所获得的数据，显然不是关于“提供人次”的数据，而是使用该程序访问的（机器次数）记录。

而且，［2018］021号记录所获得的数据（在login表中共导出数据574 390条，在new _ user表中共导出数据60 147条），并未剔除各种无效数据（如重复数据、警察登录数据、登录不成功数据）等。

第十二章

电子证据的鉴真规则——一项追求中外兼容的法律设计

电子证据要进入法庭之门，必须经过鉴真。我国当前立法中关于电子证据鉴真的规定较为粗略，实践中电子证据的适用屡陷困境。快播案充分暴露出我国司法在电子证据鉴真方面存在着实质性问题，办案部门虽多方补救亦难以止损，这乃是相关规则的固有缺陷所致。相比于国际上通用规则，我国存在缺少“自我鉴真”和“独特特征的确认”方法、较多依靠笔录审查而知情人出庭作证较少、尚未建立证据标签制度和推定鉴真制度以及缺少鉴真不能法律后果的设定等问题。两高一部《电子数据规定》在电子证据的鉴真方法、法律后果等方面取得了进步，但该项规则仍有很大的改善空间。

一、电子证据“入门”前的专门奠基

随着电子证据登上人类司法证明舞台，各国都在努力构建电子证据的鉴真规则。综观当今各国的证据法律制度，电子证据的鉴真条款已经形成一道源于传统的、又有特色的风景线。在证据法领域，鉴真是针对实物证据而言的。英美法系中，鉴真的英文表述为“Authentication”①，是指“确认……为真的”“证明……为真的”“确定……具有同一性”。简言之，即证据与案件事实的联系必须是真实的，不能是举证方的凭空捏造。美国证据法大师威格摩尔教授把对证据的鉴真需要视为“固有的、逻辑上的必要性”②。我国著名证据法学者张保生教授也称“鉴真旨在证明物证、书证等展示性证据与案件特定事实之间联系的真实性”③。不难发现，针

① 我国证据法学界对“Authentication”的习惯性译法包括鉴识、鉴证、鉴真、证真、验真等。相比之下，鉴真的译法较为贴切，本文遂采此表述。

② 参见美国《联邦证据规则》咨询委员会对规则第901条的注释。

③ 张保生．证据法学．北京：中国政法大学出版社，2009：200.

对取证和保管两个环节的证据鉴真，其内涵同我国对证据的关联性和真实性审查相似，但其就真实性的审查更倾向于一种形式上的审查，而不强调实质性的审查。

电子证据的鉴真规则在“鉴真”一词上，同其他实物证据的鉴真是同义的。从世界范围来看，关于鉴真的经典表述源自美国《联邦证据规则》。① 该规则 901（a）规定：“凡是证据足以支持这样的裁定，即争议事项就是建议者所主张事项，则作为可采性先决条件的鉴真与辨认要求就告满足。”② 在许多国家的电子证据专门立法中，对鉴真也作了与之相一致的界定，如加拿大《1998 年统一电子证据法》第 3 条、爱德华王子岛省《2001 年电子证据法》第 3 条、育空省《2002 年电子证据法》第 3 条、菲律宾《2001 年电子证据规则》规则 5 第 1 条以及多米尼加联邦《2005 年电子证据法》第 5 条所作的界定。③ 美国证据法大师艾伦教授认为：“证据法有一个普遍的原则，即必须首先证明有关证据就是提出证据的人所主张的证据，然后才有该证据的可采性问题。这个普遍要求有时被称作为证明奠定基础。”④ 这就意味着，证据提供者必须对所提证据与案件事实之间的联系加以证明。如果证据是虚构的、伪造的，或者它与案件事实没有关联，那就不能证明案件事实。

透过法条表述看规范本质，国际上的电子证据鉴真程序主要旨在满足两项独立的要求：一是电子证据的形式真实性条件，二是电子证据的关联性条件。这与其他实物证据的鉴真确实无异。我国有学者指出：“实物证据的鉴真过程在验证其真实性的同时，也对实物证据的相关性进行了证明。”⑤ “鉴真不仅对实物证据的真实性起着不可替代的验证作用，而且还通过对证据载体和证据信息的同一性鉴别，使得实物证据的相关性得到了诉讼程序上的保证。”⑥ 实现这两项功能，就是成功的鉴真，就能为电子证据进入法庭之门奠基。

① 2017 年修订的《联邦证据规则》新增了关于电子证据鉴真的规定：Rule 902. Evidence That Is Self-Authenticating (2017 Amendment) The following items of evidence are self-authenticating; they require no extrinsic evidence of authenticity in order to be admitted: (13) Certified Records Generated by an E-lectronic Process or System. A record generated by an electronic process or system that produces an accurate result, as shown by a certification of a qualified person that complies with the certification requirements of Rule 902 (11) or (12). The proponent must also meet the notice requirements of Rule 902 (11). (14) Certified Data Copied from an Electronic Device, Storage Medium, or File. Data copied from an electronic device, storage medium, or file, if authenticated by a process of digital identification, as shown by a certification of a qualified person that complies with the certification requirements of Rule 902 (11) or (12). The proponent also must meet the notice requirements of Rule 902 (11).

② Federal Rules of Evidence (2014), § 901 (a).

③ 有关条款的中译版参见刘品新．国外网络犯罪法律制度选译．北京：中国人民公安大学出版社，2012.

④ [美] 罗纳德·J. 艾伦，等．证据法：文本、问题和案例．张保生，等译．北京：高等教育出版社，2006：205.

⑤ 陈瑞华．实物证据的鉴真问题．法学研究，2011（5）：136－137.

⑥ 同⑤128.

二、快播案的关键证据及鉴真问题

2016年快播公司及高管王欣等被告人涉嫌传播淫秽物品牟利罪一案（以下简称“快播案”）开庭，该案引起了社会的高度关注。快播案也由此获得了“互联网色情犯罪第一案”的称号，也被称为“电子证据鉴真第一案”。该案的一审开庭采取了网络直播的方式，控辩双方关于涉案服务器、淫秽视频等证据之证据资格和证明力的辩论得以全面公开。这赢得了社会各界的赞誉，也为相关法律问题的研究提供了条件和契机。快播案暴露出的疑难法律问题很多，其中电子证据的运用问题尤为突出。本章旨在针对快播案审判中反映出来的有理论意义和实践价值的电子证据鉴真问题，给出基于法学理论、法律规则与实务规律的学术思考。限于客观条件，本章的剖析主要基于起诉书，刑事判决书等法律文书与网上公开的庭审笔录等材料。

（一）关键性证据及争议

梳理快播案的全案证据可以发现，关键性的指控证据无疑是行政机关查获的四台服务器及从中检出的21 251个淫秽视频。它们对于证明被告人涉嫌罪名的客观方面要件和间接认定被告人的主观方面要件，均至关重要。一审庭审过程中，双方围绕上述焦点证据发表了意见。为肯定或否认这些视频和服务器的证据价值，控辩双方还针对证据调取清单、鉴定意见与情况说明等补强证据展开了交锋。

1. 关于四台服务器的争议

涉案的四台服务器是指控犯罪之证明体系的重中之重。最早，海淀文委是在北京文创动力信息技术有限公司（以下简称“文创公司”）的协助下，查扣了四台服务器，并对服务器的IP地址采取了登记保存的措施。当日，海淀文委将涉案服务器移交至北京市版权局进行著作权鉴定。因涉及专业技术问题，北京市版权局委托文创公司提供技术服务，由后者对服务器进行数据提取。2014年4月10日，因案情升级为涉嫌刑事犯罪，公安机关前往北京市版权局调取四台服务器，并于同日将服务器存放至淫秽物品审验室。2014年4月11日至2015年11月6日，公安机关对四台服务器先后进行了三次审验，出具了“鉴黄”报告。总的来看，这四台服务器的查扣、保管和移交程序牵涉到行政执法机关、侦查机关、社会公司和鉴定机构，跨时较长且手续不规范。这为后续的法律纷争埋下了伏笔。

辩方就这四台服务器的查扣、保管和移交程序提出的质疑主要包括：(1) 海淀文委查扣服务器时“未对物证特征进行固定”。既没有记载内置硬盘的型号、数量、容量，也没有对扣押物品拍照。(2) 服务器被扣押期间的保管状况不明。自被海淀文委扣押到被公安机关调取的近五个月内，服务器历经文创公司——海淀文委——北京市版权局——文创公司——公安机关四次移转。且服务器由文创公司保管的期间，行政执法机关没有也不可能进行全程监督，服务器存在被偷换的可能。(3) 移交服务器的手续违法。海淀公安分局调取服务器时，制作的调取证据通知书上

"2014"的"4"字是由打印的"5"字涂改而来。(4)公安机关调取服务器后，依然没有登记服务器的特征、型号与内置硬盘的型号、数量、容量，也没有对扣押物品拍照。(5)在公诉机关出示的不同份鉴定意见中，关于服务器内硬盘的数量及容量的表述存在不一致。(6)服务器与快播公司的关联性不明。公诉机关出具的行政执法物品清单、检查记录只记录了涉案服务器的入网 IP 地址，而该地址不能作为识别服务器身份的证据。[①] 上述证据质疑点的涉及面广泛，涵盖证据的关联性、真实性与合法性三个方面。其中，第 1、2、4、6 点表明，查扣的服务器没有载明能够反映其个体性的特征，也不能构成完整可信的证据保管链，即不能确认它们同快播公司的关联性；第 1、2、4、5 点表明，服务器被调包的可能性很大，即不能确认其真实性；第 2、3、5 点还表明，查扣、保管和移交的手续违法，即导致证据不具有合法性。归结到一点，辩方核心的质疑是这四台服务器的来源不明——既不能确保来源于快播公司，也不能确保来源于案件现场。

对此，控方只作了概要的回应，称四台服务器的起获及移转过程合法。关于服务器的来源、查扣、保存、移转情况，控方出具了证人证言、书证、不同主体的说明、先行登记保存物品决定书、行政执法物品清单、检查记录、询问笔录、调取证据清单、接受证据材料清单等证据予以证实。控方还声明，"书证材料的笔误并不影响证据效力"。

通过控辩双方的证据攻防，尤其是控方的质辩说明，本案关于服务器的争点已经相当聚焦。具体来说，扣押服务器时未"固定"硬盘序列号、照片等个体性的识别特征，而仅仅依靠各种笔录、说明和 IP 地址等能否确定其同快播公司的关系？关于不同鉴定文书对内置硬盘的数量及容量的不一致表述，能否通过情况说明进行补正，澄清真实性方面的疑虑？无执法权的文创公司介入现场执法、证据保管和流转等环节，是否影响证据的合法性？对于这些问题，一审法院认为："在该四台服务器的扣押、移交、鉴定过程中……可以让人对现有存储淫秽视频的服务器是否为原始扣押的服务器、是否由快播公司实际控制使用产生合理怀疑。"[②] 这说明，在第一次庭审后，法官确实已经对服务器的来源打了个大问号。

2. 关于 21 251 个淫秽视频的争议

服务器内视频的来源及其是否受到污染是本案证据的另一个焦点，因为淫秽品的数量关系到传播淫秽物品牟利罪成立与否和量刑刑档。在第一次开庭时，控方提交了公安机关淫秽物品审查鉴定书，表明从服务器内提取审验视频 29 841 个，其中 21 251 个为淫秽视频。[③] 为证明淫秽视频"未受污染"，公安机关的审验员出庭作证，称服务器中存储的视频文件为 QVOD 格式，普通的视频软件无法读取，故委托文创公司提供技术支持，由该公司进行转码，之后再由公安机关审验员进行鉴

① 参见北京市海淀区人民法院刑事判决书，(2015) 海刑初字第 512 号。

② 北京市海淀区人民法院刑事判决书，(2015) 海刑初字第 512 号。

③ 公鉴字〔2015〕第 0061 号审查鉴定书。

定；文创公司的技术员也出庭作证，证明转换未对视频文件造成任何更改。

对此，辩方发表了“服务器内容存在被污染的可能性”等意见，具体包括：(1) 行政扣押期间，没有任何证据证明开启服务器时有行政人员监督，硬盘内容是否被污染、被替换不得而知。(2) 侦查阶段，文创公司提供了技术支持，而该公司无鉴定资质、且与本案存在利害关系。[①] 同样，没有证据证明转码提取数据时有执法或司法人员在场。(3) 电子数据的解码应当在复制件内进行，而审验鉴定前有两台服务器是直接转码，原始数据遭到了破坏。(4) 目前仅在缓存服务器内查找到涉案视频，无法证明该视频内容与快播公司软件的抓取、存储、下载等行为有关。(5) 硬盘中部分数据在文件生成时间方面存在疑点。(6) 鉴黄程序违法。公安机关先后出具了三份淫秽物品审查鉴定书[②]，三份鉴定书关于淫秽视频的数量不一致，鉴定人却同一，明显违反重新鉴定应当由不同鉴定人实施的规定。

上述质疑也涵盖证据的关联性、真实性与合法性三个方面。其中，第 1 至 4 点涉及关联性，即视频文件可能跟快播公司无关，且不能排除被污染、替换、修改的可能；第 1 至 3 点和第 5 点涉及真实性，即视频文件存在造假的疑点；第 6 点涉及合法性，即关于色情视频文件数量的鉴定意见有违法之嫌。这里的核心质疑点是视频文件的来源是否可靠。

对此，控方回应称，关于淫秽物品的第三份鉴定意见书具备客观真实性。控方提供了审验操作记录和关于服务器的鉴定意见书进行补强。审验记录表明，公安机关对转码及审验的过程作了详细记录，这一过程可以读取内在数据但无法写入外部数据。关于四台服务器的鉴定意见书，这里需要补充一点案件事实，这一材料的出现与快播公司在 2015 年 5 月 28 日庭前会议上提出异议有关。那次会议之后，控方作出了补充侦查的决定，要求公安机关委托鉴定。一家社会鉴定机构——信诺司法鉴定所接受委托，对四台服务器做了检验，并给出鉴定意见：一台服务器已经损坏无法开启，其他三台服务器“在 2013 年 11 月 18 日至 2015 年 12 月 2 日[③]期间没有任何 QDATA 格式的视频文件拷入服务器”。

那么，这一鉴定意见能够证明淫秽视频文件的来源吗？辩方认为，该意见不能确认检材的原始性，不能排除服务器中数据被污染的可能性；鉴定意见没有价值。辩方还指出，该鉴定意见载明的送检服务器内置硬盘数量、容量与公安机关做淫秽物品鉴定时的记载相矛盾，佐证了检材存在被替换的可能。[④] 如果这些质疑成立，

① 这里是指文创公司曾经为乐视公司提供过服务，而乐视公司同快播公司存在竞争关系、且向国家版权局投诉过快播公司。这一主张未得到法院支持。

② 2014 年 4 月 11 日出具了第一份鉴定书，2015 年 1 月 20 日出具了第二份鉴定书，2015 年 11 月 6 日出具了第三份鉴定书。

③ 这里的“2013 年 11 月 18 日”是指扣押硬盘的时间，“2015 年 12 月 2 日”是指提交鉴定的时间。

④ 在信诺司法鉴定所出具的鉴定意见书中，作为检材的四台服务器分别有 6、6、6、5 块硬盘，而公安机关出具的“淫秽物品审查鉴定书”中，作为检材的四台服务器分别有 7、7、7、6 块硬盘；在信诺司法鉴定所出具的鉴定意见书中，所有服务器的每块硬盘容量均为 2T，而公安机关出具的“淫秽物品审查鉴定书”中，有一台服务器的每块硬盘容量均为 1T。

必将影响到视频文件的证据资格及证明力。

(二) 证据争议的本质

控方提交四台服务器及其中的淫秽视频，是为了证明快播公司等实施了传播淫秽物品的行为并产生了严重的后果。这些证据还可以补充证明被告人满足犯罪构成的“明知”要件——因为服务器中淫秽视频在全部视频文件中的占比达到70%以上，足以支持“快播公司应当知道其网络用户搜索和点击的视频内容的统计特征”的认定。[①] 但现在，这些证据的关联性、合法性和真实性均受到了巨大挑战。

辩方的诉讼策略非常明确，就是全面否定和多方攻讦这些关键证据。被告人王欣的辩护律师在一审庭审现场的辩护意见就很具有代表性：“北京市版权局所查处的四台服务器怎么锁定的事实不清”；“北京市版权局发现的淫秽物品怎么转交给北京市公安局的，这也没有法律的手续”；“涉案物品的扣押保管不符合法律”；“没有对服务器进行查封拍照及物品登记”；“行政服务期内提取的文件违法。这个服务器开启的过程没有任何行政人员在场，聘请的人连司法鉴定的资质都没有”[②] ……其实，这些意见可以归结为两点：(1)“服务器跟快播公司无关”，且可能“被调包”；(2)“淫秽视频被污染”。概言之，辩方主要质疑的是电子证据的关联性、真实性。

进一步分析，上述争议所最终溯及的，是服务器和淫秽视频这两项关键证据的取证和保管环节。就取证环节而言，主要的指向在于证据的来源是否可靠、是否与快播公司相关；就保管环节而言，主要的指向在于服务器有无被调包、淫秽视频是否被污染。这两个质疑点在法理上并不陌生，我国证据法学者陈瑞华教授将之概括为证据“鉴真”，它有两点独立含义：“一是证明法庭上出示、宣读、播放的某一实物证据，与举证方‘所声称的那份实物证据’是一致的；二是证明法庭上所出示、宣读、播放的实物证据的内容，如实地记录了实物证据的本来面目，反映了实物证据的真实情况。”[③] 可见，证据“鉴真”内容所指涉的正是证据的保管和取证这两个环节。快播案的核心证据争议，归根到底，就是电子证据的鉴真问题。

(三) 电子证据鉴真障碍与补强

在快播案中，自第一次开庭后，电子证据的鉴真便陷入困境。虽然办案人员扣押了四台服务器，但由于执法工作的粗疏错漏，到庭审阶段已经难以证明这四台服务器中的硬盘就是“原始存储介质”，更难以证明其中的数据没有出现“增、删、改”的情况，也难以证明这些服务器和淫秽视频同被告人有关系。[④] 具体来说，对有关电子证据无法通过“独特性确认”进行鉴真，因为现场执法时未能记录服务器

① 参见北京市海淀区人民法院刑事判决书，(2015) 海刑初字第512号。

② 快播公司等传播淫秽物品牟利案庭审笔录．[2016-01-08]．http://tech.sina.com.cn/i/2016-01-08/doc-ifxnkkux098 0107-p22.shtml.

③ 陈瑞华．实物证据的鉴真问题．法学研究，2011 (5)：130.

④ 关于服务器和淫秽视频同被告人有关系，属于电子证据的载体关联性，本质上是“将虚拟空间的行为同物理空间的人对应起来的问题”。参见刘品新．电子证据的关联性．法学研究，2016 (6)：179.

或硬盘的序列号等个体特征，未能进行封存，也未能对全盘数据或特定数据计算校验值；对有关电子证据无法通过“监管链条”进行鉴真，因为流转的文书不完整、且有错误，根本没有形成像样的证据标签；对有关电子证据无法通过证人作证进行鉴真，因为本案的取证人、制作人、持有人、见证人等相关人员不是合格或可信的亲历者；对有关电子证据还无法进行自我鉴真或推定鉴真，因为这些方式并不为我国法律规范所认可。这些障碍在快播案中的集中出现，既是我国电子证据鉴真规则不完善所致，也是办案人员没有严格遵循规则所致。

依照现有规范，快播案对电子证据鉴真问题的解决，可能就剩下寻求司法鉴定最后一个办法了。2016 年 1 月 25 日，一审法院决定委托国家信息中心电子数据司法鉴定中心（以下简称“国信司法鉴定中心”）进行检验核实，以解决快播案的证据争议问题。具体委托事项包括：(1) 通过检索四台服务器的系统日志，查找远程访问 IP 地址信息，查验 IP 地址相应注册信息；(2) 通过检验四台服务器内现存的 QDATA 文件属性信息，分析确定这些 QDATA 文件是否有在 2013 年 11 月 18 日后被从外部拷入或修改的痕迹；(3) 结合在案证据及四台服务器的存储内容，从技术角度分析快播软件对于淫秽视频的抓取、转换、存储、搜索、下载等行为的作用及效果。

国信司法鉴定中心出具的最终检验结果为：(1) 送检服务器有 8 个远程登录 IP 地址，其中一个 IP 地址“218.17.158.115”在 2013 年 7 月至 10 月间先后 17 次访问了涉案服务器；(2) 经过对服务器内现存的 QDATA 文件属性分析，未发现 2013 年 11 月 18 日后有从外部拷入或修改的痕迹。[①] 对于第三点请求未给出结论。经一审法院要求，控方调取了快播公司的上网专线协议，确认该 IP 地址为快播公司专用。

在第二次开庭中，鉴定人王××出庭接受质证。控方还出示了公安机关出具的工作说明，解释由于审验员对服务器相关硬件技术不了解，导致初步鉴定书中硬盘数量与实际不符；出示了版权机关、文创公司出具的工作情况说明，证明服务器在版权局扣押保管期间没有发生损坏等情况。

一审法院认为，综合办案机关、办案人员出具的证据材料，结合对四台服务器的新鉴定结果，在办案机关扣押、移转、保存服务器的程序环节，文创公司为淫秽物品鉴定人提供转码服务等技术支持，没有破坏服务器及其所存储的视频文件的真实性，检材合法有效。基于该检材，公安机关所作淫秽物品鉴定，虽曾有程序瑕疵，但业已由 2015 年 11 月 6 日出具的淫秽物品鉴定所补正。一审法院还认为：“在案证据证明，本案查扣的四台缓存服务器的所有者是光通公司，快播公司则是该服务器的远程控制者和日常维护者……上述证言与光通公司合同签订联系人、工程师陈×的证言，以及国信司法鉴定中心检验所证实的远程控制 IP 为快播公司所

① 国信司法鉴定中心［2016］电鉴字第 2 号，12 页。

有等证据内容完全相符，印证了快播公司负责涉案四台缓存服务器的软件安装和远程控制这一事实。”这些判断为二审法院所认可。

（四）电子证据鉴真检讨

总体来看，快播案中法官采信涉案服务器及淫秽视频等证据，主要依靠的是起到补强作用的鉴定意见，并兼及情况说明、证人证言、书证等。国信司法鉴定中心给出的鉴定意见最为关键。其第一点意见表明，远程登录涉案服务器的主要 IP 地址为“218.17.158.115”，而该 IP 地址为快播公司所使用。这证实了涉案硬盘、淫秽视频同被告公司的关联性。第二点意见表明，未发现涉案硬盘有事后“造假”的痕迹。这确认了关键性电子证据的形式真实性。这是法庭根据现有规范进行的补救，其在某种程度上化解了电子证据鉴真的障碍，有助于法庭顺利作出司法判决。

然而，这一鉴真做法——主要基于司法鉴定的鉴真补强——是无可挑剔的么？对此，笔者持有不同观点。

首先，以新鉴定意见为主的补强证据并不能有效地鉴真。试问，登录涉案服务器的 IP 地址一共有八个①，有些 IP 地址根本不是被告公司的，那又如何断定其中的淫秽视频就与登录最多的 IP 地址的使用者相关，而一定与其他 IP 地址的使用者无关？② 未发现“从外部拷入或修改”的痕迹，特别是在只核查了单一的文件时间属性的情况下，是否就意味着一定没有“造假”情况发生？③ 虽然鉴定机构核查了“硬件时间”，并对“硬件时间”与北京标准时间进行了校正④，但这里所谓的“硬件时间”依然只是机器时间，如何与物理空间的时间对应？最为重要的是，本案每台涉案服务器都有 5 至 6 块硬盘，所谓的访问 IP 地址信息和系统时间信息均存在于系统盘，而淫秽视频均处于其他硬盘——数据盘，以上结论充其量表明系统盘与被告公司相关，以及在 2013 年 11 月 18 日之后未发现“造假”的痕迹，其关联性又如何涵盖至各个数据盘？

其次，这一补强方式有悖我国电子证据规则的本意。受制于本案电子取证上的严重错误，司法人员已经不能审查电子证据的来源、形成情况和取证情况。虽然《死刑案件证据规定》和《刑诉法解释》均规定，对电子证据有疑问的，应当进行鉴定或检验。但开展科学可靠的鉴定和检验是要满足基本条件的。陈瑞华教授曾经对通过鉴定进行鉴真的方式提出过批评：“这种针对实物证据所作的司法鉴定其实是没有意义的。因为来源不明、提取过程不清楚或者保管不完善的物证、书证，如

① 国信司法鉴定中心［2016］电鉴字第 2 号，6 页。

② 第二次庭审时，各辩护人仍然认为现有证据不足以证明该 IP 地址 218.17.158.115 为快播公司所使用，服务器与快播公司的关联性存疑。这一质疑并非没有道理。

③ 国信司法鉴定中心得出“未发现……从外部拷入或修改的痕迹”的结论，是基于对 QDATA 文件的时间属性进行分析。这存在着检验方法单一的缺陷。从理论上讲，鉴定人员应当对拷入、修改电子文件的各种痕迹均进行检验，如核验电子文件的存储规律、碎片规律等。

④ 国信司法鉴定中心［2016］电鉴字第 2 号，8 页。

果连其是否真实存在过以及究竟存在于何处等，都无法得到清晰的说明，就更无法对其本身所包含的事实信息加以鉴别了。”① 笔者认为，陈教授所持的“完全否认通过鉴定予以鉴真之可行性”的说法，虽然并不严谨，但其合理内核是值得警醒的。实践表明，鉴定是鉴真的一种科学手段。② 鉴定区别于其他鉴真方法的地方在于其科学性，即它以科学技术知识和原理、方法等为基础，增强了人们认识客观事物的能力。③ 可是，如前所述，本案的鉴定意见表述不清，针对性不强，如此质量的鉴定意见显然不能释疑解惑，不足以完成鉴真任务。

有办案人员声称，由于客观条件限制，作为补强性质的司法鉴定能够做到这一步，已经相当不错。本案的鉴真问题出现在取证环节，这导致作为事后补救手段的司法鉴定存在先天不足，依靠鉴定意见等补强证据所实现的鉴真只能达到高度盖然性的程度。④ 这一观点同样不能令人信服。《刑诉法解释》第 94 条明文规定，经审查无法确定真伪的电子证据不得作为定案的根据。因此，假如法庭裁量认为电子证据鉴真不彻底，应该作出的裁判是将其彻底排除。

三、电子证据鉴真的中外比较

（一）外国做法

美国关于电子证据的海量判例表明，电子证据在鉴真问题上受到的挑战集中体现在三个方面：第一，当事人可能会对电子证据在形成后是否遭到过篡改、处理或毁损提出质疑；第二，当事人可能会对电子证据所依赖的计算机程序的可靠性提出质疑；第三，当事人还可能会对电子证据制作者的身份提出质疑。⑤ 第一点反映出人们对电子证据的技术特点仍有担心，如合众国诉惠特克案⑥、合众国诉伯纳罗案⑦、合众国诉格拉色案⑧、合众国诉艾伦案⑨；第二点反映出人们对电子证据所依赖的计算机程序也有疑虑，如合众国诉凯特布兰案⑩、合众国诉摩尔案⑪；第三点反映出电子证据背后的行为人不容易确定，也是案情生疑的重要成因，如合众国

① 陈瑞华．实物证据的鉴真问题．法学研究，2011（5）：128－129.

② 邱爱民．实物证据鉴真制度研究．北京：知识产权出版社，2012：106.

③ 同②107.

④ 2016 年 10 月 19 日，中国人民大学举办“两高一部电子证据规则与快播案件电子证据问题跨学科讨论会”，来自司法系统的个别与会代表在发言中讲了这种观点。

⑤ United States Department of Justice，Searching and Seizing Computer and Obtaining Electronic evidence in Criminal Investigation（September，2002）.

⑥ *United States v. Whitaker*，127 F. 3d 595，602（7th Cir. 1997）.

⑦ *United States v. Bonallo*，858 F. 2d 1427，1436（9th Cir. 1988）.

⑧ *United States v. Glasser*，773 F. 2d 1553，1559（11th Cir. 1985）.

⑨ *United States v. Allen*，106 F. 3d 695，700（6th Cir. 1997）.

⑩ *United States v. Catabran*，836 F. 2d 453，458（9th Cir. 1988）.

⑪ *United States v. Moore*，923 F. 2d 910，915（1st Cir. 1991）.

诉辛普森案①、合众国诉坦科案。②

司法实践中可以使用哪些方法对电子证据进行鉴真？这是鉴真规则的重要内容。放眼各国，鉴真方法已经非常庞杂。从立法上看，许多国家习惯于将鉴真方法区分为外部鉴真与自我鉴真。前者是指运用外部证据或旁证加以鉴真。例如，美国《联邦证据规则》规则 901（b）规定了知情证人作证等 12 种方式。这里所说的知情证人范围非常广泛，包括见证人等，借助他们出庭能够证明电子证据同案件事实联系上的真实性。又如，美国《加利福尼亚州证据法典》规定了当事人承认等 7 种方式。这里所说的当事人承认包括对其不利的当事人在任何时候作出的承认（第 1414 条）。后者是指无须运用外部证据而通过证据本身的属性加以鉴真。这是因为，有些实物证据的特性和结构性要素就能为其自身的可靠性提供保证。例如，美国《联邦证据规则》规则第 901（b）规定了对国内公文等 10 种文件的自我鉴真等。这里所说的国内公文自我鉴真，是指对加盖印章或附有公职人员签名的文件，基于司法认知或政策考量而直接予以确认。又如，美国《加利福尼亚州证据法典》规定了联邦和州政府签名文书的自我鉴真等 4 种情形。这里所说的联邦和州政府签名文书，包括联邦政府官员、公共机构官员和州公证人签名的文书（第 1453 条）。

以鉴真的不同依据为标准，上述鉴真方法又可分为“独特特征的确认”与“监管链条的证明”两种。前者也称为“独特性确认”，是指当实物证据具有独一无二的特征，或者具有特殊的标记时，可以据此作出确定性的证明。这里所说的独特特征，可以是证物本身所自带的，也可以是人为设置的。后者也称为“保管链条的证明”，这是指从实物证据被提取到在庭上出示的期间内，要形成对持有、接触、处置、保管、检验的全监管链条。这就需要该证物的收集人员、运送人员、保管人员、检验人员等所有接触者都填写证据标签。填写证据标签的通常做法是：“该物品都附有一个日志，任何接触该物品的人员都必须记录自己的姓名、机构、接触的日期，由此确保监管链条的完整无缺。”③ 这两种方法几乎适用于各种实物证据。“但不论何种鉴真方法，法庭都必须安排实物证据的持有人、目击者、提取者、保管者以及经手过该项证据的人出庭作证，要么当庭对该证据的真实性和同一性做出辨认，要么对该证据的来源、提取、收集、保管过程的可靠性提供证言。”④

在司法实践中，电子证据的鉴真方式同其他证据相比没有什么两样。⑤ 传统上诸如证据标签、证人作证或司法鉴定等鉴真方式同样适用于电子证据。当然，考虑到电子证据自有特色，一些国家的立法也探索出一些独特的、面向电子证据的鉴真

① *United States v. Simpson*, 152 F. 3d 1241 (10th Cir. 1998).

② *United States v. Tank*, 200 F. 3d 627, 630 - 31 (9th Cir. 2000).

③ ［美］诺曼·M. 嘉兰，等. 执法人员刑事证据教程. 但彦铮，等译. 北京：中国检察出版社，2007：406.

④ 陈瑞华. 实物证据的鉴真问题. 法学研究，2011（5）：134.

⑤ *United States v. DeGeorgia*, 420 F. 2d 889, 893 n. 11 (9th Cir. 1969); *United States v. Vela*, 673 F. 2d 86, 90 (5th Cir. 1982).

方式。这主要表现为基于推定的鉴真规则：其一是基于计算机系统正常运行的推定鉴真。如加拿大《1998年统一电子证据法》第5条第1款规定："在任何法律程序中，如果没有相反的证据，则可以通过那些支持如下裁定的证据，推定记录或存储电子证据的那一电子记录系统具有完整性，即：裁定该计算机系统或其他类似设备在所有关键时刻①均处于正常运行状态，或者，即便不处于正常运行状态，但其不正常运行的事实并不影响电子记录的完整性，并且没有其他合理理由对该电子记录系统的完整性产生怀疑。"其二是基于可靠电子签名等安全技术手段的鉴真。如菲律宾《2001年电子证据规则》规定，私人电子文件可通过曾经使用过的电子签名方式予以鉴真（规则5第2条第一项）；通过鉴真的电子签名或数字签名，具有等同于手写签名的同样功能（规则6第1条）。其三是基于可靠程序和系统的鉴真。如美国《联邦证据规则》规则901（a）（9）规定，证据提出者基于正当理由相信计算机程序是可靠的，并能提举输入数据及打印的程序合适等基础证据，即满足鉴真要求。

（二）中国做法

在我国，传统上并没有将实物证据的鉴真原理从关联性理论、真实性理论中独立出来，遑论单独构建电子证据的鉴真规则。这一局面直到2010年才开始出现改变。当年我国最高人民法院发布《死刑案件证据规定》，使围绕电子证据的鉴真由学理探讨上升为法律规范，从而初建电子证据鉴真规则。该规定第一次设立了刑事诉讼领域的电子证据专条，对审查电子证据的来源和收集提取过程设置了一系列要求。

《死刑案件证据规定》第29条第1款规定："对于……电子证据，应当主要审查以下内容：（一）该电子证据存储磁盘、存储光盘等可移动存储介质是否与打印件一并提交；（二）是否载明该电子证据形成的时间、地点、对象、制作人、制作过程及设备情况等；（三）制作、储存、传递、获得、收集、出示等程序和环节是否合法，取证人、制作人、持有人、见证人等是否签名或者盖章；（四）内容是否真实，有无剪裁、拼凑、篡改、添加等伪造、变造情形；（五）该电子证据与案件事实有无关联性。"这表明，我国法律规范开始对电子证据的鉴真提出明确的要求：一是审查电子证据的来源，要求提交原始存储介质。二是审查电子证据的形成过程，即"形成的时间、地点、对象、制作人、制作过程及设备情况"等。三是审查电子证据的取证情况，即各环节是否合法、相关人员是否签章。官方对这一文件的解读强调："应当在电子证据的制作、存储、传递、获得、收集、出示等环节建立完整的证据保管链条，并由相关人员签名或盖章"②。四是审查电子证据的真实性

① 这里的"关键时刻"（Material Times）是一个专门术语，大意是指对数据电文的生成、传递、存储、显示等各环节具有重要意义的时刻。其间计算机系统的正常或不正常会直接影响到电子证据的鉴真。

② 张军．刑事证据规则理解与适用．北京：法律出版社，2010：232.

和关联性。

《死刑案件证据规定》第 29 条第 2 款规定："对电子证据有疑问的，应当进行鉴定。"同条第 3 款规定："对电子证据，应当结合案件其他证据，审查其真实性和关联性。"这表明，在电子证据鉴真的问题上，我国鼓励通过司法鉴定和综合审查的方式进行。值得注意的是，由于我国缺乏直接和言词审理的传统，故这里所说的"综合审查"在很大程度上就将"倚重各种笔录证据的印证作用"①。

2013 年，最高人民法院发布《刑诉法解释》，除了对上述条文进行个别文字调整外，也对电子证据的鉴真规则作了一些重大改进。同《死刑案件证据规定》相比较，《刑诉法解释》进一步强调要审查电子证据的来源，审查方法既允许提交原始存储介质，也允许提交足以保证完整性的、有文字说明和签字的复制件；进一步强调要审查电子证据的形成情况和取证情况，特别是增加关于笔录、清单及证据规格、类别、格式的内容，突出全面收集电子证据的要求；并增加无法确定电子证据真伪或有实质疑问时的排除后果规定。有关内容如表 12－1 所示。

表 12－1　《死刑案件证据规定》与《刑诉法解释》中的电子证据鉴真规则

规范名称	审查原始存储介质是否移送和保存	审查是否增加、修改、删除	审查与案件的关联性	审查收集、提取过程是否可以重现	是否进行完整性审查	收集、提取程序有瑕疵的处理结果	不得作为定案依据的标准
《死刑案件证据规定》	√（与打印件一并提交）	√（审查有无剪裁、拼凑、篡改、添加等伪造、变造的情形）	√	×	×	×	×
《刑诉法解释》	√（必要时可提交符合要求的复制件）	√（审查有无删除、修改、增加等情形）	√	×	√（复制电子数据……是否是以保证电子数据的完整性）	√（提供必要证明或者作出合理解释）	√（无法确定真伪）

应该说，这两部规范确立了我国长时间以来适用的电子证据鉴真规则。它们的具体条款对电子证据的关联性和真实性内容进行了一定程度的融合，是电子证据鉴真原理的落地。需要特别指出的是，这些规则并没有进一步区分真实性的不同层次。也就是说，我国电子证据的鉴真判断不仅涉及形式真实性，也涉及实质真实性。此乃传统使然，可以视为我国电子证据鉴真规则在含义和功能方面的特色。然

① 陈瑞华．实物证据的鉴真问题．法学研究，2011：140．

而，这一特色也就决定了电子证据鉴真的独立性不强，无法像外国法的鉴真规则那样为电子证据进入法庭“奠基”。

从鉴真的方式方法上看，我国初创的电子证据鉴真规则也具有自己的特色：其一，不区分外部鉴真与自我鉴真。这就意味着，即便是有着可信来源、可靠保障的电子证据，也必须同时借助外在证据进行鉴真。其二，主要依靠“监管链条的证明”方法，较少依靠“独特特征的确认”方法。这就意味着，我国法律规范还没有将电子证据的内容与载体区分开来，而是以对存储介质的鉴真囊括了对数据内容的鉴真。其三，较多地依赖笔录、情况说明等进行鉴真，较少地寄希望于知情人作证的方式。显然，相比知情人出庭作证而言，仅仅依靠各种各样的勘验笔录、检查笔录、搜查笔录、侦查实验笔录、辨认笔录、询问笔录、讯问笔录等来证实，会严重影响到鉴真的效果。其四，我国尚未确立基本的证据标签制度，只是明确了证据封存制度。证据封存的要求仅仅是“封口严实”和“未受破坏”。这能够解决现场取证的一时之需，但实务中只要对电子证据启封作检验鉴定，依靠证据封存进行鉴真的方式就将中断效用。相比而言，证据标签制度能够“固定”各个环节的真实情况。其五，未设置必要的推定鉴真制度。我国司法人员较多地依赖司法鉴定的方式进行鉴真。从性质上说，鉴定鉴真是一种事后鉴真，付出的代价很大，效果也不尽好。而推定鉴真则反映了人类社会共同的司法智慧，能将鉴真的关口前置。这些特色实际上也是我国电子证据鉴真的制度缺陷。

此外，我国初创的电子证据鉴真规则并未确立鉴真不能的刚性后果。从条文的字面表述来看，《死刑案件证据规定》中没有涉及电子证据“作为或不作为定案根据”的任何内容，《刑诉法解释》虽有涉及，但只规定“无法确定真伪”或“不能提供必要证明或者作出合理解释”时不得作为定案的根据。这就赋予了法官很大的自由裁量权。从司法实践来看，法官对未通过鉴真的电子证据裁定予以排除的情况很少。这就是我国电子证据鉴真规则偏软的体现。此外，我国电子证据鉴真规则对法律后果的设置，也与国际通行的电子证据鉴真规则存在差异。

四、两高一部《电子数据规定》改进鉴真规则的走向

2016 年 9 月，最高人民法院、最高人民检察院、公安部印发电子数据规定，对电子证据制度进行了大变革①，也为电子证据鉴真规则带来了新情势。例如，《电子数据规定》规定了保护电子证据完整性的方法（第 5 条）、封存原始存储介质的

① 在《两高一部电子证据规则》发布前，最高法、最高检、公安部曾经于 2014 年 5 月发布《关于办理网络犯罪案件适用刑事诉讼程序若干问题的意见》，其中对电子证据如何鉴真作了原则性规定。考虑到该意见的位阶较低、且不适用于快播案的“先由行政机关执法、后由侦查机关介入”的情况，本章对该意见不作专门的讨论。鉴于该意见的有关内容均已被《电子数据规定》吸收，本章主要基于后者的条款进行展开。

原则（第8条）、计算完整性校验值的要求（第9条）、对真实性的审查判断内容（第22条）、验证完整性的方法（第23条）、瑕疵处理的规则（第27条）、未能鉴真的排除性规则（第28条）等。《电子数据规定》于快播案一审即将结束时出台，在一定意义上可以理解为对快播案电子证据工作不规范现象作出的“亡羊补牢”式回应。它给我国实务中运用电子证据带来了新标尺。那么，运用该新标尺能否避免在未来的刑事司法活动中重蹈快播案之覆辙？这就要梳理新规定的内容变化，厘清《电子数据规定》针对电子证据鉴真问题，作出了什么样的回应（见表12-2）。

表12-2　《电子数据规定》中的鉴真规则

规范名称	审查原始存储介质是否移送和保存	审查是否增加、修改、删除	审查与案件的关联性	审查收集、提取过程是否可以重现	是否进行完整性审查	收集、提取程序有瑕疵的处理结果	不得作为定案依据的标准
两高一部《电子数据规定》	√	√（如有增加、删除、修改等情形的，是否附有说明，是否影响真实性）	√（增加“人机关联”的规定）	√	√	经补正或者作出合理解释的，可以采用；不能补正或者作出合理解释的，不得作为定案的根据	无法保证电子数据真实性

不难发现，相比于《死刑案件证据规定》《刑诉法解释》，《电子数据规定》在鉴真部分的变化主要体现在四个方面。

其一，将完整性审查纳入鉴真的要求。具体来说，收集和提取电子证据要保证其完整性，包括采取扣押封存原始存储介质、计算完整性校验值、制作封存备份、冻结电子证据、对收集提取的相关活动进行录像等方法（第5条）；相应地，验证电子证据是否完整的方法包括审查原始存储介质的扣押封存状态、审查收集提取过程（含查看录像）、比对完整性校验值、与备份进行比较以及审查冻结后的访问操作日志等（第23条）。其二，充实了关联性的内涵，具体列举了在关联性审查中如何对网络身份与现实身份进行同一认定、如何将犯罪嫌疑人、被告人与存储介质关联起来的要求（第25条）。其三，对电子证据“增、删、改”的情况予以了细化，要求附有说明（第22条），同时明确不影响真实性的电子证据不排除（第28条）。其四，也是最重要的一点是，该规则确立了依靠“独特特征”的鉴真方法（如封存特征、校验值特征、IP地址特征、网络活动记录特征等），探索建立了关于电子证据的部分推定鉴真制度（如数字签名、数字证书等），也明确了未能鉴真的有限排除规则。

应该说，《电子数据规定》在电子证据鉴真问题上取得了实实在在的进步。假如这一规则在快播案发生之前就已经适用，且有关的行政执法人员、侦查人员能够严格遵循相关的要求，则能从根本上避免快播案的证据问题。具体来说，诸如快播案中关于服务器及其硬盘使用者的争议，可以通过《电子数据规定》要求的取证录像、拍照、见证、特定化标识等得到化解；关于电子数据遭受污染的完整性争议，也可以通过《电子数据规定》要求的防篡改扣押封存、张贴封条、录像见证、完整性校验、数据备份等得到保证；而就快播案电子证据的审查而言，有了新规则的支撑和指引，法庭在作出采信与否的判断时也不会那么犹豫不决。这是中国证据法治的大跨步前行。

同时，还应当注意到，《电子数据规定》所勾画的鉴真规则并不完美。譬如，它主要是基于各种笔录证据和情况说明来形成证据监管链——这与域外通行的证据标签制度还是有相当大差距的。收集和提取电子证据时，即使制作的笔录再多，即便笔录上有侦查人员、证据持有人、提供人、见证人的签名或盖章，也并不意味着就构成了足以鉴真的完整链条。在我国证人出庭率不高的情况下，笔录和情况说明作为补强证据将长期存在，但这种形式实在难以起到有效的证明作用。又如，《电子数据规定》对未能鉴真的电子证据，即不确定具有关联性和形式真实性的电子证据，仍然允许通过"补正""合理解释"的方式进行补救。这就给本不能鉴真的电子证据留下了隐患。再如，《电子数据规定》对电子证据的推定鉴真只是开了一扇小门，对电子证据的自我鉴真依然讳莫如深，这些方面的改革亟待突破。可见，在快播案尘埃落定之后，我国电子证据鉴真规则面临着继续改革完善的任务。

【拓展阅读】

快播案的鉴真难题与控辩审视角

一、公诉机关提交的部分证据

（1）北京市公安局海淀分局（以下简称"海淀公安分局"）向海淀文委调取相关证据的调取证据清单，证明：2014 年 11 月 21 日，海淀公安分局向海淀文委调取涉案证据共计 9 份。分别是：著作权鉴定申请书、北京市文化市场行政执法鉴定告知书、北京市文化市场行政执法先行登记保存物品决定书、北京市文化市场行政执法物品清单、北京市文化市场行政执法检查记录、北京市文化市场行政执法询问笔录、工作说明、执法人员证件、北京市文化市场行政执法送达回证。

（2）北京市文化市场行政执法检查记录，证明：2013 年 11 月 18 日 15 时，海淀文委对光通公司进行检查，并根据北京市版权局转办案线索，对该公司网络服务器进行检查。发现 IP 地址为 118.186.27.18、118.186.27.19、118.186.27.20、118.186.27.21 的 4 台服务器涉嫌被用于通过信息网络擅自向公众提供他人作品、表演、录音录像制品。现场对涉嫌的 4 台服务器进行了先行登记保存，并送北京市版权局进行鉴定。

（3）北京市文化市场行政执法先行登记保存物品决定书及北京市文化市场行政

执法物品清单，证明：2013 年 11 月 18 日，海淀文委从光通公司处对 4 台网络服务器进行先行登记保存，4 台服务器 IP 地址分别为：118.186.27.18、118.186.27.19、118.186.27.20、118.186.27.21。

(4) 海淀文委著作权鉴定申请书及工作说明，证明：2013 年 11 月 18 日海淀文委执法二队在著作权行政法检查工作中发现，光通公司涉嫌从事侵犯著作权违法活动，依照相关规定对该公司 4 台 IP 地址为 118.186.27.18、118.186.27.19、118.186.27.20、118.186.27.21 的服务器采取了登记保存强制措施，同日，海淀文委向市版权局出具申请书，根据《著作权行政处罚实施办法》等相关规定，将涉案网络服务器等证据交版权局实施著作权鉴定。

(5) 北京市文化市场行政执法鉴定告知书，证明：2013 年 11 月 18 日，海淀文委就光通公司于当日被先行登记保存的物品送北京市版权局进行鉴定一事告知了光通公司。

(6) 调取证据清单、接受证据材料清单及北京市版权局、海淀公安分局、田村派出所出具的工作说明，证明：2013 年 11 月 18 日北京市版权局接到海淀文委著作权鉴定申请，要求对依法采取行政强制措施的涉案证据 4 台网络服务器进行鉴定。后因工作涉及计算机及网络视频专业技术问题，该局于当日委托北京文创动力信息技术有限公司（以下简称“文创动力公司”）提供专业技术服务。2014 年 4 月 10 日，海淀公安分局以该 4 台网络服务器系刑事案件涉案物证为由，向北京市版权局调取该物证，并提出因案件重大、情况紧急，请求先行办理涉案物品交接手续并当场提取 4 台网络服务器，调取物证的相关文件在 3 个工作日内送达北京市版权局。北京市版权局配合公安机关将 4 台服务器进行移交，且称在上述 4 台服务器由北京市版权局保管期间，该局未对该 4 台服务器进行过任何数据的增加、删除或修改操作。2014 年 4 月 10 日，海淀公安分局及田村派出所的民警从北京市版权局版权管理处接收从光通公司查扣的 4 台服务器，上述 4 台服务器 IP 地址为 118.186.27.18、118.186.27.19、118.186.27.20、118.186.27.21。田村派出所的民警于当日将上述服务器移交北京市公安局治安管理总队进行鉴定，在此期间未对该 4 台服务器进行任何操作。

(7) 委托书及工作说明，证明：2014 年 4 月 10 日，北京市公安局治安管理总队接到海淀公安分局送审的光通公司 4 台服务器，该队在淫秽物品审验室对 4 台服务器进行审验时，发现 4 台服务器内存储的文件为 QVOD 格式，一般视频软件无法读取。特委托文创动力公司提供专业技术支持，在该公司技术支持下，淫秽物品审验室提取服务器内视频进行鉴定。

(8) 证人李某某（文创动力公司技术员）的证言，主要内容是：其是文创动力公司技术部负责人，2013 年年底，公司让其负责对 4 台光通公司的服务器内容进行了提取、解码。4 台服务器中的文件是快播公司独有的 QVOD 文件格式，只是服务器存储文件，不能用快播直接播放，需要转码后在客户端才能播放。其开发了

QVODDECODE 软件，解析出快播文件，使这些文件能够通过一般视频播放器进行播放。解码原理是通过 QVOD 文件反编译，找出和 MP4 的关联关系，把快播文件转化成 MP4 格式。具体过程是，从快播服务器中拷贝 QVOD 文件到硬盘，在 WIN7 系统下通过研发的 QVODDECODE 软件进行解码，自动生成 MP4 文件。这个过程不会对快播服务器文件有改变，原因是 QVODDECODE 只会读取 QVOD 文件内容，不会更换文件内容信息，在整个操作过程中，是单机进行，不与互联网及其他机器相关联。在运行过程中会读取 QVOD 文件内容到内存中，通过二进制计算转换成 MP4，格式数据流保存在硬盘上。

（9）现场勘验检查笔录，证明：2015 年 1 月 20 日，北京市公安局网安总队民警在见证人见证下对扣押服务器进行了勘验，对服务器内存储内容提取、解码、播放过程进行了记录，利用 QVODDECODE 软件可以对从 IP 地址为 118.186.27.20 的服务器内的文件随机选取文件进行解码，解码后文件可以通过暴风影音播放器进行播放。

（10）北京市公安局淫秽物品审查及淫秽视频清单（hash 码）、工作说明，证明：公鉴字〔2014〕第 1771 号审查鉴定书认定，从编号为 118.186.27.18、118.186.27.＊＊、118.186.27.＊＊、118.186.27.＊＊的 4 台服务器中提取文件 25 175 个，经审验，其中淫秽视频为 170 22 个；公鉴字〔2015〕第 0061 号审查鉴定书认定，从扣押在案的 3 台服务器（118.186.27.＊＊、118.186.27.＊＊、118.186.27.＊＊）内提取审验视频 29 841 个，其中 21 251 个为淫秽视频。公安机关对审验结果进行了文件重复查找工作，审验的 29 841 个视频文件无重复。公安机关还对为何在本案中出具多份鉴定意见情况进行了说明。

（11）快播服务器审验操作记录，证明：公安机关对如何提取扣押服务器内的视频文件进行转码及审验的过程进行了详细记录。具体过程是：针对 IP 为 118.186.27.21 的服务器通过将服务器内的视频文件及转码程序 QVODDECODE 拷入格式化过的外置空白硬盘内进行视频转码；编号 118.186.27.＊＊、118.186.27.＊＊的两台服务器直接在服务器内使用转码程序 QVODDECODE 对视频文件进行转码，转码后的文件生成在已经格式化过的外置空白硬盘内。然后将上述外置空白硬盘再次搭建审验环境，该环境下可以读取硬盘内的视频，但无法写入任何数据。上述操作步骤由技术人员完成，并由两名民警进行全程监督。然后审验人员通过 printfolder 软件提取硬盘内所有视频文件文件名转换至 WPS 表格中，通过共享文件环境索引表格中的文件名称，查找视频进行审验，淫秽的打√，非淫秽的打×。

（12）鉴定意见书，证明：北京信诺司法鉴定所（以下简称“信诺鉴定所”）在治安管理总队淫秽物品审验室对扣押在案的 4 台服务器鉴定，其中 118.186.27.18 的服务器已经损坏无法开启，其他 3 台服务器在 2013 年 10 月 11 日至 2013 年 11 月 18 日期间有“.qdata”格式的文件写入，2013 年 11 月 18 日至 2015 年 12 月 2 日期间没有任何“.qdata”格式的视频文件拷入服务器。118.186.27.19 服务器内视频文件共计12 094个，2013年11月18日至2015年12月2日期间创建文件10个，创建“.qdata”文件0个；118.186.27.20服务器内视频文件共计18 353个，2013年11月18日至2015年12月2日期间创建文件12个，是DECODE文件的组成部分，创建“.qdata”文件0个；118.186.27.21服务器内视频文件共计18 446个，2013年11月18日至2015年12月2日期间创建文件0个，创建“.qdata”文件0个。

另外，鉴定人丁燕华出庭作证，做了当庭陈述：其是北京市公安局治安总队行管支队淫秽物品审验员，负责审验工作，其受指派进行鉴定工作。本案有三份鉴定书，其和同事赵世才都参与了第二份、第三份的鉴定。2015年1月20日的鉴定书上丁燕华、赵世才的名字都是其签的，是其取得赵世才同意后签的。审验的过程是，其同事找相关的技术人员把数据从4台服务器中转出来，存在硬盘里，是MP4格式的，硬盘都有标记，转出一个就给其一个，架设好电脑环境，硬盘就可以打开了。其先把文件名称抓取下来，复制到Excel表格，然后按照顺序复制名称，在电脑上搜索硬盘里相同名称的视频，再用完美解码这个播放器播放审验，是淫秽视频的画钩，不是的画叉。里面的视频文件有小段的，有的很小，时间都不一样，也有音频的，但是很少，文件大的也就一个多G，多数都是几百M。其根据硬盘里面的数据编码来认定有多少个数据。其没有时间把整个视频从头到尾完全看完，其点开视频后，就用鼠标一拖，基本上就有淫秽镜头出现。所谓的淫秽镜头就是男女性交的镜头。其印象是4月10日接触的这个案件，月底实际开始鉴定的。工作规范要求是两个人同时进行鉴定。第二次鉴定提取的是25 000多个视频，鉴定结果是17 022个淫秽视频。拿来多少硬盘，其就看多少。第三次鉴定是8月开始，应该是存储了12块硬盘。其在十一假期都没有休息，除了周末都在上班。一天至少看600部，多时800部，正常情况下一分钟看二三个，慢时也一分钟一个多。如果打开一看是电视台的标，这个视频就不用看。在快播这个案件中没有发现前面是电视台的内容后面是淫秽视频的情况。4台服务器及存有淫秽视频的硬盘都在其保管之下，行动队张警官负责找技术人员倒数据出来。其在一个屋子看淫秽视频，张警官和其他技术人员在旁边屋子，从服务器中转换出数据，转换完之后就给其，其要封存。进审验室的就是几个审验人员，其工作区是绝对不让外人进的。

二、辩护人所提出的质疑

(1) 扣押时未对服务器的物证特征进行固定。海淀文委在实施现场扣押行为时，未进行拍照，且登记内容模糊，难以认定服务器的唯一性。公诉机关出具的北京市文化市场行政执法物品清单及北京市文化市场行政执法检查记录，只是记了4台服务器的IP地址（IP地址不能作为识别服务器身份的证据），没有写明特征、型号，没有记载内置硬盘的型号、数量、容量，也没有扣押物品照片。缺乏物理特征的物证，真实性存疑，直接关系到该物证能否作为鉴定检材。

(2) 服务器在行政扣押期间的保管状态不明。扣押当日，海淀文委将4台服务器送北京市版权局实施著作权鉴定。市版权局因工作涉及计算机及网络视频专业技术问题，于当日委托文创动力公司提供专业技术服务。直到 2014 年 4 月 10 日，服务器才移交到海淀公安分局扣押。4 台服务器是因著作权侵权问题被行政机关查封的，但刑事立案之前的五个月时间内，这 4 台服务器到底保管在文化委、版权局还是文创动力公司，地点不明。扣押的 4 台服务器在五个多月时间里没有由行政执法机构保管，其作为证据使用的合法性存疑。

(3) 服务器内容存在被污染的可能。公诉机关没有提供任何证据证明文创动力公司具有相应技术资质。行政扣押期间，没有相应证据证明文创动力公司在开启服务器时是否有相关行政执法人员在场监督，服务器硬盘内容是否被污染，有无写入、替换视频文件情况。文创动力公司曾经受快播公司竞争对手乐视公司委托从事知识产权侵权行为调查，足以让人怀疑涉案 4 台服务器及其内容是否真实。

(4) 服务器移交程序违法。案卷中有一份海淀公安分局从版权局调取服务器时的调取证据通知书，把打印的 2015 改成了 2014，证明该份材料系后补文件。公安机关从行政机关调取 4 台服务器时，仍旧没有登记服务器的特征、型号，尤其是没有记载服务器内置硬盘的型号、数量、容量，也没有扣押物品照片。

(5) 淫秽物品鉴定存在程序违法。公安机关于 2014 年 4 月 11 日出具第一份鉴定书，鉴定人是邢政博、许平，记载的服务器内置硬盘数量为 3 台内置 7 块硬盘，1 台内置 6 块硬盘，每块硬盘容量均为 2T。2015 年 1 月 20 日，公安机关出具第二份鉴定书，文号与第一份相同，但鉴定人为丁燕华、赵世才，签名是同一人所签。鉴于上述鉴定书存在程序违法问题，公诉机关申请补充侦查后，于 2015 年 11 月 6 日出具第三份淫秽物品审查鉴定书，该份鉴定的文号与前两次不一致，但鉴定人同一，违反重新鉴定应另请鉴定人的规定。第三份鉴定是重新鉴定，鉴定程序违法。

(6) 检材真实性存疑。第三次淫秽物品鉴定期间，公安机关委托信诺鉴定所出具一份鉴定意见书，证明上述 3 台服务器从 2013 年 11 月 18 日至 2015 年 12 月 2 日的扣押期间没有任何 qdata 格式（快播专用格式）的视频文件拷入服务器。但信诺鉴定所的送检材料显示，4 台涉案服务器内置硬盘数量和容量与 2014 年 4 月 11 日公安机关第一次淫秽物品鉴定时的记载均发生了变化：3 台服务器内置硬盘数量 6 块，一台内置 5 块，且有一台服务器内的硬盘容量为 1T。服务器内硬盘数量、容量前后矛盾，第三次淫秽物品鉴定检材真实性存疑，怀疑是否为原始扣押的服务器。

三、法庭的补充调查

鉴于辩方在第一次庭审中提出“案件来源不明，涉案 4 台服务器查封，保管程序存在重大瑕疵，以及原始数据有可能受到破坏”等意见，鉴定检材真实性存疑，且该证据对于案件事实查明和定罪量刑至关重要，本院根据《中华人民共和国刑事诉讼法》第一百九十一条、《最高人民法院关于适用〈中华人民共和国刑事诉讼法〉的解释》第八十七条之规定，决定进行检验核实，故委托国家信息中心电子数据司法鉴定中心（以下简称信息鉴定中心）对 4 台服务器及存储内容进行了检验。

具体委托事项为：(1) 通过检索 4 台服务器的系统日志，查找远程访问 IP 地址信息，查验 IP 地址相应注册信息；(2) 通过检验 4 台服务器内现存的 qdata 文件属性信息，分析确定这些 qdata 文件是否有在 2013 年 11 月 18 日后被从外部拷入或修改的痕迹；(3) 结合在案证据及 4 台服务器的存储内容，从技术角度分析快播软件对于淫秽视频的抓取、转换、存储、搜索、下载等行为的作用及效果。

在检验过程中，信息鉴定中心在送检的 4 台服务器内提取用户远程登录日志，发现 8 个 IP 地址在 2013 年间曾使用远程账号多次登录至送检的 4 台服务器，详细 IP 地址分别为"218.17.158. * * *、218.240.16. * * *、218.240.16. * * *、218.240.16. * * *、218.240.16. * * *、218.240.7. * * *、218.240.7. * * *、222.128.116. * *"。

信息鉴定中心根据委托需求，认为需要对上述 IP 地址的归属及相关注册信息进行调查分析，要求本院予以协助，并将调查结果以补充材料的形式提交至鉴定机构。本院随即要求公诉机关查核上述 IP 地址被起获扣押之前的归属使用情况，调取了证人卜某某的证言，深圳高新区信息网有限公司提供的深圳高新区信息网有限公司的公司名称变更事项登记材料、深圳市高新技术产业园区与深圳市电信局的信息化建设合作协议书、深圳高新区信息网有限公司与中国电信股份有限公司深圳南山区分公司的数据业务租用协议、企业法人营业执照、快播公司与深圳高新区信息网有限公司的专线上网专线协议、上网网络业务协议、营销登记申请、中国电信股份有限公司深圳分公司出具的合作协议书、情况说明，证人陈某（光通公司运营总监）的证言，光通公司出具的 IP 地址分配说明、使用说明，深圳市高新技术产业园区服务中心出具的说明、证明各一份等证据材料。同时，本院就案件来源、涉案 4 台服务器的移交、保管、扣押、被告人王欣的到案经过等情况进行了调查核实。经过再次召开庭前会议，开示以上证据并听取控辩双方的意见。

四、法庭的第二次庭审

第二次庭审过程中，合议庭当庭宣读、出示了检验核实的如下证据。

1. 司法鉴定协议书、信息鉴定中心出具的电子数据司法鉴定意见书以及鉴定人王笑强出庭作证，证明：国家信息中心电子数据司法鉴定中心于 2016 年 1 月 25 日受理了北京市海淀区人民法院委托，针对委托要求，对送检服务器的检验结果如下。

(1) 4 台送检服务器所有远程登录 IP 如下：218.17.158. * * *、218.240.16. * * *、218.240.16. * * *、218.240.16. * * *、218.240.16. * * *、218.240.7. * * *、218.240.7. * * *、222.128.116. * *。218.17.158. * * * 在 2013 年 7 月至 10 月间先后 17 次访问了涉案 4 台服务器，其中在 2013 年 8 月 7 日之后的访问为 5 次，时长为 144 小时；218.240.16. * * *、218.240.16. * * * 只在 2013 年 7 月访问了 118.186.27.18 服务器；218.240.16. * * * 在 2013 年 8 月 6 日访问 118.186.27. * * 服务器 1 次共 0 分钟，2013 年 8 月 1 日访问 118.186.27. * * 服务器 2 次共计 1 小时

26分钟，2013年8月1日访问118.186.27.＊＊服务器2次共计0分钟，2013年8月6日访问118.186.27.＊＊服务器1次共计7分钟，2013年10月28日访问118.186.27.＊＊服务器1次共计47分钟；218.240.16.＊＊＊于2013年8月6日访问118.186.27.＊＊服务器1次共计32分钟，2013年8月1日访问118.186.27.＊＊服务器1次共计0分钟；218.240.7.＊＊＊于2013年7月1日访问118.186.27.＊＊服务器1次共38分钟，于2013年8月1日访问118.186.27.＊＊服务器1次共计36分钟，于2013年8月2日访问118.186.27.＊＊服务器1次共计7分钟；218.240.7.＊＊＊，于2013年7月23日访问118.186.27.＊＊服务器1次共计44分钟，于10月28日访问118.186.27.21服务器1次共计0分钟；222.128.116.＊＊于2013年8月4日前共计4次访问了涉案4台服务器。

（2）经过对4台送检服务器内现存的qdata文件属性分析，未发现在2013年11月18日后有从外部拷入或修改的痕迹。

（3）4台送检服务器不是完整的快播系统平台，根据现有存储数据内容不足以从技术角度分析快播软件对于视频的抓取、转换、存储、搜索、下载等行为的作用及效果。

2. 工信部ICP/IP地址/域名信息备案管理系统中关于快播公司查询页面，证明：通过登录工业和信息化部ICP/IP地址/域名信息备案管理系统，可以核查到快播公司备案网站网址为www.kuaibo.com和www.gvod.com网站负责人为王欣。

3. 协助调查函，核实证据建议函，证人卜某某（深圳高新区信息网有限公司网路运营部经理）的证言，深圳高新区信息网有限公司提供的深圳高新区信息网有限公司的公司名称变更事项登记材料、深圳市高新技术产业园区与深圳市电信局的信息化建设合作协议书、深圳高新区信息网有限公司与中国电信股份有限公司深圳南山区分公司的数据业务租用协议、企业法人营业执照、快播公司与深圳高新区信息网有限公司的专线上网专线协议、上网网络业务协议三份、营销登记申请、中国电信股份有限公司深圳分公司出具的合作协议书、情况说明，证人陈某（光通公司运营总监）的证言，光通公司出具的IP地址分配说明、使用说明，深圳市高新技术产业园区服务中心出具的说明、证明各一份，证明：IP地址218.17.158.＊＊＊为快播公司专享；光通公司于2013年8月开始先后将118.186.27.＊＊、118.186.27.＊＊、118.186.27.＊＊、118.186.27.＊＊四个IP地址分配给快播公司使用；218.240.16.＊＊＊、218.240.16.＊＊＊、218.240.16.＊＊＊、218.240.16.＊＊＊、218.240.7.＊＊＊、218.240.7.＊＊＊为光通公司使用的IP地址；222.128.116.＊＊的使用单位为北京市联通公司。

4. 北京市公安局治安管理总队出具的工作说明，证明：由于审验员许平对服务器相关硬件技术不了解，在核对服务器内硬盘时，大部分硬盘有很明显的2.0T标识，其余硬盘没有明显标识，许平认为都是同一批次服务器，硬盘容量都一样，故没有进行再确认。在确定服务器可插入硬盘数量后，听技术人员说每个服务器有一个系统硬盘，误认为服务器内还有一个专用的系统硬盘。因此，在初步鉴定书中描述每台服务器内硬盘的数量比实际硬盘数量多一个，所以硬盘数量与实际不符。

5. 北京市版权局版权管理处出具的工作说明、文创动力公司出具的工作情况说明，证明：服务器在版权局扣押保管期间没有发生损坏等情况。

公诉人、被告单位、各被告人及辩护人对上述法庭检验核实证据的真实性、合法性均无异议。各辩护人认为现有证据不足以证明 IP 地址 218.17.158. * * * 是快播公司所使用，根据电子数据司法鉴定中心的鉴定意见及相关证据仍旧不能确认检材的原始性，不能排除涉案的 4 台服务器中的数据被污染的可能性，无法认定是快播公司抓取、上传了涉案 4 台服务器中的淫秽视频。

五、法庭的最终认定

针对控辩双方在两次庭审中的举证情况和质证意见，结合法庭对证据的检验核实，本院分析认证如下。

证据必须经过查证属实，才能作为定案的根据。本案关键证据能否采纳是必须首先明确的焦点问题。在案证据显示，海淀文委针对侵犯著作权违法活动行政执法检查时，于 2013 年 11 月 18 日从光通公司扣押了涉案 4 台服务器，随即移交给北京市版权局进行著作权鉴定。2014 年 4 月 10 日，海淀公安分局依法调取了该 4 台服务器，随即移交给北京市公安局治安管理总队进行淫秽物品审验鉴定。在该 4 台服务器的扣押、移交、鉴定过程中，执法机关只登记了服务器接入互联网的 IP 地址，没有记载服务器的其他特征，而公安机关的淫秽物品审验鉴定人员错误地记载了硬盘的数量和容量，由于接入互联网的 IP 地址不能充分证明服务器与快播公司的关联关系，前后鉴定意见所记载的服务器的硬盘数量和容量存在矛盾，可以让人对现有存储淫秽视频的服务器是否为原始扣押的服务器、是否由快播公司实际控制使用产生合理怀疑。

针对辩方关于该服务器及存储内容作为鉴定检材真实性提出的质疑，本院委托信息鉴定中心对在案扣押的 4 台服务器及存储内容进行检验，分析了 4 台服务器（包括原鉴定当中因无法打开而未提取视频的 1 台服务器）的系统日志，检索到服务器的管理者频繁远程登录使用的 IP 地址 218.17.158. * * *。经本院进一步要求，公安机关和检察机关调取了快播公司与深圳高新区信息网有限公司的上网专线协议，确认该 IP 地址为快播公司专用 IP 地址。同时，鉴定人员经对 4 台服务器内现存快播独有视频格式文件 qdata 文件属性等各类信息的检验分析，没有发现 2013 年 11 月 18 日后从外部拷入或修改 qdata 文件的痕迹。综合海淀文委、北京市版权局、北京市公安局等办案机关、办案人员出具的证据材料，结合对 4 台服务器的检验结果，本院认定，在办案机关扣押、移转、保存服务器的程序环节，文创动力公司为淫秽物品鉴定人提供转码服务等技术支持，没有破坏服务器及其所存储的视频文件的真实性，检材合法有效。基于该检材，公安机关所作淫秽物品鉴定，虽曾有程序瑕疵，但业已由 2015 年 11 月 6 日出具的淫秽物品鉴定所补正。

关于辩方所提何某某等人证言系人身受到强制的情况下作出的讯问笔录，不能作为证人证言使用的质证意见。经查，公安机关在立案侦查时对涉案犯罪嫌疑人予以拘留并讯问，程序合法，在控方没有对这些嫌疑人起诉时，其讯问笔录作为证人证言使用，符合法律规定。

关于辩方所提南山广电局、深圳网监、海淀文委在行政执法和查办案件中收集的证据材料，在刑事诉讼中不可以作为证据使用的质证意见。经查，《中华人民共和国刑事诉讼法》第五十二条第二款规定，行政机关在行政执法和查办案件过程中收集的物证、书证、视听资料、电子证据等证据材料，在刑事诉讼中可以作为证据使用。因此控方出示的行政机关收集的证据材料中，除了2013年11月18日由海淀文委向林某某提取的询问笔录不能作为证据使用外，其他物证、书证、视听资料、电子证据等证据材料，形式来源合法有效，内容与案件事实具有关联性，均可以作为证据使用。

综合上述认证分析，除个别依法应予排除者外，控辩双方当庭出示的证据，以及本院检验核实并当庭出示的证据，形式来源合法有效，内容与案件事实具有关联性，可以作为证据使用。

——以上内容，节选自北京市海淀区人民法院刑事判决书（2015）海刑初字第512号

第十三章

电子证据的定案规则——一项推广中国风格的法律设计

司法人员依靠电子证据定案，在基本观念上可借鉴科学证明的一些规律，但仍需遵循司法证明观作出裁断；在模式选择上需立足于各国司法证明传统，将自由证明与规范证明模式相结合；在基本机制上要坚持体系定案，将不同电子证据相结合，或者将电子证据与其他证据相结合，以证据体系的方式证明案件事实。

一、科学证明与司法证明的观念选择

电子证据是信息技术的产物，它的舞台主要在司法领域。从表面上看，法官依据电子证据定案理当遵守司法证明的各种原则与规则；然而，电子证据通常需要由专家来收集和评断，专家意见（或鉴定意见）对证明案件事实起着十分重要的作用。那么，究竟是基于司法证明的观念，还是基于科学证明的观念来指导电子证据定案，就成为亟待解决的首要问题。【案例 13－1】就与电子证据定案的基本观念相关。

【案例 13－1】

IP 地址用作证据第一案①

【基本案情】

某地公安机关接到林某的报案称，其电子邮件账号被他人冒用，发送含有 7 张色情图片的电子邮件给其同事李某，造成了很坏的影响。公安机关通过查看邮件信息和市电信局服务器日志记录，发现发送色情邮件的电脑当时使用的 IP 地址为

① 郑君，赵南坚，曾庆春，等．IP 地址首次作证网民败诉．南方日报，2003－05－27．

“61.146.82.94”；从市电信局取得的用户上网清单查明，案发这一时间段使用此IP地址的电话号码为“341××××”，上网账号为“e183test”，均属梁某所有。公安机关还查清，市电信局服务器、李某收邮电脑所记载发送邮件的机器名与梁某电脑的名字相同；色情邮件发送期间梁某正好独自在家中上网，具有作案时间。随后，公安机关对梁某进行了盘问，扣押了其电脑，并作出警告和罚款1 500元的行政处罚决定。梁某不服，以有可能是黑客盗用作案为由，提起撤销行政处罚之诉。

该案号称我国IP地址用作证据的第一案。案件争议焦点是依据现有证据能否认定原告实施了网上传黄的违法行为。相关证据既包括IP地址、电子邮件和日志记录等电子证据，也包括当事人陈述、证人证言等传统证据，两类证据如何有效结合就成了定案的关键。本案中，法院就需要依靠电子证据定案。

该案一审法院经审判委员会讨论后认为，从收件人处提取的色情邮件表明它来自梁某名为“liang”的电脑，当时使用的IP地址、上网电话及账号也都指向梁某；而从电信局提取的用户上网清单等证据表明，在该色情邮件发送期间梁某正独自在家通过电话拨号上网，他对此亦不否认；加上公安机关扣押梁某的电脑检查后并没有发现“黑客”入侵的迹象，排除了“黑客”作案的可能性。因此，根据互联网上IP地址、上网账号和口令的唯一性和排他性，足以认定该色情邮件是梁某使用个人电脑发出的。

【案件评析】

该案一审法院作出这种判决，主要是借助司法推理和推论，显然属于一种典型的司法证明观念。该判决是由审委会集体决策的，不可谓不慎重。它不仅为二审判决所维持，也得到了法律界的赞同。但该判决饱受广大技术专家的质疑。2005年，中科院高能物理所的杨泽明先生在一次学术会议上对此案进行了专业解读，他批评该案赖以定案的证据不充分，仅仅依据IP地址来判定网络行为并不科学，司法机关应当通过网络取证、磁盘恢复与磁盘碎片分析等方法收集到更多的证据。① 两相对比，技术专家与法律人士关于使用电子证据定案的观点存在着何等差异！

技术专家对司法判决不太认同是科学证明观与司法证明观的区别使然。首先，科学证明以自然现象为对象，不受证明手段的限制，而司法证明以社会纠纷为对象，要求证明过程尊重法治精神，并不允许当事人任意为证。其次，科学证明一般对时间没有特别要求，而司法证明必须在法定的时间内完成，整个过程具有强烈的紧迫感和明显的制约性。这一点也被称为司法证明的时效性。英国学者柯林武德曾经在评价司法证明的这一特点时说：“如果任何一个陪审员说：‘我觉得可以肯定，再过一年之后，当我们都能从容地回想那种证据时，我们就会处于一个更好的地位来看它意味着什么’；那么答案将是：‘你说的有点道理，但是你提议的事是不可能

① 杨泽明．计算机取证与日志分析．2005年中国计算机网络安全应急年会暨中国互联网协会计算机网络与信息安全工作委员会年会资料。

的。你的任务并不光是要做出裁决，而是要现在就做出裁决，你就得留在这里直到你做出了裁决为止'。"[①] 再次，科学证明往往由某一领域的专业人士实施，而司法证明则通常由技术外行的法官承揽大权。[②] 这样一来，科学证明的过程具有可控性、可重复性与可验证性，司法证明则难以获得有效的外部检验。[③] 这也是两者最根本的不同。

在人类社会日益崇尚科学的今天，科学证明对司法证明产生着深刻的影响。但是，司法人员不是科学家，司法证明也绝不是真相至上的科学证明。作为人类普遍司法经验的结晶，司法证明在科学家的眼中就像一套很奇怪的人造装置。但它源远流长，且将永续下去。科学证明无法替代司法证明。

从这个意义上讲，依照科学家的思路来解决电子证据定案的问题，是断然行不通的。一方面，依靠电子证据定案既要追求客观真相，又要实现定分止争，需要像传统证据一样遵循既定的证据法律制度；另一方面，计算机法庭科学在世界范围内还处在初步发展阶段，不同技术专家对如何看待电子证据的效力也很难达成一致。因此，依靠电子证据定案在本质上仍然属于司法证明的范畴，达到了证明标准即可裁判。诚然，这种司法证明需要借助披着高科技色彩的"电子证据"，也可以参考科学证明的一些规律。换言之，法官需要参考技术的特点和专家的意见，但要遵循司法证明的观念作裁断。

二、规范证明与自由证明的模式调适

人类社会的司法证明纷繁芜杂，不过基本模式只有两种：规范证明与自由证明。[④] 前者是指法律为司法证明活动设计了具体的规则，司法人员在运用证据认定案件事实的时候必须遵守这些规则；后者是指法律对司法证明活动没有任何限制，司法人员在诉讼过程中可以自由地运用证据认定案件事实。它们的区别主要在于是否允许法官或陪审员对证据的运用和定案进行自由裁量。西方国家在这个问题上采取了基本一致的处理机制，即遵循传统上的自由裁量原则。然而，我国并不存在典型的自由裁量制度，国外的司法经验能够简单援引就"为我所用"吗？

各国应当选择哪一种模式，不仅取决于各国现行的证据制度，更要考虑电子证据的特殊性。两大法系在当代普遍适用自由证明模式，电子证据定案似乎应当由法官或陪审员进行自由裁量。然而，自由证明模式在很大程度上离不开主体的专业素质，特别是专业经验。在大多数法官或陪审员并不熟悉信息技术的现实下，由缺乏基本"知识"的裁判者就电子证据定案问题自由裁量，无疑缺乏起码的正当性和可

① ［英］柯林武德．历史的观念．何兆武，张文杰，译．北京：商务印书馆，1997：371.
② 陈浩然．证据学原理．上海：华东理工大学出版社，2002：25.
③ 龙宗智．"大证据学"的建构及其学理．法学研究，2006（5）．
④ 何家弘．从司法证明模式的历史沿革看中国证据制度改革的方向．法学家，2005（4）．

行性。

与之相反，假如人们在该问题上选择规范证明的模式，那又当如何呢？一个“乌托邦式”的设想是，由立法者事先颁布一份翔实的“电子证据证明力参照表”，诉讼中交由法官或陪审员对照运用。然而，迄今为止，没有任何人能够开发出这样的“参照表”，今后也不太可能。因为电子证据与其他证据联系在一起如何定案，本质上是一种发挥司法人员主观能动性的事情，完全寄希望于立法规制的想法不过是天方夜谭。

世界上电子证据制度的发展演变也验证了这一论断。早在 1992 年，联合国国际贸易法委员会在一份关于电子合同法律问题的报告中指出，一些国家判断电子证据的证明力是由法庭考察计算机系统的安全性程度，是否正确产生了电子证据，以及影响电子证据可靠性的其他因素作出裁断的，另一些国家则完全是由法院依自由裁量权来决定的。① 换言之，外国法官判断电子证据的证明力大小基本上就是完全的自由证明和相对的自由证明两种机制，这实际上也是外国法官依靠电子证据定案的两种基本模式。这种传统一直流传下来，迄今为止没有发生任何实质性的改变。

这里所说的相对自由证明机制，是指由主权国家或国际组织通过立法方式规定了一些参考标准，指导法官或陪审员运用电子证据办案。例如，南非《1983 年计算机证据法》第 4 条第 2 款规定：“为了评价业经鉴证的计算机打印输出物的证据力，法庭可以：(1) 对该鉴证具结或某一补充具结所包含的任何事物予以考虑；(2) 应任一方诉讼当事人的申请，要求提供该鉴证具结或某一补充具结的作证者或者任何其他人，就有关该问题的任何话题——无论具结是否包含该话题——予以口头作证。”② 这是一种通过审查辅助证据——鉴证具结、补充具结或口头证言来判断电子证据证明力的方法。又如，联合国贸法会 1996 年《电子商业示范法》第 9 条第 2 款规定：“对于以数据电文为形式的信息，应给予应有的证据力。在评估一项数据电文证据时，应考虑到生成、储存或传递该数据电文的办法的可靠性，保护信息完整性的办法的可靠性，用以鉴别发端人的办法，以及任何其他相关因素。”③ 该条确立了判断电子证据证明力的非歧视原则，同时提供了有用的指导，如考虑到数据电文的生成、储存或传递方式是否可靠。④ 此外，菲律宾 2001 年《电子证据规则》规则 7 也给出了评价电子文件证明力的 6 项参考性因素。⑤

上述规定是人类司法的共通经验，但它们仅仅局限于如何评断电子证据的证明力，对于依靠电子证据定案并没有直接的使用价值；即便针对评断电子证据证明力

① United Nations Commission on International Trade-law, Legal Issues of Electronic Data Interchange, Paras. 44 - 45, http: //www. uncitral. org/pdf/english/yearbooks/yb-1992-e/vol23-p347-365-e. pdf.

② Sec. 4 (2), Computer Evidence Act 57 of 1983 of South Africa.

③ Art. 9 (2), UNCITRAL Model Law on Electronic Commerce.

④ Guide to Enactment of the UNCITRAL Model Law on Electronic Commerce, Paras. 71, http: //www. uncitral. org/english/texts/electcom.

⑤ Rule. 7, Sec. 1, Rules on Electronic Evidence of Philippines.

大小而言，上述参考标准究竟有多大的实际意义也有很大的疑问。例如，南非《1983年计算机证据法》已于2002年被废止①；至于联合国贸法会1996年《电子商业示范法》，虽然属于推动各国电子商务立法的示范法，但加拿大统一法律委员会参照该法制定《1998年统一电子证据法》时，就因对《电子商业示范法》第9条第2款争议不断，最终未作类似的规定。②

我国学术界亦在这一方面做了有益的探索。笔者早年撰写《电子证据法研究》一书，提出判断电子证据证明力大小的三项规则：（1）经公证电子证据的证明力，大于非经公证的电子证据的说明力；（2）在正常业务活动中制作的电子证据的证明力，大于为诉讼目的而制作的电子证据的说明力；（3）由不利方保存的电子证据的证明力最大，由中立的第三方保存的电子证据的证明力次之，由有利方保存的电子证据的证明力最小（参见本章【拓展阅读】）。③ 这一思路和观点也为其他学者所借鉴。如吕新补充了三项规则：（1）由专家出具确认意见或者鉴定结论的电子证据具有较高的证明力；（2）由核证程序产生的电子证据具有较高的证明力；（3）使用适格认证机构证书进行电子签名的电子证据具有较高的证明力。④ 李晔又新增了另一项规则："认证机构提供的电子证据，其证明力应强于当事人自行提供的电子证据。"⑤ 这些规则对人们审查评断电子证据的证明力无疑是大有裨益的；然而它并没有告诉司法人员如何使用电子证据认定案件事实。

综上可见，无论是纯粹的规范证明模式，还是纯粹的自由证明模式，都不能解决电子证据定案的问题。依靠电子证据定案必须将这两种模式结合起来，立足于各国司法证明的传统，概括出依靠电子证据定案的标准与规则。这些标准和规则应当主要由立法颁行，当然也不排除各种机关或行业组织颁行各种电子技术或信息技术运行的标准。

三、"孤证能不能定案"

电子证据定案的基本机制，主要是解决孤证能否定案的问题。这又同我国一个传统的理论争议密切相关，即电子证据究竟属于直接证据还是间接证据。一种观点认为："电子证据容易被伪造、篡改，而且伪造、篡改后不留痕迹，因此是间接证据，不能直接、单独地证明案件事实。"⑥ 很多学者对此持反对意见。

其实，直接证据与间接证据的划分标准是有关证据同案件主要事实的证明关

① Sec. 92, Electronic Communications and Transactions Act of 2002 of South Africa.

② Amelia H. Boss, The Uniform Electronic Transactions Act in a Global Environment, 37 Idaho L. Rev. 275, (2001).

③ 何家弘．电子证据法研究．北京：法律出版社，2002：158.

④ 吕新．民事诉讼电子证据研究．北京：中国政法大学，2006：46.

⑤ 李晔．电子证据证明力研究．广州：暨南大学，2007：32.

⑥ 白雪梅，孙占利．电子证据中的法律问题．计算机世界，1998（34）.

系。要判断电子证据是直接证据或间接证据，主要看它是单独地证明待证事实，还是需同其他证据相结合证明待证事实。我国电子证据的外延相当庞杂，包括电子物证、电子书证、电子视听资料、电子的证人证言、电子的当事人陈述、关于电子证据的鉴定结论以及电子勘验检查笔录等。这些不同形式的电子证据既可以是直接证据，也可以是间接证据，这取决于案件具体情况。例如，在一起计算机侵入犯罪案件中，作案人在所侵入计算机系统中留下的电子"痕迹"等电子物证通常是间接证据；而在一起电子商务案件中，双方当事人通过电子邮件方式签订的商业合同则可能是直接证据。无论如何，电子证据的直接性或间接性是自然的属性，不以法律规定等外在制度为转移。那些将电子证据绝对地视为间接证据的观点，显然是片面的。

此外，那种认为只有间接证据需要结合其他证据一起定案的观点也是错误的。即使直接证据也有一个同其他证据相印证才能证明待证事实的问题。我国主流的诉讼认识论以唯物辩证法为指导，强调只有从相互印证的关系中才能判明证据是否确实、充分。单个的证据材料，即使其内容本身是符合逻辑的，即使证据提供者的品格无可非议，也无法从其自身来确定其是否属实。① 例如，一份书证以其内容能够直接证明合同关系的成立，但其真实性则需要其他证据的佐证。

将这一现象抽象出来，就是电子证据的"孤证不能定案"原则。这是一项总的要求。究其渊源，颇类似于我国史学传统中的"孤证不引"规范。这里的"引"是指引用史料典籍中的话证明自己的观点。孤证立论乃史家之大忌。如梁启超主张，"孤证不为定说。其无反证者姑存之，得有续证则渐信之，遇有力之反证则弃之"②。史学中的"孤证不为定说"引入诉讼领域，就成为"孤证不能定案"了。法律学者解释说，"孤证不能定案"是指"每一个证据的证明力之有无或者大小，都不能靠该证据本身得到证明，而必须通过对证据本身的情况、证据与其他证据之间有无矛盾及能否互相印证、证据在全案证据体系中的地位等问题进行全面的衡量，才能做出合理的判断"③。

将这一机制适用到电子证据定案方面，就是指用于证明待证事实时不能是孤证，依靠单一电子证据定案的情况是不存在的；而最终认定案件事实，往往要结合该电子证据的一些附属信息以及其他证据，通过彼此的相互印证予以综合认定。总之，无论是用作直接证据还是用作间接证据，电子证据都不是单独地发挥作用，而是与其他证据结合在一起，以证据体系的方式证明案件事实。

① 李建明．刑事证据相互印证的合理性和合理限度．法学研究，2005（6）．

② 梁启超．清代学术概论．上海：上海古籍出版社，1998：47.

③ 陈瑞华．理想与现实——从实证的角度看中国的刑事审判方式改革．刑事法治的理念建构．北京：法律出版社，2002：416.

四、定案规则的具体构建

证据体系并不是一个新概念，它是指由若干证据相互组合形成的相互依赖、相互联结的整体。其中用于定案的证据必须一环扣一环，故也称为证据锁链。体系定案既有数量的要求，也有质量的要求，关键在于证明案件主要事实的证据能否相互印证。从这个角度上说，证据体系是与印证证明联系在一起的。有学者将我国的证据制度称为“印证证明模式”，即单个证据必须得到其他证据的印证，据以认定案件事实的全部证据必须相互印证。①

“印证证明模式”隶属于“自由证明模式”，但又与大陆法系的典型“自由心证模式”有很大的不同，它更注重证据的“外部性”而不是“内省性”，即单一的证据不足以证明，必须获得更多的具有内含信息同一性的证据的支持。这是一种“客观的印证”。依靠电子证据定案同样必须如此，这是电子证据之体系定案的应有之义。

电子证据的证据体系可以分为物理空间的证据体系与虚拟空间的证据体系两种。前者是由若干份电子证据与传统证据相印证，构成一个虚拟空间与物理空间中证据相结合的锁链；后者是由若干份电子证据相印证，构成一个虚拟空间中的证据锁链。相比而言，后者显得独特而重要。它指向一个虚拟的空间，依靠的是形形色色的电子证据，传统证据基本起不到作用。这样一来，准确把握电子证据的构成就显得十分重要。

从构成的角度，电子证据可分解出数据电文证据与附属信息证据。前者是指数据电文正文本身。后者是指对数据电文生成、存储、传递、修改、增删而引起的记录。数据电文证据主要用于证明法律关系或待证事实。附属信息证据主要用于证明数据电文证据的真实可靠，即证明某一电子数据是由哪一计算机系统在何时生成的、由哪一计算机系统在何时存储在何种介质上、由哪一计算机系统或IP地址在何时发送的以及后来又经过哪一计算机系统或IP地址发出的指令而进行过修改或增删等。附属信息证据像用于证明传统证据保管环节的证据一样，必须构成一个完整的证明锁链，表明每一数据电文证据自形成、获取，直至被提交法庭，每一个环节都是有据可查的，也构成一个证据保管链条。

由此可见，依靠电子证据定案的法庭判决妥当与否，不能简单地以技术专家的眼光为标准，仍需落实到具体的证据法律制度中。在我国，就是要考察全案证据是否构成完整的证据体系。在前述案件中，主要的数据电文证据就是从收件人处提取到的色情邮件，附属信息证据则包括该邮件所附带的IP地址、上网电话及账号等信息。假如公安机关还能从发件人处和网络服务商电信局或电子邮件网站处另外提

① 龙宗智．印证与自由心证——我国刑事诉讼证明模式．法学研究，2004（2）．

取到至少一份电子邮件（与收件人处的电子邮件内容相吻合），并同步比对其IP地址、发送时间、发送路由等附属信息（相互印证、且未见异常信息），那么这样的证据体系就要扎实得多，会减少遭到非议的可能性。

这里的印证标准可以参考我国史学领域流行的“二重证据法”进行理解。该方法是史学家王国维创造的。1925年，他在《古史新证》一书中说：“我辈生于今日，幸于纸上之材料外更得地下之新材料。由此种材料，我辈固得据以补正纸上之材料，亦得证明古书之某部分全为实录，即百家不雅驯之言亦不无表示一面之事实。此二重证据法惟在今日始得为之。虽古书之未得证明者不能加以否定，而其已得证明者不能不加以肯定可断言也。”① 也就是说，史学研究要将“纸上之材料”与“地下之新材料”结合起来相互印证。为什么做此要求？其实质是要求具有独立来源的材料指向同一个事物，基于此作出史学认定。当然，它并不排斥三重证据法乃至多重证据法。对于考古而言，“纸上之材料”与“地下之新材料”属于独立来源的证据。对于电子证据司法而言，来源于不同计算机的数据电文证据属于独立的来源（因为它们是不同计算机CPU运算的产物）。如果它们相一致，即所附带的附属信息证据相印证，则司法人员就可以定案。这是虚拟空间的证据体系。至于为什么来源于虚拟空间的电子证据同来源于物理空间的传统证据相互印证即可定案，亦同此理，因为它们也属于具有不同的来源。总之，唯有来源独立，方可依靠电子证据定案。

五、数字“阿里白”的解决方案

电子证据的定案观念、模式、规则不仅可以用于解决全案电子证据的效力问题，而且可以用于解决部分电子证据的效力问题。譬如，在处理刑事案件中的“数字阿里白”问题时，电子证据的定案观念、模式、规则就有极为重要的运用价值。

传统上，“阿里白”是非常重要的辩护证据。如果开庭时被告人说他在所谓的“案发时间”正在使用计算机网络发送电子邮件、浏览新闻或进行网上购物等，那就构成数字“阿里白”。准确地审查评断数字“阿里白”，能够支持或反驳被告人提出的有关没有作案时间的辩护，能够最终澄清案件事实进而定案。

在一起涉嫌共同杀人、盗窃的案件中，被告人甲和乙系亲姐弟关系。检察机关指控，二人经预谋于2004年6月13日凌晨2时许，进入一电子仓库内，杀死仓库保管员，盗走了价值不菲的电子产品。本来控诉证据比较扎实，但庭审中二被告人突然翻供，乙否认自己参与杀人、盗窃，而甲也改口称其弟乙没去现场。辩方律师还提出一份QQ记录，以证明从案发前一天晚20时到次日5时30分许，乙一直在网吧上网聊天，并向法庭提供了当时的网络聊天记录。对于这样一份证明被告人乙

① 王国维．古史新证——王国维最后的讲义．北京：清华大学出版社，1994：2-3.

没有作案时间的网络聊天记录应当如何认定，司法人员犯了难。在这起案件中，辩方提出的积极抗辩是被告人没有作案时间，有关的证据主要是网络聊天记录——即“数字阿里白”，那么司法人员能否据此认定辩方的主张呢?

美国学者凯西提出，调查人员对“数字阿里白”的审查不应当仅仅局限于一条数字信息，而应当寻找相关的综合性痕迹。① 这些痕迹包括熟悉计算机和网络人员的证言，也包括电子文档、计算机日志和网上信息。从技术上讲，电子证据本身无法断定某人某时在某地，IP 地址等是与计算机而非个人相关联的。因此，一个从犯可以借助主犯的计算机伪造主犯不在现场的证据，部分计算机的时间信息也是可以修改以伪装罪犯不在现场的。但只要追查计算机踪迹，调查人员就有可能找到造假的痕迹。

凯西还专门举例说明。例如，一个人被指控于 1999 年 3 月 19 日潜入波士顿艺术博物馆。博物馆的监视器显示，一个戴着面具的盗贼在当日 20:00 潜入犯罪现场，20:30 离开。犯罪嫌疑人被抓住以后，他辩称所谓的罪犯作案时他在几百英里外的纽约家中，做的唯一一件事是给一位朋友发了一封邮件。对于这样一封邮件，调查人员可以从查看消息头时间、调取邮件服务商登记记录等方式进行核实。

笔者认为，能否根据“数字阿里白”确定被告人是否没有作案时间，不能仅仅立足于某一个“数字阿里白”，而必须寻找其他的证据。前述姐弟盗窃案中司法人员面临的证据困难，就在于仅仅根据一份聊天记录能否认定被告人没有作案时间。如果司法人员能够找到两份以上的、源于不同计算机生成的聊天记录或电子邮件，其数据电文内容相吻合，附属信息相一致，那么就可以定案；如果只能找到一份聊天记录或电子邮件，则需要看它与其他传统证据是否一致。总之，这里也存在一个判断是否构成电子证据体系的问题。

【拓展阅读】

关于电子证据证明力大小的机械逻辑

对于关于同一案件事实的若干份电子证据，如何判断它们之间的证明力大小?这是一个依靠电子证据定案的特殊问题。我国学者拟定了一些电子证据证明力大小的判定规则。其中蕴含的逻辑略显机械式，但有着一定的参考智慧。

逻辑法则之一：经公证电子证据的证明力，大于非经公证的电子证据。公证取证是指各方当事人为了以后进行诉讼的需要，请求公证处通过公证的方式，预先将某项证据确定下来的方法。涉及电子证据的公证，除了一些传统公证手段外，国内外都出现了“电子公证”“网络公证”的手段。基于公证处的特殊性质与中立地位，我国法律对公证取得的证据承认其预决的真实性，除有相反证据外不得推翻。公证

① Eoghan Casey, “Digital Evidence and Computer Crime”, by Academic Press 2000: 451.

的预决效力当然地适用于电子证据。因此，经公证电子证据的证明力要大于非经公证的电子证据。当然，这并不意味着对业经公证的电子证据不能通过其他证据予以推翻。

逻辑法则之二：在正常业务活动中制作的电子证据的证明力，大于为诉讼目的而制作的电子证据的说明力。从实际运用来看，电子证据的制作目的主要有两种，它们对证明力亦有不同影响。第一种是在正常业务活动中制作的电子证据，即各种主体在业务活动当时或其后不久，按照业务习惯而作出的、用于保全信息的电子证据，如银行在营业厅拍摄的监控录像、电子商务企业对日常运营制作的电子账簿、电子发票等；第二种是为诉讼目的而制作的电子证据，即诉讼各方纯粹出于保全诉讼证据的需要而录制的电子证据，如代理律师为赢得诉讼而秘密录制的他人之间的电话交谈、为收集有利证据而聘请专业公司搜索的 E-mail 证据、为完成举证责任而事后整理的电子证据。第一种电子证据系英美法系所说的业务记录，往往拥有可靠的信息来源、电子存储设备和完善的规章制度保障，它的形成通常经过系统的核对，且为人们在实际业务活动中所信赖，因而一般可推定其属实；而第二种电子证据难以杜绝制作者为胜诉而进行人为选择甚至造假的可能性，故其可靠性较差。两相比较，前者的证明力应当比后者的大。

逻辑法则之三：由不利方保存的电子证据的证明力最大，由中立的第三方保存的电子证据的证明力次之，由有利方保存的电子证据的证明力最小。在诉讼提起之前，电子证据既可能是由当事人自己如从事电子商务的双方保存的，也可能是由中立的第三方服务商保存着。这些主体由于身份的不同，与案件的利害关系也不同，这就导致他们对证据的处理可能大相径庭。从情理上讲，当事人往往会隐匿对自己不利的证据，而第三方则可能较为客观地保管证据。相比而言，凡是某一电子证据是由对其不利的那一方当事人所保管的，则其可靠性要大一些，甚至可以直接推定其真实性。因为假如该电子证据是不可靠的，那么保管它的那一方当事人从维护自己利益的角度出发，肯定会举证反驳，而且此人比任何其他人更了解他自己的记录保存系统，更容易发起对该电子证据或其所依赖的计算机等系统的攻击。反之，凡是某一电子证据是由对其有利的那一方当事人所保管的，则此人出于对计算机等系统的熟悉及便利条件，更容易伪造或变造电子证据，故其可靠性最差。至于由第三方保管的电子证据，因为较为客观，所以其证明力居中。

第十四章

区块链存证规则——一项中国先行先试的法律设计

《关于互联网法院审理案件若干问题的规定》赋权互联网法院试点，探索以防篡改技术保证电子证据法律效力的机制。该机制集中表现为区块链存证规则，其构成要件可分解为“技术上防篡改”“法律上可证实”。当前司法实践做法在满足“法律上可证实”构成要件方面仍有实质缺陷，但也取得了超预期收获。这一由科技创新到制度创新的做法，是重塑法秩序的有益尝试，假以时日，其有可能形成我国推进国家治理现代化的通用范式。

一、专门司法解释的试验性赋权

互联网法院是我国探索涉网案件诉讼规则的“试验田”，其主要功能乃因应司法主动适应互联网发展大趋势而开展先行先试的制度创新。为了指导互联网法院的创新实践，最高人民法院于 2018 年 9 月出台了一部极为重要的专门司法解释——《关于互联网法院审理案件若干问题的规定》[①]（以下简称《互联网法院审理规定》），对互联网法院的在线审理方式进行专门赋权，即许可互联网法院通过防篡改技术保证电子证据的法律效力。这样一来，区块链存证就成为我国政法系统探索践行司法科技创新的一个具体场域。

“区块链技术特有的不可篡改、不可抵赖、多方参与等特性，与电子数据存证的需求天然契合。”[②] 迄今为止，区块链存证在杭州、北京、广州三家互联网法院主导下得到了普遍的试行。三家法院分别搭建（或改进）了名为“司法区块链”“天平链”“网通法链”的电子证据平台，其以区块链技术累积存储了海量电子证

① 法释［2018］16 号，2018 年 9 月 3 日最高人民法院审判委员会第 1747 次会议通过，自同年 9 月 7 日起施行。

② 区块链司法存证应用白皮书（1.0 版）. 来源：“可信区块链推进计划”，2019 年 6 月：1（前言部分）.

据，大幅提升了办案效率，并产生了广泛的影响。

“网上案件网上审”是互联网法院的审理方式。与传统线下审理相比，在线审理运用电子证据办案会面临更为棘手的麻烦。互联网法院审案在证据方面的特点是，电子证据居多且往往是关键证据，取证、举证、质证乃至认证环节基本上都是在远程进行。司法解释的制定者判断，传统上民事诉讼中运用电子证据“主要依靠公证程序”“基本为形式审查”“程序复杂繁琐”①，在互联网法院审案中应当“打破通过公证程序认定真实性的单一途径，通过技术手段和相关配套机制对电子数据真实性作实质性认定”②。“区块链存证”条款正是在这种考量下应运而生，为互联网法院审案划定了依法探索的空间。

（一）赋权条款的解释续造

《互联网法院审理规定》第 11 条第 2、3 款是我国关于区块链存证的主要法律规范。第 2 款规定：“当事人提交的电子数据③，通过电子签名④、可信时间戳⑤、哈希值校验⑥、区块链等证据收集、固定和防篡改的技术手段或者通过电子取证存证平台认证，能够证明其真实性的，互联网法院应当确认。”此为区块链存证的规范依据，旨在“鼓励和引导当事人通过……区块链等技术手段……对证据进行固定、留存、收集和提取……提升电子数据的证据效力”⑦。第 3 款规定，“当事人可以申请具有专门知识的人就电子数据技术问题提出意见。”这确立了区块链存证的专家辅助配套机制。为了具体落地试行，三家互联网法院还制定了相关的实施细则、技术标准等。其构成一个关于区块链存证的临时性规范体系。然而，由法律规范组成的法律文本需经过解释才能适用。作为公共理性行为的阐释，“以文本的意蕴呈现为核心”⑧。因此，我们有必要对区块链存证条款进一步解释。

首先，该款限定的技术方案既包括区块链技术，也包括电子签名、可信时间戳、哈希值校验等其他防篡改技术，还包括电子取证存证平台的认证方法。这些方案是并存的，可以相互结合或共同作用。对于声誉最高的“区块链”方式，该款未就中心词的含义予以说明。人们可以援引日常或专业领域的表述。一般认为，“区

① 胡仕浩，何帆，李承运．《关于互联网法院审理案件若干问题的规定》的理解与适用．人民司法（应用），2018（28）：27.

② 同①.

③ 法条术语“电子数据”与法学术语“电子证据”属于同义词。在本章中不做区分。下同。

④ 电子签名是指能够在电子文件中识别各方当事人的真实身份，保证网络行为的安全性、真实性以及不可抵赖性，并起到与传统签名同等作用的“签名”数据。其防篡改的技术点在于能够确定持有者身份的密码代号、密码、个人识别码 PIN、公私钥、特殊生物特征等。

⑤ 可信时间戳是指由高度权威的授时机构负责授时形成的“签名”数据。其防篡改的技术点在于证明原始文件在签名时间之前就已经存在。

⑥ 哈希值校验是指对不同电子数据经由哈希算法（如 MD5、SHA1）生成哈希值，比对哈希值是否一致。其防篡改的技术点在于不同特定数据通过哈希算法所生成的哈希值具有极低概率的重复可能性。

⑦ 同①.

⑧ 易军．原则/例外关系的民法阐释．中国社会科学，2019（9）：80.

块链”是指“由分布式计算机网络构成的去中心化的数据库”①，或者说是“一种由多方共同维护，使用密码学保证传输和访问安全，能够实现数据一致存储、防篡改、防抵赖的技术体系”②。简言之，它是一种高于传统上运用单一机器、服务器或数据库存储的技术，也是一种高于开展数据简单共享的技术。

其次，该款指向的对象是用作证据的“电子数据”。根据相关定义性规范，“电子数据”是指“案件发生过程中形成的，以数字化形式存储、处理、传输的，能够证明案件事实的数据”③。这是一种独立于传统证据（如书证、物证及各种笔录）的证据。《互联网法院审理规定》将该证据专列出来，意味着该款的“先行先试”并不当然地适用于传统证据。诚然，部分传统证据电子化后确有纳入区块链平台的需要，在技术上也是大同小异的。我国有研究者将之称为“电子化证据”④。若欲以此概念拓展探讨，需要寻找其他法源。

再次，该款针对的行为是“证据的收集、固定”，产生的法律效果是“确认证据效力”。其实，“存证”是一个非典型的法律术语。该款将“存证（平台）”与“取证（平台）”⑤ 并用，表明“存证”可以被简单理解为“保存证据”⑥。这一含义自然落入“证据的收集、固定”范畴。至于纳入“区块链存证”的法律后果是什么，该款表述为“应当确认”，即法院认可有关证据的真实性，进而认可其法律效力。此意味着，区块链存证提供了一种保证电子证据真实性、进而保证其法律效力的特殊机制。这是一种从电子证据的真实性问题切入，拓展至其法律效力问题的整体思路。

最后，该款涉及的行为主体不仅指字面上的当事人、法院，也囊括未在字面上明示但作为区块链平台节点的存证公司、鉴定机构和公证机构等。宽松解释允许在解释规范时将该规范之意思延至边缘地带，其往往关涉较为宽泛的案件应用领域。此处采取宽松解释符合搭建区块链存证平台的客观规律。在《互联网法院审理规定》颁行之前区块链存证就已存在，当时主要是一些存证公司等单位主导搭建平

① De Filippi，P. and Wright，A. Blockchain and the Law：The Rule of Code ［M］. Cambridge-Harvard University Press，2018：13.

② 北京互联网法院《天平链应用接入测评规范测评技术指南》（2019 年 9 月讨论稿）第 3 条。

③ 法发［2016］22 号最高人民法院、最高人民检察院、公安部《关于办理刑事案件收集提取和审查判断电子数据若干问题的规定》（2016 年 10 月 1 日施行）第 1 条。

④ 谢文静．电子化证据问题研究．吉林：吉林大学，2018：3. 在该文中，将电子化证据界定为一个类概念，包括电子化的书证、电子化的物证、电子化的勘验笔录等。

⑤ 有专家提出，“取证行为与存证行为的根本差异在于证据固定纠纷是否可预见或是否已实际产生”。“取证行为往往发生在诉讼准备阶段或诉讼发生之后……存证行为是指为预防可能发生的纠纷，提前固定证据并以一定方式储存，诉讼发生之后及时提交人民法院”。童丰．公证介入区块链技术司法运用体系初探——从杭州互联网法院区块链存证第一案谈起．中国公证，2018（9）：61.

⑥ “存证”的英文翻译经常被用作“Evidence's Storage and Authentication”。在这一语境下，“存”和“证”是并行的，“存”是指“证据保全”，“证”是指“证据验证”，因为区块链内部各个节点可以验证“入链”证据的真实性。这说明两种语境中对“存证”的理解有所不同，当然核心意思是相通的。

台，将当事人提交的电子证据“入链”存证。该司法解释的颁行，直接推动了互联网法院主导设立区块链存证平台，鼓励了曾经提供中介服务的公司或机构提交电子证据“入链”存证，并且对鉴定机构、公证机构或其他组织参与作为存证节点持开放态度。

由此可见，现在司法解释初步确定了严格意义上的区块链存证机制。它指的是由互联网法院等主体搭建基于区块链技术的平台，供当事人或其他组织收集、固定电子数据，并通过存证节点进行效力证实的证明机制。当然，由提供中介服务的存证公司等单位搭建基于区块链技术的平台开展相关的电子数据保存工作，也可以被理解为宽泛意义上的“区块链存证”。

（二）赋权规则的要件抽象

在区块链存证中，互联网法院履行着证据保全的职责，其行为可理解为“区块链＋证据保全”；提供中介服务的存证公司等单位充当着“见证人”的角色，其行为可理解为“区块链＋证据见证”；参与作为存证节点的鉴定机构、公证机构可以出具鉴定意见书、公证书，其行为可理解为“区块链＋司法鉴定、公证”；当事人直接或间接对证据进行提存保管，其行为可理解为“区块链＋证据保管”。由此可见，区块链存证的定位就是各种证据工作“多元混存”的集合。在个案适用中判断区块链存证合格与否，以及判断所存储电子证据之价值如何，还需从规则要件的角度进行抽象分析。

任何法律规则都是以逻辑结构的方式呈现的，即可以分解为法律规则的组成要素及其关系。一种主流学说认为，法律规则的逻辑结构可表示为 T→OR，其中 T 表示“构成要件”，OR 表示“法律后果”，→表示不构成独立逻辑要素的“包含或条件关系”[①]。在《互联网法院审理规定》第 11 条第 2 款中，“法律后果”的要素是比较明确的，即“法院认可有关证据的真实性、进而认可其法律效力”。那么，满足什么样的“构成要件”才能产生该“法律后果”呢？这涉及规则适用的前提事实，需要透过字面文义进行概括（见图 14－1）。

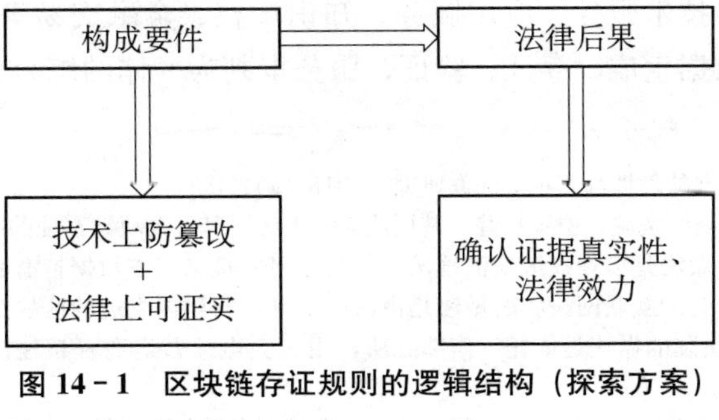

图 14－1　区块链存证规则的逻辑结构（探索方案）

① 雷磊．法律规则的逻辑结构．法学研究，2013（1）：82.

笔者认为，基于区块链存证之电子证据有效的构成要件之一是“技术上防篡改”。这是技术方面的要件。在该款中，将区块链技术同电子签名、可信时间戳、哈希值校验等技术并列表述，是对这几种技术的防篡改功能的认可。简单地展开，区块链技术依靠存证节点的共信机制实现该功能，而电子签名、可信时间戳、哈希值校验在实现防篡改功能的技术点方面各有千秋。同时，该款也将区块链等技术与电子取证存证平台认证并列起来。它们是从不同技术的角度起到收集、固定证据的功能。

基于区块链存证之电子证据有效的构成要件之二是“法律上可证实”。这是法律方面的要件。在该款中，“能够证明其真实性的”是一种同等重要的表述，指的是当事人等行为主体要承担证明有关证据属实的义务。这是一个不能被忽视的要件，因为任何证据具有法律效力的前提是满足真实性、关联性、合法性的标准，而“电子证据面临来自真实性方面的巨大挑战”①。互联网法院审理案件中使用电子证据亦要遵循此理，即不能因为“入链”的电子证据借助了防篡改技术而放松对其采用标准、特别是真实性标准的要求。

诚然，该款在用语表述方面并非十分完美，如列举的方案交叉混同、有违技术中立原则、表意不尽清楚等。不过，瑕不掩瑜。在现行司法解释对区块链存证作出了试验性赋权后，关键在于实践中能否真正适用有关规定，以及能否形成可复制、可推广的经验。

二、互联网法院的开创性实践

目前我国三家互联网法院均已上线基于区块链存证的电子证据平台。② 调研表明，三家的具体方案略有不同③，其共同特点是不完全对外开放，仅允许经过授权的单位加入作为存证的节点。④ 例如，北京互联网法院联合司法鉴定中心、公证处、行业组织、大型央企、大型金融机构、大型互联网平台等 17 家单位作为存证节点，吸引了来自技术服务、应用服务、知识产权、金融交易等 25 家应用接入机构加入，构成集数据生成、存证、验证、服务审判为一体的综合体系，以此支撑庭

① 刘品新．论电子证据的理性真实观．法商研究，2018 (4)：58.

② 吉林、山东等 9 个高级法院、中级法院、基层法院亦上线了基于区块链存证的电子证据平台。

③ 杭州互联网法院的做法是以蚂蚁区块链技术为依托，可对接第三方数据持有者、第三方数据提供商等多个数据接口；北京互联网法院的做法是由法院主导，与国内先进的区块链产业企业共建“天平链”；广州互联网法院的做法是依托工信部五所，由三大电信营运商各自建链，法院的外网平台再与他们对接。

④ 区块链可以根据网络去中心化的程度不同，分解为公链、私链与联盟链。公链也称为公有链，即全网公开、无用户授权机制的区块链；私链也称为私有链，即网络中的所有节点都掌握在一家单位或机构手中的区块链；联盟链也称为行业链，即允许授权的节点加入网络、可根据权限查看信息的区块链。按照这种分类法，三家互联网法院实行的是联盟链。

审并产生了大量的判决书。在这种机制下，电子证据的运用通常会在各方主体之间构成一个可验证的闭环。该闭环的运行效果如何及能否满足区块链存证的构成要件，就是评价该探索实践的基本标尺。

（一）面临关键性的障碍

如前所述，三家互联网法院试行区块链存证的直接目的在于保障电子证据的真实性。而调研表明，在区块链存证的机制下，电子证据的真实性可分为入链前的真实性和入链后的真实性。入链后电子证据的真实性可以得到技术保障，而入链前电子证据的真实性如何保障是探索者面临的关键性障碍。

要深刻认识这一点，需要理解电子证据入链的一般流程：第一步，当事人直接或委托存证公司等单位保存电子证据。这一步通常于案件发生前完成。第二步，存证公司等单位同步将电子证据的哈希值写入存证链。第三步，存证链返回存证编号。第四步，一旦发生纠纷，当事人可上传原始数据和存证编号，法官利用存证链平台在线计算哈希值，以判断电子证据是否发生篡改。通览这一流程不难发现，入链后电子证据的真实性确实得到了高度保障。这不仅是因为“哈希值不变，数据不变”乃是技术常识，更因为电子证据的哈希值被分散到联盟链的全部节点、多处存储，使得任何人修改入链后的电子证据几乎是不可能的。有技术专家分析，区块链技术通过向全网广播的方式，让每个参与维护的节点都能复制获得一份完整数据库的拷贝。除非能够同时控制整个系统中超过51%的节点，否则单个节点上对账本的篡改是无效的，也无法影响其他节点上的数据内容。① 这亦说明电子证据入链后就无法被篡改。

但问题在于，入链前电子证据源自何处、如何流转等均存在疑问。就像通过电子签名、可信时间戳、哈希值校验技术无法保证电子证据在采取这些技术措施前不被篡改②，区块链技术也不可能保证电子证据在入链前不被造假。区块链存证既不能排除当事人全部或部分提供“虚假”证据的情形，也不能排除当事人单方聘请的存证公司等单位单纯服务于一方当事人利益而“冒险”的情形。实践中探索者普遍承认“入链前电子证据的真实性无法保证”。我国首部关于区块链存证的白皮书就指出：“区块链技术可以保障电子证据的载体及载体上证据副本的真实性，但载体的真实和副本数据的真实，无法决定电子数据本身的真实性。”③

① 李静彧，李兆森．基于区块链存证的电子数据真实性探讨．软件，2018（6）：110.

② 我国法院对于采取可信时间戳技术固定的电子证据也担心固定前的真实性。如在一起侵害作品信息网络传播权纠纷案件中，法院指出：“电子数据证据不同于传统的证据形式，具有真伪的脆弱性、传递的技术性、极强的可复制性等特殊属性，并非只要采用了上述技术手段所采集的电子证据就是真实可靠的，存在在抓取之前已因所处设备或网络环境存有问题而遭受‘破坏’的可能性，导致存证下来的证据不具有可信力。这类‘破坏’包括非真实的网络环境、定向虚假链接访问、时间来源不明等问题。因此，当事人在用可信时间戳等技术手段采集证据时，应当严格遵守操作流程，确保电子数据的真实性。”参见北京互联网法院民事判决书，(2019) 京 0491 民初 1212 号。

③ 区块链司法存证应用白皮书（1.0 版）．来源：可信区块链推进计划，2019 年 6 月：20.

这样的真实性疑虑主要是针对电子证据入链的第一步产生的，也部分涉及电子证据入链的第二步。通俗地说，“垃圾进，垃圾出”。具体来说，“一方面，在线提交证据导致法院无法核实电子证据的形成、存储、传送、收集等过程。一旦对方当事人对电子证据的真实性提出异议，提出该证据可能被篡改，法院的审查将无从入手；另一方面，电子证据在线提交的过程相当于证据的二次电子化，如何确保提交过程的可靠性，从而保证电子证据所载内容始终保持完整并未经篡改值得思考。”① 因此，区块链存证尚未彻底地解决电子证据的真实性问题。

这就说明，当下的区块链存证虽满足了《互联网法院审理规定》第11条所确定的“技术上防篡改”的构成要件，但并不能充分满足“法律上可证实”的构成要件。这是赋权性规则转化为正式制度时不得不面对的当下现实。

（二）取得超预想的收获

从实际效果来看，互联网法院的区块链存证探索在保障电子证据的真实性认定方面产生了显著的影响。不仅如此，这一探索还在很大程度上丰富了电子证据关联性、合法性标准的内涵，为完善证据审查判断规则提供了新鲜素材。这些是超过预期目的的实践收获。

1. 强化电子证据的关联性支撑

电子证据证明案件事实需满足内容和载体的双重关联性。内容关联性是电子证据的数据信息同案件事实间的关联性，主要是经验上的关联性；载体关联性是指电子证据的信息载体同案件当事人或其他诉讼参与人相关，具体可分解为人、事、物、时、空的关联性。② 区块链存证强化关联性主要表现为对载体真实性的支撑，这与区块中记录的元数据、节点链、实名认证等信息密切相关。

一般来说，区块中记录的元数据会包含一些可供利用的信息。由于区块链依赖点对点网络和数字签名，所以其存储的数据是透明且不可否认的。在以区块链为基础的交易中，不仅入链保存的信息可以得到鉴真，而且人们可以审核有关的元数据或其他背景信息。③ 有研究者举例说，电子病历共享区块链模型具有较强的可拓展性。每个区块记录患者的唯一身份识别信息、经过加密的病历及病历的时间戳。为改善数据通达效率，区块中以标签形式记录了数据格式等元数据内容。④ 一旦发生医疗纠纷需要审查电子病历，司法人员不仅可以审查链上的信息，还可以审查元数据。互联网法院的区块链存证亦呈现此规律。

① 秦旺，谢欣欣，钟晨曦．检视与构建：互联网法院审理模式下的电子证据认定规则——基于类型化研究的路径探索//国家法官学院科研部．司法体制综合配套改革与刑事审判问题研究——全国法院第30届学术讨论会获奖论文集：上．北京：人民法院出版社，2019.

② 刘品新．电子证据的关联性．法学研究，2016（6）：178-180.

③ De Filippi，P. and Wright，A. Blockchain and the Law：The Rule of Code［M］. Cambridge-Harvard University Press，2018：37.

④ 闫树，卿苏德，魏凯．区块链在数据流通中的应用．大数据，2018（1）：9.

与传统存证方式相比，区块链存证可以实现关联证据追溯。传统存证难以确认不同文件之间的关联关系。在区块链存证中，多份共同制作的系列文件，可以通过关联证据追溯相关技术，确认证据之间的关联性。① 特别是一类或一系列业务运行在区块链上的，更因其全流程留痕而使证据的关联更加明确。② 这就相当于区块链存证中的电子证据自然构成一个保管链，呈现为一个不同节点相关联的体系。这是传统存证所不能实现的。

我国《网络安全法》提出的实名身份认证要求③，也成为当下区块链存证的“标配”。例如，广州互联网法院制定的《可信电子证据平台电子数据存储和使用规范（试行）》第7条规定：“第三方数据服务商应当按照《中华人民共和国网络安全法》的规定，对信息服务使用者进行基于统一社会信用代码、身份证件号码或者移动电话号码等方式的真实身份信息认证。”区块链存证中的实名身份认证可借助对应特定自然人的电子签名等予以实现。如果入链前的电子证据附加了使用者的电子签名，那么其关联性就获得了一种良好的保障。就像当事人以电子签名为基础签约开展电子交易一样，电子签名可以作为证据证明基于区块链技术的电子账户是谁的。这就压缩了账户使用者否认交易发生之事实的空间，除非账户使用者能够证明其与账户相关联的私钥被人盗用了。④

此外，在国外学术研究中，一些区块链研究者还提出了另一种思路：在区块链基础的网络行为中，当事人还可以选择披露他们的公开地址，以证明他们是信息源或网络行为实施者。这样的公开性能够进一步证明当事人是信息源具有高概率。举例来说，2016年年末社会上兴起了一种阴谋论：著名的密码朋克和维基解密的创始人朱利安·阿桑奇是否还活着？这一论调是在因特网上蔓延开来的，有关“故事”是被张贴在诸如Reddit and 8chan的网上社区的。但是，最终阿桑奇没有直接露面就破除了这个谣言。他使用广为人知的、同维基解密的比特币地址，执行了一系列交易行为，其中藏着隐语：“我们很好。8 Chan在胡说八道”⑤。这为互联网法院提供了可资借鉴的“关联性认定”高级模式。

2. 优化电子证据的合法性标准

传统的证据合法性审查标准包括主体合法性、形式合法性、程序合法性。区块

① 区块链司法存证应用白皮书（1.0版）. 来源：可信区块链推进计划，2019年6月：26.

② 同①29.

③ 《网络安全法》第24条第1款规定：“网络运营者为用户办理网络接入、域名注册服务，办理固定电话、移动电话等入网手续，或者为用户提供信息发布、即时通讯等服务，在与用户签订协议或者确认提供服务时，应当要求用户提供真实身份信息。用户不提供真实身份信息的，网络运营者不得为其提供相关服务。”

④ W. Diffie and M. Hellman. New Directions in Cryptography. IEEE Transactions on Information Theory，1976（22）：644-654.

⑤ Ronald L. Rivest，Adi Shamir，and Leonard Adleman. A Method for Obtaining Digital Signatures and Public-Key Cryptosystems. Communications of the ACM，1978（2）：120-126.

链存证的合法性审查除了关注上述三个标准外，还需要关注存证的合法性。过去我国的区块链存证主要借助存证公司，它们虽具有技术优势，但其并不像司法机关那样具备国家公信力。这产生了诸如存证平台是否需要资质的“形式化”争议，也出现了截然对立的判决。例如，在一起侵害作品信息网络传播权纠纷案中，法院通过肯定区块链技术以及该平台的中立性，实现了对存证平台的资质审查。① 而在一起著作权权属、侵权纠纷案中，法院则认为，存证平台是否获得电子认证许可证书，属于行政管理法规调整的范畴，不能直接以此否定存证平台的资质以及存证平台存证的合法性、真实性。②

与此形成鲜明对比的是，互联网法院开展区块链存证能够缓解存证公司因资质遭质疑而引发的存证合法性问题。技术无党派，存证链无门户，当事人、法院、公证机构、鉴定中心以及专门的存证公司均是区块链存证的参与者。特别重要的是，存证公司接入天平链前需要接受严格的审查，从而确保了其权威性。

互联网法院在探索区块链存证制定规范性文件时已关注到存证合法性问题。2018 年 12 月 22 日北京互联网法院“天平链”发布，《北京互联网法院电子证据平台接入与管理规范》也于同日发布，对“接入平台”从机构资质、专业技术能力、平台安全性以及电子证据的生成、收集、存储、传输过程的安全性、合规性等提出了明确的严格要求。2019 年 1 月，北京互联网法院等组建司法工作组，重点开展《天平链接入与管理规范细则》以及《天平链接入测评规范》研究，进一步规范了“天平链”接入方的资质要求、电子数据的存证规则等。③ 同理，杭州、广州互联网法院关于区块链存证的规范建设，也形成了它们关于审查判断区块链存证中电子证据合法性的新标尺。

三、优化理论供给的制度化建构

《经济学人》将区块链描述为“信任机器”，区块链概念布道者安东诺普洛斯也宣称区块链代表了从“可信的人”到“可信数学”的转变。④ 这昭示了我国普遍推行区块链存证制度有望解决人们对电子证据信任不足问题的巨大前景。实践表明，区块链存证的初步探索已积累了超越法律文本的、可升级为制度的经验。我国应当以此为基础，在法秩序范围内展开理论探讨、优化制度供给，力争借助新一轮科技革命创造更高水平的司法文明。

① 杭州华泰一媒文化传媒有限公司诉深圳市道同科技发展有限公司侵害作品信息网络传播权纠纷案，杭州互联网法院民事判决书，(2018) 浙 0192 民初 81 号。

② 北京全景视觉网络科技股份有限公司与深圳市康辉旅行社有限公司著作权权属、侵权纠纷案，北京互联网法院民事判决书，(2019) 京 0491 民初 797 号。

③ 郭晶霞，赵岩，董学敏．“互联网+审判智慧”的北京方案．人民法院报，2019-09-19 (1).

④ Vos, Jacob & Lemmen, Christiaan & Beentjes, Bert. Blockchain-based Land Administration: Feasible, Illusory or Panacae? 2017 WORLD BANK CONFERENCE ON LAND AND POVERTY.

（一）聚焦关键问题的理论跟进

在区块链存证的架构下，单凭技术方案无法解决入链前电子证据的真实性问题。这也显然不是纯技术问题。习近平同志深刻地指出，“科技创新、制度创新要协同发挥作用，两个轮子一起转”①。要化解区块链存证真实性的现实障碍亦同此理。人们需要在法律与技术的“目光往返流转”中寻找交错的智慧，必要时引进各种配套的法律制度。初步来看，我国可以将区块链存证这一新生事物，同司法场景下旨在解决电子证据真实性问题的前端控制、司法推定、不利自认、补强佐证等理论嫁接起来。

1. “区块链存证＋前端控制”

前端控制被称为电子文件时代的新思维。法国档案学者C. 诺加雷明确指出，档案工作者要重新考虑他们在文件生命周期中进行干预的时机，甚至重新思考这种生命周期本身。该观点是前端控制思想产生的根源。前端控制是指为了确保电子文件的完整齐全、真实可靠，档案部门和档案工作者应在电子文件生成之初（甚至是电子文件管理系统设计之初）就对电子文件进行前期的监督与控制。② 对电子文件实行前端控制的必要性包括：电子文件的证据性之要求，设计阶段是确定电子文件归档范围的最佳时机，基于电子文件的利用要求等。③

前端控制理论显然能够弥补入链前电子证据的真实性疑虑。根据前端控制之要求，需要在电子证据产生之初就对其进行监控，从而保障其原始性、真实性、完整性，防止“多版本保留”④ 等问题的发生。从证据法的视角看，之所以强调对电子文件实行前端控制，是因为电子文件的证据性需要由“内容、上下文关系和结构”三要素给予支持，而保留这些要素应该成为文件管理系统的必备功能。通过系统设定及时采集必要的“背景信息”和“元数据”，有助于证实文件的形成过程和真实可靠性。⑤ 基于此理，强调在区块链存证中实行前端控制，至少可以通过保留元数据和背景信息来保障电子证据的真实性。

2. “区块链存证＋司法推定”

司法推定是降低证据真实性证明难题的一种方法。其通常模式是，案件中满足某种特定条件的，就可以推定证据是真实的，当然对方提出有效反证的除外。我国有研究者专门介绍过美国佛蒙特州的区块链推定规则。该州规定，通过区块链技术

---

① 习近平．为建设世界科技强国而奋斗．人民日报，2016-06-01（2）．

② 冯惠玲，赵国俊．中国电子文件管理：问题与对策．北京：中国人民大学出版社，2009：62.

③ 冯惠玲．电子文件时代新思维《拥有新记忆——电子文件管理研究》摘要之六．档案学通讯，1998（6）：45.

④ 多版本保留是指存证方可以就某一个事实相关的电子证据（如电子合同等）生成多个版本，对每个版本分别计算哈希值并分别传至区块链保存，将来发生争议时，选择其中有利于自己的版本作为证据校验，而不提供其他对自己不利的版本。陈平祥，姜琪，朱冠琳．论运用区块链技术提取和审查刑事电子数据．网络信息法学研究，2019（1）：165-166.

⑤ 同③45.

的有效应用而核实的事实或记录是真实的；当然该推定并不影响原先的证明责任配置。① 同理，在我国拓展使用推定规则可以降低关于入链前电子证据真实性的证明难度。②

笔者建议从以下方面设定符合国情的推定规则。其一是具有可靠来源之电子证据入链的真实性推定。传统上我国认可关于可靠来源的推定，如公文书证在效力上被认为要优于一般书证。现如今，假如国家档案部门、公证机关乃至鉴定机构等权威机关代替存证公司行使引导入链的职能，则所入链的电子证据可以被初步推定属实。其二是关于电子证据系统性入链的真实性推定。电子证据是由内容数据、附属信息、关联痕迹构成的一个完整的整体③，它们之间“有极强的规律性、协同性”④。从这个意义上说，超越单纯的内容数据而将具有系统性的内容数据、附属信息、关联痕迹一并入链的，将可以推定该电子证据具有真实性。其三是关于即时入链的电子证据属实推定。电子证据入链时间的早晚关系到当事人造假的动机和可能性。电子证据在形成之际或此后不久入链的，当事人缺乏造假的动机，也缺少造假所需要的低限时间条件。对于这种电子证据，可以推定非为诉讼目的入链而具有可信度，进而赋予其优先的证据效力。其四是按照业务惯例入链的电子证据真实性推定。美国、加拿大等国法律均规定对于系正常业务活动中生成并保存的电子证据，可以推定其是真实的。⑤ 这就意味着，按照业务习惯产生的、通常为批量入链的电子证据，相比于非遵循业务习惯的、偶尔生成并入链的电子证据，更为可信。其五是经由电子签名而入链之电子证据的真实性推定。电子签名不仅可以防止对数据内容进行修改，而且可以同特定的人关联起来，即“电子签名为谁所持有”。经由电子签名的电子证据相当于在形成之时就获得了良好的保障，也就可以推定属实。

3. “区块链存证＋不利自认”

区块链存证也可以与自认制度相结合产生“化学反应”。一般来说，自认属于

① 施鹏鹏，叶蓓．区块链技术的证据法价值．检察日报，2019-04-17（3）．

② 有观点提出，区块链存证技术为证据审查提供新的逻辑脉络，即通过审查提取主体、证据同一性、完整性等形式要件，进而推定证据的实质真实。同时要看到，推理过程需依赖司法人员对经验法则的运用。推定的合理性一般应得到以下要素之一种的辅助：一是被告人认可，二是自被告人处依法获得，三是正常业务中形成，四是经推定加密处理，五是具有电子签名，六是进行专业数据恢复。吴美满，庄明源．区块链存证技术在互联网金融犯罪治理中的应用．人民检察，2018（22）：51-54.

③ 刘品新．论电子证据的理性真实观．法商研究，2018（4）：63.

④ 同③64.

⑤ 例如，加拿大《1998年统一电子证据法》第5条规定：“在任何法律程序中，如果没有相反证据，则可以通过下述证据或者在下述条件下，推定记录或存储电子记录的那一电子记录系统具有完整性：……（3）如果有证据证明，该电子记录系由除诉讼当事人以外的某人，在惯常而普通的业务活动中记录或存储的，而且其所进行的记录或存储并非根据意图引入该记录的当事人的指令。”这一法条中所说的电子证据“完整性”为直译，基本上等同于电子证据的“真实性”。刘品新．国外网络犯罪法律制度选译．北京：中国人民公安大学出版社，2012：149-150.

免证事实。免证事实虽属法院裁判的事实基础，但因其真实性得到了确认，故无须再用证据加以证明。我国三大诉讼领域均规定了自认方法，主要可见于最高人民法院《关于民事诉讼证据的若干规定》第 3 条、《关于行政诉讼证据若干问题的规定》第 65 条。需要指出的是，在刑事诉讼中自认并不当然产生免证的效力。我国《刑事诉讼法》第 55 条规定，只有被告人供述，没有其他证据的，不能认定被告人有罪和处以刑罚。这就说明，在刑事诉讼中原则上不承认被告人对案件实体事实的自认。当然，这并不意味着区块链存证完全不能与刑事自认相嫁接。

在民事诉讼和行政诉讼当中，如果电子证据的区块链存证是由对其不利的一方当事人实施的，则可直接认定证据的真实性。区块链存证在刑事案件中同样有广阔的运用空间，司法机关亦不拒绝采取区块链存证的方式。若被告人通过区块链存证提交了于己不利的证据，司法人员虽不能直接采信，尚需根据《刑事诉讼法》第 55 条之规定审查是否有其他佐证，但在有其他证据相印证的情况下，可以认定得到自认支撑的入链证据真实有效。

4. “区块链存证＋补强佐证”

我国的证明模式被称为印证证明模式，它要求获得相互支持的其他证据，注重证明的“外部性”。若通过区块链存证获得的电子证据是孤证，补强佐证不失为一种强化其入链前真实性的有效手段。这也符合印证证明模式的要求。在“全国首例区块链存证案”中，法院指出：“对于采用区块链等技术手段进行存证固定的电子数据……应重点审核电子数据来源和内容的完整性、技术手段的安全性、方法的可靠性、形成的合法性，以及与其他证据相互印证的关联度，并由此认定证据效力。”① 这里所说的“与其他证据相互印证的关联度”，属于一种依靠补强证据予以佐证的思路。

调研也表明，法院在认定区块链存证获得的电子证据之真实性时，也愿意结合勘验、检查、调查笔录及相关科技公司的说明等材料进行综合认定。例如，在一起侵害作品信息网络传播权纠纷案中，法院认为：“结合勘验过程、××公司出具的说明及《司法鉴定及数据保全技术合作协议》等，每个电子数据文件在完成取证后，会存储于 IP360 云系统中，自动生成一个唯一对应且进行加密的数字指纹(Hash 值)，该指纹将通过区块链系统同步备份于××鉴定中心，并生成由其与××数据保全中心联名签发的载有数字指纹、取证时间等信息的数据保全证书，证明电子数据自申请时间起已经存在且内容保持完整，未被篡改”②。这里说的就是多份证据的合力补强。

① 杭州××文化传媒有限公司与深圳市××科技发展有限公司侵害作品信息网络传播权纠纷案，杭州互联网法院民事判决书，(2018) 浙 0192 民初 81 号。

② 中文在线数字出版集团股份有限公司与广州市动景计算机科技有限公司侵害作品信息网络传播权纠纷案，北京市东城区人民法院民事判决书，(2018) 京 0101 民初 3826 号。

(二)致力全面推行的规则升级

学术观点认为,区块链存证预示着法治主义与技治主义互动的“新型证据法治形态”①。这一观点对证据制度走向的评估是否过于乐观还不得而知。但是,无论区块链存证探索对中国证据法律制度的影响有多大,人们都必须针对入链电子证据的真实性、关联性、合法性规则进行全面建设。这就需要大力改善《互联网法院审理规定》第11条第2款所设定的区块链存证规则之逻辑结构。

现在人们需要思考:在区块链存证满足“技术上防篡改”“法律上可证实”两项构成要件之后,赋权规则所设定的法律后果部分应当如何调整?笔者以为,可以从以下三项内容着手:一是区分入链前后的电子证据真实性,分别建立辅助性的规则,特别是关于入链前电子证据真实性的推定规则;二是增加关于入链后电子证据关联性、合法性的规定,强调区块链存证对电子证据关联性、合法性内涵的丰富或优化,完善相关的证明机制。在三家互联网法院分别草拟的具体细则中,广州互联网法院的《可信电子证据平台电子数据存储和使用规范(试行)》有着较完整的表述,当然也面临着亟待解决的适用范围狭窄、表义抽象等问题。② 基于改进方案所设定区块链存证规则的逻辑结构见图14-2。

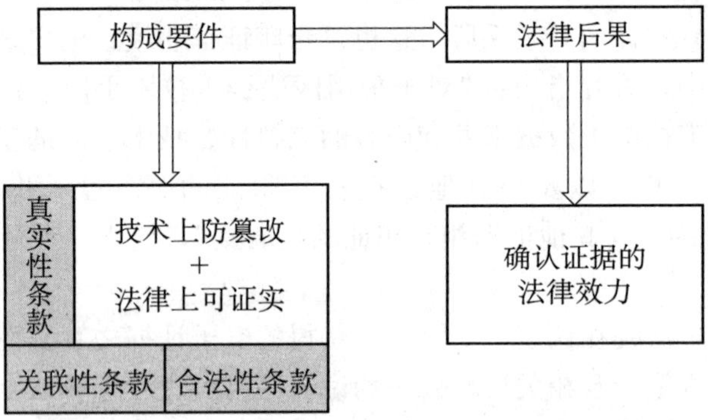

图14-2 区块链存证规则的逻辑结构(改进方案)

① 张玉洁. 区块链技术的司法适用、体系难题与证据法革新. 东方法学,2019(3):106-107.

② 该规范第12条规定:“电子证据平台对业务数据进行加密运算所获得的密文,与电子证据平台已经存储的密文进行自动对比验证。密文经电子证据平台比对一致的,推定电子证据平台接入方的数据在保存过程中未被篡改,具有真实性,但有相反证据足以否定其真实性的除外。”第13条规定:“平台接入方发生诉讼时,向本院诉讼平台提交拟作为证据使用的电子数据密文存证编号,电子证据平台通过存证编号查询到的业务数据,推定具有真实性,但有相反证据足以否定其真实性的除外。”第14条规定:“当事人在本院诉讼平台提交电子证据调查取证申请,本院通过内网业务处理平台审核申请并发送《协助调查函》,证据持有机构或组织在电子证据平台确认函件,传输相关证据密文后,在诉讼平台显示完整的证据内容及存证信息,推定具有真实性,但有相反证据足以否定其真实性的除外。”这些反映出通过区块链存证获得的电子证据之真实性可以依靠推定和反证方式实现。该规范第18条规定:“电子证据的合法性、关联性及其能否实现证明目的,由本院根据案情依法审查认定。”这指涉基于区块链存证的电子证据关联性、合法性判断问题,但基本上没有体现特色。

此外，区块链存证探索中出现了值得关注的新动向，即入链存证范围不断拓展。一方面，入链存证的证据形式实际上已经不限于电子证据，少量的传统证据电子化材料业已“混迹其中”。例如，当事人可以借助平台将书证扫描成 PDF 版本入链，将物证拍照或录像后入链，各种笔录证据以电子形式呈现的亦有入链的空间。另一方面，入链存证的内容同样可以向电子卷宗等各种电子文件延伸。我国法律上并不禁止做这样的尝试。概言之，电子文件管理部门或档案部门应当积极争取加入存证链，成为一个新的重要存证节点，打通区块链节点之间电子证据、传统证据电子化材料以及电子卷宗的分布式存储通道，以专业优势积极参与区块链存证大平台的建设。

西方学者德·菲利皮和萨米尔·哈桑认为，人类现在已经进入了一个新的阶段，这个阶段超越了通过代码来执行法律，而是依靠代码来起草和阐述法律规则（即“法律就是代码”）。[①] 区块链存证以执行代码的方式实现电子证据的保全或保管功能，其充分展示了代码和法律之间的互动关系。从本质上讲，区块链的技术代码可用于确保电子证据的存证符合证据保全的法律要求。现阶段我国主要以三家互联网法院为承载，进行了卓有成效的区块链存证探索。这是科技创新与制度创新并行发力的实例，属于塑造法秩序的有益尝试，从而形成推进国家治理现代化的通用范式。

【拓展阅读】

区块链存证重塑电子证据的司法运用

——蓝牛仔公司与华创汇才公司著作权侵权纠纷案

原告蓝牛仔公司诉称：原告系一家从事图片摄影、销售的公司，原告享有著作权的图片在北京市版权局登记并核发作品登记证书。被告系微信公众号华创资本（China Growth Capital）的账号主体。现原告发现被告在未经原告授权的情况下擅自在其微信公众号上使用了原告享有著作权的图片作品，被告的行为已构成对原告著作权的侵犯，现原告就被告侵犯原告上述图片的信息网络传播权的行为提起诉讼，要求被告承担相应的法律责任。

被告华创汇才公司辩称：在我公司的微信公众号华创资本中发表的文章中确实使用了原告享有著作权的照片。我方是在确认新闻稿已经其他媒体发布后，才予以转载。该转发不以营利为目的，我方亦未从中实际获取任何利益。我方在转发时并不知晓其中牵涉任何版权、著作权纠纷。在知晓该文涉及侵权事宜后，我方已经第一时间将文章从公众号去除。综上，不同意原告的诉讼请求。

① Thorsten Kaeseberg. The Code-ification of Law and Its Potential Effects. Stanford Journal of Blockchain Law & Policy，2019（2）：232－239.

本院组织双方当事人进行了质证，蓝牛仔公司向法庭提交了图片底稿及作品登记证书及附件，用以证明其享有涉案作品的著作权；蓝牛仔公司为证明华创资本（China Growth Capital）的账号主体为被告，以及该公众号内的文章使用了涉案图片，构成侵权，向北京版权家科技发展有限公司申请电子数据存证。北京版权家科技发展有限公司于2018年12月7日出具电子数据取证证书，确认在微信注明公众号华创资本（China Growth Capital）内使用涉案图片的网页地址取证电子数据包，经版权家可信存证进行保管，自授时时间（2018年12月07日14：52：47）起已经存在，且数据完整、未被篡改。后北京版权家科技发展有限公司又于2018年12月26日出具电子数据取证证书，确认注明公众号华创资本（China Growth Capital）的开办主体为华创汇才公司的网页地址取证电子数据包，经版权家可信存证进行保管，自授时时间（2018年12月26日14：12：38）起已经存在，且数据完整、未被篡改。

北京版权家科技发展有限公司为第三方存证平台，于2019年3月1日跨链接入北京互联网法院天平链系统后，任何存证用户在北京版权家科技发展有限公司进行存证的同时，北京互联网法院天平链系统均会对其存证证据的哈希值进行同步存储。本案中，蓝牛仔公司于2019年3月6日再次通过北京版权家科技发展有限公司存证上述页面，并于3月11日通过北京互联网法院电子诉讼平台向本院提交该证据。在其提交证据时，电子诉讼平台同步生成该证据的哈希值。天平链将该哈希值与版权家存证平台提供的存证时产生的哈希值进行对比，得出区块链存证验证成功的验证结果，并向法官推送。据此可以确定相关网页在存证后未经过篡改。被告亦对天平链的校验结果没有异议。华创汇才公司为证明其使用蓝牛仔公司的图片属于转载，提供了其员工与他人的微信联系记录。被告对此证据的真实性亦不持异议。

综上，本院对以上证据的真实性、合法性和关联性均予以认定。

——以上内容，节选自北京互联网法院民事判决书（2019）京0491民初805号

第三篇

科　技

21 世纪法学研究生参考书系列

第十五章

电子证据的司法鉴定——以“查找涉案证据”为名

> 电子证据存在形形色色的专门性问题，因而需要诉诸司法鉴定。然而，电子证据鉴定看似并不符合我国《关于司法鉴定管理问题的决定》要纳入统一登记管理的“四类”鉴定，也往往冠以“查找涉案证据”之名而行侦查、调查之实。这就要求厘清电子证据的鉴定范围、种类，明晰基本的“黄金”法则、鉴定任务。电子证据的时间鉴定是一种具有重大价值的鉴定类型。

一、电子证据缘何要鉴定

电子证据中蕴含的信息一般无法被肉眼识别，因而实践中存在着求助于有专门知识的人进行检验分析并给出鉴定意见的大量现实需求。一个吊诡的现象是，我国现行法律确定的纳入统一登记管理的只包括“四类”司法鉴定科目，电子证据能否走司法鉴定之路就成为一个问题。

2005 年，全国人大常委会颁行了《关于司法鉴定管理问题的决定》。其第 1 条规定，司法鉴定是指“在诉讼活动中鉴定人运用科学技术或者专门知识对诉讼涉及的专门性问题进行鉴别和判断并提供鉴定意见的活动”。据此可见，电子证据属于司法鉴定的当然范围。《人民检察院电子证据鉴定程序规则（试行）》第 3 条规定：“电子证据鉴定是司法鉴定人根据相关的理论和方法，对诉讼活动中涉及的电子证据进行检验分析，并作出意见的一项专门性技术活动”。

然而，《关于司法鉴定管理问题的决定》第 2 条又规定：“国家对从事下列司法鉴定业务的鉴定人和鉴定机构实行登记管理制度：（一）法医类鉴定；（二）物证类鉴定；（三）声像资料鉴定；（四）根据诉讼需要由国务院司法行政部门商最高人民法院、最高人民检察院确定的其他应当对鉴定人和鉴定机构实行登记管理的鉴定事项。”这就出现了只有四类司法鉴定需要颁发执照纳入统一管理的问题。截至目前，“四类内”司法鉴定主要是法医类鉴定、物证类鉴定、声像资料鉴定以及司法部商请最高法、最高检确定的环境损害类鉴定。① 这样一来，电子证据鉴定是否属于“四类内鉴定”（如归属于物证类鉴定、声像资料鉴定）就成为一个争议问题。如果将电子证据鉴定划归“四类外鉴定”，还会遇到是否需要申请许可执照的问题。②

电子证据鉴定究竟属于“四类内”还是“四类外”司法鉴定？这是一个颇具中国特色的法律问题，一时还难以形成定论。无论如何，搞清楚电子证据鉴定能够解决什么专门性问题，还是必要的。

我国立法关于该问题的规定也不尽统一，大致可分为以下几种：第一种立法类型是并不明确电子证据鉴定的范围。例如，早年司法部在发布的《司法鉴定执业分类规定（试行）》第 13 条中规定：“计算机司法鉴定：运用计算机理论和技术，对通过非法手段使计算机系统内数据的安全性、完整性或系统正常运行造成的危害行为及其程度等进行鉴定。”公安部在发布的《公安机关电子数据鉴定规则》第 2 条规定：“本规则所称的电子数据，是指以数字化形式存储、处理、传输的数据。本规则所称的电子数据鉴定，是指公安机关电子数据鉴定机构的鉴定人按照技术规程，运用专业知识、仪器设备和技术方法，对受理委托鉴定的检材进行检查、验证、鉴别、判定，并出具鉴定结论的过程。”这两个规章的共同特点是，只是对电子证据鉴定下了个定义，至于可以开展的电子证据鉴定的范围或业务，则交由实践探索。

第二种立法类型是尽可能明确电子证据鉴定的范围。例如，最高人民检察院在 2009 年颁行的《人民检察院电子证据鉴定程序规则（试行）》第 4 条规定：“电子证据鉴定范围：（一）电子证据数据内容一致性的认定；（二）对各类存储介质或设备存储数据内容的认定；（三）对各类存储介质或设备已删除数据内容的认定；（四）加密文件数据内容的认定；（五）计算机程序功能或系统状况的认定；（六）电子证据的真伪及形成过程的认定；（七）根据诉讼需要进行的关于电子证据的其他认定。”该条规定明确了为最高人民检察院所认可的电子证据鉴定范围。

拓展到学理层面的讨论，应该说可纳入电子证据鉴定范围的有很多种，并可以从不同角度进行细化。从宽泛意义上讲，凡是可以由具有专门知识的人协助司法人员对有关电子证据的专门性问题作出判断的，都是鉴定的范围。这样的鉴定绝不是

① 2015 年 12 月最高人民法院、最高人民检察院、司法部联合印发《关于将环境损害司法鉴定纳入统一登记管理范围的通知》，对环境损害司法鉴定实行统一登记管理，环境损害成为第四类需要由国务院司法行政部门颁发司法鉴定资质的鉴定类别。

② 2018 年 12 月，司法部发布《关于严格依法做好司法鉴定人和司法鉴定机构登记工作的通知》（司办通［2018］164 号），要求坚定不移推进“四类外”鉴定人和鉴定机构规范整改工作：对于没有法律依据，拟申请从事“四类外”司法鉴定业务的有关人员、法人和其他组织，司法行政机关一律不予准入登记；要认真做好对已登记“四类外”鉴定机构和鉴定人的释法明理和宣传疏导，使其认识到，司法行政机关虽然不再登记从事“四类外”鉴定业务的法人或其他组织、有关人员，但其仍然可以依法接受办案机关或者有关组织、个人委托，为案件或者其他活动中涉及的专门性问题提供鉴定服务。据此，部分省级司法厅局认可包括电子证据鉴定在内的“四类外”司法鉴定机构。

专家对有关电子证据问题的“最终裁决”，而只能是司法人员判断电子证据问题时的“专业助手”。

作为一种新型的鉴定，电子证据鉴定归属于司法鉴定的大类。它需要借助信息科学的知识，是司法证明的重要手段。简言之，电子证据鉴定是基于证据学、法科学鉴定学、信息科学的交叉性知识，由鉴定人员依法对各类信息存储介质及其所存储的数据作出专业性判断的科学武器。

二、电子证据鉴定的“另类”请求与常见分类

司法实践表明，当前司法鉴定所能完成的专业任务大体上包括两项：一是案件中存在着什么样的电子证据；二是关于电子证据所涉及专门性问题的回答。相比而言，第一项任务更为常见，相应地个案中的鉴定请求往往表现为“查找涉案的证据”的表述。这是一个鲜明的特点，表明了相关鉴定事实上主要起专业侦查、调查的功能。而第二项任务，鉴定中提得少很多，但往往是电子证据鉴定的难点和关键，属于“真正”的鉴定。

案例整理表明，第二项任务所涉及的专门性问题集中体现在如下四个方面。

第一，有关电子证据的同一认定或种属认定。这是利用电子证据记载的内容进行涉案人或物的同一认定或种属认定。最常见的情形是声纹鉴定及人像鉴定，还有其他形式的同一认定或种属认定情形，如在涉及软件版权或网站信息的知识产权纠纷案件中，往往需要进行软件的源程序比对检验、电子信息内容的比对检验、数字照片与嫌疑照相机的比对检验等等；在网络远程取证中，侦查人员要对远程登录或入侵计算机进行鉴定，同时要借助各种传统证据找到案发时操作计算机的人，以确定“从案件到机器，再从机器到人”的同一认定。①

第二，关于电子证据的真伪及其形成过程的鉴定。电子证据的真伪问题源于其易被篡改的弱点，因此在法庭上当电子证据的真实性成为诉讼争点时，就产生了对电子证据真伪及其形成过程进行鉴定的需要。这种情形包括录音录像资料是否经过编辑修改以及相应的修改手法、数字照片是否经过编辑修改、重要文件是否被篡改、数据库记录是否被人为改动等。

第三，关于电子证据所蕴含信息内容的鉴定。电子证据以其所承载的信息内容在诉讼中发挥证明作用，因此将其信息内容通过一定的设备及一定的技术手段读取出来将变得非常重要。在某些情况下，要读取这些信息内容并非易事，需求诸鉴定来解决。这些情形包括搜寻与案件相关的文件资料、读取加密文件、恢复和读取被删除的文件、读取被损坏存储介质中的文件（如录音带、录像带等）的降噪及图像增强等。

① 刘品新．论网络时代侦查模式的转变．山东公安专科学校学报，2006（1）．

第四，关于电子证据所反映的信息传递和设备运行情况的鉴定。在某些情况下，电子证据要发挥其证明力，还必须对产生该电子证据的软件系统的可靠性进行证明。这些情形包括：(1) 对系统及应用程序文件进行审查，如设计方法、测试方法、审查、修改、操作管理等，从而作出有关某程序或软件系统是否存在缺陷以及运行中产生的错误及损失是否由此所致的鉴定结论或检测报告；(2) 某程序是否具备病毒的功能；(3) 对文件是否被用于产生伪造的输出进行评估；等等。

根据鉴定检材的不同，电子证据的司法鉴定可以分为计算机鉴定、手机鉴定和其他电子设备鉴定。计算机鉴定，包括对台式机硬盘、笔记本硬盘、移动硬盘、服务器硬盘及相关设备进行鉴定。虽然以上各种硬盘的型号、容量不尽相同，但是它们的存储原理基本上相同。大多数情况下，硬盘都是采用FAT、NTFS这两种主流文件系统。有些Linux服务器也会采用EXT2、EXT3等文件系统。手机鉴定，包括对手机机身、SIM卡及存储卡进行鉴定。手机鉴定一般是利用专业设备对手机机身、SIM卡及存储器中的数据信息进行提取与恢复，以获得手机、SIM卡的基本信息以及用户的通话记录、短信记录、上网记录、通讯录、照片、音视频文件等资料。手机鉴定，尤其是手机机身的鉴定，一般需要在信号屏蔽的环境下进行，以免手机接收到新的数据从而导致原始数据被覆盖。随着无线通信及智能终端技术的不断发展，手机终端与计算机终端在功能上不断趋同。其他电子设备鉴定，包括对U盘、MP3、软盘、光盘、打印机、扫描仪、数码相机、摄像机等在内的其他各种电子设备的鉴定。

根据鉴定的数据对象的不同，电子证据的司法鉴定可以分为注册表鉴定、软件功能鉴定、数据库鉴定、电子文档鉴定、电子邮件鉴定、聊天记录鉴定、操作痕迹鉴定及代码片段鉴定等。这种划分有利于明确鉴定的具体任务。注册表是Windows系统中用于存储操作系统和应用程序的各种设置信息的系统数据库。通过检验注册表的信息可以发现计算机配置信息及曾经发生的计算机行为。应用软件是能够实现各种特别功能的程序集合。由于计算机程序是由处理数据的指令构成，因此一般应用软件并不记录数据的实体信息。数据库是根据某种数据结构组织起来用于集中存储数据的集合。数据库一般记录了与案件直接相关的实体信息。电子文档是记录文字、图片等信息的电子文件。常见的电子文档有Office文档、WPS文档、PDF文档、JPG图片等。电子邮件是通过网络实现发送和接收文字、图像、声音等信息的电子信件。电子文档和电子邮件记录了大量的实体信息，其直接体现了使用者的意思表示。聊天记录是即时通讯软件所记录的双方或多方通信的具体内容。这些通信内容往往直接或间接反映了通信双方的主观意思和客观行为。操作痕迹是计算机用户使用操作系统和应用软件所遗留的各种记录，如操作系统的日志信息、安全审计信息；网页的缓存文件、Office文档的临时文件；虚拟内存和休眠文件中的数据记录。这些记录常常是重组和判断计算机行为的重要依据。代码片段是各种电子文件在被删除、破坏后遗留的残余数据。通过分析代码片段可以一定程度上还原原有文件或计算机行为。

根据鉴定的基本原理的不同，电子证据的司法鉴定可以分为情况型鉴定、同一型鉴定和溯源性鉴定。情况型鉴定是指对计算机系统的情况进行检验分析，判断其中是否存在与案件相关的信息。它既包括对计算机系统的整体状况进行鉴定，也包括对计算机系统中的数据情况进行鉴定。系统状况鉴定，包括硬件系统鉴定和软件系统鉴定两部分。硬件系统鉴定，即对计算机系统的组成硬件设备的运行情况及性能进行检测。软件系统鉴定，即对计算机系统中安装的操作系统、应用软件的运行情况及安全性、可靠性进行评测。在某些纯正计算机犯罪①案件中，计算机系统本身是作为受侵害的对象而存在，因此还要对计算机行为及计算机系统受破坏的程度进行鉴定。司法实践中的数据情况鉴定大体上有两种：一是鉴定存储介质中存在哪些电子数据，这些电子数据是否与案件相关；二是对存储介质中可能涉案的已删除数据、加密数据、数据库等进行分析与恢复。

电子证据的同一型鉴定主要包括数据一致性认定、内容一致性认定、软件一致性认定。数据一致性认定，一般是通过计算并比较检材和样本的哈希值②，从而得出检材与样本在数据上是否一致的结论。数据一致性认定的对象可以是整个硬盘数据，也可以是某个文件数据，或某个片段数据。检材的数据长度与样本的数据长度必须完全相同，否则不具有比较意义。这里的数据并不是指人眼所识别的数据内容，而是指存储形态下的二进制数据。如“中国”两个字在人眼识别都是相同的，但在硬盘存储形态下既可能是二进制数据 D6D0B9FA（Ansi 编码），也可能是二进制数据 2D4EFD56（Unicode 编码），还可能是其他二进制数据（根据存储规则和编码规则的不同）。内容一致性认定，是指通过解析、比较检材和样本所反映的数据内容，从而得出检材与样本在内容上是否相同或相似的结论。内容一致性认定常用在知识产权领域。如侵权人在对网络作品进行转载时可能会经过编码转换，甚至改变文件形态（如将文本形式的文字作品改成图片形式的材料）。此时，通过比较数据一致性显然是不能作出正确认定的，必须通过解析编码数据所反映的真正内容，对其进行内容上的一致性认定。软件一致性认定大多出现在软件盗版侵权案件中。比如，侵权人在使用盗版软件时一般需要对相关参数进行重新设置或者对部分代码进行修改。因此，就要对软件或程序的源代码是否相同或相似作出判断。必要时，还要对源代码所反映的软件界面、软件功能等各方面作进一步分析比较。这类案件一般可以分为两个步骤：首先是鉴定计算机系统中是否安装了涉嫌盗版的软件，其具体功能是什么。其次是鉴定涉嫌盗版的软件与正版软件在源代码设计、软件功能

① 在纯正计算机犯罪中，既以计算机或计算机网络为工具，又以计算机或计算机网络为破坏对象。如，黑客攻击等。

② 通过哈希算法（目前常用的哈希算法有 MD5、SHA1、SHA256 等）可以将任意长度的二进制值映射为固定长度的较小二进制值，这个小的二进制值称为哈希值。哈希值是一段数据唯一且极其紧凑的数值表示形式。

等方面是否相同或相似。

电子证据的溯源性鉴定，即电子文件的形成过程鉴定，是指通过分析涉案文件及相关痕迹，重组并再现涉案文件的形成过程。电子证据与传统证据不同，在电子证据的存储介质中不仅存在涉案文件本身，还存在大量相关“电子痕迹”，乃至整个“数据现场”。通过分析涉案文件与相关数据的关系，可以重构涉案文件的形成过程，甚至追溯到涉案文件的来源。溯源性鉴定是电子证据真实性鉴定的重要方法。

三、四条“黄金”法则

（一）不污染检材原则

防止检材在鉴定过程中受到污染不仅是科学活动的基本要求，也是法律追求真实性的体现。不污染检材原则适用于电子证据鉴定，已成为一项国际性的要求。例如，计算机证据国际组织（IOCE）提出的检验工作指南，就明确要求在检验实施前要充分考虑反污染的预防措施，使用的所有设备、取样材料、存储和运输容器都应该是新的，最好是一次性的，或者满足使用前后经过彻底清洁①等要求。

参考电子证据鉴定的一些国际标准和经验，结合我国电子证据鉴定的实际情况，笔者认为，保证电子证据鉴定过程不污染检材需要遵循的规则包括：（1）电子证据鉴定过程必须保持原始介质内数据的完整性。换言之，原则上对原始数据进行“写保护”检验，或者复制镜像文件后进行检验。（2）分析数据的计算机平台、辅助软件和分析方法必须安全可信。

（二）合法性原则

《司法鉴定程序通则》第4条规定：“司法鉴定机构和司法鉴定人进行司法鉴定活动，应当遵守法律、法规、规章，遵守职业道德和执业纪律，尊重科学，遵守技术操作规范。”该条实际上确定了我国司法鉴定的合法性原则。遵循合法性原则，一方面要求鉴定主体合法、鉴定程序合法、鉴定技术合法、鉴定意见的形式合法；另一方面要求鉴定过程中遵守职业道德和职业纪律，尊重科学，遵守技术操作规范。对于电子证据的司法鉴定而言，在遵循关于司法鉴定的一般规定的基础上，还需遵循专门适用于电子证据鉴定的法律法规。

通过技术操作规范对电子证据鉴定进行科学管理，是有关电子证据鉴定的一项重要的国际经验。计算机证据国际组织（IOCE）、美国的数字证据科学工作组（SWGDE）等都曾公布过电子证据取证和鉴定方面的技术操作规范。我国在这方面起步较晚，但是亦有一定的成果，比如2009年4月，经公安部技术监督委员会审

① IOCE：Guidelines for Best Practice in the Forensic Examination of Digital Technology，原文参见IOCE官方网站 http：//www.ioce.org/fileadmin/user_upload/2002/ioce_bp_exam_digit_tech.html.

核，全国刑事技术标准化委员会组织完成的《电子物证数据搜索建议技术规范》《电子物证数据恢复检验技术规范》等5个行业标准正式发布，并于2009年6月1日起开始实施。但是总的来说，我国电子证据鉴定的相关法律法规还不够健全，各种技术操作规范还不够完备，对电子证据鉴定机构、鉴定人、鉴定原则、鉴定程序等问题还需要进一步规范，对电子证据鉴定的有关技术规范还需要进一步丰富。

（三）独立、客观、公正原则

《司法鉴定程序通则》第5条规定：“司法鉴定实行鉴定人负责制度。司法鉴定人应当依法独立、客观、公正地进行鉴定，并对自己作出的鉴定意见负责。司法鉴定人不得违反规定会见诉讼当事人及其委托的人。”该条确定了我国司法鉴定的独立、客观、公正原则。电子证据鉴定亦须遵循这一原则。

所谓独立，就是要让电子证据鉴定人员在不受外界干扰的情况下独立表达鉴定意见，根据电子证据鉴定活动的实际情况作出科学判断。所谓客观、公正，就是需要在鉴定的启动、实施等方面保证客观、公正的价值追求，防止主观臆断和司法腐败。

（四）保密原则

《司法鉴定程序通则》第6条规定：“司法鉴定机构和司法鉴定人应当保守在执业活动中知悉的国家秘密、商业秘密，不得泄露个人隐私。”该条确定了我国司法鉴定的保密原则。保守案件秘密，维护国家利益和委托人的合法权益是有关人员在司法鉴定活动中应当重视的一条原则，同时也是鉴定人必须履行的义务之一。《人民法院司法鉴定工作暂行规定》第8条规定：“鉴定人义务：（一）尊重科学，恪守职业道德；（二）保守案件秘密；（三）及时出具鉴定结论；（四）依法出庭宣读鉴定结论并回答与鉴定相关的提问。”这些立法均明确了鉴定人的保密义务。

鉴定人要遵守保密原则，履行保密义务。这一点在电子证据鉴定中也不例外。需要特别强调的是，电子证据鉴定过程中遵循保密原则并不单靠鉴定人的自我约束，还需要有具体的操作标准。比如在电子证据鉴定过程中，除了需要提交的鉴定书和有关附件数据外，必须将鉴定过程中产生的其他中间数据进行销毁，尤其是国家安全部门和军事单位委托的电子证据鉴定。如果不及时清除中间数据可能会留下泄密的隐患。

四、基于OSI网络分层模型的鉴定任务

电子证据的鉴定是由鉴定人按照技术规程，运用专业知识、仪器设备和技术方法，对委托鉴定的电子证据进行检查、验证、鉴别、判定，并出具鉴定意见的过程。它与侦查机关开展的电子数据技术侦查具有一定的相似性，不同点在于它是由中立的鉴定人员开展的，针对的是具体的专门性问题。

根据开放式互联系统（OSI）的参考模型，可以将网络形象地分为七层：最上

层为应用层，往下依次为表示层、会话层、传输层、网络层、数据链路层和物理层。OSI模型的七个层次内部都要遵循特定的规则。如网络传输要符合网络传输协议及进程协调机制；应用程序具有特定的数据处理流程及文件数据结构；操作系统具有特定的事件处理机制和数据运算规则；文件系统具有特定的空间分配规则和文件管理规则。此外，各种操作行为本身还应符合应用功能上的可操作性及用户操作习惯。除了各个层次内部具有严格的规则约束之外，各个层次之间还必须保持协同运作。上一层的正常运行倚赖于下一层的正常运行，下一层出错会导致上一层运行失败。总的来说，各个层次之间具有一定的关联性。这些关联性，有的体现在时间顺序上，有的体现在具体内容上，有的体现在存储位置上。

鉴定人员进行电子证据鉴定，主要就是从这七层中寻找相关的电子信息，解决委托人提出的有关案件事实的专门性问题。具体来说，OSI模型的七层可以分为三个子功能组——网络支持组、用户支持组、联络组。其中，物理层、数据链路层、网络层属于网络支持组，它们负责解决物理设备之间的数据传输问题，如网络的物理连接、电子特性、数据传输的可靠性等，它们常常是硬件和软件的复合体；会话层、表示层和应用层属于用户支持组，它与特定的硬件关系不大，只是负责不相关的软件系统间的交互操作；处于它们中间的传输层则属于联络组，它的作用是将上述两个子功能组连接起来，使得网络支持组传送的数据能被用户支持组所识别并且正确使用。鉴定人员需要对以上各层各组进行检验分析，查找真实的电子痕迹，排除虚假的信息，对专门性问题作出回答。

五、经典鉴定示例：电子证据的时间鉴定

电子证据时间鉴定是判断电子证据记录的时间信息是否遭到篡改的一种活动。与传统书写时间鉴定不同，电子证据时间鉴定要解决电子证据时间和物理空间时间的对应关系问题。电子证据存在于虚拟空间，从表面上看其时间信息自成体系，与物理空间的时间完全不同，但实际上其时间信息通过各种途径直接或间接地与物理空间的时间保持一致。电子证据的时间除了来自本机的系统时钟，还可以来自网络服务器或其他人的系统，甚至可以直接来自物理空间（见图15-0）。电子证据时间来源的多样性为判断其是否遭到篡改提供了一种途径，即可以通过电子证据所包含的多个来源的时间信息之间的印证或矛盾关系来判断。①

电子证据的时间来源于本机系统时钟以外的一些典型例子：（1）从他人系统拷贝所得文件的最后修改时间直接继承源文件中的最后修改时间，该时间来自他人的系统时钟；（2）eml格式的电子邮件会记录所经过服务器时的时间，该时间来自网络服务器的时钟；（3）网页缓存文件内容中包含了打开该网页时的时间信息；

① 刘品新，胡忞．论电子证据时间鉴定的科学基础．山东警察学院学报，2012（3）．

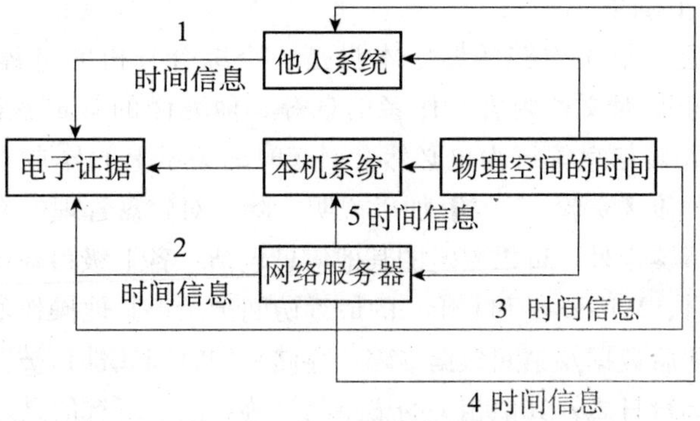

图 15-0　电子证据的时间与物理空间的时间之关系

(4)“4”和“5”表示的情况是他人系统、本机系统都设置了自动与网络服务同步，系统时间来自网络服务器。此处，我们以 Office 文档和电子邮件为例，分析如何进行电子证据时间鉴定。①

(一) Office 文档的时间鉴定

就 Office 文档而言，诉讼中遭受质疑最多的是时间信息是否遭到篡改。当然，也存在关于文档内容、作者信息等方面的质疑。

鉴定 Office 文档是否遭到篡改，可以着重分析时间上的逻辑关系，同时兼顾内容等方面的关联关系。具体而言，Office 文档的鉴定可以从以下三个方面进行分析。

第一，分析 Office 文档本身。这包括：(1) 对文档的文本内容进行分析；(2) 对文档的摘要信息等内置信息进行分析；(3) 对文档文件的创建时间、修改时间、访问时间等文件属性进行分析；(4) 对前述信息之间的逻辑关系进行分析。必要时，还可以分析文档文件的数据组织结构。其中，要着重分析 Office 文档内置的摘要信息与文件系统管理的文件属性之间的逻辑关系

第二，分析 Office 文档的关联数据。这包括：(1) 对 Office 文档的旧版本文件进行分析；(2) 对 Office 文档的临时文件分析；(3) 对其他可能的关联数据及操作痕迹进行分析；(4) 对前述信息之间的逻辑关系进行分析。通过分析遗留的临时文件、旧版本文件及各种关联数据，可以判断计算机用户的可能操作行为，并结合 Office 的运行原理进一步判断该文档是否可能经过篡改。

第三，分析系统的使用状况。这包括：(1) 对涉案文件生成、存储、传递、修改、增删等行为期间的系统运行情况及安全情况进行分析；(2) 对涉案文件生成、存储、传递、修改、增删等行为期间其他应用程序（尤其是具有篡改功能的工具软件）的使用情况进行分析。通过综合分析整个系统的使用状况，可以进一步核实该

① 刘品新，胡忞．论电子证据时间鉴定的科学基础．山东警察学院学报，2012 (3)．

文档是否可能经过篡改。

值得注意的是，电子文档的鉴定本身是一个综合分析的过程。时间信息的鉴定，一定意义上也是对文档内容、作者信息等其他方面的鉴定。在计算机系统中，篡改文档内容、作者信息等行为也必然会引起时间关系上的异常或逻辑矛盾。此处以【实验15-1】和【实验15-2】加以说明。除了对磁盘管理的文件属性和文档内置的摘要信息进行鉴定外，可供鉴定的其他信息包括：各上级目录的时间属性；磁盘管理的其他元信息；Windows和Office的最近访问记录；其他操作痕迹，如回收站记录、快捷方式；前后数据及中间数据（碎片存储）的时间属性；被覆盖数据的时间属性；系统启动和运行日志；其他相关的记录与痕迹；以上所有信息之间的逻辑关系。

【实验15-1】

文档时间篡改的实验——磁盘管理的文件属性篡改①

1. 实验目的

本实验旨在证明篡改磁盘管理的文件属性会留下痕迹，这些痕迹是可以被发现的。

2. 实验步骤

(1) 查看文档的目前时间属性（见图15-1-1）。

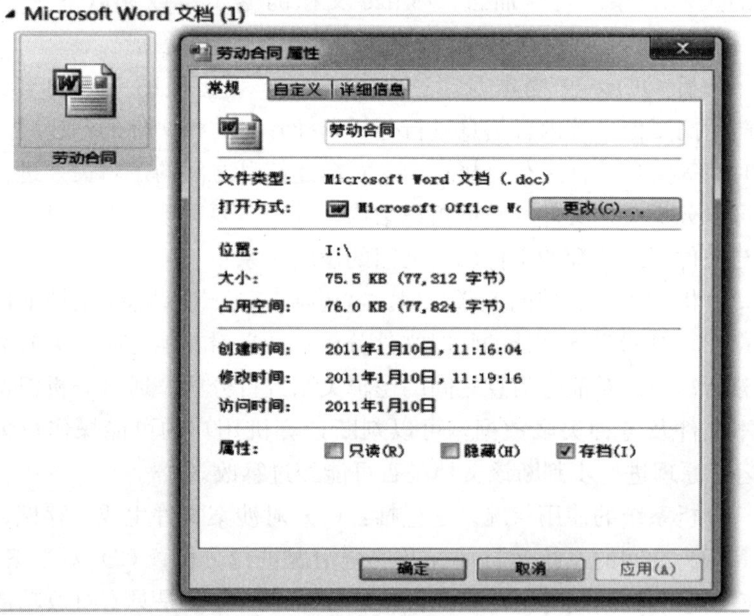

图15-1-1

① 本次实验为【实验1-1】的关联实验。具体由谢君泽、胡忞等同学在参与办案中制作完成。

(2) 利用时间修改工具篡改时间属性（见图 15-1-2）。需要注意的是，此时不能通过资源管理器查看文档，否则就会导致访问时间变化。这是鉴定篡改的方法之一。为了更“完美”地篡改，这里不再通过资源管理器查看。后续采用底层数据分析（在只读的状态下）。

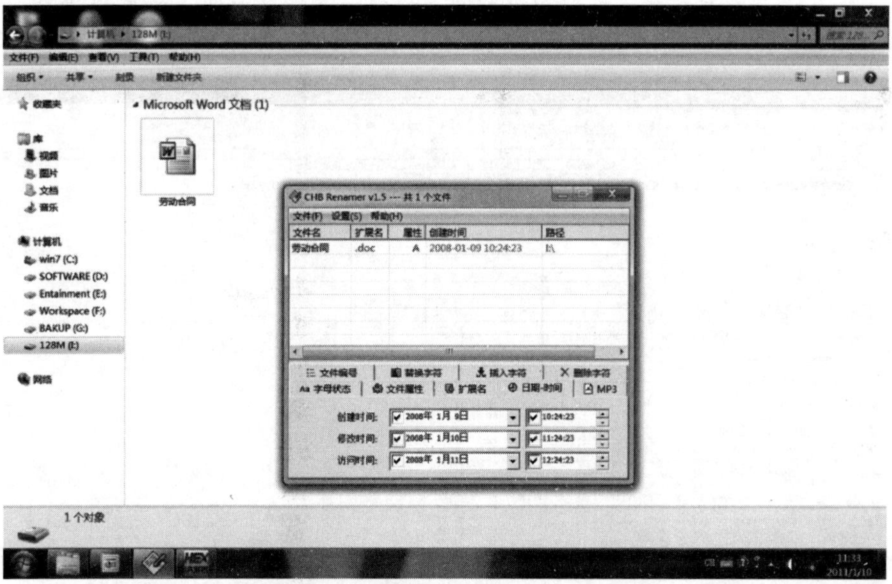

图 15-1-2

(3) 分析篡改后留下的痕迹，篡改后的时间属性见图 15-1-3。

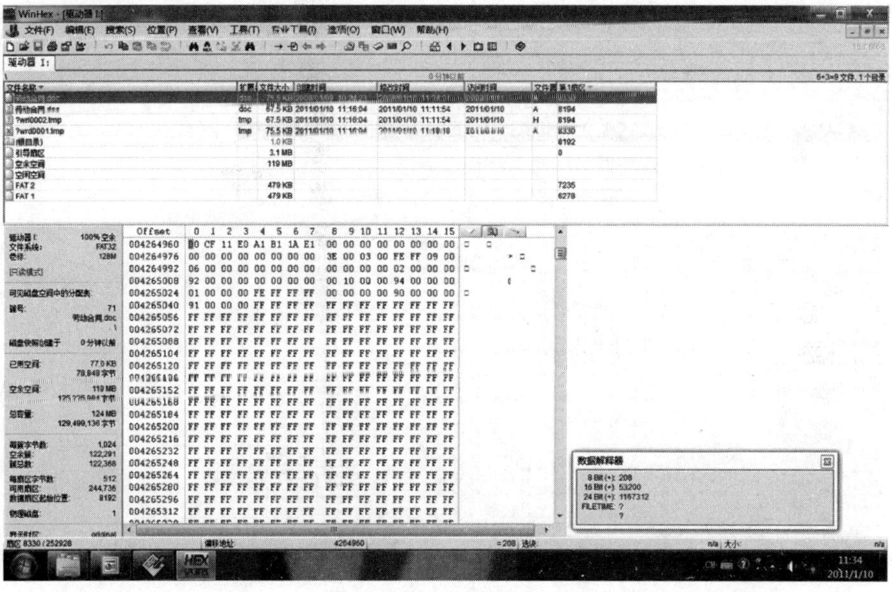

图 15-1-3

3. 实验结果

经过分析比对，可以发现篡改后文档与旧版本文件的时间属性存在矛盾（见图15-1-4）；篡改后文档与临时文件的时间属性存在矛盾（见图15-1-5）；篡改后文档与内置摘要信息的时间属性存在矛盾（见图15-1-6），主要表现为作者及最后一次保存者并没有改变，创建内容时间、最后一次保存时间、最后一次打印时间并没有改变。

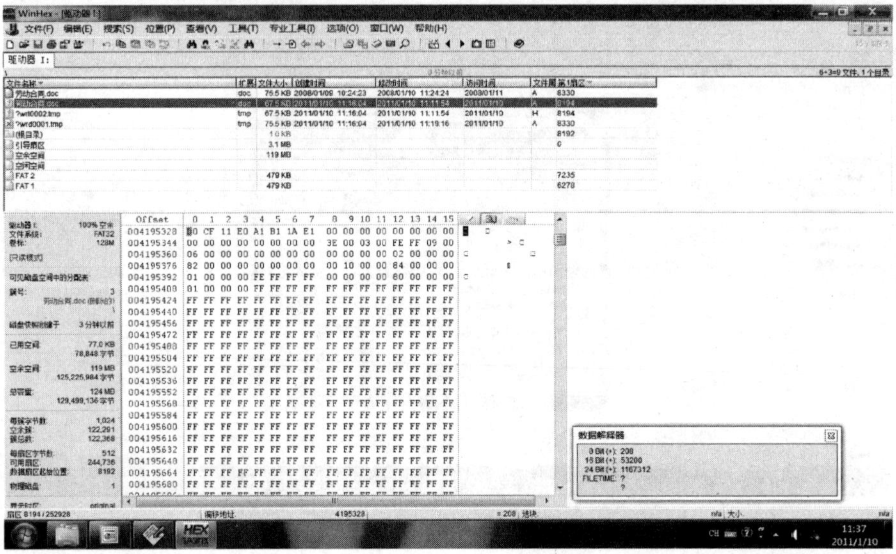

图 15-1-4

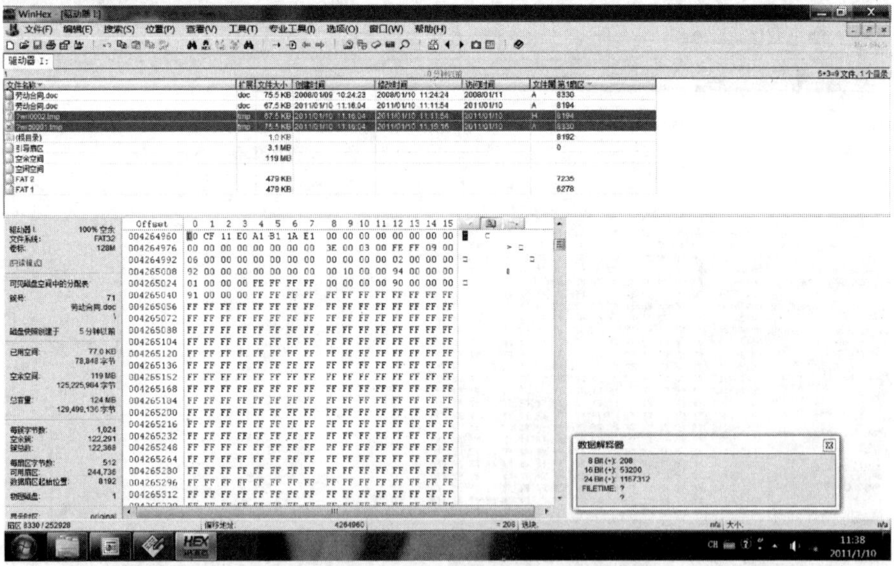

图 15-1-5

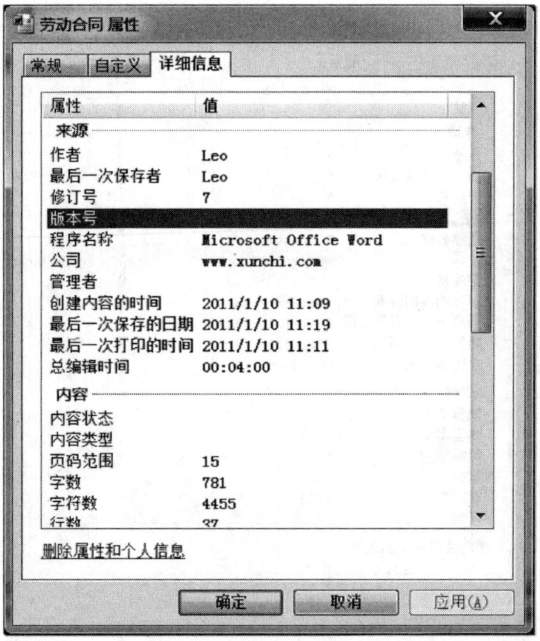

图 15-1-6

4. 结论分析

由该实验得出的结论是：(1) 文档的篡改必然会留下痕迹；(2) 这些痕迹是可以被发现的；(3) 具体鉴定方法可以从以下三方面、四层次开展：三方面是指文档本身、关联信息、系统环境；四层次是指网络层、应用层、操作系统层、文件系统层。

【实验 15-2】

文档时间篡改的实验——文档内置的摘要信息篡改①

1. 实验目的

本实验旨在证明篡改文档内置的摘要信息会留下痕迹，这些痕迹是可以被发现的。

2. 实验步骤

(1) 查看文档的摘要信息（见图 15-2-1)。

(2) 利用底层工具修改摘要信息，目前的时间代码见图 15-2-2，篡改后的时间代码见图 15-2-3，篡改时间代码后的摘要信息见图 15-2-4。

(3) 分析篡改后留下的痕迹，见图 15-2-5。

① 本次实验为实验 1-1、15-1 的关联实验。具体由谢君泽等在参与办案中制作完成。

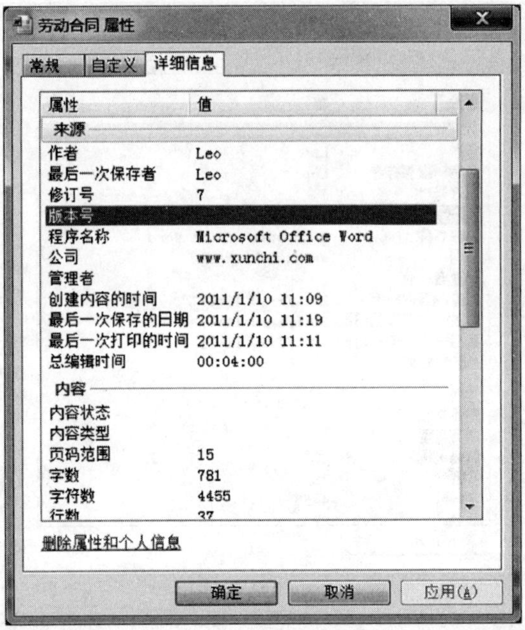
劳动合同 属性
常规
自定义
详细信息
属性
值
来源
作者
Leo
最后一次保存者
Leo
修订号
7
版本号
程序名称
Microsoft Office Word
公司
www.xunchi.com
管理者
创建内容的时间
2011/1/10 11:09
最后一次保存的日期
2011/1/10 11:19
最后一次打印的时间
2011/1/10 11:11
总编辑时间
00:04:00
内容
内容状态
内容类型
页码范围
15
字数
781
字符数
4455
删除属性和个人信息
确定
取消
应用(A)

图 15-2-1

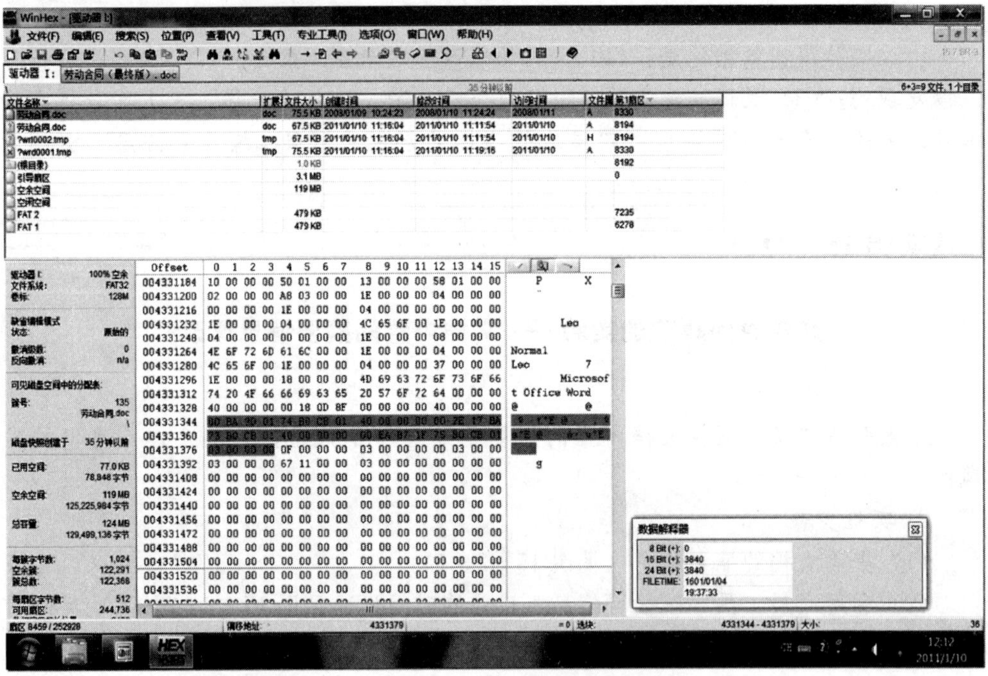
WinHex
文件(F) 编辑(E) 搜索(S) 位置(P) 查看(V) 工具(T) 专业工具(I) 选项(O) 窗口(W) 帮助(H)
劳动合同（最终版）.doc
数据解释器

图 15-2-2

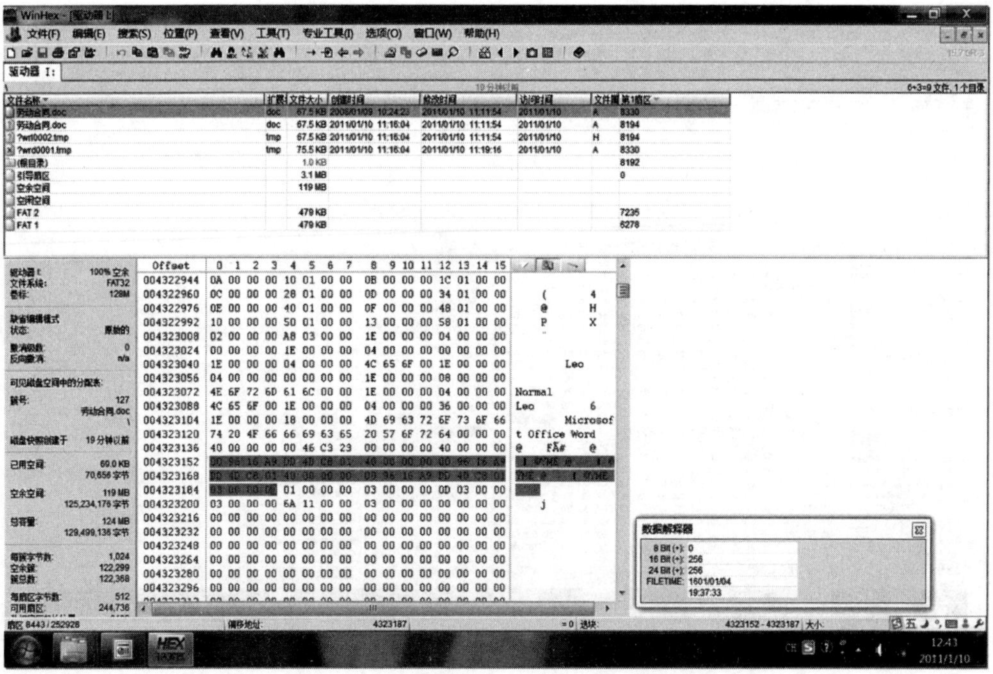
WinHex
文件(F) 编辑(E) 搜索(S) 位置(P) 查看(V) 工具(T) 专业工具(I) 选项(O) 窗口(W) 帮助(H)
驱动器 I:
文件名称 扩展 文件大小 创建时间 修改时间 访问时间 文件属性 第1扇区
劳动合同.doc
?wrd0002.tmp
?wrd0001.tmp
(根目录)
引导扇区
空余空间
空闲空间
FAT 2
FAT 1
Offset
数据解释器
8 Bit (+): 0
16 Bit (+): 256
24 Bit (+): 256
FILETIME: 1601/01/04 19:37:33

图 15-2-3

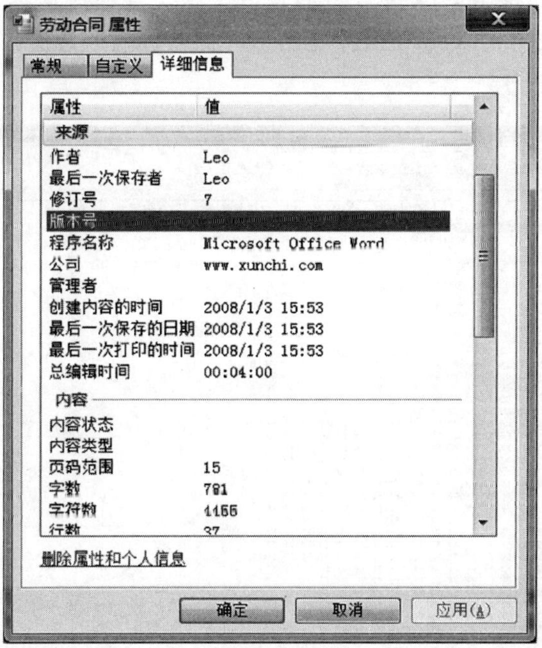
劳动合同 属性
常规
自定义
详细信息
属性
值
来源
作者 Leo
最后一次保存者 Leo
修订号 7
版本号
程序名称 Microsoft Office Word
公司 www.xunchi.com
管理者
创建内容的时间 2008/1/3 15:53
最后一次保存的日期 2008/1/3 15:53
最后一次打印的时间 2008/1/3 15:53
总编辑时间 00:04:00
内容
内容状态
内容类型
页码范围 15
字数 781
字符数 4155
删除属性和个人信息
确定
取消
应用(A)

图 15-2-4

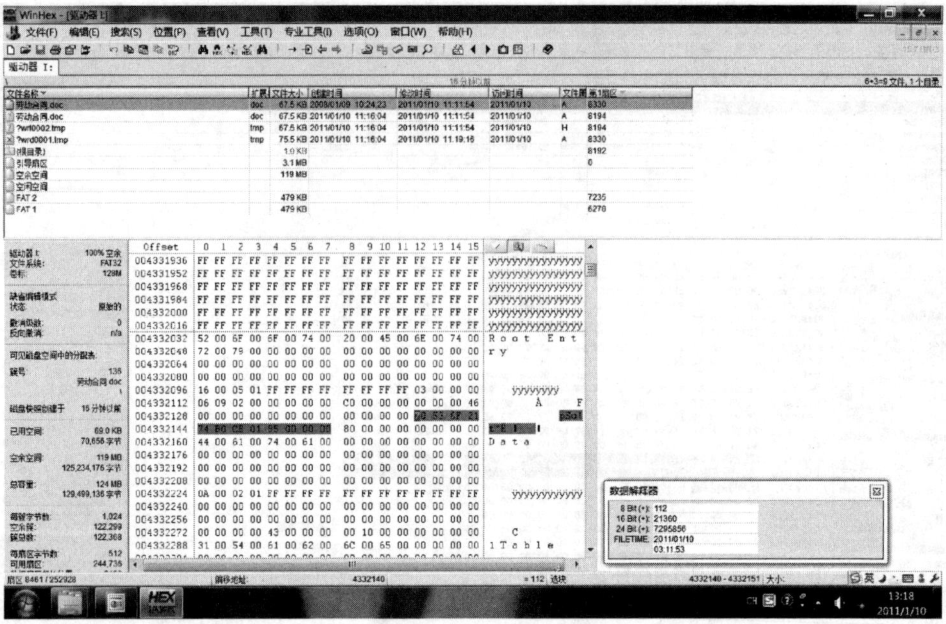

图 15-2-5

3. 实验结果

经比对分析可以发现，篡改后文档与旧文档文件的时间属性存在矛盾，见图 15-2-6。旧版本文件的 Root Entry 见图 15-2-7。篡改后文档与临时文件的时间属性存在矛盾，见图 15-2-8。

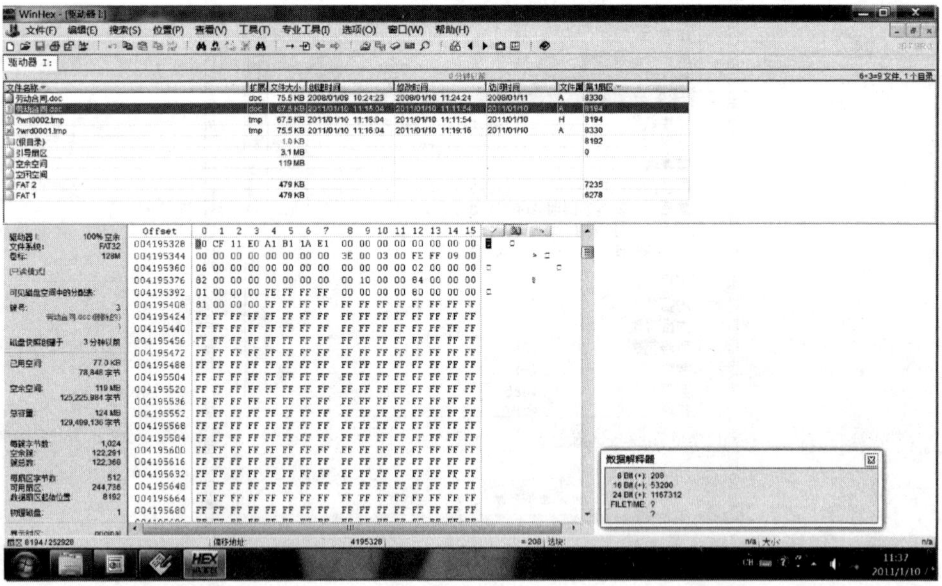

图 15-2-6

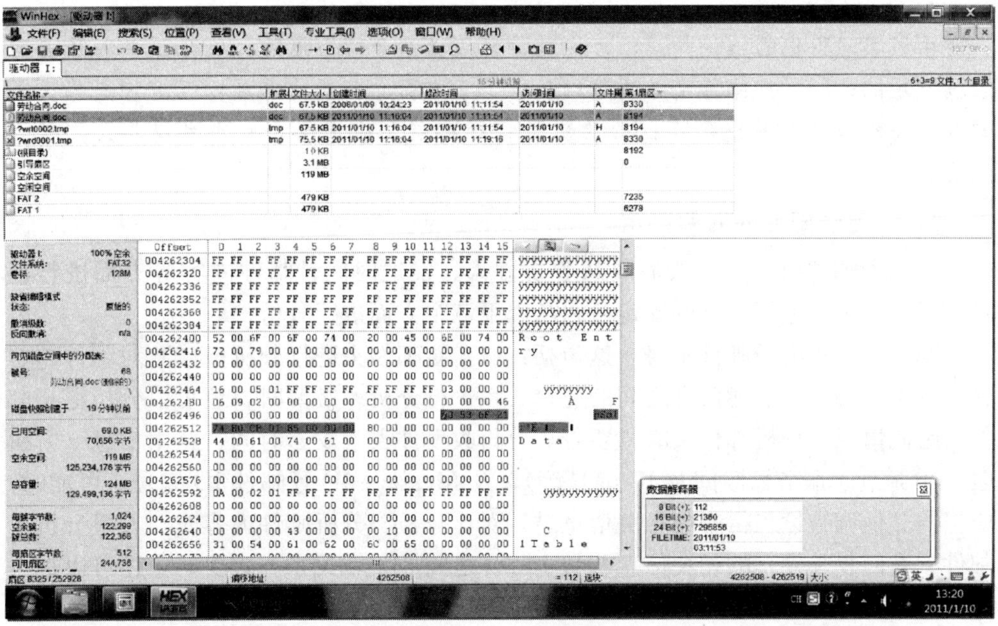

图 15-2-7

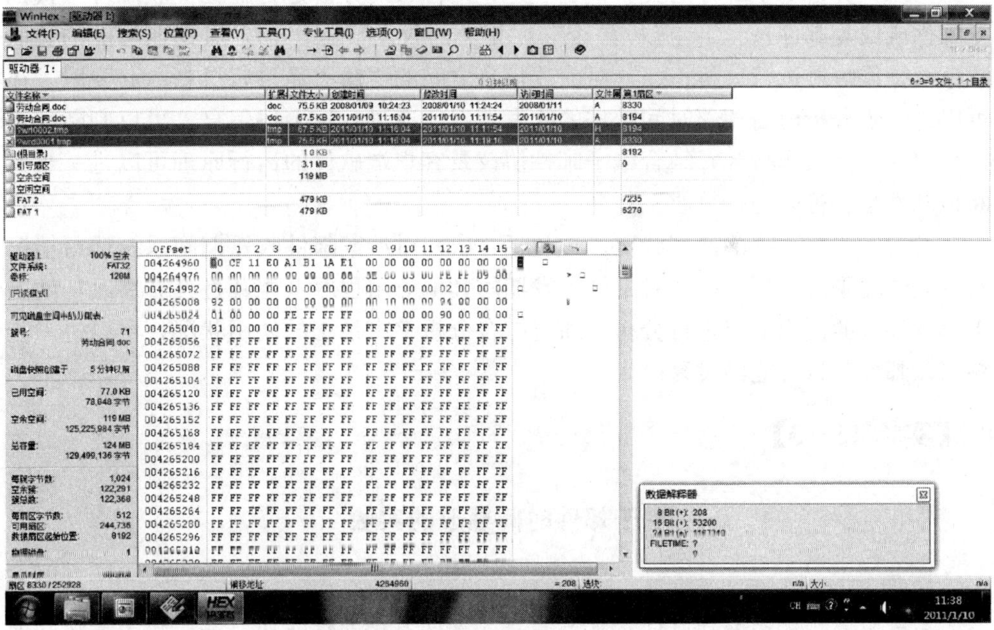

图 15-2-8

4. 结论分析

由该实验得出的结论是：(1) 文档的篡改必然会留下痕迹；(2) 这些痕迹是可以被发现的；(3) 具体鉴定方法可以从以下三方面、四层次开展：三方面是指文档本身、关联信息、系统环境；四层次是指网络层、应用层、操作系统层、文件系统层。

(二) 电子邮件的时间鉴定

就电子邮件而言，一般需要从收发件人、发送时间、邮件内容等方面进行鉴定。具体来说，电子邮件的鉴定可以从以下三个方面进行分析。

第一，分析电子邮件本身。这包括：(1) 对邮件头进行分析；(2) 对邮件内容进行分析。(3) 对前述信息之间的逻辑关系进行分析。必要时，还可以分析电子邮件的编码情况。分析邮件头时，要着重分析收发件人、发送时间、路由信息（主机名、IP 地址、服务器时间及 ID 编号等），及 Message-ID 等邮件 ID 编号。可能时，应当与其他调查途径得来的相关信息进行对比分析。分析邮件内容时，着重分析子邮件（被回复邮件）的相关信息及与主邮件之间的关联关系。必要时，还可以进一步分析子邮件的编码情况。通过分析上述信息，可以初步判断电子邮件的来源及形成过程。

第二，分析电子邮件的关联数据。这包括：(1) 分析是否存在关联邮件（被回复邮件或回复邮件）；(2) 分析是否存在相关的收发日志；(3) 对其他可能的关联数据及操作痕迹进行分析；(4) 对前述信息之间的逻辑关系进行分析。必要时，还可以进一步分析前后相邻时间邮件的收发情况。通过分析上述信息，可以判断计算机用户的可能操作行为，结合电子邮件协议及客户端软件的运行原理可以进一步判断该邮件是否可能经过篡改。

第三，分析系统的使用状况。这包括：(1) 对涉案邮件收发期间系统运行情况及安全情况进行分析；(2) 对邮件收发期间其他应用程序（尤其是具有篡改功能的工具软件）的使用情况进行分析。通过综合分析整个系统的使用状况，可以进一步核实该邮件是否可能经过篡改。

【实验 15－3】

电子邮件时间篡改的实验①

1. 实验目的

本实验旨在说明邮件时间是否遭到篡改可以通过分析邮件内容、邮件头及服务器信息进行判断。

① 本次实验为实验 1－1、15－1、15－2 的关联实验，具体由谢君泽等在参与办案中制作完成。

2. 实验步骤

（1）修改计算机本地时间为2008年（见图15-3-1）。

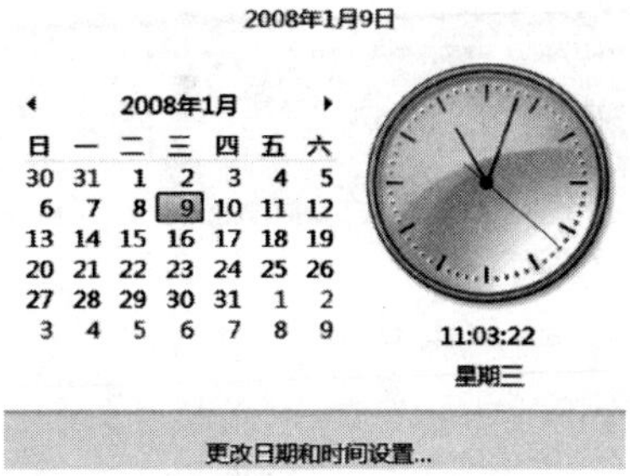

图15-3-1

（2）从A邮箱撰写一个邮件，发给B邮箱（见图15-3-2）。

（3）分析B邮箱收到的邮件，可以看出，发送时间与落款时间存在矛盾（见图15-3-3）。再分析邮件头和邮件ID编号，可以发现，邮件头中服务器时间均为2011年，仅有邮件发送时间为2008年（伪造时间）（见图15-3-4）。另有大量的邮件ID编号可与邮件服务器核查。（见图15-3-5）。

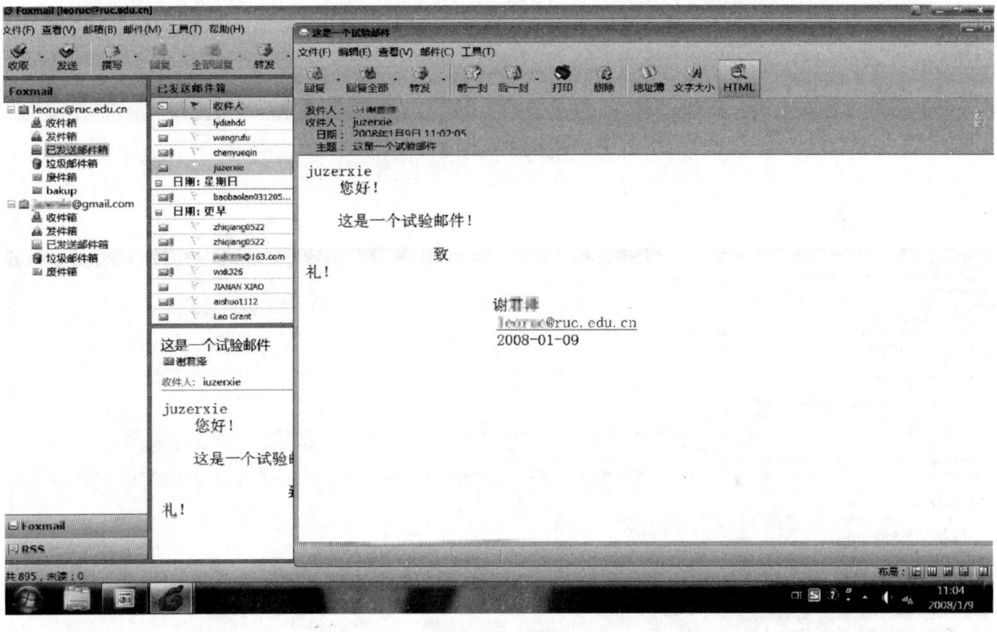

图15-3-2

3. 实验结果

通过该实验，我们可以得出结论：（1）电子邮件时间是否被篡改可通过邮件内容及邮件头中的时间信息进行判断；（2）电子邮件时间是否被篡改还可以通过核查服务器上的邮件ID编号等信息进行判断。

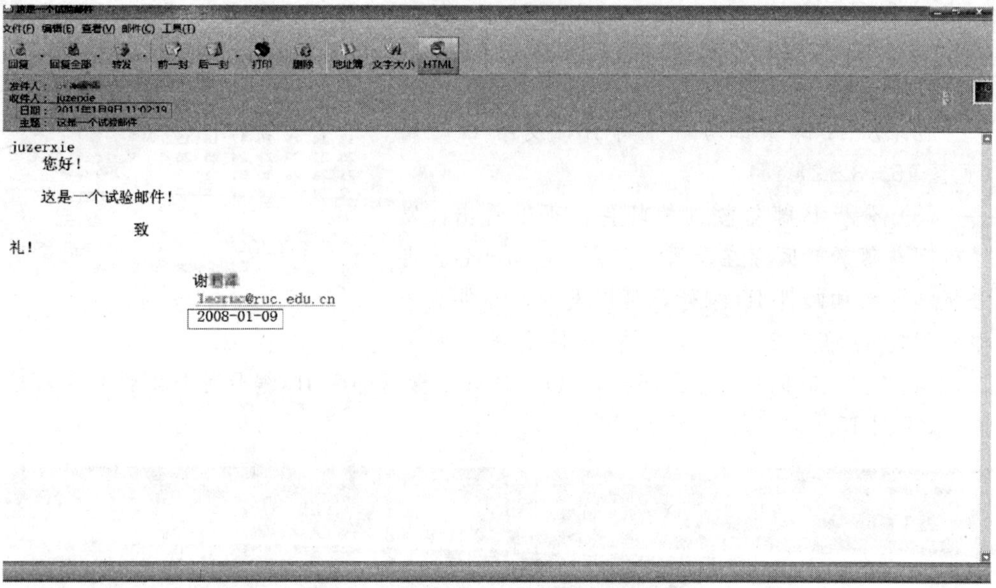
文件(F) 编辑(E) 查看(V) 邮件(C) 工具(T)
回复 回复全部 转发 前一封 后一封 打印 删除 地址簿 文字大小 HTML
收件人： juzerxie
主题： 这是一个试验邮件
juzerxie
您好！
这是一个试验邮件！
致
礼！
@ruc.edu.cn
2008-01-09

图 15-3-3

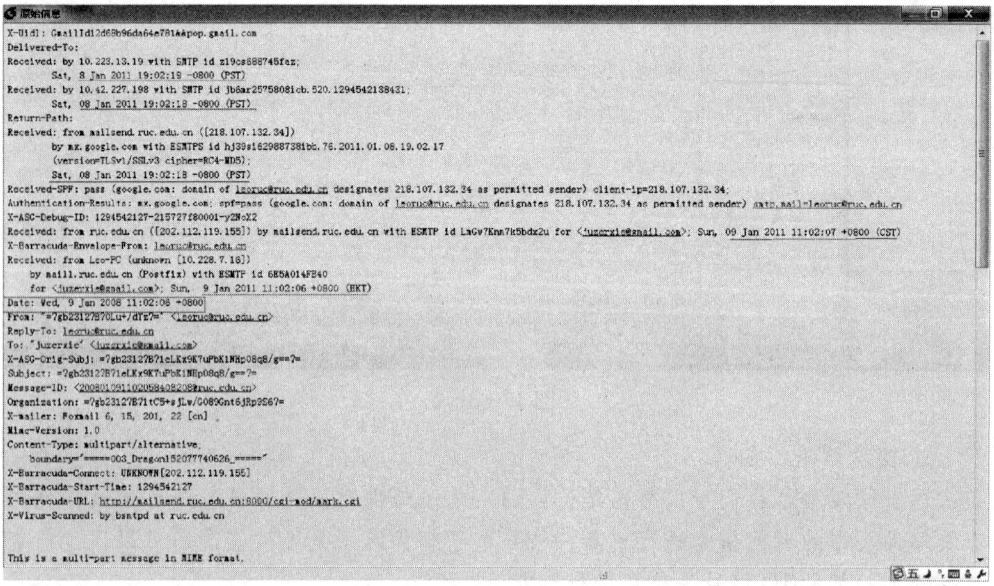
原始信息
X-Uidl: GmailId12d68b96da64e781&pop.gmail.com
Delivered-To:
Received: by 10.223.13.19 with SMTP id z19cs688745faz;
Sat, 8 Jan 2011 19:02:19 -0800 (PST)
Received: by 10.42.227.198 with SMTP id jb6mr25758081cb.520.1294542138431;
Sat, 08 Jan 2011 19:02:18 -0800 (PST)
Return-Path:
Received: from mailsend.ruc.edu.cn ([218.107.132.34])
by mx.google.com with ESMTPS id hj39si629887381bb.76.2011.01.08.19.02.17
(version=TLSv1/SSLv3 cipher=RC4-MD5);
Sat, 08 Jan 2011 19:02:18 -0800 (PST)
Received-SPF: pass (google.com: domain of leoruc@ruc.edu.cn designates 218.107.132.34 as permitted sender) client-ip=218.107.132.34;
Authentication-Results: mx.google.com; spf=pass (google.com: domain of leoruc@ruc.edu.cn designates 218.107.132.34 as permitted sender) smtp.mail=leoruc@ruc.edu.cn
X-ASG-Debug-ID: 1294542127-215727f80001-y2NoX2
Received: from ruc.edu.cn ([202.112.119.155]) by mailsend.ruc.edu.cn with ESMTP id LmGv7Kmm7k5bdx2u for <juzerxie@gmail.com>; Sun, 09 Jan 2011 11:02:07 +0800 (CST)
X-Barracuda-Envelope-From: leoruc@ruc.edu.cn
Received: from Leo-PC (unknown [10.228.7.16])
by mail1.ruc.edu.cn (Postfix) with ESMTP id 6E5A014FB40
for <juzerxie@gmail.com>; Sun, 9 Jan 2011 11:02:06 +0800 (HKT)
Date: Wed, 9 Jan 2008 11:02:06 +0800
From: "=?gb2312?B?0Lu+/dTz?=" <leoruc@ruc.edu.cn>
Reply-To: leoruc@ruc.edu.cn
To: "juzerxie" <juzerxie@gmail.com>
X-ASG-Orig-Subj: =?gb2312?B?1eLKx9K7uPbK1NHp08q8/g==?=
Subject: =?gb2312?B?1eLKx9K7uPbK1NHp08q8/g==?=
Message-ID: <200801091102058408208@ruc.edu.cn>
Organization: =?gb2312?B?1tC5+sjLw/G089Gnt6jRp9S6?=
X-mailer: Foxmail 6, 15, 201, 22 [cn]
Mime-Version: 1.0
Content-Type: multipart/alternative;
boundary="=====003_Dragon152077740626_====="
X-Barracuda-Connect: UNKNOWN[202.112.119.155]
X-Barracuda-Start-Time: 1294542127
X-Barracuda-URL: http://mailsend.ruc.edu.cn:8000/cgi-mod/mark.cgi
X-Virus-Scanned: by bsmtpd at ruc.edu.cn
This is a multi-part message in MIME format.

图 15-3-4

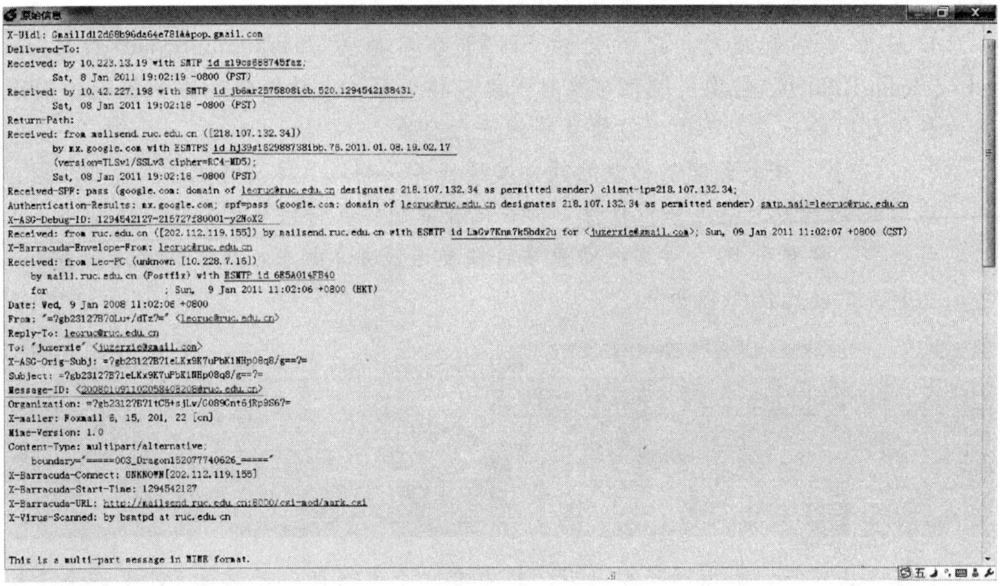

图 15-3-5

【拓展阅读】

伪基站犯罪数“数”靠鉴定①

——邓××等涉嫌破坏公用电信设施案

鉴定请求：查找并恢复涉案的伪基站软件发送任务及相应具体发送记录，并确定造成通信中断的用户数量。

硬件工具：司法检验工作站。

软件工具：Ftk Imager V3.0.1.1467；X-Ways Forensics V16.6；FBS 伪基站取证分析软件 V3.2.3。

检验方法：电子数据司法鉴定通用实施规范（编号 SF/Z JD0400001—2014）；数字化设备证据数据发现提取固定方法（编号 GA/T 756—2008）。

检验过程：

（一）对检材硬盘制作镜像复制件

1. 启动司法检验工作站，校验时钟，并进行全盘杀毒。

2. 将检材硬盘通过只读接口接入司法检验工作站。

3. 启动 Ftk Imager V3.0.1.1467 软件，设置源盘为检材硬盘，设置镜像文件

① 改编自中国人民大学物证技术鉴定中心司法鉴定检验报告书，［2014］技鉴字第 34 号。鉴定人为刘品新、谢君泽。

存储位置等。设置完毕后，执行镜像复制。

4. 镜像复制完成后，软件显示 SHA1 哈希值为 7a4a202f39bcdad2d494ad4-fcb72cfcade132dcb。镜像复制件与检材硬盘校验一致，对镜像复制件的检验等同于对检材硬盘的检验。以下使用镜像复制件进行检验。

（二）查找并恢复涉案的伪基站软件发送任务及相应具体发送记录

启动 FBS 伪基站取证分析软件，加载镜像复制件并进行全盘扫描、恢复。

经检验，共发现 10 个涉案的伪基站软件发送任务。其中，正常的发送任务有 1 个，已删除的发送任务有 9 个。

任务创建日期	任务名称	发送号码	数据库数量	已发送IMSI数量	发送内容	删除
2014-03-28 08:06:16	笑话1	135229[redacted]	1355	1355	同样在亦庄，精装23800！经海路地铁旁88-140平精装全户型火热销售，购房优惠97折，限时抢购热线4000668842	否
2014-03-27 07:45:09	笑话	135229[redacted]	12913	4820	同样在亦庄，精装23800！经海路地铁旁88-140平精装全户型火热销售，购房优惠97折，限时抢购热线4000668842	是
2014-03-26 07:28:37	笑话1	135229[redacted]	16719	15704	同样在亦庄，精装23800！经海路地铁旁88-140平精装全户型火热销售，购房优惠97折，限时抢购热线4000668842	是
2014-03-22 08:44:00	笑话1	135229[redacted]	8118	6275	精装均价23800元/平米，地铁旁88平两居，限时抢购热线4000668842	是
2014-03-21 08:50:26	笑话	135229[redacted]	11637	2108	精装均价23800元/平米，地铁旁88平两居，限时抢购热线4000668842	是
2014-03-19 12:22:43	笑话1	135229[redacted]	2061		富力地产倾力打造区域商业黄金旺铺，电话4006052055	是
2014-03-19 08:03:35	笑话	135229[redacted]	10374	7798	富力地产，地铁旁，88平精装两居，热线电话4000668842	是
2014-03-19 07:42:00	笑话1	106599[redacted]	0		富力地产，地铁旁，88平精装两居，热线电话4000668842	是
2014-03-18 08:27:17	笑话	106599[redacted]	8095	2709	富力地产倾力打造区域商业黄金旺铺，电话4006052055	是
2014-03-18 08:07:46	笑话2	106599[redacted]	0		富力地产，地铁旁，88平精装两居，热线电话4000668842	是

因任务未执行、数据删除等原因，其中有 3 个发送任务无具体 IMSI 记录。其余 7 个发送任务的已发送 IMSI 数量分别为 1 355、4 820、15 704、6 275、2 108、7 798、2 709，相应的具体 IMSI 记录见附件光盘中“IMSI 详单 . pdf”文件。

启动 X-Ways Forensics V16. 6 软件对伪基站软件进行分析，发现在第一分区 \ var \ log \ OpenBTS. log 文件中记录了伪基站软件的通信日志。这进一步佐证了该伪基站软件曾向前述 IMSI 发送短信的行为。

（三）IMSI 记录的统计分析

由于前述 7 个发送任务是以任务为单位记录 IMSI，各个发送任务之间存在重复记录同一 IMSI 可能，因此对前述 1 355、4 820、15 704、6 275、2 108、7 798、2 709 个 IMSI 记录进行统计分析，剔除 IMSI 重复计算部分以确定用户数量。经统计计算，前述 7 个发送任务共涉及 40 618 个 IMSI 记录。

由于 IMSI 是国际上为唯一识别一个移动用户所分配的号码，它与移动用户的手机号码具有唯一的对应关系，结合伪基站软件的专门功能，这表明了该 7 个任务曾造成 40 618 个用户通信中断。

检验结果：

1. 查找、恢复了共 10 个涉案的伪基站软件发送任务。其中，有 7 个发送任务存在具体 IMSI 记录，详见附件光盘中“IMSI 详单 . pdf”文件。

2. 经统计，以上 7 个发送任务涉及的 IMSI 记录总计 40 618 个。即，该 7 个任务曾造成 40 618 个用户通信中断。

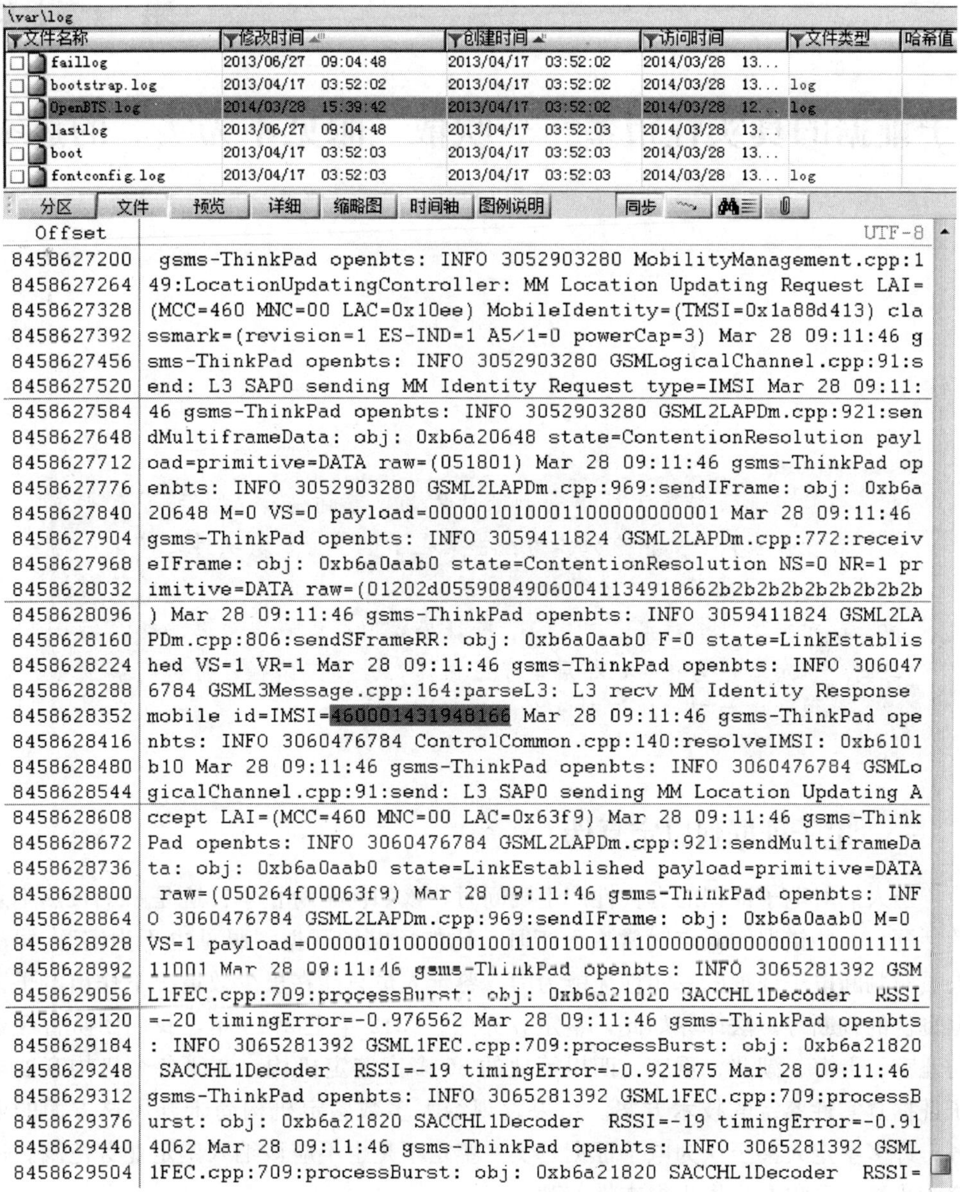
\var\log
文件名称 | 修改时间 | 创建时间 | 访问时间 | 文件类型 | 哈希值
faillog | 2013/06/27 09:04:48 | 2013/04/17 03:52:02 | 2014/03/28 13...
bootstrap.log | 2013/04/17 03:52:02 | 2013/04/17 03:52:02 | 2014/03/28 13... | log
OpenBTS.log | 2014/03/28 15:39:42 | 2013/04/17 03:52:02 | 2014/03/28 12... | log
lastlog | 2013/06/27 09:04:48 | 2013/04/17 03:52:03 | 2014/03/28 13...
boot | 2013/04/17 03:52:03 | 2013/04/17 03:52:03 | 2014/03/28 13...
fontconfig.log | 2013/04/17 03:52:03 | 2013/04/17 03:52:03 | 2014/03/28 13... | log
分区 文件 预览 详细 缩略图 时间轴 图例说明 同步
Offset UTF-8
8458627200 gsms-ThinkPad openbts: INFO 3052903280 MobilityManagement.cpp:1
8458627264 49:LocationUpdatingController: MM Location Updating Request LAI=
8458627328 (MCC=460 MNC=00 LAC=0x10ee) MobileIdentity=(TMSI=0x1a88d413) cla
8458627392 ssmark=(revision=1 ES-IND=1 A5/1=0 powerCap=3) Mar 28 09:11:46 g
8458627456 sms-ThinkPad openbts: INFO 3052903280 GSMLogicalChannel.cpp:91:s
8458627520 end: L3 SAP0 sending MM Identity Request type=IMSI Mar 28 09:11:
8458627584 46 gsms-ThinkPad openbts: INFO 3052903280 GSML2LAPDm.cpp:921:sen
8458627648 dMultiframeData: obj: 0xb6a20648 state=ContentionResolution payl
8458627712 oad=primitive=DATA raw=(051801) Mar 28 09:11:46 gsms-ThinkPad op
8458627776 enbts: INFO 3052903280 GSML2LAPDm.cpp:969:sendIFrame: obj: 0xb6a
8458627840 20648 M=0 VS=0 payload=000001010001100000000001 Mar 28 09:11:46
8458627904 gsms-ThinkPad openbts: INFO 3059411824 GSML2LAPDm.cpp:772:receiv
8458627968 eIFrame: obj: 0xb6a0aab0 state=ContentionResolution NS=0 NR=1 pr
8458628032 imitive=DATA raw=(01202d05590849060041134918662b2b2b2b2b2b2b2b
8458628096) Mar 28 09:11:46 gsms-ThinkPad openbts: INFO 3059411824 GSML2LA
8458628160 PDm.cpp:806:sendSFrameRR: obj: 0xb6a0aab0 F=0 state=LinkEstablis
8458628224 hed VS=1 VR=1 Mar 28 09:11:46 gsms-ThinkPad openbts: INFO 306047
8458628288 6784 GSML3Message.cpp:164:parseL3: L3 recv MM Identity Response
8458628352 mobile id=IMSI=460001431948166 Mar 28 09:11:46 gsms-ThinkPad ope
8458628416 nbts: INFO 3060476784 ControlCommon.cpp:140:resolveIMSI: 0xb6101
8458628480 b10 Mar 28 09:11:46 gsms-ThinkPad openbts: INFO 3060476784 GSMLo
8458628544 gicalChannel.cpp:91:send: L3 SAP0 sending MM Location Updating A
8458628608 ccept LAI=(MCC=460 MNC=00 LAC=0x63f9) Mar 28 09:11:46 gsms-Think
8458628672 Pad openbts: INFO 3060476784 GSML2LAPDm.cpp:921:sendMultiframeDa
8458628736 ta: obj: 0xb6a0aab0 state=LinkEstablished payload=primitive=DATA
8458628800 raw=(050264f00063f9) Mar 28 09:11:46 gsms-ThinkPad openbts: INF
8458628864 0 3060476784 GSML2LAPDm.cpp:969:sendIFrame: obj: 0xb6a0aab0 M=0
8458628928 VS=1 payload=0000010100000010011001001111000000000000001100011111
8458628992 11001 Mar 28 09:11:46 gsms-ThinkPad openbts: INFO 3065281392 GSM
8458629056 L1FEC.cpp:709:processBurst: obj: 0xb6a21020 SACCHL1Decoder RSSI
8458629120 =-20 timingError=-0.976562 Mar 28 09:11:46 gsms-ThinkPad openbts
8458629184 : INFO 3065281392 GSML1FEC.cpp:709:processBurst: obj: 0xb6a21820
8458629248 SACCHL1Decoder RSSI=-19 timingError=-0.921875 Mar 28 09:11:46
8458629312 gsms-ThinkPad openbts: INFO 3065281392 GSML1FEC.cpp:709:processB
8458629376 urst: obj: 0xb6a21820 SACCHL1Decoder RSSI=-19 timingError=-0.91
8458629440 4062 Mar 28 09:11:46 gsms-ThinkPad openbts: INFO 3065281392 GSML
8458629504 1FEC.cpp:709:processBurst: obj: 0xb6a21820 SACCHL1Decoder RSSI=

第十六章

电子证据的真实性审鉴——吹散“眼见不为实”的迷雾

破解电子证据真实性审查判断的困局，普通法律人士可否有所作为？专业技术人员如何有效作为？答案在于电子证据真实性之“审”与“鉴”。前者需要基于司法经验，灵活使用四种审查技巧，包括甄别规律、比对样本、核对第三方信息、验证校验值；后者需要以法律真实观与同一认定理论为指导，拓展电子证据真实性鉴定路径，可进行痕迹鉴定、情况鉴定与同一认定型鉴定。

一、电子证据何以定真伪

当人们对电子证据的真实性产生疑问时，该如何定纷止争？这是一个长热不衰的话题，一些错误的观点时常充斥于耳。比如，电子证据“眼见也不为实”，司法人员对判断电子证据的真实性无能为力，鉴定人员只能在极少数情况下作出电子证据真伪的判断等。法律界如此，鉴定界亦然。2012 年至 2013 年，我们团队曾经走访北京、上海、湖北、重庆、四川等地的 30 多家鉴定机构，调研各个机构开展电子证据真实性鉴定的技术方案。结果发现绝大多数鉴定机构尚未开展这方面的业务，许多鉴定人甚至认为电子证据真实性鉴定不是也不应该纳入鉴定业务范围。迄今为止这一现象并未发生根本性改观。

实践中，许多人的惯性思维是，电子证据的真伪判断是一个专门的技术性问题，应该指派或聘请鉴定人、鉴定机构去做专业判断。事实上，鉴定行业关于电子证据真伪的鉴定标准偏少且执行性不强，鉴定机构开展电子证据真伪鉴定的业务不多且很少作出明确判断。同时，司法人员、律师和当事人往往在这一问题上难以发力，贡献甚少。这一现象的背后隐藏着应当通过“审”还是“鉴”的方式破解难题的方向问题。笔者以 2006 年富士康诉比亚迪侵犯商业秘密案为例进行补充说明。

【案例 16－1】

富士康诉比亚迪侵犯商业秘密案①

【基本案情】

2006 年 6 月，富士康集团下属公司深圳富泰宏精密工业有限公司、鸿富锦精密工业（深圳）有限公司（原告）向深圳市中级人民法院提起民事诉讼，指控比亚迪、柳某某、司某某侵犯其商业秘密，请求法院判令被告赔偿侵权损失 7 000 万元；2006 年 7 月，原告将其请求赔偿的数额由 7 000 万元变更为 500 万元。

2006 年 8 月 10 日，深圳市中级人民法院到比亚迪进行证据保全，拷贝了司少青、柳相军电脑中的所有文件（拷贝到一个新硬盘中，以下简称 A 盘）。2007 年 8 月 20 日，深圳市中级人民法院提请最高人民法院委托北京九州世初知识产权司法鉴定中心进行对拷贝的移动硬盘进行鉴定，九州世初将 A 盘文件拷贝到四张光盘中（以下简称 B 盘）进行鉴定并于 2007 年 12 月 24 日作出了京九司鉴中心［2007］知鉴字第 117 号和 118 号司法鉴定报告书。2008 年 2 月 25 日，深圳市中级人民法院开庭，对司法鉴定报告书进行质证，比亚迪指出，鉴定报告书所载明的文件数量与深圳市中级人民法院于 2006 年 8 月 28 日召开预备庭对该移动硬盘进行勘验查阅时所查明的文件数量相比，多出了 17 份，硬盘内存多出了 20MB，移动硬盘涉嫌遭人为篡改。司法鉴定人员没有作出合理解释。

为澄清事实，2008 年 3 月 6 日深圳中院的本案主审法官、原、被告双方及代理人到北京九州世初知识产权司法鉴定中心对鉴定时使用的母盘复制光盘（被鉴定物）进行核实，前述光盘为 2007 年 8 月北京九州世初知识产权司法鉴定中心接受委托后根据母盘刻录的不可改写的光盘。

主审法官当场拆封在 2 月 25 日庭审中从母盘复制出全部内容的另一移动硬盘，在各方见证下，北京九州世初知识产权司法鉴定中心人员在电脑上读取并记录了该硬盘中的文件大小、文件数目；然后在电脑上读取并记录北京九州世初知识产权司法鉴定中心鉴定时使用的被鉴定物光盘中的文件大小、文件数目。将两者比对的结果是：法院移动硬盘与被鉴定物光盘的文件数目、大小完全相同。

针对被告质疑鉴定报告记载的文件数目与法院移动硬盘不一致的说法，北京九州世初知识产权司法鉴定中心人员将被鉴定物光盘中的全部内容复制到电脑中进行操作演示，并向法官、原告及被告解释在常规操作中，可能导致文件数目统计产生变化的多种原因，包括：正常打开某些应用程序，如 Word 文档时，该应用程序会自动生产一个隐藏的临时文件，此时统计文件数目会产生变化；当某些应用程序异常关闭时，如操作 Word 时断电、程序出错等，应用程序可能会产生一个永久性的隐藏文档；以缩略图形式查看存有图片格式文件的文件夹时，Windows 操作系统

① 改编自公开新闻报道。

会在该文件夹中自动生成“Thumbs.db”隐藏文件等。以上各种情况是在日常查阅电脑文件过程中均会出现的，造成在操作过程中的文件数目统计结果产生变化，但增加的文件均是冗余文件，而全部原始文件本身则不会产生任何改变。①

2008年2月27日深圳富泰宏精密工业有限公司和鸿富锦精密工业（深圳）有限公司申请撤诉。3月13日广东省深圳市中级人民法院裁定同意原告的撤诉起诉。

【案件评析】

本案在庭审期间，一方当事人曾经组织专家进行论证。专家们对原始硬盘情况、复制盘空白情况、非镜像复制方式、数据拷贝与查看情况、是否可能被污染等情况进行深入讨论。论证中就一些办案注意事项达成一致意见：应当尽可能地提取原始证据；确实需要使用电子证据的复制件的，应当采取严格的程序、标准，并证明复制件与原件具有同一性；在硬盘复制之前，应当使用技术手段彻底擦除存储硬盘上的信息，以确保所使用的存储硬盘确实处于无污染状态；在硬盘复制的过程中，应当尽可能使用技术手段进行镜像复制等精确复制，而不是简单地采用一般的文件复制方法；侦查机关在将涉嫌犯罪的电子数据从一个硬盘复制到另外一个硬盘时，需要同时进行校验工作，查看复制得来的电子数据是否同一；在硬盘复制后，还应当采取严格的防篡改措施。

回看该案，要真正解决电子证据的真实性问题，还是应当由司法人员对调取、检查、鉴定进行全程序审查，应当一并请求鉴定机构进行专业鉴定。当然，本案由于原始硬盘缺失，也由于证据各环节存在大量不规范的情况，要查清真伪可能会遇到难以克服的障碍。这是实务中容易出现的问题。

二、判断电子证据真伪的理论支撑

“技术真实”与“法律真实”是表征证明理念的一对范畴。技术真实是指对科学证据要排除从技术上造假的可能性，这是技术上“100%属实”意义上的真实性。法律真实是人们对案件事实的认识符合法律所规定或认可的真实，是“N%属实（0<N<100）”意义上的真实。② 法律真实的观点在民事案件中经常被采用。持技术真实观的论者认为，之所以不能对电子证据作出真实性判断，是因为不能从技术上排除造假可能性或得出肯定为真的结论。实际上，这种观点有失偏颇。如今我们判断电子证据是否为真，不能陷入“技术真实”的观点中去。按照技术真实观判断电子证据的真实性，解决的不是司法领域的真实性问题，而是科学领域的真实性问题。因此，我们应当回归到司法领域，将法律真实观作为指导理论，坚持电子证据的理性真实观。

理性真实观是电子证据的真实性审鉴应遵循的基本理念，其可以具体分解为四

① 以上案情介绍源于网上报道。http：//blog.sina.com.cn/s/blog_6f6bda1a0100x3y4.html.

② 刘品新．论电子证据的理性真实观．法商研究，2018（4）．

个维度，即“原件真实观”“具象真实观”“整体真实观”“空间真实观”①。此外，同一认定理论也是组织电子证据真实性审鉴的重要理论基础。同一认定是用以解决先后出现的两个客体是否为同一客体的理论和方法的总称。同一认定的依据是客体特征，包括客体的形象特征、物质成分特征、运动习惯特征、时空位置特征和气味特征等。“同一认定的基本步骤包括分别检验、比较检验和综合评断。分别检验的任务是通过分别考察研究被寻找客体和受审查客体的特征反映体，从而认识它们各自的基本特征。比较检验的任务是通过比较寻找客体和受审查客体的特征，找出二者的特征符合点和差异点，为认定同一与否提供依据。综合评断的任务是在分析比较检验中找出的特征符合点和差异点的基础上，深入研究差异点的性质和符合点的价值，并给出客体是否同一的结论。”② 司法实践中关于同一认定的案例比比皆是。

【案例 16－2】既遵循了法律真实观，又运用了同一认定的方法，可资借鉴。

【案例 16－2】

艺术品资产评估书真伪鉴定案

【基本案情】

海南某国际文化传播有限公司委托专家对张大千《青城胜景图》长卷（中国画）纵 67cm 横 383cm 进行评估，以确定其资产价值。三位专家给出了鉴定意见（见图 16－1）。争议点在于，鉴定意见中的一个用词“真迹”是否为鉴定意见给出后被人为加入的。

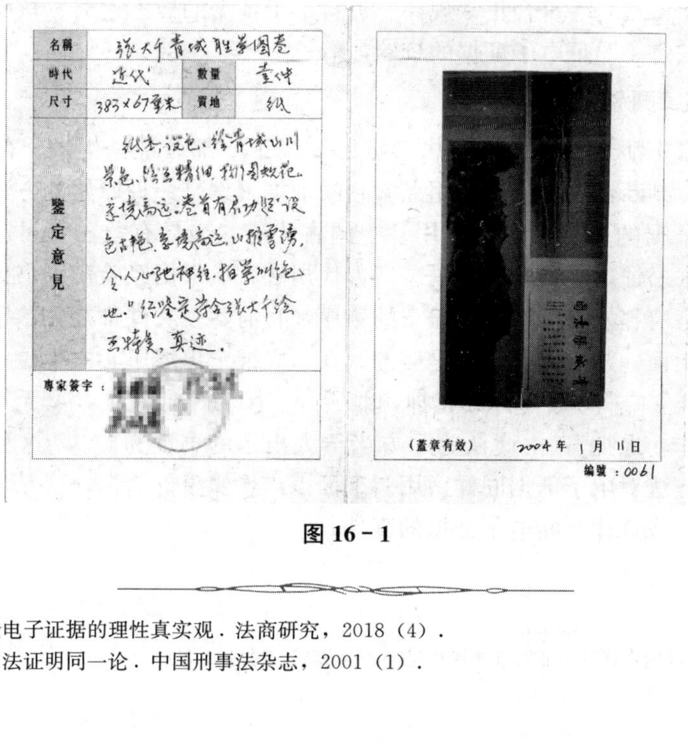

图 16－1

① 刘品新．论电子证据的理性真实观．法商研究，2018（4）．

② 何家弘．司法证明同一论．中国刑事法杂志，2001（1）．

【案件评析】

在该案中，从法律价值方面判断，最有意义的文字表述就是“真迹”二字。鉴定意见中的其他描述，包括“经鉴定符合张大千绘画特点”等法律意义不大，凭此不能证明这幅画是张大千的真迹，也有可能是他的学生所画。由此，从法律真实观的角度，审查判断该书证是否属实，关键是对“真迹”二字进行鉴定。仔细观察可以发现，“真迹”二字前面的逗号是从句号改写而来，放在显微镜下观察，可以明显看出，“真迹”二字的用墨与其他字的用墨不同（见图16－2）。由此，经过检材与样本进行同一认定性质的比对，可以判断“真迹”二字是后来被人加上去的。

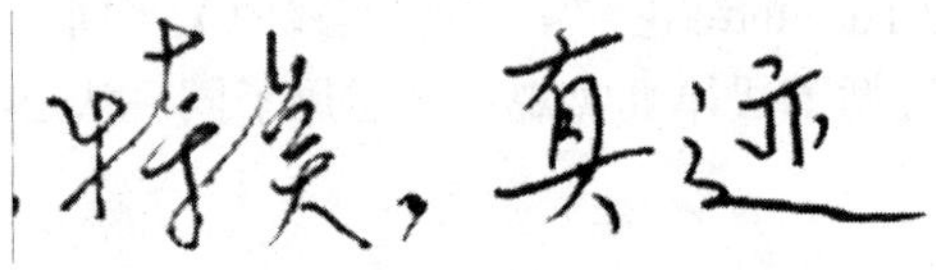

图 16－2

三、基于司法经验的审查方法

迎面走来一位美女，我们可凭经验判断其是否整过容；看到朋友圈里发的人脸照片，我们也能判断该照片是否使用了美图功能……这是因为我们每个人都有日常生活经验。实务中司法人员也可根据办案经验对电子证据真伪作出判断。具体方法包括甄别电子证据是否符合正常规律、进行电子证据的样本比对、核实关于电子证据的第三方信息、验证电子证据的校验值等。

（一）规律甄别之“审”

根据日常生活经验法则，司法人员已知晓了一部分证据生成、存储的正常规律，据此可以判断证据真伪。利用经验判断证据真伪是一种原始的方法，司法人员在判断传统证据的真假时经常使用。中国古代有“交易有争，官司定夺，止凭契约”的说法，书证之重要性可见一斑。古代司法官员根据经验辨别书证真伪的一种方法，是看官府签发文件中签字盖章的顺序，官府签发文件都是先签字后盖章，如果字签在章上面，则这种书契多是假的。在《立继·出继子卖本生位业》案中，司法官蔡抗指出：“非特假作许氏花押，兼所写字画皆朱印之上，又无年月，全不成契照，可见作伪之拙”，由此认为一方当事人出示的书证为假。① 这种基于经验判断证据真伪方法对电子证据同样适用。下面以广场鸽事件为例，揭示如何根据数码照片的正常生成规律判断电子证据的真伪。

① 邓和军．论我国古代诉讼证据审查判断制度．经济与社会发展，2009（9）．

【案例 16－3】

广场鸽事件①

【事件概况】

2005 年 3 月，在首届中国国际新闻摄影大赛（简称“华赛”）评选活动中，由张亮拍摄的图片《广场鸽接种禽流感疫苗》（见图 16－3）荣获金奖。

2008 年 2 月 20 日，《深圳特区报》摄影记者齐洁爽的博客文章《大庆晚报纠错了，哈尔滨日报怎么办?》，被转到“色影无忌”论坛上，引发网友讨论。齐在文中称，图中两只被圈的鸽子（见图 16－4）的大小（体态、翅膀、尾巴、飞行方向等）完全一样，两只鸽子肚子下和尾巴两处因飞行造成的阴影部分也完全一样。从细节具体分析，人头边上的鸽子，翅膀虚化的角与拍摄的视角配合不是很好；该鸽子的翅膀是透明的，可看见后面的背景，好像是通过“透明”合成的；这只鸽子后面有只小鸽子，按理应该在后面，可图像放大后，小鸽子与大鸽子的重合部分却在前面。齐洁爽在 2007 年就质疑过这张照片，并请中国新闻摄影学会学术部副主任许林对此进行鉴别。许林找到首届华赛获奖原片，认为确有拼接合成的重大嫌疑，2007 年 4 月，他在博客上进行了一次技术分析，认为两只鸽子的形态特征、飞行姿态及方向、身体阴影等都完全一样。

图 16－3

图 16－4

2008 年 2 月 20 日，《南方都市报》就此事展开调查。许林告诉《南方都市报》记者，当时作为“华赛”主办方的中国新闻摄影学会曾去核实此事，《哈尔滨日报》摄影记者张亮回答说：并不知有人质疑，那张照片肯定没有改动过。此后相关质疑不了了之。

2008 年 2 月 21 日，上海东方网记者电话采访了哈尔滨日报报业集团党组书记、社长程颖刚。程说：“2005 年华赛评奖并没有我们自己的评委参与，从初评到终评

① 展江．多只鸽子引发的新闻照片打假——媒体道德与伦理经典案例评析（十五）．青年记者，2015（22）．

都是由国际国内的专家评出来的。事隔几年，有些人又拿出来进行恶意炒作，不知道是什么用意。”但他表示，会马上责成有关负责人进行调查，若无此事，不排除以法律为报社和记者维权。哈尔滨日报报业集团主要领导后来透露，集团高层2月21日就找张亮本人谈话：如果有假，承认了还是给出路，但如果不承认，日后鉴定有假，必须解聘。但张一直坚定地表示照片“没做过”，包括照片和新闻事实都是真实的，“赶巧了，拍出来就那样”，他也不知道为什么。此后领导多次与张亮谈话，张亮一直坚持并未造假。

2008年2月22日，“华赛”组委会官方网站作出回应说，作为负责任的、严肃的国际新闻摄影比赛，“华赛”从一开始就坚定地恪守新闻真实性原则，并真诚欢迎媒体和各界朋友予以监督。“华赛”评选规则规定：“比赛不接受合成照片、多次曝光照片和用电脑技术人工修改制作的照片”，“获奖作品一旦发现并证实违背参赛要求，组委会将立即取消其获奖资格，并在媒体上公布，相关作品也将从‘华赛’官方网站和展览中去掉”。

2008年2月24日，张亮通过“华赛”组委会官网发表声明，承认用PhotoShop软件对照片进行了裁剪、整体亮度调整和局部亮度调整，并另存为代表照片内容的名字和编号。然后，删除了未经调整的原始照片，理由是“从我开始使用数码相机采访一直到现在，由于业内并没有对新闻图片必须保留原始电子文件的相关规定，我个人也没有认识到原始电子文件的重要性。使用数码相机之初，当时的电脑硬盘储存量小，如果我留下所有照片就会很快占满硬盘。因此，我始终按照只留成品照片的程序来工作”。张亮“以共产党员的名义和新闻工作者的良心”，向“华赛”组委会承诺照片无假，并愿意负法律责任。张亮的行为引发了网友更多的怀疑。许林问道：张为什么要“删除了未经调整的原始照片”？他说：“根据我的拍摄和处理经验，一个优秀的摄影师或者摄影记者，是绝对不会删除自己辛辛苦苦拍摄的照片的原始图像文件和扔掉传统原始底片的！特别是自己认为好的底片和数码照片！打死也不会！”

2008年2月25日，许林在其博客中贴了《中国新闻出版报》2007年7月20日专题版发表的一篇配图文章《以“新”求得佳“图”连连》的照片，文章作者是哈尔滨日报报业集团社长程颖刚。程文说：“集团还出台相关规定重奖，如两名荣获华赛金奖的青年记者，每人奖励人民币2万元。”可是，配图照片右上角那只鸽子部分被裁掉了。许林向张亮提出质疑：“既然你照片没有造假，为什么在《中国新闻出版报》文章配图时，把我们重点质疑的两只鸽子之一剪裁掉？请给出一个说得过去的理由！”25日晚，中国新闻摄影学会原副会长、首届“华赛”评委蒋铎告诉记者，他在看完许林的博文后留言：“两只鸽子百分之百一样，是PS无疑”，作者越遮掩越被动。蒋铎说：“我还清楚地记得当时评广场鸽这张照片时的情景，我和在场的评委都比较喜欢这张片。因为片子无论从选题还是从画面构图都很新颖生动，所以评委都亮了高分。”“但当时时间紧，没有发现真实性问题。现在看来，两只鸽子一丝一毫都不差，就足以说明问题，PS 作假无可争议。参赛照片有假，作为评委我有责任。”

可是此后整整一个月，人们迟迟没有等到“华赛”组委会的调查结果，整个事件似乎变成了“烂尾案”。

2008 年 3 月 23 日晚，由于无法忍受“华赛”组委会及中国新闻摄影学会“某些主要负责人”对“广场鸽”的暧昧态度以及称有关质疑为“炒作”的说法，中国新闻摄影学会发起人之一蒋铎在许林的博客上宣布退出该学会。这一天，第四届“华赛”评选正在上海进行。新闻摄影元老蒋铎退会让学会高层非常紧张，会长于宁与常务副会长徐祖根希望蒋铎能撤销“退出”决定，蒋铎称“将来学会清明了，我再申请加入”。学会 4 月 3 日召开研讨会，探讨“广场鸽”照片一事，邀请蒋铎、许林等各方面专家参加。

2008 年 4 月 3 日下午，在北京召开的“维护新闻摄影真实性研讨会”上，中国新闻摄影学会会长于宁宣布，根据 4 月 2 日计算机专家给出的鉴定结论，认定《广场鸽接种禽流感疫苗》确为造假，取消其 2005 年首届“华赛”金奖作品获奖资格，作者被哈尔滨日报社解聘。官方结论一出来，“色影无忌”论坛的帖子也立即更新：这意味着长达一年的“广场鸽”事件有了最终结果。

【事件评析】

在“广场鸽事件”中，通过观察图片可以发现，两只“克隆鸽”确系拼接合成，通过噪声一致性检验等方法可以判断照片的前景和后景是拼接而成，这些都能够证明图片造假。“广场鸽事件”带给司法机关的启示是：如果司法实务中的案件涉及判断数码照片的真实性，司法人员应树立一种观念，即要看照片中的图画是否仅为简单的缩放、复制。如果一张照片里的背景或主图像跟其他的照片是一致的，并且可以找出很多相似之处，就可以判断照片是被伪造或篡改过的。若仅凭肉眼识别，担心出现误差，那么还可借助软件辅助判断。SIFT 软件目前在一些专业的鉴定机构被使用，功能是对两个以上的图片进行自动比较，判断哪些部分可以重叠，或经过简单的伸缩处理后可以重叠。[①] 一些实务人员利用该软件工具进行了很多图像鉴定，基本上都能精准完成任务。假如在这一事件中实务人员能够拿到有关“广场鸽”照片的电子版本，则判断真伪的点会更多，包括照片内置的形成机器信息、时间信息、地点信息、编辑信息均能够起到良好的作用。

在实务中，基于司法经验进行规律甄别之“审”，并不排除参照或援引技术常

① 有专业人士指出，SIFT 特征点有尺度不变的特征。通过对图像中的尺度不变特征点进行识别，对每一个“特征点对”之间的相似性进行计算，根据计算得到的相似性，指出通过克隆手法伪造的关键点，对图像是否存在篡改进行检验。检测出结果能给出特征点之间的连线。需要注意的是：(1) 需要调整参数到合适的位置，参数较小时检出的区域比较少，如果有篡改一般能被检出来；参数调大时，检出的区域会变多，可能会误检。(2) 对于篡改物体缩放及旋转尺度过大的，背景相似度较高的图片，SIFT 特征点检验，有可能失败。(3) 镜像翻转的篡改操作，不适用。

识。下面以一起侵犯商业秘密案为例进行说明。

【案例 16-4】

甲公司诉乙公司侵犯商业秘密案[①]

【基本案情】

甲公司认为乙公司通过挖员工的方式非法获取了其一份 2003 年商业秘密文件，于 2012 年提起诉讼。为此，甲公司向法院提供了一份纸面文档。乙公司的律师主张甲公司提供的涉案技术方案来源不明，且存在着造假嫌疑，要求甲公司提供 2003 年原始电子文档。法庭征得甲公司同意，甲公司于 2012 年 12 月 9 日提交一张光盘，其中含一份关于商业秘密的办公文档（以下分别称为“一号光盘”“一号文档”）。乙公司申请对光盘中文档真实性进行鉴定，甲公司也同意进行鉴定。为了准备鉴定，法庭组织诉辩双方遴选鉴定机构、确定鉴定请求。但后来，甲公司以原提交光盘、文档错误为由，于 2012 年 12 月 31 日向法庭提交“二号光盘”，其中含有“二号文档”，于 2013 年 1 月 28 日向法庭提交“三号光盘”，其中含有“三号文档”，作为替代；并且以涉及重大商业秘密为由，反对启动司法鉴定。最终法庭决定双方当庭勘验有关光盘机器中文档，当然双方均可以请专家参加协助勘验，主要任务是审查一号文档、二号文档、三号文档是否形成于 2003 年，或者是否存在 2012 年之后修改或造假的情形。

庭上勘验审查发现，一号、二号、三号光盘内除分别含有一号文档、二号文档、三号文档及光盘系统文件外，并不存在关联痕迹文件及其他系统文件，故可以根据三份文档的内部属性信息进行初步判断。

一号文档的“常规”属性表明：（1）该文档的创建时间为 2012 年 12 月 9 日 10：39[②]；（2）修改时间为 2012 年 12 月 9 日 10：39。一号文档的“自定义”属性表明：该文档曾被名称为“KSO Product Build Ver”、版本号为“2052-8.1.0.3483”的软件（该软件为 WPS Office 软件，由金山公司发布）处理过。经向金山公司的官方网站查询，这一版本的 WPS Office 软件的发布时间为 2012 年 11 月 14 日。[③] 一号文档的“详细信息”属性表明：（1）该文档的最后一次保存者为“微软用户”；（2）修订号为 240；（3）创建内容的时间为 2008 年 6 月 2 日 17：48，最后一次保存的日期为 2012 年 12 月 8 日 17：31，最后一次打印的时间为 2008 年 6 月 14 日 15：49；（4）总编辑时间未显示；（5）字数为 815，字符数为 4 651，行数为 38，段落数为 10。

---

① 改编自笔者作为“有专门知识的人”出庭辅助质证的一起案件 。

② 该时间以处理该文档计算机所设置的本地时钟为准。下文对时间如无特殊说明，均采此义。

③ 该时间是由金山公司公布在官方网站上，属于自然时间。下文对 WPS 软件公布时间等的说明，均采此义。

二号文档的“常规”属性表明：(1) 该文档的创建时间为 2012 年 12 月 31 日 10：05；(2) 修改时间为 2012 年 12 月 31 日 10：05。二号文档的“自定义”属性表明：该文档曾被名称为“KSO Product Build Ver”、版本号为“2052—8.1.0.3526”的软件（该软件为 WPS Office 软件，由金山公司发布）处理过。经向金山公司的官方网站查询，这一版本的 WPS Office 软件的发布时间为 2012 年 12 月 4 日。二号文档的“详细信息”属性表明：(1) 该文档的最后一次保存者为“××hua”；(2) 修订号为 4；(3) 创建内容的时间为 2003 年 5 月 21 日 11：54，最后一次保存的日期为 2012 年 12 月 31 日 10：05，最后一次打印的时间为 2012 年 12 月 31 日 10：05；(4) 总编辑时间为 2 分钟；(5) 字数为 767，字符数为 4 378，行数为 36，段落数为 10。

三号文档的“常规”属性表明：(1) 该文档的创建时间为 2003 年 5 月 21 日 8：29；(2) 修改时间为 2003 年 5 月 21 日 8：29。三号文档的“自定义”属性为空白，未发现该文档曾被其他应用软件处理过而留下的记录。三号文档的“详细信息”属性表明：(1) 该文档的最后一次保存者为“微软用户”；(2) 修订号为 5；(3) 创建内容的时间为 2003 年 5 月 21 日 11：54，最后一次保存的日期为 2003 年 5 月 21 日 8：29，最后一次打印的时间为 2008 年 7 月 24 日 10：35；(4) 总编辑时间显示不清；(5) 字数为 686，字符数为 3 915，行数为 32，段落数为 9。

最终，乙公司的律师和专家发表审查的意见如下：(1) 一号文档是 2008 年创建的，并于 2012 年处理过的电子文档；(2) 二号文档不是 2003 年创建的原始文档，而是于 2012 年处理过的电子文档；(3) 三号的文档不是 2003 年创建的原始文档，存在着重大的造假嫌疑；(4) 上述三份电子文档不可能同时与提交法庭的纸面文档具有同源性。该审查意见最终为法庭所采纳。

【案件评析】

在本案中，诉辩双方进行的电子证据真实性审查，主要是基于司法经验，也兼顾了一些技术常识。根据 Office 文档的存储原理，Office 文档（*.doc 文档）的内部属性信息主要包括该文档的创建时间等“常规”属性、编辑软件等“自定义”属性以及创建内容的时间等“详细信息”属性。其中，“编辑软件”“创建内容的时间”“最后一次保存的日期”“字数、字符数、行数、段落数”等信息不会因为文档的复制而改变或丢失，部分属性信息之间也存在着一定的关联规律。根据这些内部属性信息，可以对文档的内容创建时间等作出初步的判断。

为给读者以直观感受并普及知识点，我们可以进行一个模拟实验解释说明如何从文档属性信息判断其真假。模拟实验过程如下。

步骤 1：选择一个名为“中华全国律师协会律师办理电子数据证据业务操作指引（送审稿）”的文件。（见图 16－5）

步骤 2：右击文件，查看其详细信息，信息显示修订号是 4 次，文档编辑时间是 2 分钟，创建时间是 2006 年 10 月 1 日。（见图 16－6）

步骤 3：在“自定义”中查看文件属性信息，属性信息显示“KS0PR02052—8.1.0.356”，这其实是 WPS 软件产生或修改的办公文档。（见图 16－7）

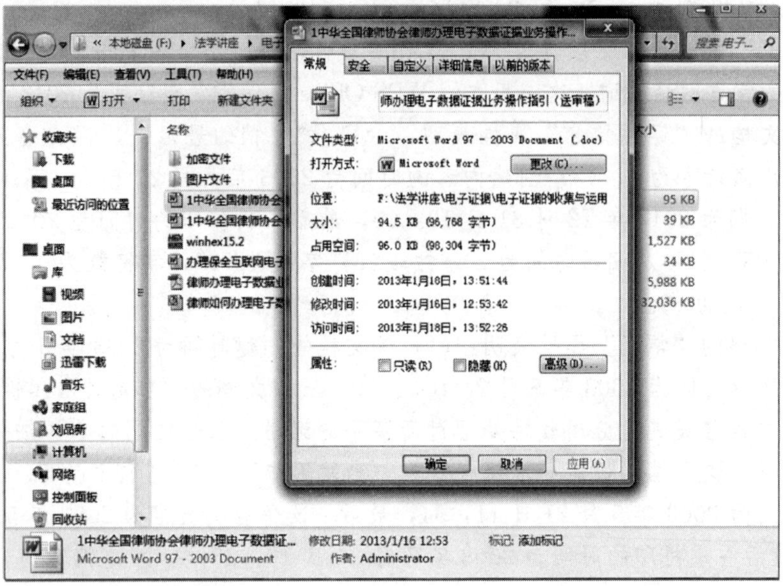

图 16－5

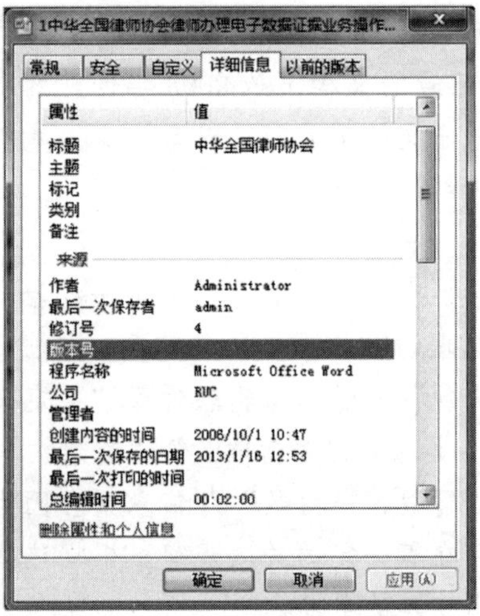

图 16－6

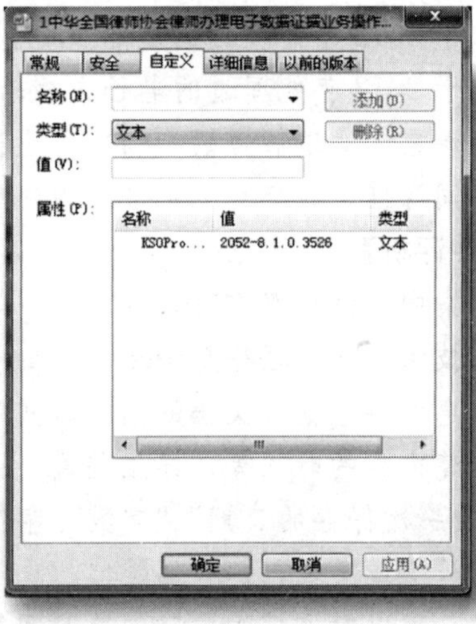

图 16－7

该实验中的文档有两个异常点：第一，对于一份几十页的办公文档，如果修订号只有 4 次，则肯定不是自己编辑的，文档编辑时间只有 2 分钟，也表明其异常。第二，根据“KS0PR02052—8.1.0.356”这一版本信息，我们可以判断出金山公司是何时发布的这一版本办公文档，经了解，该版本是 2012 年抢鲜版，发布时间是 2012 年 12 月 14 日。但文档的创建时间显示是 2006 年 10 月 1 日，这足以表明文件存在重大造假嫌疑。

本案中，如果要进行专业判断（如司法鉴定等），一个合理的方式是要求当事人将含有该办公文档的电脑硬盘提交，然后交由有专门知识的人进行电子证据的时间鉴定、痕迹鉴定、形成过程鉴定等。

（二）比对样本之“审”

比对样本是鉴定专家常用的方法，司法人员也可以参照适用。在依据经验无法对电子证据的真伪作出判断时，司法人员可以寻找可信的样本，并将之与检材进行对比分析。通过有效地比对样本，可以找到有说服力的识别点，强化司法人员对证据的认知。

例如，在一起涉嫌替考案中，笔者受某大学委托进行鉴定。鉴定请求是判断某学生考试时准考证上的照片，是否与该学生学籍档案里的照片一致，并以此推断该生入学考试时是否存在替考行径。当时的审查就运用到了比对样本的方法。笔者通过将该考生的准考证照片与身份证照片、进行比较，发现很多细节上不能对应，比如耳垂大小不同，下巴不同，两张图片中耳垂和脸的连接点不同……由此可以判断身份证上的照片与学籍档案、准考证上的照片并非是同一人的。这件事结束后再经了解，该学生是找的他人替考，其照片使用了 PS 技术，将替考者和自己的照片交错地 P 在一起，头发、眉毛用替考者照片，眼睛、额头用自己的照片。这样“组合”出来的照片，就既像他本人，又不像他本人。

上述案例带给我们的启示是，两张数码图片，已知其中一张为真，判断另一张的真假，需要将图片内容、属性信息、痕迹信息等一一比较。下面以实验的方式来揭示如何判断数码图片的真假，如【实验 16－1】。

【实验 16－1】

辨别图片真假的实验①

1. 实验目的

了解图片真假的判断方法。

2. 实验步骤

(1) 选择一张图片，将其作为原图。使用“美图秀秀”软件更改照片，将选定图片的亮度进行微调，形成新的图片。（见图 16－8）

(2) 将照片放在一个小程序 WinHex 或 X-way 里去查看它底层的数据，对比修改前后图片的属性信息。（见图 16－9）

3. 实验结果

图 16－9 显示，原图是一张正常的 iPhone 拍摄的照片，EXIF 信息在原图上不

① 本次实验由郭树正同学在参与办案过程中制作完成。

图 16-8

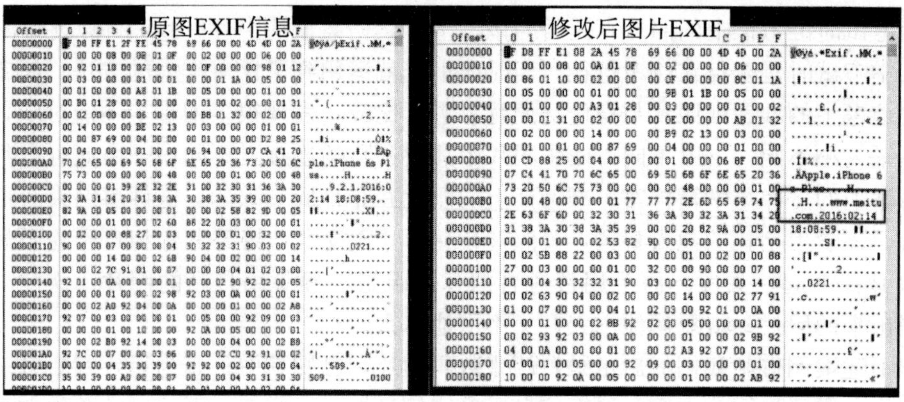

图 16-9

会有任何更改。但原图被修改后，相应的位置就会添上它的修改工具，该实验使用了美图秀秀工具，因此修改后图片 EXIF 信息处还会显示“www. meitu. com”。

4. 结论分析

通过多次实验，我们发现所有的 PS、Photoshop 的照片都会在这个位置出现明显的“Photoshop 软件”的标识。这是因为使用软件将图片修改后，新图片上就会自动添加上这种属性信息。当然，如果造假者做得更专业，使用诸如 Photoshop 等软件对图片修改后，可能不会有修改软件的名称出现。人们还可用其他方法判断图片的真假。有了这样的发现，就比较容易判断数码图片的真伪。即使我们找不到 WinHex 或 X-way 软件，也可以使用一种更简洁的方法，即用 Windows 系统自带的“记事本”软件，将新生成图片打开为 txt 文本，文本上也会出现非常明显的 Photoshop 字样。

（三）核对第三方信息之“审”

电子证据有分散存储的特点，因此司法人员可以通过核对第三方信息判断电子证据的真伪。现在很多电子文件在形成之初就不止在一个地方“留存”，而是会多处“留痕”，这就扩充了判断电子证据真伪的“武器库”。例如，司法人员在判断当事人手机短信的真伪时，除了可以查看双方手机中的短信记录，还可以查看服务器上的收发记录等，实现印证证明。在一起不正当竞争案中，原告在其员工电脑中发现了大量银行转账信息，该证据能够证明被告有不正当竞争行为。那么，法庭该如何审查电子证据的真实性？一个简单的思路是，法庭可以调取相关的银行转账记录。以此类推，在遇到电子证据真伪无法判断的案件时，当事人可以申请法院向第三方调查取证。

这里的“第三方”，不限于网络服务提供者、邮箱服务提供者、支付宝信息提供者、QQ 信息提供者等。从实践经验来看，下述“第三方”往往也能起到“奇效”。

一是百度快照等特殊网站。“百度快照”“历史网页查询”可用于证明网页的真实性。“百度快照”是指每个被收录的网页，在百度上都存有一个纯文本的备份。“百度快照”浏览速度较快，但如果无法连接原网页，图片、音乐等非文本信息则无法显示。即使是原网页删除，在“百度快照”里也能找到原网页的文本。美国的 ARCHIVE. TODAY 的档案网站，能将很多网页从互联网上抓取建档，构成一个网页的图书馆。当用户想核实某一网页，或类似文件的真实性时，就可以上历史网页查询。最常见的用途是查找某人在过去发布然后又删除的微博。

二是公证机构。“第三方”还可以是公证处等法律服务机构。2012 年 1 月 7 日中国公证协会通过了《办理保全互联网电子证据公证的意见》，旨在规范公证机构办理保全互联网电子证据公证事项，增强公证效力。网络公证为审查电子证据的真实性提供了一种路径。当然，从理论上来讲，公证只能证明进行公证的瞬间确实存在什么样的信息，却不能证明案发时就存在这样的信息。

三是证据所在地法院的诉前保全。2012 年修改的《民事诉讼法》对电子证据最大的影响乃是增设了诉前证据保全制度。该法第 81 条第 2 款规定：“因情况紧急，在证据可能灭失或者以后难以取得的情况下，利害关系人可以在提起诉讼或者申请仲裁前向证据所在地、被申请人住所地或者对案件有管辖权的人民法院申请保全证据。”① 实践中，极少数法院制定了电子证据保全规定，具有电子证据保全能力。据笔者了解，前些年深圳龙岗法院的诉前证据保全做得较好，一些当事人要在北京打官司，因害怕证据灭失，会先向深圳龙岗法院申请证据保全，然后再在北京提起诉讼。这样可以保证保全完成后，电子证据未发生变化。于北京的法院而言，深圳龙岗法院帮助固定电子证据，已经成为事实上的“第三方”。

四是社会服务公司。这类似于当事人提前将电子证据向社会服务公司进行提存，所提存的电子证据可用于验证当事人所提交电子证据的真实性。实践中，如果诉讼双方共同提前将电子证据（如电子合同）提交给社会服务公司，那么在诉讼启动后，可以推定源自社会服务公司的电子证据为真。如果是当事人一方提前将电子证据提交给社会服务公司，而该公司又收受费用，则需要考察社会服务公司是否采用

① 2017 年修改的《民事诉讼法》第 81 条保留了该规定。

了电子签名、可信时间戳等技术手段保障电子证据的真实性。当然，如果社会服务公司处于中立地位自动保存了相关电子证据，则源自社会服务公司的信息可用于佐证电子证据的真实性。譬如，在网购纠纷中，网络平台不是卖家也不是买家，而是中立的提供服务的平台，则其提供的信息可以佐证网购卖家、买家所举证据的真实性。

（四）验证校验值之“审”

电子证据完整性校验是指用一种指定的算法对原始数据计算出一个校验值，然后再对校验或保全过程中的数据用同样的算法计算一次校验值，如果和原始数据计算的校验值一样，则表明数据是完整的。MD5 和 SHA-1 算法是目前国际电子签名及许多其他应用领域的关键技术。其中，MD5 消息摘要在我国电子证据完整性校验中占有重要地位，SHA-1 是美国政府广泛认可并推行的技术。2004 年在美国加州圣巴巴拉召开的国际密码学会议上，来自山东大学的王小云教授做了破译 MD5、HAVAL-128、MD4 和 RIPEMD 算法的报告，这宣告了通行世界的密码标准理论上不再固若金汤。①

在 2017 年“侦查学与法庭科学国际学术研讨会”上，美国电子取证专家表示：目前，美国在法庭科学中，对电子证据完整性校验主要是采用复合校验方式，复合校验是指对一条输入信息，通过分割成几段后，分别采用不同的校验技术进行运算，再把结果级联后输出一个固定位数的散列值。而我国台湾地区在电子证据完整性校验技术中使用的是 SHA-2。随着 MD5 密码标准的破解，我国急需设计一套新的完整性校验技术来保证电子证据不被篡改。②

法律工作者可以把校验值理解为数字指纹，即它是每个电子文件独一无二的特征反映体。通过比对校验值，可以看出文件、数据等是否发生变化。验证校验值的方法，同司法鉴定中验证镜像复制件的原理相通。即如果鉴定人将原盘数据复制到镜像盘里，复制完毕后需要计算原盘和镜像盘的校验值各是多少，校验值一致表明数据没有发生任何变化。当然，即便有时出现校验值不同，也并不必然意味着数据发生的是人为的更改。有时由于软件错误或计算范围偏差等问题，也会出现校验值不一致的情况。这就需要在必要时进行甄别。

【实验 16－2】

完整性校验的实验③

1. 实验目的

本实验旨在说明电子文件内容的修改会导致完整性校验值发生变化。

① 杨培林．电子证据完整性校验技术综述．网络安全技术与应用，2018（8）．

② 同①．

③ 本次实验由张杨杨等同学在教学过程中制作完成。

2. 实验步骤

(1) 在U盘中拷入一个Word文件，文件内容为“ABCDEFGH”，然后计算U盘的完整性校验值。

(2) 将U盘中的Word文件进行修改，增加一个逗号，内容改为“ABCDEFGH,”，再次计算U盘的完整性校验值。

(3) 对比修改前的U盘完整性校验值和修改后的U盘完整性校验值。(见图16-10)

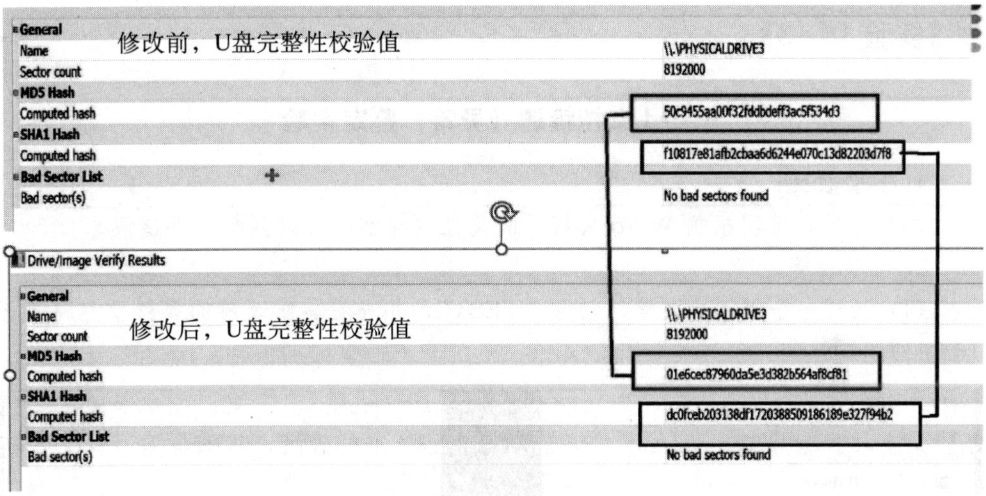

图16-10

3. 实验结果

修改前的U盘完整性校验值和修改后的U盘完整性校验值不同。

4. 结论分析

在该实验中，通过校验值比对结果可以发现：在镜像复制的过程中，哪怕原来的数据只是被人修改了一个标点符号(或者多加一个空格键)，都会导致校验值发生巨大的变化。

四、基于交叉知识的鉴定路径

最高人民法院《死刑案件证据规定》第29条第2款规定：“对电子证据有疑问的，应当进行鉴定。”最高人民法院《刑诉法解释》第93条第3款规定：“对电子数据有疑问的，应当进行鉴定和检验。”这些立法表明可以通过司法鉴定解决电子证据的真实性问题。然而，司法实践中电子证据的真实性鉴定常显得无所适从，甚至还会被滥用。如何有效进行电子证据的真实性鉴定是鉴定领域的一大难题，面临着诸多争议。下面将阐述三种相对成熟的方法，即痕迹鉴定、情况鉴定、同一认定型鉴定。

（一）痕迹鉴定

痕迹鉴定是检验电子证据属性特征、痕迹文件特征等是否符合电子证据形成规律的鉴定方法。实务中电子证据的痕迹鉴定已形成了一些通用技巧：一是分析涉案电子文件本身的技术特征，二是分析涉案电子文件的关联文件及痕迹，三是判断涉案电子文件的形成过程及来源，四是判断涉案电子文件是否符合所在系统的运行规律，五是判断涉案电子文件是否符合当事人关于电子证据的陈述及记录。【实验 16-3】即关于痕迹鉴定的一项实验。

【实验 16-3】

Word 文档痕迹（异常）鉴定实验①

1. 实验目的

本实验旨在证明根据 Word 文档时间属性的异常，可以判断文件造假。

2. 实验步骤

（1）新建一个 Word 文档，取名“TEST”，并查看其修改前的属性信息（见图 16-11）。

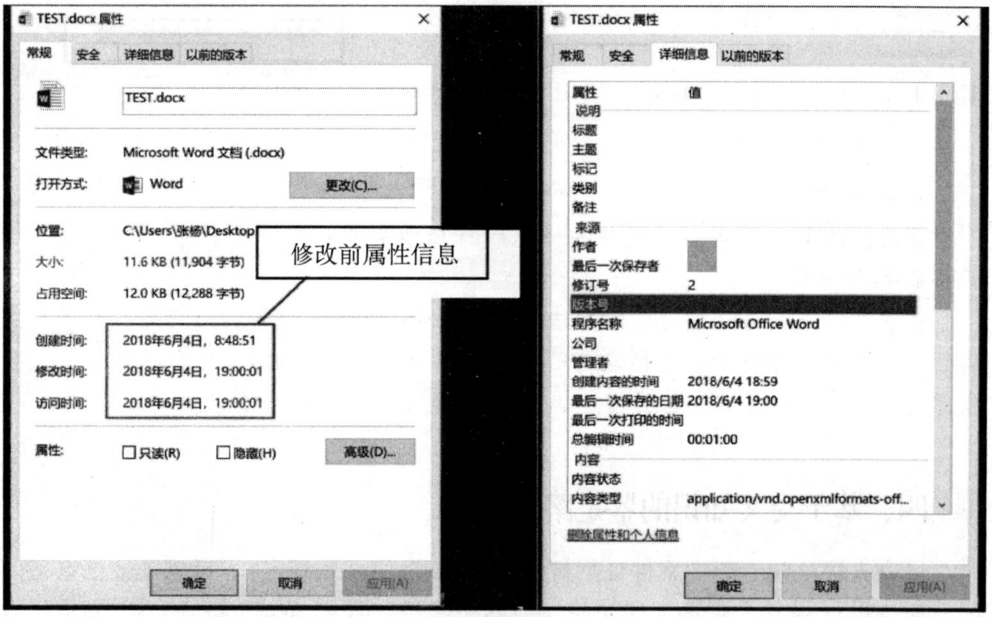

图 16-11

① 本次实验由张杨杨同学在上课过程中制作完成。

（2）利用 X-ways Forensics 工具查看名为“TEST”的文档的修改时间，其十六进制数值为 01D3FB2F33DSE4，转换为十进制为：514550758888932，单位为百纳秒，代表从 1970 年 1 月 1 日 00：00：00 至今经过的百纳秒数。（见图 16－12）

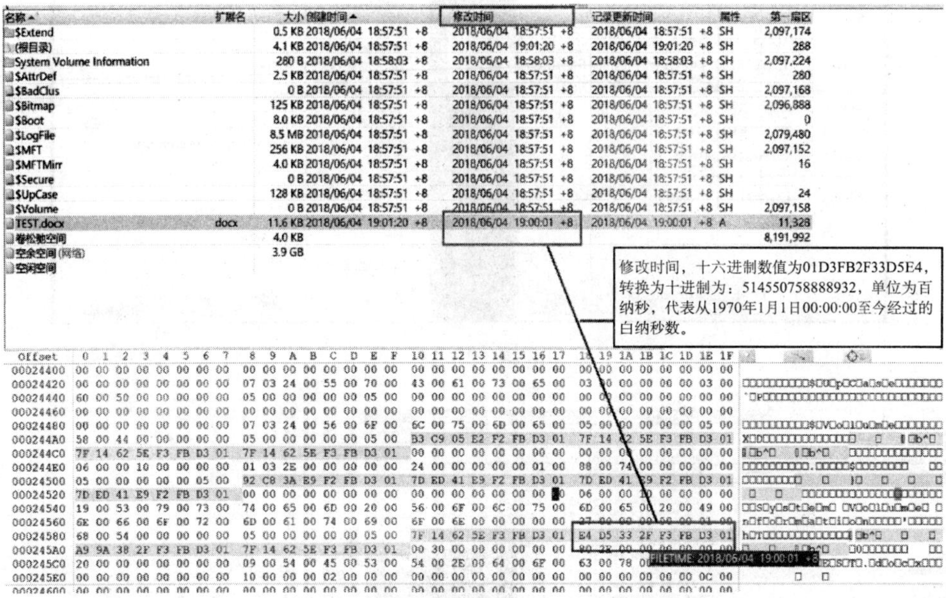

图 16－12

（3）使用工具将文件创建、修改时间全部修改。（见图 16－13）

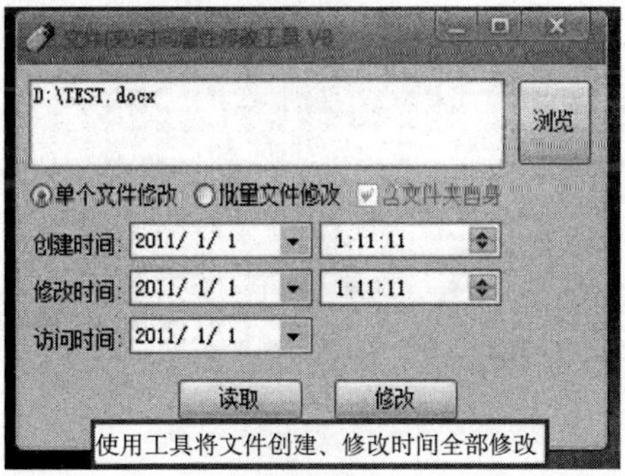

图 16－13

（4）查看修改后的文件属性信息，主要查看文件创建、修改、访问时间。（见图 16－14）

3. 实验结果

利用工具查看经篡改的文档之修改时间。其十六进制数值为：01CBA90D88C86180，转换为十进制后为 129382890710000000。（见图 16－15）

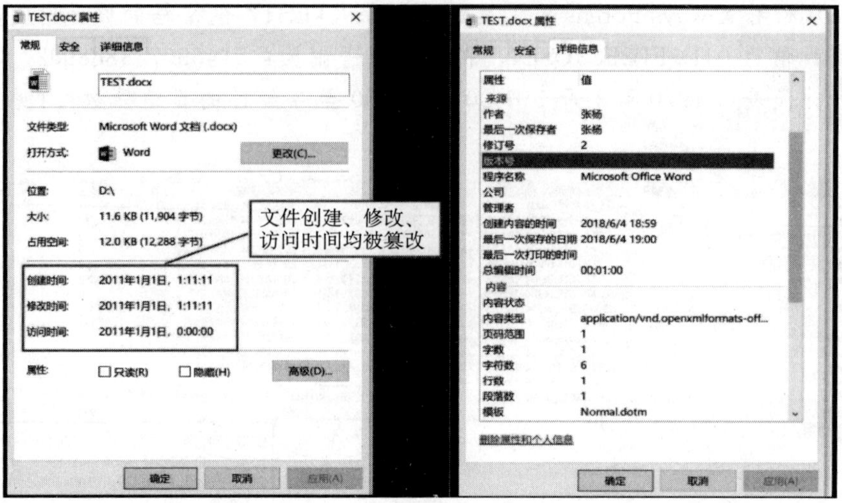

图 16－14

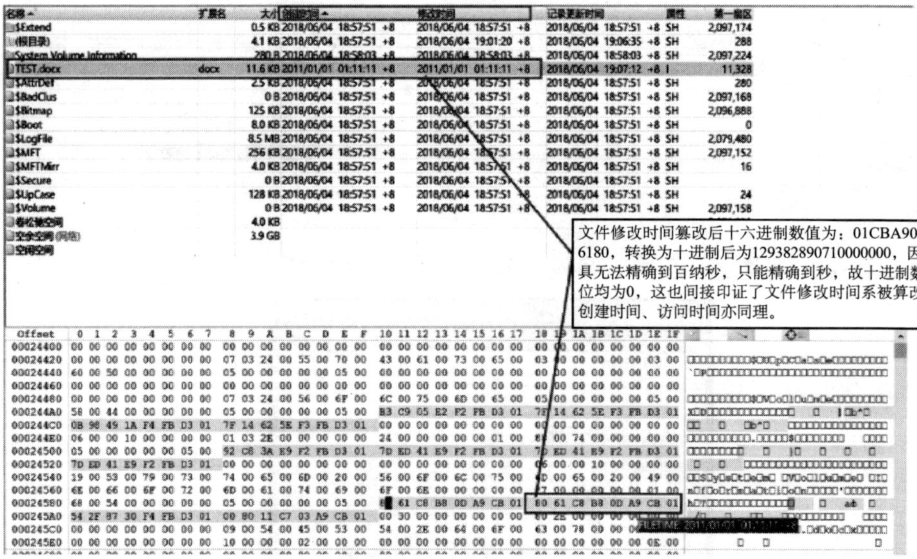

图 16－15

4. 结论分析

在该实验中，经篡改的文档修改时间转换为十进制后为 129382890710000000，因篡改工具无法精确到百纳秒，只能精确到秒，故十进制数值后七位均为 0，这也间接印证了文件修改时间系被篡改，文件创建时间、访问时间亦同理。

在一起案件中需要判断电子邮件的真假，发件人发出的邮件内容是："请将预付款共计 90 万元打入我公司账户……"收件人收到的邮件内容却显示："请将预付款共计 60 万元打入我公司账户……"这种情况下，仅根据原邮件和回复邮件内容不一致就得出邮件为假的结论并不可行，原因在于内容并非被检验客体独一无二的特征。但经检验，办案人员发现邮件创建时间是 2012 年 5 月 20 日，邮件在服务器中转发的时间是 2012 年 5 月 17 日，邮件转发时间比创建时间还早，就能够说明邮件为假。诚然，假如转发时间比创建时间晚，却不一定能得出邮件是真的（见图 16－16）。本案就运用了痕迹鉴定的方法。

图 16－16

通过痕迹鉴定判断电子证据真伪，面临着两个障碍：一是能否找到电子证据的独特特征，二是如何得出电子证据为真的肯定性结论。经验表明，得出电子证据为假的结论往往比较容易。在判断微信截图真伪时，人们可以简单地将多份微信截图进行重叠比对。假如微信截图为真，将其放大 100 倍或者更高倍数后，其界面文字的长度、宽度、行距等不会发生变化；假如该微信截图经过 PS 等技术处理，那么放大后重叠比对做不到严丝合缝。鉴定人员还可以使用 DCTMAP 软件、ELAMAP 软件等专业工具判断微信截图有无编辑记录。从严谨的角度来讲，即使没有发现异常痕迹，鉴定意见书中也很少给出“图片是真实的”这种鉴定意见，常用的替代性表述是：“没有发现图片异常”。

（二）情况鉴定

情况鉴定，在这里是指通过对电子证据的专业检验来判断当事人关于电子证据的说法是否可信的鉴定方法。将关于电子证据的鉴定意见同当事人的说法等言词证据相结合，可以促使关于案件事实的认定达到法律真实的程度。正如艾伦教授所言，证据规则处处支持整体解释或整体说明。整体说明本质上是一个故事。一味要求特定证据，就不能在构建推论方面下功夫了。司法证明不是概率性的，而是包含着解释，这在哲学中的专业术语是最佳解释推论（IBE）。按照最佳解释推论，裁判者需要判断原告的故事和被告的故事哪个更好，哪一方的故事更似真，哪一方就赢。[①] 情况鉴定与最佳解释推论都要求当事人“讲故事”，不同之处在于最佳解释推论要求裁判者比较两个故事版本进而作出最佳判断，而情况鉴定是要结合当事人的故事版本进行电子证据的真实性鉴定。【案例 16－5】就运用了情况鉴定的方法。

【案例 16－5】

某民间借贷纠纷案[②]

【基本案情】

在某民间借贷纠纷案件中，原告提出其与关键证人高某的微信聊天记录，用以证明高某为被告作伪证。（见图 16－17）一审中，原告按照主审法官的指示，将该微信聊天记录以截屏打印形式提交法庭。后来，案件被发回重审。但原告提出因手机系统崩溃后刷机，无法找回原始微信聊天记录，只能提供当时从手机中导出的截屏图片。在重审时，被告及证人均否认微信聊天记录的真实性，辩称微信聊天记录是“微信对话生成器”所伪造。

【案件评析】

该案中审判机关需要判断原告提交的微信聊天记录截屏图片是否真实可信，能否成为定案所需的关键电子证据。根据当事人描述，其截图后形成的文件存在手机中，通过数据线连接电脑后直接导入 U 盘中，没有在电脑中存储，目前只有 U 盘这一份存档。对方质疑点为截图文件有可能通过“微信对话生成器”软件伪造，其表现的内容不是客观事实。结合当事人陈述，可以发现双方争议焦点是这些截图文件是如何生成的。委托方提出的鉴定请求是：“微信聊天记录截图是否系‘微信对话生成器’所伪造，微信截图文件是否经过篡改。”由此，可以确定鉴定人员的工作重点。

在对文件属性、文件内容、文件特征等进行分析判断后，鉴定机构给出的鉴定意见是：“微信聊天记录截图不符合‘微信对话生成器’的形成特征。上述截图文件符合苹果 IOS 系统截图特征，且通过文件特征分析，未见剪辑修改痕迹。”审判机关认为，根据鉴定意见，被告关于微信聊天记录是“微信对话生成器”伪造的辩

① ［美］罗纳德·J. 艾伦．艾伦教授论证据：上．张保生，王进喜，汪诸豪，等译．北京：中国人民大学出版社，2014：395－396.

② 改编自谢君泽、郭树正等同学承办的一起案件。

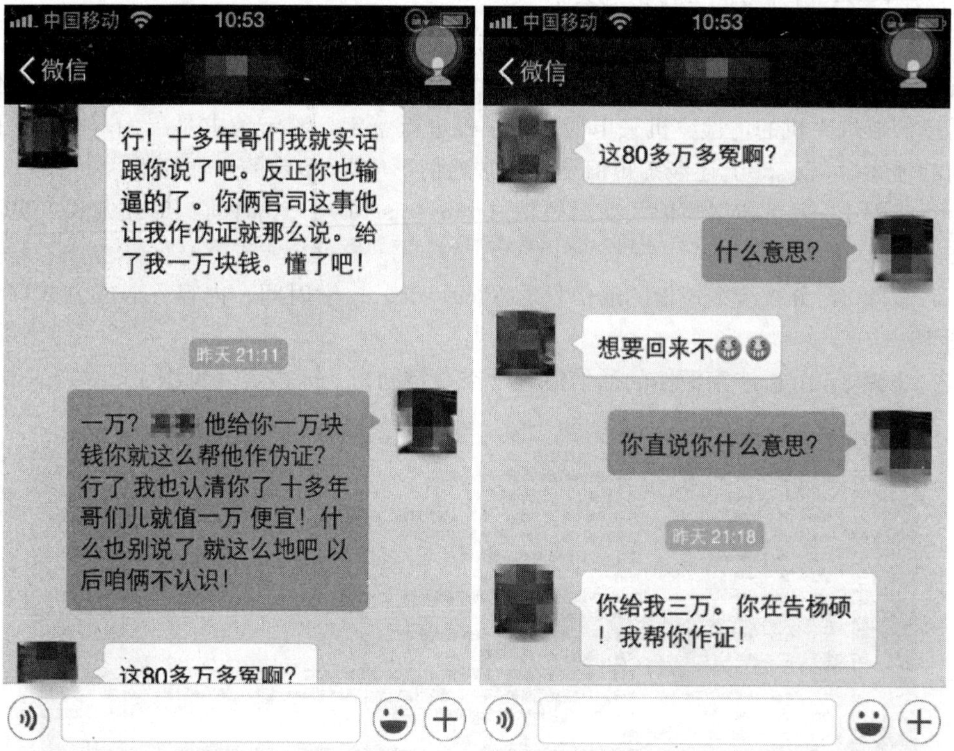

图 16－17

解不能成立。微信截图文件虽系复制形成，但根据鉴定意见，复制后并未经过篡改，因此具有可行性。被告虽提出质疑，但质疑不能成立，又未能提出其他证据予以反驳，根据证据优势原则，该证据予以采信。该案处理过程中，鉴定机构作出的就是一种情况鉴定，法庭将当事人说法与鉴定意见结合起来判断，取得了较好的办案效果。

（三）同一认定型鉴定

物证技术鉴定过程中的同一认定，一般是依据科学的比较检验作出的判断。案件调查过程中的同一认定，则往往是依据个人的观察、记忆与经验作出的判断。但无论哪种判断都属于认识活动的范畴。同一认定是一种特殊的认识活动，其特殊性主要表现在：第一，认识的对象是同案件有关的客体（人或物）；第二，认识主体只能是具有某一方面专门知识或了解某个人或物的具体特征的人；第三，认识的结论在诉讼中一般起着证据的作用。① 同一认定是鉴定领域进行真实性判断的基础理论。那么，判断电子证据的真实性，可否进行同一认定型鉴定？答案是肯定的。

① 徐立根，何家弘．试述犯罪侦查学中同一认定的概念．法学研究，1986（6）．

【案例 4－2】就涉及同一认定型鉴定。

在【案例 4－2】中，反贪部门获取的证据是犯罪嫌疑人的手机，手机中有多条行贿短信记录。由于是零口供，为避免被告人在法庭上倒打一耙，称这些行贿短信是造假放进手机的，检察机关申请对该手机进行鉴定，鉴定请求是：“1. 提取手机内的涉案短信；2. 上述涉案短信是否正常通信形成”。鉴定的步骤如下：

步骤 1，分析涉案短信及前后短信（mmssms. db）——时间、形成方式（见图 16－18）。

步骤 2，分析涉案短信的通信日志（logs. db）——时间、内容、形成方式（见图 16－19）。

步骤 3，分析涉案短信的通信痕迹（空余空间）——内容（见图 16－20）。

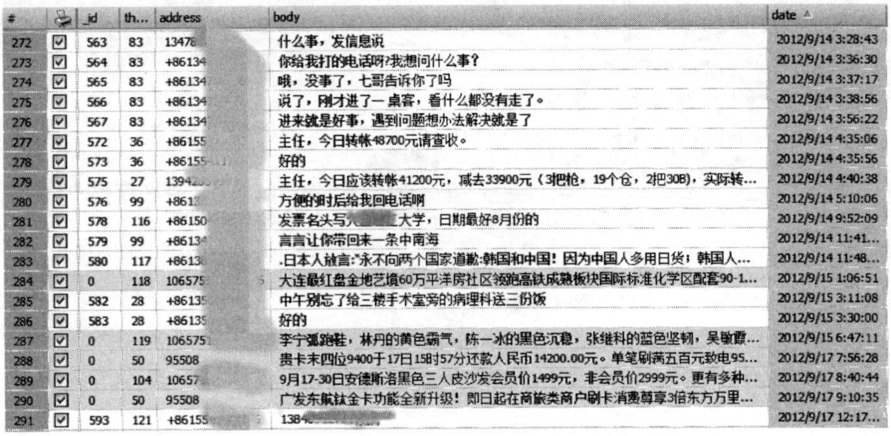

#		_id	th...	address	body	date
272	☑	563	83	13478	什么事，发信息说	2012/9/14 3:28:43
273	☑	564	83	+86134	你给我打的电话呀?我想问什么事?	2012/9/14 3:36:30
274	☑	565	83	+86134	哦，没事了，七哥告诉你了吗	2012/9/14 3:37:17
275	☑	566	83	+86134	说了，刚才进了一桌客，看什么都没有走了。	2012/9/14 3:38:56
276	☑	567	83	+86134	进来就是好事，遇到问题想办法解决就是了	2012/9/14 3:56:22
277	☑	572	36	+86155	主任，今日转帐48700元请查收。	2012/9/14 4:35:06
278	☑	573	36	+86155	好的	2012/9/14 4:35:56
279	☑	575	27	1394	主任，今日应该转帐41200元，减去33900元（3把枪，19个仓，2把30B），实际转...	2012/9/14 4:40:38
280	☑	576	99	+861	方便的时后给我回电话啊	2012/9/14 5:10:06
281	☑	578	116	+86150	发票名头写大学，日期最好8月份的	2012/9/14 9:52:09
282	☑	579	99	+8613	言言让你带回来一条中南海	2012/9/14 11:41...
283	☑	580	117	+8613	.日本人放言:"永不向两个国家道歉:韩国和中国! 因为中国人多用日货；韩国人...	2012/9/14 11:48...
284	☑	0	118	106575	大连最红盘金地艺境60万平洋房社区领跑高铁成熟板块国际标准化学区配套90-1...	2012/9/15 1:06:51
285	☑	582	28	+86135	中午别忘了给三楼手术室旁的病理科送三份饭	2012/9/15 3:11:08
286	☑	583	28	+86135	好的	2012/9/15 3:30:00
287	☑	0	119	1065751	李宁飘跑鞋，林丹的黄色霸气，陈一冰的黑色沉稳，张继科的蓝色坚韧，吴敏霞...	2012/9/15 6:47:11
288	☑	0	50	95508	贵卡末四位9400于17日15时57分还款人民币14200.00元。单笔刷满五百元致电95...	2012/9/17 7:56:28
289	☑	0	104	10657	9月17-30日安德斯洛黑色三人皮沙发会员价1499元，非会员价2999元。更有多种...	2012/9/17 8:40:44
290	☑	0	50	95508	广发东航钛金卡功能全新升级！即日起在商旅类商户刷卡消费尊享3倍东方万里...	2012/9/17 9:10:35
291	☑	593	121	+86155	138	2012/9/17 12:17...

图 16－18

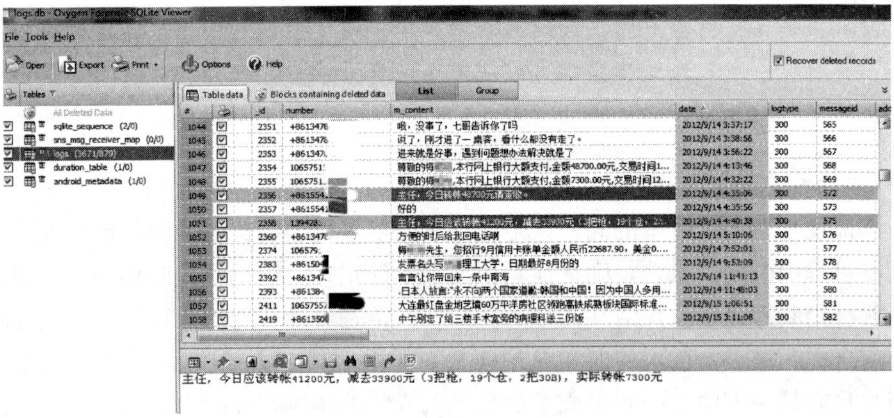

#		_id	number	m_content	date	logtype	messageid
1044	☑	2351	+8613476	哦，没事了，七哥告诉你了吗	2012/9/14 3:37:17	300	565
1045	☑	2352	+8613476	说了，刚才进了一桌客，看什么都没有走了。	2012/9/14 3:38:56	300	566
1046	☑	2353	+861347	进来就是好事，遇到问题想办法解决就是了	2012/9/14 3:56:22	300	567
1047	☑	2354	1065751	尊敬的梅 ,本行网上银行大额支付,金额48700.00元,交易时间1...	2012/9/14 4:13:46	300	568
1048	☑	2355	1065751.	尊敬的梅 ,本行网上银行大额支付,金额7300.00元,交易时间12...	2012/9/14 4:32:22	300	569
1049	☑	2356	+861554	主任，今日转帐48700元请查收。	2012/9/14 4:35:06	300	572
1050	☑	2357	+8615541	好的	2012/9/14 4:35:56	300	573
1051	☑	2358	139428	主任，今日应该转帐41200元，减去33900元（3把枪，19个仓，2...	2012/9/14 4:40:38	300	575
1052	☑	2360	+861347	方便的时后给我回电话啊	2012/9/14 5:10:06	300	576
1053	☑	2374	106579	梅 先生，您招行9月信用卡账单金额人民币22687.90，美金0....	2012/9/14 7:52:01	300	577
1054	☑	2383	+86150[redacted]	发票名头写 理工大学，日期最好8月份的	2012/9/14 9:52:09	300	578
1055	☑	2392	+861347	言言让你带回来一条中南海	2012/9/14 11:41:13	300	579
1056	☑	2393	+86138	.日本人放言:"永不向两个国家道歉:韩国和中国! 因为中国人多用...	2012/9/14 11:48:03	300	580
1057	☑	2411	1065755[redacted]	大连最红盘金地艺境60万平洋房社区领跑高铁成熟板块国际标准...	2012/9/15 1:06:51	300	581
1058	☑	2419	+861350	中午别忘了给三楼手术室旁的病理科送三份饭	2012/9/15 3:11:08	300	582

主任，今日应该转帐41200元，减去33900元（3把枪，19个仓，2把30B），实际转帐7300元

图 16－19

检验分析如下：（1）手机短信在生成时会同时在手机存储空间数据库中产生数条记录（包括痕迹信息），数据库会依照短信生成时间给其进行编号，短信被删除技术恢复后，该条短信的编号会为 0，但其表现形式仍旧是该短信正常存在数据库

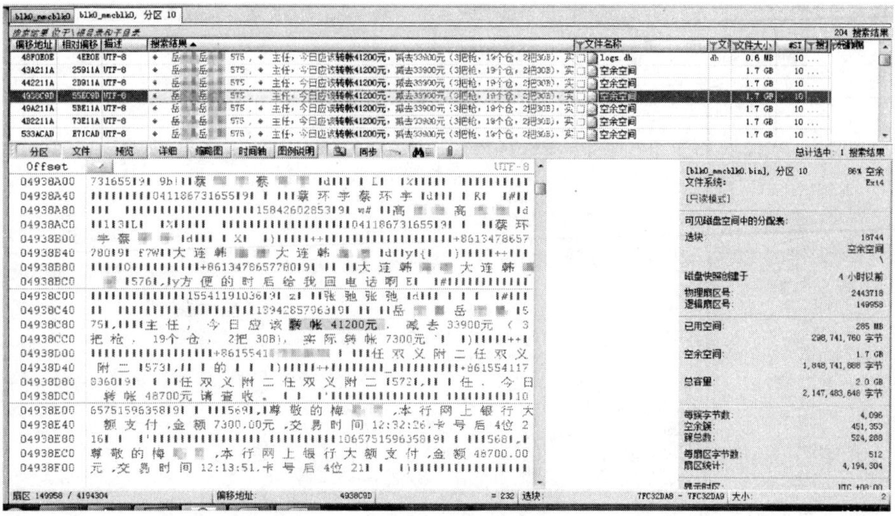

图 16 - 20

时的序号位置。(2) 某些被删除短信因数据覆盖而灭失后，则不会再出现在原先数据库的序号位置。(3) 若对短信进行伪造，首先无法在手机存储空间中生成多条记录，其次该伪造短信不会产生正常的数据库编号，仅有可能会在数据库末尾插入一条记录，编号及数据库中的时间信息必然是紧接上一条短信。

最终，鉴定人员通过检验分析，提取到了手机内的涉案短信，并给出了“上述涉案短信是正常通信所形成”的鉴定意见。该案手机扣押时间是 2013 年 1 月 15 日，涉案短信均系扣押前形成，因此该证据的可信度较高。

【拓展阅读】

关于电子邮件真伪的多重鉴定①

鉴定请求：送检硬盘中主题为“关于工程质量标准”的电子邮件是否经过伪造、篡改。

检验过程：

1. 针对主题为“关于工程质量标准”电子邮件的直接检验

经检验，主题为“关于工程质量标准”电子邮件其源代码存储于第二分区 \ Users \ nlyz \ AppData \ Local \ Microsoft \ Windows Live Mail \ 163 (nlyz _ a)　\ Inbox \ 337234F4 - 00000087. eml。

① 改编自中国人民大学物证技术鉴定中心 2012 年参与能力验证所出具的司法鉴定检验报告书。该报告主要由谢君泽完成。该报告书的完整稿由组织能力测试的官方发表于：司法部司法鉴定科学技术研究所，上海法医学重点实验室. 2012 年司法鉴定能力验证鉴定文书评析. 北京：科学出版社，2013：494 - 523.

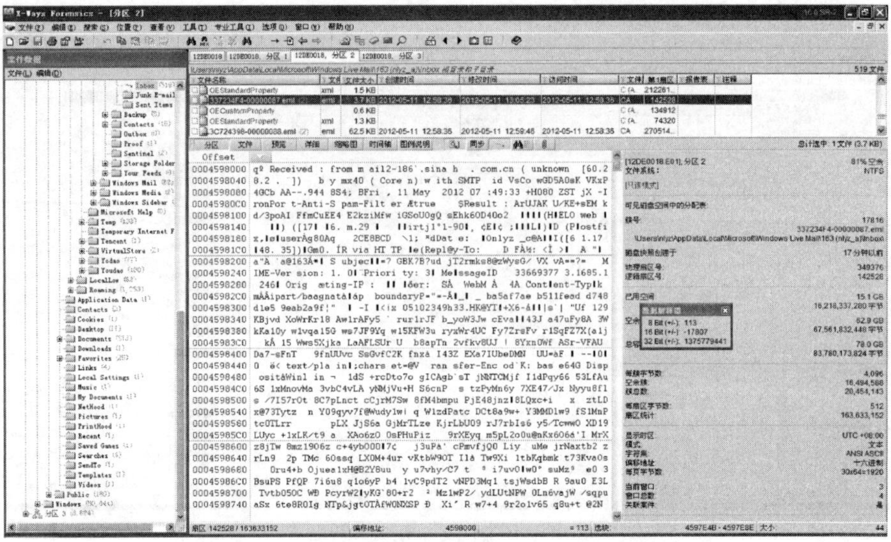

该 eml 文件的文件时间属性如下：

创建时间	修改时间	访问时间
2012-05-11 12:58:36	2012-05-11 13:05:23	2012-05-11 12:58:36

经检验，主题为“关于工程质量标准”电子邮件其邮件头中的路由信息、Message-Id 及 eml 文件的文件时间属性等符合正常邮件形成的规律。这些形成规律与实验结果相吻合。

this is a test!

发件人：[redacted]@sina.cn>；

时　间：2012年06月26日 13:20 (星期二)

收件人：[redacted]@163.com>；

```
Received: from mail2-182.sinamail.sina.com.cn (unknown [60.28.2.182])
        by mx18 (Coremail) with SMTP id RMCowEDpAk8iR+1PWky0Aw--.1680S2;
        Tue, 26 Jun 2012 13:22:42 +0800 (CST)
X-IronPort-Anti-Spam-Filtered: true
X-IronPort-Anti-Spam-Result: Ap4JAKU/KE+sEMkj/3poAIFfnD6BNohpik+MfwiGSoUOgQsEhk6OD4o2
Received: from unknown (HELO webmail.sinamail.sina.com.cn) ([172.16.201.35])
  by irtj11-93.sinamail.sina.com.cn with ESMTP; 26 Jun 2012 13:21:00 +0800
Received: by webmail.sinamail.sina.com.cn (Postfix, from userid 80)
        id E57DF49ED82; Tue, 26 Jun 2012 13:20:59 +0800 (CST)
Date: Tue, 26 Jun 2012 13:20:59 +0800
Received: from [redacted]@sina.cn([117.130.69.223]) by m0.mail.sina.com.cn via HTTP;
 Tue, 26 Jun 2012 13:20:59 +0800 (CST)
Reply-To: [redacted]@sina.cn
From: <[redacted]@sina.cn>
To: "[redacted]@163.com>
Subject: this is a test!
MIME-Version: 1.0
X-Priority: 3
X-MessageID: 1340688059.9191.7305
X-Originating-IP: [172.16.201.35]
X-Mailer: Sina WebMail 4.0
Content-Type: multipart/alternative;
        boundary="=-sinamail_alt_52e3c4be1lecca0b8e5147a071b408e2"
Message-Id: <20120626052059.E57DF49ED82@webmail.sinamail.sina.com.cn>
X-CM-TRANSID:RMCowEDpAk8iR+1PWky0Aw--.1680S2
X-Coremail-Antispam: 1Uf129KBjDUn29KB7ZKAUJUUUUU529EdanIXcx71UUUUU7v73
        VFW2AGmfu7bjvjm3AaLaJ3UbIYCTnIWIevJa73UjIFyTuYvjxUISoXUUUUU

--=-sinamail_alt_52e3c4be1lecca0b8e5147a071b408e2
Content-Type: text/plain;
```

经检验，337234F4—00000087.eml 文件存在两个流属性，它们记录了该电子邮件的属性信息、状态信息等。

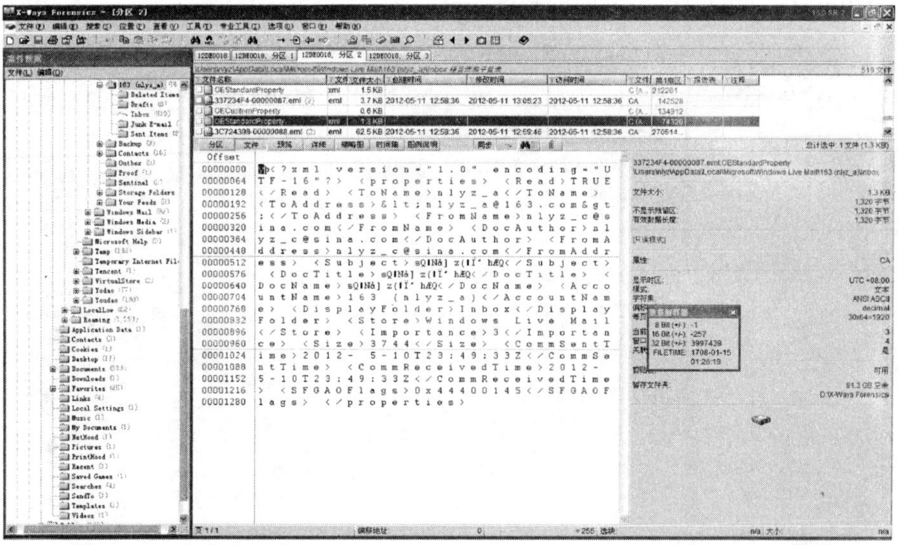

经检验，流属性所记录的属性信息、状态信息等与该电子邮件相吻合。

经检验，在第二分区 \ System Volume Information 下存在 2 处与主题为“关于工程质量标准”电子邮件完全相同的邮件源代码。

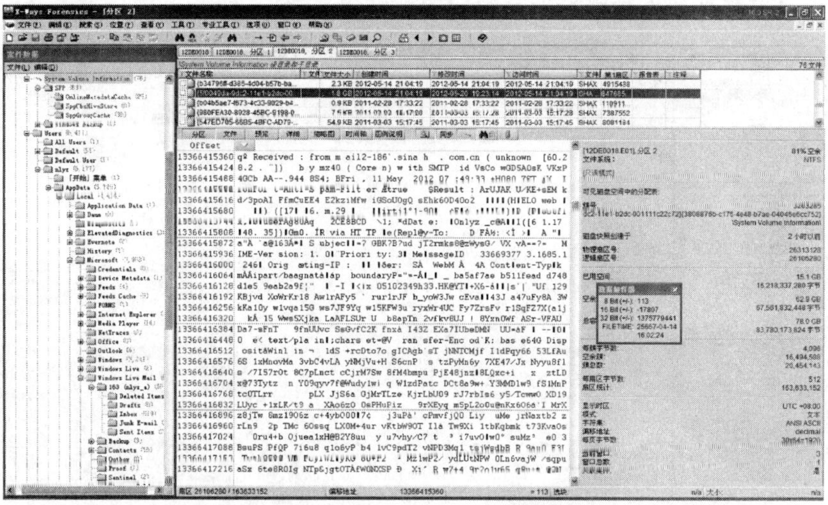

经检验，在硬盘中没有发现其他与该电子邮件相同或相似的异常源代码。

2. 关于主题为“关于工程质量标准”电子邮件之关联邮件的检验

经检验，主题为“关于工程质量标准”电子邮件存在两个关联邮件：一个是该邮件的回复邮件，主题为“Re：关于工程质量标准”；另一个是该邮件的转发邮件，主题为“Fw：关于工程质量标准”。

经检验，主题为“Re：关于工程质量标准”电子邮件其源代码存储于第二分区 \ Users \ nlyz \ AppData \ Local \ Microsoft \ Windows Live Mail \ 163（nlyz _ a）\ Sent Items \ 60D77BC1—00000001. eml。

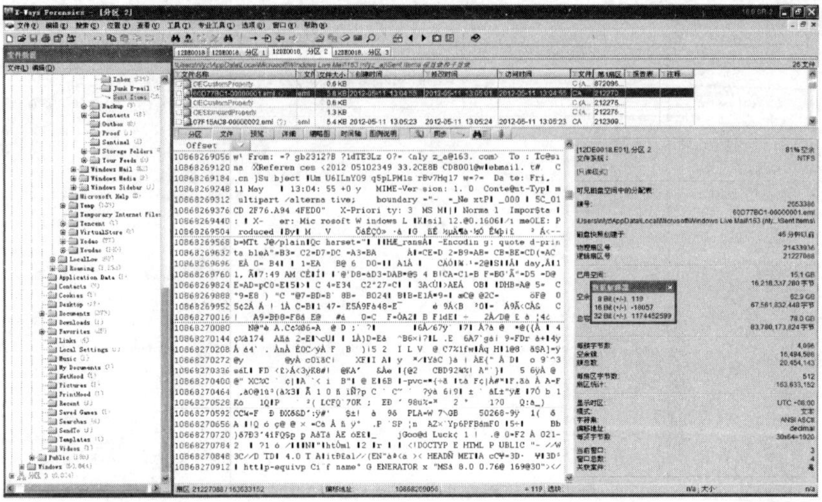

经检验，60D77BC1—00000001. eml 文件存在两个流属性，它们记录了该电子邮件的属性信息、状态信息等，它们与该电子邮件相吻合。

经检验，在第二分区 \ System Volume Information 下存在 3 处与主题为“Re：关于工程质量标准”电子邮件完全相同的邮件源代码。

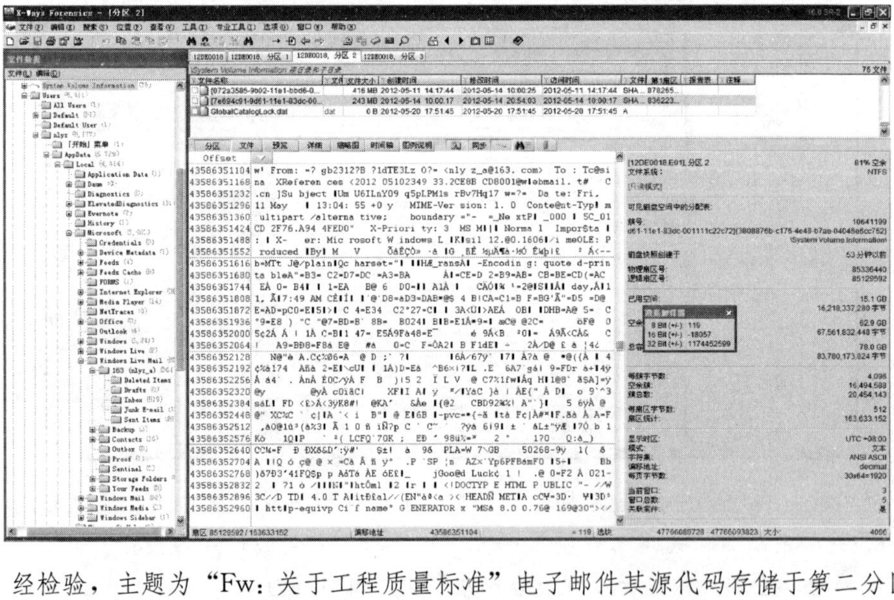

经检验，主题为“Fw：关于工程质量标准”电子邮件其源代码存储于第二分区 \ Users \ nlyz \ AppData \ Local \ Microsoft \ Windows Live Mail \ 163（nlyz _ a）\ Sent Items \ 07F15AC8—00000002. eml。

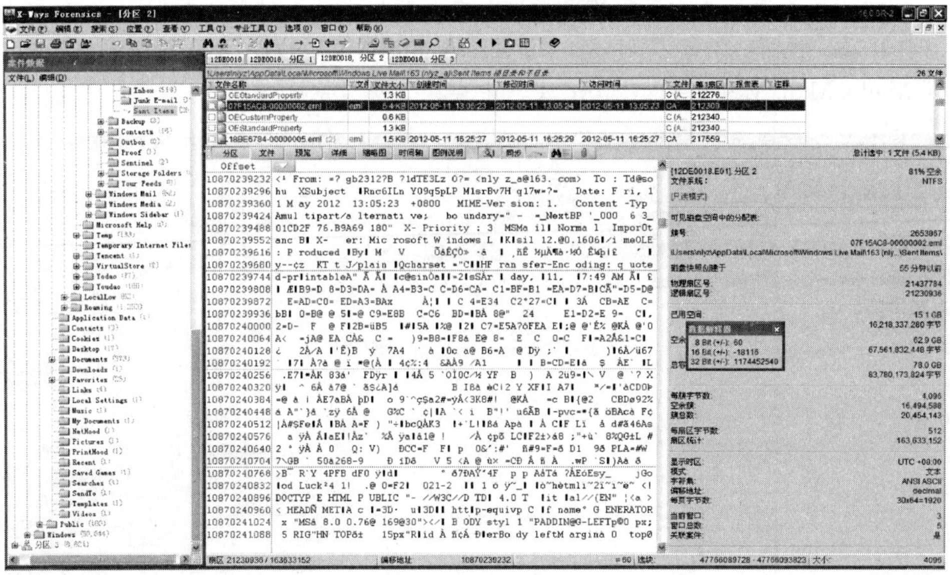

经检验，07F15AC8—00000002. eml 文件存在两个流属性，它们记录了该电子邮件的属性信息、状态信息等，它们与该电子邮件相吻合。

经检验，在第二分区\System Volume Information 下存在 2 处与主题为“Fw：关于工程质量标准”电子邮件完全相同的邮件源代码。

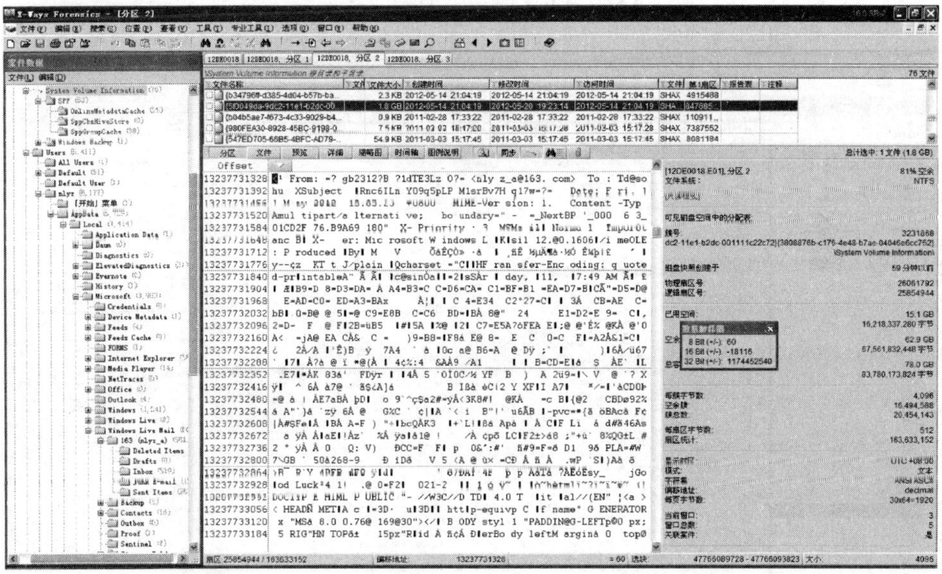

经检验，主题为“关于工程质量标准”电子邮件与其回复邮件、转发邮件之间符合正常邮件形成的规律。

3. 关于主题为“关于工程质量标准”电子邮件之相关痕迹的检验

经检验，在第二分区 \ Users \ nlyz \ AppData \ Local \ Microsoft \ Windows Live Mail \ Mail. MSMessageStore 文件中存在 5 处相关痕迹。

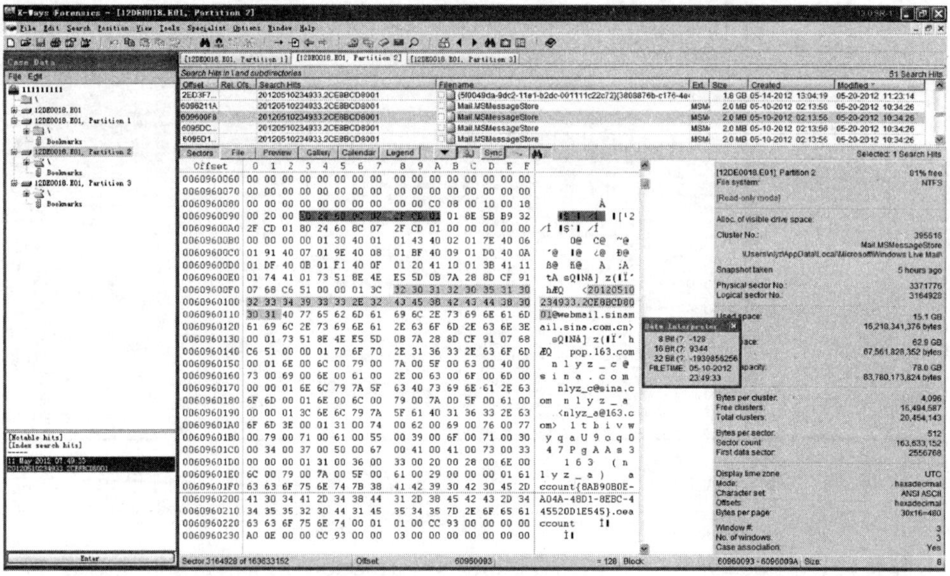

经检验，在第二分区 \ Users \ nlyz \ AppData \ Local \ Microsoft \ Windows Live Mail \ Backup \ new \ Mail. MSMessageStore 文件中存在 5 处相关痕迹。

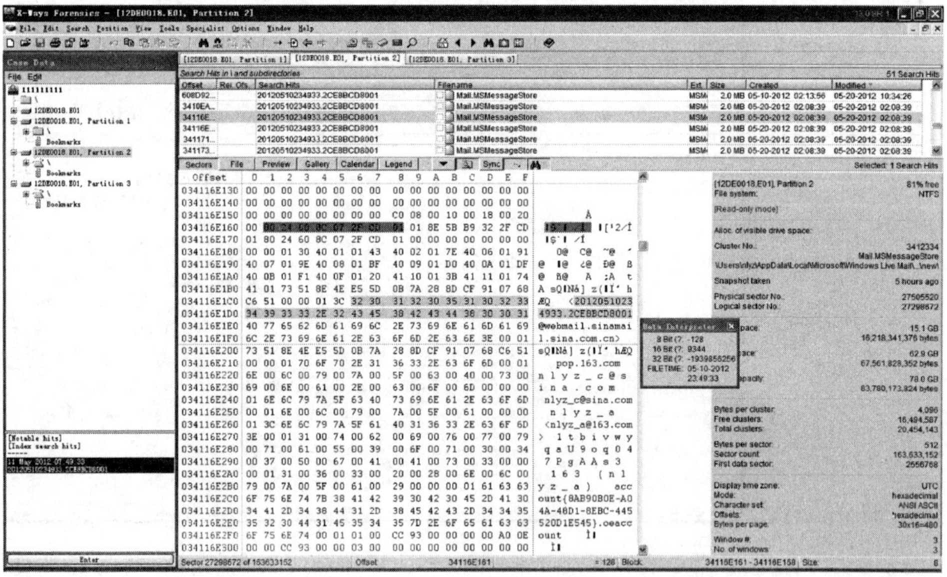

经检验，在第二分区 \ System Volume Information 目录中存在 36 处相关痕迹。

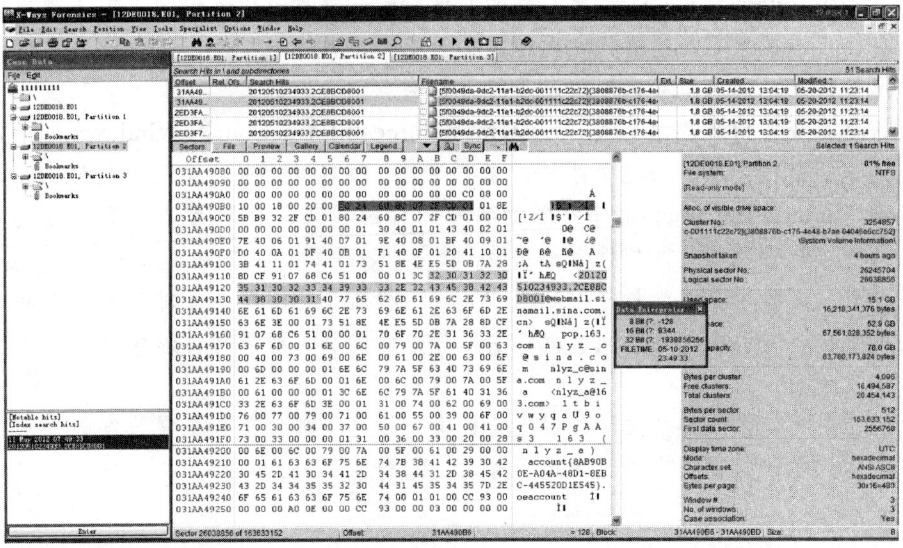

经检验，在第二分区的未分配空间中存在5处相关痕迹。

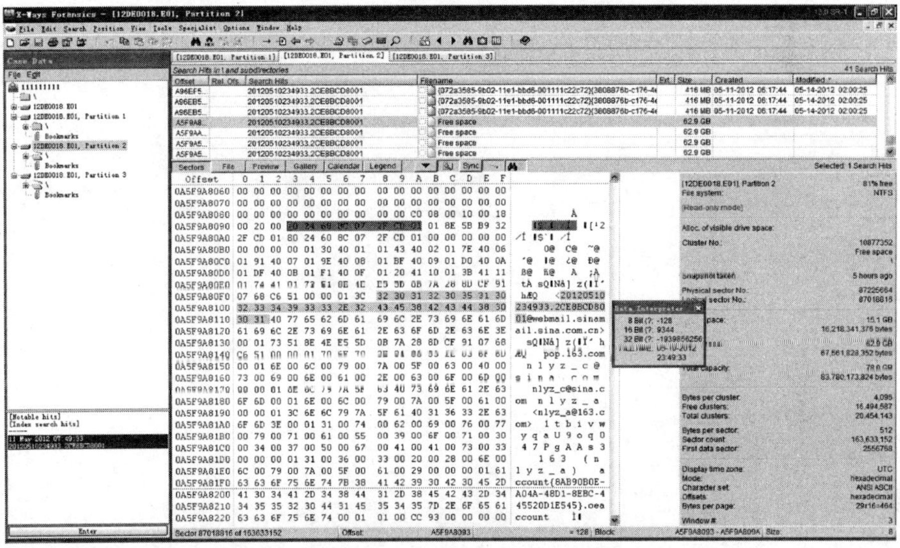

经检验，以上痕迹在时间上、主题上与相关主邮件是吻合的。

分析说明：

根据邮件通信及文件存储的原理，电子邮件的邮件头记载了邮件的来源、路由等信息，eml文件时间属性记载了邮件文件在硬盘操作的时间信息。经分析及实验验证，主题为“关于工程质量标准”电子邮件及其关联邮件附属的邮件头信息（如主机名、服务器IP地址、收发时间、Message-Id)、eml文件的文件时间属性等，它们符合正常收发邮件形成的规律。进一步分析前述邮件之间在时间上、内容上的关联关系，它们均符合正常收发邮件形成的逻辑特征。

根据 Windows Live Mail 客户端的处理机制，邮件流属性记录了电子邮件的属性信息、状态信息等。经分析主题为“关于工程质量标准”电子邮件及其关联邮件的流属性信息，它们与其对应的电子邮件相吻合。

根据系统备份还原的原理，System Volume Information 是 Windows 用于存储系统还原的备份信息的系统文件夹。该文件夹一般难以伪造、篡改。在第二分区\System Volume Information 下存储的备份邮件源代码与主题为“关于工程质量标准”的电子邮件及其关联邮件完全一致。

此外，硬盘中存在大量与主题为“关于工程质量标准”电子邮件及其关联邮件相关的痕迹，它们在邮件时间、邮件主题等方面能够与对应邮件形成有效印证。

鉴定意见：

综上所述，主题为“关于工程质量标准”的电子邮件符合正常收发邮件形成的规律，即该电子邮件没有经过伪造、篡改。

第十七章

虚拟财产的价值证明——一项辟蹊径解顽疾的创新机制[①]

> 虚拟财产“虚而有价”。其财产属性虽然在民商事法律部门争议重重，但涉及刑事犯罪的必须予以估价。实践表明，确定虚拟财产的价值是虚拟财产犯罪定罪量刑的核心。传统上，参照销赃价、回购价、交易价、套现价等定价机制已无法有效解决虚拟财产价值证明难题。一种以电子证据鉴定为抓手的新机制应运而生。本章分析了“新型鉴定式”机制的可行性、方法论与合法性，期望以此弥补传统证明机制的缺陷。

一、虚拟财产犯罪的定罪规律

我国《刑法》及相关司法解释对虚拟财产犯罪（主要是非法获取虚拟财产犯罪）尚无单独罪名的规定。但是，鉴于该类犯罪的严重社会危害性，法律部门很早就开始探索刑事治理的可能性和方案，所总结的实务经验具有重要的挖掘价值。为了探究司法实务中的定罪规律，我们以“虚拟财产”“虚拟货币”等为关键词[②]在“北大法宝”司法案例数据库进行搜索，从中筛选出近年来的虚拟财产犯罪案例，共计 198 个（见图 17－1），涉及的虚拟财产形式多样，包括域名、网络账户、Q 币、游戏装备、游戏点卡、电子积分、网络流量等。这一样本虽然不够大，不足以反映我国虚拟财产犯罪的数量现状，但已经足以揭示出我国打击虚拟财产犯罪的定罪规律。

（一）以财产性犯罪定罪为主

在 198 个案例中，以财产性犯罪定案的有 115 个，占 58%，涉及的罪名有盗窃

① 本章系在同张艺贞同学合写《虚拟财产的价值证明：从传统机制到电子数据鉴定机制》（载《国家检察官学院学报》2017 年第 5 期）一文的基础上全面修改形成。张艺贞同学对于原文做出了重要贡献，特向其致谢。

② 以“游戏币”“游戏装备”为关键词检索到的案例数量更加庞大，本章仅以“虚拟财产”“虚拟货币”作为关键词检索，进行抽样分析。

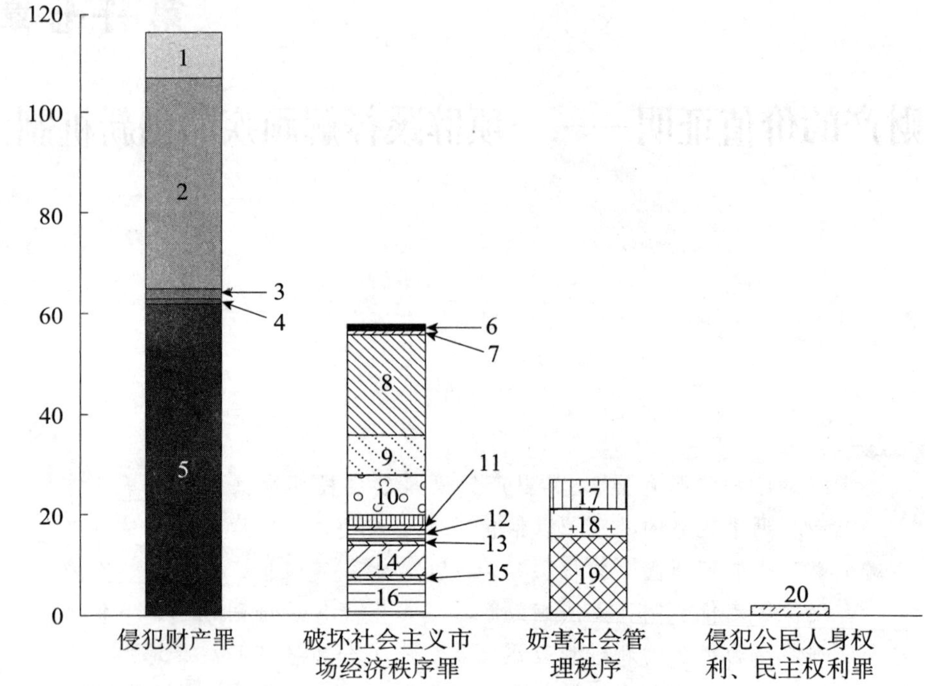

1. 职务侵占罪，9件
2. 诈骗罪，42件
3. 抢劫罪，2件
4. 故意毁坏财物罪，1件
5. 盗窃罪，61件
6. 走私罪，1件
7. 危害税收征管罪，1件
8. 扰乱市场秩序罪，20件
9. 销售假冒注册商标的商品罪，8件
10. 侵犯著作权罪，10件
11. 假冒注册商标罪，1件
12. 洗钱罪，2件
13. 切取、售卖、非法提供信用卡信息罪，1件
14. 非法吸收公众存款罪，6件
15. 妨害信用卡管理罪，1件
16. 信用卡诈骗罪，6件
17. 非法获取计算机信息系统数据罪，6件
18. 走私、贩卖、运输，制造毒品罪，5件
19. 妨害司法罪，15件
20. 非法拘禁罪，1件

图 17-1 以“虚拟财产”“虚拟货币”为关键词检索到的198个虚拟财产犯罪

罪、故意毁坏财物罪、抢劫罪、诈骗罪、职务侵占罪等五个罪名；以计算机犯罪定案的有6个，占3%；以妨害司法罪、扰乱市场秩序罪、侵犯著作权罪、非法吸收公众存款罪等其他罪名定案的有77个，占39%。（见图17-2）可见，司法机关对涉及“虚拟财产”“虚拟货币”的犯罪，在定性上以财产性犯罪定罪为主，以计算机犯罪定罪的所占比例甚小。

以财产性犯罪论处虚拟财产犯罪的前提是承认虚拟财产的财物属性。绝大多数的案件能够以财产性犯罪论处，表明了司法机关对虚拟财产财物属性的认同。通过对裁判文书的分析，我们发现以财产性犯罪论处的案件，即便是辩方，对虚拟财产的财物属性也持基本认同的态度——以诈骗罪、职务侵占罪论处的案例认同度高达100%，出现争议的主要是盗窃罪。在我们搜集到的61个盗窃案中，辩方以虚拟财产属性不明为由对案件定性提出异议有12个，对这些异议，司法机关通常不予采

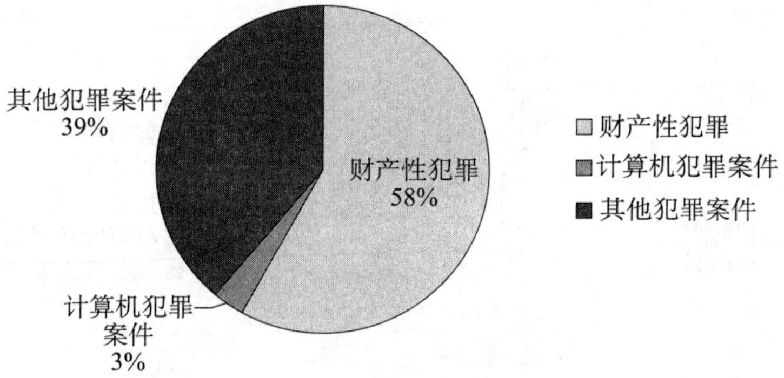

图 17－2　虚拟财产犯罪以各罪论处的比例

纳。如在林某某盗窃案[①]中，被告人林某某及其辩护人辩称，“网络域名”的价值目前尚无法确定，且尚未纳入刑法保护的财产之列，不能作为盗窃罪的犯罪对象，因此，指控被告人构成盗窃罪的法律依据不足。对于这一辩护意见，司法机关认为，域名作为一种网络虚拟财产，已经具备了一定的经济价值并能被权利主体控制与占有，其具备盗窃罪中公私财物的基本特征，能够成为盗窃罪的犯罪对象。在刘某某等盗窃案[②]中，辩护人提出的辩护意见包括：“至今，网络空间的虚拟财产依法并未纳入盗窃罪的公私财物范畴。盗窃对象公私财物与网络虚拟财产具有相同的财产属性，但又有不同的特质，二者并不等值，且所侵犯的法益不尽相同，社会危害程度不同。”对于这一辩护意见，法院认为：“游戏点卡一般是由网游公司发行的，用户可以通过购买游戏点卡为自己的游戏账户充值，以获取相关增值服务或购买公司提供的等值服务，具备用价格衡量的交换价值。”

（二）虚拟财产价值证明是关键

在传统财产犯罪中，数额认定是定罪量刑的主要依据，除抢劫罪外，几乎所有的财产性犯罪，立法者都要求达到“数额较大”才构成犯罪。[③] 在前述 198 个案例中，58％的案件被认定为财产性犯罪。其中，以盗窃罪、诈骗罪认定的案件最多，分别占 53％和 36％（见图 17－3）。这就表明，大部分虚拟财产犯罪案件都解决了虚拟财产的价值证明问题。

数额认定是财产性犯罪需要解决的关键问题。物理空间如此，虚拟空间亦同。在虚拟财产犯罪具体案件的审理过程中，虚拟财产的价值证明问题往往也是控方质证的重点。如在蔡某等盗窃案中，辩方提出：“本案的涉案金额仅有受害方单方出具证明，不能作为认定涉案金额的依据。”[④] 对于这样的质疑，既需要公诉人员予

① 参见福建省厦门市思明区人民法院刑事判决书（2007）思刑初字第 410 号。

② 参见上海市徐汇区人民法院刑事判决书（2013）徐刑初字第 222 号。

③ 罗翔．论财产犯罪中对数额的认识错误．法律适用，2009（2）：70．

④ 浙江省温州市鹿城区人民法院刑事判决书（2013）温鹿刑初字第 1853 号。

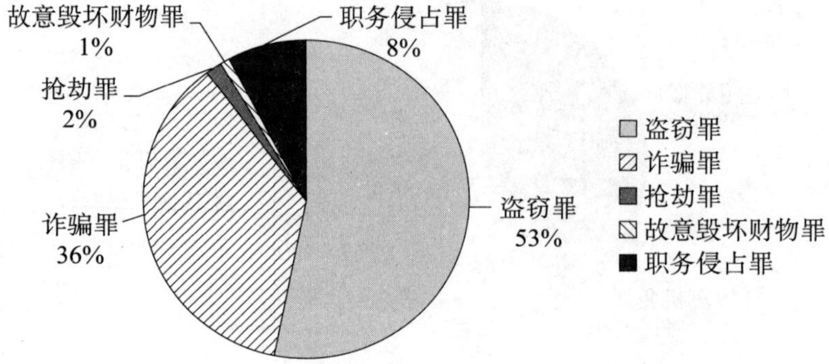

图 17-3 虚拟财产犯罪以财产性犯罪论处的比例

以有效应对，也需要审判人员有效认定。

进一步分析 198 个案例可以发现，虚拟财产的价值证明可能影响虚拟财产犯罪的定性。具言之，如果能够确定虚拟财产价格、数额，则通常认定为财产性犯罪；反之，则多以破坏社会主义市场经济秩序罪、破坏社会管理秩序罪等罪名论处。在王某等职务侵占案①中，被告人利用游戏项目经理的便利，复制游戏武器装备进行销售，控方通过委托会计师事务所对被告人银行往来进行分析，进而确定被告人获利数额，法院最后判处被告人职务侵占罪。然而，在滕某等侵犯著作权案②中，被告人在网上非法发行传奇游戏，并通过银行卡收取游戏玩家资金，出售“金元宝”，从中牟利，非法经营数额高达两百多万元，但对其中涉及的虚拟财产价值，控方未予证明，本案最终认定为侵犯著作权罪。由此观之，虚拟财产的价值证明，直接影响到虚拟财产犯罪被认定为财产性犯罪的可能性。

二、“传统参照式”机制的检讨

虚拟财产犯罪是互联网时代出现的新型犯罪形式。理论界对虚拟财产犯罪的定性一直存有分歧，占据主流的两种观点是“以计算机犯罪论处”③ 和“以财产性犯罪论处”④。二者争论的焦点集中在虚拟财产的法律属性、价值证明及规制效果三个层面。在法律属性层面，计算机犯罪论者认为虚拟财产本质上属于计算机信息系统数据，不属于刑法所保护的“公私财物”范畴；而财产性犯罪论者在认可虚拟财产“数据”属性的基础上，肯定了其“财物”属性，认为两种属性可以实现“共生”。在价值证明层面，前者认为若以财产性犯罪论处虚拟财产犯罪会带来一系列

① 参见上海市第一中级人民法院刑事裁定书（2007）沪一中刑终字第 285 号。

② 参见安徽省天长市人民法院刑事判决书（2013）天刑初字第 00293 号。

③ 喻海松．最高人民法院研究室关于利用计算机窃取他人游戏币非法销售获利如何定性问题的研究意见. 司法研究与指导，2012（2）：127.

④ 张明楷．非法获取虚拟财产的行为性质．法学，2015（3）：12-25.

问题，虚拟财产的价值证明问题首当其冲，虚拟财产没有、也不可能有一个能够被普遍接受的价值计算方式；而后者认为可以按照官方价格或者市场价格计算虚拟财产犯罪的数额，而且对于部分非法获取虚拟财产的犯罪行为，按情节轻重量刑更为适宜。在规制效果层面，前者认为以计算机犯罪论处虚拟财产犯罪，既能达到惩治犯罪的目的，又可以避免法律适用过程中的数额认定难题；而后者则提出以计算机犯罪保护虚拟财产会存在规制上的漏洞，如以传统方法侵害公民虚拟财产的行为就会落入规制无据的尴尬境地。上述观点的分歧看似针锋相对，但争论的本质在于如何解决虚拟财产价值证明难题。

（一）传统机制之实践

关于虚拟财产的价值证明机制，我国现有法律文件并没有专门的规定。司法实务中的一般做法是沿用盗窃物品价格认定的传统机制。1998 年 3 月，最高人民法院发布《关于审理盗窃案件具体应用法律若干问题的解释》，根据财物性质的不同对盗窃财物的数额认定作了规定，主要认定依据包括市场中等价格、国家指导价、购进价、有关部门核定价、销赃数额、票面数额、相关凭证、指定的估价机构估价、损失数额等。例如："被盗物品的价格应当以被盗物品价格的有效证明确定。不能确定的，按作案当时、当地的同类物品的价格计算。""对于单位和公民的生产资料、生活资料等物品，原则上按购进价计算，但作案当时市场价高于原购进价的，按当时市场价的中等价格计算。""销赃数额高于按本解释计算的盗窃数额的，盗窃数额按销赃数额计算。"随着社会经济生活的发展，该解释的诸多规定已不能适应社会实际。①

2013 年 4 月，最高人民法院、最高人民检察院发布《关于办理盗窃刑事案件适用法律若干问题的解释》（以下简称《盗窃案件解释》），重新梳理了盗窃数额的认定方法：（1）盗窃数额认定的一般方法，即："被盗财物有有效价格证明的，根据有效价格证明认定；无有效价格证明，或者根据价格证明认定盗窃数额明显不合理的，应当按照有关规定委托估价机构估价。"（2）对盗窃外币、电力、燃气、自来水等财物，使用盗接他人通信线路、复制他人电信码号的电信设备、设施，盗接他人通信线路、复制他人电信码号出售等情况作了特别规定，认定依据包括汇率中间价、月缴费额、月均电话费、销赃数额等。（3）对盗窃有价支付凭证、有价证券、有价票证的情况作了特别规定，认定依据主要是票面数额及其可得收益、失主实际损失等。

为明晰司法实务部门如何适用上述司法解释解决虚拟财产的价值证明问题，我们以样本中 61 个盗窃罪案例进行分析。统计数据显示，以销赃价、回购价、交易价、套现价等认定的案例有 15 个，占 25%；以购买价格认定的有 7 个，占 11%；

① 胡云腾，周加海，周海洋．《关于办理盗窃刑事案件适用法律若干问题的解释》的理解与适用．人民司法，2014（15）：21.

以运营商销售价格认定的有 1 个，占 2%；以充值金额、交易账户收入等认定价格的分别有 2 个，各占 3%；由法官直接依证据进行裁量但在判决书未明确计价方式的有 23 个，占 38%；以物价局/价格认定中心出具的价格鉴定意见书认定的有 9 个，占 15%；以被害单位的价格估算及电子数据司法鉴定为依据的案例各有 1 个，各占 2%（见图 17－4）。可见，实务中的主要认定方法还是沿用两个司法解释中提到的有效价格证明，包括销赃数额、购进价、运营商销售价格、充值金额、获益数额等。此外，委托价格鉴定所占比例也比较高。

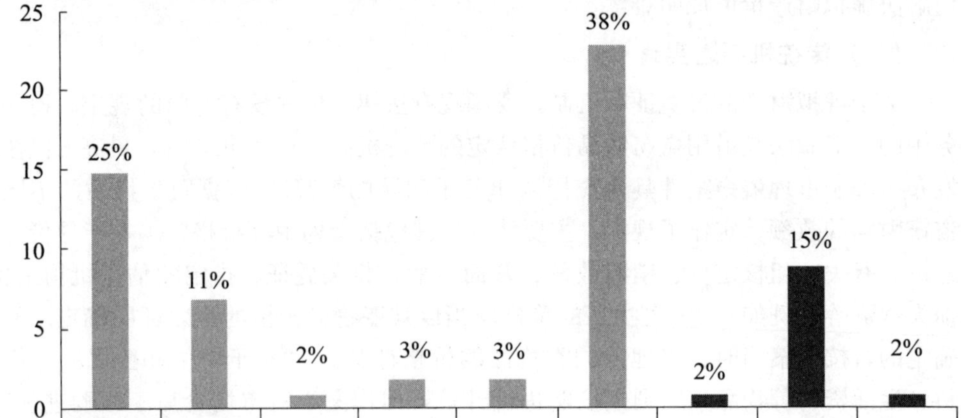

	变现为现金（销赃价、回收价、交易价、套现价）	购买价格（转移金额、购进价）	运营商销售价格	充值金额	交易账户收入	未明确方式	被害单位的价格估算	物价局/价格认证中心价格鉴定结论书	电子数据司法鉴定
案例数	15	7	1	2	2	23	1	9	1

直接认定　　间接认定

图 17－4　司法实务中虚拟财产价值认定的方法

上述认定方法可进一步区分为直接认定和间接认定两类。前者是指法官直接对涉案数额进行认定；后者是指法官将数额认定任务交由被害单位或者第三方承担。其中，直接认定居于主流地位（见图 17－5）。这两种认定方法的区别在于：其一，数额认定的主体不同，直接认定由法官进行，间接认定则多由被害单位或鉴定机构支撑。其二，数额认定的依据有差异，直接认定中依据的是控辩双方提供的证据，价格资料相对确定，如对网络购物储值账户中的虚拟货币可以通过充值记录回执单确定涉案数额。间接认定的情况相对复杂，这不仅表现为其价格资料相对模糊，而且表现为这种数额认定过程依赖于一定的技术基础，需要通过技术处理确定虚拟财产的数量或有关的数据。

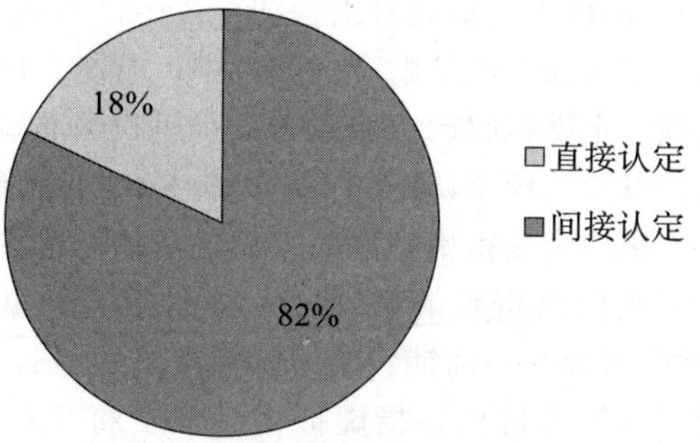

图 17-5　虚拟财产价值直接认定与间接认定占比

(二) 传统机制之不足

完全沿用传统财产价值证明机制证明虚拟财产价值，存在明显的缺陷。统计表明有 83 个案例最终未按财产性犯罪论处，就在一定程度上说明了问题。这 83 个案例涉及的价值证明难题有：交易单据缺失，变现数额、交易情况无法证明；通过银行账户对账计算交易数额，出现重复计算、实际交易数额无法确定；非法获取运营商虚拟财产，数量巨大，以运营商销售价格计算虚拟财产价值会造成损害事实失衡等。虚拟财产有别于传统财物，其表现为肉眼无法直接识别的、形形色色的电磁记录，包括游戏装备、虚拟货币、电子邮箱地址、域名、即时通讯软件账号、网络商铺、数据资料、上网流量包等等。① 这些虚拟财产或者价格资料缺失，或者“购进”零成本，或者增值难以估算……认定这些物品的价值，显然不能完全适用传统盗窃物品的证明机制，而需进行必要的创新。

就直接认定而言，法官对虚拟财产价值的认定依赖于控辩双方提交的有效价格证明——一定形式的电子交易单据，一旦电子交易单据缺失或者行为人未获得直接经济收益，法官直接认定虚拟财产犯罪数额就会落入“无据可循”的境地。例如，在朱某非法获取计算机信息系统数据案②中，被告人朱某购买了大量网络账号密码信息，并通过技术比对，获得游戏身份认证信息 4 181 组，进而获取账户内的虚拟财产。该案交易单据缺失，控方对虚拟财产的价值并予以有效证明，最终以其非法获得的游戏账户身份认证信息数量认定其构成非法获取计算机信息系统数据罪。进一步讲，即使获取了相关电子交易数据，法官的直接认定还会面临诸多问题：其一，以变现数额认定犯罪数额的不足。变现数额在具体案例中表现为销赃价、回收价、交易价、变现价等。以变现数额特别是销赃数额直接认定虚拟财产犯罪数额时，常出现的问题是销赃数额与被害人实际损失严重失衡。例如，一个五位数的 QQ 号销赃数额可能高达几万元。虽然《盗窃案件解释》第 4 条第 1 款第 5 项规定：

① See Fairfield, Joshua A. T., Virtual Property, Boston University Law Review, Vol. 85, Issue 4 (October 2005), pp. 1047-1102.

② 参见安徽省青阳县人民法院刑事判决书（2014）青刑初字第 00090 号。

“盗接他人通信线路、复制他人电信码号出售的，按照销赃数额认定盗窃数额”，但是将该认定方法适用于非法获取虚拟财产的案件中，可能会出现“水土不服”的情况。简单地以销赃数额认定虚拟财产犯罪数额，有违我国刑事司法一贯遵循的罪责刑相适应原则。其二，以购买价格认定的不足。购买价格是指中介服务商（而非虚拟财产开发商）及个人用户为获得虚拟物品支付的对价。这种认定方法的缺陷是其只适用于虚拟物品有明确价格资料的情况，无法适用于大量“免费”获得、经营（使用）升值的虚拟财产（如网络商铺、电子邮箱等）。其三，以运营商销售价格认定的不足。这里的运营商销售价格特指虚拟物品开发商（如 Q 币的开发商腾讯公司）拟定的虚拟财产售卖价格。以运营商销售价格认定犯罪数额的案件分为两类：一类是网络用户之间及网络用户与中介服务商之间的案件，另一类是直接窃取运营商虚拟财产的案件。实务中存在争议的主要是后者，窃取运营商虚拟财产的计价方式应当与窃取个人用户的相区分。其四，以充值金额认定的不足。该认定方法存在的问题是充值面额与实际价值之间往往存在一定差价。例如，中介服务商代售游戏点卡、电话卡时实际售价一般比卡面金额低一些。其五，以交易账户认定的不足。实务中常以交易账户中资金往来信息确定虚拟财产犯罪销赃数额，进而确定犯罪数额。这种方法的缺陷在于需要证明资金往来信息与销赃交易行为之间的对应关系。

就间接认定而言，也存在一些难以克服的困难：其一，以被害单位的价格估算为认定依据。该方法最大的问题就是中立性不足，辩方常以此质疑数额认定的公正性。其二，以物价局/价格认定中心价格鉴定意见为依据。该认定方法早在 1998 年的司法解释中就已经涉及，价格鉴定机构作为中立的第三方对涉案物品价值进行鉴定能够满足诉讼参与人对公正的期待。但是虚拟财产的数额认定远比传统物品数额认定复杂得多，其鉴定过程依赖于价格资料的支撑以及虚拟财产数量的确定，对这两方面数据的获取需要一定的技术支持。实务中，绝大多数物价局/价格认定中心缺乏相关的技术经验及人才储备，也不愿承担这样的工作。

需要特别注意的是，我国司法实践中还出现了一种基于电子数据司法鉴定意见的间接认定方法。这是虚拟财产犯罪数额认定的新尝试，它将虚拟财产价值证明引入一个新的专业领域。具体做法是运用数据搜索、数据挖掘、数据恢复等技术对价格资料、交易数据等进行处理，进而确定涉案数额。目前，在使用这种方法进行认定的唯一一起案例中，司法鉴定中心对涉案四名被告人的电脑、支付宝账户资料、淘宝交易记录、相关软件等进行了数据保全，根据司法鉴定中心出具的司法鉴定报告书确定被告人的获利数额。① 这一创新值得肯定，但要推广复制还必须进行细节完善。

三、“新型鉴定式”机制的论证

随着互联网的迅速发展，虚拟财产的形式会愈加丰富，“免费”获得、经营

① 参见上海市徐汇区人民法院刑事判决书（2013）徐刑初字第 317 号。

(使用) 升值的虚拟财产所占比例会越来越大。在这种情况下，传统机制所能解决的虚拟财产价值证明问题越来越有限，探索电子数据司法鉴定的新证明机制就显得尤为重要。电子数据司法鉴定是司法鉴定人根据专业知识、相关理论和方法，对诉讼活动中涉及的电子数据进行分析、检验、鉴定，并作出意见的专门性技术活动。① 运用电子数据司法鉴定对虚拟财产价值进行专业判断，能够弥补传统证明机制适用范围有限、中立性不足等缺陷。

(一) 电子证据司法鉴定确定虚拟财产价值之可行性

现阶段我国开展的电子数据司法鉴定科目并不统一，但大体上都包括数据搜索、数据挖掘、数据恢复等主要内容。而虚拟财产犯罪往往涉及电子单据或其他电子记录信息，犯罪嫌疑人一旦将这些信息删除隐匿，就可以借助电子数据司法鉴定加以恢复收集。这说明现有电子数据司法鉴定科目可以用于证明某些情况下的虚拟财产价值。

这些情况主要包括：(1) 销售单、回收单、交易单、套现单、购进单、充值单等单据的数据搜索、数据挖掘及数据恢复。这些单据记载着交易的重要信息，甚至可以作为直接认定虚拟财产价值的依据，其获取对认定犯罪数额具有重要意义。(2) 相关电子邮件、电子聊天记录的数据搜索、数据挖掘与数据恢复。电子邮件以及即时通讯记录一般会记载交易物品的名称、价格、交易时间等信息，通过搜索与恢复犯罪嫌疑人邮箱及即时通讯软件聊天记录，有利于确定其行为动机、时间、销赃价格等信息；而对被害人邮箱及电子聊天记录的获取，有助于判断被害人的损失数额。(3) 交易账户的数据搜索、数据挖掘与数据恢复。交易账户中含有金钱往来的直接信息，通过与其他交易单据的碰撞比对，能够确定其中涉案的交易数额。

现有电子数据司法鉴定业务用于虚拟财产价值证明亦存在不足之处，突出表现为单纯依靠数据搜索、挖掘与恢复等现有电子数据司法鉴定科目，不能完全解决虚拟财产犯罪数额的证明难题。例如，对于在虚拟财产开发平台直接进行窃取的行为如何认定涉案数额？对于用户二次加工经营的网络商店的市值如何计算？对于窃取流量数据包的行为如何计算犯罪数额？解决这些问题离不开专门的信息科学知识，但是现有科目显然不能解决这些难题。换言之，电子数据司法鉴定需要与时俱进，进行相应的理论和方法创新。

(二) 电子证据司法鉴定确定虚拟财产价值之方法论

虚拟财产的价值证明本质上是对计算机信息系统数据的财产性利益估价。借助科学技术手段解决该问题，一方面离不开价格认定方面的专业知识，另一方面也离不开信息科学的专业知识。后者集中体现为电子数据司法鉴定的专业知识。将电子数据司法鉴定知识与传统价格认定知识结合起来，打造新型的、交叉型的鉴定业务，是解决虚拟财产价值证明的科学方案 (见图 17－6)。

① 参见《人民检察院电子证据鉴定程序规则 (试行)》。

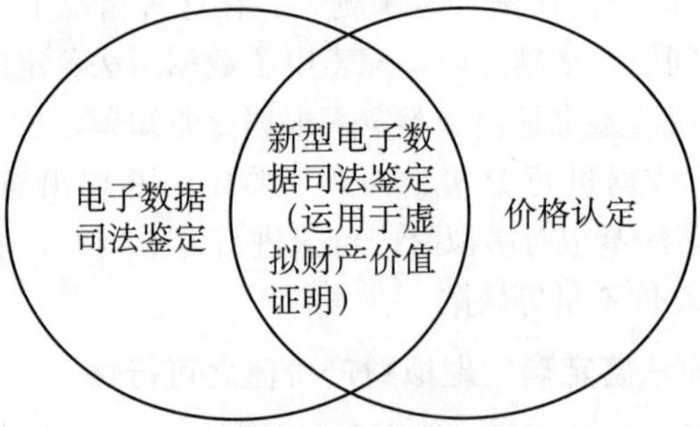

图 17-6　新型电子数据司法鉴定

相比传统价格认定知识，电子数据司法鉴定知识更具有专业性，因此将新型鉴定业务归入电子数据司法鉴定范围更为妥当。交叉研究表明，新型电子数据司法鉴定的鉴定类型至少包括四种（见表 17-1）。

表 17-1　新型电子数据司法鉴定的类型及适用

鉴定类型	适用情形
关于虚拟财产开发投入的鉴定	运营商或开发平台的虚拟财产被侵害
关于虚拟财产正常获得投入的鉴定	个人用户经过“二次加工”所获得的虚拟财物被窃取
关于虚拟财产缺失对网络服务造成损失的鉴定	无法直接确定被侵害的虚拟财产价值
关于虚拟财产缺失对计算机信息系统造成损失的鉴定	借助窃取账号密码和直接侵入计算机信息系统进行虚拟财产犯罪

一是关于虚拟财产开发投入的电子证据司法鉴定。该类鉴定主要针对的是运营商或开发平台的虚拟财产被侵害的情况。在这类案件中，部分虚拟财物有对应的市场销售价格。譬如，在边锋出品的“三国杀 online”游戏中，对武将、三国秀饰品、游戏道具等在其商城中均有对应的以“元宝”为单位的价格，而元宝可以通过储值获得，故而这类虚拟物品有对应的现实价格。但是，在嫌疑人直接侵入该游戏后台窃取相关虚拟物品时，其涉案的虚拟财产数量往往巨大，若直接以其商城售价计算平台损失，不免偏颇。因此，对于此类案件，需要通过鉴定获知其开发阶段及运维阶段的投入成本。

又如，“网络矿工”挖掘比特币的时间、计算力投入。比特币的产生依赖于 CPU 的电力和时间消耗，设备运算能力对于比特币的产生具有重要意义，随着比特币全网的运算水准不断上涨，出现了“矿池”（Mining Pool）这种将少量算力合并联合运作的方法，在这种机制中，个人矿工只要通过“矿池”参与挖矿活动，无论是否成功挖掘出有效的数据块，都可以依据对矿池的贡献度分享获得的比特币。[①] 在这种多人合作“挖矿”的模式下，时间及计算力的投入也可以通过电子数

① See Andreas M. Antonopoulos, Mastering Bitcoin. Unlocking Digital Crypto-Currencies, Publiced by O'Reilly Media：25-26.

据司法鉴定来确认。

二是关于虚拟财产正常获得投入的电子证据司法鉴定。这里的“正常获得投入”是指虚拟财产开发完成后，用户获得该虚拟财产所付出的对价。该类鉴定主要适用于个人用户经过“二次加工”所获得的虚拟财物被窃取的情况。例如，淘宝汇聚了众多网络个体商户，淘宝网店在注册之初，仅仅是一个虚拟账户与空白网页，基本无价值可言，但商户若经营得当，具备较高的人气、信用，网店的价值就非常大，一旦被窃取，损失严重。对于该类案件，就需要对用户“二次加工”的投入进行鉴定，这也属于对电子数据的分析检验。

三是关于虚拟财产缺失对网络服务造成损失的电子证据司法鉴定。虚拟财产的核心价值在于满足网络用户的某种需求，对虚拟财产的窃取会减损其所有者或使用者的相应体验。若无法直接确定被侵害的虚拟财产价值，通过确定满足被害人原有需求所需成本来计算盗窃数额，不失为一种可行的思路。损害填补的标准也可以通过电子数据鉴定确定合理的范围。例如，网络游戏中有一类游戏装备获得的途径只有“练级”或平台随机分配，对于职业玩家来说，这些装备被窃取可能影响其他装备的获得，在相关交易市场尚未形成（这种情况下，无法通过物价部门常用的“市场法”① 认定虚拟财产价值）而嫌疑人又未出售的情况下。对于这部分损失的认定，就可以通过电子数据司法鉴定对“损害填补”进行专业判断。

四是关于虚拟财产缺失对计算机信息系统造成损失的电子证据司法鉴定。虚拟财产犯罪的手段主要有窃取账号密码和直接侵入计算机信息系统两种。两种手段都不可避免地会侵入特定的计算机信息系统，增加、删除或篡改系统数据，这些行为可能会影响计算机信息系统的正常运转。不当修改虚拟财产电子数据之外的信息，还会给被害人造成更大的损失。这些损失的认定，就需要通过电子数据司法鉴定进行专业判断。

上述四项鉴定科目是新型电子数据鉴定科目的不完全列举。随着虚拟财产外延的拓展、技术环境的变更，新的鉴定科目还会不断涌现。从总体上看，新型电子数据司法鉴定运用于虚拟财产价值证明主要包括三个环节：第一，通过电子数据司法鉴定获取开发投入、获得投入、服务减损及系统功能破坏等电子数据信息；第二，借鉴传统物价认定知识对涉案数额进行估算；第三，出具虚拟财产犯罪数额鉴定意见。其中，新型电子数据司法鉴定的关键作用主要体现在对虚拟财产相关数据信息②的获取上，而这一环节正是估算虚拟财产价值难度最大、技术性最强的部分，这也是传统价值证明机制所无法胜任的。

（三）电子证据司法鉴定确定虚拟财产价值之合法性

开拓新型电子数据司法鉴定解决虚拟财产价值证明难题，具有重要的现实意

① 所谓的“市场法”，是指根据虚拟财产的市场售价对其价值进行判断。该方法依赖于相关价格资料的获得。

② 这里所指的数据信息外延远远大于现有电子数据司法鉴定科目所能获取的数据信息。

义。一方面，它能够弥补物价部门应对虚拟财产犯罪估价的技术短板；另一方面，它又能够相对客观地认定虚拟财产犯罪的涉案数额。这一新机制也符合我国电子数据司法鉴定制度、价格认定制度以及刑事诉讼法基本精神。这些构成了虚拟财产价值证明机制创新的合法性基础。

第一，虚拟财产价值证明的新机制与现行司法鉴定制度不冲突。在刑事诉讼中，鉴定的对象是案件中需要解决的专门性问题。我国《刑事诉讼法》第146条规定："为了查明案情，需要解决案件中某些专门性问题的时候，应当指派、聘请有专门知识的人进行鉴定。"虚拟财产价值认定的关键环节是获取深层次数据信息，该环节极具专业性。故而，虚拟财产价值认定可以通过鉴定予以解决。2015年修正的全国人大常委会《关于司法鉴定管理问题的决定》是我国关于司法鉴定的重要法律文件，该决定对三类鉴定的鉴定人和鉴定机构采取登记管理制度。这三类鉴定分别是法医类鉴定、物证类鉴定、声像资料类鉴定。

依据实务惯例，电子数据司法鉴定属于声像资料类鉴定。其鉴定范围在最高人民检察院颁布的《人民检察院电子证据鉴定程序规则（试行）》（以下简称《规则》）第4条中有明确规定，主要包括："（一）电子证据数据内容一致性的认定；（二）对各类存储介质或设备存储数据内容的认定；（三）对各类存储介质或设备已删除数据内容的认定；（四）加密文件数据内容的认定；（五）计算机程序功能或系统状况的认定；（六）电子证据的真伪及形成过程的认定；（七）根据诉讼需要进行的关于电子证据的其他认定。"根据该规定，"数据内容"认定是电子数据司法鉴定的重要内容，获取数据信息作为虚拟财产价值认定的关键环节毫无疑问属于"数据内容"认定的范畴。前述对计算机信息系统造成损失的认定属于《规则》第4条第5项的鉴定范围。而根据虚拟财产价值认定需要开展其他鉴定业务可以适用《规则》第4条第7项。可见，以现有电子数据司法鉴定业务为基础，开拓新的鉴定业务以应对虚拟财产犯罪数额认定难题，符合现有规范性文件关于电子数据司法鉴定的规定。

第二，虚拟财产价值证明的新机制与现行价格认定制度不冲突。在涉案物品数额的认定问题上，国家计委、最高人民法院、最高人民检察院、公安部联合发布的《关于印发〈扣押、追缴、没收物品估价管理办法〉的通知》第5条规定："国务院及地方人民政府价格部门是扣押、追缴、没收物品估价工作的主管部门，其设定的价格事务所是各级人民政府、人民检察院、公安机关指定的扣押、追缴、没收物品估价机构，其他任何机构或者个人不得对扣押、追缴、没收物品估价。"据此，有人习惯性认为，虚拟财产价值认定工作似乎只能交由价格部门承担，这种观点有失偏颇。一方面，该通知直接指向的是"扣押、追缴、没收物品"。从当时发布通知的社会背景来看，该通知涉及的估价对象应该是有形物品，并不涵盖无形物品、有偿服务等对象。另一方面，针对虚拟财产价值证明，电子数据司法鉴定的范围不仅包括对"价格资料"的恢复、搜索、挖掘，也涵盖了对开发投入、经营投入、服务减损、系统功能破坏等方面的估价活动。这些新型的估价内容是传统估价机构难以胜任的。以规制传统物品估价行为的规范性文件，限制电子数据司法鉴定在虚拟财产犯罪数额上发挥作用是狭隘的。

《盗窃案件解释》第 4 条第 1 款第 1 项规定："……无有效价格证明，或者根据价格证明认定盗窃数额明显不合理的，应当按照有关规定委托估价机构估价"。该解释扩展了估价对象的范围，但其对于"估价机构"的外延并没有进行严格限制。该解释同样并未将电子数据司法鉴定机构排除在外。因此，开拓新的电子数据鉴定业务以满足虚拟财产价值证明的需要，并不违背我国现行的价格认定制度。

第三，虚拟财产价值证明的新机制与刑事诉讼法基本精神不冲突。虚拟财产价值证明是刑事诉讼证明活动的重要组成部分。讨论虚拟财产价值证明新机制的问题，还应该回归到刑事诉讼法层面上。专门问题由专业机构或人员解决，是刑事诉讼基本制度关于鉴定的基点。开拓新型电子数据司法鉴定业务应对虚拟财产价值认定这一专业问题，符合刑事诉讼基本制度的精神。

根据《刑事诉讼法》第 146 条及《刑诉法解释》第 87 条之规定，鉴定的核心内容是相关机构或人员运用专门知识就案件中的专门性问题作出专业判断。"专门""专业"是鉴定活动的关键特征。虚拟财产犯罪数额认定活动之"专"体现在电子数据信息获取之专业与物价认定之专业两个方面，且二者缺一不可。对于虚拟财产价值证明，理想状态是由同时精通这两方面知识的机构或人员进行。然而，当前我国尚无一个机构专门从事虚拟财产价值认定业务。在这种情况下，就需要以电子数据司法鉴定机构为主导或以物价认定机构为主导，开拓虚拟财产价值认定业务。电子数据司法鉴定与物价认定都依赖专业知识，前者需要信息科学知识，后者需要价格认定知识。两相比较，电子数据司法鉴定的专业性更强、专业知识的获取难度更大。故而，以电子数据司法鉴定机构为主导，并借鉴价格认定知识，进行新型虚拟财产价值认定业务是当前最为适宜的选择。

【拓展阅读】

网络域名的价值依靠综合认定

【基本案情】

被告人张某某，男，1989 年 7 月生，无业。

2009 年 5 月，被害人陈某在大连市西岗区登录网络域名注册网站，以人民币 11.85 万元竞拍取得"www. 8. cc"域名，并交由域名维护公司维护。

被告人张某某预谋窃取陈某拥有的域名"www. 8. cc"，其先利用技术手段破解该域名所绑定的邮箱密码，后将该网络域名转移绑定到自己的邮箱上。2010 年 8 月 6 日，张某某将该域名从原有的维护公司转移到自己在另一网络公司申请的 ID 上，又于 2011 年 3 月 16 日将该网络域名再次转移到张某某冒用"龙嫦"身份申请的 ID

上，并更换绑定邮箱。2011年6月，张某某在网上域名交易平台将网络域名“www.8.cc”以人民币12.5万元出售给李某。2015年9月29日，张某某被公安机关抓获。

诉讼过程和结果：

本案由辽宁省大连市西岗区人民检察院于2016年3月22日以被告人张某某犯盗窃罪向大连市西岗区人民法院提起公诉。2016年5月5日，大连市西岗区人民法院作出判决，认定被告人张某某的行为构成盗窃罪，判处有期徒刑4年7个月，并处罚金人民币5万元。一审宣判后，当事人未上诉，判决已生效。

【指导意义】

网络域名是网络用户进入门户网站的一种便捷途径，是吸引网络用户进入其网站的窗口。网络域名注册人注册了某域名后，该域名将不能再被其他人申请注册并使用，因此网络域名具有专属性和唯一性。网络域名属稀缺资源，其所有人可以对域名行使出售、变更、注销、抛弃等处分权利。网络域名具有市场交换价值，所有人可以以货币形式进行交易。通过合法途径获得的网络域名，其注册人利益受法律承认和保护。本案中，行为人利用技术手段，通过变更网络域名绑定邮箱及注册ID，实现了对域名的非法占有，并使原所有人丧失了对网络域名的合法占有和控制，其目的是非法获取网络域名的财产价值，其行为给网络域名的所有人带来直接的经济损失。该行为符合以非法占有为目的窃取他人财产利益的盗窃罪本质属性，应以盗窃罪论处。对于网络域名的价值，当前可综合考虑网络域名的购入价、销赃价、域名升值潜力、市场热度等综合认定。

——以上内容，改编自最高人民检察院第九批指导案例“张某某盗窃案”（检例第37号）

第十八章

网络犯罪的身份识别——一个追求“大同一认定”的司法方案①

网络犯罪是物理空间的行为人利用电子设备在网络空间实施的犯罪行为。这种特殊的行为模式导致了网络犯罪中的身份识别难题。但网络犯罪必然会在虚拟空间留下电子痕迹，这些痕迹本质上是反映客体特征的信息。司法人员可以遵循信息转移原理、同一认定理论，基于电子痕迹进行人身同一认定，逆向回溯地确定网络犯罪的主体身份。具体来说，司法人员应当构建纵向的大同一认定链条，将基于电子痕迹的小同一认定提升至终极的人身同一认定；同时，基于电子痕迹的大同一认定链条应当以横向的同一认定为支撑，确保特征信息组合的特定性。实践中，身份识别可以基于单一电子痕迹，也可以基于多电子痕迹，还可以基于电子痕迹与传统证据相结合进行。它们有着不尽相同的规律。

一、网络犯罪必留电子痕迹

在网络世界里，如何证明那个“谁是谁”？这是一句值得玩味的戏谑话，也是网络犯罪面临的司法证明难题。也就是说，司法机关在惩治网络犯罪时，必须证明作案人究竟是谁，而不仅仅是哪台机器涉案。这样的身份识别，虽然贴上了网络犯罪的标签，但实际上涉及物理、虚拟两个空间，需要结合两个空间内的信息。而这离不开对传统痕迹与电子痕迹关系的认识，以及对电子痕迹留痕过程的分析。

（一）传统痕迹与电子痕迹的“留痕”本质

痕迹是指正在存在、曾经存在的物质与意识的反映。② 因此，痕迹应是独立于相关物质与意识之外的一种“反映”。作为这种“反映”，痕迹还必须借助载体才能

① 本章系在同孙玉龙同学合写《基于电子痕迹的人身同一认定：网络犯罪的身份识别》（载《法律适用》2016年第9期）一文的基础上全面修改形成。孙玉龙同学对于原文做出了重要贡献，特向其致谢。

② 王成荣．痕迹物证司法鉴定实务．北京：法律出版社，2012：1.

焕发生命。其中，被反映的客体称为造型体，承载“反映”的载体称为承受体。痕迹的本质就是反映客体特征的信息。

最初人们对痕迹的认识仅限于紧密依附有形客观物质载体的那些反映。痕迹学只是研究那些能够在这一有形客体上引起另一有形客体的外表结构反映形象的那些反映。[①] 人们在实践中，逐渐形成了三类痕迹的认识，分别是形象痕迹、动作习惯痕迹和整体分离痕迹。形象痕迹是一个客体在力的作用下与另一客体接触后在该客体表面上形成并能反映留痕客体接触面花纹结构特征的一类印痕。[②] 动作习惯痕迹是指人的动作习惯特点遗留在承受体上的反映形象。此类痕迹的原理是人们经过长期实践和反复练习，在大脑皮层内形成与人体运动器官相协调的条件反射锁链系统。一旦形成这种锁链，人的动作便是具备鲜明个人特征的动力定型，在短时间内很难发生较大的改变，据此可进行人身同一认定。整体分离痕迹是指客体在外力作用下发生分裂或断离，在断离端的分离线、分离面上留下具有互补特征的反映形象，据此可进行分离体同一认定。因此，形象痕迹反映客体的外表结构特征；动作习惯痕迹反映行为人的动力定型特征；整体分离痕迹反映客体断离面的结构特征。

随着信息技术的发展，犯罪行为已由物理空间延伸到虚拟空间。虚拟空间中数据信息的复制、转移更加容易，且不会紧密依附于某个客观物质载体。只要电子证据能够反映客体的特征，就是电子痕迹。电子痕迹与传统痕迹分处不同的空间，遵循着不同的“游戏规则”，但也一脉相承。传统痕迹与电子痕迹的本质都是反映客体特征的信息。

（二）信息转移原理打通传统痕迹与电子痕迹的必然性

在信息论的影响下，犯罪过程中的信息转移原理应运而生。根据该原理，犯罪过程就是一个信息转移的过程，遵循以“信源”“信道”“信宿”为要素的信息转移模型。[③] 该原理突破了传统物质交换原理的瓶颈，将犯罪过程中的意识性信息和新型计算机侵入犯罪方面的电子痕迹纳入研究视野。基于该理论也能得出，电子痕迹与传统痕迹本质上都是一种信息。信息转移原理可同时适用于传统痕迹和电子痕迹，打破了物理空间和虚拟空间的藩篱，对两类痕迹进一步抽象凝练，为电子痕迹的研究提供了理论支持。关于信息转移原理的内容，参见本章的延伸阅读。

（三）电子痕迹的留痕过程揭秘

电子痕迹的留痕过程涉及两个空间。行为人直接操纵的电子设备是连接物理空间与虚拟空间的桥梁。从理论上讲，一方面，行为人在操作电子设备实施犯罪时，与电子设备相作用，会在电子设备上留下反映行为人特征的电子痕迹，在编辑的文

① ［苏］雪夫琴柯．现代痕迹学的科学基础．司法鉴定科学研究所，译．北京：中国人民大学出版社，1953：11.

② 徐立根．物证技术学．4版．北京：中国人民大学出版社，2011：55.

③ 刘品新．论犯罪过程中的信息转移原理．福建公安高等专科学校学报，2003（1）.

件上会留下反映数据文件特征的电子痕迹、反映工具软件特征的电子痕迹；另一方面，行为人操作的电子设备还会与网络空间①相作用，会在网络空间留下反映此电子设备特征的电子痕迹。前者可进行人身、数据文件的种属认定或同一认定，后者可进行电子设备的种属认定或同一认定。另外，电子设备本身也具有智能性，内部的数据运算遵循系统自身的“游戏规则”。电子系统在运行时，基于数据信息的流动与运算，也会留下反映系统运行特征的电子痕迹。

利用信息转移原理的模型分析可知：当行为人操作电子设备时，行为人是信源，操作行为是信道，电子设备是信宿；当此电子设备与其他电子设备群互联互通时，此电子设备是信源，通讯过程是信道，其他的电子设备群是信宿。关于电子痕迹的留痕过程，参见图 18－1。

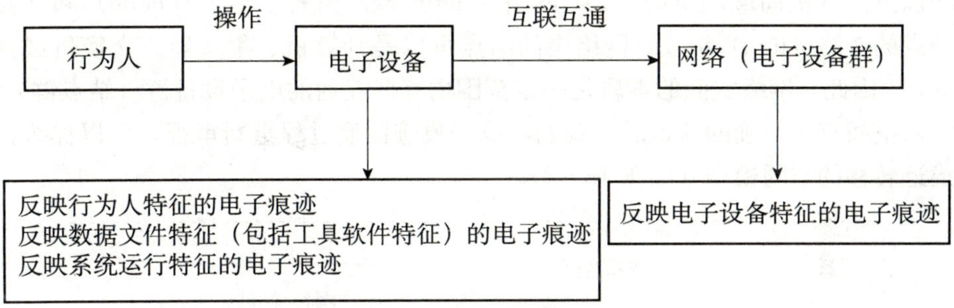

图 18－1　电子痕迹的留痕过程

网络空间中的电子痕迹并不总是符合上述的理想模型。电子痕迹作为数据信息，在一定条件下会随着电子证据的复制转移，“轻而易举”地脱离原有载体，流转于其他电子设备间，在经过的每个结点都可能会留下它的身影。此特点与传统痕迹不同，所以我们在研究电子痕迹时，不能僵化地理解留痕过程，而应更多关注于电子痕迹内容本身及其证明价值。

二、身份识别即同一认定

身份识别实质上是人身同一认定的过程。网络犯罪的身份识别也就是对网络犯罪者进行人身同一认定的过程。同一认定理论解决的是判断被寻找客体与受审查客体是否同一的问题。这里的“同一”是指客体自身与自身的等同。同一认定是一种判断性的认识活动。同一认定对整个司法证明活动都有指导意义：司法人员运用证据证明案件事实的最终目标就是要证明被告人是不是实施了特定犯罪行为的人。②在这样一个人事同一认定中，身份识别就是其中的人身同一认定。这个过程往往会

① 网络空间的本质就是一定范围内互联互通的电子设备群，详见后文论述。

② 何家弘．司法证明同一论．中国刑事法杂志，2001（1）．

由多个互相衔接、支撑、并列的小种属认定、小同一认定组成。鉴于网络犯罪案件一般是“先出现一个案件、再去寻找作案人”的“从事到人”侦查过程，此处主要基于从事到人的角度阐述基于电子痕迹的人身同一认定。

基于电子痕迹的人身同一认定，其本质是信息转移的逆向回溯。电子痕迹涉及两类空间的研究视角，且可在一定条件下以复制的方式进行单向或双向的转移，遵循信息转移的不对称性和不一定守恒性。① 因此，电子痕迹转移的复杂性要求我们首先应明确空间的概念。虚拟空间中，行为人直接操作的单机内部本身构成一个单机空间。同时，该电子设备与其他电子设备群互联互通，构成网络空间。这里“网络空间”的概念要做广义的理解：网络空间不仅限于互联网空间。只要使用现代信息技术，就可能构成一个虚拟的数字空间，如手机信号空间、电话网空间、电报网空间以及计算机局域网空间等。② 网络（network）由若干结点（node）和连接这些结点的链路（link）组成，网络中的结点可以是计算机、集线器、交换机或路由器等。③ 因此，网络空间的本质是一定范围内互联互通的电子设备群（结点群）。

对空间有了明确的认识后，我们对电子痕迹留痕过程重新审视，可以提炼出电子痕迹转移的空间模型（如图 18－2）。

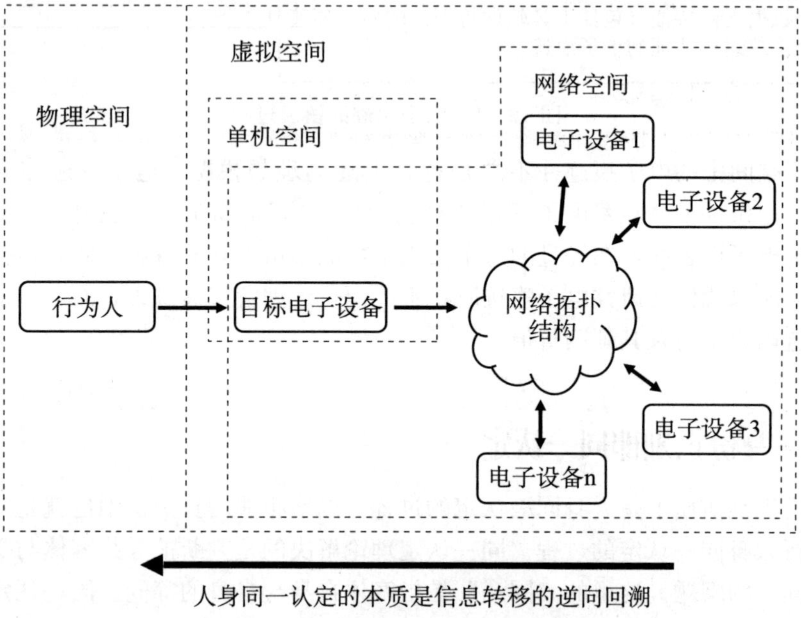

图 18－2　电子痕迹转移的空间模型

分析信息转移过程可知，行为人作为信源，其产生的信息由左至右经过各种信

① 刘品新．论犯罪过程中的信息转移原理．福建公安高等专科学校学报，2003（1）．

② 刘品新．网络时代刑事司法理念与制度的创新．北京：清华大学出版社，2013：73.

③ 谢希仁．计算机网络．5 版．北京：电子工业出版社，2008：2.

道，转移、散布到了网络空间中的其他电子设备（信宿）里。电子痕迹的人身同一认定就是在虚拟空间搜寻电子痕迹，由右至左，逐步锁定行为人，本质上就是依据信息找寻信源的逆向回溯。

在这一过程中，司法证明空间亦随着同一认定的逐步实现不断变迁。例如，司法证明起始于“网络空间”，目的是锁定到行为人操作的目标电子设备，之后跨越到“单机空间”，依据单机内的电子痕迹，还可结合“物理空间”内传统形式的证据，最终锁定行为人。当然，这里的“目标电子设备”不仅限于行为人直接操作的电子设备，还可做广义的理解，如在黑客攻击案中也可指受侵害的主机或服务器。只要我们把注意力集中在一个具体的电子设备内，将其视为一个独立的空间进行司法证明，都可称为“目标电子设备”。

三、以电子痕迹搭建“大同一认定”体系

图 18－2 描绘了电子痕迹转移的空间模型，揭示了人身同一认定的本质就是信息转移的逆向回溯。由“网络空间”到“单机空间”再到“物理空间”的大同一认定过程，涉及了纵向与横向两个维度。这两类同一认定，条块结合，一动一静，共同编织起严密的同一认定网络体系。

（一）纵向同一认定

利用反映行为人特征的电子痕迹直接进行人身同一认定，颇有难度。同一认定的依据是客体的特征，网络犯罪中的人身同一认定应首先考虑反映行为人特征的电子痕迹。但一方面，电子痕迹分布于信息浩瀚的虚拟空间中，直接在虚拟空间搜集、挑选反映行为人特征的电子痕迹，无异于大海捞针，难度可想而知。另一方面，直接利用电子痕迹进行人身同一认定相较于利用传统痕迹进行难度更大。利用传统痕迹进行人身同一认定主要依据与人身联系紧密的肢体、器官产生的痕迹（指纹、牙痕、足迹的形象特征等）和具有大脑动力定型的动作习惯（笔迹、足迹的步法特征、用语习惯等）产生的痕迹。电子痕迹特殊的形成过程，决定了那些与人身联系紧密的痕迹很少反映到电子痕迹上。这也为直接利用电子痕迹进行人身同一认定带来了难度。利用电子痕迹直接进行同一认定也多局限在寻找行为人的动作习惯特征（编码特征、文字用语特征等），或是具有明显身份标识的账号信息等方面。

依据纵向同一认定间接达到人身同一认定的目的。网络犯罪的身份识别就是作案人的同一认定，我们可以把这个过程看作一个大的人身同一认定。这个过程涉及许多小的、阶段性的同一认定和种属认定。[1] 这些小同一认定和种属认定环环相扣，构成一个大同一认定链条。链条的末端、终点，就是人身同一认定。在图 18－2 中，由右至左的信息逆向回溯过程会涉及跨越不同空间的小同一认定和种属认定。

① 何家弘．司法证明同一论．中国刑事法杂志，2001（1）．

在信息量巨大、拓扑结构复杂的网络空间，司法人员首先要解决的问题不是直接进行人身同一认定，而是如何缩小范围，锁定目标电子设备。这一过程会伴随着电子设备的同一认定或种属认定，所依据的特征大多也是反映电子设备特征的电子痕迹。例如，司法人员可依据电子设备的IP地址、MAC地址等其他信息锁定电子设备，之后再把目光投向目标电子设备内部的单机空间和设备、嫌疑人所处的物理空间，综合两类空间内的痕迹物证，达到人身同一认定的最终目的。

因此，纵向同一认定旨在动态地构建大同一认定链条，将这一过程中的小种属认定和小同一认定引向人身同一认定的终点。

（二）横向同一认定

横向同一认定旨在保障逆向回溯过程中每个静态的阶段都能满足同一认定条件，使得大同一认定链条上的每一个节点都坚实可靠。由“网络空间”追溯到“行为人”的过程中，同一认定依据的特征必须满足特定性。对特征的评判要从“质量”和“数量”两个维度进行。特征质量的高低，取决于该特征的出现率。出现率越低，特征质量就越高。“数量”则是指特征点的数量。符合的特征点数量越多，那么在其他客体上重复出现的可能性就越小。就其本质来看，同一认定取决于特征的出现率，只不过是特征组合的出现率。因此，特征的稀有程度体现在两个层面。第一个层面，对于单个特征点来说，取决于其本身的稀有程度。第二个层面，多个特征点作为一个特征群出现，其中特征点数量越多，越稀有，即多个特征点构成了特定性的组合。由于同一认定的特征和电子痕迹的本质都是反映客体特征的信息，所以，电子痕迹可以替换这里的“特征点”，遵循同样的规律。

满足同一认定条件的特征点的“出现率”与“数量”大致成正比例关系：如果特征点出现率很低，那么只需要很少的特征点就可以进行同一认定。如果特征点的出现率低到只需要一个特征点，就可以进行同一认定，这就是单一电子痕迹的同一认定。如果特征点的出现率较高，那就需要更多的特征点。特征点之间需相互印证、补充，构成特定性的组合，才能满足同一认定的条件。在实践中，仅依据单一电子痕迹就能完成同一认定的情况较少。司法人员大都需要构成特定性组合的电子痕迹群。可见，横向同一认定要解决的问题主要是判断多个电子痕迹是否构成特定性的组合。这种特定性组合主要包括以下两方面的内容。

第一，电子痕迹之间必须互相印证，形成稳定的结构。任何一种证明模式，都要求一定程度的“印证”，否则难以形成一种稳定的证明结构。[①] 同一认定，同样离不开印证。对于传统痕迹的同一认定，并没有特别强调特征点之间相互印证。主要原因在于，传统痕迹反映的特征都承载于作为物质性客体的特征反映体上。作为物证的特征反映体，就像一艘航空母舰，载着特征点，徜徉于大海之上，特征点之间“合舟共济”，已经天然地绑定在一起，自然具有一定程度上的内在同一性。同一

① 龙宗智．印证与自由心证——我国刑事诉讼证明模式．法学研究，2004（2）．

个特征反映体上的特征群，一般都是对相同客体的反映，这也是进行同一认定的逻辑前提。但对于电子痕迹，情况并非如此。承载电子痕迹的固定载体的缺乏，导致反映同类客体的电子痕迹之间会变得“疏远”。因此，将电子痕迹进行重新归类与集合，就变得尤为重要。“印证”可将失散的电子痕迹重新找回，形成稳定的结构。

印证是指电子痕迹间具有内涵信息的同一性，互相支持。电子痕迹间的印证，可从两个层面把握：第一个层面，从来源上看，电子痕迹群反映的应是相同的客体，这是进行种属认定和同一认定的逻辑前提。判断这些电子痕迹是否来源于相同的客体，需要结合具体案情，凭借一定的经验、专业知识。根据所反映的内容，电子痕迹一般可分为：反映行为人特征的电子痕迹、反映电子设备特征的电子痕迹和反映数据文件、系统运行特征的电子痕迹等。第二个层面，从内容上看，电子痕迹间的内涵信息应相互支持，即能够有一定的重合或不矛盾。首先，电子痕迹间应具有内容上的部分相同性，这是电子痕迹群能够形成稳定结构的条件。其次，电子痕迹的内涵信息间应不矛盾。稳定的特定性组合，不容许出现相矛盾的电子痕迹。所以，电子痕迹间的内涵信息是否矛盾，应是检验可否用于种属认定和同一认定的保障条件。例如，在一起手机录音文件的检验过程中，司法人员发现，录音文件的时间痕迹与手机内微信语音聊天文件的时间痕迹互相矛盾，因为手机的录音功能在重合时间段内不能被不同的进程复用。①

第二，电子痕迹间的内涵信息最好可以相互补充。特定性的组合不仅要求电子痕迹间有一定内涵信息的同一性、不矛盾，还应要求电子痕迹内涵信息的丰富性。内涵信息越丰富，越具有特定性。这应是实质上的丰富性而非形式上的丰富性。同一认定的条件是电子痕迹群达到组合的特定性。如果电子痕迹群里每一个分子都反映完全相同的特征，没有新的特征加以扩充，仅仅是数量上的简单叠加，再加上此特征出现率比较高，那么这种情况仍不满足组合的特定性。内涵信息相互补充的意义在于，此电子痕迹没有反映的特征，彼电子痕迹能够反映，从而对整体的特定性加以支持。当然，如果电子痕迹间得以相互印证的特征本身就已经达到我们想要的结果，也就无须再强调内涵信息的丰富性。

因此，横向同一认定旨在强调电子痕迹间达到特定性的组合，使得大同一认定链条上的每一个小同一认定、小种属认定都坚实可靠。

四、以电子痕迹识别身份的三种形态

（一）基于单一电子痕迹的身份识别

单一电子痕迹能否进行同一认定型的身份识别？这在理论上本不是问题，但在

① 此案例是由北京市人民检察院检察官赵宪伟在中国人民大学法学院举行的“数字签名司法实务研讨会暨《电子签名法》十周年纪念”会议上分享的鉴定经历。

以往实践中容易受到质疑。但随着一些独特的“个体化特征”寓存于单一电子痕迹的现象出现，如指纹开锁、人脸识别、瞳孔解锁等，基于单一电子痕迹的身份识别场景越来越多。要完成这样的身份识别，通常采取两步法。

第一步，审查判断电子痕迹反映的客体种类。电子痕迹主要分为反映行为人特征的电子痕迹、反映电子设备特征的电子痕迹，反映数据文件、系统运行特征的电子痕迹。技术人员首先会借助合适的工具，将电子数据解读成能够认知并可进行种属认定和同一认定的形式。所以，此环节是发掘、破译电子痕迹内容的基础环节。在这一环节，我们应着重判断取证人员是否利用合适的工具解读电子数据，进而判断电子痕迹反映的客体种类。从信息转移的角度来看，本阶段就是判断电子痕迹的信源种类。

第二步，审查判断电子痕迹反映的特征是共性特征还是个性特征。共性特征泛指同类客体共有的内在质的规定性。依据共性特征，可进行种属认定。个性特征泛指每个客体本身独有的质的规定性。依据个性特征可进行同一认定。同一认定与种属认定的区别主要体现在对客体限定的程度、范围不同。种属认定只需将客体限定到一个种类范围即可。如果对这个范围继续限定，种类范围不断缩小，以至于缩小到单个客体上，则变成了同一认定。对于单一电子痕迹，其具有的内涵信息极其有限，所以通常只能达到种属认定的程度，如果要进行同一认定，还需结合其他证据。当然，对于某些个性特征质量极高的电子痕迹，例如未篡改的MAC地址、哈希值等，可以直接用于同一认定。另外，人们应辩证地看待个性特征的审查判断。在某些条件下，共性特征会变成个性特征。如在“快播案”中，涉案服务器中视频文件的格式是快播公司独有的，只有通过快播播放器才可以播放。作为共性特征的文件格式，在本案变成了个性特征。

值得注意的是，单一电子痕迹大都反映的是共性特征。审查判断应避免将共性特征认定为个性特征。例如，用电子设备拍摄照片时，会在照片文件上留下反映电子设备特征的电子痕迹。用鉴定工具观察照片的底层代码可以发现电子设备的品牌型号。仅以此单一的共性特征，只能将拍摄此照片的电子设备限定在同一种品牌型号的种类范围内，而不能进行同一认定。

（二）基于多电子痕迹的身份识别

客观地说，依靠单一电子痕迹进行同一认定是有难度的。但据此进行种属认定则容易得多。这就给人们基于尽可能多的电子痕迹进行身份识别提供了广阔的空间。多电子痕迹同一认定在虚拟空间中完成，应当以单一电子痕迹同一认定为基础，综合应用纵向同一认定与横向同一认定，构建坚实可靠的大同一认定链条，以达到进行人身同一认定的最终目的。

第一步，审查判断电子痕迹群是否反映相同种类的客体。在电子痕迹信息的发掘、获取阶段，侦查人员应借助各种工具，将虚拟空间的电子痕迹汇总起来，组成一个电子痕迹群，并借助技术经验，结合案情，依照电子痕迹反映客体的种类进行分类。从信息论的角度来看，本阶段是信息获取与预处理的基础环节。针对这一环节，审判人员应着重审查判断同一个类群里的电子痕迹是否都是相同种类客体的反映。

第二步，依据横向同一认定，审查判断反映同类客体的电子痕迹群是否构成特定性的组合。人们可以依据横向同一认定的条件，作出否定同一认定的判断。司法实践中可能存在这样的情形：司法人员锁定了涉案的目标计算机，嫌疑人抗辩称，并非自己操作电脑实施犯罪行为，而是计算机病毒、木马程序等所致。对于这种抗辩，我们可以运用多电子痕迹间的印证方法审查判断。以一起非法入侵计算机信息系统案为例。嫌疑人涉嫌操纵电脑在目标网站上非法下载了多个图片，嫌疑人主张木马抗辩。在本案中，寻找反映行为人操作特征的电子痕迹成为关键。此类电子痕迹种类多样，散布在计算机的各个区域。这些电子痕迹包括但不限于：下载图片文件上的时间痕迹、文件名称痕迹、系统日志痕迹、收发邮件的时间痕迹、即时聊天软件的痕迹等等。其中，下载图片的文件名如果是直接继承网站的原始名称，时间痕迹如果非常相近或一致，且每个图片的创建时间、修改时间、访问时间都相吻合，则很有可能是木马程序所为。如果是人为下载图片，文件之间的时间痕迹可能会有较大间隔。有时行为人还会再次打开图片查看、修改，导致时间痕迹改变，还可能在图片上留下工具软件特征的痕迹。行为人为了便于辨认图片，还可能会将图片重命名，使得文件名带有人为编辑的色彩。系统日志的痕迹、收发邮件的痕迹、聊天软件的痕迹，也可佐证行为人在关键时刻是否在操作计算机，以及对涉案内容是否知情。① 以上特征信息虽然可能难以达到精准的人身同一认定，但是，如果信息特征间不能相互印证、甚至有矛盾的地方，并不妨碍作出否定的同一判断。

第三步，依据纵向同一认定，审查判断是否达到人身同一认定的目的。如前文所述，大同一认定链条的本质就是信息转移的逆向回溯。纵向同一认定就是依次经过“网络空间”“单机空间”“物理空间”的司法证明，将各阶段的小种属认定、小同一认定引向作案人的人身同一认定终点。

（三）基于电子痕迹与传统证据相结合的身份识别

如果能够将电子痕迹与传统证据结合起来，注重综合利用物理、虚拟两个空间的特征信息，那将极大地提高开展同一认定型的身份识别的可能性。网络犯罪横跨两大空间，证据亦散落在两大空间。构建电子证据物理空间的证据体系，要求我们将电子证据与传统证据相印证，组建一条两个空间相结合的证据锁链。② 电子痕迹的同一认定，同样需要结合物理空间的证据，相互印证、补充，构成特定性的组合。证据法的信息论告诉我们，证据是信息与载体的统一。③ 无论是虚拟空间的电

① 陈巍，杨永川．木马抗辩真伪研究．刑事技术，2011（1）．

② 刘品新．网络法学．2版．北京：中国人民大学出版社，2015：198.

③ 何家弘．证据法学研究．北京：中国人民大学出版社，2007：300.

子痕迹还是物理空间的传统证据，都具有内涵信息的特定性。站在信息论和信息转移原理的角度，我们可将两大空间的证据进行信息抽象。只要电子痕迹与传统证据蕴含的特征信息构成特定性的组合，就可以进行同一认定。如【案例 18 - 1】。

【案例 18 - 1】

某网吧系统遭受攻击案

【基本案情】

在 2006 年某网吧系统被攻击案中，案发现场的计算机是网吧新近购得不足一个月的，经营过程中发现该批机器不规则掉线，而其他机器运行正常。网吧机修人员因此怀疑是机器的硬件问题，遂开箱检查，未发现异常，之后报案。侦查人员到达现场后，首先分析了网吧服务器的日志，发现被植入恶意程序。追踪日志发现可疑 IP 地址，并定位于一出租房。经搜查，只有一台计算机，而房东无法提供租住人的自然情况。对系统安装应用程序进行简单浏览查验，发现其安装的软件及版本与网吧机器相同；开箱检验该计算机，无意中发现机箱内 PCI 显卡的安装位置与网吧勘查过程中发现的掉线机器位置相似。经反复比对发现，箱内电线被整理后，线的绕行方向同为左手法则，而且都是在绕过 IDE 排线，用扣索扎紧固定。初查后，确定为该网吧组装计算机的施工人员有重大嫌疑。后经证实，该人与原公司领导有矛盾，离职后伺机报复。攻击该网吧的目的就是想让网吧业主向其原公司提出退货或索赔。随着案件的侦破，终于粉碎了该人的企图。案件中，机内程序、软件证明了侵害行为确实发生于该计算机；行为习惯为侦查人员圈定了嫌疑人范围；提取照片后房东予以指认，至此，嫌疑人供认不讳。①

【案件评析】

在本案中，警方通过 IP 地址定位以及目标电子设备里的软件安装情况，只能初步证明是行为人直接操作这台电脑实施的攻击行为。当前掌握的电子痕迹内涵信息的有限性致使无法识别作案人。此时，警方将目光扫向物理空间、瞄向传统证据，在嫌疑人的电脑主机箱中，发现了具有个人特征的显卡安装位置和电线缠绕手法。这与网吧电脑主机箱内的安装情况一致。通过这一动作习惯痕迹，结合出租房房东的指认，达到了特定性的组合，锁定了嫌疑人。本案中电子痕迹与传统证据相互印证、补充，构成了特定性的组合，终究达到了人身同一认定。

五、总结与前瞻

综上可见，网络犯罪的身份识别实质上就是综合利用物理空间的传统证据与虚

① 孙晓东．网络犯罪侦查．北京：清华大学出版社，2014：97.

拟空间的电子痕迹进行大的人身同一认定。这个过程的本质就是依据信息找寻信源的逆向回溯。大同一认定的构建应以纵向、横向两个维度展开：一方面应将大同一认定过程中的小种属认定、小同一认定动态地引向人身同一认定的终点；另一方面，在每个小同一认定的静态阶段，应保证满足特征信息组合的特定性。

信息技术进一步的发展，已经将我们卷入了大数据时代。在这个逐渐数据化的社会，人与电子设备之间的关系发生了微妙的变化：人主动、有意识地操作电子设备逐渐转向了人被动、无意识地被电子设备记录。日常生活中，我们的一举一动不可避免地会被各种终端捕捉下来。数据化的社会带来电子痕迹信息的爆炸性增长。这种数据上的量变必然会导致数据信息处理方式的质变。如何运用大数据思维进行更高层面的人身同一认定，是一个值得深入研究的领域。

【拓展阅读】

犯罪过程中的信息转移原理

犯罪过程中的信息转移原理是一个在传统物质转移原理基础上推陈出新的理论。它更强调犯罪过程中信息转移的不可避免：犯罪过程是一个信息转移或交换的过程，作案人在实施犯罪的过程中必然会同被害人、犯罪现场与犯罪环境之间发生信息转移甚至互换。这一原理表明犯罪过程中信息转移现象是广泛存在的，它是犯罪行为的共生体，是不以犯罪人的意志为转移的客观规律。这一理论所揭示的信息转移内容与相关模型，为网络犯罪的身份识别奠定了坚实的认识基础。

（一）犯罪过程中信息转移的必然性

犯罪过程中必然会发生信息转移，这首先是由犯罪行为的物质性原理决定的。马克思主义犯罪观认为，任何犯罪行为都是行为人反社会的物质性表现形式，而非行为人单纯的主观意念。只有当个体将犯罪意向付诸实施，将犯意外化为行为，用物质的力量侵犯犯罪对象时，犯罪才随之发生。这就是侦查学领域的“犯罪行为的物质性原理”①。依照该原理，既然犯罪是一种物质的运动，那它必然要在一定的时间、空间条件下实施，必然会破坏事物原有的状态，引起信息转移的出现：一方面，犯罪人通过实施犯罪行为会促使被害人、犯罪现场与犯罪环境发生变化，将其自身的信息保存在变化后的被害人、犯罪现场与犯罪环境中；另一方面，犯罪人实施犯罪以后还会造成自身的变化，将被害人、犯罪现场与犯罪环境的信息存储在自己身上。

此外，对这个问题还可以从案件信息与熵（或混乱度）的关系上讨论。信息论认为，犯罪过程同其他自然过程一样，是一个熵值增大即混乱度增大的过程。在犯罪过程中，熵值增大表现为三个方面：(1) 自然意义的混乱度的增加，如对被害人

① 刘品新．论侦查学的基本原理．法学家，2002 (1)．

人身的伤害与生命的终结、对物品、场所的破坏；(2) 社会意义上的混乱度的增加，如对某一种社会关系（所有关系、人身关系等）的破坏，尤其是犯罪人的人际关系的变化；(3) 个人意义上的混乱度的增加，如犯罪人在作案前后的异常行为、异常情绪，受害人对犯罪人个人、实施犯罪过程的记忆。当然，此三种意义上的混乱度的增加往往相互交织，后两者的结合尤其紧密。混乱度的增加本身就表现为一定的信息转移，可以被广泛运用于侦查实践中。

（二）犯罪过程中信息转移的构成

犯罪过程中所转移的信息是指刑事案件信息，即犯罪案件的准备、发生、发展、结果及其状态的各种表征或秉性知识。它在侦查活动中的最大价值在于，能为侦查人员消除案件中的各种不确定因素，获得有助于破案的知识。这种信息的表现是形形色色的，可以依照不同的标准进行划分。

依照其内容的不同，案件信息可以分为犯罪信息、反侦查信息与其他关联信息。所谓犯罪信息，是指来自犯罪行为方面的信息，即犯罪人实施犯罪行为造成被害人、犯罪现场及犯罪环境的改变与变异，这种改变和变异中蕴含的信息；而犯罪人为掩盖犯罪实施各种伪装等反侦查行为，必然要增添新的掩盖犯罪、歪曲事实、逃避侦查的行动轨迹，这里面所蕴含的信息便是反侦查信息，它有别于犯罪信息；除此之外，案件中还会派生出其他有关的信息。简言之，犯罪信息是犯罪行为的共生体，反侦查信息是反侦查行为的共生体，它们是犯罪过程中转移的主要信息。

依照其寓存形式的不同，案件信息可以分为物质性信息与意识性信息。物质性信息是指寓存在各种宏观与微观的固体、液体与气体物质中的信息，意识性信息是指寓存于犯罪人、被害人、目击证人及其他知情人的大脑记忆中的信息。一般来说，前者受到的干扰因素较小，虽然也可能因遭到人为或自然破坏、变质或污染而失真，但不会主动“造假”；而后者则要受到提供者的主观因素影响，既有可能因提供者的感知能力、记忆能力与陈述能力而失真或减值，又有可能因提供者的利害关系等而不如实反映案情。我国著名学者何家弘曾经总结说，“神证——人证——物证”证明方法的转变是人类司法证明的历史，我国当前要转变以“人证”为主的办案观念，转向以物证为主要载体的科学证明。① 由此看来，我国的侦查活动也要由重视意识性信息的收集与运用，转向强调物质性信息的收集与运用。

此外，依据其来源的不同，案件信息还可以分为犯罪人信息、被害人信息、目击证人信息、犯罪现场信息与犯罪环境信息等。

所有这些信息并不是孤立地存在的，而是以结构和联系的方式存在着。每一条信息或每一组信息都会反映案件的人、事、物、时、空五要素或其中之一，它们在犯罪预备阶段、犯罪实施阶段、罪后阶段所发生的转移也不是单独进行的，而是互相联系、甚至互动地进行。转移的结果是使上述五要素可以反映在案件的各个方

① 何家弘．中国证据法学前瞻．检察日报，1999-09-02.

面。虽然有些转移的信息可能误导侦查人员，使之作出矛盾的侦查推断，但大多数信息针对案件中同一要素时基本上是相互印证的，这为侦查人员不断明晰案情提供了有力的保障。

（三）犯罪过程中信息转移的模型及规律

为了说明信息传递的基本原理，信息论创始人仙农曾提出过著名的信息系统模型。这个模型主要由信源、信源编码器、信道编码器、信道、信道译码器、信宿译码器、信宿等几部分构成。这一模型的运行原理是，消息从信源发出，经发送机将消息转变为信号，输入信道，经过信道译码器，信号被接收机译码还原，将信息传输给信宿。同时，信息的传输必定要经过信道，信道中总有噪声干扰，所以信宿所获及的全部消息并非原来从信源中发出的消息。尽管这一模型具有很强的数学意味，但是它仍然可以用来阐释许多社会现象的运行机制。为了便于阐释犯罪过程中的信息转移现象，本书把这一模型的结构简化成三个部分：信源、信道和信宿。

信源是指信息的源泉，犯罪过程中的信源主要是作案人，可以是自然人、法人或其他组织。总的来说，对于整个自然和社会而言，它是一个相对孤立和封闭的物质系统，具有特定的耗散结构。作为一个物质系统，它是整个社会系统的一个衍生物，物质系统的信息不仅反映着自身，而且反映了它与社会物质系统相互作用的过程和痕迹。在侦查实践中，把握这一点有利于正确判断犯罪主体的犯罪动机以及实施犯罪的手段。信道是指传送信息的通道，犯罪过程中的信道是犯罪行为，包括犯罪预备行为、犯罪实施行为与罪后处理行为等。通过形形色色的犯罪行为，作案人的信息得以四散开来。在侦查实践中，信道是决定取证方向的基本因素。信宿是指传送信息结束后信息的归宿，犯罪过程中的信宿既包括被害人，也包括犯罪现场及犯罪环境。被害人在接受信息时具有主观能动性，他总是有选择地接受来自作案人的各种信息，故而他存储的信息是否准确取决于其感知能力、记忆能力与表达能力；而犯罪现场及犯罪环境是被动地接受信息，它们存储信息的方式是各种痕迹物证。如果用图来表示的话，犯罪过程中的信息转移现象至少可归结为以下两种模型：一是人—人信息转移模型（见图18-3），二是人—场所信息转移模型（见图18-4）。

严格地说，犯罪过程中的信息转移并不是单向的，被害人的信息也可能传递给作案人、甚至犯罪现场及犯罪环境（他们传递信息的信道往往不是犯罪行为而更可能是抵抗行为）。由于这些信息转移并不是犯罪过程中的主要现象，故暂不做展开。

犯罪过程中的信息转移遵循两大规律：一是不守恒性的规律。传统的物质转移原理认为，物质是不灭的，犯罪过程中发生接触的两个物体中一方增加的物质必定是另一方减少的，一方减少的物质必定到了另一方身上，转移的物质不能分享、复制；而信息转移原理则认为，信息是可以分享的，它以复制的方式进行转移，犯罪过程中发生接触的两个物体中一方获得了对方的信息，对方不会丧失该信息，而且这种信息还可能继续转移到其他客体上。二是不一定对称性的规律。传统的物质转移原理认为，犯罪过程中的物质转移是对称性的，发生接触的物体任一方都会在对方身上留下源于自身的物质；而信息转移原理则认为，犯罪过程中的信息转移既可能是双向的，也可能是单向的，在发生转移的物体一方将自身的信息传递给了另一方的同时，另一方不一定对应地将自身的信息传递给了这一方。

上述两大规律充分说明了信息转移原理不是物质转移原理的简单翻版，而是一种超越。它告诉侦查人员在侦查过程中不仅要有意识地利用转移得来的信息，而且要主动遵守信息论的基本方法。

（四）信息转移原理与信息论分析的关系

从某种意义上讲，信息转移原理既是传统物质交换原理的升华，又是信息论用于分析犯罪过程的一个结论。之所以说信息转移原理是原先物质交换原理的升华，是因为这一理论基本克服了物质转移原理的局限，可以更好地应用于侦查学和法庭科学，更好地指导侦查办案实践。之所以说信息转移原理只是信息论用于分析犯罪过程的一个结论，是因为该原理仅深入揭示了犯罪过程中的一种信息现象——信息转移现象，并未涉及其他方面。

如果进一步用信息论方法分析犯罪过程的话，人们至少还能对信息反馈现象、信息互动现象等加以挖掘，也许还能概括出一些可供实践借鉴的规律与经验，提炼出所谓的信息反馈原理、信息互动原理也不是不可能的。总而言之，不要将信息论方法局限于侦查过程，要大胆拓展至犯罪过程。这样，侦查学的信息论分析就能真正起到实效，结出更多的指导侦查实践的重要成果。

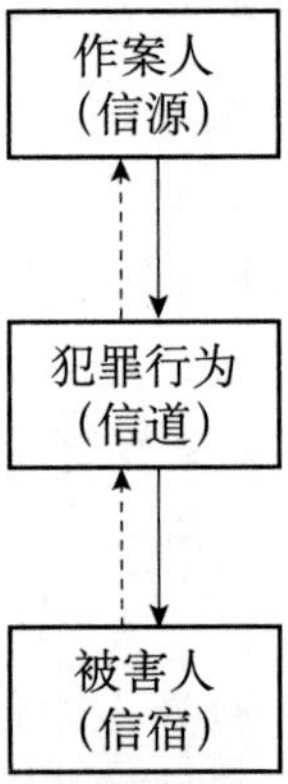

图 18－3　犯罪过程中的人—人信息转移模型

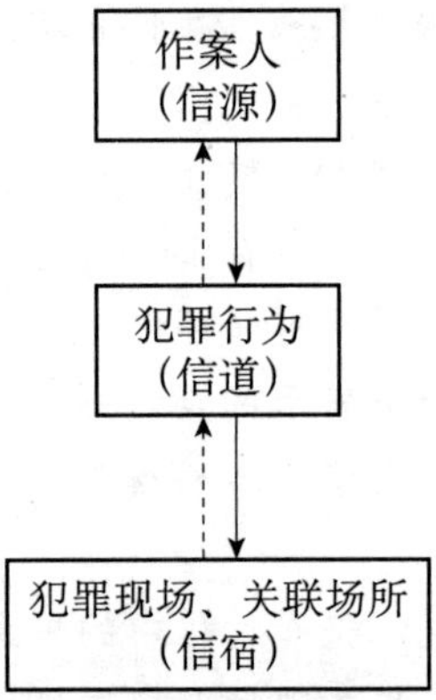

图 18－4　犯罪过程中的人—场所信息转移模型

第十九章

网络犯罪的证明简化——消解网络刑事治理难题的中国方案

惩治网络犯罪的重点在于有效化解证明难题。网络犯罪证明难题既缘于技术障碍，也缘于法律缺位；既有国际共性原因，也有中国个性原因。借鉴国际经验构建网络犯罪的简易证明机制，这属于普适性的体系化应对。针对网络“二元制”治理架构带来的“数量情节”难认定问题，我国应谨慎使用有实质缺陷的抽样取证、等约计量等方法，积极推行两步式的“底线证明法”。这属于中国式的简化方案。

一、“两大四小”的类型化归因

随着社会信息化的不断转型，网络犯罪相伴滋生，近年呈现密集爆发的态势。据权威判断，2017年年初，“我国网络犯罪已占犯罪总数1/3，并以每年30%以上速度增长。未来，绝大多数犯罪都会涉及网络"①。当年9月的进一步判断是：“现在，网络犯罪已成为第一大犯罪类型。”② 可见，如何提高依法惩治网络犯罪的能力，是当下亟待研究的重大理论与实践问题。而如何有效化解网络犯罪的证明难题，更是重中之重。这需要厘清网络犯罪难证明的诸多成因，并据此提出理性对策。

网络犯罪纷繁芜杂，既包括“披上了网络外衣”的各式传统犯罪形态，也包括因社会深度网络化所衍生的全新犯罪形态。网络犯罪证明难，究竟难在何处？专家学者通常从不同的视角进行解题。文献梳理表明，大体是从该犯罪本身与所依赖的电子证据两个层面切入。

---

① 此来源于对2017年中央政法工作会议的报道。网络犯罪以每年30%以上速度增长．法制日报，2017-01-14（2）．

② 此来源于对“全国社会治安综合治理表彰大会”的新闻报道。弘扬优良传统坚持改革创新努力建设更高水平的平安中国．法制日报，2017-09-21（3）．

相较传统犯罪，网络犯罪天然附随高科技带来的陌生感，且方法、手段等经常升级换代，从而对司法治理构成了巨大冲击和挑战。有论者强调网络犯罪人通常利用虚拟身份或变换身份作案，其指出："由于整个犯罪过程都在网络等虚拟的电子空间中完成的，被害人与作案人很多情况下并不相识，甚至都没有现实的接触……给作案人的身份锁定工作造成了巨大的困难。"① 有论者强调网络犯罪通常跨区域进行，其指出："由于互联网的无国界性，很多网络犯罪突破了国家、地域限制，利用控制世界各地电脑对他国目标实施犯罪"②。在国际司法协作尚不顺畅的背景下，这必然会加大取证难度。还有论者观察到网络犯罪对象存在海量化的现象，如"短信诈骗中发出的短信以万计量、非法获取公民个人信息动辄上亿"③，其指出："在犯罪对象从个体化向海量化的飞跃中，犯罪数额已经无法准确计量、核实和认定，并逐渐成为一种普遍性问题。"④ 隐蔽性、跨地域性和高聚集性，这些特点使网络犯罪证明所面临的困难大幅度提升。

同时，办理网络犯罪案件离不开电子证据。与各种传统证据相比，电子证据具有鲜明的特色。但迄今为止，人类对电子证据的认识水平依然不足。在司法实践中，"网络犯罪案件取证较为困难是个共性问题，这一点突出地表现在电子证据的固定、保存、移交等环节"⑤。有论者指出，"电子数据中能够被人们直接感知到的只是很少一部分，大部分的电子数据信息处于隐藏状态或在后台运行，这些信息只能在程序运行或测试中才能体现出来"⑥；"有些数据必须通过产生它们的软件才能转化为可以认识的形式，还有些电子数据运用加密、病毒、嵌入技术进行隐藏，利用常规检测方法很难发现"⑦。电子数据在存储、传输和使用过程中容易受到干扰、破坏，发生信息扭曲乃至灭失的后果。⑧ 未知性大、隐匿性强以及稳定性差，电子证据取证难也增加了网络犯罪的证明难度。

基于上述两个角度剖析原因，不同论者得出的判断既有区隔也有交集。然而，要准确地从复杂表象中透视问题本质，就有必要进行类型化的原因分析。这可以分为两个维度。其一，从内在缘起来看，既有法律原因，也有技术原因。它们明显属于不同性质，不能混为一谈，即技术的归技术、法律的归法律。其二，从覆盖范围来看，既有各国普遍遇到的共性原因，也有中国特色的个性原因。那么，以这两点

① 陈廷，解永照．网络犯罪案件中电子数据的取证、审查难点及对策思考．浙江警察学院学报，2016（3）．

② 同①．

③ 罗猛，邓超．从精确计量到等约计量：犯罪对象海量化下数额认定的困境及因应．预防青少年犯罪研究，2016（2）．

④ 同③．

⑤ 游涛，杨茜．网络犯罪实证分析——基于北京市海淀区人民法院2007—2016年审结网络犯罪案件情况的调研．法律适用，2017（17）．

⑥ 同①．

⑦ 同①．

⑧ 同①．

为纵横轴线，可以绘制网络犯罪证明难的“两大四小”归因图（见图 19－1）。

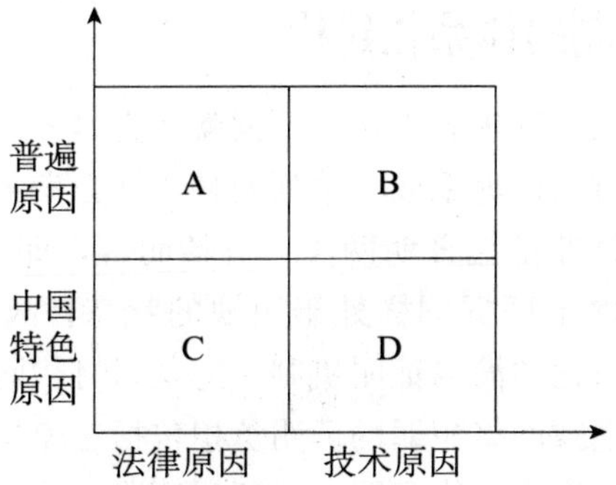

图 19－1　网络犯罪证明难之类型化归因

不难发现，架构针对网络犯罪证明难现象的化解方案，应当分而待之。对于纯属技术领域的障碍，即 B、D 区域的问题，可以通过推动电子取证的技术创新来解决，包括跟踪继而超越发达国家的先进电子取证技术。近些年，我国在内存取证①、云取证②、大数据取证③乃至大数据侦查④方面取得的建树，其实就属于这一范围。当然，必要时也可以建设配套性的法律制度予以辅助。例如，两高一部《电子数据规定》针对无法或者不便提取的海量电子证据，鉴于一时还难以在技术上有所突破，就规定了“冻结”这种新措施。对于国际社会开展网络犯罪打击时普遍面临的法律障碍，即 A 区域的问题，我国则完全可以借鉴不同国家的成熟经验。普适性经验中蕴含的人类智慧是共通的，诚可谓“他山之石，可以攻玉”。

我们讨论网络犯罪治理对策时，需要关心普遍性因素，但更要重点把脉特殊性因素。我国惩治网络犯罪所遭遇的特殊法律障碍，即 C 区域的问题，则需要重点攻关解决。众所周知，我国治理网络犯罪实行独特的违法与犯罪二元区分的刑事制度。也就是说，在我国必须区分网络违法与网络犯罪之间的界限。这主要表现为，我国立法或司法解释将“实际点击数”“注册会员数”“受害人次”等能够反映网络犯罪特有属性的数额标准纳入网络犯罪评价体系⑤，司法实践也深受其扰。如何有效地证明达到了各种“数量化”的界限，这是我国网络刑事法治建设的自耘地，也是本章论述的重点。

① 内存取证是指从计算机物理内存和页面交换文件中查找、提取、分析易失性证据。张瑜，刘庆中，李涛，等．内存取证研究与进展．软件学报，2015（5）．

② 云取证是指在云计算环境下识别、获取、分析、展示数字证据，实施取证调查。高运，伏晓，骆斌．云取证综述．计算机应用研究，2016（1）．

③ 大数据取证对象可包括大数据宿主计算机、大数据系统本身、客户端虚拟主机、云客户端软件以及云 Web 端网页等。张其前，尤俊生，高云飞．大数据取证技术综述．信息安全研究，2017（9）．

④ 大数据侦查是指采取的一切以大数据技术为核心的相关侦查行为。王燃．大数据侦查．北京：清华大学出版社，2017：32.

⑤ 于志刚，郭旨龙．信息时代犯罪定量标准的体系化构建．法律科学，2014（3）．

二、简化证明机制的体系化建构

自人类社会树立证据裁判理念以来，证据就一直是稀缺的司法资源。为降低证明难度，各国通常允许有条件地采取一系列的替代性方案来完成证明任务。这主要包括消减证明负担和容许非证据证明两类。概括而言，即化繁为简。在网络时代，可赖以证实网络犯罪的电子证据同样处于短缺的状态，故应对网络犯罪的证明难题，亦需要建构一套体系化的简易证明机制。这是新时代网络法治建设领域的一项系统工程。具体来说，消减网络犯罪的证明负担包括法律扩大解释、证明责任移转与证明标准降格等方法，容许网络犯罪的非证据证明则分为倚赖推定、司法认知等直接确认方法。

（一）消减证明负担

1. 扩张解释

扩张解释对于网络犯罪治理来说是必要的，因为刑事法网面对巨变中的网络时代总会存在僵化的危险，也可能产生人为的证明困难。在合理范围内对刑事法律条款作出必要的扩大解释，可以减轻控方的举证诉累。将作为网络犯罪所涉部分罪名之构成要件的“明知”界定为“应当知道”或者“概括性认识”，而不是字面上的供认知道或者有别的证据证明知道，也属于扩大解释。这些做法的实质，是将 A 要件的证明变更为 B 要件或准 A 要件的证明，在证据上视为等值。从结果上说，通常是变更为易证的事实。与之相似但并不雷同的一个例子是，针对破坏计算机信息系统犯罪，2017 年最高人民检察院发布的指导性案例确定的要旨是“智能手机终端也是计算机信息系统”①。这澄清了实务中的一些不同认识，也有扩张解释的意味。需要注意的是，扩张解释必须遵循合理的限度，一旦超过限度，就可能违背罪刑法定原则。

2. 证明责任转移

证明责任移转，是指将应由控方承担的部分证明责任通过司法裁量方式转移给辩方，或者通过立法方式倒置给辩方。从证据法原理来看，辩方提出积极抗辩的，应当举证证明积极抗辩所涉的案件事实。司法实践中，法官可以针对辩方的积极抗辩主张，裁量由其分担证明责任和承担不利后果。例如，在一起非法获取个人信息犯罪案件中，控方提交的鉴定意见表明，涉案电子设备中含有非法获取的个人信息，数量逾 5 244 万条。辩方提出异议，称指控的个人信息中有很多重复项，鉴定意见未去重。法院判决指出，由于客观技术原因，“鉴定中心无法剔除重复的个人

① 参见最高检 2019 年 10 月 17 日发布第九批指导性案例中的“曾兴亮、王玉生破坏计算机信息系统案”（检例第 35 号）。该案明确了智能手机终端应当认定为刑法保护的计算机信息系统，锁定智能手机导致不能使用的行为，可认定为破坏计算机信息系统的行为。

信息”以计算数量，而被告人本人“亦无法说明重复信息的数量或计算方法”，故对辩方的异议“不予采纳”①。这里的“不予采纳”，就是证明责任的裁量转移，其内在逻辑在于固守证明责任合理调配的基本立场，防止控方陷入极易出现的举证客观不能之困境。

长此以往，实践中不断积累的司法裁量经验就有可能转变为法律规则。同样以非法获取个人信息罪为例，法律上虽然要求对信息内容的真实有效性进行核实，但实际往往因信息数量庞大而根本无法做到。② 那么，如何破解海量级个人信息的真实性认定问题呢？2017 年最高法、最高检发布《关于办理侵犯公民个人信息刑事案件适用法律若干问题的解释》规定，“对批量公民个人信息的条数，根据查获的数量直接认定，但是有证据证明信息不真实或者重复的除外”③。这就是在一定意义上将证明责任转移至辩方，并借助司法解释将之上升为正式的法律规则。

3. 证明标准降格

证明标准降格，即运用“高度盖然性”等较低的标准。学理上说，我国三大类型诉讼的证明标准是有区别的。通常，刑事诉讼的证明标准高，民事、行政诉讼中的证明标准低。现在需要讨论的是，网络犯罪刑事司法中能否引入较低的证明标准。反对者认为：“从无罪推定原则的证明规则之维来看，公诉方必须达到排除合理怀疑的证明标准才能给被告人定罪，在刑事诉讼中不存在降低证明标准的可能性。”④ 这种观点过于武断。

其实，刑事证明标准也是分层次的：对于主要案件事实，如被告人实施了犯罪行为这一事实，确实要实施严格的证明标准；对于非主要案件事实，则完全可以尝试将标准予以合理下降。例如，2016 年发布的《关于办理电信网络诈骗等刑事案件适用法律若干问题的意见》（以下简称《电信网络诈骗案件适用意见》）规定，“确因客观原因无法查实全部被害人，但有证据证明该账户系用于电信网络诈骗犯罪，且被告人无法说明款项合法来源的……应认定为违法所得，予以追缴”⑤。这就是降低了控方对电信网络诈骗犯罪非法收入的证明标准，即只要求其证明到有关账户“系用于电信网络诈骗犯罪”的程度，而不必一笔一笔地查实。这一条款的探索颇具深意，它严守了针对非主要案件事实的界限，即只适用于追缴违法所得方面，而不适用于指控犯罪方面。

司法实践中，还有些做法并无证明标准降格之形，但有证明标准降格之实。这

① 北京市海淀区人民法院（2012）海刑初字第 1719 号刑事判决书。

② 司法实践中一般都是随机挑选若干信息，通过拨打电话等方式核实信息的真实性。这种方法引起了一些争议。庄晓晶，林洁，白磊．非法获取公民个人信息犯罪区域性实证分析．人民检察，2011（9）．

③ 最高人民法院、最高人民检察院《关于办理侵犯公民个人信息刑事案件适用法律若干问题的解释》（2017 年 5 月 8 日）第 11 条。

④ 万毅，纵博．论刑事诉讼中的抽样取证．江苏行政学院学报，2014（4）．

⑤ 最高人民法院、最高人民检察院、公安部《关于办理电信网络诈骗等刑事案件适用法律若干问题的意见》（2016 年 12 月 19 日）第 7 条第 2 项。

突出表现为转化型取证和反证法推理。前者如，在一起信用卡诈骗、洗钱案①中，被告人所在的犯罪团伙用于洗钱的银行卡都是“黑卡”，且在案发前均已销毁。侦查机关通过技侦手段锁定了该犯罪团伙，并从技术上确认涉案电子证据具有指向犯罪行为系该犯罪团伙所为的唯一性。但是，鉴于锁定犯罪的证据是经需严格保密的技侦手段所得，办案机关经过协商和论证后，决定由公安机关出具侦查报告进行替代。该侦查报告最终得到法院的认可。此案中将侦查报告用作证据，就可以理解为特定意义上的证明标准降格。后者如，在一起盗窃案②中，办案人员为证明谁是幕后的真正作案人，“在确定了被害公司支付宝是在被告人卢××的电脑上被盗之后，向卢××母亲郑××核实，证实了卢××每晚都在家睡觉，也不会留宿其他朋友，案发当天只有卢××在房间内操作电脑等事实，排除了他人使用卢××电脑实施盗窃的合理怀疑”。这里的“排除了他人使用……的合理怀疑”，并不是正面证明，而是反面排除。这种排除并非无懈可击，不妨理解为特定意义上的证明标准降格。

（二）非证据证明法

1. 推定

推定，是根据基础事实得出推定事实的法律机制和规则。一般说来，设立推定的理由或根据无外乎以下四种：（1）政策；（2）获得证据能力的权衡；（3）必要性，有时被称为程序上的便宜或程序性便利；（4）盖然性的权衡。③ 传统的推定可以拓展适用于网络犯罪证明，网络犯罪治理中也应该大胆引入推定的元素。我国有论者提出，“在网络犯罪证明体系中设立推定规则是符合逻辑的”，“在网络犯罪证明体系中有必要引入法律推定机制，这既是网络犯罪证明的特殊要求，也是保障补强证据规则落地的重要环节”④。这一观点在宏观导向上是正确的。问题在于具体操作：推定离不开“基础事实”与“推定事实”之间的“常态联系”，在法律人普遍不熟悉网络犯罪的前提下，如何总结出更多符合规律的“常态联系”，创设出更多可用的网络犯罪推定规则？

对此，我们可以针对网络犯罪的新情况，通过“外引内生”的方式来实现。一方面，借鉴和引入国际上施行的专门性电子证据推定规则。例如关于电子证据的完整性、真实性，印度《1999 年信息技术法》就建立了一些专门的推定规则，具体包括：（1）对妥当保管的电子形式官方公文，推定具有真实性；（2）对附加有当事人数字签名的电子记录，推定是由其签署的；（3）对附加有安全程序的电子记录，推定未发生改变；（4）对附加有安全数字签名的电子记录，推定是由数字证书所有者签署的；（5）对加盖数字签名的电子讯息，推定其内容均是准确的；（6）对正常

① 参见江苏省南京市雨花台区人民法院刑事判决书（2013）雨刑二初字第 30 号。

② 参见犯罪嫌疑人卢××盗窃案起诉书，浙江省温州市乐清市人民检察院乐公刑诉字［2016］12324。

③ 劳东燕．认真对待刑事推定．法学研究，2007（2）．

④ 王志刚．论补强证据规则在网络犯罪证明体系中的构建——以被追诉人身份认定为中心．河北法学，2015（11）．

收发的电子邮件，推定收件人收到的内容与发件人收到的内容一致，但不推定是由发件人发送的；(7) 对保管有5年以上历史的电子记录，推定其中的数字签名就是由数字证书所有者或其代表签署的。① 加拿大《1998年统一电子证据法》第5条②、菲律宾《2001年电子证据规则》规则6的第3、4条③、多米尼加联邦《2005年电子证据法》第7条④也有一些零散的、类似的推定规则。

另一方面，可探索扩大传统推定的适用范围。一些经典的推定如举证妨碍的推定、主观上明知的推定，均可以适用于网络犯罪的证明。前者如在拒不履行信息网络安全管理义务案件中，如果能够有效地证明电子证据仅由诉讼一方（主要是网络平台）持有或控制，该方无任何正当理由地拒不提供甚至妨碍调取的，则应当推定该证据对其不利；后者如在电信网络诈骗案件中，如果能够证明"职业取款人"经常性地替他人领取不同账户名下的款项，则应当推定其主观上已认识到是赃款。这些推定不仅符合司法人员的经验性认识，也符合普通人的一般性认知。

在引进或创建电子证据推定规则时，需格外注意对"基础事实"与"推定事实"之间存在"常态联系"进行严格把握。确保了"常态联系"，作出的推定才是可靠的；缺失了"常态联系"，作出的推定就不合理。例如，针对在网络攻击案件中很难查清攻击来源，特别是很难追查到具体行为人的现象，有论者建议以推定的方式解决。其研究表明，证明"网络攻击者"通常需要搜集以下证据：一是被害人确实遭受到了网络攻击；二是被告人主观上有网络攻击的犯罪故意；三是被告人有寻找技术黑客的行为，且有证据证实技术黑客曾在被害人受攻击的时间段内实施了网络攻击行为；四是被告人电脑中有用于黑客攻击的软件，且在被害人受攻击的时间段内有进行攻击的记录。其中，第一、二项是必须具备的证据，这两项说明被告人有网络攻击的意图，而由于某种原因被害人事实上受到了攻击。第三、四项证据只需择一具备即可，该两项证据将被告人主观上的犯罪故意与客观上的实际行动联系在了一起，即不管被害人受害程度如何，至少证明被告人也是其中的参与分子，理应承担相应的刑事责任。⑤ 这一"推定"的本意是"跳过追查攻击来源，从上述几项证据去认定被告人有攻击的行为"。该论者认为，"这既符合法律的规定，又能化解侦查机关取证困境和司法认定之间的矛盾"⑥。但是，这里所设计的"推定"规则是否满足了"常态联系"这一条件，其实是值得进一步审视的。遗憾的是，论者对此语焉不详。

---

① 刘品新．中国电子证据立法研究．北京：中国人民大学出版社，2005：120－121.

② 刘品新．国外网络犯罪法律制度选译．北京：中国人民公安大学出版社，2012：149.

③ 同②166.

④ 同②172.

⑤ 陈廷，解永照．网络犯罪案件中电子数据的取证、审查难点及对策思考．公安学刊——浙江警察学院学报，2016 (3)．

⑥ 同⑤.

2. 司法认知

司法认知，是指法官在审理案件的过程中无须控辩双方举出证据而直接确认案件事实。这是将司法人员的认知作为判决的依据。最高检早在1998年《人民检察院刑事诉讼规则》第334条中就明确规定，对于"为一般人共同知晓的常识性事实"等，"不必提出证据进行证明"。2019年《人民检察院刑事诉讼规则》第401条也延续了该规定。从理论上讲，网络犯罪司法中同样存在着司法认知的情形。但实践调研表明，相关案例当前还很少出现。

近年来，我国司法解释中出现了一种"类司法认知"的方案。例如，2016年最高法、最高检、公安部《电信网络诈骗案件适用意见》第6条第1款规定："确因被害人人数众多等客观条件的限制，无法逐一收集被害人陈述的，可以结合已收集的被害人陈述，以及经查证属实的银行账户交易记录、第三方支付结算账户交易记录、通话记录、电子数据等证据，综合认定被害人人数及诈骗资金数额等犯罪事实。"又如，2017年最高人民法院、最高人民检察院《关于利用网络云盘制作、复制、贩卖、传播淫秽电子信息牟利行为定罪量刑问题的批复》第2条规定："鉴于网络云盘的特点，不应单纯考虑制作、复制、贩卖、传播淫秽电子信息的数量，还应充分考虑传播范围、违法所得、行为人一贯表现以及淫秽电子信息、传播对象是否涉及未成年人等情节，综合评估社会危害性，恰当裁量刑罚，确保罪责刑相适应。"这里的表述是由司法人员（主要是法官）作出"认定/评估"，就符合司法认知的表象特征。但鉴于其关键词是"综合认定""综合评估"，其本质上还属于自由心证或自由裁量的范围。

综上，简化网络犯罪证明的手段多样。当前，世界范围内的共同方案就是从网络犯罪的证明责任、证明标准、证明方法等方面着手，进行体系化的应对。对于已有的国际经验，我国需在拿来主义基础上进行本土化改造；而对于直接源于我国司法一线的办案智慧——它们本身就是国际经验在中国的实践，则还需要再进行制度化的提炼和升华。换言之，从法律制度层面孵化出一套简化证明机制，将是我国刑事网络法治的一项紧迫任务。

三、中国式应对的方案选择

我国治理网络犯罪，在很大程度上还要面对网络违法与网络犯罪相区分的二元制结构。也就是说，在我国必须分清网络违法与网络犯罪之间的界限。这既针对传统的违法/犯罪所得、造成损失大小、非法经营额等情节，也指向网络视阈下独有的实际点击数、不法网页数、不法文档数、用户数、注册会员数、网站数、跟帖数等指标。而网络本身具有的聚合效应，使得前述"数量"情节都以庞大的规模出现。如今人类社会已经进入大数据时代，前述"数量"又进一步表现为人类难以想象或计数的海量数据。如何关注和应对这一中国特色难题的再升级？我国学界先后提出过抽样取证与等约计量等中国式应对的建议方案。那么，这些方案真的行得通吗？有无更加合乎法律理性的其他方案？

（一）抽样取证法及否定性评价

面对海量数据导致的证明困难，人们选择抽样取证显然是一种应激反应。所谓抽样取证，是指办案人员依据科学的方法，从较大数量的物品中提取具有代表性的一定量的物品作为样本证据，并据此证明全体物品属性的证明方法。[①] 抽样取证不仅是一种新的取证方法，还是一种新的证明方法。在取证环节，传统方法强调对有证明价值之材料的尽可能全面提取，抽样取证与之不同，它是依据统计学规律提取具有代表性的部分材料。在证明环节，传统方法是以所提取的物品作为证据直接证明待证事实，而在抽样取证中，因为所提取的并非全部材料，样本并不能直接反映案件事实之全面，其必须依赖一个中间环节——对样本代表性的确认。由这一方法所得结论的可靠性支撑，在于科学的抽样统计原理。

笔者在"聚法案例"[②] 上以"随机""抽样"为关键词，搜索刑事案例，共检索到 787 篇裁判文书。这表明，司法实务中使用抽样方法的案例已有很多。具体分析可知，采用抽样方法的案件多集中在毒品犯罪、食品安全犯罪和知识产权犯罪中。至于网络犯罪，笔者只检索到一份非法获取公民个人信息罪的判决书中使用了抽样取证的表述，该案的争议点为被告人贩卖的公民个人信息是否真实。对此，法庭裁决认为："在该两台电脑中提取的 10 份电子文档中有 8 份电子文档包含公民姓名、身份证号、银行卡号等公民个人信息，该 8 份电子文档经整理统计共有公民个人信息 4 578 条，经对 8 个电子文档分别随机抽样核实，共抽样 74 条核实，其中 62 条真实有效。"[③]不过，该"随机"进行的抽样取证并不是一个真正合格的抽样取证。

抽样取证是从全部中提取部分，离不开一个最低的抽样比例。如在一起滥伐林木案[④]中，为查清被滥伐的林木数量，控方举出了由某县林业调查规划设计队采用抽样调查得出的调查报告，该报告抽样（800 平方米）仅占全本（76 200 平方米）的 1.05%。法院认为，根据《××伐区调查设计技术规程》（2013 年）的规定，标准地面积必须达到伐区面积的 3%以上，否则抽样数量达不到技术规程要求。该份调查报告鉴定过程和方法均不符合相关专业的规范要求，故本院不予采用。这里的抽样底线是 3%。而截至目前，尚无权威观点表明网络犯罪中抽样取证的底线比例是多少。即便设置为 1%甚至 1‰，也很可能还是一个完不成的巨量任务。有论者研究侵犯公民个人信息罪的司法实务问题后发现，有的办案人员往往自行决定或掌握抽样比例以核实个人信息的真实性，"有的抽样 10 条、20 条、50 条"，"对于成

① 万毅，纵博．论刑事诉讼中的抽样取证．江苏行政学院学报，2014（4）．

② （2017－11－07）．https：//www.jufaanli.com/.

③ 湖北省恩施土家族苗族自治州中级人民法院刑事判决书（2017）鄂 28 刑终 67 号。

④ 参见广西壮族自治区田东县人民法院刑事判决书（2016）桂 1022 刑初 352 号。

千上万甚至数量更为庞大的数据来看，比例是否具有代表性?”① 该质疑是有道理且值得警醒的，尤其是在网络犯罪中赖以定案的电子证据正日趋以海量数据之面貌呈现的当下。

抽样方法还要求对象具有同质性，也即具有共同的性质。同质性是确定统计总体的基本标准。唯有同质，样本才能具有代表性，才能反映全本。缺乏这一条件，就很难保证抽样方法的合理性和抽样结果的可信度。例如，嫌疑人在正常生产的数万张正版光盘中，夹杂着生产了几百张盗版光盘，情节较为轻微，依法不应作为犯罪处理。但公诉方为追求定罪，不进行正确抽样，而从这几百张盗版光盘中抽出几十张做样本，并称是因光盘数量太多、证明较为困难而进行抽样的，这就可能造成错误的入罪后果。② 又如，在一起生产、销售伪劣产品案③中，辩方对一份抽样取证鉴定意见的证据效力提出质疑，法院认定，“其生产方式供述比较稳定，在生产方式上具有同一性”，“执法部门在查扣的产品中随机抽样送检，其检测报告结论具有代表性，具有可以根据样本资料推论总体的属性”。这就是利用样本的代表性来回应证据效力异议。可见，抽样取证中样本的代表性是无法回避的根基性问题。实践证明，网络犯罪的电子证据散布于网络空间的各个角落，被害人、证人等知情人也散迹于物理空间的天涯海角，试图在它们之中均匀取样并确保代表性，简直是天方夜谭。

网络犯罪司法想要实现科学的抽样取证，必须跨越前述两个鸿沟。这有待于法学理论的突破，有赖于制度建设的完善，更离不开技术规范的支撑。但仅就网络犯罪抽样取证的技术规范制定而论，目前尚遥不可及。因此，在这些条件尚不具备的情况下，人们只能在个案中进行有限的尝试。一旦步伐太快，就难以消解司法任性的质疑。案例统计的结果也表明，这一方法虽具有远景价值，但现阶段还不足以被寄予厚望。

（二）等约计量法及否定性评价

我国学者已敏锐地注意到网络犯罪呈现出犯罪对象海量化等特点。“在犯罪对象海量化中，犯罪数额难以计量，或者是无法计量，或者是只能选择间接方法进行替代式计量，而无法像传统犯罪采用人工方法直接计量”④。人工方法直接计量，即精准计量模式，必然存在着客观不能的缺陷。而网络犯罪的数额计量就把这种无能为力暴露得淋漓尽致，此时，精准计量面临着犯罪数额难以认定、犯罪数额的认定难以精确、犯罪数额的真实性难以核实、犯罪数额的认定具有或然性等一系列难

① 罗猛，邓超．从精确计量到等约计量：犯罪对象海量化下数额认定的困境及因应．预防青少年犯罪研究，2016（2）．

② 万毅，纵博．论刑事诉讼中的抽样取证．江苏行政学院学报，2014（4）．

③ 参见山东省威海市文登区人民法院刑事判决书（2015）威文刑初字第86号。

④ 罗猛，邓超．从精确计量到等约计量：犯罪对象海量化下数额认定的困境及因应．预防青少年犯罪研究，2016（2）．

题。基于此，该论者建议，可以等约计量模式代替精准计量模式，进而实现对法益侵害的适当评价。“在网络犯罪中采用等约计量模式对犯罪数额加以计量，具有合理性。”① 应当看到，司法实践已经按照“等约计量”方式，对海量化的犯罪对象进行“估堆式”计量，并作为认定犯罪数额的标准。从目前淫秽电子信息、公民个人信息以及“伪基站”发送的短信计量方式来看，其均未实现精准计量，实际上运用的就是“等约计量”方式。②

等约计量模式与抽样证明方式具有一定的交叉关系，但属于两种思路。不难发现，等约计量模式有违背“案件事实清楚、证据确实充分”的证明标准之嫌。从字面上看，“等约”是“大约等于”的意思，即所谓的“估堆”。相对应地，即按照“大约等于”的方式，对网络犯罪中的数额加以计量。这明显背离了“案件事实清楚、证据确实充分”的原则性要求，分明就是饱受诟病的两个“基本”标准——“基本事实清楚、基本证据充分”的一个变种。对此，该论者也提出：“在适用等约计量时，需要刑事立法和司法进行相应的跟进，并进一步探索将模糊数学、灰色理论、概率论等引进刑事法学和司法实践，建立现代科学技术、新型数学方法和刑事法学的跨界融合，以实现对网络犯罪行为的全面客观评价。”③ 但必须提醒注意的是，人们寻求网络犯罪证明难的解决之道，不能以放弃作为司法证明基石的证明标准制度为代价。

（三）底线证明法及推崇性理由

在我国司法实践中进行网络犯罪的简易化证明，最有效的选择应是底线证明。底线证明，也可以称为低限证明，是指按照法定的入罪和加重处罚两道“坎”，提供能用以定案的最基本的证据。这两道“坎”既是底线，也是低限。要追究网络犯罪者的刑事责任，指控证据必须证明其已经触及法定的入罪门槛；而要追究网络犯罪者的加重刑事责任，指控证据还必须证明其已经触及法定的加重处罚门槛。具体来说，我国现行法律普遍采用数额/数量（如金额、物数、人数、次数、人次等）指标作为入罪或加重处罚的标准。因此，办案人员就必须在证明作为底线的数额/数量（如金额、物数、人数、次数、人次等）指标方面，达到“案件事实清楚、证据确实充分”的要求；至于其在多大程度上超过了作为底线的数额/数量（如金额、物数、人数、次数、人次等）指标，则只需要进行概要性的证明或展示。不难看出，底线证明方式的特色就在于两步证明。

举例来说，在我国，非法获取计算机信息系统数据达到一定情节的构成犯罪。最高人民法院、最高人民检察院《关于办理危害计算机信息系统安全刑事案件应用法律若干问题的解释》，对该罪的“情节严重”以及“情节特别严重”进行了解释

① 罗猛，邓超．从精确计量到等约计量：犯罪对象海量化下数额认定的困境及因应．预防青少年犯罪研究，2016（2）．

② 同①.

③ 同①.

（见下表）。这里的身份认证信息 10 组、其他身份认证信息 500 组、计算机信息系统 20 台、违法所得 5 000 元、经济损失 10 000 元就是入罪的底线，相应标准的 5 倍则是加重处罚的底线。那么，底线证明方式就是“10^{+}”证明、“20^{+}”证明、“500^{+}”证明、“$5\ 000^{+}$”证明、“$10\ 000^{+}$”证明，以及这些情形的“5 倍$^{+}$”证明。以此类推，不一而足。

情节严重	（一）获取支付结算、证券交易、期货交易等网络金融服务的身份认证信息十组以上的
	（二）获取第（一）项以外的身份认证信息五百组以上的
	（三）非法控制计算机信息系统二十台以上的
	（四）违法所得五千元以上或者造成经济损失一万元以上的
	（五）其他情节严重的情形
情节特别严重	（一）数量或者数额达到前款第（一）项至第（四）项规定标准五倍以上的
	（二）其他情节特别严重的情形

概要而言，底线证明方式面向网络犯罪中的海量证据，解决了无须获取全部证据而仅依靠部分证据定案的问题。同时，它并没有降低证明标准——所抽取的证据在用于证明犯罪事实的方面，依然坚持了关于主要案件事实的证明必须满足统一证明标准的原则。这有利于节约诉讼资源、提高诉讼效率和实现诉讼目的。

这种简易化证明机制在司法实践中已经初露端倪，得到了一定程度的运用。例如，在一起非法控制计算机信息系统案中①，被告人何××被指控对 2 670 部手机信息系统实施了非法控制，主要的指控证据是涉案的两个邮箱内有 2 670 个手机号码。辩护人指出，由于存在着双卡双待手机，2 670 个手机号码并非等同于 2 670 部手机，因此涉案的被控制手机数量认定为 2 670 部有误。法院认可了该辩护意见，但同时判决“即使按照所控制的 2 670 个手机号码减半处理”，仍不影响对其“情节特别严重”的认定，也就是说达到了加重处罚的底线。又如，在叶某某等盗窃、诈骗、提供侵入、非法控制计算机信息系统程序、工具案②中，多名被告人被指控实施了购买伪基站、发送虚假信息和获取被害人银行卡信息后套现等行为。部分被告人提出，“在未查明其住处缴获的伪基站设备中发射的 181 251 条诈骗短信有多少诈骗既遂、有多少诈骗未遂的情况下，不能排除存在其发送的诈骗短信中未遂的数量不足 5 万条同时诈骗既遂的数额又不足 10 万元的情形”。对此，法院认定，“按照黄××自称的从 2015 年 4 月 15 日到 2015 年 5 月 5 日，其参与发送的信息总量也达到 80 万条左右，远远超过司法解释规定的 5 万条”，故应当认定为刑法规定的“其他特别严重情节”。这同样是说达到了加重处罚的低限。

相比而言，底线证明方式既克服了抽样证明的取样不具有代表性、取样后仍数

① 安徽省芜湖经济技术开发区人民法院刑事判决书（2016）皖 0291 刑初 19 号。

② 参见广东省广州市中级人民法院刑事判决书（2017）粤 01 刑终 499 号。

量过大的局限性，也回避了等约计量同现行法律规定明显冲突的弊端。最为重要的是，这是在保持我国现行刑事法律制度不变的情况下降低证明难度的一种方法。而且，它也未雨绸缪地为应对未来大数据技术可能带来的挑战，预留下足够的空间。迄今为止，人类社会尚未建成有效运行的大数据侦查、大数据证据制度，底线证明方式不仅是应变之举，也能够行稳致远。

四、总结与前瞻

网络犯罪遭遇司法证明难题，这是新时代、新问题同旧体制、旧观念的冲突所致。化解网络犯罪证明难，首先要靠转变机制。这落脚于在网络犯罪法律制度建设中推出一系列有针对性的简易化证明规则。2014 年最高人民法院、最高人民检察院、公安部出台《关于办理网络犯罪案件适用刑事诉讼程序若干问题的意见》，这是我国当前最为重要的惩治网络犯罪的法律。其中虽不乏关于证据转化、综合认定的内容，但对于简化证明机制如推定、司法认知、立法扩大解释则着墨不多，遑论试行学者们倡导的抽样取证、等约计量的建议。该现象也存在于其他网络犯罪法律规范中。未来我国夯实网络犯罪治理的法治大厦，在证明机制部分应当从零散式的对策设计跨越为体系化的制度建设。

化解网络犯罪证明难，其次要靠转变观念。在新时代推动大变革的大背景下，重点就是要打破以传统办法对付网络犯罪的思维定式，实现三个转变：一是由传统的“精准思维”向“互联网思维”“大数据思维”转变，二是由孤立思维向系统思维转变，三是由经验思维向科学思维转变。本章从实践中概括出来的底线证明方式，是完全符合新思维的可行路径。而且，该方式的采用，无须进行任何的制度建设或改革，只要观念更新即可。在不改变现行制度的情况下，大力推行底线证明方式，无疑是一条最有前景的中国式方案。

【拓展阅读】

破解网络犯罪的证明难题

我国网络犯罪司法存在同网络犯罪的代际错位问题。一方面，当下我国的网络犯罪呈现出一种特别的新态势，突出表现为传统犯罪纷纷网络化、网络犯罪急剧聚合化、证明负担空前巨量化等。可以说，网络犯罪因为“十大数据”“十人工智能”等正在进行新一轮的快速迭代。人们经常听到动辄千亿元、千万人、几十亿条的聚合性犯罪案件。另一方面，检察官等司法人员在化解网络犯罪司法证明难方面普遍缺乏方法和技能，仍然是在沿用传统司法机制办理网络犯罪案件。这突出表现为，多数网络犯罪难以顺利进入司法治理轨道，少数网络犯罪（主要是迫于各种压力的案件）通常借助指定专案办理、言词证据定案的方式。在庭上举证时，公诉人宣读言词笔录几乎成了一种流行色，符合网络犯罪特色的电子证据及相关鉴定意见的举证处于极为次要的地位。

在代际差的大盘下，我国检察机关办理网络犯罪案件中遇到的证明难题有五种具体呈现。

一是难以有效审查公安机关移交的指控证据。可以说，公安机关办理网络犯罪案件都形成了一些普遍性的潜规则，如制作数据光盘系事后制作、定罪“数量”不够而移植证据的问题、远程勘验笔录与取证实践不一致问题、通过自设鉴定机构搞“假”鉴定问题、以羁押普通员工获取证人证言问题等。检察官往往审查不出来，不愿也不敢监督，造成证据大面积出现瑕疵的现象。

二是如何指向和证明真正的作案人。一般来说，网络犯罪中电子证据能够证明到涉案机器，能够证明哪些IP地址、手机、电脑、微信账号等（可简称为涉案机器或账号）涉案，但它们不容易证明涉案机器或账号等的所有者就是其使用者、犯罪行为人。实践中有一些权宜之计，最简单、最典型的做法是寻找补强证据（如口供、证人证言）等。而这容易在法庭上遭受质疑，也容易酿成错案或放纵犯罪。

三是如何证明情节严重。我国治理网络犯罪遵循网络犯罪与网络违法两分的思路，最高人民检察院、最高人民法院针对网络犯罪制定了很多新的数量化标准，它们是进行“两分法”区隔的标尺。这些标准与传统上的财产损失、非法所得、人数等标准不尽相同，特别将一些新的要素也纳入其中。现阶段使用电子证据证明“情节严重”，常常会伴随出现各种特殊困难。比如，有的软件公司会在开发软件时进行“计数”规避，有的是网络平台进行“表面”合规，还有的是行为人的“预设”理由……这样一来，依靠电子证据证明达到了“情节严重”的数量标尺，就是相当棘手的问题。

四是如何构建证据组合或体系。口供、证人证言等言词证据往往难以证明网络犯罪的主要案件事实。电子证据对于网络犯罪的办理至关重要，而其能不能起到作用关键在于能否构成证据组合或体系。司法人员在这一方面往往缺乏基本的信心和经验。从理论上讲，这需要在网络犯罪司法中构建一种独特的电子证据组合或体系，即由电子证据、“来源笔录”与鉴定意见组成的三位一体的证据组合或体系。

五是如何走向罪刑相适应，精准地惩治和威慑网络犯罪。这也是最大的挑战。由于难以查清和证明网络犯罪的案件事实，网络犯罪存在相当大的黑数，且同时存在有罪者轻判、无辜者被入刑的情况。实践中，随着一起有影响案件的查处和宣传，还会因为罚不当罪诱发不特定人群“照葫芦画瓢”的效仿现象。一些地方司法机关在办理异地网络犯罪案件时，仍然习惯于以羁代侦获取证言，存在着对普通员工扩大追究责任的情况。这需要提升检察机关办理网络犯罪的证据能力。

传统的司法机制难以面对网络犯罪之变。为此，我提出如下建议。

——理念更新。检察机关应当真正拥抱互联网、大数据、人工智能等新科技，深刻感知这一类犯罪的新动态、新情势，确立真正依靠科学技术、科技人才、专业技能办案的理念。

——制度建设。在制定司法解释时，对于区分网络犯罪与网络违法方面引入基于大数据的“综合认定”标准。推广专家辅助人同步参与网络犯罪案件办理制度。制定“电子证据审查规定”，发布检察官办理网络犯罪的证据指引，丰富相关的指导性案例。探索跨区域检察院（互联网检察院）办理网络犯罪的路径。

——机制创新。推动建立基于资金大数据、企业工商大数据、网络账号注册大数据等可信数据库的查询与出证机制。建设全国办理涉众型网络犯罪案件的电子化证据共享机制。建立异地办理、跨境取证的高效协助机制。最高人民检察院设立大数据证据实验室，为全国办案提供关于海量资金数据分析、海量物流数据分析、海量发票数据、海量轨迹数据及相关检验报告、鉴定意见审查的协助。

——重大科研。分析近二十年来全国网络犯罪的起诉书、判决书等法律文书，进行法律文书的语义分析（大数据分析），对中国网络犯罪及司法治理的换代及内在规律进行全面挖掘。

第二十章

互联网金融犯罪的大数据司法——一条由犯罪聚合到证据聚合的前行道路[①]

目前，我国互联网金融犯罪的形势空前严峻，对国家金融安全、经济安全与政治安全造成了巨大隐患。此类犯罪案件具有涉案人数众多、涉案资金巨大等特点，最重要的是依附平台形成犯罪聚合。这给司法治理带来困境，突出表现为各种“证明难”问题的汇集。面对以互联网金融犯罪为代表的新型犯罪，司法机关应打破陈规，转向求助大数据证据证明主要案件事实，开展证明领域的各种证据聚合尝试，实现司法治理的全方位创新。

一、互联网金融犯罪司法遭遇的证明难

互联网金融犯罪，作为利用新兴互联网金融业态模式[②]所实施的新型犯罪，是网络犯罪与金融犯罪的交叉升级，也是涉众型经济犯罪的演变极致。[③] 相比于传统犯罪，互联网金融犯罪具有涉案人数众多、涉案资金巨大等特点，这给司法治理带来了难以承受的压力，突出表现之一即犯罪事实“证明难”问题的汇集。

（一）组织架构证明难

互联网金融犯罪的主体通常公司化、集团化程度较高，且组织架构复杂，这就导致在事实查明中很难划定犯罪主体的范围并明确分工，主要表现为犯罪嫌疑人与

---

① 本章系在笔者主持的中国人民大学“网络安全的刑事法治应对”课题组完成的《互联网金融犯罪司法治理创新》研究报告的基础上全面修改形成。唐超琰等同学对于原文做出了重要贡献，特向他们致谢。本章使用的图片，除部分由我和唐超琰、毛自荐制作外，绝大部分由中科金审科技有限公司邓昌智博士提供，我们作了脱敏处理。特此致谢。

② 主要包括：网络借贷（包括 P2P 网络借贷、网络小额贷款）、股权众筹融资、互联网基金、互联网保险、互联网消费金融、互联网支付等。

③ 司法实践中的互联网金融犯罪主要包括非法吸收公众存款罪、集资诈骗罪、组织、领导传销活动罪和洗钱罪等。

被害人、其他参与人的界限以及主犯与从犯的界限相当模糊。

以“善心汇”案件为例，其犯罪团伙一年内在全国 34 个省份发展会员 598 万余人。其中，众多的案件参与人只能被称为“集资参与人”（或“涉案人员”），无法将之进一步具体定性为犯罪嫌疑人或受害人，从而使涉案人员的规模也难以明确。要解决上述问题，必须首先厘清犯罪组织架构。在以往的司法实践中，这主要通过书证、犯罪嫌疑人口供、被害人陈述或证人证言等予以证明，但上述证据提取程序烦琐，且证明作用有限，往往仅能反映局部案件事实，尚难明晰犯罪组织架构全貌。

具体来看，证明涉案公司架构的传统方法一般是利用其工商注册登记信息、资金关系特征等，确定个人在公司中的角色。但该做法可能存在如下隐患：工商注册信息虚假，即公司的实际架构与登记的工商注册信息不一致；收集海外注册公司的相关登记信息十分困难；公司数量较多的，信息收集难保没有遗漏，相互之间还常有矛盾。例如在“e 租宝”案件中，钰诚系当时在全国设立的公司达 500 多家，只有将它们的注册信息全部收集，并经系统梳理排除矛盾之处，才能明晰公司架构、确定主从关系。这一过程无疑需要耗费大量的司法资源，并且涉及多机构、多部门之间的协调配合，仅仅依靠几家办案机关，显然不可能完成任务。

犯罪嫌疑人的口供有时也被用于查明犯罪组织架构，但当组织架构庞大复杂时，该证明方法就变得无能为力。调研发现，在一些非法吸收公众存款犯罪案件中，犯罪组织会在维持原有金字塔型结构的基础上，不断增加内部层级、细化分工，形成角色丰富的员工群体。随后，犯罪嫌疑人再实施“信息孤岛”① “幕后遥控指挥”② 等策略。这样一来，仅凭犯罪组织下级人员的供述，难以发现幕后的主要犯罪嫌疑人。

此外，目前互联网金融犯罪组织还深谙集团化、系列化的操作手段，事先准备好全面、详细的实施方案，有较为完备的人员管理、组织运营等制度，有的甚至开发了专供内部使用的财务和业务管理软件。他们有计划地开展非法活动，一旦危机爆发，再有序采取规避惩处的相关措施。这些都为后续顺利、有效地证明犯罪事实带来了挑战。

有时，即便能够查清互联网金融犯罪组织的复杂架构，也很难评判不同行为人在犯罪活动中的具体作用。以利用 P2P 平台实施集资诈骗的案件为例，其公司人员类型可能包括：公司法定代表人、实际控制人、公司总裁、副总裁、财务人员、技术人员、“讲师”、风控人员、宣传销售人员、人力资源总监、产品设计人员、法务人员、运营人员、发展规划人员等。如何依据上述各类别人员的工作职责和任职时间等，确定其相应的作用，进而认定主犯、从犯，还存在很大困难，如技术人员、

① 具体做法是，犯罪嫌疑人通常有意在组织内部实行信息割裂，除少数核心成员外，很多非吸犯罪组织的人员只了解与自己工作有关的情况，对整个组织的运作目的、经营情况等并不清楚。

② 具体做法是，实际控制人一般居于幕后，与直接联系投资人的犯罪一线人员间隔着许多层级。

“讲师”就有工作交叉，其参与犯罪的时间与所起作用大小、违法程度间的关系是否必然挂钩，也有一定疑问。

（二）主观心态证明难

互联网金融犯罪均为故意犯罪，认定犯罪必须证明“行为人具备故意”这一主观要件，针对集资诈骗罪还需证明行为人具有“非法占有”的犯罪目的。犯罪主观方面的证明，向来是司法证明的难点。实践中通常采取两条证明路径：一是由犯罪嫌疑人自行供述或被害人、证人提供相关陈述、证言；二是借助特定的客观证据进行证明，即通过客观行为推断主观状态。但这两者均遭遇到较大的证明障碍。

就前者来说，关于犯罪主观方面的嫌疑人口供①往往很难顺利获取，行为人不承认具备犯罪主观故意、非法占有目的的情形在实践中很常见。有时，即便获取相关口供，也可能随后遭遇翻供。同时，行为人针对被指控的主观事实极易提出抗辩。调研表明，互联网金融犯罪案件犯罪嫌疑人经常提出的抗辩事由如下：（1）其经营的项目具有高额回报率，按预期可以实现承诺，只是后来由于经营不善或意外情况才无法实现；（2）公司一直依照公司章程开展业务，公司管理人员也购买了产品，监管部门从未告知其违法或督促其停止业务；（3）公司拥有合法营业执照及律师出具的合法性法律意见书，受到广泛的社会认可，在央视等媒体上播出过广告，有关领导和专业人士还曾帮助“站台”；（4）其作为公司的中层人员、团队长、业务员，只是按照上级领导的要求执行，不了解总体业务运作情况，不知道行为违法。还有讯问笔录记载，犯罪嫌疑人表示：“经过侦查人员的分析教育，我现在认识到自己从事的是传销了”，但这实际上恰好证明了其原本不具备主观故意。值得注意的是，犯罪主观方面证明结果的不同，将引发后续定罪量刑上的显著区分，即因难以认定构成集资诈骗罪而不得不“降格”认定为非法吸收公众存款罪。这两个罪名的法定刑之间相差甚巨②，极易引发罪罚失当的疑虑。

---

① 在讯问环节，办案人员通常会重点关注嫌疑人对公司经营状况（包括公司营业执照、相关资质、公司架构、运营模式、赢利模式、利息分配方式、公司收入、工资发放、产品/项目的真实有效性、审核义务履行状况、担保情况等）、资金流向（包括借款人、贷款人及借贷金额、借贷方式等）的知悉程度，以判断其是否知道或应当知道自己或公司行为涉嫌违法犯罪，进而确定其是否具备故意的犯罪主观要件。

② 我国《刑法》第 176 条规定：“非法吸收公众存款或者变相吸收公众存款，扰乱金融秩序的，处三年以下有期徒刑或者拘役，并处或者单处二万元以上二十万元以下罚金；数额巨大或者有其他严重情节的，处三年以上十年以下有期徒刑，并处五万元以上五十万元以下罚金。单位犯前款罪的，对单位判处罚金，并对其直接负责的主管人员和其他直接责任人员，依照前款的规定处罚。”第 192 条规定：“以非法占有为目的，使用诈骗方法非法集资，数额较大的，处五年以下有期徒刑或者拘役，并处二万元以上二十万元以下罚金；数额巨大或者有其他严重情节的，处五年以上十年以下有期徒刑，并处五万元以上五十万元以下罚金；数额特别巨大或者有其他特别严重情节的，处十年以上有期徒刑或者无期徒刑，并处五万元以上五十万元以下罚金或者没收财产。”可见，非法吸收公众存款罪的最高法定刑为 10 年有期徒刑，而集资诈骗罪的最高法定刑为无期徒刑。目前，大量的互联网金融犯罪案件涉案金额均符合数额（特别）巨大、特别严重情节，故是否具有“非法占有目的”成了量刑范围选择的关键。

就后者来说，犯罪嫌疑人故意规避法律监管等客观行为一般也可以用于证实其主观方面。我国已通过会议纪要或司法解释的方式明确了“通过客观行为认定主观方面”的数种具体情形，如针对非法吸收公众存款罪之“主观故意”的若干判断标准①、针对集资诈骗罪之“非法占有目的”的七项判断标准。② 这一证明路径另辟蹊径，以具体的客观情形来揭示犯罪嫌疑人具备主观故意或非法占有目的之行为表征，增强了司法办案的可操作性，但也带来了“规定出台即落后”的问题。随着时间推移及犯罪样态升级，这些判断标准已经暴露出僵化的弊端。③ 实践中，很多犯罪嫌疑人已针对上述规定设计出种种规避措施，如分解账户，注册多个空壳公司，故意在会议中记录或指示具体实施人员不要向社会公众吸收资金等。

此外，互联网金融犯罪案件主观方面的证明难题还包括：(1) 幕后控制人员主观故意的确定。幕后控制人员不直接实施宣传及集资等行为，且由于公司内部层级较多，下层人员无法进行直接指认，从而难以实现对幕后控制人员主观故意的有效证明。(2) 挥霍资金占吸收资金比例的确定。这是实践中认定犯罪嫌疑人是否具有非法占有目的的重要方法。若犯罪嫌疑人将高比例资金投入其他用途而导致不能返还，且无法说明合理原因，则可以认定其具有非法占有目的。但这要求明确查清资金去向，任务难度较大。(3) 非法占有之时间节点的确定。这将决定罪与非罪及犯罪数额数量等的认定。实践中，各地对时间节点的处理标准很不一致，常用的“犯罪嫌疑人开始意识到资不抵债”的时点又难以判断。此外，公司在吸收资金时犯罪嫌疑人不具备非法占有目的，但在后续经营中具有了该目的，或者犯罪嫌疑人离职

① 见最高人民检察院《关于办理涉互联网金融犯罪案件有关问题座谈会纪要》第 9 条：“在非法吸收公众存款罪中，原则上认定主观故意并不要求以明知法律的禁止性规定为要件。特别是具备一定涉金融活动相关从业经历、专业背景或在犯罪活动中担任一定管理职务的犯罪嫌疑人，应当知晓相关金融法律管理规定，如果有证据证明其实际从事的行为应当批准而未经批准，行为在客观上具有非法性，原则上就可以认定其具有非法吸收公众存款的主观故意。在证明犯罪嫌疑人的主观故意时，可以收集运用犯罪嫌疑人的任职情况、职业经历、专业背景、培训经历、此前任职单位或者其本人因从事同类行为受到处罚情况等证据，证明犯罪嫌疑人提出的‘不知道相关行为被法律所禁止，故不具有非法吸收公众存款的主观故意’等辩解不能成立。除此之外，还可以收集运用以下证据进一步印证犯罪嫌疑人知道或应当知道其所从事行为具有非法性，比如犯罪嫌疑人故意规避法律以逃避监管的相关证据：自己或要求下属与投资人签订虚假的亲友关系确认书，频繁更换宣传用语逃避监管，实际推介内容与宣传用语、实际经营状况不一致，刻意向投资人夸大公司兑付能力，在培训课程中传授或接受规避法律的方法，等等。”

② 见最高人民法院《关于审理非法集资刑事案件具体应用法律若干问题的解释》第 4 条第 2 款：“使用诈骗方法非法集资，具有下列情形之一的，可以认定为‘以非法占有为目的’：(一) 集资后不用于生产经营活动或者用于生产经营活动与筹集资金规模明显不成比例，致使集资款不能返还的；(二) 肆意挥霍集资款，致使集资款不能返还的；(三) 携带集资款逃匿的；(四) 将集资款用于违法犯罪活动的；(五) 抽逃、转移资金、隐匿财产，逃避返还资金的；(六) 隐匿、销毁账目，或者搞假破产、假倒闭，逃避返还资金的；(七) 拒不交代资金去向，逃避返还资金的。”

③ 互联网金融犯罪迅猛发展的实践表明，司法解释所规定的具体“故意或明知”情形，实际上是针对特定时段内犯罪情形作出的归纳性总结，因此不可避免带有一种“历史”的痕迹。由客观行为证明犯罪主观故意所具备的“时代”特征，具有天然的滞后性。

后继续控制公司、公司在此过程中开始非法集资等情形下，亦难以判断犯罪嫌疑人具备“非法占有目的”的时间节点。

（三）数额数量证明难

犯罪活动中的数额[①]数量[②]，具体包括犯罪团伙及其具体行为人的犯罪所得造成的财产损失，及发展的会员层级/人数、会员积分数、代购商品数等人数、物数、件数等。它们在很大程度上反映出犯罪活动的社会危害性，是定罪量刑的关键要素。实务中，办案机关一般依据银行等金融机构、第三方支付平台、犯罪嫌疑人及集资参与人等提供的材料来证明数额数量，但这也遇到了形形色色的新问题。[③]

其一，取证难以到位。目前在互联网金融犯罪案件中，数额数量证据主要来源有查扣账目、向集资参与人取证以及向金融单位调取。但是，这类案件的犯罪嫌疑人有时不做财务账目或者事后销毁账目。即便查扣到有关账目，也会遇到内容不全面、形式不规范等问题，不能全面反映犯罪数额数量的真实情况。同时，这类案件的集资参与人通常遍布全国乃至世界各地，对其进行跨区域取证的难度较大，即使通过网络平台仍难以联络到线下的集资参与人。再加之，集资参与人一般要到所在地公安机关报案，而报案人员不全面、时间不集中、受理不统一也会影响犯罪数额数量的统计核实。实践中，集资参与人对数额数量的表述欠客观、准确性不高；还有部分集资参与人会以没有提供证据材料的义务为由，拒绝配合取证。至于从银行等金融单位调集资金证据，手续烦琐且耗时较长[④]；而第三方支付平台的资金数据，因该平台独立于银行系统，其资金划转的流程相对不规范，在可获得性及准确性方面均存在问题。此外，现金交易时无转账记录，投资人复投时也不产生银行流水、第三方支付流水，这都使得相关犯罪数额数量的变化不能体现在资金流水变化中，在计算时可能出现遗漏。

① 即犯罪数额标准，体现为能够以金钱价值计算的各类指标，如经济损失数额、违法所得数额、非法经营数额等。

② 即犯罪数量标准，体现为除金钱以外的其他数量指标，如注册会员数（人数）、身份认证信息组数（物数）、多次盗窃（次数）、通信中断时长（时数）等。针对犯罪数额与犯罪数量标准（即犯罪定量标准）的讨论，参见于志刚，郭旨龙．信息时代犯罪定量标准的体系化构建．法律科学（西北政法大学学报），2014（3）．

③ 实践中探索出了一些证明犯罪数额的方法：（1）结合证据综合认定。2014年公安部《关于办理非法集资刑事案件适用法律若干问题的意见》第6条规定：“办理非法集资刑事案件中，确因客观条件的限制无法逐一收集集资参与人的言词证据的，可结合已收集的集资参与人的言词证据和依法收集并查证属实的书面合同、银行账户交易记录、会计凭证及会计账簿、资金收付凭证、审计报告、互联网电子数据等证据，综合认定非法集资对象人数和吸收资金数额等犯罪事实。”但这一方法在实践中取得的效果甚微。（2）通过投资人登记平台进行登记。主要是公安机关组织搭建的非法集资案件投资人信息登记平台，“e租宝”案件中即采取了这一做法。但对于通过此平台登记的信息能否作为刑事诉讼中的证据使用，仍存有疑问。此外，也有实务人员提出方案，如登记信息由被害人自行填写，签名捺印后寄给公安机关，作为公安机关向各地被害人取证的证据。可以预见，这一想法的实施过程可能比较困难。

④ 公安部经侦部门正在积极建设“违法犯罪资金查控平台”。该平台建成后，向银行等金融单位调证的压力会得到缓解。

其二，证据质量不高。不同来源的证据之间，往往存在矛盾。实践中，从银行、第三方支付平台、犯罪嫌疑人、集资参与人、证人等处获取的证据，在投资金额、利息收入、返利金额、工资提成等方面常有出入，尤其是在数额数量的细节方面，实物证据与犯罪嫌疑人供述等言词证据间很少相互吻合，甚至相差较大。证据间印证关系的缺失，以及难以一一核实排除矛盾，均导致犯罪数额数量的准确性存在疑问。

其三，计算标准混乱。犯罪数额数量是依据特定标准计算得出的，不同犯罪类型的数额数量计算标准存在一定区别。调研表明，实践中非法吸收公众存款罪①、集资诈骗罪②和组织、领导传销活动罪③等罪名的数额数量计算标准纷繁芜杂④，而采用不同标准得出的犯罪数额数量差异甚大。目前，在计算标准严重不统一、不尽科学的现状下，很容易出现计算结果偏差。

基于前述原因，实践中办案机关在计算犯罪数额数量时普遍难以达到精确的程度。这正是犯罪数额数量证明难的最突出表现。而除了取证来源、证据质量、计算标准等方面的障碍外，互联网金融犯罪案件的犯罪数额数量还会随着办案环节或时间的推移发生变化，这也给查明准确的数额数量事实增加了难度。比如不断有投资人报案提供新的证据材料；犯罪嫌疑人被发现在任职过程中不断变换职位，多次调

① 就非法吸收公众存款罪而言，犯罪金额为非法吸收的公众存款数额，通常以合同金额进行认定。此外，金额相关证据材料还包括：转账凭证或银行流水金额（反映已转账成功数额）、收款确认书金额（反映集资主体确认收到的金额）等等。不同集资参与人提供的证据可能存在区别，如仅提供合同，只能反映合同金额但未体现相应银行流水；仅有银行流水或收款确认书，而未提供合同。不同情形下应当以哪一标准认定犯罪金额总额，目前暂无统一规定。实践中，通常以最大吸收资金额进行认定，如上述证据中有证据证明数额成立的，即一并纳入犯罪数额。这一计算方法的合理性、计算结果的准确性，存在质疑。

② 就集资诈骗罪而言，犯罪金额为“以非法占有为目的”所获取的金额，主要通过资金交易数据进行确认，即该部分资金的来源去向已经查清，确实符合“非法占有目的”的情形。换言之，若未查清资金去向，通常难以认定其具有“非法占有目的”，因而不能被计入集资诈骗罪中的犯罪数额。

③ 就组织、领导传销活动罪而言，司法解释对组织、领导传销活动罪犯罪数额定义为“直接或间接收取下线会员所缴纳的费用”。（最高人民法院、最高人民检察院、公安部《关于办理组织领导传销活动刑事案件适用法律若干问题的意见》第5条规定犯罪数额的计算方式为：“形成上下线关系，并以下线的销售业绩为依据计算和给付上线报酬。”）调研发现，针对新型网络传销犯罪，全体会员之间匹配打款，难以认定“间接收取”，匹配后收取的上线会员打款，是否需从犯罪数额中扣除，存在争议。传销活动中存在多重获利模式，包括：静态收益（如通过给他人打款获取收益）、动态收益（如通过发展下线会员获取收益）、销售消费币（如通过从传销模式设计者处获取折扣消费币，出售给下线会员，获取收益）等。对于以哪一标准进行计算，存在争议。

④ 犯罪数额的计算标准复杂，可从以下情形中得到体现：如同一投资人重复投资（取了再投）、连续投资（延长投资期限）的不同情形下，其投资本金和利息等如何计入犯罪数额；司法解释明确将“在亲友或者单位内部针对特定对象吸收资金”排除在“非法或变相吸收公众存款”之外（最高人民法院《关于审理非法集资刑事案件具体应用法律若干问题的解释》第1条第2款），但对于如何界定“亲友”的范围，尤其如何明确何为“友”，存在不一致的理解，因而对犯罪数额的计算亦产生影响；就多人构成的犯罪集团/团伙而言，犯罪集团的犯罪数额并不能完全适用于所有在案嫌疑人，如何具体地、有针对性地确认每一嫌疑人的犯罪数额，也存在困难。

任或升任，对应的犯罪数额数量的计算方法也要发生变化。① 相关情节若不能准确查实，均将影响最终数额数量的认定，并使办案机关陷入“犯罪事实不清”的困境。

二、犯罪聚合是证明难主因

实践现状清晰表明，面对互联网金融犯罪，司法回应明显滞后，打击犯罪的速度已远远赶不上犯罪活动发生及迭代蔓延的速度。这在证明环节尤为凸显。传统方法已无法有效解决互联网金融犯罪面对的司法证明难题，这就要求我们审慎思考相关证明难问题出现的根本原因。

调研表明，互联网金融犯罪案件的调查取证量大，证据审查任务也十分繁重。一起互联网金融犯罪案件的证据工作超过上千起普通刑事案件的工作总量，如白丹青等人非法吸收公众存款案件的卷宗数量多达 2 000 余册（见图 20-1），e 租宝案件、善心汇案件的卷宗数量更是超过了 5 000 册、8 000 册。目前，实务办案基本仍依赖纸质卷宗，但在纸质卷宗内查找、搜集、分析、整合证据信息的过程十分缓慢，效率低下，前期的证据获取、固定也需要投入大量的司法资源。我们在北京市东城区人民检察院调研时了解到，2017 年该院办理的公诉案件中，普通刑事案件的办案期限平均为 42 天，而非吸案件的办理期限则平均为 142 天，后者的审查期是前者的 3.4 倍。办案机关普遍出现了人力严重不足的情况。以北京市公安局东城

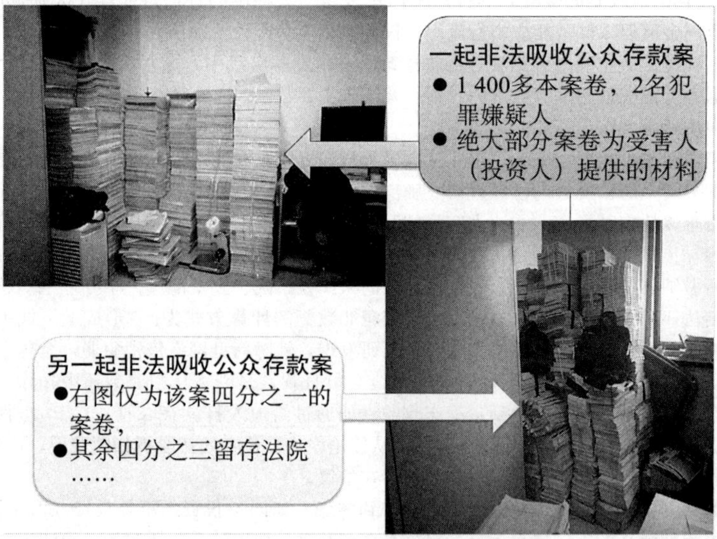

图 20-1　北京市朝阳区人民检察院金融犯罪检察部的“海量案卷”

① 比如，作为非法吸收公众存款公司的业务员，以其推荐成交的金额认定；作为销售产品团队负责人，则以团队的金额认定；作为门店负责人，则以门店的金额认定。嫌疑人担任不同的团队或门店负责人时，则应当根据该团队或门店的金额分别进行认定。

分局经侦支队为例，2017 年该队在编干警 79 人，为应对非吸类案件激增的现状，又紧急补充了 58 人，但即使干警经常加班工作，仍然感到警力匮乏。侦查部门境况如此，检察、审判部门亦然。

除案卷多、耗时长外，互联网金融犯罪案件还表现出人数多、区域广、金额大等特点。近年爆发的互联网金融犯罪大案，均具有在较短时间内波及全国大范围省市（很多还涉及境外）、涉案人数以万计、涉案金额以亿为单位（有的甚至超过3 000亿元）等共性（见表 20－1）。

表 20－1　　互联网金融犯罪大案的涉众性

序号	案件名称	涉及地区	涉案人员	涉案金额	持续时间
1	“善心汇”非法传销案	全国 34 个省市自治区	会员人数 598 万余人	1 100 亿元	近 1 年
2	“兴中天”涉嫌组织、领导传销活动案	全国 31 个省市自治区、港澳台地区、马来西亚	18 万人发展会员 59 级、42 万个账号	82.3 亿元	5 个月
3	“申彤大大”非法集资案	全国范围	7.3 万人	136 亿元，未兑付 64 亿元、6 万人	近 2 年
4	“e 租宝”非法集资案	全国范围	90 万人	700 多亿元未兑付 380 亿元	1 年多
5	“云联惠”非法传销案	全国范围	300 万会员	交易金额 3 300 亿元	3 年
6	“黄金佳”系列案件	河北省廊坊、保定、石家庄、衡水、沧州、承德、秦皇岛等	受害人 3.6 万人	153.7 亿元	7 年
7	“汇慧系”非法集资案	四川、贵州、重庆、海南等 5 省 11 市	3 万人	20 亿元	近 2 年

这种现状是我们解析互联网金融犯罪案件“办理难”之成因的重要背景。每一起互联网金融犯罪案件都是“大案件”，是“一批”案件的大聚合，而非单独的“一起”案件。这样的犯罪应该被准确理解为“聚合犯罪”，即许多犯罪团伙通过互联网平台聚合起来，实施的众多犯罪的聚合形态。在犯罪“聚合”过程中，互联网平台的组织者或开办者既可能对各地犯罪团伙的犯罪行为知情，应当承担共同的刑事责任；也可能对各地犯罪团伙的犯罪行为并不知情，并不当然承担共同的刑事责任。这就像淘宝、京东等网购平台网聚了全世界的卖家、买家开展电子商务，卖家、买家之间可能发生形形色色的电子商务纠纷，但这些纠纷并不当然归责于淘宝、京东等网购平台一样。淘宝、京东等网购平台只对它们以卖家、买家（主要是

卖家）身份参与而发生电子商务纠纷案件承担民事责任。

犯罪“聚合”的威力是巨大的，带给司法的挑战也是巨大的。展开来说，互联网金融犯罪作为典型的涉众型犯罪带来了新的案件样态，任何一起案件都必然伴随着海量的证据材料；而司法资源的总量始终是有限的，某一个或几个办案机关均不可能在有限的时间内全面收集证据材料，即便收集到海量的证据材料，也难以对之进行有效的审查运用。这就导致了新型犯罪的裂变性与司法回应的有效性之间存在巨大的反差。

这一特点使得互联网金融犯罪案件明显区别于涉案人员与数额数量范围特定的小案件。故若仍遵循传统的办案理念和模式，试图通过对独立、单一、具体的“小证据”的逐一收集、核实，来惩治千百件小案件汇聚而成的涉众型大案，则必然无法突破司法证明难的桎梏。此时，我们应当果断地换道变轨。一个基本的合理思路是，由犯罪聚合走向证据聚合。

三、证据聚合的路径：以大数据证据攻坚克难

司法证明的基本任务是认定案件事实，而证据裁判原则要求案件事实的认定必须以客观存在的证据为基石。以往，针对传统案件这类“小案件”，司法人员主要通过一份份小证据展开证明；但现在，面对以互联网金融犯罪案件为代表的“大案件”，司法人员则须相应地转向“大证据”办案的路径。

所谓“大证据”，又称“大数据证据”，是相对于单一、具体的传统证据而言的新证据形式，指的就是聚合型的新证据。当今实践表明，它通常表现为基于海量电子数据形成的分析结果或报告。资金流数据、发票流数据、通信数据、网页数据、物流数据、轨迹数据等海量电子数据都具有容量巨大、维度多元、价值密度低等特点，并隐藏着人类难以察觉的规律和联系，可借助机器的快速运算得以发掘。据此形成的分析结果或报告，在互联网金融犯罪的司法治理中具有重要价值。如在“e租宝”案件中，仅涉案资金数据的来源主体就有 4 000 多家银行、247 家第三方支付机构、164 家保险公司和 114 家大小券商。据不完全统计，办案机关从银行调取了 1 万多个账户信息和几十亿条资金交易流水信息，电子数据总量达 30TB 左右，还查控了上千家公司的工商注册信息。在侦查阶段中三个月内，就有 24 万余名投资人通过警方的身份审核，总投资人数高达 90 万。这样的海量电子数据已被用作公安机关查办的线索，遗憾的是，由此形成的分析结果或报告等材料未能被检察机关用做证据以指控犯罪。

需要特别指出的是，此处的“大”证据，仅是针对人类而言的信息量巨大；对机器而言，它们其实仍为“小”数据，进行机器分析并不难。同时，办案人员搜集到的上述“海量”证据，尽管只是布局庞大的涉众型犯罪活动中的小部分证据，但也足以反映基本的犯罪事实。面对海量电子数据，我们需要大胆尝试借助机器基于

模型与算法所自动进行的大批量、强算力运算，快速得出准确的分析结果；尤其是利用大数据的关联功能实现信息流的整合，通过机器发现的大量“弱”关联来确认最终的实质关联。简言之，即拓宽证据收集的广度、提升证据收集的时效，将犯罪活动放在更大的背景下、更长的周期内加以考虑，进而有效帮助查明与认定实质违法、主观故意等事实。可以说，大数据证据所具有的可快速运算发掘潜在关联等独特优势，能够打通物理空间与虚拟空间的界限，透视涉众型犯罪案件繁杂表象后面的事实真相。以“大数据证据”攻坚克难，对于办理互联网金融犯罪案件具有重大意义。

（一）快速绘制犯罪组织架构

互联网金融犯罪的团伙网络异常复杂，难以依靠传统的人工方式进行识别，而大数据证据则能在相关事实的认定过程中彰显出独有优势。其基于以经验总结和数据挖掘为基础的分析模型，可以对海量资金数据、发票数据、通信数据、网页数据、物流数据、轨迹数据内部或之间的关联关系进行“网状透视”①，继而拨开犯罪组织的层级迷雾，挖掘背后的实际控制人、主要犯罪嫌疑人、次要人员，排除无关人员。这样“按图索骥”的办案方式，可以较好地把握罪与非罪、主犯与从犯的界限。

具体来说，一方面，大数据证据汇聚了多种来源的数据，并通过数据挖掘、数据分析等技术，实现“用联系的观点看问题”，从而发现不同类型数据之间的相互关系，快速建立数据与案件事实之间的关联关系，有效解决办案中关联证据发现率低的问题。同时，其可将具体关联关系按照一定的标准进行排序，展开有针对性的重点筛查。比如经搜索犯罪嫌疑人名称为 A 的主体信息，获得其一段时间内的资金交易情况，发现 A 在此段时间内向 B 有多次大额转账，继而追查 B 的相关信息；从 B 处又发现其与 C 通话频率高，再调取 C 话单做大数据分析……这样层层深入、抽丝剥茧，就能够将涉案的所有相关证据信息从“海量证据”中筛查出来。

另一方面，大数据证据能将案件的可疑点对接成线、联结成网。例如在人员流的分析中，通过知识图谱算法②（见图 20－2），结合特定的犯罪场景对犯罪组织内部的成员关联关系进行分析后，可以快速得到行为人对犯罪网络的部署情况，包括以人为主体的金字塔网络结构、以公司为主体的多点星状网络（无标度网络③）结构以及环状网络结构等等（见图 20－3），为案件的后续办理奠定基础。实践中，依据传销活动的“金字塔”组织结构、非法集资活动的上下游代理关系等，可以初步判断犯罪网络的主犯、从犯以及操控犯罪行为的团伙组织。

① 即通过网格工具将观察对象变换为立体三维图像，此处比喻通过大数据证据可以对犯罪组织的内在结构实现“透视”。

② 知识图谱算法，是指利用特制的线条算图求得答案的一种简便算法。

③ 无标度网络中的少数节点往往拥有大量的连接，而大多数节点只有很少量的连接。这些少数节点对无标度网络的运行起着主导的作用。即无标度网络具有严重的异质性，其各节点之间的连接状况（度数）具有严重的不均匀分布性。

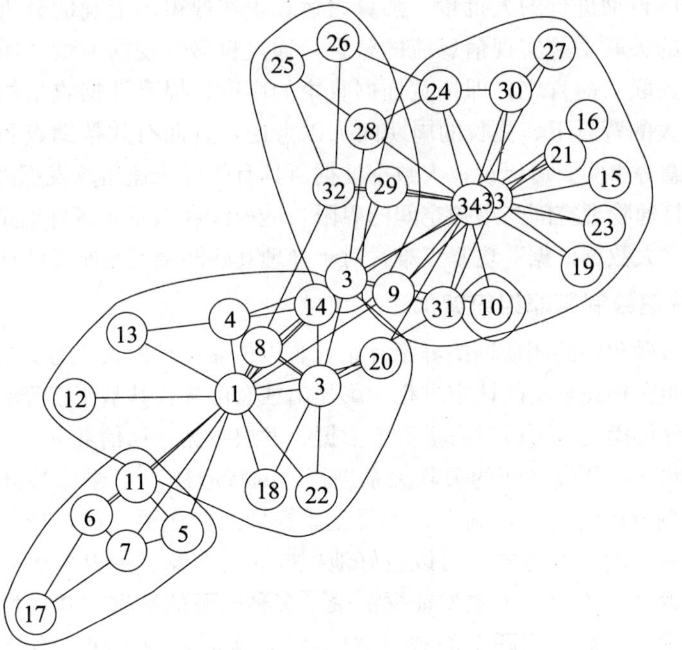

图 20-2　通过知识图谱算法识别出异常的社区、团伙行为①

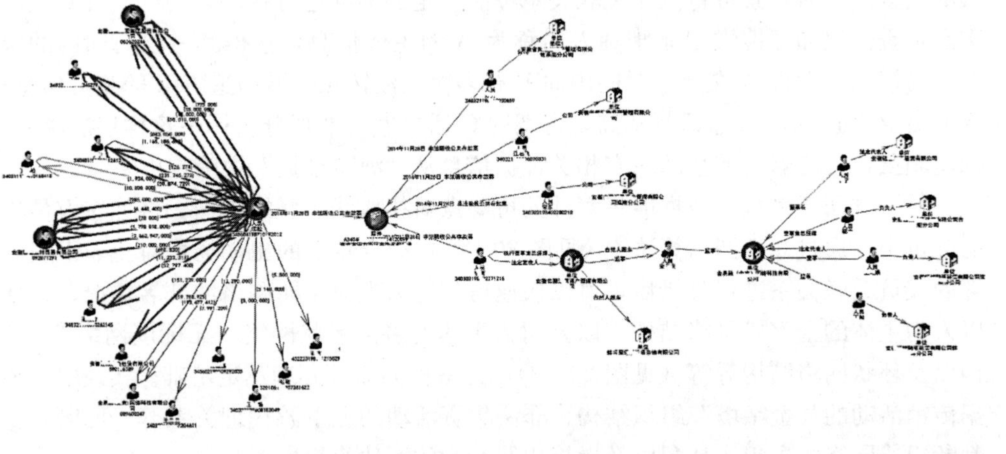

图 20-3　基于大数据绘制的 e 租宝案件人员流关系

下面，以网络传销类犯罪的查办为例进行详细说明。网络传销即利用网络手段（通常有专门的网站）实施的传销活动，通过转介绍实现病毒式传播。其犯罪行为具体表现为：传销活动的组织者、领导者通过网站发展二线成员，组织者与二线成

① 通过“知识图谱算法”，可在复杂的交易或社交网络中识别出异常的社区行为和团伙行为，进而确定犯罪组织结构及主犯、从犯。

员构建起第一层网络关系；二线成员大量发展下线成员，下线成员再自行发展其他成员……以此类推，最终形成一个庞大的传销网络。目前，下线大于 3 层且人数超过 30 人的传销组织已被我国法律列为打击对象。①

针对这类案件，办案机关可以指聘专家，基于所获取的传销组织后台数据，利用大数据分析技术提取数据中的会员账号、推荐人账号、会员 ID、推荐人 ID 等字段，找出存在上下级对应关系的会员数据，再对汇集起来的会员数据采用“双向递归算法”，快速计算出会员间的层级关系，厘清犯罪组织结构。②

表 20 - 2 即某传销网站部分会员数据的分析结果。层级为“1”、姓名为“威威 X”的下线人数为“2 690”（标注第一行）；层级为“2”、姓名为“李立 X”的下线人数为“2 677”（标注第二行）；层级为“3”、姓名为“余红 X”的下线人数为“2 653”（标注第三行）；层级为“4”、姓名为“熊正 X”的下线人数为“2 621”（标注第四行）；层级为“5”、姓名为“陈立 X”的下线人数为“2 493”（标注第五行）；层级为“6”、姓名为“刘小 X”的下线人数为“1 081”（标注第六行）。由此不难发现，上述人员所在层级从 1 至 6 不断下降，且随着层级的下降，该会员的下线人数也相应减少。而从整体上看，会员总人数在层级数量的递增下快速扩增，呈现出“金字塔”形状。可视化技术还可以将该犯罪网络结构以直观的图示形式展现出来，进而帮助锁定犯罪组织的核心成员（见图 20 - 4）。

表 20 - 2　　某传销网站部分会员数据分析

会员 ID	推荐人 ID	账号	推荐人账户	姓名	所在层级	下线人数	下线层级
1		EWHome		威威 X	1	2 690	13
2	1	ewdy123	test	李立 X	2	2 677	12
10	2	wyq66660	ew0001	余红 X	3	2 653	11
3	2	ew0002	ew0001	张新 X	3	0	0
9	2	ew000107	ew0001	张新 X	3	0	0
6	2	ew000104	ew0001	张新 X	3	0	0
18	10	xzw8888	wyq6666	熊正 X	4	2 621	10
17	10	wyq666606	wyq6666	余红 X	4	0	0
12	10	wyq666602	wyq6666	余红 X	4	0	0
16	10	wyq666607	wyq6666	余红 X	4	0	0
1149	18	ykc88882	xzw8888	邓仕 X	5	91	9
19	18	Cdy8888	xzw8888	陈立 X	5	2 493	9
1147	18	ykc88881	xzw8888	邓仕 X	5	2	2
401	18	xzw88882	xzw8888	熊正 X	5	0	0
71	19	lxy8888	cdy8888	刘小 X	6	1 081	8
51613	1147	hxm11	ykc88881	孙春 X	6	74	8

① 见《最高人民检察院、公安部关于公安机关管辖的刑事案件立案追诉标准的规定（二）》第 78 条第 1 款：“组织、领导以推销商品、提供服务等经营活动为名，要求参加者以缴纳费用或者购买商品、服务等方式获得加入资格，并按照一定顺序组成层级，直接或者间接以发展人员的数量作为计酬或者返利依据，引诱、胁迫参加者继续发展他人参加，骗取财物，扰乱经济社会秩序的传销活动，涉嫌组织、领导的传销活动人员在三十人以上且层级在三级以上的，对组织者、领导者，应予立案追诉。”

② 目前主要是通过对“会员 ID”运用双向递归算法进行关联，得出该传销团伙的组织架构图。

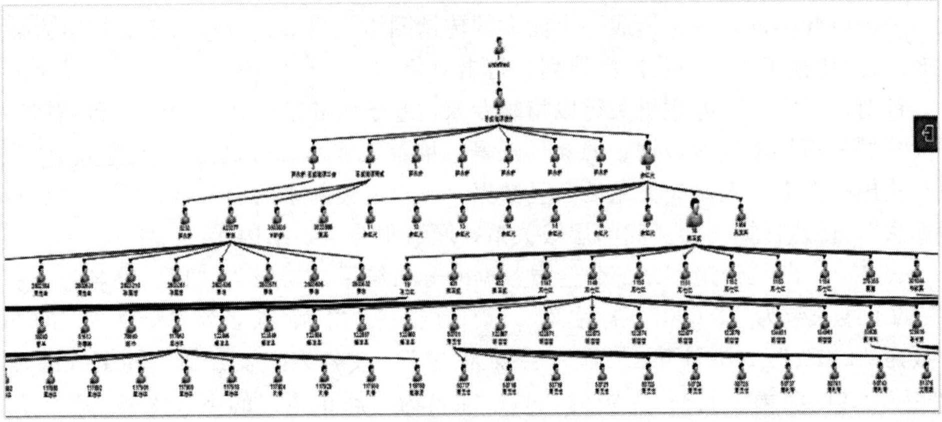

图 20－4　传销案件犯罪组织的“会员层级结构”

除了应用于快速厘清犯罪主体、绘制犯罪组织架构外，还可依靠大数据证据对传销案件的人员进行统计分析，得出会员基本信息、重点人员数据、区域统计、关联关系和多点关系等。其中，“区域关系”反映的是会员所在地区的分布情况，若大量会员集中位于某一区域，则应当对该区域进行重点关注（见图 20－5）；“关联关系”反映的是两个不同账号间的联系，如犯罪嫌疑人 A 与犯罪嫌疑人 B 二人分别所处的层级以及中间间隔层级的人员与数量；“多点关系”则反映三个以上账号间的相互关联。目前，针对传销类犯罪，实践中已经能够在 9 个层级人员间实现结构分布的挖掘和判断。

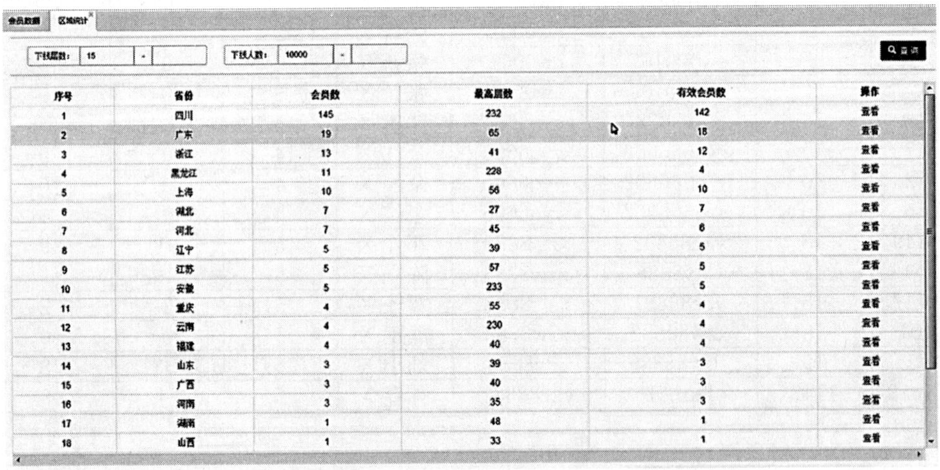

序号	省份	会员数	最高层数	有效会员数	操作
1	四川	145	232	142	查看
2	广东	19	65	18	查看
3	浙江	13	41	12	查看
4	黑龙江	11	228	4	查看
5	上海	10	56	10	查看
6	湖北	7	27	7	查看
7	河北	7	45	6	查看
8	辽宁	5	39	5	查看
9	江苏	5	57	5	查看
10	安徽	5	233	5	查看
11	重庆	4	55	4	查看
12	云南	4	230	4	查看
13	福建	4	40	4	查看
14	山东	3	39	3	查看
15	广西	3	40	3	查看
16	河南	3	35	3	查看
17	湖南	1	48	1	查看
18	山西	1	33	1	查看

图 20－5　传销案件犯罪组织的“会员区域统计”①

① 从图中可以看出，会员人数最多的地区在“四川”，最高层数为“232”，有效会员数为“142”。四川位列表中第一位。因而，在该案的司法打击中，四川区域应当被列为重点关注地区。

（二）精准判断犯罪主观心态

证明犯罪主观要件的传统证据方法，主要是犯罪嫌疑人或同案犯供述、集资参与人陈述或证人证言以及相关的书证。但是，口供的难获取、易反复，犯罪嫌疑人抗辩理由的难推翻，其他主观性证据证明力较弱，以及书证等客观性证据与行为人主观状态间的关联关系不强，均使控方难以完成关于犯罪主观要件的举证责任。这同样可归结为证据短缺现象，即证明行为人主观方面的直接证据缺失，间接证据又缺乏必要的关联性。

其实，“面对越来越多有众多独立因素叠加在一起而产生的复杂问题，无法进行有效的因果分析，但可以进行多方面关联性分析，这要求我们要习惯用相关性来考虑和分析问题”①。而诉诸大数据证据，即可以为证明行为人犯罪主观方面注入活流。互联网金融犯罪的本质是贪婪逐利，“资金”是这类犯罪的犯罪动机、犯罪目的及犯罪手段。相应地，“资金流”数据也被称为这类犯罪活动的一种“DNA”。由此，一种依靠“资金流”数据判断犯罪嫌疑人主观心态的证明方法随之产生。简言之，即借助资金分析模型对资金数据按照特定规则进行分析，筛选出符合设定特征的客观行为。

其一，通过资金交易次数、交易金额、交易时间等，发现周期性的资金转移规律，以此得出账户行为特征，用于证明犯罪故意或犯罪目的。实际上，资金或身份账户反映出的规律，在一定程度上是行为人主观心态的客观表征，故对这些账户在网络空间中的行为进行多维度分析，能够判断出相应的主观状态。例如，互联网金融犯罪常常表现为通过同一渠道将资金转出且涉案资金账户转账往往存在异常的规律性，故行为人的主观心态可以通过转账的异常“习惯”或规律予以揭示。此类转账“习惯”或规律，即为判断行为人具备犯罪故意的重要基础。

调研表明，网络传销案件中经常出现与正常交易现象明显不同的规律性资金转移现象。例如，针对某传销组织的“资金转入”信息，经统计不同交易金额出现的频次，发现交易金额多为 6 800 元或 6 800 元的倍数，或资金相加后为 6 800 元（见图 20－6），交易行为具有明显的规律性。据此可初步判断，6 800 元为该传销组织交易金额的基数。通过该特殊规律，可以进一步关联到可疑账号，再结合相关可疑账号，以“资金转出”信息对交易频次及交易金额做统计，又发现几个账户存在异常。这些账户实际上是该传销组织的核心交易账户。而上述资金交易过程就为证明核心交易账户使用者的犯罪主观心态，提供了有力的证据支持。

此外，相关账户存在可疑行为特征，也是行为人有犯罪故意的一种体现。如可以通过账户登陆地点在较大范围内发生变化、同一物理地址下的账户与多账户进行交易，推断该账户、该地点存在疑点；再结合犯罪嫌疑人社交软件中包含的涉案信息、物理位置信息、网络终端 IP 地址、MAC 地址、可疑地点的摄像头记录、资金

① 范如国．公共管理研究基于大数据与社会计算的方法论革命．中国社会科学，2018（9）．

某传销组织的部分资金交易金额及交易次数

交易金额（元）	交易次数
6800	110
13600	55
20400	20
3000	15
3800	15
6000	12
6050	2
6053	1
6070	1

可疑资金交易账号及相应交易频次、交易金额

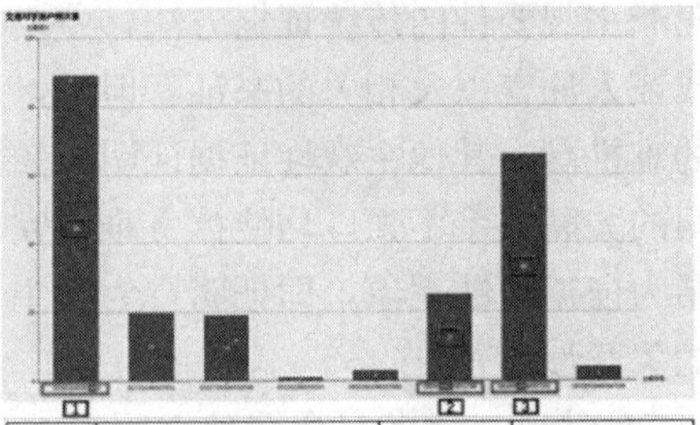

序号	可疑交易账号	交易频次	交易金额（元）
1	00160104000xxx0	89	33 305 008
2	08046xxxx60011744	25	1 464 700
3	080468xxx40007392	66	2 870 631

图 20－6　某传销组织部分资金交易金额及次数、可疑交易账号及频次与金额

账户交易信息等，对其犯罪活动进行交叉验证，进而证明其符合犯罪主观方面的要求（见图 20－7）。

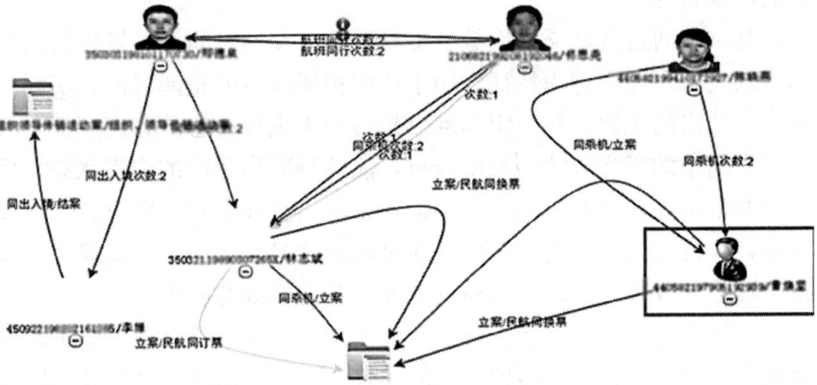

图 20－7　通过综合相互关联的多来源信息，交叉验证行为人的犯罪主观心态

其二，通过涉案账户是否存在反侦查迹象，推断行为人的主观心态。调研发现，如果账户有“即进即出”“集中进、分散出”等可疑资金交易特点，也能够在一定程度上反映出犯罪嫌疑人的主观故意。具体而言：

“即进即出型”账户是指资金从转入到转出的时间间隔短（通常为 24 小时内）、流转资金量相近且交易额大的账户。这类账户满足中间过渡账户的特征，与普通账户的资金交易特点存在明显不同，被认为是一种可疑账户。同时，还可从该角度对接收转入资金的对手账户（即“即进即出型对手未调单账户”）进行分析，找到符合即进即出情形的对手账户、对手户名、对手身份证号和开户银行等（见图 20－8）。由此获取可疑交易对手的信息后，再进一步深挖资金流向、厘清犯罪链条。

“集中进、分散出型”账户是指资金交易过程中资金流入笔数远远小于资金流出笔数的账户。这类账户满足可疑返利账户的特征（见图 20－9）。一般认为，多笔数、小额度的资金转移会对资金流向的追查造成困难，犯罪嫌疑人常常用作一种反侦查措施。若账户具备上述特征，就可以因存在拆分资金的嫌疑，被归为可疑返利账户而账户使用者的反侦查故意，也将成为证实其符合犯罪主观要件的重要依据。

实践中，“分散进、集中出型”账户、可疑申购账户、可疑地域账户、境外账户等账户均可被列为可疑账户种类。此外，行为人大量购入银行卡用于交易、有分批次转出资金的情形、资金流转的时间跨度相比“即进即出型”账户更大等，也均能体现其具有反侦查嫌疑。

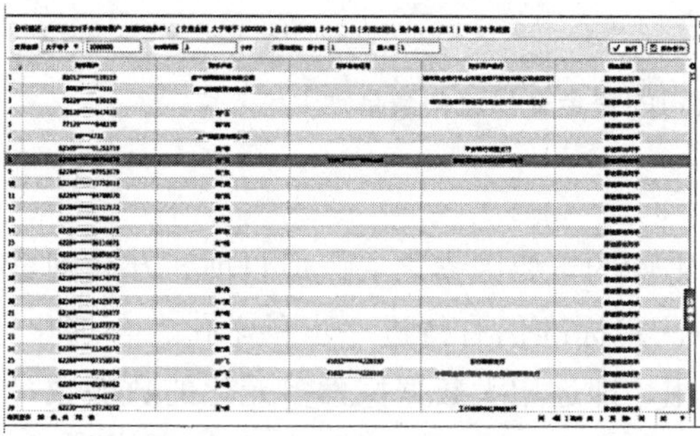

图 20－8　“即进即出型”账户的对手未调单账户列表

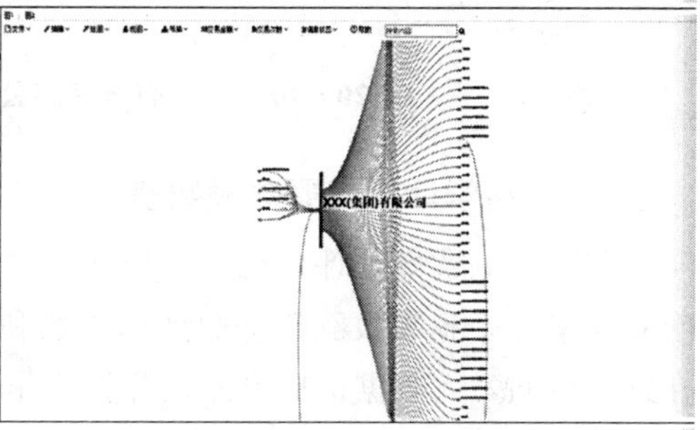

图 20－9　“集中进、分散出型”账户的资金交易流向图

其三，通过查明资金去向，证明行为人具有非法占有目的。一般来说，若行为人吸收的资金大部分未用于生产经营活动，或名义上投入生产经营但又以各种方式抽逃、转移资金，或供个人肆意挥霍，归还本息主要以借新还旧方式实现，最终造成数额巨大的募集资金无法归还的，可以认定其具有非法占有目的。在运用资金流证据进行分析判断时，主要通过对资金流水明细，分析得出是否存在资金池账户（见图 20－10）①，为认定行为人具有非法目的“奠基”。

当然，认定非法占有目的，还应当围绕融资项目的真实性、行为人的归还意愿与能力等事实进行综合判断。也即，资金流向与犯罪目的之间并不存在必然关联，用资金流向证据来判断行为人的犯罪主观方面还需要其他相关证据的补强。例如，犯罪嫌疑人将资金用于个人挥霍，或逃匿、故意销毁证据材料，或其使用资金时所在的地理位置等，均可被用于确认犯罪嫌疑人作案时的主观心态。

① 见 2016 年银监会等四部门联合发布的《网络借贷信息中介机构业务活动管理暂行办法》第 3 条第 1 款：网络借贷信息中介机构按照依法、诚信、自愿、公平的原则为借款人和出借人提供信息服务，维护出借人与借款人合法权益，不得提供增信服务，不得直接或间接归集资金，不得非法集资，不得损害国家利益和社会公共利益。其中“不得直接或间接归集资金”，即不得非法建立资金池募集资金。

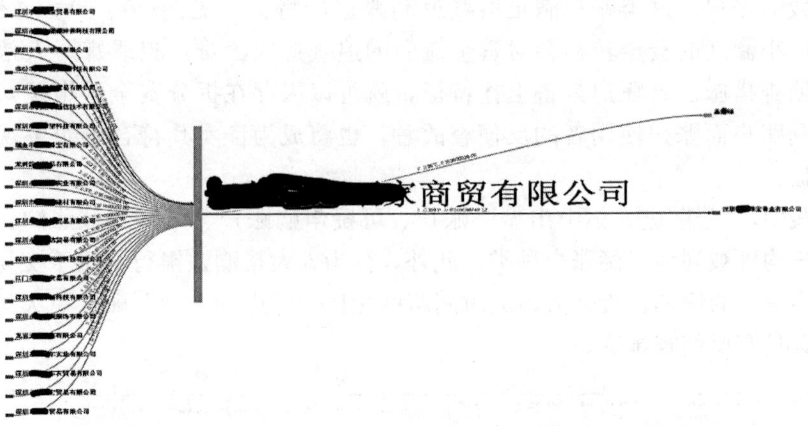

图 20-10　＊＊商贸有限公司的资金交易流向资金池①

（三）科学计算犯罪数额数量

犯罪数额数量是评判犯罪行为社会危害性的重要因素之一。但目前，互联网金融犯罪案件中犯罪数额数量的计算方法和认定标准仍有待进一步科学化、合理化。在这一方面，大数据证据也能发挥重要作用，即运用大数据探索多元化的数额数量计算方法和认定标准，实现客观精准的差别化认定。例如，区分绝对数额数量与相对数额数量，前者为实际发生金额，后者为绝对数额数量与其他金额标准之间的比例，能够反映犯罪行为的相对严重程度（见图 20-11）。

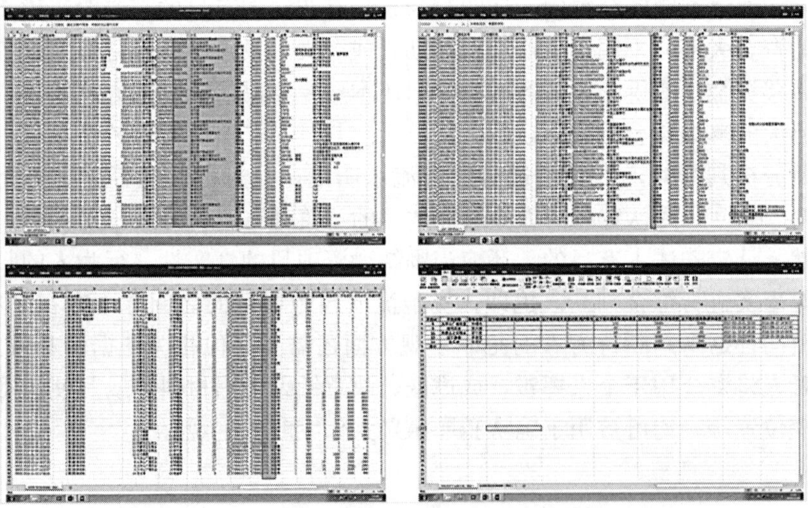

图 20-11　一起非法吸收公众存款案的各种大数据资金分析结论②

① 从该公司的资金流向图可以发现，资金流入远大于资金流出。并且转入＊＊商贸有限公司的资金，转出后流向了该公司实际控制人账户及由其控制的另一公司账户内，因此形成了“资金池”。

② 中国人民大学物证技术鉴定中心司法鉴定检验报告书，人大鉴定［2018］电子第 17 号。

理论上，我们可以运用大数据进行如下探索：分别按照日、月、年对所有交易数据进行统计，实现不同时段内的犯罪数额数量认定；针对传销类案件，既计算整个传销组织的犯罪数额数量，也分别统计每一层级的犯罪数额数量，并根据具体个人的获利规则与发展下线情况，计算出犯罪团伙中每一成员的犯罪金额，实现有针对性、个别化的数额数量认定。此外，还可依据一定的比例标准，将犯罪活动中的特定计量单位转换为现实货币对应的金额，如犯罪活动以“股”为单位进行交易，在明确了“股”与人民币之间的价值转换标准后，通过计算“股”的总数，按照对应的计算规则，转换为现实中所具有的价值。

诸如此类，我们需要建立多元、统一的数额数量计算标准，兼顾不同侧面以综合反映犯罪活动的社会危害性，克服过去对犯罪金额的认定过于粗略、随意且缺乏科学性的弊端，使其能够准确地与社会危害性相匹配。

当然，在利用大数据证据助力犯罪数额数量认定的过程中，还存在一些问题值得关注。例如，当前的数据来源主要是银行等金融机构的资金数据，而暂未将合同金额、财务审计金额等纳入考虑。又如，对确实不具有非法性的资金数额，应当予以扣减，但目前对否属于正当交易的工作主要通过线下核实，方法有限且工作量大。对此，未来应当依据所有可能来源的数据（如工商、税务、第三方支付平台数据等）进行综合或交叉分析，全面提升犯罪数额数量认定的科学性。

四、证据聚合的配套：从理念、制度到机制的全面创新

（一）理念创新

目前，对于互联网金融犯罪，人们谈之色变，其司法治理又遭遇证明难题。解决该问题的首要工作，即认清互联网金融犯罪的原貌，把握其本质特征，总结犯罪规律。过去，司法机关主要通过一些传统指标判断某一活动是否构成犯罪、构成何种犯罪、应处何等刑罚。面对互联网金融犯罪这一新的犯罪类型，实践中已经开始运用大数据证据，探索出许多新的评判技巧。它们在一定程度上反映出互联网金融犯罪呈现的新规律，也为新理念的树立提供了充分的现实依据。

“办大案件，用大证据”。互联网金融犯罪是聚合了大量普通犯罪案件的“大案件”，故难以再沿用单一证据实现各个突破的传统办案思路，而需要充分发挥海量、多维、能高速处理且实时可变的大数据证据所独具的办案优势。可以说，在理念上实现从“小证据”办案向“大证据”办案的转型，是应对以互联网金融犯罪案件为代表的“大案件”的必由之路。（见图 20－12）

“善除患者，理于未生”。互联网金融犯罪往往会导致巨额经济损失，难以追赃挽损，具有严重的社会危害性。北京市公安局东城分局的统计数据显示，此类案件的平均追赃数额一般不到涉案金额的10%，追赃挽赔率极低。例如，在王自坤等人非法吸收公众存款案中，涉案金额为 26 亿元，虽经司法机关等多方努力，但只追

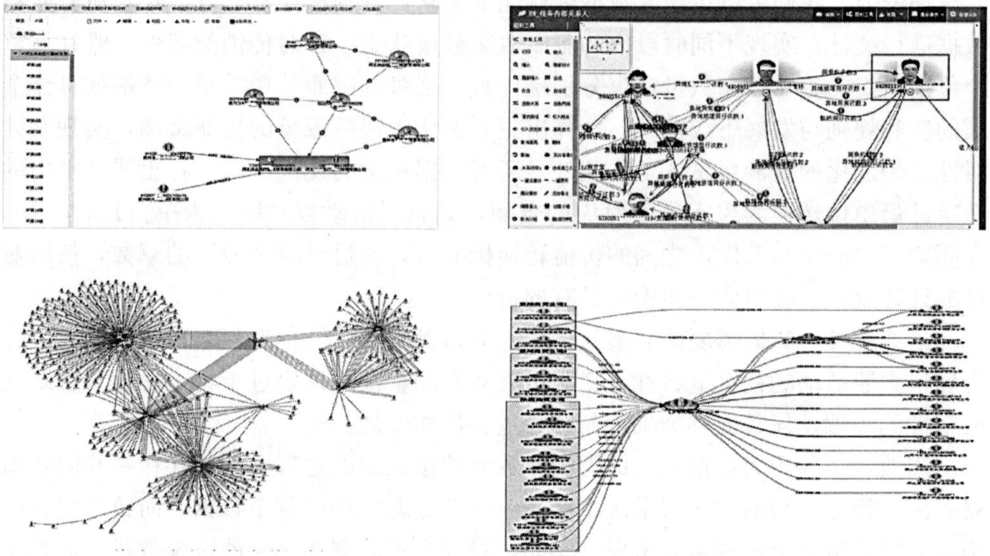

图 20－12　大数据证据交叉分析显威力

回 640 多万元现金和三处价值有限的厂房；在王荆梧等人非法吸收公众存款案中，涉案金额近 3 亿元，司法机关最后追回的赃款也只有 30 余万元。因此，司法机关在惩治此类犯罪时，还应当注重积极预测与防范可能发生的其他未“爆雷”犯罪，走向打击与预防并重。而大数据证据的潜在功能之一即在于预防，其可以有效帮助司法机关发现隐藏的犯罪线索和趋势，实现对其他关联犯罪的预判，防止犯罪后果的持续恶化与扩大化。

在观念革新的基础上，司法机关还应通过制度、机制创新，激发大数据证据蕴含的无限潜能，使丰富的大数据资源能实现持续输出。

（二）制度创新

1. 制定依据大数据证据办案的司法解释或办案指引

目前，大数据因其独有价值在侦查环节得到了较为广泛的使用。大数据证据在审查起诉环节也出现了萌芽，但其适用与传统证据相比存在一定特殊之处，引发了一系列实务问题。例如，山东省检察机关提出：“公安机关提供的传销组织人员结构图及人员信息，证明犯罪嫌疑人在传销组织中的作用和所处层级，但不能说明形成过程、制作依据。同时犯罪嫌疑人层级较低、上下线未到案、各地取证未完全共享，无其他证据对上述材料进行证据效力的补强，证据采信存在疑问。”① 湖南省

① 这里是说，对缺少形成过程、制作依据、缺乏其他证据补强的大数据分析结论，其证据采信存疑。参见山东省人民检察院侦查监督一处：《山东省检察机关审查逮捕办理涉众型经济犯罪情况报告》，“全国部分省市检察机关审查逮捕涉众型经济犯罪案件证据审查问题研讨会”（广东东莞）会议材料，第 96 页，2018 年 5 月。

检察机关提出："电子证据尽管数量多，但链条不全。仅依网络后台数据作出的鉴定意见，可能与不完整的其他证据产生矛盾，对证据的客观性存疑。"① 为及时解决实务难题，制定依据大数据证据办案的司法解释或办案指引，就成为当务之急。司法解释或办案指引的内容应当主要包括大数据证据的案件适用范围、证据形式及审查判断规则等。

首先，明确大数据证据的适用案件范围。以互联网金融犯罪案件为代表的"大案件"，具有涉众性、跨区域性等特点，且包含海量电子数据，是大数据证据得以发挥独特证明效用的案件场域。学术研究也表明，大数据证据还能够适用于电信网络诈骗等网络犯罪案件以及环境、食品领域的公益诉讼案件等其他"涉众型案件"。

其次，确认大数据证据属于何种法定证据形式。目前，学理上认为大数据被用作证据使用的可能途径包括：(1) 作为机器证言；(2) 作为专家证言；(3) 作为鉴定意见；(4) 作为独立的证据类型。考虑到大数据证据的专业性和科学性，并兼顾当下司法探索的主流做法，我国现阶段应当将大数据证据纳入鉴定意见的范畴。这是在现行法律框架下的最佳选择。②

最后，拟定有关大数据证据的审查判断规则。具体包括：(1) 针对取证合法性问题，设计司法机关收集、保全大数据证据的法定取证措施，明确将社会大数据平台接入司法机关的证据平台，实现司法机关采集大数据的高效化、规范化、法治化。(2) 针对真实性问题，建立以整体数据集的宏观真实性为主、兼及具体数据的微观真实性的大数据来源真实性规则，包括对大数据证据的抽样验证设计相关标准，确立专家辅助人出庭规则以对大数据证据进行质证等；建立针对机器算法可信度的大数据分析结果真实性规则。(3) 针对关联性及证明力问题，建立超越人类经验判断的大数据证据关联性规则，包括列举借助大数据证据证明客观行为，以推断犯罪嫌疑人犯罪故意、非法占有目的等主观心态的具体情形，以及证明犯罪数额数量及情节严重程度的具体方式等。③

简言之，相关司法解释或办案指引应致力于将实践中运用大数据证据办案积累的经验、凝聚的智慧、值得推广的成果上升为规则或指南，并及时更新和细化。这不仅能弥补目前互联网金融犯罪司法治理中的证据规则缺漏，也可为司法裁判中的案件事实的证明提供正确引导。

2. 完善大数据鉴定制度

目前，互联网金融犯罪司法治理中关于犯罪组织架构、犯罪数额数量、资金来

① 这里是说，对大量网络后台数据作出鉴定意见这一大数据分析结论，其客观性存疑。参见湖南省人民检察院侦查监督二处：《湖南省检察机关办理非法集资及非法传销案件证据审查的情况报告》，"全国部分省市检察机关审查逮捕涉众型经济犯罪案件证据审查问题研讨会"（广东东莞）会议材料，第119页，2018年5月。

② 刘品新．论大数据证据．环球法律评论，2019 (1)．

③ 同②.

源去向等内容的鉴定需求日益增长。如江苏省人民检察院就提出，希望“请专业部门鉴定分析，将电子数据转化为可以反映犯罪嫌疑人从事传销犯罪的直观证据”。但现阶段，在鉴定活动中引入大数据分析并形成鉴定意见（以下简称“大数据鉴定”），还只是一种浅层的探索，仍存在许多问题亟待解决。

其一，大数据鉴定中鉴定主体的合法性存疑。对海量电子数据进行分析并得出结论的真正主体是机器，而非传统意义上的专家。机器算法在对大数据作出专业判断时的角色和限度不明确，引发了鉴定主体是否合法的争议。故需要就机器作为鉴定主体的身份合法性和工作范围展开论证。其二，大数据鉴定中技术方法的合法性存疑。大数据鉴定主要基于机器学习进行专业判断，而目前我国相关法律规定中并没有指向大数据、使用算法模型的鉴定方法①，这就导致实际使用的方法无法写入鉴定意见书。截至目前，运用大数据鉴定出具鉴定意见书时，所引用的鉴定方法往往与真实情况不一致。其三，大数据鉴定的衡量指标体系尚未建立。大数据鉴定与传统鉴定的区别之一在于其极大地拓宽了样本数据范围。样本数量的显著增多带来鉴定意见出错或不当的风险随之增加，还会引发大数据鉴定达不到可重复、可验证的程度。② 这就需要建立一套用于检验大数据鉴定是否可靠的指标体系。总之，我们需要尽快认可和明确对海量电子数据进行机器算法分析的鉴定科目，并制定配套的专门技术标准和规章制度。

对此，一项可行的方案是在最高人民检察院检察技术信息研究中心成立面向互联网金融犯罪司法的大数据鉴定实验室。该实验室可以以技术力量为主，全方位参与办案，实现“技术＋办案”“一线＋管理”“法律＋科技”的跨界协同。依托该实验室的探索，可以研发关于大数据鉴定的技术方案，组织专业人员进行黑箱测试；在汇总和剖析大量鉴定案件的基础上，对不同类型、不同请求的案件设计相应的鉴定技术指标体系；搭建供全国鉴定人员使用的核心资源库（或称“数据仓库”），建立互联互通的大数据鉴定分析平台；等等。这样一来，就可以陆续推出大数据鉴定的标准体系、工具方法和直接产品。

3. 推进专家辅助人参与办案制度

互联网金融犯罪案件的一个突出特点是专业性极强，且复合了多学科知识，这

① 最高人民法院、最高人民检察院、公安部《关于办理网络犯罪案件适用刑事诉讼程序若干问题的意见》第 18 条与《关于办理刑事案件收集提取和审查判断电子数据若干问题的规定》（以下简称《两高一部电子数据规定》）第 17 条均规定可以采取“鉴定意见”或“检验报告”两种方式，解决电子数据涉及的专门性问题。此外，公安部、司法部以及发改委出台的相关鉴定规范［包括公安部《公安机关电子数据鉴定规则》、司法部《司法鉴定执业分类规定（试行）》以及发改委《司法鉴定收费项目和收费标准基准价（试行）》等］中，均未划定电子证据的鉴定范围；最高人民检察院发布的《人民检察院电子证据鉴定程序（试行）》虽列举了电子证据的鉴定范围，但不包括对海量资金、通信、发票等大数据证据的鉴定。

② 大数据鉴定过程中所依据的样本数据库可能包含大量实时采集的数据，这有可能导致在某一特定时点作出的鉴定结果，在此之后即使采取相同的方法和流程，因样本数据库的实时变化而造成鉴定结果不一致。

就使办案人员普遍存在知识、技能恐慌，故亟须增强专业力量，为司法办案提供智力支持。对此，除前述司法鉴定方法外，还可以探索指派、聘请专家辅助人（或称“有专门知识的人”）提供专业意见这一路径。目前，我国已有法律法规围绕该内容进行了制度建设，如2018年最高人民检察院《关于指派、聘请有专门知识的人参与办案若干问题的规定（试行）》第7条规定了专家辅助人可以进行勘验、检查、检验以及其他必要的工作，为检察机关充分运用该制度提供了法律依据①；2016年最高人民法院、最高人民检察院、公安部《电子数据规定》第16条②的规定，也为指聘专家辅助人开展现场勘验、检查和侦查实验等工作预留了空间。

那么，具体到互联网金融犯罪案件，在公安机关大力推进大数据资金分析师等专门队伍建设的今天，检察机关也应当积极指派、聘请相关的专门人才辅助办案。为了充分发挥专家辅助人的专业优势，应当明确专家辅助人参与办理互联网金融犯罪案件的条件。一般理解，这类专家不仅要具备金融学、信息科学、法学的交叉学科知识和技能，还应当掌握大数据、人工智能方面的专业知识，最好还能熟悉大数据分析的建模及算法知识。

同时，还应当明确专家辅助人所提意见的证据地位。根据现有规定，在刑事诉讼中指派、聘请专家辅助人进行检验得到的检验报告，可以作为定罪量刑的参考。③ 但是，关于专家辅助人出庭所提意见的证据地位，法律没有规定，实践中则有三种不同处理方式：或作为认定事实的证据，或作为质证意见，或予以模糊对待。显然，专家辅助人的出庭意见能否作为证据使用，直接影响到其在案件事实认定过程中的作用大小及该制度远景。互联网金融犯罪的司法治理可在该问题上率先探索，有所突破。

① 最高人民检察院《关于指派、聘请有专门知识的人参与办案若干问题的规定（试行）》第7条规定：“人民检察院办理刑事案件需要收集证据的，可以指派、聘请有专门知识的人开展下列工作：（一）在检察官的主持下进行勘验或者检查；（二）就需要鉴定、但没有法定鉴定机构的专门性问题进行检验；（三）其他必要的工作。”

② 最高人民法院、最高人民检察院、公安部《关于办理刑事案件收集提取和审查判断电子数据若干问题的规定》第16条规定：“对扣押的原始存储介质或者提取的电子数据，可以通过恢复、破解、统计、关联、比对等方式进行检查。必要时，可以进行侦查实验。电子数据检查，应当对电子数据存储介质拆封过程进行录像，并将电子数据存储介质通过写保护设备接入到检查设备进行检查；有条件的，应当制作电子数据备份，对备份进行检查；无法使用写保护设备且无法制作备份的，应当注明原因，并对相关活动进行录像。电子数据检查应当制作笔录，注明检查方法、过程和结果，由有关人员签名或者盖章。进行侦查实验的，应当制作侦查实验笔录，注明侦查实验的条件、经过和结果，由参加实验的人员签名或者盖章。”

③ 最高人民法院《关于适用〈中华人民共和国刑事诉讼法〉的解释》第87条第1款规定：“对案件中的专门性问题需要鉴定，但没有法定司法鉴定机构，或者法律、司法解释规定可以进行检验的，可以指派、聘请有专门知识的人进行检验，检验报告可以作为定罪量刑的参考。”

（三）机制创新

1. 建立健全数据获取与保全机制

基于大数据证据办理互联网金融犯罪案件时，数据来源至关重要。只有确保所运用的数据全面、完整、真实，才能使大数据证据真正发挥价值。因此，我国需建立健全数据的获取、存储与保全机制。

第一，我国可以从以下几方面完善数据获取机制：（1）明确数据调取主体。即规定数据权利人有权调取相关数据，公安司法机关有权向有关单位和个人调取数据或数据集。[①]（2）完善数据调取机制。我国《刑事诉讼法》及《两高一部电子数据规定》均有关于数据调取的规定[②]，但实践中仍屡屡出现证据"调取难"现象。问题的关键症结在于法律对有关单位和个人提供数据的义务、流程及法律责任未予明确。因此，有必要尽快完善立法，确定有关单位或个人提供数据的具体责任，建立线上线下相结合的调证平台。尤其要重点规范向网络/数据平台等第三方主体调取电子数据的程序，包括调取前的文书准备、调取中的相应手续、调取后的技术保障以及调取全程的保密问题等，从而通过明确权责，将调证活动纳入法治的轨道。[③]（3）建立证据开放、流通与共享机制。数据作为一种新兴资源，在很大程度上能够弥补个案中出现的证据短缺问题。但这要求对数据资源进行整合，促进数据开放、流通与共享。特别是随着世界范围内公共数据开放运动的兴起，我国也应当及时建立公共数据开放机制和协作取证机制等，加强部门之间的通力合作。

第二，我国可以重点从数据冻结角度完善数据保全机制。在涉案证据跨区域的情形下，数据冻结措施能够及时固化案件关键信息，确保数据的实时性和安全性，节约诉讼资源、实现诉讼经济，故该措施已成为一种重要的证据保全方式。《两高一部电子数据规定》中规定了可以对电子数据进行冻结的具体情形及其方法。[④] 同时，司法人员要与时俱进，大胆采用电子签名、可信时间戳、区块链、校验值等新

① 最高人民法院、最高人民检察院、公安部《关于办理刑事案件收集提取和审查判断电子数据若干问题的规定》第3条规定："人民法院、人民检察院和公安机关有权依法向有关单位和个人收集、调取电子数据。有关单位和个人应当如实提供。"

② 《刑事诉讼法》第52条第1款规定："人民检察院、人民法院、公安机关有权向当事人或相关单位调取证据，调取对象应给予配合，如实提供证据"；《两高一部电子数据规定》第3条规定："人民法院、人民检察院和公安机关有权依法向有关单位和个人收集、调取电子数据。有关单位和个人应当如实提供。"

③ 在这一点上，美国通过制定《云法案》（the Clarifying Lawful Overseas Use of Data Act，简称"CLOUD法案"）加强了对境外数据的获取。据了解，欧盟前不久也正在制定针对刑事案件电子证据跨境获取的新规定。我国于2018年10月颁布的《国际刑事司法协助法》中，对向外国请求调查取证作了规定。

④ 其中第11条规定了可对电子数据进行冻结的几种情形，包括：数据量大，无法或者不便提取的；提取时间长，可能造成电子数据被篡改或者灭失的；以及通过网络应用可以更为直观地展示电子数据的等等。第12条规定了冻结电子数据时应当采取的方法，包括：计算电子数据的完整性校验值；锁定网络应用账号；以及其他防止增加、删除、修改电子数据的措施。通过冻结电子数据的方式，可在一定时限内使相关涉案电子数据不被增、删、改，甚至不得被未予授权的人查看。

的技术方法，以保障数据的真实性、完整性。

此外，我国还应当进一步完善数据保护机制。在大力发挥数据价值、促进数据使用的进程中，也要注意防范数据滥用引发的风险。如严格分配数据获取与使用权限，对数据开放的主体、对象及内容进行限定（包括单方公开数据、基础数据不公开等）。

2. 激活互联网金融犯罪的司法预防机制

互联网金融犯罪的司法治理关口应当前移，兼顾对犯罪的预测与预判。这就要求建立相应的预防机制防范互联网金融犯罪的发生。在此过程中，司法机关通过大数据证据发现关联犯罪线索或征兆的，可以向有关部门提出检察建议或司法建议，以“充分发挥司法机关在预防化解金融风险中的能动作用”①。具体来说，即利用海量电子数据，探索建立自上而下的立体化、常态化的面向涉众型经济犯罪的风险监测预警体系。

一是类罪风险监测预警。其基本原理是对办案中获取的来源丰富的数据适用特定的分析模型，以获得针对某一特定类型犯罪的风险监测结果。当结果显示某行为或活动可能构成该类犯罪时，则及时作出风险提示（见图 20－13）。

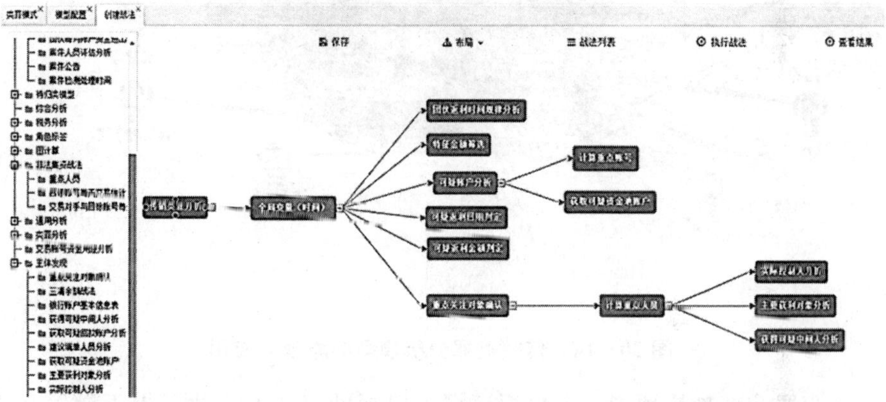

图 20－13　基于犯罪团伙发现模型的类罪风险监测预警

下面，以实践中开发出的“传销类罪分析模型”为例（见图 20－14）进行补充说明。该分析模型整合了多维度的分析因素，可以进行不同的预警：（1）基于频率的预警：即根据资金交易频率，分析识别“即进即出型”等可疑账户进行监测；（2）基于金额的预警：即根据资金交易量，分析识别“大额进、分散出型”等可疑账户进行监测；（3）基于“频率＋金额”的预警：即同时使用频率和金额两种指标，设计分析模型进行监测；（4）基于账户的预警：即针对银行账户或其他账户展

① 黄河．中国金融犯罪刑事政策的应对与展望．第五届“中欧刑事法国际论坛”暨上海社会科学院建院六十周年学术研讨会上的主旨发言．（2018－11－18）．https：//mp. weixin. qq. com/s/Ij3iMuhnqYu0A9L7AHLr7g.

开分析，如若发现某一银行账户在同一 IP 地址、MAC 地址下，与大量其他银行账户间存在交易关系，则该账户存在非法集资的嫌疑，遂再调单做分析甄别，或根据与该账户进行交易的对手账户的性质和交易金额进行甄别；（5）基于时间序列的预警：即根据时间顺序或针对某一时间段展开分析，如统计某账户一个月内的交易规律，判断存在可疑；（6）基于地域的预警：即针对资金交易的地域特点展开分析，如转入资金是来源于全国多个省市还是集中于某一区域，从而帮助锁定犯罪嫌疑人的犯罪地点。

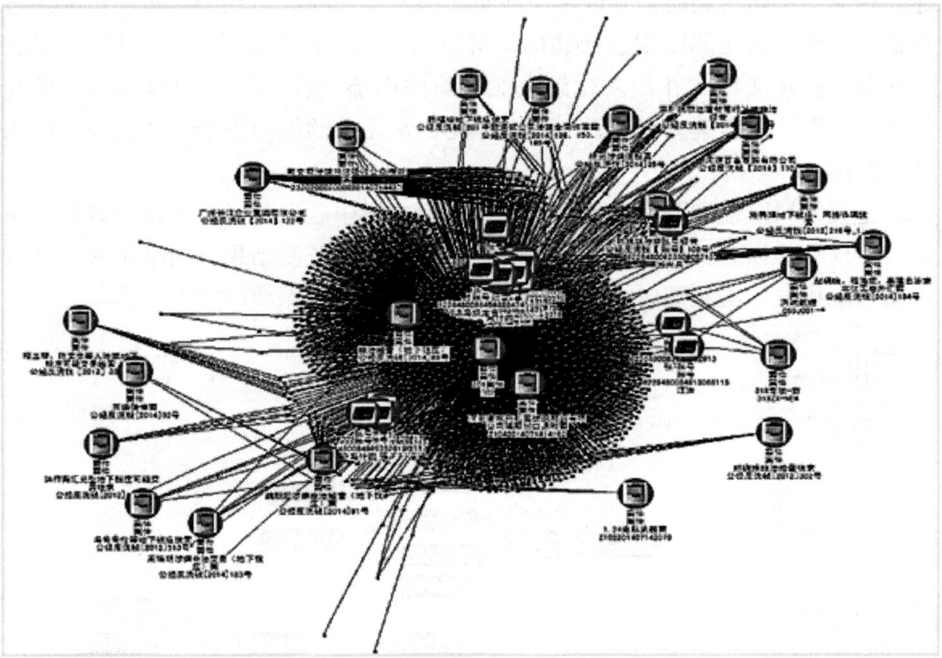

图 20－14　传销类罪分析模型的原理与应用

二是犯罪演变趋势预测。大数据证据可以帮助司法人员找寻上下游关联犯罪，不仅证明某一环节的犯罪活动确实存在，实现对已发生案件事实的“还原”，同时还能继续追踪犯罪活动链条，实现对下一环节尚未发生的潜在犯罪的“预判”。

例如，犯罪嫌疑人通过非法手段吸收公众资金后，可能还会涉嫌集资诈骗罪；其吸收的资金未用于承诺项目亦未用于个人挥霍，而是用作传销组织活动的经费，就涉嫌传销类犯罪；若犯罪嫌疑人持续实施了违法犯罪活动，则有动机将获得的大量违法所得转变为合法资金以正常使用，即其下一步还可能实施洗钱类犯罪。因此，在有证据证明犯罪嫌疑人确有上游犯罪活动的情况下，司法人员应当重点关注涉案的大额违法所得，谨防犯罪嫌疑人后续实施洗钱犯罪。同时，司法人员还可根据其他来源的证据，分析发现相关资金可能转出的重点领域、地域和期间，识别潜在犯罪团伙。

【拓展阅读】

大数据的来源影响其证据效力①

吴××涉嫌组织、领导传销活动罪案

证据来源：

上海××计算机司法鉴定所出具的司法鉴定检验报告书，含附件光盘（数据）、委托鉴定书、司法鉴定许可证（复印件）、司法鉴定人执业证（复印件）。以下简称为“鉴定报告”。

其中，附件光盘（数据）中含有打包的下载数据“提取数据（××公安）.zip”。以下简称为“下载数据”。该文件解压后含有“拨币管理数据获取”“财务流水查看”“电子币记录”“福利奖”“会员列表”“奖金明细”等内容。

附件光盘（数据）中还含有下载过程录像“kk 2017－08－30 04－03－28.avi”。以下简称为“下载录像”。

论证请求：

对上海××司法鉴定所出具的司法鉴定检验报告书附件光盘中的下载数据“提取数据（××公安）.zip”的来源进行审查判断。

分析与论证：

结合鉴定报告及其附件光盘（数据），参考相关的供述辩解、搜查扣押清单，受聘专家对下载数据“提取数据（××公安）.zip”的来源进行深入分析、论证，并一致得出如下意见。

1. 下载数据“提取数据（××公安）.zip”不能确定是否鉴定所得

根据鉴定报告的“基本情况”描述，本次鉴定的委托鉴定事项是：为了查明北京××科技有限公司涉嫌组织领导传销案的相关事实，要求本鉴定所在相关网站上提取北京××科技有限公司会员系统的数据。从鉴定报告的“检验过程”描述，前述“相关网站”似乎就是指“××jituan.cn”。据此，本次鉴定的检验对象为远程数字化设备，即远程取证。

根据GA/T 756—2008《数字化设备证据数据发现提取固定方法》的规定，对远程数字化设备进行检验，应当首先启动数字摄像机或屏幕录像软件，记录检验设备屏幕上显示的内容。随后，实施发现、提取操作步骤，搜索、分析、截获证据数据。对于启动数字摄像机或屏幕录像软件的，在检验设备屏幕上显示导出的数据文件名称和哈希值并予录像。

根据鉴定报告的“检验过程”描述，以及下载录像显示，本次鉴定并非于鉴定开始时启动录像，而是在网页的账户密码登录页面才开始录像。从鉴定质量控制角

① 改编自笔者组织完成的一起案件论证意见书。

度而言，在实施远程取证之前，应当对取证工具的清洁性进行检查、对网络环境的可靠性进行检查，以确保取证结果未受到取证工具或网络环境的干扰。从鉴定报告的“检验过程”描述可以看出，本次鉴定只是进行了杀毒检测，既未对IP地址、host文件等网络配置进行检查，也未对Cookies、IE缓存等浏览器配置进行检查。这使得本次鉴定所采取的取证工具、所依赖的网络环境等是否已经实质性地影响了鉴定结果，均已无法核查。

更加可疑的是，根据鉴定报告，本次鉴定将下载的数据打包为“提取数据（××公安）.zip”并计算完整性校验值（哈希值）。对于如此重要的固定过程，鉴定人员却未按照规范予以录像固定，反而选择提前结束录像。这违反了《检验检测机构资质认定评审准则》4.5.27规定，检验检测机构应当对检验检测原始记录、报告或证书归档留存，保证其具有可追溯性。

综上所述，本次鉴定在录像上的“掐头去尾”，使得整个鉴定过程在关键环节上已无法查清。因而，不能判断下载数据“提取数据（××公安）.zip”是否系本次鉴定所得。

2. 即使下载数据“提取数据（××公安）.zip”是鉴定所得，也不能确定它们是提取自“北京××科技有限公司会员系统”

即使承认下载数据“提取数据（××公安）.zip”是鉴定所得，也无法判断这些数据是从何处提取而来，遑论是“北京××科技有限公司会员系统”。一方面，如前所述，本次鉴定既未对取证工具的清洁性进行检查，也未对网络环境的可靠性进行检查。更为重要的是，连电子数据司法鉴定领域用来监控数据交换是否正常的“抓包”措施，本次鉴定亦未予采取。这使得本次鉴定在开展远程取证时到底是与哪个服务器在交换数据，是与哪个IP地址在交换数据，均已无法核实。另一方面，即使下载数据“提取数据（××公安）.zip”是取自网址“××jituan.cn”，也不能确定是取自其所对应的IP地址及服务器。因此，不能确定下载数据“提取数据（××公安）.zip”就是来源于“北京××科技有限公司会员系统”。鉴定报告及其附件亦未有任何地方显示出取证对象网站或数据是属于“北京××科技有限公司”所有。

论证意见：

上海××司法鉴定所出具的司法鉴定检验报告书附件光盘中的下载数据“提取数据（××公安）.zip”属于“来源不清”的情形，不能确定是来源于“北京××科技有限公司会员系统”。

第四篇

实　践

21 世纪法学研究生参考书系列

第二十一章

电子证据的技战法取证——以腐败犯罪案件的查处为例

> 电子取证是调查人员面临的一大挑战。它离不开高超的办案能力和基本的信息科学知识，但普通调查人员往往没有文理皆通的大脑。怎么办？实践给予的启迪是：电子取证，技战法为王！经典的侦查学理论早已明确，技战法取证可分为刻画形象和重建事实两大类。以腐败犯罪案件的查处为例，电子取证的技战法可进一步细化为六小战术，即“识别数字式反调查行为”“刻画使用者的数字形象”“确定特定时期的使用者行为”“确定使用者的行为人轨迹”“案件事实的数字式重建”“以电子取证支撑传统取证”。在新阶段，电子证据的技战法呈现智能化升级趋势。

一、技战法取证的原理

（一）技战法取证的产生

电子证据如何高效取证？一个基本思路是将办案经验与技术知识相结合，形成调查电脑、手机等设备的有效方法，此即电子证据的技战法取证，也可称为“电子取证技战法”。本章结合反腐败的典型案例，阐述了常见的几种技战法，以期揭示腐败犯罪查处的内在规律。我国《监察法》第33条第1款规定：“监察机关依照本法规定收集的物证、书证、证人证言、被调查人供述和辩解、视听资料、电子数据等证据材料，在刑事诉讼中可以作为证据使用。”相比于物证、书证等传统证据，纪检监察人员对电子证据知之甚少。那么，不具备技术知识的纪检监察人员该如何开展电子取证？这就涉及电子取证技战法。下面先从侦查/调查领域的名人轶事谈起。

福尔摩斯是由19世纪末的英国侦探小说家阿瑟·柯南·道尔塑造的一个才华横溢的虚构侦探。据说，福尔摩斯在办案时有“三大法宝”：烟斗、放大镜和卷尺。

烟斗代表逻辑思维能力，也即抽丝剥茧的能力。放大镜代表观察能力，也即观察微观世界的能力。卷尺代表量化分析能力，也即以数学思维办案的能力。福尔摩斯的“神探”形象表明他具备了自然科学的思维，此外，他在侦查/调查时还使用了人文社会科学的演绎思维，即：逻辑学家无须亲眼看到、亲耳听到大西洋或尼亚加拉大瀑布，只凭一滴水就可以推测出确实存在这么一个大洋、这么一个大瀑布。所以说，生活的整体就像一条巨大的链条，只要看到其中的一环，整条链的本质就可想而知了。演绎法和分析法也和其他技艺一样，只有经过长时间耐心的研究才可以掌握。不管一个人的寿命有多长，毕其一生也达不到尽善尽美的境界。所以不妨从学会基本问题入手，进而去研究十分棘手的事件及精神和心理领域。当你遇到一个人时，要学会第一眼就能识别出对方的经历和职业。这类训练看似十分幼稚，却能提高人的观察力，教你从哪里着手观察、观察什么。人的指甲、衣袖、靴子、裤子的膝盖部分、拇指和食指间的茧，乃至表情、衬衣袖口无不清楚说明一个人的职业。若是把它们联系起来，有经验的调查人员还不能有所领悟，那是不可想象的。①

与福尔摩斯相似，著名的刑事鉴识专家李昌钰博士在侦查/调查中也喜欢使用放大镜、显微镜，这并非巧合。苏联侦查学家拉·别尔金在《刑事侦察学随笔》中写道：“侦查员的魔法水晶球有许多晶面，透过它们侦查员可以看到案情的烟雾弥漫的地方，一个晶面是技术武器库，另一个晶面是逻辑学，第三个晶面是心理学的各种手段和方法的基础。”“富有经验的侦查员有时依据微不足道的证据，依据案件中一些非实质性的情节和嫌疑犯行为中的细节，会产生正确的猜测，这种现象被称为侦查直觉，这种直觉使侦查员能够从大量推论中选择出他认为首先进行核实的推论，从而在某些情况下缩短了侦查工作。”这表明，侦查/调查的奥秘可归结为将文科知识和理工科知识（尤其是计量科学知识）相结合，人们可将之进一步抽象为“放大镜”或“魔法水晶球”。博观而约取，我们可以从前人的经验中汲取智慧。笔者理解，电子取证的技战法需结合电子证据，对传统的侦查/调查途径或模式进行信息化改造。

一般而言，侦查/调查的途径有两种：一是“从事到人”，二是“从人到事”。公安机关办案多属于前者，纪检监察办案多属于后者。无论采取何种侦查/调查途径，都需经过中间渠道。在“从事到人”的侦查/调查途径中，可从因果关系入手查清谁有作案动机，从作案规律入手查清属于熟人作案抑或陌生人作案，还可从可疑痕迹物证、串案并案侦查、控制赃物等方面分析案件特点。在“从人到事”的侦查/调查途径中，可通过特定的业务关系、社会关系，以及接触特定的嫌疑人等中间渠道入手分析。

从纷繁芜杂的司法实践中，可以抽象出两种侦查/调查模式：一是刻画嫌疑人的形象，二是重建案件事实。目前，刻画嫌疑人的形象包括传统画像、模拟画像及

① ［英］柯南·道尔．福尔摩斯探案集．姚锦镕，涂小榕，译．北京：中国文联出版社，2015：17.

心理画像等。根据目击者对行为人样貌、口音、习惯等的语言描述，办案人员组合描述的特征得到行为人的组合画像，这属于传统画像。随着信息技术的发展，模拟画像应运而生。计算机中存储有脸型、发型、眉毛、眼睛、鼻子、嘴以及疤痕、酒窝、胎记等人脸部件库，人脸模拟画像系统可通过调用人脸部件库中的部件组合人脸，形成不同的人脸图像，此即模拟画像。因具有成像快、操作简便、易于传输、存储和管理等特点，模拟画像在司法实践中有广泛的应用前景。① 心理画像是指根据办案人员掌握的情况对行为人的行为、动机、心理特点进行分析，并刻画出其人物形象和心理特征。例如，在系列杀人案中，办案人员可以对犯罪嫌疑人进行地理学犯罪心理画像，根据有关联的数个犯罪地点分析出犯罪人的心理地图，进而发现犯罪人的个人生活空间与行为规律，最终直指犯罪人最可能的定位点。②

公安机关办案经常需要进行重建案件现场。纪委监委办案主要采取“从人到事”的侦查/调查途径，因此侧重于重建案件事实。当然，纪委监委查办渎职犯罪案件时也需重建案件现场。就司法证明方法的历史而言，人类社会经历了以“神证”“人证”“物证”为主的时代。在不同历史时期重建案件事实的方法也有所差异。欧洲中世纪是人证阶段，此时刑讯逼供是被允许的，侦破案件的主要方法是根据证人证言还原案件事实。近代以来，指纹、毛发、枪弹痕迹等物证走向法庭，这一阶段西方国家主要依靠物证重建案件事实。“静默证人”理论就反映了这种现象，它是指物证其实就是证人，是哑巴证人。技术人员能使哑巴证人开口，此时即便没有自然意义上的证人，有了物证也可重建案件事实。当今中国办案仍处于既靠人证又靠物证的混同阶段。借助电子证据重建案件事实的做法，显得有些超前。

虽然司法机关运用电子证据办案的整体水平尚且滞后，但在部分信息化发达地区，一些纪检监察人员已开展了将侦查/调查的两种模式与电子证据相结合的尝试，并积累了宝贵经验。这需要办案人员意识到通过电子证据既可以重建案件事实，又可以刻画嫌疑人的形象。

电子证据反映的内容能够帮助刻画嫌疑人形象，例如在调查某些贪污受贿案件时，纪检监察人员以“谢谢”为关键词对嫌疑人手机进行搜索。将“谢谢”一词前后的内容排序，纪检监察人员就能查出被调查人的社会关系，能查到谁因何事感谢过被调查人，被调查人因何事感谢过谁。办案人员还可通过手机 App 的使用情况刻画嫌疑人形象。例如，微信使用时间、频率等能反映行为人的作息习惯，加入的微信群能反映行为人的社交关系，微信点赞情况能反映行为人的喜好，被删除的搜索记录能反映行为人想隐藏什么……“Facebook 操纵美国总统选举”便是电子画像运用的极致。

电子证据的位置信息、时间信息等可以帮助办案人员重建案件事实。例如，某

① 卜凡亮，袁梦琪，尚垚睿．智能人脸模拟画像技术的进展．中国人民公安大学学报（自然科学版），2017（2）．

② 李晓临，戴婷．系列杀人案件中地理学犯罪心理画像的应用．江苏警官学院学报，2018（4）．

地纪委办案时，按照时间将行贿人与受贿人手机照片、微信 App 反映的位置信息进行排序，发现两部手机的位置信息有一次相同，由此怀疑两人在该地完成了交易行为。此时办案人员采取了“敲山震虎”的谈话策略，告诉被调查人：“你自己想想哪天发生的事情”，“你和谁在什么场所见面了”。被调查人未曾想到他们见面的情况已被调查人员掌握，在心理防线被击破后，主动交代了行贿受贿事实。

（二）技战法取证的示例及总结

下面以具体案例，揭示这两种办案模式在司法实践中是如何具体表现的。

【案例 21－1】

电子证据查招投标反腐[①]

【基本案情】

某地纪委接到匿名举报，称某市政建设公司在进行招标过程中，存在招标单位为中标单位量身定做、制定评审细则的行为。该招标过程于 2016 年 3 月立项，于 2016 年 8 月正式发布招标公告，于 2016 年 10 月变更评审细则，于 2016 年 11 月开标、评审，于 2016 年 12 月招标结束。纪委提取了相关人员的电子证据送检。本案的证据是 4 台电脑和 1 个 U 盘，即：（1）业主单位负责人 A 的办公台式电脑，使用者声称该电脑自 2016 年启用至今；（2）招标代理人员 B 的旧笔记本电脑，使用者声称该电脑为 2016 年前后左右使用；（3）招标代理人员 B 的新笔记本电脑，使用者声称该电脑为近两年使用；（4）招标代理人员 C 的台式电脑，使用者声称该电脑为组装机，内部硬盘由于损坏于 2018 年更换；（5）招标代理人员 C 的 U 盘，提供者声称原始存档介质无法找到，只找到一个 U 盘存放着当时的相关文件。

【案件评析】

1. 根据电子证据判断基本案情

本案纪委监委部门委托中国人民大学物证技术鉴定中心对 4 台电脑和 1 个 U 盘进行鉴定。鉴定人员需初步了解介质的基本情况（见图 21－1），核实被调查人是否说谎，辅助谈话。

（1）通过查几台电脑的操作系统时间，发现电脑系统安装时间是 2016 年 6 月 20 号（见图 21－2）。判断电脑是否为案发当时所使用的，不仅要看电脑操作系统时间，还要看电脑正常开机关机时间。对电脑硬盘检查发现只有 2018 年和 2019 年的开关机记录，没有 2016 年开关机记录。所以虽然安装时间是 2016 年，但很可能并非 2016 年真的装了操作系统。

（2）通过查硬件信息、USB 使用痕迹等（见图 21－3），并未发现 2016 年的使用记录，这进一步佐证了这些电脑不是 2016 年案发时使用的电脑。

① 改编自笔者主持的一次鉴定案件。

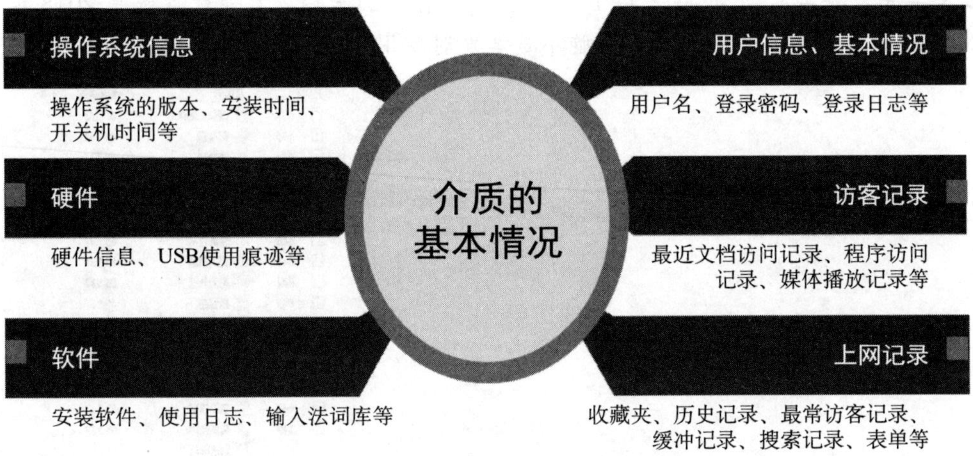

图 21－1

名称	值	系统
完整计算机名	PC201606200842	Windows 7 Ultimate
工作组	WORKGROUP	Windows 7 Ultimate
计算机描述		Windows 7 Ultimate
安装时间	2016-06-20 08:53:51	Windows 7 Ultimate
产品名称	Windows 7 Ultimate	Windows 7 Ultimate
注册组织		Windows 7 Ultimate
注册所有者	admin	Windows 7 Ultimate
当前版本	6.1	Windows 7 Ultimate
当前Build版本	7601	Windows 7 Ultimate
最新服务包	Service Pack 1	Windows 7 Ultimate
系统根路径	C:\Windows	Windows 7 Ultimate
源路径		Windows 7 Ultimate
路径名	C:\Windows	Windows 7 Ultimate
产品ID	00426-OEM-8992662-00537	Windows 7 Ultimate
操作系统类型	64位	Windows 7 Ultimate
最后一次正常关机时间	2019-04-16 15:21:17	Windows 7 Ultimate

序号	开机时间	关机时间	持续时间	备注
1	2019-04-16 07:53:58			异常关机
2	2019-04-15 08:02:58	2019-04-15 18:36:03	0:10:33:05	关机类型：关闭电源，关机原因…
3	2019-04-14 07:49:01	2019-04-14 11:03:44	0:03:14:43	关机类型：关闭电源，关机原因…
4	2019-04-13 10:15:19	2019-04-13 14:01:34	0:03:46:15	关机类型：关闭电源，关机原因…
5	2019-04-13 09:25:08	2019-04-13 09:26:28	0:00:01:20	关机类型：关闭电源，关机原因…
6	2019-04-12 08:26:21			异常关机
7	2019-04-11 08:08:03	2019-04-11 17:51:40	0:09:43:37	关机类型：关闭电源，关机原因…
8	2019-04-10 08:12:25	2019-04-10 17:36:35	0:09:24:10	关机类型：关闭电源，关机原因…
9	2019-04-09 08:20:49	2019-04-09 18:03:36	0:09:42:47	关机类型：关闭电源，关机原因…
10	2019-04-08 08:27:03	2019-04-08 18:23:51	0:09:56:48	关机类型：关闭电源，关机原因…
11	2019-04-04 08:18:04			异常关机
12	2019-04-03 08:50:01	2019-04-03 18:19:15	0:09:29:14	关机类型：关闭电源，关机原因…
13	2019-03-30 09:19:45	2019-04-02 19:01:42	3:09:41:57	关机类型：关闭电源，关机原因…
14	2019-03-29 08:18:29	2019-03-29 18:32:19	0:10:13:50	关机类型：关闭电源，关机原因…
15	2019-03-28 08:34:01			异常关机
16	2019-03-27 09:43:25			异常关机
17	2019-03-26 08:17:55	2019-03-26 17:46:50	0:09:28:55	关机类型：关闭电源，关机原因…
18	2019-03-25 08:35:08	2019-03-25 18:27:39	0:09:52:31	关机类型：关机，关机原因：[illegible]…
19	2019-03-23 16:03:03			异常关机
20	2019-03-23 08:29:01	2019-03-23 12:02:39	0:03:33:38	关机类型：关闭电源，关机原因…

图 21－2

序号	USB设备名称	厂商_产品_版本	挂载盘符	首次插拔时间	最后插拔时间
1	Kingston DataTraveler 3.0 USB Device	Kingston DataTraveler_3.0 PMAP		2018-11-02 12:29:28	2019-04-18 09:36:26
2	Port_#0014.Hub_#0001			2018-07-30 09:11:18	2019-04-17 16:57:23
3	USB Root Hub (USB 3.0)			2018-06-06 13:36:39	2019-04-17 16:57:22
4	APPLE SD Card Reader USB Device	APPLE SD_Card_Reader 3.00	F:	2018-06-06 13:36:39	2019-04-17 16:57:09
5	WD Elements 25A2 USB Device	WD Elements_25A2 1021		2019-04-17 16:02:44	2019-04-17 16:08:21
6	Port_#0012.Hub_#0001			2019-04-17 15:58:38	2019-04-17 16:00:49
7	Port_#0002.Hub_#0001			2018-06-06 13:36:40	2019-04-17 15:52:12
8	Port_#0002.Hub_#0002			2018-06-06 13:36:41	2019-04-17 15:52:11
9	Port_#0001.Hub_#0002			2018-06-06 13:36:41	2019-04-17 15:52:11
10	Port_#0003.Hub_#0002			2018-06-06 13:36:41	2019-04-17 14:43:38
11	0000.0014.0000.005.000.000.000.000.000			2018-06-06 13:36:40	2019-04-17 14:43:37
12	0000.0014.0000.005.000.000.000.000.000			2018-06-06 13:36:40	2019-04-17 14:43:37
13	Port_#0003.Hub_#0001			2018-06-06 13:36:40	2019-04-17 14:43:37
14	Port_#0005.Hub_#0001			2018-06-06 13:36:40	2019-04-17 14:43:37
15	0000.0014.0000.005.000.000.000.000.000			2018-06-06 13:36:40	2019-04-17 14:43:37
16	Kingston DataTraveler 2.0 USB Device	Kingston DataTraveler_2.0 PMAP		2019-02-22 15:55:44	2019-02-26 11:03:50
17	0000.0014.0000.001.000.000.000.000.000			2018-10-11 15:28:09	2019-02-18 16:56:45
18	0000.0014.0000.001.000.000.000.000.000			2018-10-11 15:28:09	2019-02-18 16:56:45

图 21－3

（3）通过查安装软件、使用日志、输入法词库等，发现最早安装的软件是 360

安全卫士，安装日期为 2017 年 10 月 12 日（见图 21－4）。其他软件都是 2018 年、2019 年安装的，这说明这几台电脑不是案发时使用的电脑。

序号	常用词	使用频率
634	西普邦园林	65,537
635	那是跟	65,537
636	挣挣的	65,537
637	观事观心	65,537
638	我楷得显	65,537
639	情商	65,537
640	距离性格	65,537
641	见见伟革	65,537
642	是的难道	65,537
643	级现在	65,537
644	贾总今天	65,537
645	做优国有企业	65,537
646	故公司	65,537
647	在做一支双创	65,537
648	费可根据	65,537
649	精细办对	65,537
650	肆拾肆万	65,537
651	两抬得	65,537
652	柳杨的	65,537
653	移植任务	65,537
654	就好的	65,537
655	分批刷	65,537
656	[illegible]	65,537

序号	名称	安装路径	公司	安装日期	版本
1	360杀毒	D:\Program Files (x86)\360\360sd	360安全中心	2018-09-21 09:11:41	5.0.0.8140
2	360安全卫士	D:\Program Files (x86)\360\360safe	360安全中心	2017-10-12 11:43:33	11.5.0.1002

图 21－4

（4）通过查用户名、登录密码、登录日志等，发现最晚登录时间是 2019 年 4 月 16 日。（见图 21－5）

用户名	用户类型	上次登录时间	登录次数	上次登录失败时间	是否设置密码	上次密码设置时间	NT密码哈希值
Administrator	本地用户	2019-04-16 07:55:18	658	2018-11-08 08:29:34	是	2016-08-01 08:26:27	69943c5e63b4
Guest	本地用户				否		

图 21－5

（5）通过检查最近文档访问记录、程序访问记录、媒体播放记录等，发现行为人在 2019 年 4 月 17 日大量访问文件，从文件标题来看与招投标有关。也就是说行为人在纪委 2019 年 4 月 16 日与之谈话后，于 4 月 17 日交电脑前，大量访问项目办公文档（见图 21－6）。经查，这些文件全部被删除，这表明行为人有反侦查行为。

最近访问的文档	完整路径	创建时间	修改时间	最后访问时间
C:\	C:\	2016-07-16 14:04:24	2019-04-17 16:07:04	2019-04-17 14:54:33
专家论证联系表.xls	F:\已结束项目\[redacted]区[redacted]项目\项目文件\专家...	2018-05-05 20:50:43	2018-05-08 15:34:26	2019-04-17 14:14:48
专家论证联系表.xls	F:\已结束项目\[redacted]区[redacted]项目\项目文件\专家...	2018-05-05 20:50:43	2018-05-08 15:34:26	2019-04-17 14:14:48
[redacted]领导小组通...	F:\已结束项目\[redacted]区[redacted]项目\项目文件\[redacted]	2018-05-05 20:50:43	2018-05-08 15:34:28	2019-04-17 14:12:42
[redacted]领导小组通...	F:\已结束项目\[redacted]区[redacted]项目\项目文件\[redacted]	2018-05-05 20:50:43	2018-05-08 15:34:28	2019-04-17 14:12:42
市场测试汇总表.xlsx	F:\已结束项目\[redacted]区[redacted]项目\成果文件\资格...	2018-05-05 20:50:31	2019-04-17 13:50:26	2019-04-17 13:50:26
[redacted]设计双甲资质整理.xls	F:\已结束项目\[redacted]区[redacted]项目\成果文件\资格...	2018-05-05 20:50:32	2018-05-08 15:33:54	2019-04-17 13:48:50
[redacted]项目.doc	F:\已结束项目\[redacted]区[redacted]项目\成果文件\[redacted]	2018-05-05 20:50:26	2019-04-17 13:29:18	2019-04-17 13:29:18
[redacted]区2016年财政决算.xls	F:\已结束项目\[redacted]区[redacted]项目\查阅资料\[redacted]	2018-05-05 20:50:39	2018-05-08 15:34:10	2019-04-17 13:10:24
[redacted]区2016年财政决算.xls	F:\已结束项目\[redacted]区[redacted]项目\查阅资料\[redacted]	2018-05-05 20:50:39	2018-05-08 15:34:10	2019-04-17 13:10:24

图 21－6

（6）通过查收藏夹、历史记录、最常访问记录、缓存记录、搜索记录、表单等，发现最后访问时间大部分是在 2018 年（见图 21－7）。

序号	搜索关键词	解码后的URL	最后访问时间
1	itunes	http://www.baidu.com/baidu?wd=itunes&tn=bdss2010_dg&ie=utf-8	2018-06-05 17:50:05
2	360jisu	http://www.baidu.com/baidu?wd=360jisu&tn=bdss2010_dg&ie=utf-8	2018-06-06 16:15:34
3	360	http://www.baidu.com/baidu?wd=360&tn=bdss2010_dg&ie=utf-8	2018-06-08 18:36:17
4	上海 打手那里找	http://cn.bing.com/search?format=rss&q=上海+打手那里找&qs=RI&pq=打手哪里找&sc=1-5&cvid=A2AF6C05F1914ACEAB048C5A208B2EC8&FORM=QBLH&sp=1	2018-06-08 18:36:40
5	上海 打手那里找	http://cn.bing.com/search?q=上海+打手那里找&qs=RI&pq=打手哪里找&sc=1-5&cvid=A2AF6C05F1914ACEAB048C5A208B2EC8&FORM=QBLH&sp=1	2018-06-08 18:36:59
6	itunes	http://www.baidu.com/baidu?wd=itunes&tn=bdss2010_dg&ie=utf-8	2018-06-05 17:48:54
7	360	http://www.baidu.com/baidu?wd=360&tn=bdss2010_dg&ie=utf-8	2018-06-06 15:58:56
8	360jisu	http://www.baidu.com/baidu?wd=360jisu&tn=bdss2010_dg&ie=utf-8	2018-06-06 16:15:31
9	360	http://www.baidu.com/baidu?wd=360&tn=bdss2010_dg&ie=utf-8	2018-06-08 18:36:01
10	上海 打手那里找	http://cn.bing.com/search?q=上海+打手那里找&qs=RI&pq=打手哪里找&sc=1-5&cvid=A2AF6C05F1914ACEAB048C5A208B2EC8&FORM=QBLH&sp=1	2018-06-08 18:36:40

序号	搜索关键词	解码后的URL	最后访问时间
1	快手	https://www.so.com/s?ie=utf-8&src=360chrome_toolbar_search&q=快手	2018-06-06 16:21:21
2	快手	https://www.so.com/s?ie=utf-8&src=360chrome_toolbar_search&q=快手	2018-06-06 16:21:22
3	qq	https://www.so.com/s?ie=utf-8&src=360chrome_toolbar_search&q=qq	2018-06-06 16:23:05
4	qq	https://www.so.com/s?ie=utf-8&src=360chrome_toolbar_search&q=qq	2018-06-06 16:23:07
5	qq	http://www.so.com/link?url=http://soft.jiegeng.com/20/3161.html?from=onebox&q=qq&ts=1528273386...	2018-06-06 16:23:12
6	tim	https://www.so.com/s?q=tim&src=srp&fr=360chrome_toolbar_search&psid=cce7788339cc43de43c668...	2018-06-06 16:23:44
7	tim	http://www.so.com/link?url=http://soft.jiegeng.com/5/3420.html?from=onebox&q=tim&ts=1528273425...	2018-06-06 16:23:47
8	wps	https://www.so.com/s?q=wps&src=srp&fr=360chrome_toolbar_search&psid=02ce903482033d233d70f...	2018-06-06 17:48:58
9	wps	https://www.so.com/s?q=wps&src=srp&fr=360chrome_toolbar_search&psid=02ce903482033d233d70f...	2018-06-06 17:49:30
10	wps	https://www.so.com/s?q=wps&src=srp&fr=360chrome_toolbar_search&psid=02ce903482033d233d70f...	2018-06-06 17:49:31
11	wps	http://www.so.com/link?url=http://soft.jiegeng.com/5/3141.html?from=onebox&q=wps&ts=1528278571...	2018-06-06 17:49:38
12	到哪里找打手	https://www.so.com/s?ie=utf-8&src=hao_360so_b&shb=1&hsid=b63e9137a612c2d3&q=到哪里找打手	2018-06-08 18:35:36
13	到哪里找打手	https://www.so.com/s?ie=utf-8&src=hao_360so_b&shb=1&hsid=b63e9137a612c2d3&q=到哪里找打手	2018-06-08 18:35:37
14	到哪里找打手	https://www.so.com/s?q=到哪里找打手&pn=2&psid=1984c6f2b422b3a978778786b50d6a13&src=srp_pa...	2018-06-08 18:35:51
15	什么地方容易躲藏	https://www.baidu.com/s?ie=utf-8&f=8&rsv_bp=0&rsv_idx=1&tn=baidu&wd=什么地方容易躲藏&rsv_pq...	2018-06-09 20:00:19
16	快手	https://www.so.com/s?ie=utf-8&src=360chrome_toolbar_search&q=快手	2018-06-06 16:21:22
17	qq	https://www.so.com/s?ie=utf-8&src=360chrome_toolbar_search&q=qq	2018-06-06 16:23:07
18	tim	https://www.so.com/s?q=tim&src=srp&fr=360chrome_toolbar_search&psid=cce7788339cc43de43c668...	2018-06-06 16:23:44
19	wps	https://www.so.com/s?q=wps&src=srp&fr=360chrome_toolbar_search&psid=02ce903482033d233d70f...	2018-06-06 17:49:31
20	到哪里找打手	https://www.so.com/s?ie=utf-8&src=hao_360so_b&shb=1&hsid=b63e9137a612c2d3&q=到哪里找打手	2018-06-08 18:35:37
21	到哪里找打手	https://www.so.com/s?q=到哪里找打手&pn=2&psid=1984c6f2b422b3a978778786b50d6a13&src=srp_pa...	2018-06-08 18:35:51
22	什么地方容易躲藏	https://www.baidu.com/s?ie=utf-8&f=8&rsv_bp=0&rsv_idx=1&tn=baidu&wd=什么地方容易躲藏&rsv_pq...	2018-06-09 20:00:19

图 21－7

本案移交的 4 台电脑和 1 个 U 盘均反映出一个共同规律：检材不是 2016 年案发当时的，并且行为人在 2019 年 4 月 17 日将电脑和 U 盘交给办案人员前，曾大量阅读、擦除文件。

2. 根据电子证据刻画行为人的形象

本案判断作案人的第一个思路是根据电子数据取证结果对被调查人进行人物画像（数字式），包括对介质的分析，对介质中邮件、照片、手机备份等的综合分析。进行人物画像还可以参照用户日志、上网记录、办公文档、财务和房产信息、社会关系等。由于电脑画像的精准度不如手机画像的高，本案中通过电脑画像并未取得重大突破。

3. 根据电子证据分析行为人轨迹

本案判断作案人的第二个思路是通过电子证据查出行为人的轨迹信息。查出行为人在 2016 年 7 月、8 月案发时做了什么事，本案就是以此寻得了突破口。通过电子证据发现行为人轨迹，当时的思路是查找照片，对于删除的照片大全部恢复了，恢复后发现每张照片都有拍摄时间、地点（即 GPS 信息）等。在涉案人员丁××（一名招标组织者）的电脑中发现了很多 2016 年 7 月、8 月、9 月的照片，将照片进行 GPS 定位，地图上显示他在 2016 年 7 月 11 日、12 日去过广东。中标单位正是位于广东的。经查，招标组织者在 2016 年 7 月 15 日、16 日曾去广东考察，丁×

×则提前几天就去过。他的作案嫌疑就很大。

将丁××在广东拍摄的照片导出排序，发现他先到了深圳机场，然后又到广州，有些照片是在著名景点拍摄的，有些是在餐馆拍摄的。2016年7月30日，丁××拍摄了一辆新车照片，以他的经济状况是负担不起这辆车的。以此为线索，办案人员可以重点查2016年7月30日前后发生了什么。

经查，在丁××的电脑中有一张2016年7月28日的照片。照片反映的是他电脑里的一个招标文件，正文是打印的，正文之外还有手写的字迹。正文写的是：广东某公司的资质、报价等情况。手写的内容是：排名第二。排名第二就是无法中标。在丁××的电脑中还有一张2016年8月2日的照片，这个照片中广东某公司已经排名第一了，这全部都是手写的。

4. 电子证据与反侦查行为

通过上述轨迹分析，可以帮助办案人员把时间限缩到2016年7月28日至2016年8月2日，查这期间所有的文件，特别是被丁××删除的文件，因为删除代表有反侦查行为。经筛选发现了一个对四家公司进行排序的PDF文档，其中有一家排第一，就是广东某公司。这与招标政策相比最大的不同是，企业信任的分值出现了重大调整，可能提升了30%，那是不是做了手脚？这需要进一步挖掘文件，还原案件事实。

5. 电子证据与还原案件事实

挖掘完相关涉案文件后，将办公文档的创建时间、修改时间、最后访问时间排序，可以构建大事表。接下来可以将所有文件信息作为故事排序、汇总。通过锁定嫌疑人，还原案件事实，本案即可宣告突破。该案中我们使用的办案方法是对前述两种侦查/调查模式的具体展开。

可能有人会心生疑问：为何本案在2018年的电脑里找出了2016年的信息？这里有一个基本规律：一般人换电脑时会把旧电脑中的文件拷贝过来，新电脑会带有旧电脑的信息。即便行为人事后将文件删除，也可能被恢复出来。本案被调查人提交的是有2016年信息的2018年电脑。比如该案某个存储照片的文件夹是丁××2018年年初换电脑时被拷贝进去的，2018年年底被删除。他也擦除了很多文件，那些文件虽找不到了，但恰恰表明这个人涉案，他所擦除文件的标题仍可以看到。

该案带给我们的启发是：对电子证据的运用要从不自觉状态，走向高度智能化，走向技战法。战法具有层次性，通常将理论抽象程度高、适用范围较广的战法称为基本战法，而将过程中采取的具体行动步骤和方法称为具体战法。技战法是一种具体战法，但技战法比战法多了一个“技”字。技术、技能、技巧反映了技战法中一般必备的要素，技战法之目的是为解决实际问题而对技术、技能、技巧综合运用。①

在我国，公安系统对技战法关注较早，取得的经验也颇丰富。他们常用信息碰撞技战法、视频侦查技战法等表述。常见的视频侦查技战法包括：(1)信息关联

① 丁纯．信息应用技战法范式刍议．中国公共安全（学术版），2011（3）．

法。这是指根据监控视频中反映的可疑人员特征、携带物品特征、交通工具特征、出入场所的性质和特征、活动规律等，运用各种情报信息系统进行查询、检索、比对，以确定犯罪嫌疑人身份或缩小侦查范围的侦查方法。(2) 图像排查法。这是指通过技术处理，把犯罪嫌疑人的图像和相关物品（如车牌、物品特征等）的模糊或变形图像清晰化，利用较好品质的图像，在判定的侦查区域内进行辨认，寻找犯罪嫌疑人或嫌疑物品的侦查方法。(3) 特征比对法。这是指将同一地区不同时间的监控视频或不同地区的监控视频所反映出的可疑人员、可疑车辆、可疑物品或可疑活动等进行比对研判，以确定犯罪嫌疑人身份、活动规律或实施并案的侦查方法，等等。①

在反腐败领域，可以将常用的电子取证方法加以类型化，再与侦查/调查途径、模式相结合，产生可复制、推广的办案技巧。笔者理解，当下实践中电子证据的技战法取证至少可以分为两大类、六小类。两大类是指刻画形象类和重建事实类，这与侦查/调查模式相对应。六小类是指“识别数字式反调查行为”“刻画使用者的数字形象”“确定特定时期的使用者行为”“确定使用者的行为人轨迹”“案件事实的数字式重建”“以电子取证支撑传统取证”。

二、战术一：识别数字式反调查行为

调查和反调查是一对孪生物。笔者在《反侦查行为——犯罪侦查的新视角》一书中，提出了“侦查活动必然带有对抗性”②“侦查活动的对抗性表现为同时对抗、滞后对抗、超前对抗三种形式”③“侦查可以从反侦查切入”④“反侦查行为蕴含大量的案件信息”⑤“反侦查行为可以作为案件侦查的突破口”⑥等学术观点，论证了在侦查中利用反侦查行为的四原则。⑦如今在查处腐败犯罪案件时，这些观点仍具启发意义。一般而言，当行为人有反调查行为时，恰恰说明其有问题。数字式的反调查行为，乃是腐败犯罪案件调查的重要突破口。对方不想让调查人员“知道”什么，调查人员就要“知道”什么。纪检监察人员要学会从识别反调查行为切入，快速侦破案件。

司法场域视野下，在涉及与电子证据相关的案件中，办案人员通常会先行快速检验，查看嫌疑人提交的存储介质中有无隐藏文件、加密文件、更改文件、擦除文件、删除文件等，这是对反调查行为的初步排查。在腐败犯罪案件中，办案人员常

① 杨郁娟．论网上反拐卖妇女儿童．铁道警官高等专科学校学报，2013 (2)．

② 刘品新．反侦查行为——犯罪侦查的新视角．北京：中国人民大学出版社，2011：1．

③ 同②6．

④ 同②6．

⑤ 刘品新．反侦查行为——犯罪侦查的新视角．北京：中国人民大学出版社，2011：162．

⑥ 同⑤164．

⑦ 反侦查行为的利用原则包括因“敌”制宜、合理合法、整体谋划、效率优化等原则。同⑤167－170．

遇到的反调查行为是加密保存信息。相应地，办案技巧就是搜索加密文件并解密，或者搜索隐藏文件进行显示，这些文件往往有助于侦破案件。识别数字式反调查行为的基本出发点是“隐藏加密，必有秘密”。

在腐败犯罪案件中，很多嫌疑人的计算机水平不高，他们通常会采用“傻瓜型”的加密方法保存文件。在一起受贿案中，办案人员搜索嫌疑人电脑，获取了很多加密文档，其中一个加密文档是受贿记录。办案人员随即破获了密码，查明了4亿元的受贿事实。这种做法技术含量虽低，但对破案却有奇效。故意隐藏信息、更改信息、擦除信息等均是常见的反调查行为。一般删除的信息可以恢复，即使被格式化亦可恢复，但低级格式化后可能会遇到恢复障碍。在“低格”的情况下，虽找不到文件，但可尝试查找文件副本或快捷方式。在一些案件中，办案人员发现隐藏文件保存的大多是艳照。

“识别数字式反调查行为”的战术包括低级战术与高级战术两种类型，此种区分取决于被调查人的反调查水平高低。迄今为止，这一战术已得到广泛应用。【案例21－2】中办案人员采取了低级战术，主要表现为搜索被删除的文件，其技术含量同搜索加密、隐藏文件差不多。

【案例21－2】

阜阳市危险驾驶案①

【基本案情】

2012年4月，王某在酒后驾车与他人发生交通事故后，被交警队孙某带到医院进行抽血化验，第一份血检报告中的酒精含量为213.39 mg/100mL，已经达到醉酒驾驶的刑事立案标准。② 随后，孙某又带着王某的血样到省城的另一权威检测机构进行二次检测。该检测机构鉴定人陈某出具了一份血液中酒精含量为71mg/100mL的血检报告，该报告直接证实了王某的行为未达醉驾标准，其行为不构成犯罪。本案该如何调查真相?

【案件评析】

本案办案机关获准审查省城检测机构进行二次检测时使用的电脑，办案人员加载镜像后发现系统于2012年5月11日重新安装过，也即电脑在案发后重装了系统（见图21－8）。重装后能否查清事实？最重要的方法是恢复相关文件，尤其是检测

① 改编自戴士剑老师主持办理的一起案件鉴定材料。特此致谢。

② 根据国家《车辆驾驶人员血液、呼气酒精含量阈值与检验》规定，车辆驾驶人员血液中的酒精含量大于或者等于20mg/100mL、小于80mg/100mL的驾驶行为，属于饮酒驾车。车辆驾驶人员血液中的酒精含量大于或者等于80mg/100mL的驾驶行为，属于醉酒驾车。《刑法》第133条之一规定：“在道路上驾驶机动车，有下列情形之一的，处拘役，并处罚金：（一）追逐竞驶，情节恶劣的；（二）醉酒驾驶机动车的……”这是关于危险驾驶罪的规定。

时间前后的文件。

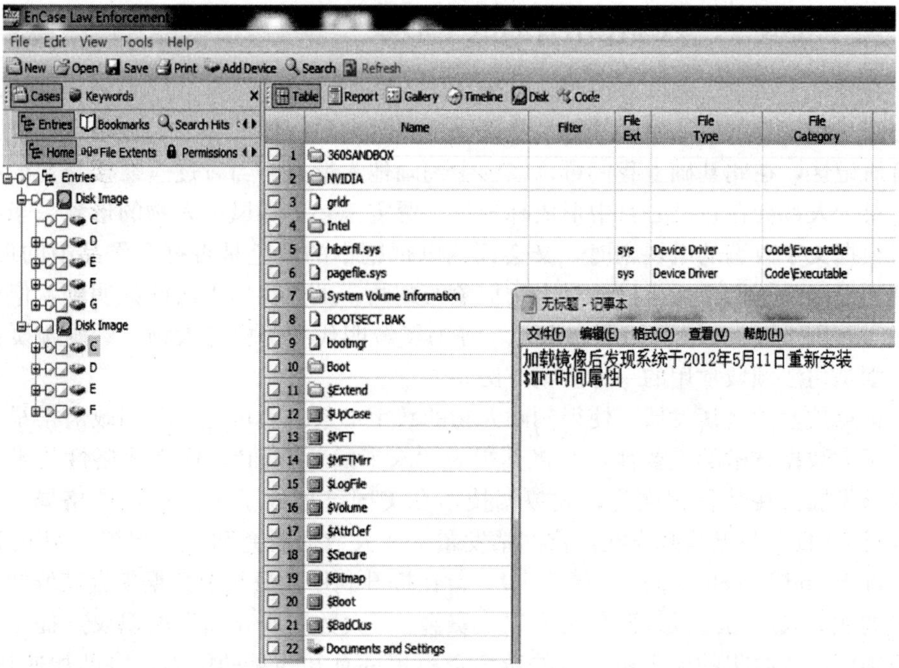

图 21-8

经过数据恢复，发现检测当天检测机构一共做了 4 次检测，形成了 4 个文件，即“_GX. ORG”“_GX-1. ORG”“_GX-2. ORG”①“王××. ORG”。文件创建时间依次为 2012. 2. 28 9：39：34、2012. 2. 28 9：47：26、2012. 2. 28 9：50：07、2012. 2. 28 9：56：38。其中，有三份文件被删除，一份文件处于可见状态。办案人员恢复了被删除的三个文件，然后利用血液检验软件打开，发现这三个文件中均为涉嫌醉驾的被检测者王某的血液图谱文件，其对应数值分别为 188 mg/100mL，46 mg/100mL，57 mg/100mL 和 71 mg/100mL。这几次检测都有图，检测机构最后保留了 71 mg/100mL 的图。这说明检测存在猫腻，血液经过了稀释，检测人员觉得 46 mg/100mL，57 mg/100mL 稀释得太过分了，所以没采取这两个结果。通过识别反调查行为，本案得以突破。

所谓“魔高一尺，道高一丈”，若被调查人采取更加高级的反调查行为，如对存储介质进行物理损坏、对数据进行彻底擦除，办案人员的调查方法也要水涨船高，进入高级战术的状态。这要求办案人员针对反调查行为设计调查方案，重点关注被调查人可能疏忽的“漏网之鱼”。

① 与回收站中的“wgx-2. org”是同一个文件，第一个字符为“_”是因为文件被删除了，另有两个文件也是这样。

三、战术二：刻画使用者的数字形象

在日常生活中、阅读小说时、了解历史人物时，人们经常会用到刻画人物形象的方法。我们日常生活中会接触大量人物，并且会对他们的体态、性格、处事方式等有所记忆，在此基础上我们可以在脑中刻画他人形象。当看过《红楼梦》的小说后，每个人都会在自己心目中形成林黛玉、贾宝玉、王熙凤等人物的形象。当我们观看根据文字改编的电视剧时，又会评判电视剧中的角色是否符合作品中的形象，评判的根据是小说中文字描述对人物形象的刻画。虽然我们无法回到明朝，但可以通过《万历十五年》《明朝那些事儿》等书了解明代的历史与人物。刻画嫌疑人形象，则是司法领域常用的一种破案方法。

信息技术的迅猛发展，使得刻画人物的数字形象成为可能。美国政府很早就意识到了大数据技术的重要性，并将其视为“未来的新石油”，作为战略性技术大力推动其发展。在某种程度上，大数据技术在美国已形成了全体动员的格局。2012年3月29日，奥巴马政府在白宫网站发布了《大数据研究和发展倡议》（Big Data Research and Development Initiative），旨在提升利用大量复杂数据集合获取知识和洞见的能力，并为之投入两亿美元以上资金。《大数据研究和发展倡议》提出，将提升美国利用收集的庞大而复杂的数字资料提炼真知灼见的能力，协助加速科学、工程领域创新步伐，强化美国国土安全，转变教育和学习模式。《大数据研究和发展倡议》还承诺将在科学研究、环境保护、生物医药研究、教育以及国家安全等领域利用大数据技术进行突破。① 许多人根据奥巴马的发言、行为等对他进行了“数据画像”，奥巴马对大数据的关注使他获得了“大数据总统”的称号。

参照这一规律，不难发现，电子证据本身蕴含着巨大的“画像”价值。即时通讯软件、邮箱的联系人等可以反映自然人的社会关系；开关机时间、娱乐办公时间等可以反映自然人的生活习惯；网页浏览记录、网上购物记录等可以反映自然人的兴趣爱好；文件存储方式、文件命名方式、网名、昵称等可以反映自然人的性格特点。总之，电子证据能反映人的喜怒哀乐、作息规律、社会关系、特殊关系、联系频率，这些都可以被用作电子画像。司法实践中，办案人员通过电子画像能够迅速侦破案件。【案例21－3】就采用了这一战术。

【案例21－3】

“2·25”爆炸案

【基本案情】

2003年2月25日11时50分、13时20分，清华大学内荷园餐厅、北京大学内

① 王忠．美国推动大数据技术发展的战略价值及启示．中国发展观察，2012（6）．

农园餐厅相继发生爆炸案，造成9人受轻伤，两餐厅不同程度损坏。案件侦查之初，专案组很快恢复了炸药的模型，制定了摸排提纲，通过犯罪动机、犯罪时间、作案条件等因素进行大规模的排查，可惜案件没有大的突破。为了减轻网上舆论对公安机关的压力，专案组特别地将年轻的网警纳入办案队伍，专门负责对公网和内网上有关消息进行过滤和删除。网警介入减轻了舆论炒作带来的破案压力。作案人因看不到网上公开讨论该案的信息而向北京大学学生会邮箱发了一封邮件，声称对此案负责，要求学生们在网上公开讨论此案。于是专案组调整了办案方向，通过邮件监控、网络定位、网上聊天等方式进行虚拟空间的侦查，很快抓到了作案人。这一案件是由于“偶然性地”开展了虚拟空间侦查而破案的。

【案件评析】

本案制作的《“2·25”爆炸案社会面摸排工作提纲》即是对嫌疑人的画像。

1. 因素条件：由于各种原因企图或扬言报复社会、制造事端的人员。包括：“法轮功”分子、企图制造恐怖案件的民族分裂主义分子；两劳释放及其他受过打击处理，对原处理不满或对现实安置不满有可能报复社会人员；因下岗、分房、拆迁等原因对社会不满企图报复社会的人员；因家庭、恋爱、婚姻问题造成矛盾激化企图报复社会的人员；因失学、落榜或因与院校、教育部门存在矛盾长期上访得不到解决而对社会不满扬言报复的人员等。

这是从作案动机入手对嫌疑人画像。该案不是针对特定人的伤害，而是对社会制造暴恐影响，作案人有反社会的动机。

2. 时间条件：近期或经常在清华大学、北京大学校内或附近活动，相对熟悉校园环境，尤其是2003年2月25日案发时间段内在清华大学、北京大学校内或附近活动的人员。

3. 技能条件：具备一定电工、爆炸知识、掌握一定制作爆炸装置的技能。

4. 工具条件：具备接触和使用水暖管件、蓄电池、电钻、台钻、黑火药、爆竹药等物品，具备制造爆炸装置场所的人员。

5. 物证条件：购买、使用黑熊星牌五号电池、大红碗牌方便面、“TIANJIAO”（天骄）牌石英钟等物证条件。

6. 反常条件：案发前后言行表现反常，案发后突然离开单位、住所或暂住地，下落不明的人员。

7. 个体条件：在小商品批发市场、个体商店、超市、水暖建材商店、摩托车修理、配件销售等行业购买蓄电池、石英钟、水暖管件等物品，尤其是同时购买两个或以上蓄电池、两个或以上石英钟的人员。

8. 购物条件：在小商品批发市场、个体商店、超市、水暖建材商店、摩托车修理、配件销售等行业购买物证。

根据摸排工作提纲，办案人员排查了很多人，但一无所获。

网警介入后进行滤网，凡是与案件相关的消息都删掉，却因此造成了该案的突破。作案人见网上未公开讨论此事，就给北京大学学生会邮箱发了一封邮件，声称对此案负责，自己这样做不是为了伤人，是为了心灵的自由，要求学生们公开讨论此事。作案人在邮件中所描述的弹药组装情况与本案一致，这引起了办案人员的警觉。网警锁定嫌疑人后对其进行电子画像，根据 IP 地址确定其藏身地，发现他到了福建，并查出了他的上网地点。根据语言特点，判断他是海南人，如今在福建打工。根据炸药组装情况，判断他高中是理科生。画像十分精准。专案组派人到福州的“猎人”网吧布控，等到嫌疑人再去网吧上网时顺利将其抓捕归案。本案正是通过电子画像侦破案件，否则抓捕嫌疑人无异于大海捞针。

通过“图谱分析法”可以实现精准画像。① 具体方法是，利用话单分析软件将被查对象与某个号码的通话情况反映在一张坐标图上，横坐标为通话时间（0 时至 24 时），纵坐标为通话次数。通过坐标图反映的图形规律，可以初步判断某个号码的使用者与被查对象的关系。

业务关系（工作关系）——“M 型”图（见图 21－9）。在该图中，近 3 个月来，138 这个号码与被查对象在上午 9 点、10 点时通话分别为 7 次，形成一个高峰；下午 4 点通话 8 次，形成另一个高峰，可以形象地称其为“M”型图谱（上午、下午两个峰值）。由于符合公务人员朝九晚五的工作规律，因此可以初判断该号码的机主与涉案对象是工作关系或业务关系。

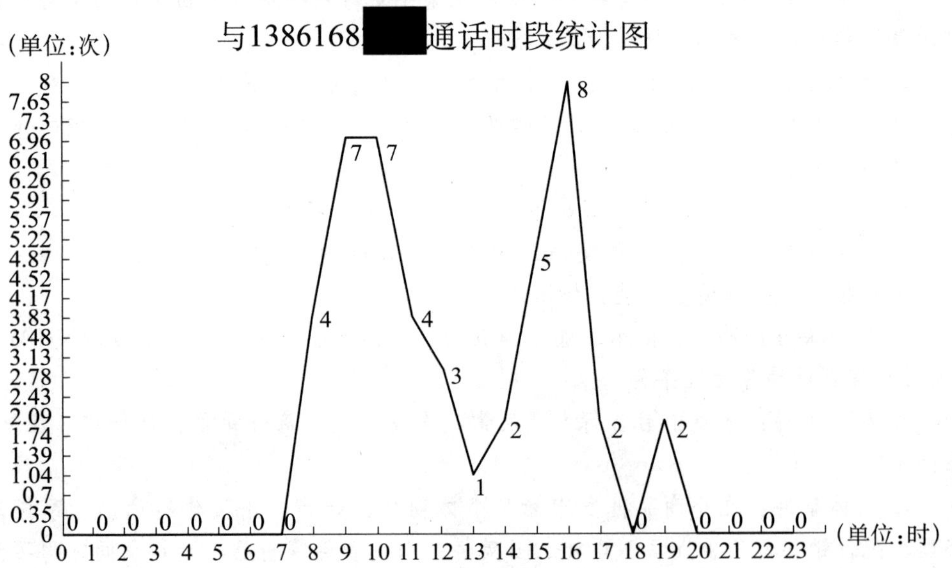

图 21－9

① 这部分内容援引秦志超同志在全国检察技术人才培训班的讲话稿《职务犯罪侦查中电子数据的获取和使用》。特此致谢。

朋友关系——“晚高峰型”图（见图 21－10）。在该图中，近几个月来，159 这个号码与被查对象在晚 7 点钟联系最多，达 69 次，形成一个明显高峰，可以将其称为“晚高峰”图谱。由于该号码与被查对象私人时间联系密切，因此可以初判断该号码的机主与涉案对象是朋友关系。

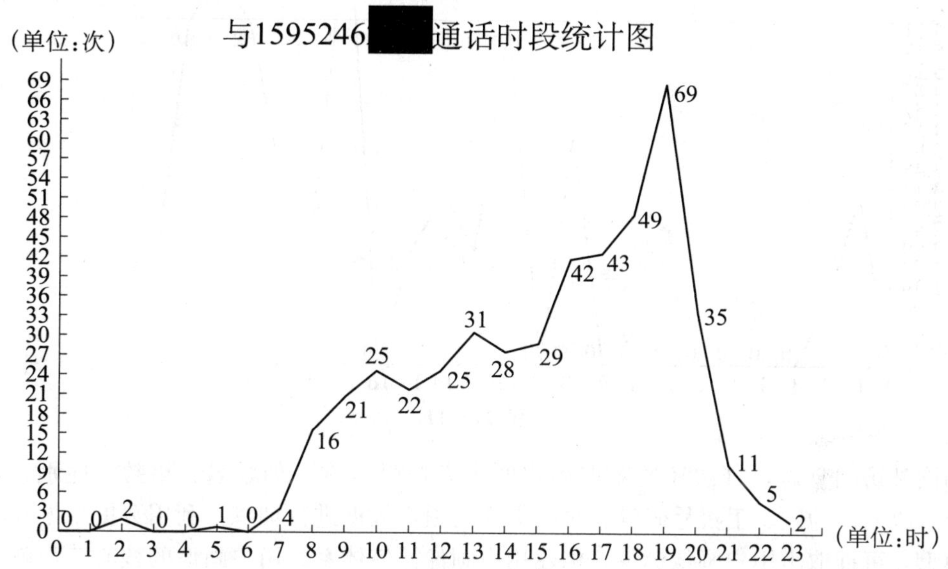

图 21－10

特定关系人关系（情人关系）——“不眠不休型”图（见图 21－11）。在该图中，近 3 个月来，136 这个号码与涉案对象在晚 9 点、甚至凌晨 1 点都有较多通话，可以称其为“不眠”特征；中午 12 点休息时间与下午 5 点下班时间有明显较多通话，可以称其为“不休”特征。具有图谱中这种“不眠不休”特征，如果再符合三个特征：（1）与被查对象联系密切；（2）单个电话通话时长较长（煲电话粥）；（3）不是涉案对象的亲属电话号码，基本可以判断这个号码机主与涉案对象是情人关系或特定关系人关系。

我国某些地方纪委监委在办案过程中，会制作一份关于被调查人涉案情况的情报信息分析研判报告。报告内容包括被调查人的基本信息、关系人员、企业情况、资产情况、话单分析情况、战法策略运用情况等。该报告实质上就是对被调查人的画像，对于办案大有助益。涉腐败犯罪的资金特征至少包括以下六类：关系人中低龄者和高龄者大额交易；频繁大额买卖理财类产品；个人外币账户连续多笔存入现金，境内多人向境外同一人汇款，且金额均达上限；境外大额消费或提现；大额投保交易；大额资金存管账交易。若涉案人员的资金往来情况符合上述情形，则可能存在廉政风险。

在电子商务领域，商家会通过用户画像了解用户，猜测用户需求，进行精准营销。用户画像首先要获取用户行为数据，如记录用户搜索、点击、跳转等行为轨迹

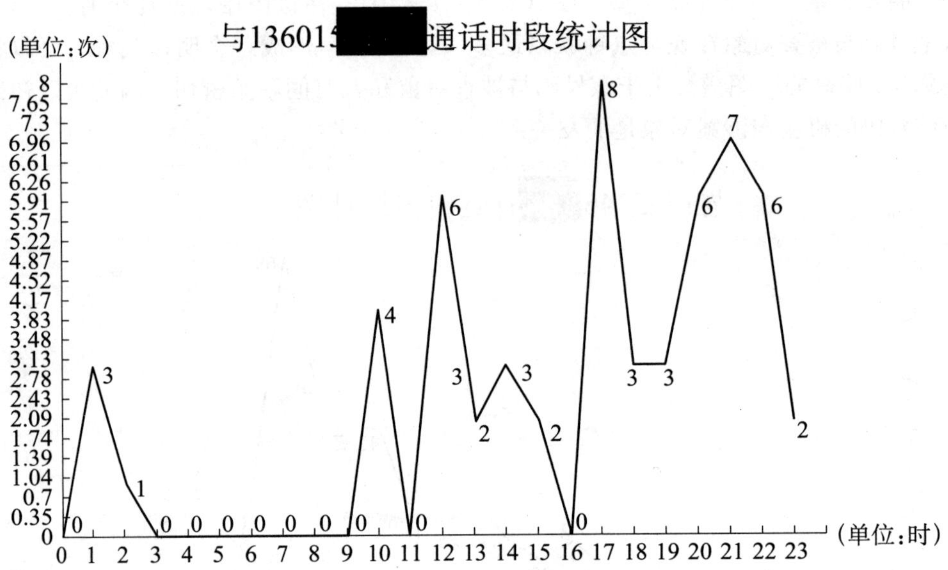

图 21－11

的网站访问日志，其次还要获取用户的个人信息数据，如姓名、年龄、性别、职业、收入、地区、手机号码等。对收集到的用户数据进行训练，利用数据挖掘算法模型，可抽取出用户画像标签，构建用户画像标签体系。用户画像的核心工作就是为用户打标签。① 构建用户画像模型对腐败犯罪案件的调查颇具启发意义。一些地方的纪委监委建立了关于被调查人资产情况、活动轨迹、身份信息、家庭情况、工作履历、社会关系六位一体的画像模型。办案时系统会自动提取被调查人这六方面的信息供调查人员参考。

电子画像的适用对象既包括自然人，也包括法人。在一起受贿案中，通过分析被调查人资金情况，发现有大额资金进账的情形，判断这笔资金是否为受贿所得的一个简单方法，是查资金进账前后半个小时内被调查人与哪个电话号码联系过，这笔钱很可能与通话人有关。这是对自然人的电子画像。一些地方研发了串通投标犯罪监测与研判系统，构建了串通招投标联动模型，设置的监测指标包括抱团久投分析、久投不中分析、隐藏资质比对、分值异常分析、暗箱关系关联、电子地址巡逻等。这是对法人的电子画像。对电子画像模型的利用还可以从办案走向预防。

四、战术三：确定特定时期的使用者行为

办案人员需要了解案件事实，这就要求确定被调查人员在特定时期的行为。办案人员不仅要查清行为人在调查开始后实施了何种反调查行为，还需查清案发时行

① 曾鸿，吴苏倪．基于微博的大数据用户画像与精准营销．现代经济信息，2016（16）．

为人利用电子设备实施了何种违法犯罪行为，留下了哪些电子证据。这需要将虚拟空间和物理空间的时间对接进行调查。例如，办案人员可以通过核查开关机日志、Office Alert 日志、特定日期文档搜索等，判断行为人使用的电脑、手机等介质的机器时间同物理时间是否对应，进而分析行为人在案发阶段、调查阶段使用电脑、手机等做了何事。早期，马加爵杀人案的侦查就使用了这一战术。

【案例 21-4】

马加爵杀人案①

【基本案情】

2004 年 2 月 23 日，云南大学学生公寓宿舍内发现 4 具被钝器击打致死的男性尸体，同宿舍的学生马加爵有重大犯罪嫌疑。当地公安机关迅速成立了“2·23”专案组开展工作，当日即通过公安部向全国发出通缉令，重金悬赏通缉马加爵。侦查人员在对杀人现场进行补充勘查时，决定重点勘查现场上的一台电脑。很快发现马加爵在出逃前对电脑硬盘进行过格式化，但硬盘中存储的信息仍被恢复了出来。恢复出来的电子证据表明，他在出逃前三天基本上都在搜集有关海南省的信息，尤其是有关海南省三亚市旅游、交通和房地产的信息。根据这一线索，警方调整了通缉重点，很快于 3 月 15 日在海南省三亚市将马缉拿归案。②

【案件评析】

本案需要调查案发后马加爵的行为。最初通过张贴悬赏告示的方式没有找到马加爵的行踪。侦查人员在对杀人现场进行补充勘查时，发现犯罪现场有一台电脑，电脑硬盘被格式化了，这表明存在反侦查行为。办案人员对该电脑进行分析发现，马加爵在案发前后曾大量浏览一些省、市的地理、人文情况。海南省是他浏览比较多的地区，他曾关注过海南省的旅游、出租屋、房地产以及交通等信息，他对海南省三亚市尤为关心。公安部随即将这些情况通报海南省公安厅，公安部门立刻针对这些情况制定了完整周密的抓捕预案，最终抓获马加爵。本案正是通过电子证据确定了马加爵案发后的行为。高科技“助阵”使得案件侦破工作取得了事半功倍的效果。

今天办理案件的一个简单方法是使用 R-Studio 等软件过滤工具，将电脑文件按照其创建时间、修改时间、访问时间全部过滤一遍。R-Studio 是一款功能强大的数据恢复、反删除工具，可以对 FAT12/16/32、NTFS、NTFS5（Windows 系统）和 Ext2FS（Linux 系统）分区的磁盘进行完整的数据维护。其代表性功能有：通过网络恢复远程数据；重建损毁的 RAID 阵列；支持动态磁盘；为磁盘、分区、目录

① 改编自公开新闻报道。

② 关非．小荷才露尖尖角——国内计算机取证技术市场面面观．信息网络安全，2005（9）．

生成镜像文件；恢复删除分区上的文件、加密文件、数据流；恢复病毒破坏的数据、主引导记录（MBR）破坏后的数据；识别特定文件名；把数据保存到任何磁盘；等等。① 这在技术上易于操作。有人可能会提出疑问：嫌疑人修改电脑时钟怎么办？修改时钟会在电脑的“事件查看器”中产生一个特殊的日志文件（事件ID1），它能够反映出修改时钟的记录。通过查看 Office Alert 日志，通常也能查清 Office 文件在何时被修改过。

五、战术四：确定使用者的行为轨迹

部分电子证据能反映行为人的位置信息。将电子证据反映的虚拟空间位置信息与物理空间位置信息进行关联分析，能够帮助办案人员确定行为人的轨迹。确定行为人轨迹的“三步曲”：一是查找时空轨迹点，二是分析轨迹点自身的信息，三是挖掘信息背后的价值。通过分析 GPS 信息、IP 地址、基站数据、话单分析、网络搜索、关联信息，以及进行第三方查询、专业数据库查询等，办案人员能够精准高效地确定行为人的行为轨迹。

全球定位系统（Global Positioning System，通常简称 GPS），又称全球卫星定位系统，是一个中距离圆型轨道卫星导航系统。系统由美国国防部研制和维护，可满足位于全球任何地方或近地空间的军事用户连续精确地确定三维位置、三维运动和时间的需要。该系统包括太空中的 24 颗 GPS 卫星；地面上 1 个主控站、3 个数据注入站和 5 个监测站及作为用户端的 GPS 接收机。最少只需其中 3 颗卫星，就能迅速确定用户端在地球上所处的位置及海拔高度。通过取证工具可以查看照片轨迹（见图 21-12）。在湖南益阳的某行贿受贿案中，办案人员通过手机取证工具，恢复出某官员与“情人”的一张亲密照片。经查看该照片的 GPS 信息，发现照片拍摄地点为官员家中。办案人员以此去找该官员妻子谈话，迅速突破了官员妻子的心理防线。

互联网协议地址（Internet Protocol Address，又译为网际协议地址），缩写为 IP 地址（IP Address）。IP 地址是 IP 协议提供的一种统一的地址格式，它为互联网上的每一个网络和每一台主机分配一个逻辑地址，以此来屏蔽物理地址的差异。很多 App 能提取用户位置信息，这给办案机关侦破案件提供了路径。图 21-13 反映了登录该路由的设备的 MAC 地址及 IP，图 21-14 反映了登录该路由的设备的 MAC 地址及时间，图 21-15 反映了 WiFi 开关日志，图 21-16 反映了手机连接某一 WiFi 的日期，图 21-17 反映了连接时使用的内网 IP 地址、用户的位置、时间戳及手机的 MAC 地址、手机连接的路由器的 MAC 地址及名称，图 21-18 反映了连接的 WiFi 名称、IP 地址及连接 WiFi 的时间。

① 刘子陵．基于 Raid Reconstructor 和 R-Studio 的磁盘矩阵数据恢复技术初探．科技视界，2012（7）．

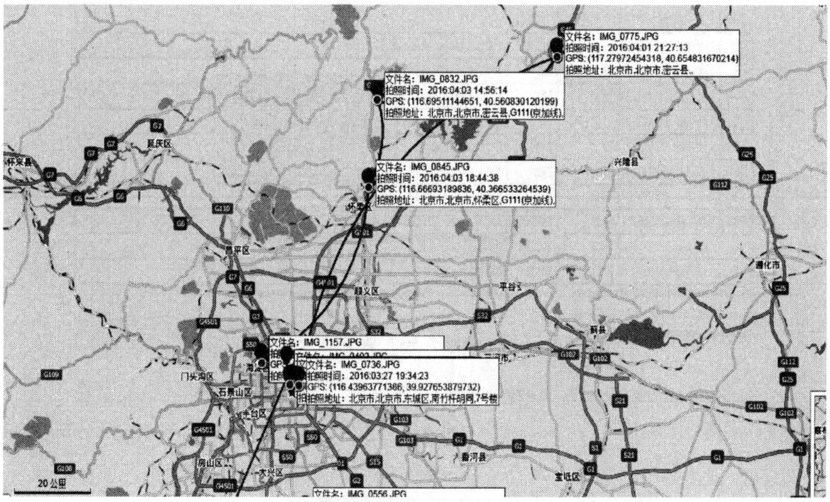

图 21－12

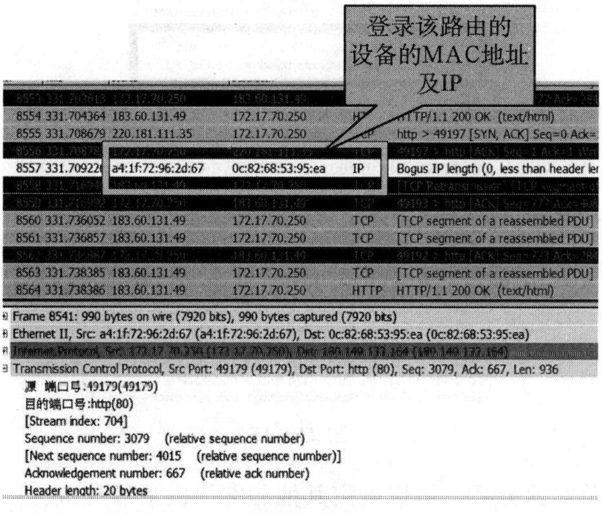

图 21－13

基站即移动通信网络中负责与移动设备进行通信的无线电收发电台。办案人员可到手机运营商处调取基站信息，进行基站记录信息分析。一般手机运营商即电信部门都有出于计费目的的详细通话清单。电信部门交换机所记载的通话记录主要有：机主情况，开户信息，通话时间，通话时长与计费，主被叫号码情况，基站位置，主被叫通话地信息等。利用通话轨迹信息，作相应的数据碰撞，可发现行为人真实身份或嫌疑车辆。利用话单中高频率通话的号码，查询其归属地信息，可发现行为人落脚区域。利用关系人话单，分时段碰撞，从发现的新号码可明确原非常规机主号的真实身份。团伙话单分析中，明确其中一个号码持有人后，利用旅馆、网

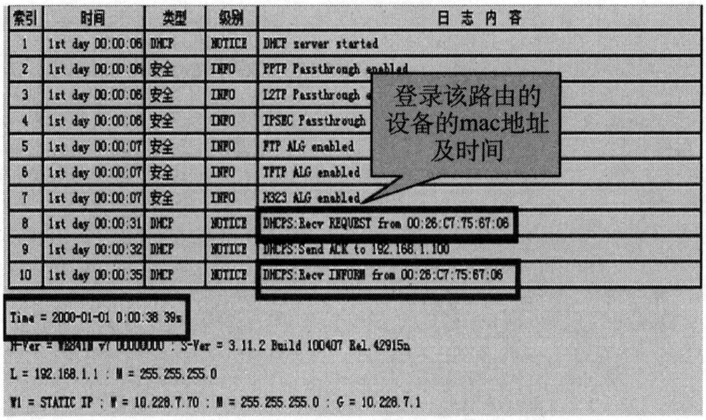

图 21－14

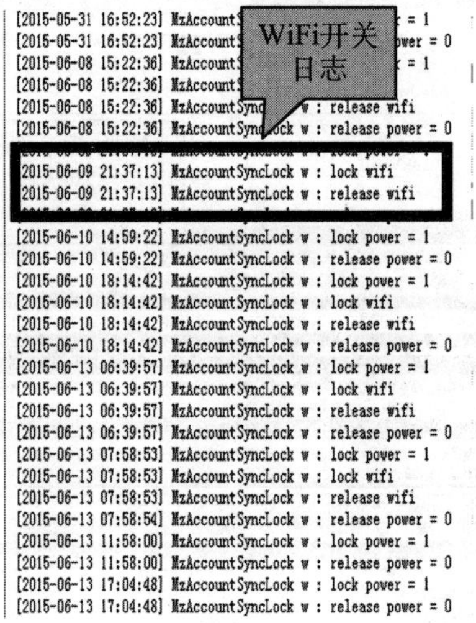

图 21－15

吧同行人员与话单对比分析，可以确定其他非常规机主号身份。①

手机在使用过程中会产生话单信息，机主的社会关系、行踪轨迹、行为习惯等重要信息便隐藏其中。通过取证工具可以查看话单轨迹。犯罪嫌疑人的手机话单中往往蕴藏着丰富的证据信息，其能为证据体系的建立和案件侦破提供信息支撑。手机话单信息在职务犯罪侦查中的应用思路及方法主要围绕四个方面展开：(1) 个人特征分析，包括犯罪嫌疑人的真实身份分析和兴趣爱好分析。(2) 关系特征分析，包括日常关系人分析和涉案关系人分析。(3) 轨迹特征分析，包括活动规律分析和交通工具分析。(4) 行为特征分析，包括拨打特殊、特服号码行为分析，换号行为

① 斯进．手机话单分析信息碰撞技战法的应用研究．信息网络安全，2011 (7)．

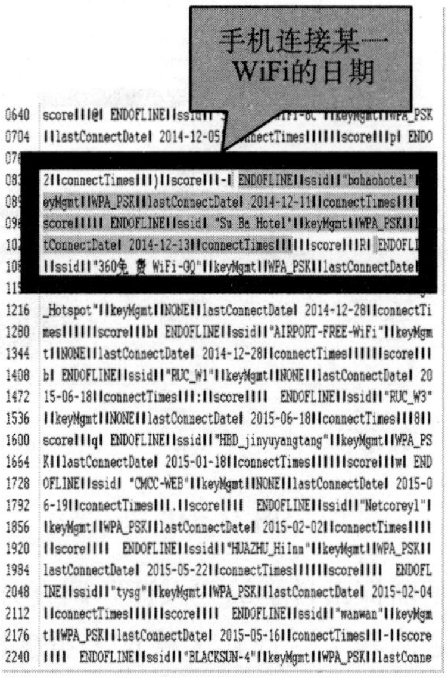

图 21－16

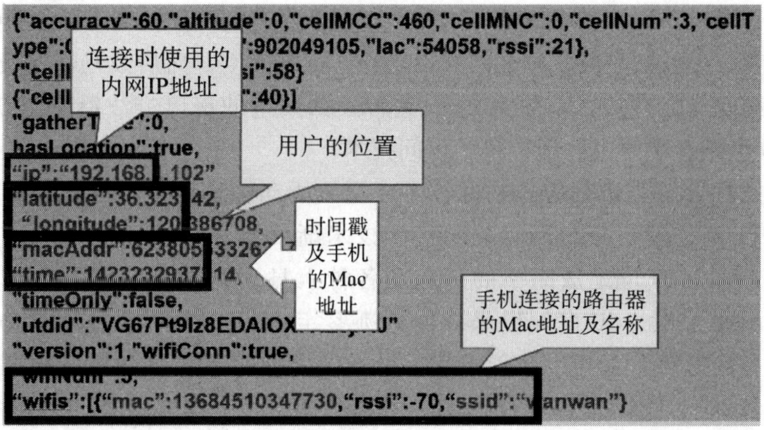

图 21－17

分析及公话行为分析。①

六、战术五：案件事实的数字式重建

案件事实的数字式重建，是指通过电子证据确定行为人在何时何地做了何事。在不同历史阶段，构建案件事实的方法存在差异。在以“人证”为主的司法证明时期，还原案件事实要求提供证词者“从实招来”。这一时期刑讯逼供问题饱受诟病，

① 刘鹏．职务犯罪侦查中手机话单信息的深度应用．人民检察，2016（19）．

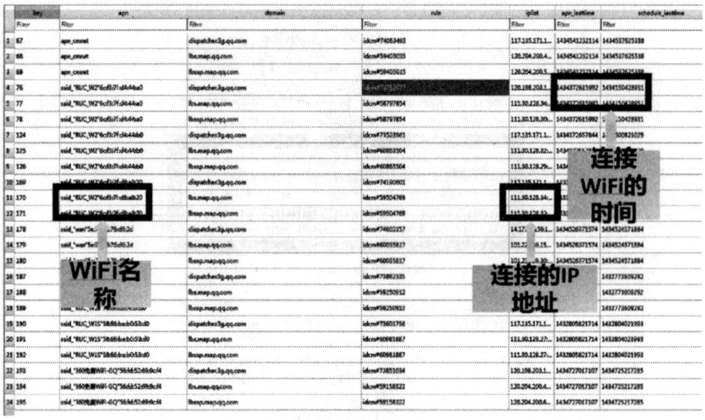

图 21－18

但世界各国司法人员也在不断探索科学的“人证”调查方法。据《尚书·吕刑》记载，西周开始强调“听狱之两辞”，《周礼·秋官·司寇》对审讯提出了更高要求：“以五声听狱讼，求民情，一曰辞听，二曰色听，三曰气听，四曰耳听，五曰目听。”“五听”断狱主张用心理学原理对讯问对象察言观色。汉朝人们总结出“钩距”法用于审讯，据《汉书·赵广汉传》记载，汉朝赵广汉“尤善为钩距，以得事情。钩距者，设欲知马贾，则先问狗，已问羊，又问牛，然后及马，参伍其贾，以类相准，则知马之贵贱，不失实矣。”这种迂回渐进的审讯方法沿袭至今。① 西方学者自 19 世纪开始研究测谎等科学讯问技术。

在人类社会历史进程中，物证技术在司法活动中长期处于随机采用和分散发展状态。18 世纪后，与物证有关的科学技术渐成体系，物证在司法证明中的重要性日益凸显。19 世纪法医学的兴起和各种人身识别技术的问世为查明案件事实提供了科学手段。20 世纪以来，继笔迹鉴定法、人体测量法、指纹鉴别法之后，足迹鉴定、牙痕鉴定、声纹鉴定、唇纹鉴定等技术相继问世，扩充了司法证明的“武器库”。物证是客观存在的，但其不能自己到法庭上证明案件事实，因此物证被称为“沉默证人”。物证在司法证明活动中的运用为重建案件事实提供了科学保障。

电子证据重建案件事实的理论基础是虚拟场理论。在虚拟场中，用于定案的电子证据不是单独存在的，而是与海量信息混合在一起。以计算机信息系统为例，用户或应用程序执行一个简单的操作命令，就会触发操作系统、应用系统产生一系列事件，会导致场域发生连锁反应。当前实务中运用的电子勘查（包括远程勘查）手段，就是将电子证据视为一种“证据集中的场所”——“虚拟场”进行取证。实践中，司法人员在获取电子邮件、Word 文档等电子证据后，还会继续挖掘和提取相

① 吴茜．古代审讯中的科学方法及其启示．湖北警官学院学报，2006（1）．

关文件的形成痕迹等关联信息，这同在物理空间进行的现场勘验类似。从单纯证据到“虚拟场”，反映了人们对电子证据的认识逐渐趋于深化。在新形势下，电子证据虚拟场理论得到进一步发展，突出表现为更加细化的虚拟空间案件事实重建理论的推陈出新。[①] 其主要内容是将电子证据（或其载体）当作“虚拟场”，研究通过电子勘验等措施重建虚拟空间大事表的新思维、新方法。[②]

下面试举一例，表明该如何通过电子证据重建案件事实。

【案例 21－5】

2012 年海运煤费用明细文档[③]

【基本案情】

某地煤老板对当地官员行贿。煤老板称自己记账，他的 U 盘中有涉案文档，但 U 盘中全部文件都已被删除。办案机关将该 U 盘送到鉴定中心，希望能够恢复文件内容。鉴定中心对 U 盘恢复时，找到了下面这个文件，还有很多临时文件。请对本案优盘中的涉案文档“2012 年海运煤费用明细 . xls”进行解读（见图 21－19），揭示它所反映的案件事实。

文件名称	文件	文件大小	创建时间	修改时间	访问时间	文件	第1扇区
..							
?0764000		412 KB	2012/06/24 01:18:01	2012/10/25 10:46:20	2012/10/25	A	4416
?2183a38.tmp	tmp	412 KB	2012/06/24 01:18:01	2012/10/25 10:46:20	2012/10/25	A	4416
2012年海运煤费用明细.xls	xls	412 KB	2012/06/24 01:18:01	2012/10/25 10:46:20	2012/10/25	A	4416
?34b5d15.tmp	tmp	384 KB	2012/06/24 01:18:01	2012/06/27 16:50:32	2012/10/25	A	2248
?BE84000		413 KB	2012/06/24 01:18:01	2012/10/25 10:49:02	2012/10/25	A	2248
2012年海运煤费用明细.xls	xls	384 KB	2012/06/24 01:18:01	2012/06/27 16:50:32	2012/10/25	A	2248
2012年海运煤费用明细.xls	xls	413 KB	2012/06/24 01:18:01	2012/10/25 10:49:02	2012/10/25	A	2248

图 21－19

【案件评析】

涉案文档“2012 年海运煤费用明细 . xls”反映出：

2011 年 12 月 20 日 22：55：22 创建了原始文档内容；

2012 年 6 月 24 日 01：18：01 文档到达当前位置；

2012 年 6 月 27 日 16：50：32 文档被编辑；

2012 年 10 月 25 日 10：46：20 文档被编辑；

2012 年 10 月 25 日 10：49：02 文档被编辑（即最后编辑）。

根据上述时间信息，可以推断：煤老板第一次记账是在 2011 年 12 月 20 日 22：55：22。他当时记账不是在 U 盘上做的，而是在硬盘上做的。2012 年 6 月 24 日他

① Carrier BD，Spafford EH. Defining Event Reconstruction of Digital Crime Scenes. 49（6）Journal of Forensic Sciences：1291－1298（2004）.

② 刘品新 . 论电子证据的理性真实观 . 法商研究，2018（4）.

③ 改编自中国人民大学物证技术鉴定中心司法鉴定意见书，［2012］技鉴字第 21 号。鉴定人为刘品新、唐跃进。有关大事表主要由谢君泽、胡悫等完成。

将文件从硬盘拷入U盘。文档被编辑了三次，表明他曾三次向人行贿，并且当时就记账了。鉴定中心将推断的信息告知办案机关，经办案人员向嫌疑人核实，发现有关推断十分准确。

七、战术六：以电子取证支撑传统取证

电子取证的重大价值之一是支撑传统取证，而非取代传统取证。根据电子证据反映的内容、属性、痕迹等细节信息，办案人员可以甄别嫌疑人是否说谎。通过电子证据挖掘案件线索，办案人员可以制定讯问、询问和谈话的策略。在此意义上，电子取证能够助力科学审讯，为侦破案件提供“武器弹药”。

以电子取证支撑传统取证的案例很多。在一起贪污案件中，被调查单位提交了一份会议纪要，证明他们不是贪污，只能算是财务违规。由于会议纪要是打印出来的文件，办案机关要求被调查单位提供电子版文件。通过查看电子版文件的属性信息，办案人员发现该文件是最近新制作而成，并非项目进行期间所制作，这表明嫌疑人在说谎。再如，云南省检察院办理一起受贿案时，通过查看电子合同的属性信息，查清了行贿人提交给检察院的借款合同并非原始借款合同，而是事后伪造的，这表明嫌疑人提交的是假证据。在“天山熙湖”案中，办案机关获取了大量碎片文件，将碎片文件重新组合后，办案人员以此为线索，制定了谈话策略，并迅速突破了对方心理防线。这不像一般的办案模式那样找出完整的证据，而是先通过电子取证查找案件线索，在此基础上获取口供、证人证言等证据，此即以电子取证支撑传统取证。在某区财政局局长华某涉嫌受贿的腐败案件中，办案机关通过手机取证快速获取了敏感信息。电费缴费通知短信表明嫌疑人在深圳有房产，咨询赴香港投靠女儿定居手续表明嫌疑人准备移民香港。办案机关以电子取证为支撑制定谈话策略、组织科学审讯，获取了嫌疑人口供。本书选取了其中一部分审讯对话：

> 侦查人员：你很聪明，境内屁股擦得干干净净，自以为天衣无缝。我们如果去香港查，你死定了。赶紧坦白吧，否则你白辛苦一辈子。（你的死穴在香港。）
>
> 华某：真是要命，机关算尽，竟然还是被他们看穿了。如果他们真的去香港，我女儿女婿就惨了。怪不得他们盯着杨老板。说不定他们已经找过杨老板，杨老板可能已经把我卖了。（看来天机已经泄露了。）
>
> 侦查人员：交代问题吧，你没有其他选择。
>
> 华某：罢了罢了，还是主动点，讲清主要问题，至少可以请求他们不要去影响我女儿女婿。既然他们已经盯上了杨老板，就从杨老板开始交代吧。（没有较好的态度肯定不行了。）

总之，电子取证能帮助办案人员改变审讯技巧。办案机关应摒弃传统思维方

式，树立新的办案理念，即通过电子取证不仅能获得关键证据，还能获取办案线索。通过相关证据和线索，办案人员能够全面了解被调查人员的基本情况、准确把握被调查人员的心理，进而制订周密的谈话或审讯策略，获取案件突破口。腐败犯罪案件常见的谈话或审讯策略包括瓦解法、单刀直入法、四面楚歌法、火力侦察法、密切配合法等。瓦解法是指审讯人员对共同犯罪的嫌疑人及其涉案人员，利用或制造他们之间内部的矛盾进行分化瓦解，从而达到相互揭发或坦白交代的一种常用的审讯方法。单刀直入法是指审讯人员根据被审对象的具体情况，直接指出其有某种犯罪行为，逼使被审人员来不及考虑应对，就已经慌了神，被逼坦白交代犯罪行为的一种审讯方法。四面楚歌法就是指审讯人员善于利用国家机关的优势、人员优势、经验优势以及有关证据方面的优势等，向犯罪嫌疑人发起猛攻，锉其锐气，造成犯罪嫌疑人处于孤立无援的境地，使其心虚胆战而招供的一种审讯方法。火力侦察法就是利用部队的火力侦察的方法和原理，在对被审对象的情况不甚了解且又要不失时机地对犯罪嫌疑人及涉案人员进行审讯时，经常采用的一种审讯方法。这种方法适用于对被审对象的情况了解甚少，特别是被审对象拒不开口说话、保持沉默的案件。密切配合法是指主审人员和副审人员（包括记录人员）在审讯犯罪嫌疑人的过程中互相默契、紧密合作的一种审讯方法。①

八、延展讨论：电子取证技战法的智能化升级

电子取证的技战法未来需要走向智能化。笔者以我们团队参与××集团智慧纪检监察平台建设为例进行说明。该集团提出的一项基本要求是实现平台智能化预警。在招投标平台中，如何“埋点”自动发现招投标是否有问题？我们的一个基本思路是：对传统的查案技巧进行遴选，看哪些做法可由机器自动完成。如果能做到这一点，就在开发的平台预警软件中嵌入该功能，使得平台预警软件能够自动化、智能化识别招投标中潜在的腐败风险。

例如，在招投标案中经常发现几家投标企业在一起投标，在一个办公室做标书，这里就可能存在违规行为。通过比对行为人访问招投标网站或通过网络提交招投标文件时使用的MAC地址和IP地址，即可判断投标企业是否存在上述情形。若MAC地址和IP地址重合，说明行为人在同一个地方投标，或者用同一台电脑投标，机器可自动识别并比对MAC地址和IP地址。又如，招投标过程中很多投标企业的文件创建时间一致，这表明可能是由一家公司制作标书后，其他公司在该标书上进行修改制作出新标书。机器可自动提取文件创建时间，一旦发现两个以上创建时间一致的文件就进行预警。再如，有的投标企业与招采负责人会暗中勾通分析，投标企业在招标之前就开始制作标书，机器提取文件创建时间后，若发现文件创建

① 陈海潮．反贪审讯技巧与策略探讨．湛江师范学院学报，2010（2）．

时间早于招标政策发布时间，则可进行预警。还有的投标企业在招标结束后仍可修改标书，机器则可提取文件最后保存时间，将之与招标截止时间相比对，若存在标书最后保存时间晚于招标截止时间的情形，则可进行预警。一些与招采负责人暗中勾通的招标企业在招标信息发布时反应速度特别快。招标信息发布 15 分钟之内，招标企业就上网查阅招标信息，如果招标企业多次存在这种情形，机器可自动预警。

目前，全国各地开展智慧纪检监察平台建设如火如荼。其智能化转向及原理基本相同。下面以××集团智慧纪检监察平台等类似平台为例，简单阐述其中的基本思路与建构模型。①

一是统计模型（关联）：投标企业评价、评标专家评价。具体包括：（1）通过对舆情、企业信用、失信黑名单、司法被告或被执行人查询等，对投标企业进行分析并建立评价指数体系，实现分级实时预警。具体可直接参考冒烟指数的做法。（2）通过舆情、个人信用、失信黑名单、司法被告或被执行人查询等，对投标企业的项目负责人进行分析并建立评价指数体系，实现分级实时预警，思路同上。（3）通过舆情、个人信用、失信黑名单、司法被告或被执行人查询等，对评标专家进行分析并建立评价指数体系，实现分级实时预警。

二是统计模型（聚类）：评标专家与投标企业的关联分析。具体包括：（1）通过舆情、工商信息等对评标专家与投标企业的关系进行逐一碰撞，并建立关系强弱指数体系，实现分级实时预警。具体可借鉴人立方的做法，但指数体系要自建。（2）通过舆情、工商信息等对评标专家与投标企业的项目负责人的关系进行逐一碰撞，并建立关系强弱指数体系，实现分级实时预警。

三是行为模型（主体）：投标企业、招采负责人的账户串联分析。具体包括：（1）通过 IP 地址等机器信息对投标企业与投标企业进行账户同机交叉使用分析，实现全程实时预警；（2）通过 IP 地址等机器信息对投标企业与招采负责人进行账户同机交叉使用分析，实现全程实时预警。以上两种检测都包括检测当前、历史的串联登录两个维度。

四是行为模型（时空）：投标企业与招采负责人的暗中勾通分析。具体包括：（1）通过 IP 地址等信息对招采负责人账户进行登录位置空间分析，当 IP 地址超出办公区域与常用家庭地址时一般预警，当 IP 地址超出前述区域且与投标企业 IP 地址相同时高危预警。（2）通过招采负责人发布公告与投标企业阅读公告的时间跨度分析，即招标公告发布后某投标企业在 N 分钟内迅速登录并阅读，根据 N 的取值建立分级实时预警。

党的十八届三中全会提出："全面深化改革的总目标是完善和发展中国特色社

① 人大团队以谢君泽同学牵头的年轻成员在智慧纪检监察领域做出了开拓性贡献。以下思路与模型主要代表了他们的理论与实践创新成果。

会主义制度，推进国家治理体系和治理能力现代化。”强调要推进国家治理体系和治理能力的现代化，说明我们现存的治理体系和治理能力还相对落后，跟不上社会现代化的步伐，不能满足人民日益增长的政治经济社会文化生态需求。如果不采取突破性的改革举措解决国家治理中存在的紧迫问题，那么我们目前的局部性治理危机有可能转变为全面的统治危机和执政危机。① 我国《监察法》第 1 条规定：“为了深化国家监察体制改革，加强对所有行使公权力的公职人员的监督，实现国家监察全面覆盖，深入开展反腐败工作，推进国家治理体系和治理能力现代化，根据宪法，制定本法。”反腐败领域要探索实现国家治理体系和治理能力现代化，电子取证技战法的智能化转向是必然趋势。

【拓展阅读】

电子取证技战法的综合演练

重庆市巫山县邓家乡官河煤矿“9·13”瓦斯爆炸事故及瞒报事故案②

【基本案情】

2013 年 9 月 13 日，重庆市巫山县邓家乡官河煤矿在非法开采过程中发生瓦斯爆炸致 8 人死亡的安全事故。事故业主和当地主管部门未向上级主管部门报告，瞒报事故发生及其人员死亡情况，企图逃避法律制裁。

2013 年 11 月，重庆市检察院获取线索后，迅速组织专案组介入调查。在获悉此案情况后，最高检渎职侵权检察厅将其作为重点案件进行挂牌督办。重庆市检察院和市第二检察分院及时组织专案组，依法开展调查。查清了事故背后存在部分国家机关工作人员失职渎职、贪赃枉法、瞒报事故、收受贿赂等问题。为此，重庆市检察机关依法对重庆市巫山县煤炭工业管理局局长周××、重庆市巫山县煤炭工业管理局党组书记朱××、重庆市巫山县经济与信息化委员会主任孙××、重庆市巫山县邓家乡党委书记王××、重庆市巫山县邓家乡乡长卢××等 17 名犯罪嫌疑人，分别以涉嫌玩忽职守罪、滥用职权罪、受贿罪、行贿罪等犯罪立案侦查，其中要案 7 人，渎职犯罪 12 件 12 人，行贿受贿犯罪 5 件 5 人。

【案件评析】

在该案中，调查人员在调查时发现，某被调查人　　巫山县煤炭工业管理局监控中心主任王×提供的官河煤矿的“准运证”统计报表有问题。因为煤矿爆炸时间是 2013 年 9 月 13 日，但是核实被调查人提供的文件属性可以发现，这些文件的修改时间都是在 2013 年 9 月 29 日、甚至 2013 年 10 月 12 日以后（见图 21－20）。根据时间痕迹异常的特点，可以得出这些报表文件是被修改过的。

① 俞可平．推进国家治理体系和治理能力现代化．前线，2014（1）．

② 记录：查办的责任事故典型案件．检察日报，2015－03－09（11）．

名称	修改日期	类型	大小
煤矿企业准运回收统计表2012年4月.xls	2013/10/12 10:47	Microsoft Office Excel Workbook	34 KB
煤矿企业准运回收统计表2012年5月.xls	2013/10/12 10:47	Microsoft Office Excel Workbook	34 KB
煤矿企业准运回收统计表2012年12月[499446]....	2013/10/12 10:43	Microsoft Office Excel Workbook	35 KB
煤矿企业准运回收统计表2012年11月.xls	2013/10/12 10:42	Microsoft Office Excel Workbook	35 KB
煤矿企业准运回收统计表2012年10月.xls	2013/10/12 10:42	Microsoft Office Excel Workbook	34 KB
煤矿企业准运回收统计表2012年9月[499434].xls	2013/10/12 10:41	Microsoft Office Excel Workbook	34 KB
煤矿企业准运回收统计表2012年8月[499430].xls	2013/10/12 10:41	Microsoft Office Excel Workbook	34 KB
煤矿企业准运回收统计表2012年6月.xls	2013/10/12 10:40	Microsoft Office Excel Workbook	34 KB
煤矿企业准运回收统计表2012年7月[499427].xls	2013/10/12 10:40	Microsoft Office Excel Workbook	35 KB
煤矿企业准运回收统计表2013年8月.xls	2013/9/29 17:43	Microsoft Office Excel Workbook	35 KB
煤矿企业准运回收统计表2013年7月[500318].xls	2013/9/29 17:42	Microsoft Office Excel Workbook	35 KB
煤矿企业准运回收统计表2013年6月[500315].xls	2013/9/29 17:41	Microsoft Office Excel Workbook	35 KB
煤矿企业准运回收统计表2013年5月[500312].xls	2013/9/29 17:41	Microsoft Office Excel Workbook	35 KB
煤矿企业准运回收统计表2013年4月[500309].xls	2013/9/29 16:30	Microsoft Office Excel Workbook	35 KB
煤矿企业准运回收统计表2013年3月[500306].xls	2013/9/29 16:29	Microsoft Office Excel Workbook	34 KB
煤矿企业准运回收统计表2013年2月.xls	2013/9/29 16:25	Microsoft Office Excel Workbook	34 KB
煤矿企业准运回收统计表2013年01月[500324]....	2013/9/29 16:25	Microsoft Office Excel Workbook	34 KB

图 21-20

随后，调查人员对该盘进行数据恢复，发现了大量被删除的“原始文件”。经过询问、讯问初步突破了案件事实，原来——事发后，按照局领导周××、朱××等人的指示，王×删除了含有官河煤矿的统计报表数据，藏匿了每月打印由领导签字认可的纸质统计报表。经过对纸质统计报表的分析发现，官河煤矿从 2012 年 4 月至 2013 年 8 月，共生产运销煤炭 91 551.83 吨。2010 年 11 月至 2012 年 2 月，官河煤矿是以其他煤矿的名义汇总的，原始的“准运证”已按规定定期销毁，所以官河煤矿在这段时间的生产量已无法计算。统计报表证明了官河煤矿长期以来非法生产造成 91 551.83 吨国有煤炭资源流失的事实，也证明了局领导朱××等人明知官河煤矿非法生产的事实。

最后，调查人员继续搜索被调查人王×的电脑中，又发现了一批关停矿井的照片（见图 21-21）。这些照片反映有关矿井在 2012 年 12 月 18 日已经被关停。那

图 21-21

么，这些数码照片是真的还是假的呢？除了根据照片内容进行综合判断外，还可以简单看照片的属性。结果照片属性显示，这些照片是2013年9月14日、18日补拍的（见图21-22）。这样，调查人员就确认了有关人员伪造关停矿井的造假行为。

请问：在本案调查中综合使用了哪些电子取证技战法？

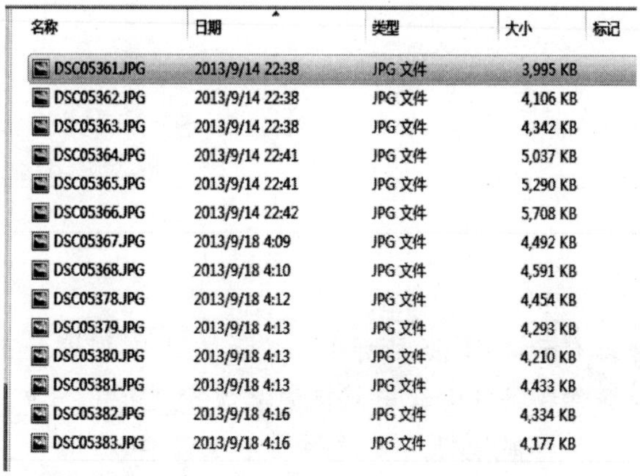

名称	日期	类型	大小	标记
DSC05361.JPG	2013/9/14 22:38	JPG 文件	3,995 KB	
DSC05362.JPG	2013/9/14 22:38	JPG 文件	4,106 KB	
DSC05363.JPG	2013/9/14 22:38	JPG 文件	4,342 KB	
DSC05364.JPG	2013/9/14 22:41	JPG 文件	5,037 KB	
DSC05365.JPG	2013/9/14 22:41	JPG 文件	5,290 KB	
DSC05366.JPG	2013/9/14 22:42	JPG 文件	5,708 KB	
DSC05367.JPG	2013/9/18 4:09	JPG 文件	4,492 KB	
DSC05368.JPG	2013/9/18 4:10	JPG 文件	4,591 KB	
DSC05378.JPG	2013/9/18 4:12	JPG 文件	4,454 KB	
DSC05379.JPG	2013/9/18 4:13	JPG 文件	4,293 KB	
DSC05380.JPG	2013/9/18 4:13	JPG 文件	4,210 KB	
DSC05381.JPG	2013/9/18 4:13	JPG 文件	4,433 KB	
DSC05382.JPG	2013/9/18 4:16	JPG 文件	4,334 KB	
DSC05383.JPG	2013/9/18 4:16	JPG 文件	4,177 KB	

图 21-22

第二十二章

电子证据的对抗式举证——以不正当竞争案件的起诉为例

古罗马法谚有云："举证之所在，败诉之所在。"举证是一种天然的对抗性活动，诚然在具体诉讼中对抗的激烈程度并不一致。电子证据的对抗性举证要求尽可能地将己方掌握的电子证据以一种技巧方式提交，让对方陷入辩驳的不利境地。这一原理契合了对抗式庭审构造，发挥了电子证据的复合型优势。电子证据的对抗式举证强调对抗理念、技能、规则的融合，包括"体系化举证""解读式示证""对等性回应""递进式补证""反证之逆用"等。应否提交原始电子介质及如何理解民刑诉讼中举证对抗的差异，也是对抗式举证需回答的问题。

一、实务规律及引导案例

为了解民事诉讼中电子证据的运用规律，笔者曾组织进行过一线访谈与案例分析，总结出五大规律：一是电子证据使用率不高。只有知识产权案件属于例外，可能因为许多知识产权案件涉网，其案件事实查明比较依赖电子证据。二是电子证据多以内容信息的形式呈现，很少涉及属性信息、痕迹信息。三是电子证据多以转化的形式使用，如转化为公证书、鉴定意见书等证据。四是电子证据的运用是一种对抗过程，能否掌握对抗性技巧是关键。五是新型案件中电子证据需求大量提升。在网络纠纷案件特别是互联网法院审理的案件中，电子证据扮演着举足轻重的角色。基于前述特点，在电子证据的举证过程中强化对抗性要求，对诉讼双方来说就显得十分重要和必要。

如果诉讼双方（主要是举证方）具有良好的对抗举证意识，并能运用高超的对抗举证技能，遵循基本的对抗举证规则，则能极大地发挥电子证据作为复合型证据的优势，产生良好的举证效果。此即电子证据的对抗式举证规律。民事诉讼如此，刑事诉讼亦然，只不过不同诉讼程序中对抗的技巧各有侧重。下面从一起不正当竞争案件的起诉谈起。

【案例 22－1】

A 诉 B 侵犯商业秘密的不正当竞争案①

【基本案情】

A 和 B 是两家有着竞争关系的行业内大公司。一段时间以来，A 公司发现自己莫名其妙地处于竞争下风，重要客户流失、投标落空、商业秘密泄露、利润下滑，业务骨干纷纷辞职……A 公司开展初步调查发现，导致这一切的原因可能是 B 公司采取了不正当竞争的手段，并获取了部分证据。证据之一：A 公司的业务骨干辞职后，基本上都跳槽到了 B 公司。证据之二：A 公司的跳槽员工存在着通过电子邮件泄密的现象，如在公司的服务器上发现了有关员工涉嫌泄密的电子邮件。

在进入诉讼程序前，A 公司的美国母公司派人力资源总监带人突然接管了 A 公司，接收了 20 多名员工的办公电脑，包括 A 公司给一名技术高管（事后证实其已为 B 公司提供服务）配置的办公电脑。查扣电子设备后，A 公司委托美国和中国香港地区的法证机构对电脑进行检验，境外法证专家搜索到相关电子证据，主要是几封电子邮件。有的邮件内容反映出 A 公司部分员工与 B 公司存在内外勾连情形，有的邮件内容反映出 B 公司存在不正当竞争的具体事实。在这种情况下，A 公司在中国某个中级人民法院提起了反不正当竞争的民事诉讼，主要法律依据是《反不正当竞争法》第 2 条。

本案中 A 公司获取的电子证据不仅量少，而且面临着是否有证据资格的问题。我国法律要求鉴定人需要有主管部门颁发的鉴定资质才能执业，美国和中国香港地区的专家证人并不符合此要求。A 公司委托美国和中国香港地区的法证专家检验获得的电子证据能否在中国法庭上作为证据使用，就是一个问题。换言之，境外法证机构出具的电子证据鉴定报告如何在中国法庭上具有合法性？此外，本案的证据明显短缺，A 公司该如何说服法官？

【案件评析】

笔者接受该案证据问题的咨询委托后，给出的第一个专业建议是：为保证美国和中国香港地区法证专家出具“报告”的合法效力，不宜将其作为中国法律意义上的鉴定意见提交，但可将之作为当事人“自行”取证获得的证据提交。这样一来，美国和中国香港地区的法证专家所起到的作用，就是协助当事人获取证据（主要是制作镜像），这个报告可以改名为“电子证据的获取报告”，不再作为“鉴定意见书”呈交。

回过头来看，当时建议以转化型证据的形式进行举证，就是一种典型的对抗式举证。这里用到了“超前对抗”的思维，主要是考虑到将“报告”作为证据提交

① 改编自我、谢君泽、胡忞、戴士剑等办理的一起知识产权纠纷案件。

后，可能会遭遇对方当事人提出的“证据形式不合法”之抗辩。这里的“转化”，实质上规避了“鉴定人”主体资格问题，也符合案件收集证据的实际情况。在征求主办该案的两位美国律师意见后，我出具了一份将境外法证机构出具的所有“报告”均转化为当事人“自行”取证等证据形式的专业意见。主要内容如下。

（1）论证要求。在中国，“证据的运用包括证据资格（可采性）与证明力两个方面。前者是指什么样的证据可以进入法庭，后者是指被法庭采纳的证据能否证明案件事实。根据委托协议，本专业意见主要考虑了如何保证有关电子证据的可采性，同时兼顾考虑如何提高有关电子证据的证明力”。

（2）本案中电子证据分类。“以地域为标准，电子证据可分为域内获取的电子证据与域外获取的电子证据；以来源为标准，可分为来自本方计算机系统的电子证据、来自对方计算机系统的电子证据和来自第三方计算机系统的电子证据；以格式为标准，可分为直接可见的电子证据与由技术恢复得来的电子证据。遵照这一思路，本案中现在涉及的电子证据可以简单归类（见图22-1）。对于以上各种电子证据，要分门别类地提取和提交。”

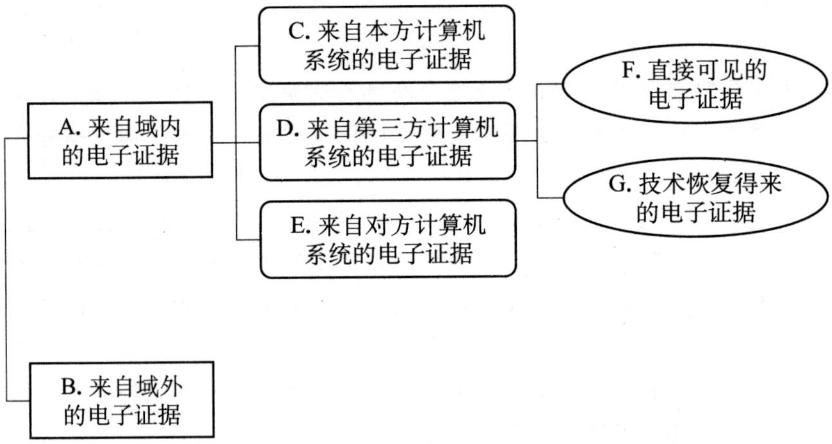

图22-1

（3）本案中具体转化方案。首先，对于无须通过技术手段而直接可见的电子邮件证据，建议以电子邮件的形式直接提交法庭，或者通过传唤证人出庭作证、申请公证、申请庭上勘验等方式，对电子邮件进行说明；其次，对于通过技术手段恢复得来的电子证据，建议申请国内鉴定机构重新进行鉴定；再次，对于在第三方服务器可以调取的电子邮件证据，建议申请法院依职权调查或保全；最后，也是最特别的是，针对法庭上有可能出现难以控制的举证不利情况，建议聘请“有专门知识的人员”出庭协助。综上，这样的“转化”建议在很大程度上化解了有关电子证据的合法性问题。

证据短缺也是本案面临的一大难题。A公司指控B公司不正当竞争，仅靠劳动合同等传统证据还不够，加上“几份电子证据”，显然也不够。A公司提交的证据，必须能够证明B公司究竟做过什么，涉及哪些人或事，以及造成了什么后果。我们的经验是，如果在电脑硬盘中能够找到“几份电子证据”，那就有可能挖掘出更多的电子证据。现在在硬盘中找到的电子证据很少，很可能是美国和中国香港地区的法证专家遵循按部就班的思路获取的，而且他们不懂中文、简体中文，可能疏忽了很多重要的简体中文版本的电子证据。

我给出的第二个专业建议是：将涉案硬盘或其镜像盘交给我们检查。得到同意后，我们按照国内专家的调查思路，主要是结合案情提出调查假设的思路，一块硬盘、一块硬盘的检查。基本的思路是：第一步，分析所查硬盘是否为原始硬盘，行为人是否做了处理。如果没有对硬盘做处理，则可重点搜索完整的涉案文件。此时可将全部文件按时间排序，通过关键词或其他搜索方式查找涉案文件。如果有对硬盘做处理，则重点搜索文件碎片。第二步，确定可执行的搜索方案，包括先找核心关键词、再扩大延展至关键词等（见图22－2）。比如对A公司那位技术高管的办公用硬盘，可以从B公司成立后的几个招标项目入手分析，可以搜索有关项目的名称，可以搜索B公司的法定代表人手机号、身份证号等信息，可以搜索其隐藏、加密的文件，可以核查该技术高管在重点项目进行期间的行踪轨迹，可以梳理其社会关系网，等等。这里使用了前一章所讲的电子取证技战法。本案在戴士剑老师、谢君泽同学、胡忞同学和我的努力下，很快重新检验完了涉案的20多块硬盘，找到了大量新的涉案电子证据。“斯亦披沙拣金，往往见宝”，正是通过层层抽丝剥茧，环环缜密检查，我们得以获取大量新证据。

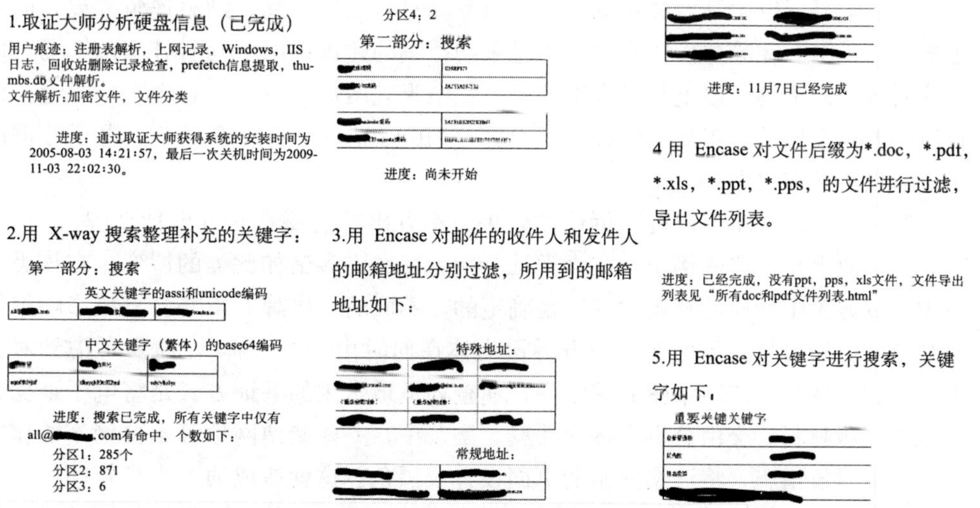

图22－2

接下来的任务是，如何在法庭上有效地举证。此时，经过当事人申请和法庭同意，我参与该案的身份也调整为出庭律师。这样就能够在庭上亲自“演绎”对抗式举证，直接展示其魅力。

二、对抗性举证的原理

电子证据的举证是指向法庭提交或开示电子证据的行为。电子证据的举证模式包括英美法系的对抗式诉讼模式、大陆法系的审问式诉讼模式、日本的混合式诉讼模式。党的十八届四中全会通过的《中共中央关于全面推进依法治国若干重大问题的决定》要求："推进以审判为中心的诉讼制度改革，确保侦查、审查起诉的案件事实证据经得起法律的检验。全面贯彻证据裁判原则……完善证人、鉴定人出庭制度，保证庭审在查明事实、认定证据、保护诉权、公正裁判中发挥决定性作用。"推进以审判为中心的诉讼制度改革，已经成为一种政策方针。审判中心主义又必然要求庭审实质化。对抗式诉讼承载着庭审实质化的重任。这就要求庭审中应加强电子证据举证的对抗性，从对抗的理念、技能、招式等各方面作出调整。

电子证据的对抗式举证是指举证方将已方掌握的电子证据，以一种对抗式的技巧提交，以增加本方举证的效果和对方质证的压力。这一原理建基于对抗式庭审构造之上。"田忌赛马"的故事对理解该原理很有助益。战国时期，齐威王和大将田忌赛马，根据马跑的速度双方各有上、中、下三种等级马各一匹，其中田忌的马比同一等级齐王的马跑得慢，但比齐王低一级的马跑得快。比赛规则为双方比赛三局，每局比赛各出一匹马，负者向胜者支付一千金。在第一次比赛中，田忌以上马对齐王的上马，以中马对齐王的中马，以下马对齐王的下马，结果连负三局，向齐王支付三千金。在第二次比赛中，田忌采纳孙膑的建议，以下马对齐王的上马，以中马对齐王的下马，以上马对齐王的中马，结果胜两局负一局，赢齐王一千金，而自以为胜券在握的齐王反而输掉一千金。① "田忌赛马"的故事可带给电子证据的举证方以下两点启发。

第一，举证策略可以提高诉讼的效果。本方出牌前要看对方出什么牌。"田忌赛马"的故事是经典的例子。在人类社会中，存在许多诸如此类的博弈。在该类竞争中，双方手中所握的初始"牌"是确定的，不同的"出牌"策略会直接影响结果的胜负。诉讼也是一场博弈，一方诉讼主体在何时出什么"牌"，需要考虑到对方出什么牌。例如，在网络犯罪司法中，侦查人员最常用的举证方式是将电子证据打印成纸质版材料，交由公诉人提交法庭。实践中，一些赌博网站等不良网站的作案人会采取对抗措施，将涉案网站的页面设置成黑色。这就造成侦查人员打印完一个网站页面，就把打印机硒鼓打印得没墨了。这种情况下，侦查人员必须调整可行的举证方式。这是对抗式举证的小例子。从举证对抗的宏观大局入手，举证方亦应预先制订举证策略，以期在司法场域的博弈中胜出。

① 尹向飞，陈柳钦．对"田忌赛马"类博弈的探讨．工业技术经济，2006（10）．

第二，电子证据出现后，天然地强化了举证中的对抗性色彩。传统证据看过去一目了然，只要提交即可，没有太多的技巧可言。但电子证据除了自身内容信息以外，还蕴含着丰富的潜在信息，如属性信息、痕迹信息等。后者可以被称为举证方的“武器库”。田忌赛马的故事中，田忌和齐威王都有三匹马可用。如果双方都只有一匹马，那么对抗性也就不强。电子证据不是孤立的本体证据，其背后往往附随有一批相关联的证据。这样诉讼双方就相当于有了“多匹马”。举证方根据诉讼策略选择不同的举证方式，会带来不同的诉讼效果。

再回到【案例 22-1】，该案中进行电子证据对抗式举证，在准备阶段的工作核心是对电子证据与传统证据进行归类组合（见图 22-3），确保举证时有的放矢。我们对有关证据按照案件事实要件，进行归纳整理，并以电子证据为主构建了大事表，清楚地揭示了 B 公司不正当竞争的行为细节。应该说，到这一步，就可以有效开展对抗式举证。

证····据····目····录

证据名称	简要内容	证··明··事··实	文件存储位置	附件编号
第····1····组····证····据（2007 年上半年）				
[redacted]撰写的邮件内容初稿	[redacted]撰写了涉及[redacted]公司并购的邮件内容	[redacted]使用[redacted]yahoo.com 邮箱给杂志编辑透露有关[redacted]公司并购的相关信息。	[redacted]的笔记本电脑（镜像盘编号为 0911-06）第三分区：\Dear Editor.doc	1106-4-1
[redacted]将上述内容发给某杂志编辑	[redacted]使用[redacted]oo.com 邮箱将上述邮件内容发给某杂志编辑		[redacted]的笔记本电脑（镜像盘编号为 0911-06）第二分区：第 18791739 扇区（共 28338597 扇区）	1106-4-2
[redacted]两次发信给某杂志编辑	[redacted]再次发信给某杂志编辑透露[redacted]公司并购事宜		[redacted]的笔记本电脑（镜像盘编号为 0911-06）第二分区：第 18791528 扇区（共 28338597 扇区）	1106-4-3
[redacted]收到某杂志编辑的回邮	[redacted]收到某杂志编辑的回邮		[redacted]的笔记本电脑（镜像盘编号为 0911-06）第二分区：\RECYCLER\S-1-5-21-1078081533-789336058-839522115-1003\Dd175\未命名I.JPG	1106-4-4
第···2···组···证···据（2007 年 8 月 21 日）				

图 22-3

三、招式一：体系化举证

电子证据可以自己讲故事，举证方要选择最有效的证据组合，进行体系化举证，这符合“整体主义”司法证明模式的逻辑要求。以域外“整体主义”证明模式之下的“故事模型”为例，在受到证据指引的同时，其建构过程中同样影响对证据的评价与描绘，呈现出“故事”与“证据”的双向互动。“故事”不仅建基于涉案证据、经验常识，还遵循关于故事建构本身的知识和方法，借此实现故事模型与裁决类型的契合。① 举证方提交电子证据，原则上宜选择体系化举证方式，不宜以孤证举证。电子证据的体系化举证可构建三层体系：一是电子证据与传统证据组合的体系，二是不同网络节点上、不同介质中电子证据构成的体系，三是数据内容、附属信息与关联痕迹构成的体系。

在【案例 22 - 1】A 诉 B 侵犯商业秘密的不正当竞争案中，戴士剑老师协助举证时，曾就案件中一份 PDF 版本合同的流转绘制了一张流程图（见图 22 - 4）。该图表明，在 A 公司的某技术高管电脑中找到的一份 B 公司中标的电子合同，属于物理层的证据。传统的举证方式是打印出纸质材料交给法庭，这样所举的合同复制件之证明力较弱。此时可考虑在网络各层中还能找到何种证据，能否组建证据体系。比如，将该 PDF 版本合同用软件打开，即让该合同在应用层得到呈现；又如，将该 PDF 版本合同在 Windows 操作系统上显示，会出现图标、缩微图片、快捷方式等“痕迹”，还可以用 WinHex 等工具查看十六进制内容，发现隐秘的时间等属性信息等；再如，该 PDF 版本合同是通过网络传送（邮件发送）获得的，因此一定会有电子邮件的发送记录、接收记录与之相关联，还会有对方电脑、邮件服务商的服务器等节点可找到相关的电子邮件版本……总之，将各层中能够收集到的电子证据以及少量的传统证据组合起来，一并提交举证，显然要比仅打印纸质材料作为证据提交，证明效果要好很多。此处将结合【案例 22 - 1】的实际进展，补充说明如何展开电子证据的体系化举证。

1. 第一层体系：电子证据与传统证据相组合

本案中许多要件事实需要将电子证据与传统证据相结合加以证明。先举一个小例子：如何证明所查到的涉案电子邮件来自 A 公司的那位技术高管？一个可行的思路是，找到这名技术高管领用电脑时的记录，看看电脑被领用时登记的内容是什么。假如这名技术高管领取电脑时，对电脑的品牌、序列号、容量等进行了签字确认，则有关电子邮件证据就与传统证据（领用清单）相结合，构成了一个小的证据体系。遗憾的是，由于 A 企业的内部管理问题，该技术高管的领用电脑记录找到后，发现其中无法显示出电脑的个体化识别信息，如品牌、序列号等。怎么办？后来，又核查了该技术高管归还电脑时签字确认的“物品交接单”，幸运的是“物品交接单”注明了其本人的中英文名字、所在部门、电脑品牌、硬盘容量、机身颜色、机身序列号等。该“物品交接单”足以将涉案电脑与该证人（技术高管）关联起来。这就形成了电脑/硬盘、“物品交接单”、取证报告与涉案电子邮件证据构建的证据体系。

这种组合证据的做法旨在建立电子证据与人的关联关系。在其他案件中，一些公司或律师向我咨询：“如何接受员工离职上交的电脑等设备？”我的建议就是要及时制作“合格”的交接物品清单，如“××公司电子设备归还清单”

① 谢澍．迈向“整体主义”——我国刑事司法证明模式之转型逻辑．法制与社会发展，2018（3）．

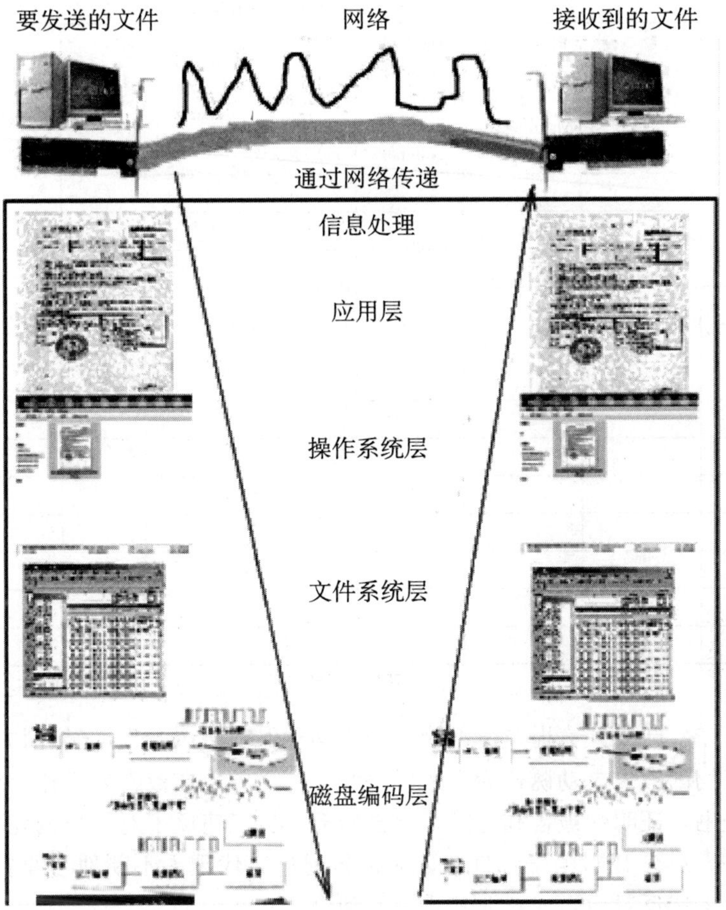

图 22-4

（见图 22-5）。清单中需填写的内容包括：序号，员工姓名，电脑等设备编号，电脑等设备品牌、型号，电脑等设备序列号，硬盘品牌、型号，硬盘序列号，归还时间，签名，备注。有了该清单，就容易形成电子证据与传统证据相组合的体系，就能证明谁是电脑的使用者或所有者。在这个表格中，最重要的是序列号。有人会提出疑问，对于U盘等没有序列号的设备，怎么接收？这种情况下可以像侦查机关对待赃款赃物一样对电子设备进行拍照，并交由电脑使用者或所有者签字确认，形成笔录。

下面再列举一个相对复杂的例子。在本案中，原告需要证明被告以不正当手段促使原告员工违反竞业禁止义务，或投资或受聘于B公司。为证明这一事实，构建的证据体系如下：（1）证人证言，证明至少有超过15名员工在离开原告后，在被告高薪或较高职位等的利诱下，直接受聘于B公司，或参加到B公司经营中（证人××将会出庭作证）。有人会问：为什么会有这样的证人证言？因为A公司也有一些员工曾经受到B公司的引诱，但没有选择背叛。这些人可以作为证人证明确实有

____________公司电子设备归还清单

序号 (No.)	员工姓名 (Employee's Name)	电脑等设备编号 (Computer's asset number)	电脑等设备品牌、型号 (Computer's Manufacturer and Model)	电脑等设备序列号 (Computer's Serial Number)	硬盘品牌、型号 (Media's Manufacturer and Model)	硬盘序列号 (Media's Serial Number)	归还时间 (Date of Return)	签名 (Signature)	备注 (Remarks)

图 22－5

引诱行为。(2) 证人证言提及员工的劳动合同、保密协议及发明转让协议，用以证明这些员工均因被告之劝诱行为，违反竞业禁止义务，在被告处工作。(3) 员工举报信及公证书，证明受被告利诱后，原告的部分员工违反了对原告的竞业禁止义务和忠诚义务。(4) 几封电子邮件，证明被告通过其代理人不断地与原告员工接触，引诱原告员工违反对原告的竞业禁止义务和忠诚义务。

2. 第二层体系：不同网络节点、介质中电子证据相组合

许多电子证据是网络证据，网络证据的特点是同一个行为会在网络空间的不同节点、不同介质中留下“痕迹”。例如发送一封邮件，至少会在发信者电脑和邮件服务商服务器，以及收信者电脑和邮件服务商等四个网络节点中，留下同一发送邮件行为的不同邮件“版本”(见图 22－6)。电子邮件如此，网页、短信、微信等网络证据亦然。这就告诉我们，可以将不同节点的电子证据进行组合，构成一个证据体系。

在本案中，使用电子邮件证明主要的案件事实，并说服法官相信 B 公司存在不正当竞争行为，举证方需要将涉案电脑中的重要电子邮件构成一个证据体系。例如，其中有 7 封电子邮件是通过网易 163 邮箱、谷歌 Gmail 邮箱发送的，并涉及抄送到第三方××公司的员工邮箱。我们在起诉之前就申请法院签发调查令，向两家邮件服务商进行调查取证，要求调查案发期间相关邮箱收发邮件的情况；并申请法院签发调查令，向第三方××公司调查案发期间收到转发邮件的情况。调查令的结果是：(1) 谷歌（中国）公司建议向谷歌（美国）公司调证（见图 22－7）；(2) 第

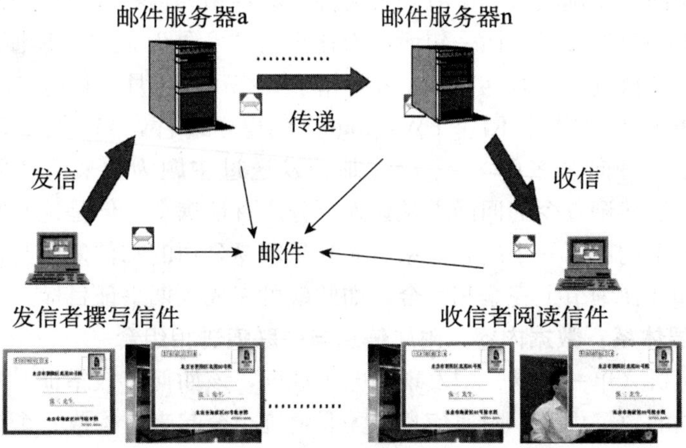

图 22－6

情况说明

致：[redacted]中级人民法院

本公司，即[redacted]信息技术（中国）有限公司，于近日接到贵院签发的（2009）成[redacted]第 460-7 号《调查令》。该《调查令》要求本公司配合调查相关案件涉及的[redacted].com 邮箱信息。就贵院要求提供的信息，本公司回复如下：

[redacted]相关资料由美国[redacted]公司（[redacted] Inc）取得及维护，谷歌信息技术（中国）有限公司无法取得或掌控与[redacted]服务相关之任何数据。鉴此，敬请贵院透过适当法律途径向美国[redacted] inc.公司请求所需资料。

美国[redacted] Inc.公司的联系方式如下：

邮件地址：1600 Amphitheatre Parkway, Mountain View, California, 94043, US

传真电话:+ 1 650-649-2939

电子邮件：lis-global@[redacted].com

特此说明。

[redacted]信息技术（中国）有限公司

2010 年 7 月 2 日

图 22－7

三方××公司回复说确实查到了有相关文件，但将相关资料调档出来准备寄送跟法庭，其间“意外”遗失了（插一句话，为什么会“意外”遗失？你懂的）；（3）网易公司回复：经核查，××@163.com 邮箱于 2007 年 11 月×日向××@××.com 邮箱发送过主题为“FW：RE：FW：logo”的电子邮件，××@163.com 邮箱于 2008 年 11 月×日向××@××.com 邮箱发送过主题为“来访名单”的电子邮件……最终，虽然调查令的回函不是让人百分之百地满意，但是这些来自不同网络节点的电子证据构成了一个组合体系，尤其是网易公司的邮件复函与该员工电脑硬盘中的电子邮件在细节上完全相吻合，如此就可完成预期举证目标。

3. 第三层体系：数据内容、附属信息与关联痕迹相组合

对于在单机（单一电脑）中发现的电子证据，该如何有效举证？本案需要将同一份电子证据的数据内容、附属信息和关联痕迹组合起来，构成一个单机的证据体系。我们首先对涉案的电子证据进行归类（见图 22－8），随后将单机中的电子证据之数据内容、附属信息和关联痕迹相组合。如其中一份关于隐名投资的 Excel 表格，我们找到了“Windows 注册表的 NTUSER.DAT 文件”“C 盘的回收站 info2 文件”“分页文件的缓存记录”“USB 设备使用记录文件”等与之关联。这一证据组合能够表明 Excel 表格的部分形成过程。通过体系化举证，既可以让对方难以辩驳，又能使法官产生内心确信。体系化举证不失为电子证据的对抗式举证之良策。

附件1　电子证据归类列表

载体名称	载体镜像生成时间	分类	证据编号	证据名称	属性及分类										
					按来源分			按内容、作用分			按产生机理分			按系统环境分	
					来自本方的电子证据	来自对方的电子证据	来自第三方的电子证据	数据电文证据	附属信息证据	系统信息证据	自动生成的电子证据	人工输入的电子证据	混合而成的电子证据	来自单机的电子证据	来自网络的电子证据
		邮件	016-7-1	[redacted]		√	√（引用原信息）	√（主）		√			√	√	
			016-7-2	[redacted]		√	√	√（主）		√			√	√	
			016-8-1	[redacted]		√（路由信息）	√（主）	√（主）	√（路由信息-附	√（客户端软件）			√		√
			016-8-2	[redacted]			√	√（主）	√	√			√		√
			016-8-3	[redacted]		√	√（引用原信息）	√（主）		√			√	√	
			016-5-1	[redacted]		√		√（主）		√			√	√	
			016-5-2	[redacted]		√		√（主）	√	√			√		√
			016-5-3	[redacted]		√		√（主）		√			√	√	
			016-6	[redacted]		√		√（主）		√			√	√	
			016-1-1	[redacted]				√（主）	√（时间）	√（版本）			√		
			016-1-2	[redacted]		√			√		√			√	

图 22－8

四、招式二：解读式示证

英国法庭科学委员会认为，电子证据的专家能力应该分为三个层次：基本的数据恢复和检索能力、分析能力和解读数据的能力。其中，解读数据的能力是电子数据专家能力的最高层次。[①] 电子证据的举证必须解决电子证据的“专门性”问题。简言之，电子证据的数据内容部分是一般人能够理解的，但是附属信息部分、关联痕迹部分是一般人不能搞懂的。这就需要解读数据，需由有专门知识的人介入其中，给所举的电子证据提供“说明”。这种“说明”通常表现为“解读意见”，其虽不能直接作为证据使用，但能够协助法官理解电子证据、形成心证。通过解读式示证，可以达到“对抗式举证”之目的。

此处将结合【案例 22－1】，阐释如何组织电子证据的解读式示证。这个“招式”可具体分解为两种。第一种是对单个电子证据加以解读。例如，就××发给××的一封电子邮件而言，我们描述了该电子邮件的来源硬盘、存储位置、邮件头信息、发件人、收件人、抄送人、发送时间及时区、邮件主题、邮件正文等信息，在此基础上，得出解读意见——“××年×月×日××跟××约见面讨论合作”，最终以此为依据，制作了“关于××发给××的电子邮件的解读意见”。

如果有关联邮件或其他文件，就要进行第二种解读，即对一组电子证据加以解读。比如，对第 2 组证据进行关联分析后，我们给出的解读意见是：“这些文件共同证明了××曾在电脑中对商业计划简介文件进行打开、复制、修改、删除等操作，而该文件的主要内容是关于投资和运营 B 公司的商业计划。”本案一共解读了 21 组证据。这样做的目的乃是通过讲故事的方式，告诉法官发生了何事。这种“解读”的效果，不是让裁判者在判决书中直接将之为证据采信，而是要实质性地影响法官心证。

从实践来看，解读式示证具有重要意义。在很多案件中，法官不懂电子证据，公诉人、诉讼代理人等对电子证据的解读也是含混其词，颇有“以其昏昏、使人昭昭”之嫌。两高一部在《电子数据规定》第 19 条规定：“对侵入、非法控制计算机信息系统的程序、工具以及计算机病毒等无法直接展示的电子数据，应当附电子数据属性、功能等情况的说明。对数据统计量、数据同一性等问题，侦查机关应当出具说明。”该法第 21 条规定：“控辩双方向法庭提交的电子数据需要展示的，可以根据电子数据的具体类型，借助多媒体设备出示、播放或者演示。必要时，可以聘请具有专门知识的人进行操作，并就相关技术问题作出说明。”这是从立法上倡导进行电子证据的解读式示证。实践也证明，举证方在举证时对于专业程度越高的电子证据，越有必要进行配套“解读”。

五、招式三：对等性回应

诉讼中举证方提交电子证据可能会遭到对方质疑，此时如何有效回应质疑？如何说服不具备技术背景的法官支持自己？一个简单的技巧是进行对等性回应。对方

① 刘波．电子数据鉴定意见质证难的破解之道．重庆邮电大学学报（社会科学版），2018（1）．

说 A，你就用等于或超过 A 的方式回应。例如，若对方提出的反证是公证书、鉴定意见书，则己方可以再做个公证、鉴定意见书进行回应。概言之，电子证据的对等性回应要求诉讼一方提交的证据，相比于对方提交的证据，应在证明规格上旗鼓相当，在证据效力上更胜一筹。

在【案例 22 - 1】中，被告 B 公司对原告 A 公司提交的电子证据提出了各种质疑。那么，原告该如何进行有效的对等性回应？以该案一份极为重要的电子证据——“邮件列表”为例，该证据是从 A 公司某技术高管的电脑中获取的，能够证明 A 公司某技术高管通过 IE 浏览器软件登录外网邮箱，进入邮箱“收件夹”后能看到“邮件列表”，邮件列表中有 129 封邮件，其中有 36 封邮件被标识为未读。该“邮件列表”强有力地证明了 A 公司技术高管对外收发过“内外勾连”的电子邮件，也揭示了“内外勾连”的时间、联系对象等。但是，对于这样一份电子证据，被告 B 公司从四个方面提出了质疑：一是提出口头质疑；二是聘请专家提出质疑；三是通过公证的方式否定该证据；四是通过庭上演示的方式否定该证据。A 公司对 B 公司的质疑作出了对等性回应。

1. 以口头方式“怼”口头质疑。从上文的图片可以看出，该收件夹的“邮件列表”除了各种电子邮件的目录外，还有两个广告条，叫做“商讯”。B 公司律师发现，该“邮件列表”打印件显示的“商讯”时间为 2012 年×月×日×时×分。(见图 22 - 9)① 于是，B 公司律师在法庭就对“邮件列表”中“商讯”时间提出了质疑，认为“商讯”反映的时间与邮件的时间存在明显矛盾。其潜台词是该“邮件列表”文件明显涉嫌造假。对此，我在法庭上当即作出了口头回应：“邮件列表”中“商讯”是一个广告条目，是一个动态的 JAVA 文件。只要打印该“邮件列表”时不禁用这个控件，打印出来的一定是打开该文件的时间。因为“商讯”条目要做广告，它需要把每次打开该文件的时间当成做广告的机会。其实，我们在准备举证材料时就注意到了这个问题，当时本方有律师建议打印出来“邮件列表”后，再把“商讯”条目的时间信息遮住复印一遍。我没有同意这样做。我认为，该是什么就是什么，如果涂掉时间信息就属于造假。在法庭上遇到质疑，如实解释就可以了，大不了再做个演示。

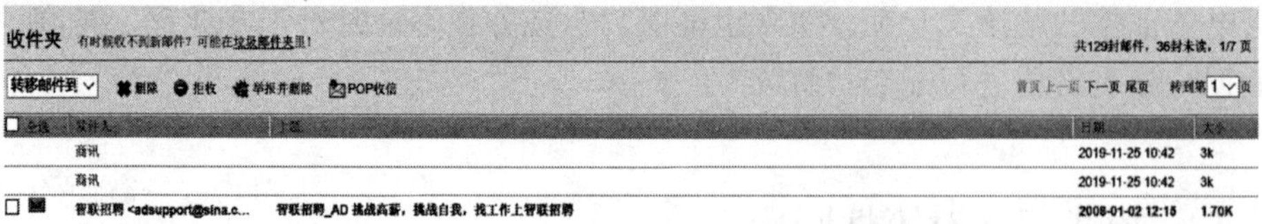

图 22 - 9

① 现在显示的是 2019 - 11 - 25 10：42，这是我最近做讲课 PPT 时的截图时间。与当时提交法庭的情况并不一样。

2. 以专家证据“怼”专家质疑。在本案中，B公司曾经委托电子科技大学计算机学院的专家教授出具了一份名为“关于‘电脑硬盘’中保存或缓存文件的时间与鉴定问题的咨询意见”。该专家的“意见”说明，“邮件列表”被“缓存”在电脑硬盘中是不可能的；即便“缓存”，其“缓存”的时间也不真实，可能与物理时间不一致；电子证据容易造假，该“邮件列表”可能是造假的，且不好鉴定出来。对于这样一份可能严重影响法官“内心确信”的专家“意见”，我们决定作出对等性回应，找到中国人民大学数据工程与知识工程重点实验室的石文昌教授，也出具了一份专业意见——“关于‘咨询意见’及电子证据真实性鉴定可行性问题的意见”。这份“意见”表明：电子科技大学计算机学院该专家出具的“咨询意见”中涉及两个核心的概念，一个是计算机系统的“时间”概念，另一个是计算机系统中文件“缓存”的概念，该“咨询意见”对这两个概念的相关阐述都存在致命的问题；“关于‘电脑硬盘’中保存或缓存文件的时间与鉴定问题的咨询意见”不能用于否认开展电子证据真实性鉴定的可行性；无论是从技术还是从实践的角度来看，个案中完全可以通过启动鉴定来判断各种电子证据的真伪。后一份的“意见”对于前一份“意见”是一种有效的回击。

3. 以公证方式“怼”公证质疑。B公司律师为了证明“通过IE浏览器上网登录外网（新浪）邮箱，不可能留下‘邮件列表’”，还专门找一家公证机构做了一份录音公证。他在公证处给新浪公司的客服打电话，询问新浪邮箱是否会“缓存”邮件列表。新浪客服回答，电子邮件是隐私文件，因而不会被“缓存”到电脑中去。公证机构对这段录音进行了公证。B公司律师当庭提交这份录音公证，并播放了新浪客服回答的录音光盘。为否定B公司律师提交的录音公证，我们也找到该公证机构（换了一个公证员），同样当面给新浪公司客服打电话，同样询问新浪邮箱是否会“缓存”邮件列表。打了几通电话，接线的是新浪公司不同的客服，发现他们存在三种回答，有的说会“缓存”，有的说不会“缓存”，有的说有可能“缓存”、也有可能不“缓存”。我们相应申请制作了三份录音公证。为何会出现三种不同的回复结果呢？我们内部讨论认为：关于“通过IE浏览器上网登录外网（新浪）邮箱，不可能留下‘邮件列表’”的问题，应该向开发IE浏览器的微软公司询问，而不是向作为邮件服务提供者的新浪公司询问；应该向技术人员询问，而不是向不懂技术的客服询问。为此，我们在法庭上提交了相反的录音公证书，并指出“本案的邮件列表是否被缓存与新浪公司无关、与微软公司有关”，“被告应当向微软公司提问，向懂得缓存技术的技术人员提问”，“IE浏览器具有‘缓存’上网临时文件的功能，至于会‘缓存’多少上网临时文件取决于电脑中IE浏览器的具体设置”。我们还查找了关于IE浏览器会“缓存”上网记录的相关材料，提交给法庭（见图22-10）。

4. 以庭上演示“怼”庭上演示质疑。该案中，B公司律师做了很充分的准备，在庭上演示了通过IE浏览器上网登录自己的新浪邮箱，不会出现缓存“邮件列表”文件的现象。对于这一点，我们也事先做了准备，主要是反复通过不同的IE浏览

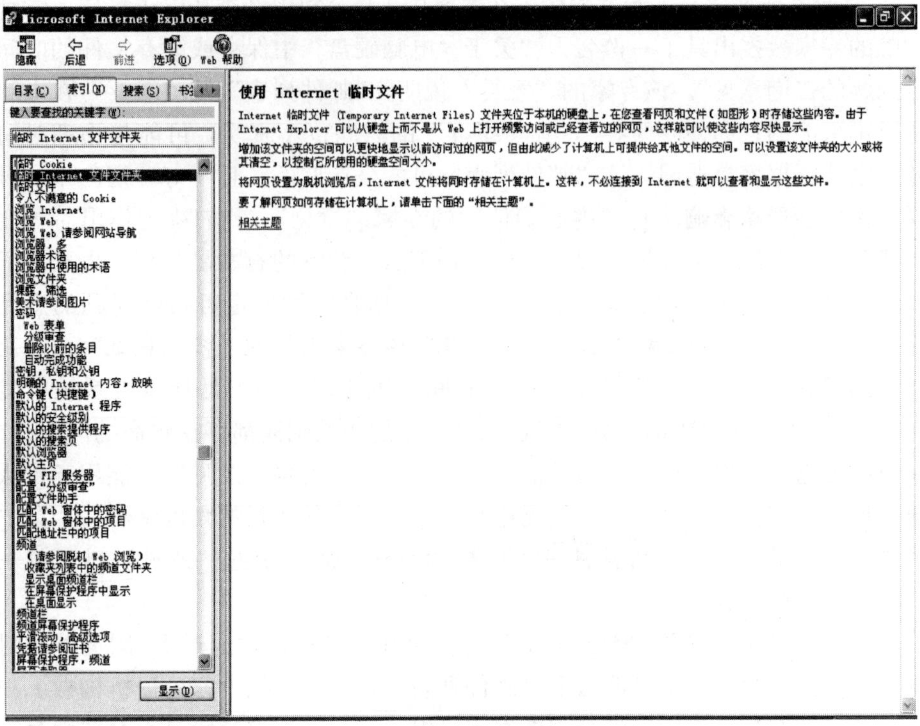

图 22－10

器版本做测试，登录新浪邮箱，看看是否会“缓存”。实验表明，使用不同IE浏览器版本登录新浪邮箱，都会有“缓存”现象，当然“缓存”文件有多有少；如果使用案件中的IE浏览器版本登录新浪邮箱，“缓存”文件比较多，包括“邮件列表”这样的文件。在有十足把握的情况下，我们也向法庭请求做演示，法庭表示同意。做演示前，我们问被告律师：“如果我们演示，通过IE浏览器上网登录新浪邮箱出现缓存‘邮件列表’文件，那你怎么办?”被告律师被激将了，脱口而出“那我们就认可这份证据”。我们问：“用你的电脑做演示，还是我的电脑?”被告律师要求用他的电脑做演示。我们说：“那也可以，但你电脑装的IE浏览器版本与涉案的IE浏览器是不是一个版本。”被告律师核查后说，他的电脑IE浏览器版本与涉案IE浏览器版本不同。我们说，那可以用书记员的电脑。但书记员电脑的IE浏览器版本也不对。于是，法庭同意我们就用自己的电脑做，做完后给对方反驳的机会。最终，我们用与案件相同的IE浏览器版本做演示：第一步，打开IE浏览器的“Temporary”文件夹，全面清除各种临时文件；第二步，拨号联网，登录新浪邮箱，打开一份邮件，打开该邮件的附件，之后断网下线；第三步，再打开IE浏览器的“Temporary”文件夹（见图22－11），发现有很多刚才“缓存”的临时文件，包括完全类似于案件中争议的“邮件列表”文件。这一次成功的庭上演示是有准备之战，极大地消减了对方律师的气势。

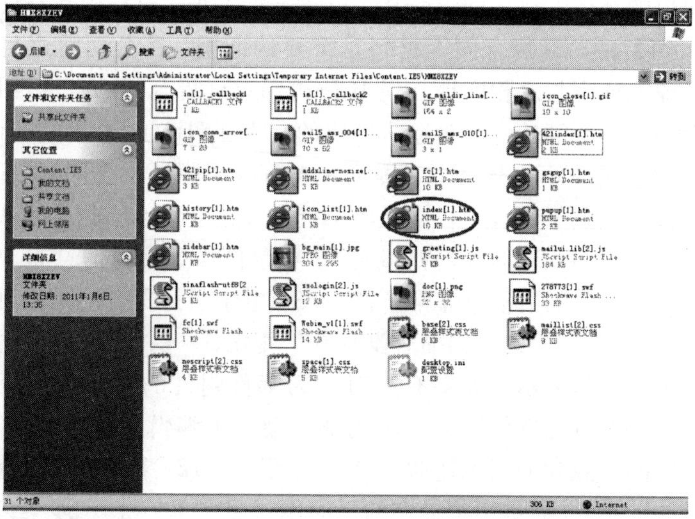

图 22－11（问：此图在这里要表明什么?）

六、招式四：递进式补证

实践中搜集的电子证据往往数量庞大，诉讼中是否有必要将之一次性全部提交？我的经验是没必要。一方面，证明己方诉讼主张，可能根本用不了那么多的电子证据；另一方面，适当保留电子证据，有助于以一种迂回的方式，一步步摧毁对方的质疑。假如收集到多份电子证据，通常提交必需的一半以下的电子证据即可，留下一部分用于回应对方质疑。对方反驳什么，己方可以用留下或新增的电子证据，及时作出补证。如此展开“拉锯战”，反复几次，就可冲破或消除对方的质疑。此即递进式补证。

需要指出的是，电子证据的递进式补证旨在获得良好的举证效果，并非是搞证据突袭。证据突袭是指诉讼一方在举证期限内未进行举证或未完全举证，等到庭审程序进行时突然出示证据，使诉讼对方措手不及。《民事诉讼法》第 65 条规定：“当事人对自己提出的主张应当及时提供证据。人民法院根据当事人的主张和案件审理情况，确定当事人应当提供的证据及其期限。当事人在该期限内提供证据确有困难的，可以向人民法院申请延长期限，人民法院根据当事人的申请适当延长。当事人逾期提供证据的，人民法院应当责令其说明理由；拒不说明理由或者理由不成立的，人民法院根据不同情形可以不予采纳该证据，或者采纳该证据但予以训诫、罚款。”这表明对于逾期提供的证据，法院可以采纳，也可以宣告证据失权。我国法律关于证据突袭的立法宗旨，乃是在确保诉讼效率的基础上追求事实真相，对于某些对查明案情有重要作用的证据，即便发生“证据突袭”，也不会被排除。电子证据的递进式补证与之完全不是一回事。此处结合【案例 22－1】再行展开。

一种是简单的补证方法，即限于某一电子证据本身，进行内在补证。

【案例22－1】中，订货合同等材料是重要的证据。A公司将之打印提交到法庭，并收集了证人证言与之相印证。但B公司仍对订货合同的真实性提出了质疑，认为其是由Photoshop等软件编辑造假形成的。为证明该证据的真实性，我们进行了补证。补证的方式是通过WinHex等工具查看电子版订货合同背后隐藏的信息，揭示出如下事实：该电子版订货合同是由HP ScanJet pls3050扫描生成的，生成图片的时间是2008年3月24日10点23分11秒（图中显示的信息为2008：03：24 10：23：11）……这些细节信息非常丰富，表明电子版订货合同是由邮件发送者或其他人在2008年扫描形成的，扫描后没有发生变化。

我们还当庭向法官展示，如果有人对作为邮件附件的电子版订货合同进行编辑，如通过Photoshop等软件进行编辑的话，会产生编辑软件、编辑时间等信息，这些"修改过"的信息就能揭示造假问题（见图22－12：Photoshop等软件修改扫描图片的文件头信息）。而本案中提交的是原图（见图22－13：涉案订货合同电子版的文件头信息），根本不存在这样的疑点。这里使用的就是内在补证法，佐证了涉案电子版订货合同是2008年扫描形成的，符合原始扫描的特点、而非软件编辑的特点，且与邮件发送的记录相一致。

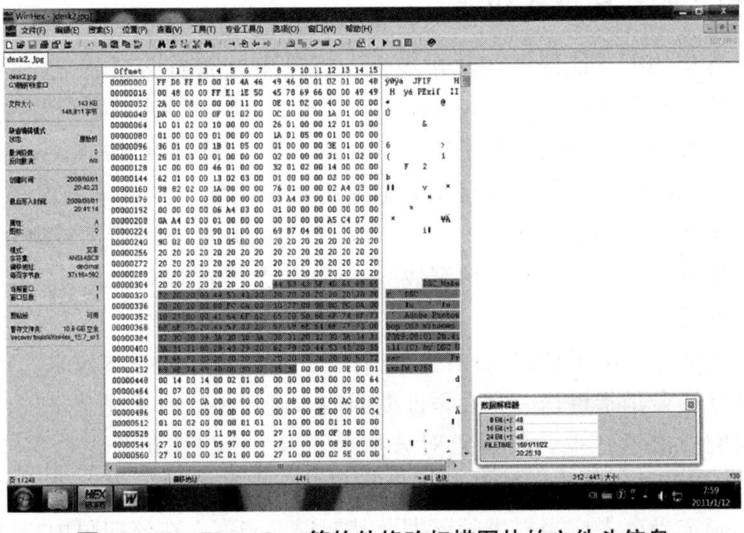

图22－12　Photoshop等软件修改扫描图片的文件头信息

另一种是复杂的补证方法，是针对反驳方的质疑去寻找外在证据，进行多轮补证。

本案当时有一个插曲。B公司律师在一次开庭时提交了一份书面证言，即A公司那位技术高管签字的材料——"关于所谓电子证据鉴定的质疑"。在这一书面证言中，该技术高管声称：自己的电脑在2008年12月3日就已丢失，并且当时向公安机关报案了电脑失窃情况，直到今天也没有任何单位正式通知电脑去向问题。×

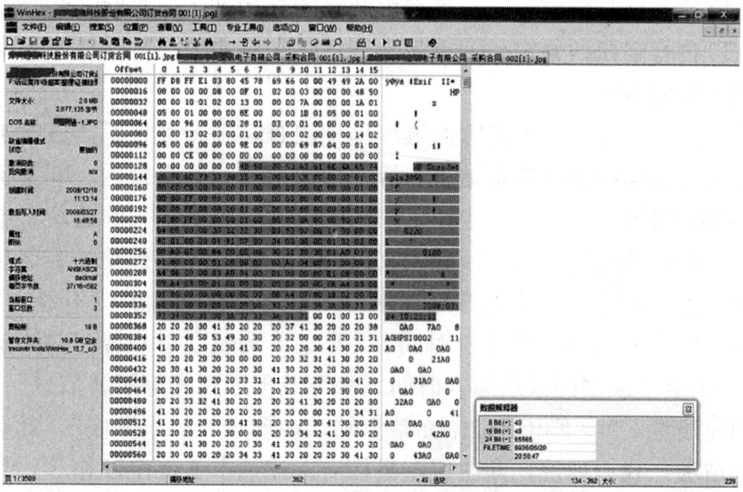

图 22－13　涉案订货合同电子版的文件头信息

×律师事务所（指原告律师的事务所）提交他的电脑硬盘去鉴定，难道是该律所盗窃了他的电脑？并且××律师事务所委托鉴定的时间是 2010 年 9 月 3 日，电脑的保管情况不明，很可能有人改写了电脑数据，存在伪造数据的情形……被告律师企图通过这份证言，否定找到大量证据的那台电脑是 A 公司那位技术高管的，进而否定从中所发现的涉案电子证据之真实性、关联性等。

为回应这一质疑，我们需要进行补证。首先，我们对该电脑硬盘（镜像盘）进行了补充分析检验，发现照片文件夹有大量图片，还发现了电脑使用者的好友名单、常用邮箱、QQ 号等信息。我们特别截取了该电脑使用者登录网络报销系统的界面，表明电脑使用者曾登录过 A 公司网络报销系统，留下了登录的账号。我们将初步补证发现的这些材料，提交法庭。不过，B 公司律师依然不认可初步补证的结果。

我们决定第二次补证。《孙子兵法》云："谋定而后动，知止而有得"。为了不打无准备之战，我们提前商请××电子数据司法鉴定中心对该电脑硬盘进行专业鉴定。该鉴定机构出具了一份非常完整的鉴定意见。列举其意见表述的部分内容如下：(1) 涉案硬盘的使用者为"××"，具有以下特征"使用××@sina. com 的电子邮箱""拥有署名的下列文件""拥有卡号末四位为××××的××银行信用卡"等；涉案硬盘的最后写入时间为 2008 年 12 月 19 日 13：09：15；涉案硬盘中主题为"××银行网上个人银行专业版通知"的电子邮件，位于该硬盘分区的 16 726 387 簇；涉案文档"××. ppt"系该计算机系统正常生成，自 2008 年 12 月 3 日 12：28：02 之后未发生任何改变……值得一提的是，该鉴定机构还用时间柱状图制作了几份关键性电子证据在整个硬盘中形成的时间顺序，非常直观，一目了然。

对于这份补证的鉴定意见书，B 公司律师依然不认可。当然，我们也没有做这种奢望。我们考虑，这是一份自行委托形成的鉴定意见，其价值就是要让法官听明白，影响法官的心证。应该说，在该案中此目的是达到了。当时，法官指示说，既然被告不认可自行委托的鉴定，那就下次开庭组织鉴定吧。被告律师当时表示同意由法庭组织中立的鉴定。

我们担心被告会在启动鉴定方面继续施加刁难，于是进行了第三次补证。我们需要明确提出什么样的具体鉴定请求、提出建议选择的鉴定机构、准备鉴定检材及提供其他必要的协助。当时我们走访了国内的许多鉴定机构，沟通关于电子证据真实性鉴定的可能性及现实方案。摸底回来后，我们对前述自行委托鉴定时所提的鉴定请求进行了进一步完善，明确鉴定请求为“鉴定涉案硬盘的使用者信息”“鉴定涉案硬盘的最后写入时间、开关机时间”“鉴定涉案硬盘中是否存在涉案的电子证据”“鉴定涉案电子证据的最后写入时间、来源及形成过程等附属信息”“鉴定涉案电子证据的完整性”“涉案电子证据在整个硬盘中形成的时间顺序”。这是一个相对完整的鉴定请求。我们理解，即使鉴定机构对上述请求不能全部作答，其作出的部分回答也足以得出对原告相对有利的结果。这是当下国内鉴定机构对电子证据真实性鉴定做得不好的情况下，我们提出的一种谨慎方案。同时，我们还收集整理了相关的文献。可见，我们不敢贸然提出鉴定请求，那等于将证据采信的结果随便交给某一家鉴定机构决定。

再次开庭时，法官询问了我方的鉴定申请方案，并询问被告律师的意见。没想到被告律师推翻了其之前做出的“同意”启动鉴定的意见，理由是据他们了解现阶段电子证据的真实性鉴定“根本就做不了”，“是一个国际难题”。我们随即将收集的文献资料当作第四次补证材料予以提交，以反驳对方关于证明电子证据真实性鉴定之不可能的观点。这些材料包括：（1）学术论文《电子邮件真伪鉴定初探》，其中分析了电子邮件的伪造形式，提出了鉴定电子邮件真伪的主要思路。[①]（2）学术论文《篡改 Microsoft Office 办公文件的实验研究》，其中表明篡改计算机文件并非易事，从可疑文件、临时文件、旧版本文件属性入手分析是否存在反常现象，再将文件相关联进行系统分析，经过综合评断，可以判断 Office 文件的真实性。[②]（3）学术论文《电子物证溯源性研究》，其中认为，虽然造假者力图修改多种信息来尽量使应用程序、关键文件、操作系统等各种痕迹保持一致，但非正常操作与正常操作不一样就是不一样，再完美的造假也不可能完全不留下造假痕迹。通过分析各种操作痕迹，可以判断出硬盘是否受到过污染。受到污染时，甚至有可能追溯到“造假”的计算机。[③]（4）相关案例材料。如北京市公安局原网监处处长于兵案件的公开材料，表明于兵制造假电子证据的情况也被鉴定出来。此外，还找了许多书籍、其他案例等“外围”书面材料，支撑证明电子证据真实性是可能被鉴定的。

之后，我们又专门针对本案电子证据，制作了一份名为“电子证据真伪及其鉴

① 廖根为．电子邮件真伪鉴定初探．犯罪研究，2009（3）．

② 陈晓红，等．篡改 Microsoft Office 办公文件的实验研究．证据科学，2009（3）．

③ 戴士剑，等．电子物证溯源性研究．信息网络安全，2010（11）．

定回答列表”的书面意见（见图 22－14），向法庭补充提交。该书面意见主要回答了法庭关注的“电子证据能否被伪造和变造”“为什么电子证据被伪造和变造是可以被发现的”“本案电子证据涉及真实性的具体情况”三个问题。我们相信，这些“补证”材料对于法庭是有很大影响力的。

附件2　电子证据真伪及其鉴定回答列表

一、原理部分

1、问：电子证据能否被伪造和变造？

答：这需要根据具体的电子证据的类型、内容、产生原理等各个方面综合分析，不可一概而论。然而，任何伪造和变造电子证据，都是可以被发现的。

发现的方法，既可以从内容上入手，也可以从技术上入手；既要考虑技术难度，更要考虑案情。

2、问：为什么电子证据被伪造和变造是可以被发现的？

答：计算机系统是一个紧密结合的多层次的整体结构，任何改动必然留下痕迹。这些造假痕迹主要包括三种：一种是不该存在而存在，二种是该存在而不存在，三种是存在的形态与其他信息形成了矛盾。

计算机系统不是只简单地按照人的指示进行运算，更多的情况下它需要自动进行一些运算（自我需要和执行用户指令的需要）。而这些运算不一定能为人们看到，但确实存在，而且会有记录。出现在某一层次的异常会自发的引起上下层（磁盘编码层、文件系统层、操作系统层、应用层以及网络层）之间的变化。如果想要在某一层强行插入数据而不想引起其他层的变化，就可能导致系统的瘫痪。

因此，像本案中电子证据的数量、信息足够多的情形下，一定能鉴定出证据的真伪。

另外，在本案中，还有另一个特殊的地方需要注意：[redacted]电脑安装的操作系统为正版windows操作系统，显示没有机器的硬件信息无法激活。这既限定了造假的条件，更为鉴别真伪提供了有力保障。

（以下针对具体证据具体说明）

图 22－14

本案之中被告律师虽多次否认涉案电子证据的真实性，但在是否同意组织真实性鉴定问题上前后反复，最终表态是不同意做鉴定。当然，法庭也就没有条件主持启动中立的真实性鉴定，最后判决是认可了涉案电子证据属实。这是根据现有材料进行的、不利于被告方的判断。这就意味着，在涉案电子证据真实性的举证、质证问题上，举证方的“递进式补证”起到了实效，反驳方的空泛质疑是无力的。

七、招式五：反证之逆用

巧妙利用对方提交的证据支持己方诉讼主张，此即“反证之逆用”，这符合对立当事人之间的证据共通原则。证据共通原则，是指在民事诉讼中，受诉法院对某一证据进行调查的结果，不仅可以作为证明申请证据调查的当事人所主张的事实之证据资料，也可以作为证明未申请证据调查的当事人所主张的事实之证据资料，并且不以当事人援引该证据调查的结果为必要。从当事人的角度来看，证据共通原则强调，在民事诉讼中，举证人提出的证据，一旦为受诉法院所调查，其所形成的证据调查的结果不仅可以为举证人自己的利益而利用，也可以为其他当事人的利益而利用。根据证据资料被共通利用的主体范围，证据共通原则细分为两种基本类型：对立当事人间的证据共通原则与共同诉讼人间的证据共通原则。[1] 此处谈到的“反

① 占善刚．民事诉讼中的证据共通原则研究．法学评论，2012（5）．

证之逆用”属于前者。

反证之逆用属于对抗式举证的范畴。物证、书证等传统证据之逆用，在司法实践中屡见不鲜，电子证据之逆用更是大有可为，因为电子证据背后隐藏着丰富的信息。诉讼一方可将对方提供的电子证据与已方证据进行关联分析，挖掘出电子证据用作“反证”的价值。此处将结合【案例22－1】，再展开阐述。

在该案中，如何证明B公司滥用从A公司不当获取的商业秘密，并进行了不正当竞争？这是A公司举证的核心难点之一。在这样一起民事诉讼中，A公司不可能强制取证，而证据短缺会导致难以完成证明任务。当时我们尽可能地进行了“反证之逆用”。比如，核查B公司提供的、有关参与招投标的为数不多的电子邮件，发现其述及内容即参与招投标的项目等信息，正好与A公司找到的往来电子邮件所反映的案件事实是一回事；核查B公司提供的电子邮件附件即招投标法律文书的扫描件，其中反映的经手人姓名、手机号码、办公邮箱、工号等信息，正好与A公司从电脑中找到并提交法庭的B公司“商业年终总结书”所反映的业务员信息相一致；特别是将B公司提供的有关参与招投标的电子邮件及其附件进行分析，发现B公司的绝大多数投标报价都正好比A公司的报价便宜1元，即便是极少数投标报价中B公司与A公司完全一致的，B公司报出的交货日期正好比A公司报出的交货日期少半个月……这样的关联组合越多，就越能证明B公司进行不正当竞争绝非巧合，而是有源自A公司“内鬼”的信息帮助。在本案中，我们能够证明B公司存在不正当竞争行为，最成功的经验就是大量的“反证之逆用”技巧。

八、总结与前瞻

应该说，前述五种招式都是非常典型的对抗式举证。【案例22－1】原本是一起证据相当缺乏、举证难度很大的案件，整个诉讼的战线长达6年，原告的诉讼局面能够逐步扭转，在很大程度上归功于各种对抗式举证方式的灵活使用。此案法庭调查基本结束后，进入了新阶段——法庭辩论阶段。诉讼双方攻防的核心证据问题就集中在原告所举电子证据的真实性方面。在法庭客观上不能组织电子证据真实性鉴定的情况下，我们先后向法庭提交了“关于电子证据真实性的法律意见书”和“关于证明责任和证明标准的法律意见书”。这两份意见书虽不能作为证据使用，但足以强化法官心证。

针对被告律师对原告提交电子证据的真实性全部否定，又拒绝法庭组织司法鉴定的情况，“关于电子证据真实性的法律意见书”从三个方面论述了我方的法律意见：(1) 关于如何认识电子证据的真实性。强调认识电子证据的真实性要遵守理性原则，不能人为拔高电子证据真实性的判断标准；要遵守非歧视原则，不能差别对待电子证据与传统证据的真实性问题；要遵守“两分法”，如果电子证据只有复制件，则比较容易造假，但若是原件，则造假难度很大。（2）关于如何认识本案中电子证据的真实性。强调本案中电子证据非常庞杂，共涉及近百份电子证据，表现形式各异，包括 Word 文件、Excel 文件、PPT 文件、客户端邮件、网页邮件以及休眠文件、日志文件、分页文件、临时文件等。从内容来看，一些电子证据所蕴含的信息是只有对方才知道的信息；从技术来看，有的电子证据属于完全不可造假的证据，有的属于极难造假的证据，还有的属于在一定条件下可能造假、但一旦造假必然会被发现的证据；最重要的是，从印证关系来看，上述电子证据相互之间、电子证据与传统证据之间具有高度的关联性、一致性。（3）关于通过鉴定等技术方法能否判断本案中电子证据的真实性。强调判断电子证据的真实性，无疑是电子证据鉴定的当然任务。我国的相关法律法规、司法案例、鉴定项目均已明确了这一点。综上可见，本案中由原告自行收集的海量电子证据在真实性方面是有着充分保障的，法官完全可以直接或者委托鉴定人尽早作出令人信服的判断。同时也要注意，任何苛求本案中电子证据达到100%意义上的真实性，任何对这些电子证据的真实性及由此带来的真实性鉴定产生过分担心，都是错误的。

针对被告律师声称原告举证不足，错误地要求适用“谁主张，谁举证”原则的情况，“关于证明责任和证明标准的法律意见书”指出：（1）关于如何正确适用民事诉讼的证明责任分配规则，强调我国实行的是由原、被告合理分担证明责任的规则，即：“当事人对自己提出的诉讼请求所依据的事实或者反驳对方诉讼请求所依据的事实，有责任提供证据加以证明。”仅就被告而言，凡是其提出了积极的新主张的，就应当承担证明责任；凡是其针对原告主张事实进行反驳的，在原告承担了初步证明责任的情况下，被告也要承担转移过来的证明责任。在本案中，特别重要的是第二种证明责任分配的情形。（2）关于如何正确适用民事诉讼的证明标准规则，强调我国民事诉讼中实行的是“高度盖然性”的证明标准。这绝不是一种“案件事实100%清楚”的证明标准，也不是“排除合理怀疑”的特别严格的证明标准。在本案中，原告所举的近百份证据（既有传统证据，也有电子证据；既有来自原告的证据，也有来自被告的证据、来自第三方的证据）相互印证，显然已经很充分地证明了被告筹划、引诱或利用原告员工实施不正当竞争行为的案件事实；与之相反，被告只是简单地否认这些行为同被告的关系（即声称这些行为只是同原告员工相关），也只是拿出零散的无效证据。被告对这些证据的真实性表态大多是不认可真实性或者说无法核实，大多是认为无证明力或者说证明力不够等。被告并未提出任何合理的怀疑，更未对原告的任何一份证据提出有力的、具体的质疑。

该案中，原告方的举证故事还有很多。限于篇幅和保密的需要，就不再赘述。令人欣慰的是，在正式官司开打后的第六年，审理法院终于作出一审判决，判决被告的行为构成不正当竞争，“于判决生效之日立即停止涉案不正当竞争行为”。在判决书中，法庭对原告所举的电子证据予以完全采信。法庭指出，“从技术上讲，电子邮件、文档等电子证据有篡改、伪造、删除的可能性。但是，××公司明确有伪造嫌疑的证据仅有一份，即××所使用电脑里存储的邮件列表。对此，庭审中，双方均做了演示……邮件列表是否能自动缓存的结果是完全不一样的，××所使用的电子邮箱因新浪电子邮箱版本的不断更新、改进，已无法回复到原版本进行核实。网易公司对本院调查令的回复也表明，××@163.com 邮箱给××@××.com 邮箱发送主题为'FW：RE：FW：LOGO'的电子邮件的真实性"。"本案所涉及电子证据繁多，原告要伪造如此多、相互间能印证的电子证据从技术上虽存在可能性，但从现实生活看，缺乏合理性和可操作性，故对本案所涉电子证据的真实性、合法性、关联性，本院予以确认。"被告对该案未提出上诉。

"杀鸡焉用牛刀"。部分读者可能会对本案举证的复杂性、艰巨性产生"恐慌"心理。其实，在我国提起侵犯商业秘密的不正当竞争诉讼，所面临的证据问题尤其是电子证据难题，是一直存在的顽疾。本案看起来是一起普通诉讼，其实背后有巨型商业公司开展"你死我活"商战的影子。从商战角度出发，电子证据的对抗性举证如此之艰，这是原告方应当付出的代价，其收益也是相当可观的；从诉讼角度出发，我国应当完善电子证据制度及关联规则，降低电子证据在诉讼中运用的难度。

本章成稿之时，中美两国于 2020 年 1 月 15 日签署第一阶段经贸协议的消息传来。该协议主要涉及商业秘密保护等知识产权保护问题。通读中美政府《经济贸易协议》文本，发现很多条款涉及证据问题（如举证责任、证明标准、法律推定、专家证人、公证认证、证据保全、质证认证）。[①] 从实践来看，知识产权的国际保护离不开电子证据的高效运用。中美政府《经济贸易协议》的签署，是否会一并解决商业秘密侵权纠纷中的电子证据问题？是否会丰富和发展实践中已出现的对抗式举证方式？这些均有待观察。

九、延展讨论之一：应否提交原始载体

在强调前述对抗式举证的五种招式之后，笔者再请读者们思考实务中的一个常见问题：举证方向法庭提交电子证据时，应否提交原始载体？我相信，绝大多数读者的答案会是否定的。因为电子证据的原始载体中信息量太大，既有数据内容信息，又有属性信息、关联痕迹信息；既有涉案信息，又有与案件无关的信息；既有可以公开的信息，又有商业秘密、个人隐私等信息……这就增加了举证方提交的证据被质疑的风险。反之，诉讼中对电子证据提出质疑的一方当事人可采取的基本策略是，要求举证方提交原始载体，以便己方能够全方位审查证据，

① 财政部、发展改革委、农业农村部、商务部、人民银行《关于发布中美第一阶段经贸协议的公告》.(2020-01-16). http://www.gov.cn/xinwen/2020-01/16/content_5469650.htm.

找出其中破绽。

问题是，中国法律原则上要求举证时提供原物、原件、原始载体。如果举证方拒不提交电子证据原始载体，另一方当事人可以以所举证据非原始证据为由否定证据效力。这就带给电子证据的举证方额外的压力。要有效化解压力，最终需要回到法律制度建设的层面，明确哪些情况允许不提交原始载体。从当前司法实践来看，举证方可以暂时通过对举证模式的选择缓解这一方面的压力，优化举证效果。具体来说，若提交电子证据原始载体不存在风险，如不会有泄密的可能性，则举证方可将电子证据直接提交法庭或进行开示；若提交电子证据原始载体可能面临不可控的风险，则举证方可将先电子证据转化为其他形式的证据，再提交法庭或进行开示。前者是电子证据举证的直接模式，后者是电子证据举证的间接模式。后一种方式也被称为“转化型举证”，通常是将电子证据转化为复制介质、打印件、勘验等笔录、口供、证人证言、鉴定意见书、公证书、庭审演示以及其他证据等。相比而言，转化后举证遭受质疑的风险会大大减小。但转化型举证只是一种权宜之计，其是否符合法律原则和法治要求仍待研究。

下面以一起担保合同纠纷案件为例，说明两种举证模式的效果差异。

【案例 22－2】

江苏××能源物流有限责任公司与江苏××电力燃料有限公司、安徽××集团有限公司买卖合同纠纷案①

【基本案情】

原告诉称：原告江苏××能源物流有限责任公司（以下简称“甲公司”）与被告江苏××电力燃料公司（以下简称“乙公司”）和被告安徽××集团公司（以下简称“丙公司”）分别于 2014 年 4 月 22 日、24 日签订“煤炭购销合同”各一份，约定由原告甲公司提供动力煤 65 000 吨给被告乙公司，并对产品的价格、交货期、质量、交付方式、付款等作了约定，同时约定争议提交签约地有管辖权的人民法院诉讼解决，因诉讼而发生的诉讼费、差旅费、保全费、律师费等费用均由败诉方承担。合同载明签订地为：镇江。被告丙公司为被告乙公司提供担保，保证担保的范围包括：合同中涉及的被告乙公司应支付原告甲公司的货款总额、违约金和损害赔偿金以及实现债权的费用（包括诉讼费、律师费等）。上述合同签订后原告甲公司依约供货，但被告乙公司未能按约支付货款。截至 2014 年 8 月 18 日，被告乙公司尚欠货款 32 974 168.88 元，原告多次催讨未果。

第一被告乙公司辩称：原告诉状所称为事实，其与被告丙公司从 2011 年以来

① 主要改编自江苏省镇江市中级人民法院民事判决书（2016）苏 11 民初 48 号。为了行文方便及论述聚焦，本章对案件事实作了去除当事人信息及案情细节等处理。

就建立煤炭销售关系，王××、徐×系被告丙公司煤炭运销公司负责人，被告丙公司仍拖欠被告乙公司煤炭款。请求依法判决。

第二被告丙公司辩称：(1) 我公司没有为乙公司的合同债务向原告甲公司提供担保，从未与原告甲公司签订所谓“煤炭购销合同”和“补充协议”，涉案合同中“安徽××集团有限公司”及“16号合同专用章”字样的印文系伪造，我公司从不知悉原告甲公司所称的买卖合同担保事宜；(2) 乙公司及其法定代表人董××等人涉嫌构成合同诈骗罪，应将案件移送有关司法机关按照刑事诉讼处理；(3) 应当依法裁定驳回原告甲公司的起诉。

主要争议及证据：

本案的争议焦点在于被告丙公司是否应当承担担保责任。

对此，原告甲公司提交的有关证据主要包括：(1) 甲公司与乙公司、丙公司通过电子邮件方式签订的“煤炭购销合同”(合同编号：—GX20140424)；(2)“煤炭买卖确认函”；(3) 通过传真方式签订的“煤炭购销合同”(合同编号：—GX20140422)、“补充协议”，用以证明丙公司有为案涉煤炭交易提供担保的真实意愿，合同载明案涉交易卖方为甲公司，买方为乙公司，担保方为丙公司。

甲公司主张“煤炭购销合同”(合同编号：—GX20140422) 是丙公司盖章后传真给乙公司的。

甲公司主张“煤炭购销合同”(合同编号：—GX20140424)、“煤炭买卖确认函”“补充协议”系丙公司煤炭交易负责人王××起草，并通过邮箱发给乙公司后，由乙公司转发而来。为了特别证明这一点主张，甲公司申请镇江公证处进行邮件公证，制作了(2014)镇镇证经内字第1532号公证书。甲公司将证明担保关系的电子邮件转化为公证书提交法庭。

仅就电子证据而言，这就是一种转化型举证。它将极大地增加质证的难度。

质证技巧及案情突破：

笔者接受此案第二被告的正式委托后，得以以代理律师的身份介入。初期遇到的最大证据挑战就是对方没有提交电子证据的原始载体，甚至没有提交电子邮件的电子版本。这种情况下的质证要领是迫使对方提交电子证据原件。

本案质证的第一步是，找出几份所谓的纸面材料的实质问题，主要包括：“煤炭购销合同”(合同编号：—GX20140422)、“煤炭购销合同”(合同编号：—GX20140424)、“煤炭买卖确认函”“补充协议”上印章印文等方面的重大异常。我安排几位人大法学院的学生简单比对了一下这些纸面材料上的相同印文，进行接合法、重叠法比较，惊奇地发现它们之间竟然不尽一致(见图22-15、图22-16)。

这是学生的非专业实验，虽然权威性不够，但非常直观，足以说明问题。为增加权威性，我们还聘请了法大法庭科学技术鉴定研究所进行专业鉴定，鉴定意见是同样的(见图22-17、图22-18)。

鉴定内容：4月22日《煤炭购销合同》公章印文鉴定

从当事人提供的安徽[redacted]集团有限公司公章20个样本中，选取了清晰度最高的第一行左一、第二行左三作为样本1和样本2，4月22日煤炭购销合同第二页左下方安徽[redacted]集团有限公章作为检材。

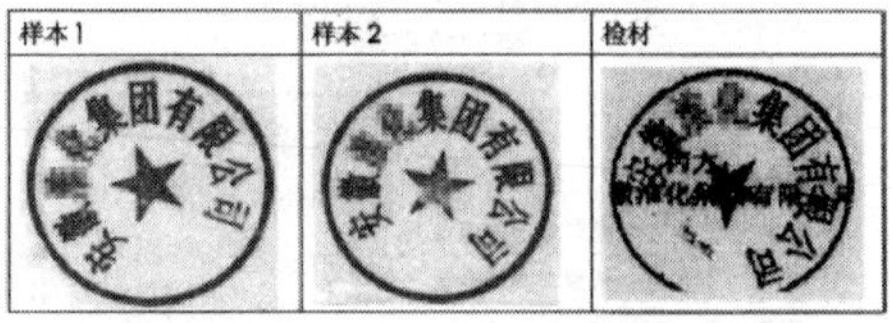

一、特征接合法

如图所示，上排两个红色印章为样本1和样本2，下排黑色印章为检材。

图 22－15

是否相同。

①直线AB、AC、BC在样本1和样本2中围成的面积是三角形ABC，其中直线BC还穿过了中间的五角星，直线BC与五角星的钝角交点为E、F，在三角形ABC中包含了五角星的两个角，且两个角在直线BC之上，十分明显。而在检材中，三角形ABC中虽然也包含了五角星的两个角，但在直线BC之上，两个角只有一个很小的尖露出，且直线BC并未与五角星钝角有交点E、F，在检材中点E、F在直线BC之下。

②直线BC在样本1和样本2中穿过“安”“有”二字交叉点，并可以很直观地看出将印章平分为两个大小相近的半圆，两个半圆面积各占整个印章的1/2。但在检材中，直线BC同样经过“安”“有”二字交叉点，但印章并没有被直线BC平分，两个半圆面积的比例约为上半部分2/5，下半部分3/5。

综上，直线AB、AC、BC所围成的三角形定位在样本1、样本2与检材中定位不同，其中五角星的定位与样本和检材中定位也不吻合。

二、特征重叠法

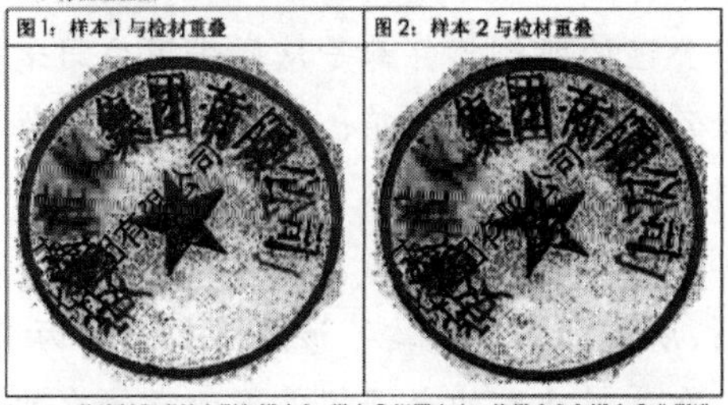

将检材印章放大到与样本1、样本2相同大小，将样本1和样本2分别进行抠图，再将去除背景后的样本1和样本2分别与检材印章进行重叠，可见图1与图2都能非常直观地显示样本与检材无法重叠与吻合。印文上“安”“徽”“淮”“化”“集”“团”“有”“限”“公”“司”几个字出现明显的错位，中心五角星也无法完全重叠。

综上两种方法，经过鉴定，我认为检材中的安徽[redacted]集团有限公司公章与样本1和样本2中的安徽[redacted]集团公章不是同一印章。

图 22－16

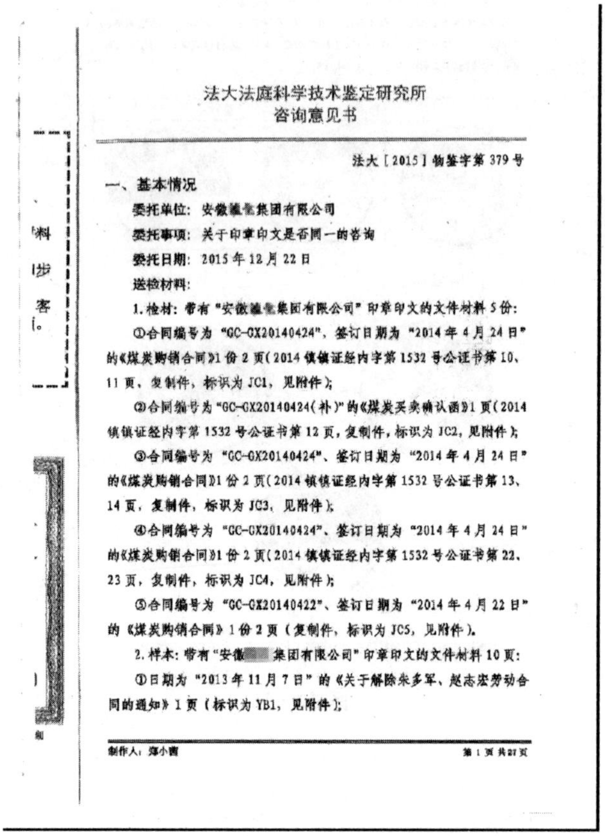

法大法庭科学技术鉴定研究所
咨询意见书

法大［2015］物鉴字第379号

一、基本情况

委托单位：安徽[illegible]集团有限公司

委托事项：关于印章印文是否同一的咨询

委托日期：2015年12月22日

送检材料：

1.检材：带有“安徽[illegible]集团有限公司”印章印文的文件材料5份：

①合同编号为“GC-GX20140424”，签订日期为“2014年4月24日”的《煤炭购销合同》1份2页（2014镇镇证经内字第1532号公证书第10、11页，复制件，标识为JC1，见附件）；

②合同编号为“GC-GX20140424（补）”的《煤炭买卖确认函》1页（2014镇镇证经内字第1532号公证书第12页，复制件，标识为JC2，见附件）；

③合同编号为“GC-GX20140424”、签订日期为“2014年4月24日”的《煤炭购销合同》1份2页（2014镇镇证经内字第1532号公证书第13、14页，复制件，标识为JC3，见附件）；

④合同编号为“GC-GX20140424”、签订日期为“2014年4月24日”的《煤炭购销合同》1份2页（2014镇镇证经内字第1532号公证书第22、23页，复制件，标识为JC4，见附件）；

⑤合同编号为“GC-GX20140422”、签订日期为“2014年4月22日”的《煤炭购销合同》1份2页（复制件，标识为JC5，见附件）。

2.样本：带有“安徽[illegible]集团有限公司”印章印文的文件材料10页：

①日期为“2013年11月7日”的《关于解除朱多军、赵志宏劳动合同的通知》1页（标识为YB1，见附件）；

制作人：郑小茜　　第1页共27页

图22-17

就像受到极大的鼓励一样，人大的几位同学在我的指导下，又开始投入发现电子邮件公证书的疑点方面。简单的技巧就是：（1）按照公证书的文字描写，一步一步地还原公证过程。（2）参照这些邮件的发送时间、接收时间、转发时间、发件人、收件人、转发人等要素标准，还原系列邮件的发送过程。这样，我们也同样发现了许多疑点。比如，经公证的所有邮件都是从原告甲公司老总的个人邮箱提取出来的，并不涉及第一被告乙公司员工的邮箱；所有邮件的发件人、收件人都是原告甲公司、第一被告乙公司员工的邮箱，根本没有第二被告丙公司员工的邮箱；所谓的第二被告提供担保，其信息源于第一被告乙公司的转发邮件（根本不存在原发邮件）；所有邮件均无正文；所有邮箱地址均不涉及第二被告丙公司员工的企业邮箱，只涉及公共邮箱；还有，在这封转发的电子邮件下面竟然有两个内容完全一样的广告条，这不符合电子邮件附带广告条的规律；等等。那么，所发现的这些疑点是否足以推翻原告的主张？我们考虑到有一种可能性，既然“经公证的所有邮件都是从原告老总的个人邮箱提取出来的”“并不涉及第一被告员工的邮箱”，那是不是存在一种可能性就是这些电子邮件都跟第二被告员工（或其邮箱）没有任何关联，而是

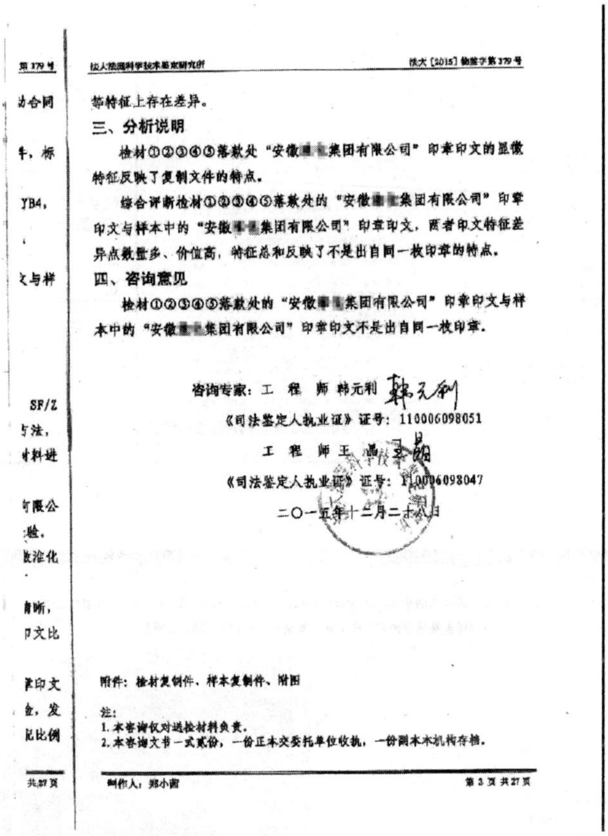

法大法庭科学技术鉴定研究所　　法大〔2015〕物鉴字第379号

等特征上存在差异。

三、分析说明

检材①②③④⑤落款处“安徽[redacted]集团有限公司”印章印文的显微特征反映了复制文件的特点。

综合评断检材①②③④⑤落款处的“安徽[redacted]集团有限公司”印章印文与样本中的“安徽[redacted]集团有限公司”印章印文，两者印文特征差异点数量多、价值高，特征总和反映了不是出自同一枚印章的特点。

四、咨询意见

检材①②③④⑤落款处的“安徽[redacted]集团有限公司”印章印文与样本中的“安徽[redacted]集团有限公司”印章印文不是出自同一枚印章。

咨询专家：工　程　师　韩元利

《司法鉴定人执业证》证号：110006098051

工　程　师　王　晶

《司法鉴定人执业证》证号：110006098047

二〇一五年十二月二十八日

附件：检材复制件、样本复制件、附图

注：
1. 本咨询仅对送检材料负责。
2. 本咨询文书一式贰份，一份正本交委托单位收执，一份副本本机构存档。

制作人：郑小丽　　第3页 共27页

图 22－18

“制造”出来的所谓“转发邮件”。

为此，我们到长安公证处做了一份模拟转发邮件的公证（见图 22－19）。具体做法是，用 Word 软件写一份转发邮件的信息（见图 22－20），贴到拟发邮件的正文中，直接作为“转发”的邮件发出（见图 22－21）。在假造邮件转发过程的基础上，我们请公证处对这个“造假”过程及“收到”的电子邮件固定下来，出具公证书。将长安公证处的这一份公证书，同案件中镇江公证处出具的（2014）镇镇证经内字第 1532 号公证书进行比对，发现“假转发”邮件的公证截图所反映的“转发”信息，跟“真正”转发邮件的公证截图是一致的。这份“反公证”属于“对等性回应”，具有良好的说服力，其不仅能证实所谓的转发邮件可能是不存在的，而且能证明转发过程中邮件附件完全可以被改变或被替换。

掌握了如此多的对方证据疑点，特别是申请了新的司法鉴定、公证后，我们在法庭上理直气壮地要求原告提交电子证据原件，主要是要求在法庭上直接登录原告所公证的邮箱（其老总的邮箱），进行庭上勘验。经庭上勘验，发现（2014）镇证经内字第 1532 号公证书所公证的电子邮件，有一份在其邮箱中完全找不到；发现

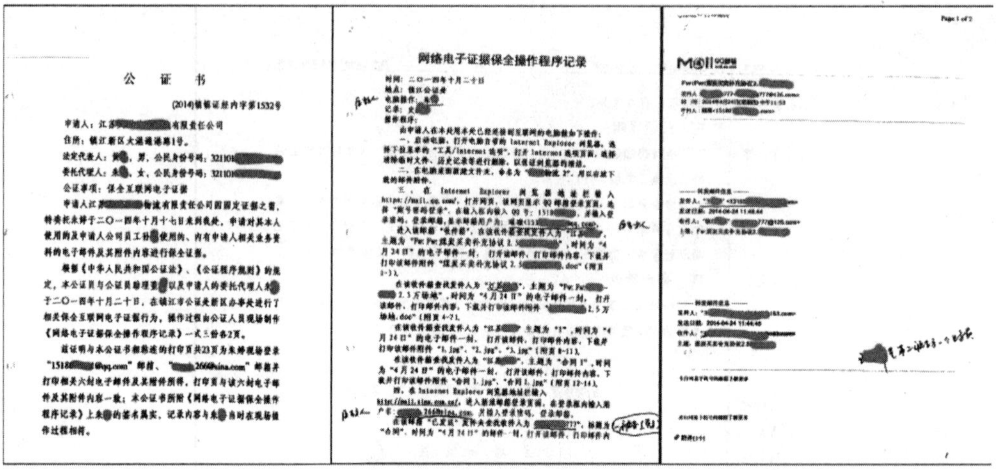

公　证　书

(2014)镇镇证经内字第1532号

申请人：江[redacted]有限责任公司

住所：镇江新区大港通港路1号。

法定代表人：黄[redacted]，男，公民身份号码：321101[redacted]

委托代理人：朱[redacted]，女，公民身份号码：321101[redacted]

公证事项：保全互联网电子证据

申请人江[redacted]物流有限责任公司因固定证据之需，特委托朱婷于二〇一四年十月十七日来到我处，申请对其本人使用的及申请人公司员工孙[redacted]使用的、内有申请人相关业务资料的电子邮件及其附件内容进行保全证据。

根据《中华人民共和国公证法》、《公证程序规则》的规定，本公证员与公证员助理董[redacted]以及申请人的委托代理人朱[redacted]于二〇一四年十月二十日，在镇江市公证处新区办事处进行了相关保全互联网电子证据行为，操作过程由公证人员现场制作《网络电子证据保全操作程序记录》一式三份各2页。

兹证明与本公证书相粘连的打印页共23页为朱婷现场登录"1518[redacted]@qq.com"邮箱、"[redacted]2666@sina.com"邮箱并打印相关六封电子邮件及其附件所得，打印页与该六封电子邮件及其附件内容一致；本公证书所附《网络电子证据保全操作程序记录》上朱[redacted]的签名属实，记录内容与朱[redacted]当时在现场操作过程相符。

网络电子证据保全操作程序记录

图 22－19

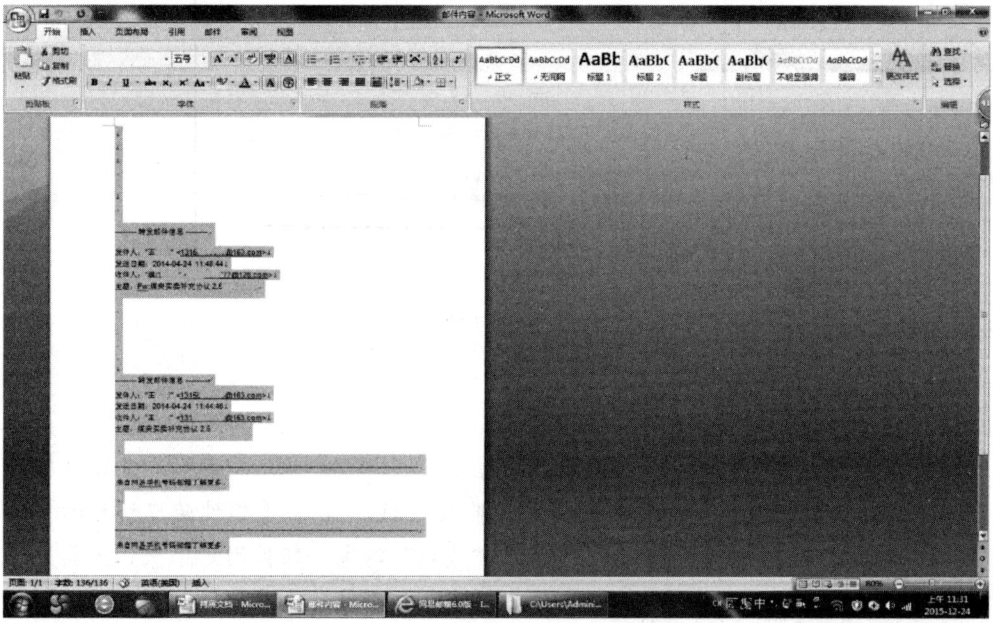

图 22－20

(2014) 镇证经内字第 1532 号公证书所公证的一份电子邮件在发送时间上有疑问，主要是公证处显示的电子邮件发送时间，比庭上勘验该电子邮件显示的发送时间晚一分钟；发现 (2014) 镇证经内字第 1532 号公证书所公证的几份电子邮件在印文位置上有疑问，主要是公证处显示的电子邮件中盖印的印文位置，与庭上勘验该电子邮件显示的盖印印文位置不一样；发现 (2014) 镇证经内字第 1532 号公证书所公证的一份电子邮件在正文行文方面，同庭上勘验该电子邮件显示的正文行文不一致；特别重大的发现是，庭上勘验电子邮件发现，有关印文包括原告甲公司、第一

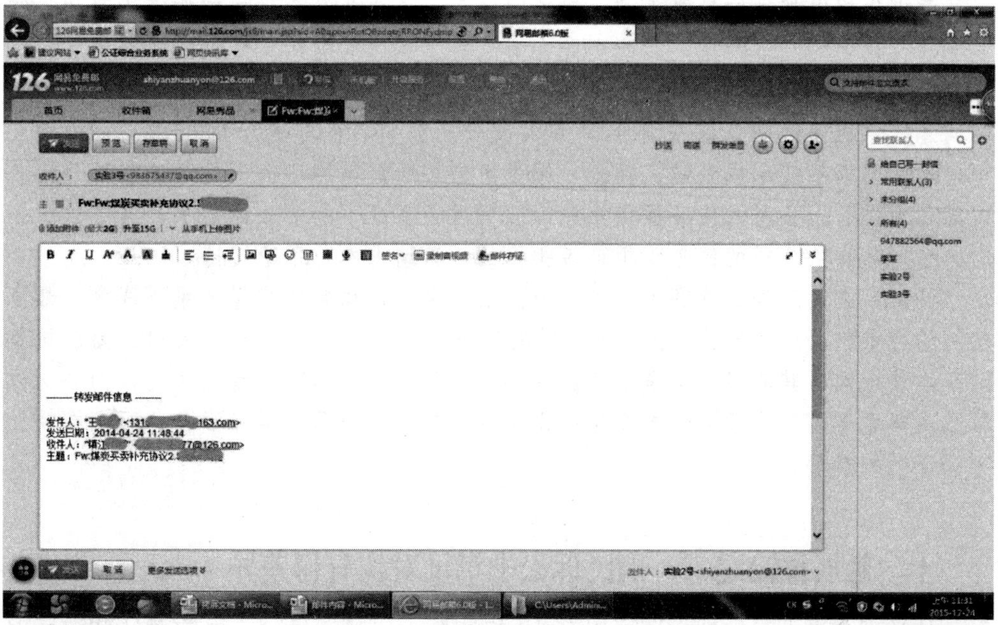

图 22－21

被告乙公司的印文均为黑色印文。这不符合通过邮件签合同的基本规律。① 显然，如果不是庭上见到原始的电子证据，这些证据疑点（特别是印文颜色疑点）是不可能发现的。

基于此，本方在法庭上坚决否认（2014）镇证经内字第 1532 号公证书的证据效力，否认源自原告老总电子邮箱的电子邮件之证据效力，要求原告拿出第二被告员工发出的、承诺担保的证据。

法院判决：

镇江中院判决中写道："最高人民法院《关于民事诉讼证据的若干规定》第二条明确规定，当事人对自己提出的诉讼请求所依据的事实或者反驳对方诉讼请求所依据的事实有责任提供证据加以证明。没有证据或证据不足以证明当事人的事实主张的，由负有举证责任的当事人承担不利后果。② 原告甲公司主张被告丙公司应当对被告乙公司的债务承担担保责任，其负有举证责任，应当提供足以证明该事实主张的证据，否则应当承担举证不能的法律后果。但原告甲公司所提供的证明被告丙公司应当承担保证责任的证据，均来源于债务人被告乙公司，且原告甲公司及被告乙公司均不能提供被告丙公司同意提供担保的合同原件，以及直接来源于被告丙公司确认担保的传真件或邮件，也无法登录被告乙公司的涉案邮箱，以确认被告丙公

① 在通过邮件签合同的情况下，一条正常规律是：在合同正文中至少有一个印文是红色的，即是盖印后扫描而成的红色印文。

② 需注意的是，2019 年 12 月发布的最高人民法院《关于民事诉讼证据的若干规定》废除了该条款。

司同意提供担保邮件的最终来源。对外担保是一个企业经营过程中的重大事项，往往会涉及巨大的经济利益，因此企业在对外提供担保或确认其债权能够得到履行保证时应当是审慎而明确的，应当得到保证人的明确确认。而原告甲公司对被告丙公司同意提供担保的确认仅来源于债务人被告乙公司，而非其所诉担保人被告丙公司，涉案证据不能形成锁链。因此，原告甲公司所提供的证据不足以证明被告丙公司同意为被告乙公司的债务提供担保，应当承担举证不能的法律后果，其要求被告丙公司对被告乙公司的债务承担连带担保的诉讼请求本院不予支持。”

此案后来又历经江苏高院二审、最高法院再审，均判决担保关系不成立。最高法院的再审判决书写明：“甲公司提供的证据无法证明甲公司与乙公司、丙公司签订了案涉合同，其应当承担举证不能的不利后果，原审判决认定无法确认丙公司以自己明确意思表示为案涉煤炭交易提供担保，其不应当承担担保责任，不存在缺乏证据证明的情形。”

十、延展讨论之二：刑民诉讼中举证对抗有何差异

从学理上讲，对抗性举证可以分为同时对抗（交叉对抗）、提前对抗和滞后对抗，还可分为平等对抗与不平等对抗。我的一个直觉性认识是：电子证据的对抗性举证刑民有别，刑事诉讼中更多属于提前对抗，民事诉讼则多表现为同时对抗。

相比于民事诉讼，刑事诉讼中控辩举证呈现出迥异的风格，主要表现为控方占绝对优势，检察官不仅可以多次发动补充侦查、申请撤回起诉，还掌握了启动刑事羁押、认罪认罚从宽协商等特权。检察官在提交电子证据的活动中，贯彻落实对抗性举证具有极大的任意性。与之相反，辩护人通常并不掌握电子证据。若发现电子证据及相关鉴定意见书等证据存在问题，辩护人还面临着应否及时向公诉人提出的两难选择。

我的建议是，辩护人需对控方所举电子证据存在的问题进行仔细甄别。凡属不可补救、不可补证的电子证据问题，辩方要及时向控方提出，这样可以争取控方在指控犯罪方面的让步；凡属于可补救、可补证的电子证据问题，辩方要合理制订诉讼策略，决定何时及如何向控方提出问题。这样既可避免证据突袭，又能最大限度地维护当事人的合法权益。笔者最近调研了一些大数据犯罪案件和P2P案件，发现很多案件存在辩诉交易和认罪认罚从宽的情况。究其缘由，主要是辩护人在审查起诉阶段，就将案件中存在着电子证据无法补证或难以补证的情况告知了控方。检察官认为起诉难度大，就倾向于选择通过认罪认罚从宽与辩方达成一致。

【拓展阅读】

“模拟”转发邮件的公证

江苏××能源物流有限责任公司与江苏××电力燃料有限公司、安徽××集团

有限公司买卖合同纠纷案中的公证式反驳

公证缘由及请求：

为证明没有实际转发电子邮件，也可能形成内容写有转发信息的电子邮件，特申请公证处对其编辑转发、收取电子邮件的过程进行保全证据公证。

公证步骤：

依据《中华人民共和国公证法》《公证程序规则》的规定，本公证员和公证员助理吕××会同申请人的委托代理人刘××于二〇一五年十二月二十四日上午在北京市东城区朝阳门北大街六号首创大厦九层北京市长安公证处办公区，使用本处台式计算机（该计算机已通过本处网线、网口连接至互联网），进行了如下操作：

1. 启动计算机，计算机进入正常工作状态；

2. 将申请人的委托代理人提供的电子版图片一张保存至该计算机桌面，命名为“合同照片（测试版2)”，将该图片进行打印，见附件第1页；

3. 在该计算机桌面新建一Word文档，将其命名为“拷屏文档2”，使用该计算机键盘上的印屏幕键将该计算机桌面现场拷屏至名称为“拷屏文档2”的Word文档（以下相同操作统称“现场拷屏”），结果见拷屏文档第1页；

4. 双击启动该计算机桌面上的IE浏览器，任意输入若干网站地址进行检测，确认该计算机和网络保持连接，清空IE浏览器历史记录，将页面现场拷屏，结果见拷屏文档第2—5页；

5. 在该浏览器上方地址栏输入网址mail.qq.com，点击回车键，进入相应页面，将该页面现场拷屏，结果见拷屏文档第6页；

6. 在拷屏文档第6页中输入账号“9836754××”和密码，将该页面现场拷屏，结果见拷屏文档第7页；

7. 点击拷屏文档第7页中的“登录”，进入相应页面，将该页面现场拷屏，结果见拷屏文档第8页；

8. 点击拷屏文档第8页左侧的“收件箱”，进入相应页面，将该页面现场拷屏，结果见拷屏文档第9页；

9. 双击打开拷屏文档第9页中主题为“Fw：Fw：煤炭买卖补充协议2.5××-××”的邮件，将该页面现场拷屏，结果见拷屏文档第10-11页，将邮件附件下载至该计算机后打印，结果见附件第13—14页；

10. 点击拷屏文档第10页上方的“转发”，进入相应页面，将该页面首屏现场拷屏，结果见拷屏文档第12页；

11. 在拷屏文档第12页收件人右侧输入188117918××@163.com，将该页面首屏现场拷屏，结果见拷屏文档第13页；

12. 将拷屏文档第13页中的两个附件删除，点击“添加附件”，点击“桌面”，选择“合同照片（测试版2)”，将名称为“合同照片（测试版2)”的图片上传至邮件附件，将该页面现场拷屏，结果见拷屏文档第14-15页；

13. 将操作步骤 9 下载至该计算机的邮件附件 Word 文档打开后，在原有内容“购销合同 甲方：江苏××物流 乙方：江苏××”下方添加内容“担保人：××集团”，将该页面现场拷屏，结果见拷屏文档第 16 页，将更改后的该 Word 文档保存至该计算机桌面，命名为“购销合同（测试版 2)”；

14. 点击拷屏文档第 15 页中的“添加附件”，点击“桌面”，选择“购销合同(测试版 2)”，将名称为“购销合同（测试版 2)”的 Word 文档上传至邮件附件，将该页面现场拷屏，结果见拷屏文档第 17－21 页；

15. 将拷屏文档第 18－21 页中部的邮件内容删除，将该页面现场拷屏，结果见拷屏文档第 22 页；

16. 将拷屏文档第 22 页“主题”右侧的“转发：煤炭买卖补充协议 2.5××-××”删除后输入“Fw：Fw：煤炭买卖补充协议 2.5××-××”，转发邮件撰写完成，将该页面现场拷屏，结果见拷屏文档第 23 页；

17. 点击拷屏文档第 23 页左上方的“发送”，显示“发送成功”，将该页面现场拷屏，结果见拷屏文档第 24 页；

18. 关闭该浏览器页面；

19. 重新打开上述 IE 浏览器，在页面上方地址栏输入网址 mail.163.com，点击回车键，进入相应页面，将该页面现场拷屏，结果见拷屏文档第 25 页；

20. 在拷屏文档第 25 页中输入账号“188117918××”和密码后，将该页面现场拷屏，结果见拷屏文档第 26 页；

21. 点击拷屏文档第 26 页中的“登录”，进入相应页面，将该页面现场拷屏，结果见拷屏文档第 27 页；

22. 点击拷屏文档第 27 页左侧的“收件箱（1)”，进入相应页面，将该页面现场拷屏，结果见拷屏文档第 28 页；

23. 双击打开拷屏文档第 28 页中部主题为“Fw：Fw：煤炭买卖补充协议 2.5××-××”的邮件，将该页面现场拷屏，结果见拷屏文档第 29－30 页，将邮件附件下载至该计算机后打印，结果见附件第 34－35 页；

24. 将拷屏文档进行打印，共计三十页。

依据上述事实，兹证明：上述过程本公证员和公证员助理吕××均在现场；上述下载的文件均为现场取得，与实际情况相符。

——以上内容，改编自（2015）京长安内经证字第 33255 号公证书

第二十三章

电子证据的聚焦式质证——以网络犯罪案件的辩护为例

网络犯罪案件辩护能够集中展现电子证据的质证奥妙。它推崇一种具有特色的质证技巧——聚焦式质证。详言之，反驳方针对电子证据的质证不能是空谈泛论，而应当聚焦于各种实质性问题。这具体可分为四个步骤：内容聚焦→材料聚焦→标准聚焦→规则聚焦。其中，材料聚焦要求将电子证据、“来源笔录”与鉴定意见作为质证的整体对象，堪称其中的黄金法则。本章遴选几起代表性案例，以案说法，抽丝剥茧，阐述了“四步”聚焦的质证技巧，展示了一种源于且高于实践的方法论。

一、实务难点及质证难点

（一）网络犯罪司法中电子证据运用困难

网络犯罪是信息社会滋生的新型毒瘤。早期，人们习惯把这类犯罪称为计算机犯罪。德国犯罪学家汉斯·约阿希姆·施奈德在其《犯罪学》一书中率先提出了广为沿用的“计算机犯罪”定义：“利用电子数据处理设备作为作案工具的犯罪行为或是把数据处理设备作为对象的犯罪行为。”① 当今我国学者根据网络在网络犯罪中的地位，将网络犯罪的发展轨迹划分为三阶段：第一阶段，网络是作为“犯罪对象”出现的；第二阶段，网络是作为“犯罪工具”出现的；第三阶段，网络是作为“犯罪空间”出现的。② 另有学者以传统犯罪为参照标准，将网络犯罪划分为三类：一是与传统犯罪本质无异的网络犯罪，二是较传统犯罪呈危害“量变”的网络犯罪，三是较传统犯罪呈危害“质变”的网络犯罪。③ 无论是哪一种形态的网络犯罪，在我国实践中引发的电子证据运用难题都大同小异。

① 刘宪权．网络犯罪的刑法应对新理念．政治与法律，2016（9）.

② 于志刚．网络犯罪的发展轨迹与刑法分则的转型路径．法商研究，2014（4）.

③ 同①.

第一，如何构成证据组合或体系。电子证据对于网络犯罪的办理至关重要，因为口供等言词证据往往难以证明网络犯罪的主要案件事实。电子证据能不能起到作用，关键在于能否构成证据组合或体系。证据组合或体系是一个具有多层结构的系统，各层次也均具有一定的结构形式，这就为构建一个完整的证据网络系统提供了科学的方法。① 构建证据组织或体系的常态，是证据之间相互印证的指向性。“相互印证”指向案件事实以求真，这是认识世界的经验性规则，具有符合常识、常理、常情的可验证性。它们不仅对证据数量和证据外在形式具有要求，对证据的内省性也有要求，其体现的是证据及其体系的相关性特征。②

在各种网络犯罪案件的司法活动中，往往需要构建一种独特的电子证据组合或体系，即由电子证据、“来源笔录”与鉴定意见组成的三位一体的证据组合或体系。其中，鉴定意见是针对案件中专门性事实问题的，这一证据有时也表现为广义上的“检验报告”等专业意见。电子证据是形成鉴定意见或检验报告的检材，是行为人利用网络或针对网络实施犯罪过程中产生的相关数据、信息或者痕迹。缺少电子证据作为检材，鉴定意见就是无水之源。“来源笔录”指的是关于电子证据是如何收集获取的相关勘验笔录、搜查笔录、扣押笔录、远勘笔录、检查笔录、侦查实验笔录等。缺少了这些笔录用作说明，就连电子证据从何而来也说不清楚了。由此可见，“三合一”证据组合成为了办理网络犯罪中的一种/组必备证据材料。它们对网络犯罪司法起到举足轻重的作用。

第二，如何证明真正的作案人。一般来说，电子证据能够证明到涉案机器，能够证明哪些 IP 地址、手机、电脑、微信账号等（可简称为涉案机器或账号）涉案，但它不容易证明涉案机器或账号等的所有者就是其使用者、犯罪行为人。电子证据从来源上看就是虚拟空间的东西，本身只能指向“电子代理人”；它不像指纹、足迹、毛发那样产生于物理空间，能够指向特定的自然人。

有学者指出：“仅仅在某人的计算机中发现了表明该人存在犯罪嫌疑的文件并不足以表明该人有罪，因为可能存在证据证明，这个文件是在当事人不知情的情况下由病毒、入侵者或者通过网络浏览器的漏洞植入到计算机系统中的。”③ 这说的就是这种司法难题。实践中有一些权宜之计，最简单、最典型的做法是寻找补强证据（如口供）等。是否存在一些更现实的优化方案呢？这是各国司法普遍遇到的挑战。

第三，如何证明情节严重。我国治理网络犯罪遵循网络犯罪与网络违法两分的思路。这突出表现为，最高人民法院、最高人民检察院针对网络犯罪制定了很多新的数量化标准，它们是进行“两分法”区隔的标尺。这些标准与传统上的财产损失、非法所得、人数等标准不尽相同，特别将一些新的要素也纳入其中。例如，

① 何泉生．刑事证据体系的结构探究．中国人民公安大学学报（社会科学版），2005（5）.

② 陈闻高．论证据体系的组织及其逻辑特征．中国刑警学院学报，2016（1）.

③ 王志刚．论补强证据规则在网络犯罪证明体系中的构建——以被追诉人身份认定为中心．河北法学，2015（11）.

2013年9月，最高人民法院、最高人民检察院《关于办理利用信息网络实施诽谤等刑事案件适用法律若干问题的解释》第2条规定："利用信息网络诽谤他人，具有下列情形之一的，应当认定为刑法第二百四十六条第一款规定的'情节严重'：（一）同一诽谤信息实际被点击、浏览次数达到五千次以上，或者被转发次数达到五百次以上的……"如何证明这里所说的实际被点击次数、被浏览次数等进而证明达到了"情节严重"的程度？同样离不开电子证据。

现阶段使用电子证据证明"情节严重"，常常会伴随出现各种特殊困难。比如，有的软件公司会在开发软件时进行"计数"规避，有的是网络平台进行"表面"合规，还有的是行为人的"预设"理由……这样一来，依靠电子证据证明达到了"情节严重"的数量标尺，就是相当棘手的问题。处理得不好，会导致定罪量刑落空，司法效果也就不好。①

第四，如何开展远程取证并进行证据审查。在国际社会，欧盟委员会曾经指出，大约85%刑事调查需要电子证据，其中三分之二的调查需要从另一个司法管辖区的在线服务提供商那里获取证据。当前，巨型服务提供商多数将总部设在美国。在2013—2018年期间，对主要在线服务提供商的请求数量持续增长，并增长了84%。② 为满足高效便捷进行跨境取证的需要，一些国家建立起跨境远程取证制度、跨境数据披露制度。如欧盟跨境快捷电子取证制度的立法动向就表现在三方面：一是针对电子取证的特点加速刑事司法协助程序，二是在欧盟整体层面完善并规范跨境远程取证制度，三是增进与服务提供者自愿合作的同时转向跨境数据的强制披露。③ 2018年3月，美国总统签署《澄清境外数据合法使用法案（Clarifying Lawful Overseas Use of Data Act，"CLOUD Act"）》（简称《云法案》），该法案允许政府直接通过服务提供者获取存储于境外的电子证据，从而触动了平等主体间无

① 如在北京西城法院审理北京××万维电信技术有限公司罗某等4名职员涉嫌传播淫秽物品牟利罪一案中，需要针对被告人手机向WAP网页上传的"艳照"判断实际点击数。第一次鉴定时，鉴定机构根据服务器中的web访问日志文件记录，统计有关图片的访问次数为253 335次。法庭拿到该鉴定意见时感觉下判很麻烦。按照相关司法解释，传播的淫秽电子信息"实际被点击数达到一万次以上的"判处3年以下有期徒刑、拘役或者管制，"实际被点击数达到五万次以上的"判处3年以上10年以下有期徒刑，"实际被点击数达到二十五万次以上的"判处10年以上有期徒刑或者无期徒刑。具体麻烦之处在于，罗某等4人中有一个怀孕的少女，对其按照"访问次数253 335次"判处10年以上有期徒刑，就显得惩罚太重了。为此，法庭专门组织第二次鉴定。鉴定机构根据浏览页面的请求为25万多次，经过专用工具计算实际点击数，并排除该公司员工自己点击数后，涉及淫秽图片的实际页面点击量为82 973次。"82 973次"还要判3年以上的有期徒刑。怎么办？鉴定机构开始计算网页访问成功率，若按页面访问成功率60%计算，则成功页面点击数量为4.9万余次。"4.9万余次"就可以再往低判了。法院认为，"第二次鉴定意见排除了为检验设备和网页性能进行的点击，较为科学，同时有4名被告人的供述和证人证言相佐证，因而采信"。其实，这里鉴定机构使用的"网页访问成功率60%"是怎么得来的，无人知道，只有天知道。这个案子的实际处理反映了网络犯罪司法中数"数"之难。

② European Commission, Press Release IP/19/843, February 5, 2019.

③ 梁坤．欧盟跨境快捷电子取证制度的发展动向及其启示．中国人民公安大学学报（社会科学版），2019（1）.

管辖这一国际法基本原则的底线。①

我国也出台了一些法律规范作为回应。如公安部《公安机关办理刑事案件电子数据取证规则》第23条规定："对公开发布的电子数据、境内远程计算机信息系统上的电子数据，可以通过网络在线提取。"这实际上是关于远程取证的规定。尽管如此，中国办案机关依然面临着无法高效便捷地收集存储在境外的电子证据的难题。司法人员办案中开展这样的远程取证，如何同黑客手段、技术侦查进行有效区隔？如何审查这样取得的电子证据的法律效力？这些都是亟待解决的难题。

（二）网络犯罪辩护中电子证据质疑落空

毫无疑问，网络犯罪证明难现象，给刑辩律师开展有效辩护提出了挑战，也带来了机遇。这样的挑战与机遇在质证方面尤为明显。质证是诉讼双方在审判过程或庭前会议中针对对方举出的证据提出质疑和质问。质疑证据资格和证明力，是质证的两项基本内容。网络犯罪辩护中对电子证据的质疑，关系到准确揭示真相，关系到维护被告人合法权益，也关系到律师自身声誉。在我国很长一段时期，刑辩律师群体事实上放弃了针对电子证据的质证工作，通常的表现是不予质证或者是泛泛质证、虚化质证、抽象质证。

刑事辩护中电子证据的质证不堪，原因可归结为两点。其一，质证主体的能力差。一般而言，辩护人、诉讼代理人虽精通法律知识，但不具有与电子证据相关的专门知识，存在认识能力上的不足，要求他们对电子证据进行有效质证并不现实。质证者缺乏专业知识，难以处理这种具有表面可信性的证据。其二，质证对象的特殊性。电子证据具有高科技属性，其表现形式复杂多样，内含信息无法为人所直接感知或体验。调研表明，虽然电子证据已经入法正名，但刑辩律师通常接触不到真正的电子证据，他们看到的多是远勘笔录、现场勘验检查笔录、U盘查看情况、鉴定书、光盘、打印材料等。在这些证据中，离电子证据最接近的就是光盘了，但又有多少刑辩律师会查看光盘，并从中查找出与案件相关的疑点呢？

上述原因导致了针对电子证据的质证基本上是走过场。一个合理的怀疑是，不少网络犯罪案件都会存在类似"快播案"的电子证据问题，这种问题属于证据方面的"硬伤"。但绝大多案件中都没有揭示出电子证据的实质性问题，质证也就没有什么实际意义。假如能够在网络犯罪案件的质证环节发现电子证据"硬伤"，并公之于众，那才是电子证据的真正质证。这是网络犯罪司法运行的前行方向。

二、聚焦式质证的原理

（一）有效质证的初步探索

以电子证据的专业知识提升刑事辩护，是推动网络犯罪辩护实现有效质证的基

① 田旭．美国《云法案》对跨境司法机制的新发展．海关与经贸研究，2018（4）．

本路径。自2008年开始，笔者有意识地参与几起刑事案件的证据辩护工作，主打电子证据的专业质证。早期笔者的探索思路是，将具体个案中电子证据的关联性、真实性、合法性、证明力逐一进行审查检视，在法庭上提出全面性的专业质疑意见。这种专业范的质证往往能够提出很多证据疑点，在法庭上表现得很“热闹”，能够提升庭审气氛。“×××”病毒集团案（胡××等破坏计算机信息系统案）的刑事辩护，便是这样的一个例子。

【案例23-1】

“×××”病毒集团案

【案情与证据】

2011年2月，××网络公司公布互联网十大病毒集团名单，称当时国内80%的病毒传播通道被十大病毒集团操纵。之后，××网络公司将这些犯罪团伙资料上报有关部门。其中，“×××”病毒集团的犯罪案件被有关部门指定给湖北省荆门市公安局网安支队负责侦办。2012年8月，荆门网安支队宣布侦破此案。

2013年6月，荆门东宝区人民检察院将此案移送起诉，指控胡××等人涉嫌破坏计算机信息系统罪。起诉书指控，“×××”病毒集团使用一种具有篡改浏览器主页功能的破坏性软件投放在一些知名下载站点，诱导用户下载，网民“中招”后，该软件会篡改并锁定浏览器主页，强制将用户访问页面导向病毒集团的客户商网站。对此，控方所举的证据除了询问笔录、讯问笔录等证据外，还包括一系列与电子证据相关的材料，如荆公网安检字［2011］第11号鉴定书、荆公网安检字［2012］第07号鉴定书、荆公网安检字［2012］第08号鉴定书、荆公（网安）勘［2011］34号远勘笔录、荆公（网安）勘［2011］061号远勘笔录、××司鉴中心［2012］计鉴字第J0002号鉴定书等证据、珠海××软件公司出具的“关于×××集团传播恶意程序情况说明及检测报告”等。

【质证择要】

笔者参加了庭审，庭上对以上证据提出了关联性、合法性、真实性与证明力等方面的各种质疑，并在询问侦查人员、鉴定人的基础上做了必要的演示。我们提出了面面俱到的质证意见，主要内容如下。

1. 关于珠海××软件公司出具的“关于×××集团传播恶意程序情况说明及检测报告”。控方提交这份证据，旨在证明胡××在推广导航站期间所使用的恶意程序致使全国几百万台电脑用户受感染。

辩方认为，该证据不具有真实性和证明力：(1) 该“情况说明”所反映的篡改用户浏览器首页，与警方对涉案导航软件委托鉴定所得出的篡改用户浏览器首页，不完全一致；(2) 经过庭上被告人逐一辨认，该“情况说明”中所列举关于×××集团传播恶意程序的相关检测报告中序号1软件，×××病毒集团分析报告1中序号 1、序号 2、序号 3、序号 4、序号 5 软件，以及×××病毒集团分析报告 2 中序号 1 软件，均同五被告人及其所在公司无关，或者说五被告人及其所在公司没通过类似的方式进行推广；（3）控方不能排除其他人使用软件造成用户电脑“受感染”的情况。

2. 关于荆公（网安）勘［2011］34 号远勘笔录、荆公（网安）勘［2011］061 号远勘笔录。为证明从被告人的服务器和电子邮箱中提取到了涉案的软件及其他电子文件，控方提交了荆公（网安）勘［2011］34 号远勘笔录、荆公（网安）勘［2011］061 号远勘笔录。其中，荆公（网安）勘［2011］34 号远勘笔录表明，从涉案邮箱 my××@163. com 中提取到了涉案邮件；荆公（网安）勘［2011］061 号远勘笔录表明，从目标程序网址提取到了两个涉案的 Setup. exe 文件。

辩方认为，这两份远勘笔录存在着程序违法、结果失真的情形。具体理由如下：（1）依照公安部《计算机犯罪现场勘验与电子证据检查规则》第 9、11 条，现场勘验检查（包括远程勘验）应当邀请一至两名与案件无关的公民作见证人，同时应当采用录像、照相、截获计算机屏幕内容等方式记录远程勘验过程中提取、生成电子证据等关键步骤。本案中，警方进行远程勘验时明显缺少必需的见证人、录像、照相等。（2）荆公（网安）勘［2011］34 号远勘笔录针对的是嫌疑人的邮箱，是在警方掌握了嫌疑邮箱名称、密码的情况下进行的，不属于通常的远程勘验范围，不能排除警方先进入邮箱处理、而后再行勘验的合理怀疑。（3）荆公（网安）勘［2011］34 号远勘笔录在时间、地点方面存在着重大疑点，也佐证了该远程勘验结果失真的重大嫌疑。具体来说，该勘验笔录反映的勘验时间是 2011 年 11 月 3 日 16：25－17：20，而该勘验笔录的附件第 2 页上反映的最近登录时间是“11/03 17：20”，地点为“湖北省”，这之间存在无法解释的矛盾。（见图 23－1）①

3. 关于荆公网安检字［2011］第 11 号鉴定书、荆公网安检字［2012］第 07 号鉴定书、荆公网安检字［2012］第 08 号鉴定书。为证明从被告人电脑或硬盘中找到了涉案的电子证据，控方提交了荆公网安检字［2011］第 11 号鉴定书、荆公网安检字［2012］第 07 号鉴定书、荆公网安检字［2012］第 08 号鉴定书。辩方认为，这三份鉴定书均存在着程序违法的问题。具体理由如下：这三份鉴定书中鉴定人王×本身是侦查人员②，依法应当回避，否则就是严重违法。依照我国《刑事诉

① 最近登录时间指的是这次勘验邮箱之前的一次访问邮箱的登录时间，最近登录地点为指的是这次勘验邮箱之前的一次访问邮箱的登录地点。在本案中，这样的登录时间、地点应该是被告人在被采取羁押措施之前访问邮箱的登录时间、地点。显然，“最近登录时间”不能是这次勘验结束的时间；由于只能是被告人登录的地点，而被告人在被采取羁押措施之前均位于四川省成都市，从未到达过湖北省，因此“最近登录地点”不能是湖北省。此两点异常表明，警方在正式勘验邮箱之前违规地进入了该邮箱。这不仅是违反规定的，也会引发伪造证据的质疑。

② 本案中，负责取证的侦查人员具体角色是远程勘验人员。荆公（网安）勘［2011］34 号远勘笔录载明是侦查人员王×。

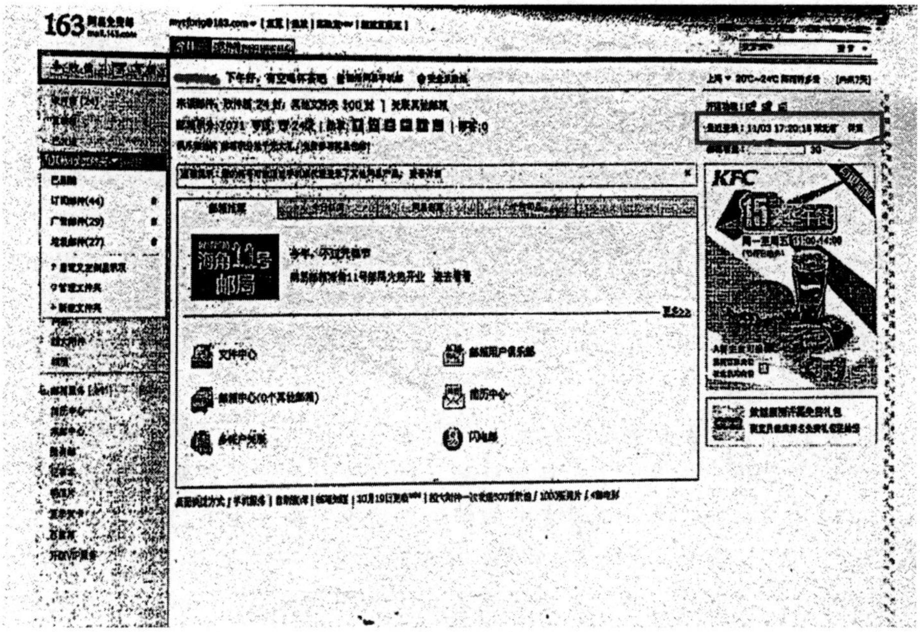

图 23－1

讼法》第 29、32 条的规定，鉴定人、侦查人员依法实行回避制度。公安部颁行的《公安机关办理刑事案件程序规定》第 32 条重申了上述规定。

4. 关于××司鉴中心［2012］计鉴字第 J0002 号鉴定书。为证明涉案程序软件具有破坏性，控方提交了××司鉴中心［2012］计鉴字第 J0002 号鉴定书。辩方认为，该鉴定意见不具备关联性、合法性、真实性与证明力，不能用于证明、也无法证明控方的事实主张。具体理由如下。

（1）第 J0002 号鉴定书的鉴定材料来源不明，因而鉴定意见不具有关联性。在该鉴定书中，只写明送鉴的材料是“送检压缩包”，并未写明送鉴材料的载体是光盘、U 盘还是其他介质。特别是，该鉴定书未明确所谓的“送检压缩包”来源于何处，跟五名被告人有何关系。仅从鉴定书中所载明的送鉴程序的 MD5 值来看，它们与××科技有限公司举报的破坏性程序一致，而无任何证据证明同五名被告人有任何关系。因此，在控方不提交“送检压缩包”或所谓破坏性程序原始载体的情况下，该鉴定书缺乏起码的关联性。

（2）第 J0002 号鉴定书的鉴定方法不当、鉴定过程违法，因而鉴定意见不具有合法性、真实性。本案中涉及的鉴定项目主要为程序功能鉴定，相应的行业标准有“GA/T 757—2008《程序功能检验方法》”与“GA/T 828—2009《电子物证软件功能检验技术规范》”。虽然该鉴定书并未明确所使用的鉴定方法（技术标准和技术规范），但从其鉴定过程和结论表述来看，并不符合这两个行业标准。

同时，该鉴定书反映的鉴定过程也存在违法之处：鉴定中使用的 360 安全卫士

V8.0和360杀毒软件V3.0.0均不合法。其中，360安全卫士V8.0未经过任何安全检测，不能用于鉴定；360杀毒软件虽经过计算机病毒防治产品检验中心的检测并出具了检测报告，但检测的版本是V3.0.1，将360杀毒软件V3.0.0用于鉴定并不合法。根据电子证据鉴定的一般技术要求，鉴定前需要重新安装分析工作站的操作系统或者进行病毒查杀，以保证鉴定结果不受操作系统不洁净的影响。虽然该鉴定书表明分析工作站重新安装了Windows XP操作系统，但根据鉴定书的描述来看，鉴定人实际上并未重装Windows XP操作系统。否则，重装Windows XP操作系统的分析工作站不应该带有360安全卫士、360杀毒软件及Finaldata、个人数字图书馆等其他应用软件。鉴定过程中的这一违规做法很有可能导致鉴定结果失真。

(3) 第J0002号鉴定书的结论表述不明确甚至有错误，因而鉴定意见不具有证明力。该鉴定书一共得出了4点鉴定意见，控方以此试图证明被告人开发的程序具有破坏性。辩方认为，该鉴定书的结论表述不明确甚至有错误，因而鉴定意见不具有证明力。首先，该鉴定书的鉴定结论得出仅仅是基于一种特殊的情况，不具有普遍性。鉴定书表明，鉴定人在鉴定之初关闭了Windows XP系统的360安全卫士、360杀毒软件，也就是说其分析的涉案程序软件功能是在Windows XP系统中杀毒软件不起作用的情况下才能实现，并不针对其他操作系统、也不针对杀毒软件起作用的情况。即便不考虑这些结论是否可信，也不能据此证明涉案程序软件具有破坏性。因为绝大多数Windows XP系统电脑用户都会安装和启用杀毒软件，不存在着关闭杀毒软件让涉案程序软件起到“破坏”作用的情形。如果这种情形发生了，一定有用户非常规操作电脑的原因。因此，该鉴定书得出的“涉案程序软件具有破坏性”的相关结论，仅仅反映的是一种极为罕见的情况。

其次，该鉴定书中许多结论表述并不可信。列举主要的如下：鉴定结论4表明“送检程序样本均存在未经授权安装文件……等修改计算机信息系统数据行为”，而鉴定过程及鉴定意见1—3均表明的是“未提示用户的情况下”安装，这两种表述之间存在着实质性差异，显然后一种表述更为准确；鉴定结论4表明“送检程序样本均存在……改变IE主页……等修改计算机信息系统数据行为”，实际上改变IE主页属于计算机用户可以选择修改或自定义项目，属于计算机用户可以选择修改或自定义项目；鉴定结论4表明“送检程序样本均存在……增加桌面图标等修改计算机信息系统数据行为”，实际上增加的桌面图标就是快捷方式，同样属于计算机用户可以选择修改或自定义项目；这两者均不属于《刑法》第286条第2款所说的“计算机信息系统中存储、处理或者传输的数据和应用程序”；鉴定结论1—3表明“使用360安全卫士、360杀毒软件检测到setup释放的文件为木马类型”，实际上306安全卫士、306杀毒软件均无法律资格检测木马，而且它们检测木马存在着误报的极大可能。例如在该鉴定书图12、图24中，均标示有“如果您公司开发的软件被误报……”的表述，同时显示它们均将360安全浏览器（本公司产品）检测为可以的安全威胁，这些在很大程度上佐证了上述检测结果极有可能就是误报。（见图23-2）

图 23-2

【证据认定及反思】

2013年12月，荆门东宝区人民法院作出一审判决，对五名被告人均判处缓刑，没收违法所得10 652 558.01元。在判决书中，法庭对于有关电子证据的部分质疑作出了回应：(1)“办公使用的电脑系统时间与实际时间之间存在误差，说明办案单位在远程勘验工作记录中作风不够严谨，但不影响工作的结果内容”；(2)“辩护人认为存在误报的可能仅是一种推测，未向法庭交证据予以证明”；(3)“鉴定人出庭的描述……与被告人××在供述中关于涉案程序的描述以及北京××公司、珠海××公司提交的相关证据中对涉案程序的描述是一致的”；(4)“该份鉴定意见的结论是客观的，予以采信”。

回头来看，笔者在胡××等破坏计算机信息系统罪案中的质证是经验和教训并存的。“教训”突出表现为质证在整体上未能实现初衷。究其原因，除了该刑事案件属于指定办理的特殊情况外，我们对电子证据提出的质疑点过于分散（具体质疑点达30多个），同时专业性与通俗性不能兼顾。诸如此类的不足，也是值得检讨的。有的时候，电子证据的质证看似面面俱到，实际上会导致否定证据效力的方向不明确。这又给法庭“刻意”选择一些质证点作出否定性评价，带来了极大的空间。认识到这一点，就要求重新审视电子证据质证做法技巧，改为抓重点的聚焦式质证，争取产生高质效的庭审效果。

（二）理性模型的重新构建

电子证据的质证本身并不是一项独立的诉讼活动。在刑事诉讼中，它主要依附于刑事辩护专项工作，也依附于刑事司法整体工作。前一种依附是更为直接的。刑辩律师要克服电子证据的质证难题，产生良好的辩护效果，必须实现两种观念上的转变：一是从无效辩护走向有效辩护，二是从泛泛质疑走向实质质疑。

有效辩护是近年来的热门话题，指的是刑辩律师要给犯罪嫌疑人、被告人以有效法律帮助。“有效法律帮助的含义可以有以下四个方面：一是适格而称职的律师；二是充分而有针对性的辩护准备；三是经与委托人协商形成的适当辩护思路和辩护策略；四是富有成效的辩护手段和操作方式”①。就电子证据的有效质证而言，刑辩律师除了要具有一定的电子证据专业能力或者聘请有专门知识的人提供帮助外，也要认识到电子证据的哪些问题是实质性的，进而有重点地开展工作。

对电子证据进行实质性质疑的基本前提，是要认清电子证据在证明案件事实的过程中如何发挥作用。如前所述，在网络犯罪案件中电子证据总是呈现为一个或多个独特的证据组合或体系。该证据以“抱团”的方式起到证明作用，对其进行有效的攻击显然也要针对有关“组合”或“抱团”展开。当然，从严谨意义上讲，辩方要兼顾考虑实质性的案件事实、证据材料、证据标准与证据规则等。唯有如此，电子证据的质证才能由“虚”到“实”。

笔者结合自身多次实践的累积经验，从电子证据的基础理论出发，将符合前述两种观念转变的电子证据质证方案，概括为“电子证据的聚焦式质证”。简言之，它是指针对焦点问题开展电子证据的质疑；详言之，它在具体操作层面可分四步走（见图 23－3）。

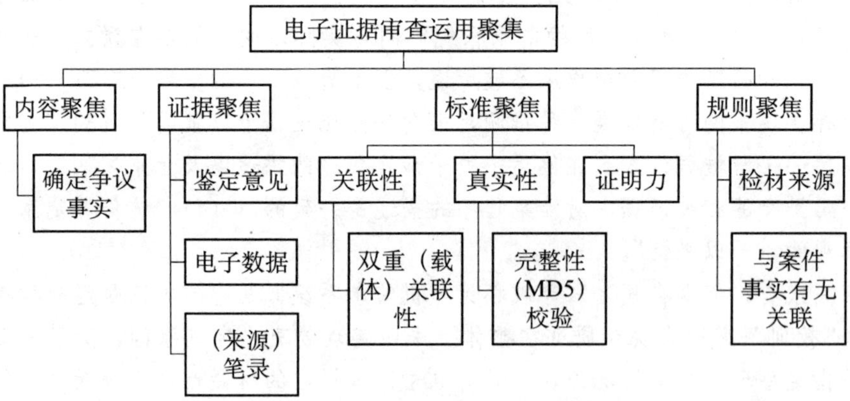

图 23－3　电子证据聚焦式质证的框架

① 陈瑞华．刑事辩护制度四十年来的回顾与展望．政法论坛，2019（6）：12.

第一步是“内容聚焦”，即确定质证所针对的争议事实。待证事实可分为争议事实与附属事实，争议事实就是案件争议的主要事实，附属事实是与案件争议的主要事实没有直接关联的事实。“内容聚焦”的秘诀在于要排除那些琐碎的、与案件关系不甚密切的事实，重点关注那些需要经过控辩双方充分质证、且对裁判结果具有决定性意义的事实。控辩双方围绕争议事实进行充分交锋，能够帮助法庭准确做出事实认定。如果脱离争议事实，质证就对案件结果认定没有实质意义。

第二步是“证据聚焦”，即确定质证针对的主要证据及其证据组合或体系。在确定了争议事实之后，还应当寻找案件的主要证据，并围绕主要证据展开攻防。而在涉及运用电子证据定案的场景中，通常不是孤立的电子证据在发挥证明作用；还有与之关联的各种文书在发挥证明作用，如一系列“来源笔录”（包括勘验笔录、远勘笔录、在线提取笔录、搜查笔录、扣押笔录、固定笔录、检查笔录、现场检查笔录、实验笔录、封存笔录、冻结笔录以及截屏、打印、拍照、录像、录频等材料）；更有鉴定意见、检验报告等在发挥证明作用，它们主要用于证实案件中的专门性问题。这三种材料往往构成一个以鉴定意见为主、以电子证据和“来源笔录”为支撑的“组合”，可以简称为“鉴——数——取”组合。这是司法办案的客观规律。相应地，“鉴——数——取”这三种证据中任何之一，都不构成质证的重点指向；合起来的“鉴——数——取”组合，才是绝对的质证重点。认识到这一点，就明确了电子证据辩护的基本理念。

“证据聚焦”的秘诀不是聚焦到电子证据，而是聚焦到由电子证据、“来源笔录”与鉴定意见构成“三合一”组合。因为司法证明时使用的证据虽是鉴定意见，但鉴定的检材是电子证据，电子证据又来源于勘验、搜查、扣押、检查、封存、冻结等活动。审查判断证据不宜单独进行，而应聚焦到上述证据组合或体系。其中，鉴定意见是证据审查的中心对象，它是专家对电子证据的解读或专业判断，但该证据本身不能单独证明争议事实。这就要求我们必须将鉴定意见与电子证据（如U盘、电脑等）结合起来判断。由于实践办案中电子证据是以各种（来源）笔录的方式出现的，因此各种（来源）笔录能起到证据补强作用。

第三步是“标准聚焦”，即确定质证针对的证据需满足哪些标准。一般理解，证据的采用标准包括关联性、真实性、合法性、证明力标准。证据的关联性标准要求证据必须对证明案件事实具有实质性意义，电子证据在用于证明案件事实时必须满足内容与载体的双重关联性；证据的真实性标准要求证据来源可靠、证据内容可信；电子证据真实性审查重点要进行MD5校验，由此判断电子证据的完整性①；

① 校验值即哈希值（hash），哈希算法将任意长度的二进制值映射为固定长度的较小二进制值，这个小的二进制值称为哈希值。一般来讲，每一个文件有且只有一个哈希值，所以我们在电子数据取证中利用哈希值校验文件同一性或者作为固定电子数据证据的依据。审查电子数据时，两个文件哈希值一致，内容一致，认定为同一文件。文件有任何更改，哈希值改变。实际检验鉴定过程中，完整性校验值（哈希值）一般将二进制用十六进制数表示。

证据的合法性标准要求证据调查主体合法、证据形式合法、证据收集提取程序合法；对证据证明力的审查评断主要包括两方面内容：一是审查证据的真实性，二是审查证据的证明价值。①

对于这四项标准，质证不能同等着力。鉴于司法人员普遍不太懂电子证据知识，辩方质证时应当优先针对关联性标准，并以真实性标准、证明力标准为支撑，合法性标准暂时不是质证要关注的重点。许多实践案例表明，针对电子证据关联性的质疑最容易发现问题，也最具有说服力；针对电子证据真实性、证明力的质疑比较容易发现问题，也比较具有说服力，有时还会升级影响到对关联性的认定。至于为什么现阶段对电子证据合法性的质疑可以相对放缓，是因为我国还没有针对电子证据的非法证据排除规则，也是因为实践中所谓瑕疵证据的说法大行其道。若单纯地抓住电子证据的合法性问题不放，这样的主张被法庭接受的概率很小。当然，如果以质证电子证据属于违法取证为切入点，佐证有关证据存在着严重的关联性、真实性、证明力问题，则效果转优。

第四步是“规则聚焦”，即确定质证主要依据的条款规则。在我国，关于电子证据及其来源笔录、鉴定意见的法律规定已经浩如烟海，但并非所有法律条款设定的证据规则都有立竿见影的效果。不懂电子证据专业知识的法律人要找出与案件中争议相关的条款规则，可能会有盲人摸象的感觉。一些技术规范对法律人像天书，不好找、不好懂、不好用。

笔者的专业经验是，法律人要重点关注有关“检材来源”的鉴定规则，以及要求审查“电子证据与案件事实有无关联”的电子证据规则。比如，《刑诉法解释》第 84 条规定了鉴定意见的审查内容②，第 85 条规定了鉴定意见不得作为定案根据的情形。③ 这两个条款看起来表明鉴定意见要审查的内容繁多，但质证时抓住这两

① 何家弘，刘品新 .5 版 . 证据法学 . 北京：法律出版社，2013：372.

② 最高人民法院《关于适用〈中华人民共和国刑事诉讼法〉的解释》第 84 条规定：“对鉴定意见应当着重审查以下内容：（一）鉴定机构和鉴定人是否具有法定资质；（二）鉴定人是否存在应当回避的情形；（三）检材的来源、取得、保管、送检是否符合法律、有关规定，与相关提取笔录、扣押物品清单等记载的内容是否相符，检材是否充足、可靠；（四）鉴定意见的形式要件是否完备，是否注明提起鉴定的事由、鉴定委托人、鉴定机构、鉴定要求、鉴定过程、鉴定方法、鉴定日期等相关内容，是否由鉴定机构加盖司法鉴定专用章并由鉴定人签名、盖章；（五）鉴定程序是否符合法律、有关规定；（六）鉴定的过程和方法是否符合相关专业的规范要求；（七）鉴定意见是否明确；（八）鉴定意见与案件待证事实有无关联；（九）鉴定意见与勘验、检查笔录及相关照片等其他证据是否矛盾；（十）鉴定意见是否依法及时告知相关人员，当事人对鉴定意见有无异议。”

③ 最高人民法院《关于适用〈中华人民共和国刑事诉讼法〉的解释》第 85 条规定：“鉴定意见具有下列情形之一的，不得作为定案的根据：（一）鉴定机构不具备法定资质，或者鉴定事项超出该鉴定机构业务范围、技术条件的；（二）鉴定人不具备法定资质，不具有相关专业技术或者职称，或者违反回避规定的；（三）送检材料、样本来源不明，或者因污染不具备鉴定条件的；（四）鉴定对象与送检材料、样本不一致的；（五）鉴定程序违反规定的；（六）鉴定过程和方法不符合相关专业的规范要求的；（七）鉴定文书缺少签名、盖章的；（八）鉴定意见与案件待证事实没有关联的；（九）违反有关规定的其他情形。”

个条款的“牛鼻子”，就基本上够了。这指涉的是该司法解释第 84 条第 3 项、第 85 条第 3 项。同理，《刑诉法解释》第 93 条第 1 款规定了“电子数据的审查内容”①，第 94 条规定了“电子数据不得作为定案根据”的情形。② 在质证时要重点依靠该司法解释 93 条第 1 款第 3 项、第 94 条第 1 项。

以上的质证“四步法”，形成电子证据之聚焦式质证的理性模型。从前述结构图中可“管窥”其基本架构和内生规律。各个步骤之间是自然接续的关系，但不排除必要时可以“由后及前”展开质证。客观地说，这种颇具特色的质证方式，在司法实践中已崭露头角。下面结合典型案例深入阐释，并补充介绍运用技巧。

三、步骤一：关注争点事实的内容聚焦

这一部分选择的是“淘宝网店销售托福考位案”（姚×、李××破坏计算机信息系统案）。这也是一起由有关部门指定管辖并督办的有社会影响力案件。托福考试报名热是案发的背景。2013 年前后，托福考试网站报名系统常常处于被“刷爆”的状态。有的考生为报上名，动员家人一起“刷机”报名。淘宝等网站上一种代报名“卖家”也应运而生。他们通过技术方法帮考生“抢占”考位，考生则需要给付相应酬劳。通常，考生和“卖家”事先在淘宝等网站上联系代报名事宜，然后“卖家”使用“刷机”软件代考生报名，或者通过技术手段进入到托福考试网站后台修改数据进行代报名。姚×、李××共同在淘宝网上开设了“代托福报名”的网店。2014 年 7 月 16 日我国教育部考试中心报案。案件被指定给天津市公安机关立案侦查，立案时的涉案罪名是“非法获取公民个人信息罪”。之后，天津人员姚×、李××在当地被抓。起诉时的涉案罪名改为“破坏计算机信息系统罪”。

① 最高人民法院《关于适用〈中华人民共和国刑事诉讼法〉的解释》第 93 条第 1 款规定：“对电子邮件、电子数据交换、网上聊天记录、博客、微博客、手机短信、电子签名、域名等电子数据，应当着重审查以下内容：（一）是否随原始存储介质移送；在原始存储介质无法封存、不便移动或者依法应当由有关部门保管、处理、返还时，提取、复制电子数据是否由二人以上进行，是否足以保证电子数据的完整性，有无提取、复制过程及原始存储介质存放地点的文字说明和签名；（二）收集程序、方式是否符合法律及有关技术规范；经勘验、检查、搜查等侦查活动收集的电子数据，是否附有笔录、清单，并经侦查人员、电子数据持有人、见证人签名；没有持有人签名的，是否注明原因；远程调取境外或者异地的电子数据的，是否注明相关情况；对电子数据的规格、类别、文件格式等注明是否清楚；（三）电子数据内容是否真实，有无删除、修改、增加等情形；（四）电子数据与案件事实有无关联；（五）与案件事实有关联的电子数据是否全面收集。”

② 最高人民法院《关于适用〈中华人民共和国刑事诉讼法〉的解释》第 94 条规定：“视听资料、电子数据具有下列情形之一的，不得作为定案的根据：（一）经审查无法确定真伪的；（二）制作、取得的时间、地点、方式等有疑问，不能提供必要证明或者作出合理解释的。”

【案例 23-2】

淘宝网店销售托福考位案

【基本案情】

2015 年天津市西青区人民检察院指控称：2013 年 9 月，被告人姚×发现教育部托福考试网上报名系统存在 SQL 注入漏洞，可以侵入系统数据库内，于是将情况告知了被告人李××。姚×、李××二人就如何使用 SQL 注入漏洞，侵入到托福考试网上报名系统数据库修改数据，替考生报名进行了研究。从 2013 年 10 月开始，被告人姚×在家里利用计算机，通过互联网，使用 SQL 注入漏洞，非法侵入国家教育部托福考试网上报名系统数据库修改数据，替考生报名。被告人李××则利用注册的网店联系考生并与考生进行交易。自 2013 年 10 月至 2014 年 8 月期间，被告人姚×、李××，使用 SQL 注入漏洞，通过网店联系考生，非法侵入国家教育部托福考试网上报名系统数据库修改数据，替考生报名 1 239 人次，从中非法牟利 856 604.5 元。

按照这个指控的罪名及非法所得的金额，被告人姚×、李××应当按照"后果特别严重"处理，即按照第二档量刑，那就会被判处 5 年以上有期徒刑。

笔者是在审查起诉阶段介入该案辩护的，基本定位是协助其他律师处理电子证据问题。第一项任务就是为庭前会议、正式开庭进行质证的准备。这样的准备工作可以被理解为广义上的质证。那么，按照聚焦式质证原理，该如何处理本案呢？

第一步自然就是明确争点事实，即进行质证的"内容聚焦"。从理论上讲，任何罪名的四个构成要件都是需要证据证明的案件事实。实则不然，具体案件中都有不同的争点事实。本案指控的罪名是破坏计算机信息系统罪，比较明显的、关涉定罪量刑的争点事实很容易聚焦到"犯罪客观方面"这一构成要件。具体到本案则需解决两个事实问题：一是被告人姚×、李××是否实施了破坏计算机信息系统的行为（以下简称"破坏行为"）；二是被告人姚×、李××的破坏行为是否造成了严重后果（以下简称"危害结果"）。针对前者，是要审查有无证据证明被告人实施了破坏行为；针对后者，是要审查起诉书中所称的"非法牟利"856 604.5 元是如何计算得来的，是否计算正确。聚焦到这两个争点后，笔者很快发现了关键性的证据问题。

其一，关于破坏行为。本案起诉书及起诉意见书中指控被告人姚×、李××两人"使用 SQL 语句注入漏洞并修改数据库数据，为托福考试考生抢位报名"。在这里，"使用 SQL 语句注入漏洞并修改数据库数据"，可以被认为是"破坏行为"。然而，案卷材料中反映出来的被告人姚×、李××帮助考生进行托福考试报名的方式包括两种：一是通过代刷机软件进行帮助报名，二是使用 SQL 注入漏洞进行帮助报名。前一种行为不过是将手工点击报名改为了自动刷机报名，并无任何违法之处。检察机关在起诉时并未区分这两种方式，很可能控方无法判断这两种方式的占比。果真如此，这一争点事实就会动摇定罪量刑的根基。

其二，关于危害结果。本案起诉书指控被告人姚×、李××“违法所得共计857 004.5元”①，但并未明示计算违法所得的方法，亦未明确有关的证据。笔者经过阅卷，发现“从中非法牟利 856 604.5 元”的事实是在“替考生报名 1 239 次”的事实基础上计算得来的。其计算基本分为三步：第一步，将鉴定书的结论“替考生报名 1 239 次”等同于被告人姚×、李××替 1 239 位托福考生进行考试报名；第二步，计算 1 239 位托福考生实际支付的金额，即“买家实际支付金额”；第三步，对 1 239 位托福考生支付的“买家实际支付金额”进行求和。果真如此，这么计算究竟对不对呢？有什么样的重大错误呢？这一争点事实也影响到定罪量刑的根基。

确定了需要重点质证的两个主要的争点事实后，笔者当时还对本案中“侵害对象”产生了怀疑。起诉书等材料中均写明“国家教育部托福考试网上报名系统数据库”被入侵。而在报案材料中，教育部考试中心声明：（1）被入侵系统的网址是 http：//toefl. etest. net. cn；（2）该系统“由我中心自行开发和维护”，属于“教育部考试中心单位”；（3）此系统为经公安部备案的安全防护第三级系统。那么，究竟是教育部网站被入侵呢？是教育部考试中心网站被入侵呢？还是其他网站被入侵呢（要注意这个网站是提供托福考试报名服务的）？这三种可能性关系到本案社会危害性的大小。因此，关于侵害对象的事实，也可以作为本案需要质疑的第三个争点事实。

这样一来，本案辩方明确了作为质证重点的三项争点事实（见图 23－4）。比较来说，第三个争点事实——“侵害对象”事实是可以简单核查清楚的。笔者安排人简单查询了权威的官方查询网站——工业和信息化部的 ICP/IP 地址/域名信息备案管理系统，发现涉案网站（http：//toefl. etest. net. cn、 http：//toefl. etest. edu. cn ）的主办单位为独立的企业法人——××公司，属于独立纳税的企业主体（见图 23－5）。而教育部是国家教育主管机关，教育部考试中心是独立的事业法人，它们均不可能拿着国家的财政经费从事同外国商业公司——托福公司合作的商业运营行为。本案中将涉案网站故意报案为（国家）教育部网站、教育部考试中心网站，不排除报案单位主观上就是试图故意误导侦查。有了这样的发现，就只待庭上举证质证。

图 23－4　淘宝网店销售托福考位案的质证内容聚焦

① 该案中，检察机关在起诉书中指控的违法所得，与公安机关在起诉意见书中所写的违法所得，存在“几百元”的差距。经向公诉人核实，公诉人未能作出解释。

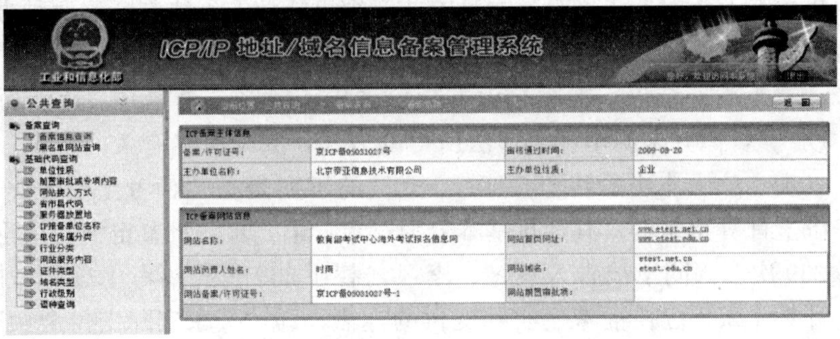

图 23-5

那么，关于“破坏行为”“危害结果”的两项争点事实，怎么样有效地质证？这需要继续进行充分的准备，也就要进入聚焦式质证的后续步骤。

四、步骤二：关注“鉴——数——取”的证据聚焦

电子证据的聚焦式质证原理表明，对案件中“鉴定意见＋电子证据＋（来源）笔录”组成的证据组合进行归纳，是聚焦的第二步。在本案的审查起诉阶段，起诉中所列举的能够证明“破坏行为”“危害结果”事实的证据材料可以归纳如下：（1）“鉴”之材料。案件中表现为天津市某鉴定机构出具的一份鉴定意见书（以下简称为“1号鉴定书”）。其鉴定意见表述为，“送检光盘中四个淘宝账号所对应的订单报表中‘买家留言’字段，包含有‘DB记录.xls’文件中‘考生信息’表‘××ID’字段数据项内容的记录共计1 239条”。（2）“数”之材料。案件中表现为“1号鉴定书”的检材，具体包括网警对托福考试网站进行远程勘验获取的、记录入侵行为的DB数据库文件一份（以下简称为“DB文件”），以及网警对两名被告人淘宝店铺的订单进行远程勘验获取的、关于淘宝订单文件4份（以下简称“1－4号订单文件”）。这五份电子证据既是“1号鉴定书”形成鉴定意见的基础，也是网警进行五次远程勘验的结果。另外，我们审查“1号鉴定书”时，还发现其后附有证明鉴定过程的光盘，其中有4份附件文件，表明鉴定人进行比对检验的工作结果。由于这些工作结果（以下简称“1号鉴定书附件”）呈现为电子证据的形式，我们将其一并归入有关“数”的材料。（3）“取”之材料。案件中表现为反映“DB文件”“1－4号订单文件”是如何得来的文书材料，具体包括网警对托福考试网站进行远程勘验获取“DB文件”时制作的远勘笔录（以下简称为“DB文件远勘笔录”），以及从两名被告人淘宝店铺的订单进行取证获取“1－4号订单文件”时的远勘笔录（以下简称“订单文件远勘笔录”）。

这三种材料是否构成一个有效的“鉴——数——取”证据组合（模型见图23-6），就成为“证据聚焦”环节的审查重点。这实际上就是“鉴——数——取”一体审查法。审查的技巧是将它们关联起来分析，看彼此之间是否相一致，看它们在内

部细节上是否存在矛盾，看它们之间或内部的矛盾能否进行合理解释。在审查过程中，可以进行“两两关联”分析，也可以“三者关联”分析。实践表明，这种整体审查的思路所产生的效果，要远远大于对单一证据进行逐一审查所产生的效果。本案采取“鉴——数——取”一体审查法，快速取得了重要收获。

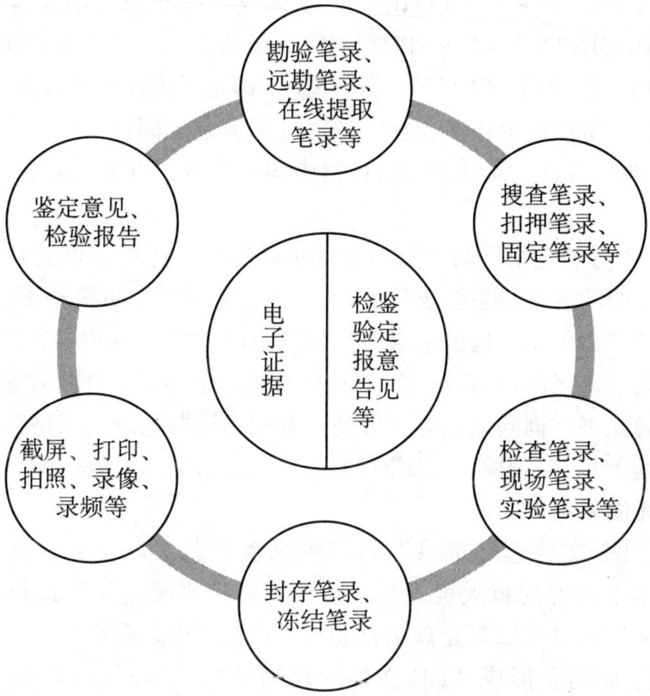

图 23-6

第一，将“1号鉴定书”与“DB文件远勘笔录”进行关联分析发现，“DB文件”来源不明。“1号鉴定书”注明“DB文件”被用作重要检材，是由××公司提交的。而案卷中找不到关于××公司提交该文件的任何笔录。与之相反，案卷中存在着“DB文件远勘笔录”，表明“DB文件”是由网警2014年10月23日远程勘验得来。这就使得“DB文件”的来源严重存疑存在重大疑点。

那么，能否通过核对文件校验值的方式，来确定“DB文件”是否来自2014年10月23日远程勘验呢？这可以核对两份文书。结果我们又发现：“1号鉴定书”使用的是SHA256值校验，远程勘验时使用的是MD5值校验。两种校验值之间不具有可比性，也就无法判断“DB文件”的信息来源。① 在这种情况下，就有必要进

① 实践中，人们通常不注意审查校验值。这也是容易出问题的地方。一般而言，取证是要计算所固定电子证据的校验值，鉴定机构进行鉴定时亦必须计算校验值。两个校验值相一致，则说明鉴定使用的检材就是取证所固定的电子证据；两者若不一致，照理说鉴定机构应当进行客观记录，实务中也常见到鉴定书中刻意使用与取证所记校验值格式不同的另一格式的校验值。这两份文书使用的校验值格式不一致，通常说明可能出现鉴定材料失真的情况。

行另外的组合分析以寻求突破。

第二，将“DB 文件”与“1 号鉴定书附件”进行关联分析发现，“1 号鉴定书”除使用了“DB 文件”“1—4 号订单文件”。还使用了其他未标明的检材来源。理由如下：(1)“1 号鉴定书附件”中含有“考点名称”“考点省份”“考点城市”“实际支付时间（PAYMENT→PAYTIME)”“实际支付操作服务器及客户端 IP 地址”“报考时间（APPOINTMENT→APPTIME)（被修改后)”“报考时间（APPOINTMENT→APPTIME）被篡改时间”等项信息（详见“附件项目截图”文件夹），而这些信息在以上 5 份检材中皆不存在。(2)“1 号鉴定书附件”中含有关于实际支付操作的许多 IP 地址信息，而前述 5 份检材中均不含有、也不可能含有这些 IP 地址信息。

第三，将“1 号鉴定书”与“订单文件远勘笔录”进行关联分析，同样发现了鉴定检材来源不明的问题。主要表现为，“1 号鉴定书”注明检验了四份淘宝订单，但案卷中对应的“订单文件远勘笔录”只找到 3 份。“1 号鉴定书”描述，第四份淘宝订单是由证人李××2014 年 11 月 18 日提交的，但案卷中并没有警方向证人李××调证的调取通知书、询问笔录等。即便是有配套远勘笔录的三份淘宝订单，远勘笔录上使用的是 MD5 值校验，鉴定时使用的却是 SHA256 值校验。这使得两种文件是否对应，无法做出判断。

第四，将“DB 文件远勘笔录”与所附光盘进行关联分析。在进行“鉴——数——取”一体审查发现重大疑点后，还可以就“来源笔录”进行内部的关联分析，主要是将文字记录与所附光盘结合起来。在该案中，我们针对所谓由网警 2014 年 10 月 23 日远程勘验形成“DB 文件远勘笔录”，结合其配套的光盘进行了分析。① 结果发现该笔录严重失实，反映出来的警方竟然“是先提取数据，后登录服务器”②，远勘的重要步骤也与光盘中截图不能很好地对应。这一严重的程序违法或者造假的问题，可以从截图反映出的时间看出来。试举一例：“DB 文件远勘笔录”表明先进行第七步、后进行第八步；而所附光盘的截图反映的情况是，第七步显示的时钟为 18：31（截图保存时间为 18：32：06），第八步显示的时钟却为 18：30（截图保存时间为 18：31：28）。(见图 23－7)

在完成上述工作后，我们认为“津青公（预）诉字［2015］44 号起诉意见书的指控存在着明显的事实不清、证据不足、适用法律不当的问题，对被告人姚×、李××应当作不起诉处理”。我们跟审查起诉检察官见面沟通，并提交了审查起诉阶段的书面辩护意见。见面过程中我们逐一指出了上述问题，重点说了“1 号鉴定书”根本不能用作证据的问题。检察官看起来听懂了，说本应该作出不起诉处理，

① 公安部《计算机犯罪现场勘验与电子证据检查规则》第 23 条规定：“应当采用录像、照相、截获计算机屏幕内容等方式记录远程勘验过程中提取、生成电子证据等关键步骤。”这表明，远程勘验的关键步骤最重要，一旦关键步骤上出问题将影响到提取数据的可信度。

② 合理的远程勘验，只能是先登录服务器，后从该服务器中提取数据。

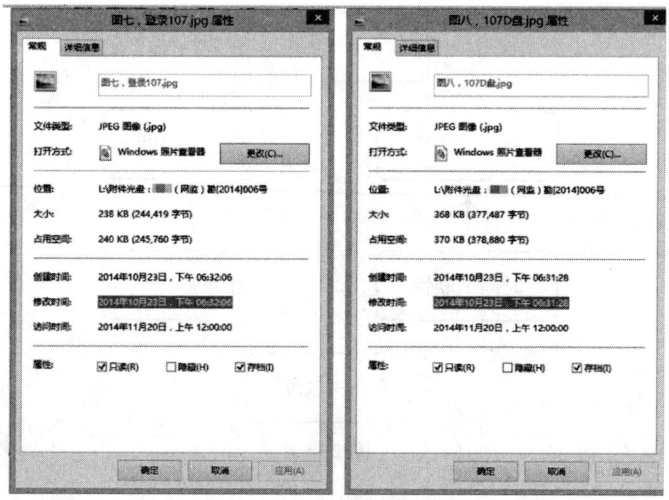

（远程勘验第七步截图：“图七，登录107. jpg”）　（远程勘验第八步截图“图八，107D盘. jpg”）

图 23-7

并表示将按照法定程序向公安机关提出补充侦查的意见。

据了解，之后公安机关重新收集了部分检材，聘请原司法鉴定机构重新检验。××司法鉴定中心于 2015 年 6 月 11－12 日完成 ××［2015］计算机检字第 3 号司法鉴定意见书（以下简称为“3 号鉴定书”）。“3 号鉴定书”的检验方法跟以前一致，其结论部分表述为“包含××ID 字段数据项内容记录 1 253 条”。这样案子被起诉到法院。真正意义上的电子证据质证即将开始，也将转入第三步聚焦。

五、步骤三：关注“主辅审查”的标准聚焦

聚焦式质证的第三步指向证据的采用标准，强调辩方应当优先针对关联性标准提出质疑，并以针对真实性标准、证明力标准的质疑为支撑，以针对合法性标准的质疑为补充。在本案中，控方取得了新的鉴定意见，将旧“1 号鉴定书”、新“3 号鉴定书”均予以提交，构成了优化后的“鉴定意见＋电子证据＋（来源）笔录”的证据组合。那么，辩方该如何有效地质证呢？

（一）重点质疑：关联性之质

在前述章节讲过，电子证据的关联性包括双联性，即电子证据的内容要与案件事实、涉案人相关，电子证据的载体也要与案件事实、涉案人相关。前者称为内容关联性，后者称为载体关联性。载体关联性也可细分为时间关联性、地点关联性、介质关联性、行为关联性、身份关联性。完成这样的关联性质疑任务，通常需要遵循“六步审查法”（见图 23－8）。

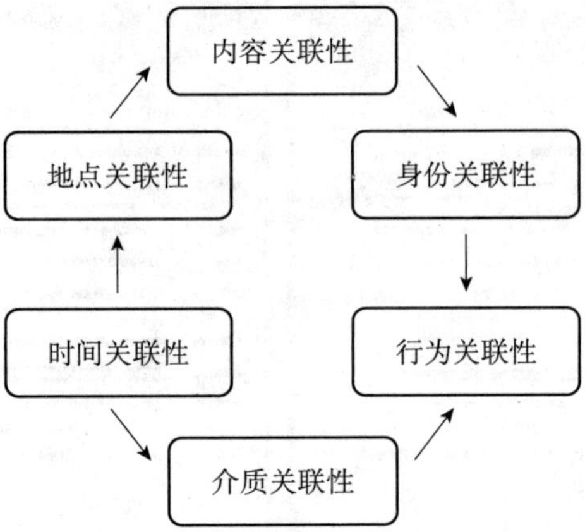

图 23-8

简单地展开，内容关联性是电子证据的数据信息同案件事实之间的关联性。身份关联性需要有证据证明涉案的电子账号归行为人所有或使用；行为关联性要求确认行为人有无实施违法行为；介质关联性要求确认电子介质同行为人的关系，如判断电子介质是行为人独有还是与他人共有、共用；时间关联性需要确定机器时间与物理时间的对应关系，进而确定在涉案时间谁的行为才产生了相应的电子证据；地点关联性就是要确认 IP 地址、MAC 地址、GPS 地址等地址信息同行为人之间的关系。①

具体到本案中，我们已经将质证的重点限定为“破坏行为”“危害结果”。这就要求聚焦质疑是否有确实、充分的证据证明被告人姚×、李××实施了使用 SQL 注入漏洞进行帮助报名的行为，且这一破坏行为非法牟利达 856 604.5 元。这又可以分解为，要判断控方举出的电子证据组合是否与所指控的案发时间有关，是否与被告人姚×、李××的物理位置、IP 地址相关，是否与被告人姚×、李××有关，是否与指控的代为托福考试报名行为相关，是否与被告人姚×、李××使用 SQL 注入漏洞的行为有关，等等。

当然，这时的质证要考虑同时以控方调整后的证据组合为对象。其中，同“1号鉴定书”相比，“3 号鉴定书”检材五份，“1—3 号订单文件”是完全一样的，而关于记录入侵行为的数据库文件发生了变化，改为警方重新向××公司调证、××公司提交的“DB 记录 . new. xls”文件（以下简称为“DB new 文件”），关于第四份淘宝订单改由警方重新远勘得来（以下简称为“新 4 号订单文件”）。相应地，控方提供了新的远勘笔录——津公（网监）勘［2015］001 号勘验（以下简称为“新 4 号订单文件远勘笔录”，记载警方 2015 年 6 月 9 日重新进行了远程勘验；同时，控方未提供警方重新向××公司调证形成的调查笔录或询问笔录等。这构成一个新

① 刘品新 . 电子证据的关联性 . 法学研究，2016（6）.

的“鉴——数——取”证据组合。

在本案庭审中，控方将“1号鉴定书”“3号鉴定书”均作为证据举证，并拒绝从中择一用于指控，拒绝回答两份鉴定书是属于重新鉴定、补充鉴定还是其他关系；控方将“DB文件”“DB new文件”均作为证据举证，亦将新旧笔录均作为证据举证。这样一来，辩方提出关联性质疑也不得不覆盖新旧“鉴——数——取”证据组合。下面选择一部分，进行例举如下。

1. 不具有内容关联性。本案指控的罪名是破坏计算机信息系统罪，有关行为必须达到情节严重的程度才能定罪量刑。① 在本案中，起诉书是按照“违法所得”（达到856 604.5元）达到“后果特别严重”进行指控的。在本案中，简单根据“1号鉴定书”“3号鉴定书”得出的“共同ID数”计算“违法所得”，是一个明显的关联性问题。“1号鉴定书”表明，将“DB文件”与“1－4号订单文件”相碰撞可以发现，共同“包含××ID字段数据项内容记录1 239条”；“3号鉴定书”得出了差不多的结论，即共同“包含××ID字段数据项内容记录1 253条”。这两份鉴定书所说的“1 239/1 253条”，是否等同于被告人姚×、李××替1 239/1 253位托福考生进行托福考试报名？是否意味着均系通过“使用SQL语句注入漏洞”报名？是否意味着1 239/1 253位托福考生实际支付的金额就是非法所得？对这些疑问的回答，都关系到有无关联性的判断。

展开来说，将“1号鉴定书”“3号鉴定书”的简单碰撞结果用于指控，其中存在的伪关联是显然的：（1）这种机械计算会误将不在案发期间的订单编号统计进来；（2）这种机械计算会将支付时间异常的订单编号统计进来；（3）这种机械计算会将其他人（其他IP地址）的订单编号统计进来；（4）这种机械计算会将交易不成功，或者虽然显示成功但事后退款的订单编号统计进来；（5）这种机械计算会将非为托福考试报名的订单编号统计进来……如此多的错误，就必然形成了错误的关联性认定。

2. 不具有时间关联性。本案指控的是“2013年9月至2014年8月期间”的犯罪行为。而所有淘宝订单文件的时间跨度都远远超过指控的上述犯罪期间。例如，

① 最高人民法院、最高人民检察院《关于办理危害计算机信息系统安全刑事案件应用法律若干问题的解释》，将定罪的“后果严重”界定为：“（一）造成十台以上计算机信息系统的主要软件或者硬件不能正常运行的；（二）对二丨台以上计算机信息系统中存储、处理或者传输的数据进行删除、修改、增加操作的；（三）违法所得五千元以上或者造成经济损失一万元以上的；（四）造成为一百台以上计算机信息系统提供域名解析、身份认证、计费等基础服务或者为一万以上用户提供服务的计算机信息系统不能正常运行累计一小时以上的；（五）造成其他严重后果的。”将从重处罚的“后果特别严重”界定为：“（一）数量或者数额达到前款第（一）项至第（三）项规定标准五倍以上的；（二）造成为五百台以上计算机信息系统提供域名解析，身份认证、计费等基础服务或者为五万以上用户提供服务的计算机信息系统不能正常运行累计一小时以上的；（三）破坏国家机关或者金融、电信、交通、教育、医疗、能源等领域提供公共服务的计算机信息系统的功能、数据或者应用程序，致使生产、生活受到严重影响或者造成恶劣社会影响的；（四）造成其他特别严重后果的。”

"4 号订单文件"的记账期间到了"2014.11.18"，"4 号订单文件"的记账期间更涉嫌到达"2015 年 6 月 9 日"；又如，案件中托福考试网站使用计数器记录非正常报名行为是"2014/7/12 至 2014/8/22"，而"1 号鉴定书""3 号鉴定书"均将这一时间段之外的行为也统计在内。

此外，该案还存在错误地将支付时间异常的行为统计在内的情形。庭审查明，被告人姚×、李××为托福考生报名的方式是：淘宝买家即考生先下订单（形成"订单创建时间"），被告人姚×、李××为其报名（形成"报考时间/被篡改时间"）。而控方根据"1 号鉴定书""3 号鉴定书"进行指控时，存在着大量的"报考时间/被篡改时间在先、订单创建时间在后"的反常现象。如编号为 7503××××的订单，报考时间/被篡改时间为 2014/7/25 23：42：29，而该订单创建时间为 2014/7/29 0：51：58。这样的统计结果完全不具有关联性。

3. 不具有地点关联性。在本案中，记录入侵行为的"DB 文件"中包含有行为人非正常报名时的登录 IP 地址。这可以从"1 号鉴定书""3 号鉴定书"的附件看出来。我们分析统计发现，涉嫌"使用 SQL 语句注入漏洞的行为"共出现了 3 440 个 IP 地址，其中天津 IP 地址 1 805 个，另有北京、广东、河北、河南、黑龙江、江苏、辽宁、山东、上海、四川、浙江、重庆等外地 IP 地址 1 603 个。而被告人姚×的行为地点是其位于天津市的家中，根据现有证据仅涉及天津的"100 多个相关网络 IP 地址"①。这就表明，现有证据不一定跟被告人姚×的行为相关，而是跟其他人的行为相关。因为即便是天津市涉案的 1 805 个 IP 地址，也没有任何证据表明全部都与被告人姚×相关。在这种情况下，将所有人的犯罪行为简单归于被追诉的两名被告人姚×、李××是不公平的，更是明显错误的。

4. 不具有介质关联性。本案中，警方没有查获被告人姚×、李××使用的电脑等介质，有关电子证据也不是来源于被告人姚×、李××使用的电脑等介质。"1 号鉴定书"载明，鉴定人鉴定使用的是一张标识有"网监总队送检证据光盘"的光盘。该光盘同被告人姚×、李××有何关联，本身就是问题。特别是在庭审阶段，鉴定人出庭做了说明，其承认做鉴定使用的不是那张光盘，而是警方提交的一个 U 盘。所谓的那张标识有"网监总队送检证据光盘"，是事后补充提交的。鉴定人当时并没有核对两者的文件是否一致。由此可见，"1 号鉴定书"是基于来源不明的 U 盘作出的，检材和鉴定意见均不具有关联性。

"3 号鉴定书"也载明，鉴定人鉴定使用的是一张标识有"网监总队送检证据光盘"的光盘。但是，控方未向法庭提交这份所谓的标识有"网监总队送检证据光

① 在本案中，指向被告人姚×、李××犯罪的重要证据是 2014 年 11 月 14 日制作的一份"情况说明"。其中载明："经工作发现，对托福考试报名网站被攻击中涉及我市的 30 000 余条共计 100 多个相关的网络 IP 地址进行落地核查，发现 100 多个相关的网络 IP 地址均为 ADSL：8779××××使用。经核查 ADSL：8779××××注册信息为：姓名：姚×，家庭住址：天津市……"该证据表明，涉及被告人姚×、李××犯罪的 IP 地址只是天津市的 100 多个相关的网络 IP 地址。

盘”的新光盘。虽然“3 号鉴定书”说明了这五份材料的校验值，但辩方在缺乏作为检材的光盘的情况下根本无法核实其校验值，也就无法确信鉴定人所检验材料的来源。“3 号鉴定书”及其检材亦没有建立起起码的关联性。

5. 不具有行为关联性。本案指控的是“使用 SQL 语句注入漏洞代为托福报名的行为”。而“1—4 号订单文件”等均包括“代为托福报名”以外的行为，如“代为雅思报名行为”“充值的行为”“送分的行为”“注册的行为”；仅就“代为托福报名的行为”外，其中既有“使用 SQL 语句注入漏洞”的行为，还有“使用刷屏方式”的行为，既有报名成功的情况，也有报名不成功或退款的情况（如订单中注明“交易关闭”“退款”等）。同样，作为记载非正常报名相关日志，“DB new 文件”竟然不包括侵入计算机信息系统的 SQL 语句信息。“DB 文件”虽然包括侵入计算机信息系统的 SQL 语句信息，但反映的报名时间同案发时间段不一致。前述各种不相关的行为，均被“1 号鉴定书”“3 号鉴定书”采取的简单“碰撞”检验方法所囊括入内。

6. 不具有身份关联性。本案中，被告人姚×、李××通过淘宝账号生成订单联络业务，再使用 SQL 语句进入托福考试网站后台进行代报名。在这种情况下，单纯地依靠淘宝账号、家庭上网 IP 地址能不能将相关证据组合同行为人的身份关联起来？这里存在一个极大的疑问。人们可以提出合理的质疑，在家庭上网 IP 地址存在多人使用或被冒用等可能的情况下，在淘宝账号存在他人使用或被用于其他业务等可能的情况下，现有证据尚不能构建被指控行为同被告人姚×、李××之间的法律意义上的关联性。

总而言之，本案中控方在证据组合关联性方面的工作可以说是千疮百孔。控方必须狠下功夫，起码堵塞基本的漏洞，构建电子证据组合同主要犯罪事实之间的关联性。为了给读者们以有益的启发，笔者结合本案的作案机理，绘制理性状态下的证据组合及关联性搭建示意图如下（见图 23-9）。由图可见，为了做到完美状态的关联性构建，控方需要继续补证开展的工作很多，至少包括：(1) 在淘宝订单报表中，剔除非入侵订单；(2) 在托福服务器入侵数据路中，剔除被告人以外的 IP 地址；(3) 在托福考生报名数据库中，剔除报名成功时间在订单生成前的数据；(4) 在淘宝订单报表中，剔除不成功订单……笔者认为，这一关联性建构模式，不单单适用于本案的具体情况，同样适用于其他网络入侵案件的办理。

可能会有读者提问，既然实践中电子证据及其组合的关联性如此容易遭受质疑，那么反过来说要建构电子证据及其组合的关联性有何技巧呢？这是从举证方的角度提出问题。该问题的答案其实也很简单，就是争取以电子证据的组合重建案件事实。如果案件事实能够完全构建出来，且所构建的案件事实与被告人有关，那就是比较理想的关联性构建。理解这个问题的答案，对于推动针对电子证据关联性的有效质证，亦很重要。下面补充一起案件予以说明。

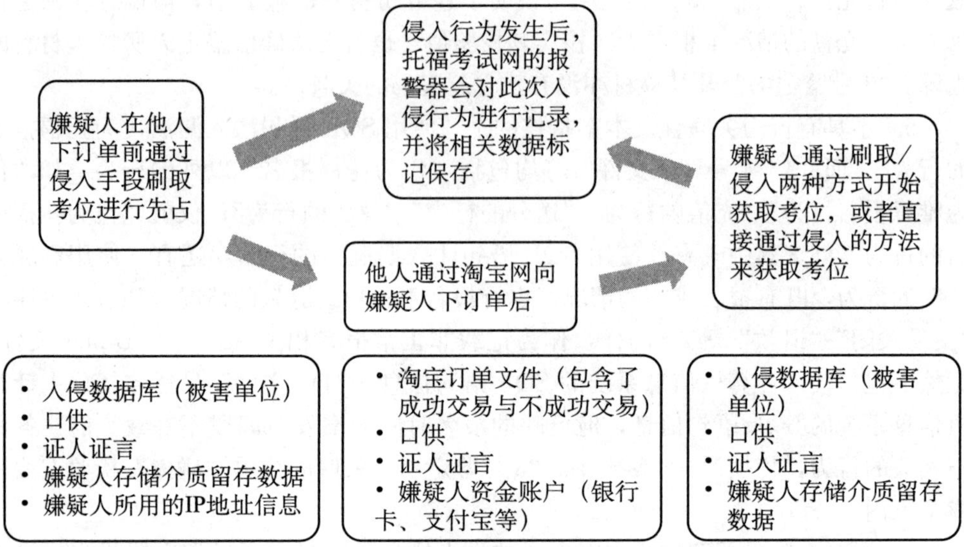

图 23-9　“托福案件”的犯罪流程与证件关联性

【案例 23-3】

魏×发动 DDOS 攻击与敲诈勒索案①

【基本案情】

魏×在网上下载黑客攻击教程与攻击软件，自学了网络攻击技术，瞄向了网络非法炒金平台。他认为对这些非法平台攻击后，管理者也不敢报警，于是攻击北京一家炒金平台，进而进行敲诈勒索。因其对该网站进行 DDOS 攻击导致网站崩溃，黄金交易损失惨重，公司因赔付数千万元而倒闭。本案发生的事件主轴大致如下：(1) 2013 年，嫌疑人开始学习黑客攻击技术；(2) 2014 年 11 月 3 日，嫌疑人锁定受害公司；(3) 2014 年 11 月 13 日，嫌疑人对受害公司实施 DDOS 攻击行为；(4) 2014年 11 月 13 日至 11 月 14 日，嫌疑人对受害公司实施敲诈勒索行为；(5) 2014年 11 月 15 日后，嫌疑人对受害公司再次实施攻击导致受害公司破产，损失千万元；(6) 2015 年，嫌疑人被逮捕。网络攻击行为方式示意图见图 23-10。

【案件评析】

该案的主要证据是嫌疑人所使用的电脑硬盘。本案如何将证据做扎实，特别是如何证明确实是犯罪嫌疑人发起的攻击，而不存在误命或其他人入侵的问题？这是重要的举证问题，也是质证的热点问题。在该案办理过程中，中国人民大学电子证

① 改编自谢君泽、郭树正参与办理的一起案件材料。

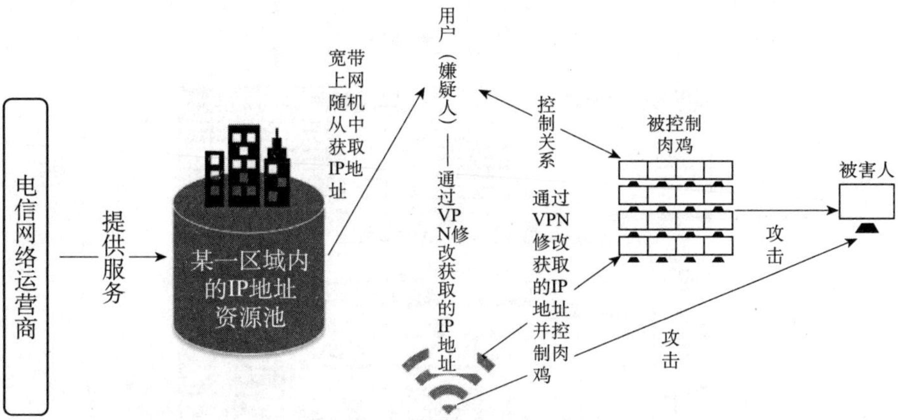

图 23－10　网络攻击行为示意图

据研究团队协助对该案电子证据进行如下梳理和补证。

(1) 查嫌疑人电脑有无攻击的程序。结果是，查到了攻击的程序，并且时间对得上案发时间。嫌疑人使用的虚拟机系统界面如下图（见图 23－11），虚拟机可以视为在实体电脑操作系统中虚拟出来的一个相对独立操作系统，简单地说就是一台电脑有数个系统，各个系统中的应用相互独立，若在实体系统中不通过专门软件，则不能看到虚拟机中的应用程序。

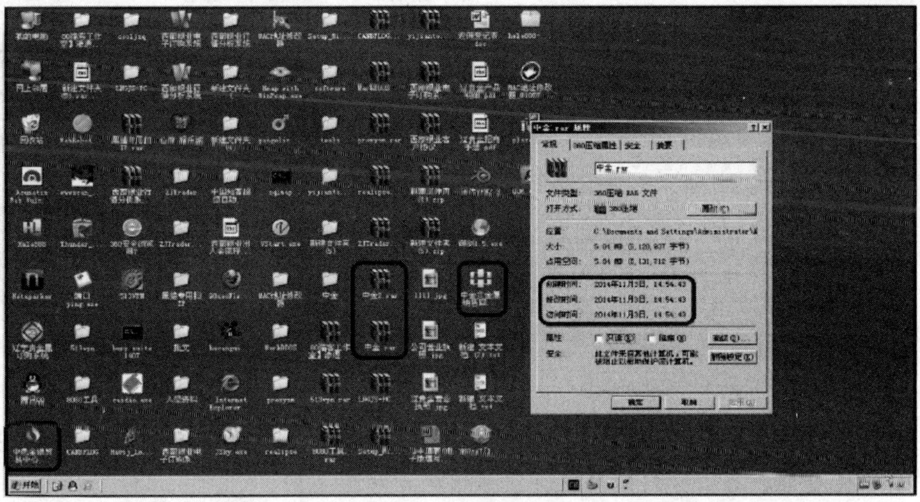

图 23－11　嫌疑人所使用的虚拟机系统界面

(2) 查被害单位电脑。通过入侵留下数据的 IP 地址，锁定了被告人。通过取证工具分析虚拟磁盘①，发现其中存在大量的数据交互记录。由此可以证明嫌疑人

① 虚拟磁盘（virtual disk），是指在本地电脑里面虚拟出一个远程电脑里面的磁盘。

向被害单位所使用的 IP 地址（111.206.××.××）发动 DDOS 攻击（见图 23-12）。该数据的时间信息，还可以同被害人陈述相印证。

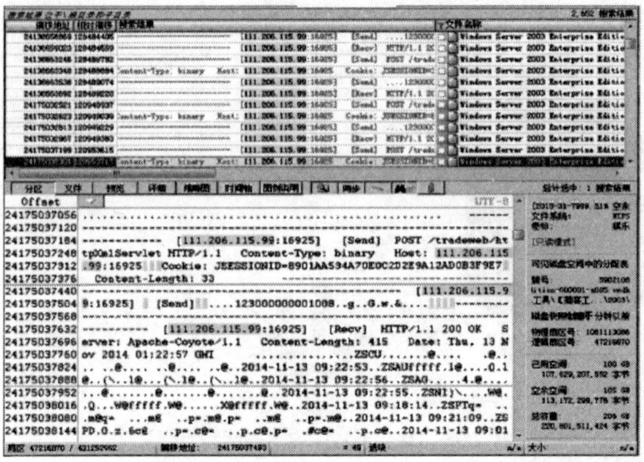

图 23-12

（3）在嫌疑人电脑发现了其擦除的碎片文件。我们在嫌疑人电脑的空余空间中发现嫌疑人敲诈勒索的聊天记录碎片文件（见图 23-13）。将这些证据串联起来就能够构建起较强的内容关联性，可以证明嫌疑人曾于发动网络攻击后向被害单位实施敲诈勒索行为。

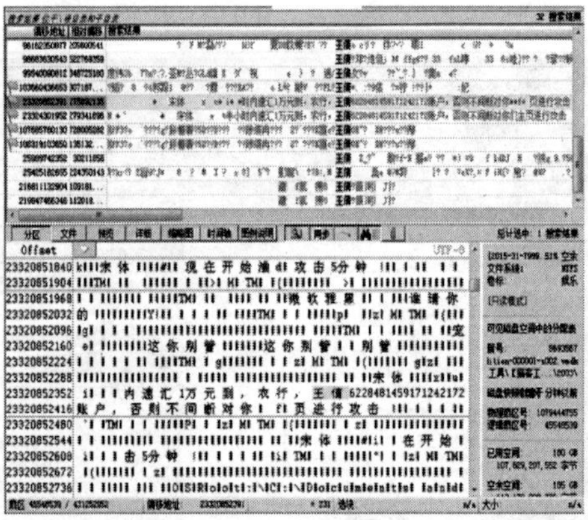

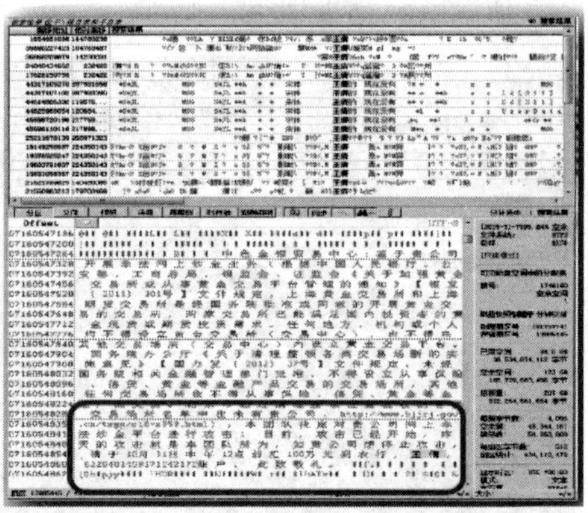

图 23-13

在嫌疑人空余空间中还发现了其所使用的 VPS 服务器碎片文件（见图 23-14）。由此证明嫌疑人发动网络攻击所使用的中转服务器。

（4）最后，鉴定机关出了一份鉴定报告。根据这份鉴定报告，侦查人员可以还原案件故事，还可以补充收集言词证据。如此补证，就比很多案件中只重视依靠口供证明 DDOS 攻击与每个嫌疑人相关，要强很多。这样的电子证据及其组合对于证明网络攻击行为、敲诈勒索行为，具有良好的关联性。办案的技巧就是将反映个体信息的内容、身份、行为、时间、地点、介质等关联性挖掘出来。检察官的举证奥秘在于此，辩护人的质证奥秘也在于此。

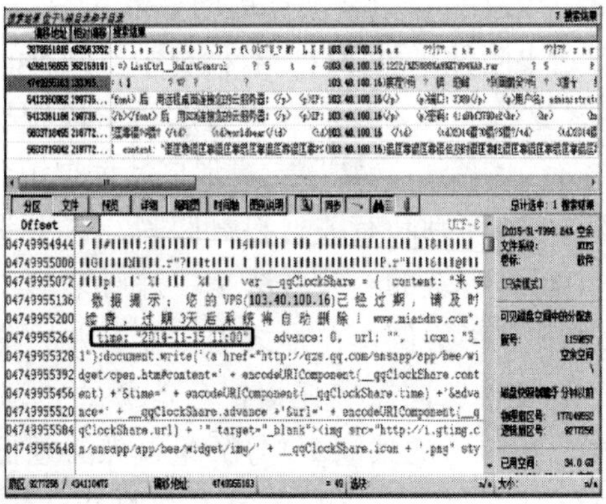

图 23－14

（二）辅助质疑：真实性之质

实践中，与质疑电子证据的关联性密切相关的还有对其真实性的质疑。后一质疑不仅会在很大程度上支撑前一质疑，而且会从新的角度影响证据效力的认定。同样，单独审查鉴定意见、电子证据、（来源）笔录这三类证据显然是不够的，那将很难发现真实性问题。但如果注重将这三者结合起来，至少是将任意两两组合起来进行审查，就容易发现真实性方面的疑问。这是因为，鉴定意见书要描述检材的特征，电子证据本身的内容、属性、痕迹可以用于验证，（来源）笔录可以还原证据获取过程，进而助力验证真伪。如果它们所揭示的证据获取过程被多重解析出来，那将真伪立现。

在本案中，准确地说存在着两个重要的“鉴——数——取”证据组合：一是在审查起诉阶段形成的证据组合，其中“鉴”之材料指“1 号鉴定书”，“数”之材料指“DB 文件”“1—4 号订单文件”及“1 号鉴定书附件”，“取”之材料指“DB 文件远勘笔录”“订单文件远勘笔录”；二是在审判阶段新形成的证据组合，其中“鉴”之材料指“3 号鉴定书”，“数”之材料指“DB new 文件”“1—3 号订单文件”“新 4 号订单文件”及“3 号鉴定书附件”，“取”之材料指“DB new 文件调取通知书”[①]“1—3 号订单文件远勘笔录”“新 4 号订单文件远勘笔录”。同前一证据组合相比较，后一证据组合的不同内容主要是“3 号鉴定书”“DB new 文件”“新 4 号订单文件”“3 号鉴定书附件”“DB new 文件调取通知书”“新 4 号订单文件远勘笔录”。

在第一个证据组合中，许多材料属于来源不清或涉嫌造假的情形，是比较容易判断的。如关于“DB 文件”来源，不仅有着截然不同的说法，而且文件校验值无法核对；关于“DB 文件远勘笔录”涉嫌造假，表现为笔录反映的取证顺序竟然“是先提取数据，后登录服务器”；关于“4 号订单文件”来源不明，表现为在“1 号鉴定

① 本案中，警方于 2015 年 6 月 10 日向奈亚公司出具了调取证据通知书，注明要调取“托福考试网上报名系统数据库相关电子数据”。警方据此调查的就是“DB new 文件”。但警方对此没有制作任何调取笔录或询问笔录。

书”有说明，但案卷中缺少相关的“订单文件远勘笔录”；关于“1 号鉴定书”检材来源不明，表现为“1 号鉴定书附件”包含有所有检材中不具有的“考点名称”“考点省份”“考点城市”等信息。这些质疑，我们在审查起诉阶段跟检察官交流过，也得到了事实上的认可，因此才有组织新的司法鉴定，形成新证据组合的问题。

关于第二个证据组合，如何判断有关材料真假呢？这主要是针对“新材料”进行分析判断。其中，一个行之有效的经验方法是，针对第二个证据组合审查其是否符合生活常识、经验法则。试举一例，在本案中，鉴定人的鉴定方法是将记录非正常报名的计数文件与“DB 文件”同开展托福报名业务的“订单文件”进行共同 ID 号的“碰撞”，那么碰撞分析得来的共同 ID 号数量显然必须低于“订单文件”中的 ID 号数量。然而，经过核对去发现，“3 号鉴定书”的鉴定意见违反了这样的规律，如“2 号订单文件”中的 ID 号数量为 390，鉴定书竟然“撞”出了 431 个 ID 号数量（见表 23－1）。其实，“1 号鉴定书”的鉴定意见亦存在着同样的问题。我们当时从办案技巧出发，在审查起诉阶段并未向公诉人说明。这一重大疏漏也就没有被后来的“3 号鉴定书”所补救。在开庭时，我们就此向鉴定人提问。鉴定人完全没有想到会有这样的问题，也不知道怎么解释。这就不得不让人怀疑这两次鉴定是否真正做过了。

表 23－1

	“1 号记录文件”中 ID 号数量	“2 号记录文件”中 ID 号数量	“3 号记录文件”中 ID 号数量	“2 号记录文件”中 ID 号数量	总计
“3 号鉴定书”碰撞后的 ID 号数量	2 621 / 649	390 / 431	1 303 / 98	261 / 75	4 575 / 1253

从专业技术的角度来看，本案甄别第二个证据组合真伪问题还有一个方法，那就是进行前后鉴定的技术性比对检查。这涉及电子文档修改的一个技术现象。任何电子文档都有自己的属性信息。如果新产生一个电子文档，那会形成独特的属性信息；如果是在旧电子文档上进行修改形成新的电子文档，那么新旧电子文档之间会在属性方面出现“交叉”的规律。

其一，依据“DB 文件”，判断“DB new 文件”造假。“DB 文件”“DB new 文件”虽然同为托福考试网站服务器的相关日志，但简单比较发现，两者记录的信息项目竟然是不一样的。“DB new 文件”莫名其妙地包含有不符合服务器日志特点的中文项目，如“考点”“考试时间”“考生所在省份”“考生所在城市”“考点名称”“考点省份”“实际支付时间”“实际支付操作服务器及客户端 IP”“报考时间（被修改前）”“报考时间（被修改后）”“报考时间（被篡改时间）”等。而且“DB new 文件”文件多次出现相同的项目，如同一列表中多次出现“××ID”项目。这就让人产生了“DB new 文件”是否是根据“DB 文件”简单修改得来，而不是重新调取得来的。

我们用 WinHex 取证软件对“DB 文件”“DB new 文件”进行分析，发现它们竟然在生成软件、生成时间方面是完全一致的（见图 23－15）。尤其它们的“创建内容时间”，在百纳秒的时刻显示是一样的（见图 23－16）。人类的经验表明，以人的能力不可能在百纳秒的时刻同时创建出两份以上的电子文件。这两份文件很可能是同源的文件，即“DB new 文件”是基于“DB 文件”文件修改编辑而来。本案中，我专门申请传唤××公司证人出庭，但证人未能出庭。这一疑点在法庭上无法通过证人证言核实。

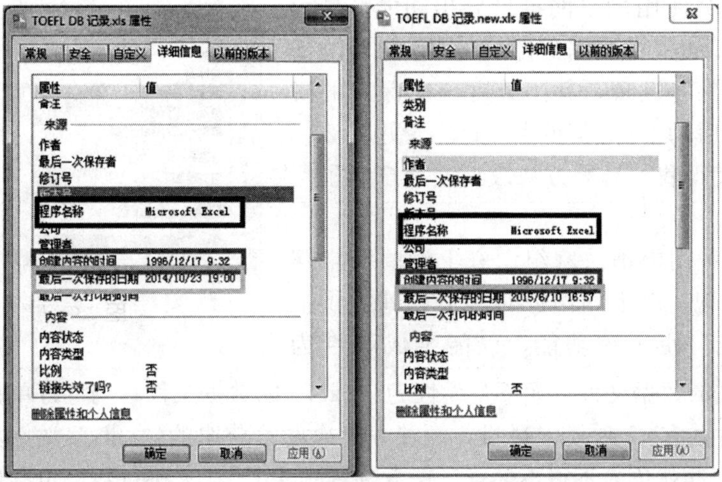

图 23－15

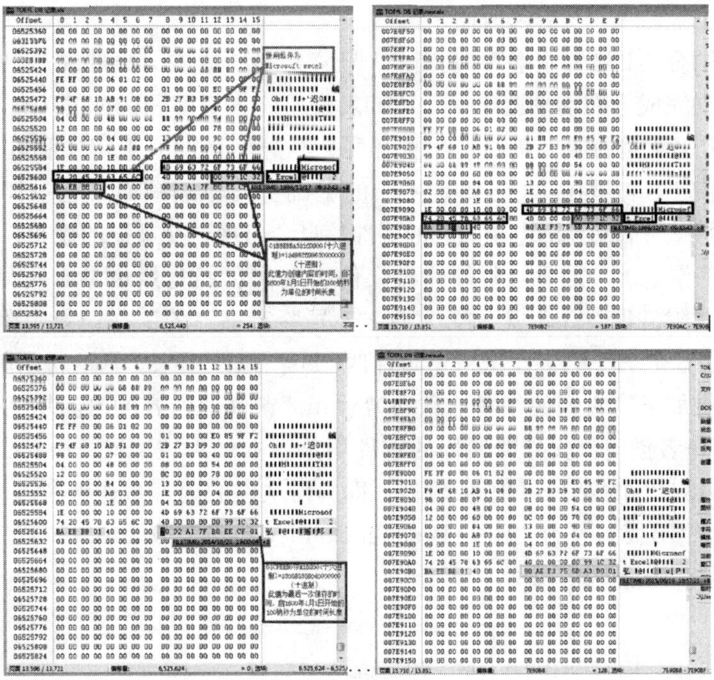

图 23－16

其二，结合“新 4 号订单文件远勘笔录”，判断“新 4 号订单文件”造假。由于原“4 号订单文件”来源不明，警方重新于 2015 年 6 月 9 日组织了一次远程勘验，制作了“新 4 号订单文件远勘笔录”①，提取了“新 4 号订单文件”②。其中，“新 4 号订单文件远勘笔录”载明，侦查机关使用淘宝网批量导出功能，导出了属性为“. xls”的数据文件。然而，核查“新 4 号订单文件”发现，其“最后一次保存的日期”为两天后的 2015 年 6 月 11 日（见图 23－17）。这就使得我们对警方篡改该文档产生了严重的怀疑。

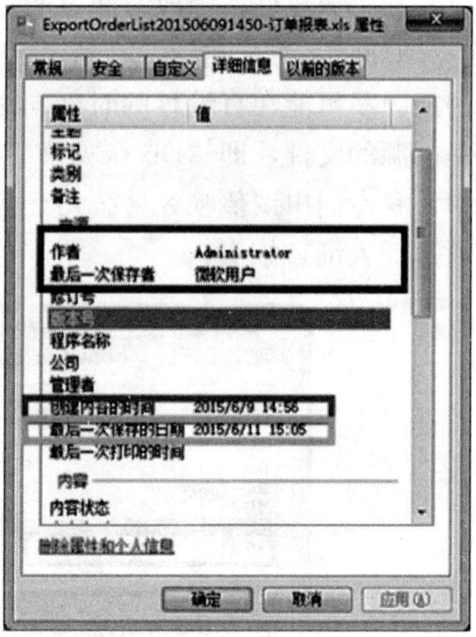

图 23－17

为此，我们申请法庭组织庭上勘验淘宝网站。结果发现，淘宝网站针对网上店铺提供批量导出功能。使用该功能，仅能生成属性为“. csv”格式的数据文件，而不是属性为“. xls”的数据文件；淘宝订单批量导出的“. csv”文件共有 47 项要素科目，而警方此次勘验获取的“. xls”文件，科目数也只有 27 项。这就让人不得不怀疑，警方刻意删除了 20 个科目数，包括反映订单性质的科目。这进一步证明了“新 4 号订单文件”并非的原始数据文件，而极可能是对原“4 号订单文件”简单修改而来。

其三，结合“1 号鉴定书”，判断“3 号鉴定书”造假。照理说，“3 号鉴定书”应当重新独立完成。在前期庭审中，我们发现鉴定人对问题的回答闪烁其词后，就对“3 号鉴定书”是否真实进行产生了怀疑。经过后期的庭下审核和庭上质疑，证实了“3 号鉴定书”是在“1 号鉴定书”的基础上简单删减而成这一怀疑。做出这样的判断，同样要借助新旧电子文档的属性信息会出现“交叉”的规律。我们比对了两次鉴定的工作记录，主要是附件光盘文件，发现它们竟然也具有明显的同源性。以比对结果“附件四 . xls”为例，发现“3 号鉴定书”的工作记录“附件四 . xls”是根据“1 号鉴定书”的工作记录“附件四 . xls”修改而来。这两份“附件四 . xls”的具体特征点如下：它们的作者信息均为“guo”，创建内容的时间均为“2014/12/1 18：12”，作者创建该文档时使用的软件均是版本号为“KSO Product Build Ver-2052-9. 1. 0. 4867”的 WPS Office 软件，即两份文件的内容系作者“guo”于 2014/12/1 18：12 使用版本号为“KSO Product Build Ver-2052-9. 1. 0. 4867”的 WPS Office 软件创建。（见图 23－18）

① 名为津公（网监）勘［2015］001 号的远程勘验笔录。

② 名为“ExportOrderList201506091450—订单报表 . xls”的文件。

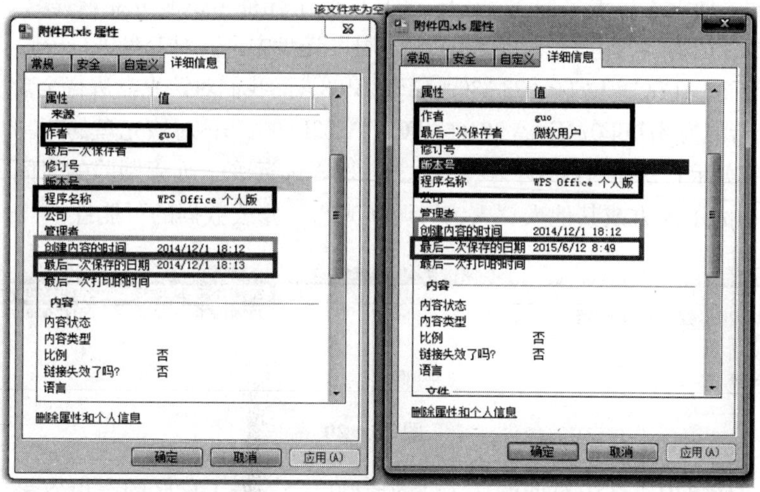

图 23－18

在十六进制下查看该两份文件属性信息发现，这两份文档的创建内容时间在百纳秒的时刻相一致（见图 23－19）。人类的经验表明，以人的能力不可能在百纳秒的时刻同时创建出文档。换言之，这两份“附件四．xls”实际上是同源的文件。这种反常现象不是孤立的。经核对，这两次鉴定的其他工作文件也存在同样的问题。

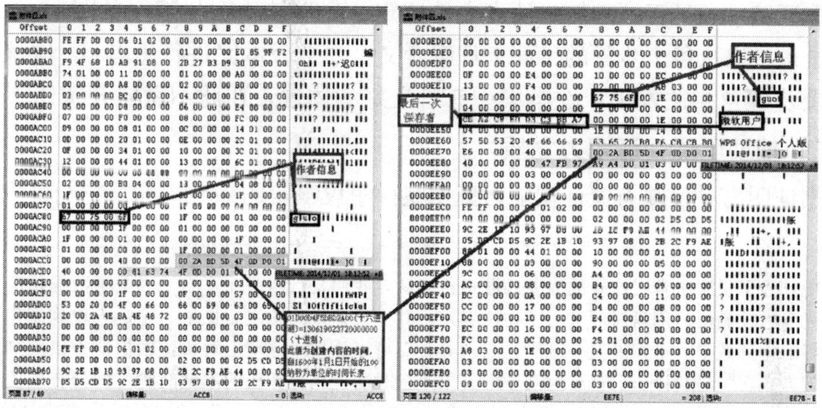

图 23－19

在两份新旧鉴定书中，发现如此多的工作记录文件是同源的，这只能说明第二次鉴定根本没有真正进行过。换言之，“3 号鉴定书”看起来是新作出的，实际上却是直接修改“1 号鉴定书”的工作结果而来。本来控方启动“3 号鉴定”，是为了遮住原“1 号鉴定”的疏漏。但鉴定人不进行任何新的检验，使得“3 号鉴定书”不过是“1 号鉴定书”的“改装版”。这样的鉴定属于过程造假，没有任何证明价值。

此外，本案中存在着许多光盘，我们还可以扩大到光盘校验值及刻制时间是否异常，来质疑相关电子证据与笔录证据的真实性。仅举一例，控方所举的“DB 文件远勘笔录”表明，侦查人员于 2014 年 10 月 23 日勘验了托福考试服务器，提取“DB 文件”，当时刻录至标记为“（网监）勘［2014］006 号”光盘中，并对全盘进行校验，得出 MD5 哈希值为 D725B1D5C0EDC903023A369CCF6BB163。而我们对该光盘进行全盘校验，得出的 MD5 哈希值为 67E6B074EAAA0466AFC7BA652E590275；对该光盘的刻制时间进行检验，发现是实际上 2014 年 11 月 20 日 9：12：33，远远晚于远程勘验的时间（见图 23-20）。① 这放大了控方或其他人“人为”调换光盘、修改数据的可能性。②

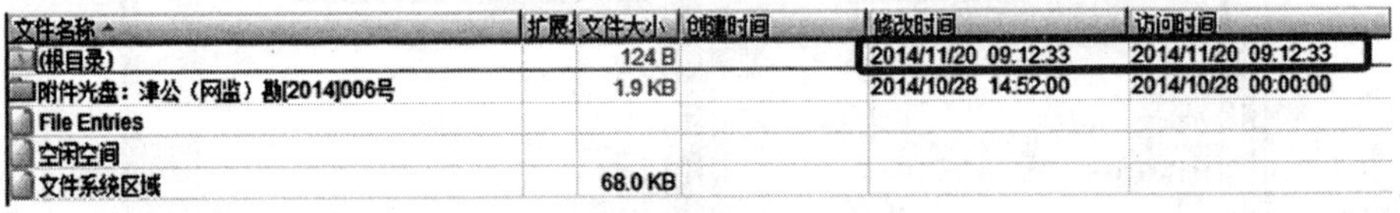

图 23-20

至此，应该说本案中对证据真实性的质疑已经取得了良好的庭审效果。不仅第一个证据组合存在着严重的证据失真问题，而且第二个证据组合存在着严重的证据失真问题。要做到这一点，质疑方确实需要开展必要的技能训练。笔者将这种兼顾经验法则与技术技巧的真实性质证方法，归纳为“九步质证法”，具体包括是否为原件或原始载体、数据校验值之有无及一致性、是否有新数据产生、数据内容是否完整及异常、附属信息是否异常、关联痕迹是否异常、是否同其他证据存在矛盾、是否有必要进行反取证演示、是否及如何申请真实性鉴定。列举结构图如下（见图 23-21）。各位读者进行可以从各个步骤的字面上理解含义，并结合本案进行思考。③ 应该说，其中的主要步骤及相关发现，在本案中有着良好的体现，在此不做展开阐述。

（三）辅助质疑：证明力之质

证据证明力是反映有关证据能否证明案件争议事实的一个指标。它与证据的关联

① 本案中，为了说服法官对这样的专业问题进行确认，我们自行申请北京市××电子数据司法鉴定中心对该光盘的校验值、刻盘时间进行了司法鉴定，并出具正式的鉴定意见书。鉴定人也到庭作证，起到了良好的作证效果。本案的这一刻制光盘“异常”可以从技术原理上解析：根据侦查机关刻录光盘所采用的方式，“（根目录）”修改时间项即刻录光盘时所使用计算机的本地时钟，即侦查机关刻录光盘的时间为“2014/11/20 9：12”，而远程勘验的时间为 2014/10/23；除此之外，光盘中“附件光盘：津公（网监）勘［2014］006 号”修改时间项“2014/10/28 14：52”，这个项目实际上代表了这个文件夹在刻录到光盘之前，存在于本地计算机时的修改时间，也就是说在侦查机关于 2014/10/23 进行远程勘验后，在 2014/10/28 14：52 又对该文件夹中的文件或者该文件夹进行过修改。

② 客观地说，实践中我国侦查人员往往并不是严格依照法律要求，在勘验、远勘、在线提取、搜查、扣押、固定、检查、现场检查、侦查实验、封存、冻结等取证活动的同时，进行及时的光盘制作。这种普遍性的违法行为，带来了电子证据造假的极大风险，也给刑事辩护提供了一个可复制推广的质疑技巧。

③ 在九步质证法中，第二步“数据校验值之有无及一致性”略显专业。校验值是将任意长度的二进制值映射为固定长度的较小二进制值。一般来讲，每一个文件有且只有一个校验值，在实践中普遍利用校验值验证电子数据同一性或者作为固定电子证据的手段。相应地，在开展电子证据真实性质证时，需要把握的一个基本原则是“若文件校验值一致，则内容一致，可以认定取证后文件没有发生改变；若文件在取证后有任何更改，则校验值改变”。

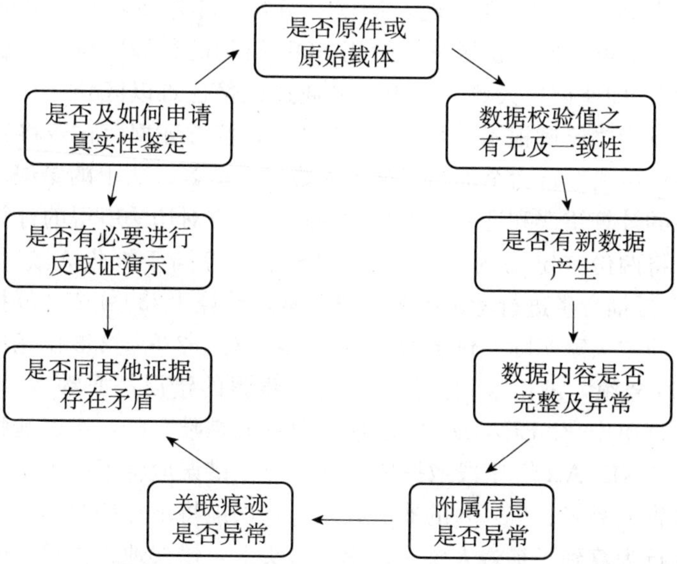

图 23-21　电子证据真实性的九步质证法

性密切相关。没有关联性的证据，也就没有证明力；关联性不强的证据，证明力也会偏弱。在本案中，我们将案件事实的主要争点确定为“破坏行为”（即被告人姚×、李××是否实施了破坏计算机信息系统的行为）、“危害结果”（即被告人姚×、李××的行为是否“非法牟利”856 604.5 元）。现在控方所举证据构成的两个证据组合，加上被告人口供等证据，是否能够证实这两个争点事实呢？这里可以进行辅助性的质证。

关于“破坏行为”的证明，现有证据（组合）存在着明显的证明力不足问题：第一，控方证据只能证明被告人姚×、李××有“使用 SQL 语句的行为”，并不能证明其代报名行为中“使用 SQL 语句的行为”与“代刷机软件进行帮助报名行为”的各自比例；第二，控方证据并不能证明被告人姚×、李××“使用 SQL 语句的行为”具有破坏性，更不能证明该行为对托福考试网站的功能产生任何破坏性影响。所谓“使用 SQL 语句”并不神秘，就是使用结构化查询语言、一种数据库操作语言进入计算机系统。该行为并不对北京××信息技术有限公司托福考试报名网站的应用程序作任何修改，也不改变该网站中不可修改的任何数据，更不对该网站的功能产生任何影响。① 第三，控方证据证明存在大量其他人实施“使用 SQL 语句的行为”进行代报名的情况，并不能专门指向被告人姚×、李××。

① 对此，我们找北京××电子数据司法鉴定中心专业司法鉴定机构进行咨询，询问“使用 SQL 语句”替考生托福报名的行为是否属于“对计算机信息系统功能进行删除、修改、增加、干扰，造成计算机信息系统不能正常运行”的情形。该机构回复是，“应当对犯罪前后的功能进行比较”，“通过比较犯罪前和犯罪后涉案信息系统的功能，在犯罪发生后涉案信息系统的原来功能仍然正常使用。因此，本案不属于对《关于恳请立案查办涉嫌侵害托福考试网上报名系统案件的函》所说的功能‘进行删除、修改、增加、干扰，造成计算机信息系统不能正常运行’的情形”。该机构也回答，“若需正式鉴定意见请委托司法鉴定或申请专家辅助人出庭”。案件中，法庭一直未同意组织鉴定、许可专家辅助人到庭。

关于“危害结果”的证明，现有证据（组合）亦存在着明显的证明力不足问题：第一，控方证据未能真正区分“使用 SQL 语句的行为”与“代刷机软件进行帮助报名行为”。即便被告人姚×、李××通过记忆也难以区分（其后期的供述中所谓关于两种行为之比例根本无可信度）。第二，控方证据存在着将其他人“为托福考试考生抢位报名”行为全部归于被告人姚×、李××头上的错误。第三，控方证据存在明显的计算错误和证明力不足的问题。控方对违法所得的计算基本分为三步：第一步，将两份鉴定书的“1 239/1 253 条”等同于被告人姚×、李××替 1 239/1 253 位托福考生进行考试报名；第二步，计算 1 239/1 253 位托福考生实际支付的金额，即“买家实际支付金额”；第三步，对 1 239/1 253 位托福考生支付的“买家实际支付金额”进行求和。其中，每个步骤的错误都非常多，如“第一步”错误地将每个订单中“NEEAID”字段数据项看成是唯一的，错误地将不能确定交易是否成功的“NEEAID”字段数据项计算在内，错误地将不能确定交易是否成功的金额算成被告人姚×、李××的非法收入，错误地将不在托福服务器记录的被篡改时间段内的行为算到了被告人姚×、李××头上，错误地将支付时间异常的行为错误地统计在内，等等。“第二步”错误地将淘宝订单的收入等同于使用 SQL 注入漏洞进行帮助报名的收入。“第三步”的错误在于对 1 239/1 253 位托福考生支付的“买家实际支付金额”进行求和的错误。①

（四）补充质疑：合法性之质

电子证据及其相关组合虽不是我国非法证据排除规则适用的范围。但是，如果电子证据及其相关组合严重违法，导致证据丧失关联性、真实性、证明力，反驳方就有提出质疑的必要。这样的合法性质疑，可以强化法庭对电子证据组合不具有关联性、真实性、证明力的评价。譬如，在本案中“3 号鉴定书”同“1 号鉴定书”是相关联的，为什么控方弄出一个新的“3 号鉴定书”？这是一个十分蹊跷、值得细究的问题。

在我国，新做鉴定主要包括重新鉴定、补充鉴定两种情形。司法部《司法鉴定程序通则》第 28 条规定：“有下列情形之一的，司法鉴定机构可以根据委托人的请求进行补充鉴定：（一）委托人增加新的鉴定要求的；（二）委托人发现委托的鉴定事项有遗漏的；（三）委托人在鉴定过程中又提供或者补充了新的鉴定材料的；（四）其他需要补充鉴定的情形。补充鉴定是原委托鉴定的组成部分。”第 29 条规定：“有下列情形之一的，司法鉴定机构可以接受委托进行重新鉴定：（一）原司法鉴定人不具有从事原委托事项鉴定执业资格的；（二）原司法鉴定机构超出登记的

① 这属于简单的加法计算。简单统计可以发现，对 1 号鉴定意见 1 239 位托福考生支付的“买家实际支付金额”进行求和得出的结果为 856 604.5 元；对 3 号鉴定意见 1 253 位托福考生支付的“买家实际支付金额”进行求和得出的结果为 868 004.5。起诉书基于不同的代报名人数得出了一个不同于两份鉴定意见的结果 857 004.5 元，而且数据均不准。这里连简单的加法运算都搞不准，除了说明公诉人的工作极度不认真外，不能做其他的合理解释。

业务范围组织鉴定的；（三）原司法鉴定人按规定应当回避没有回避的；（四）委托人或者其他诉讼当事人对原鉴定意见有异议，并能提出合法依据和合理理由的；（五）法律规定或者人民法院认为需要重新鉴定的其他情形。”不难发现，本案的3号鉴定意见同1号鉴定意见既不是重新鉴定的关系，也不是补充鉴定的关系。

如此弄出一个不伦不类的“新”鉴定，表面上看仅是一个程序违法的问题，实质上看则不排除故意做假证致“入罪”的嫌疑。这两份鉴定的检材文件有三个是完全相同的，另两个检材看起来是不同的，其实是同源修改而来（具体说明如上）。这可能是一个更大的程序违法。

我国法律还规定，鉴定意见（包括侦查阶段的鉴定意见）应当告知被告人姚×、李××，被告人有权申请重新鉴定、补充鉴定。而“3号鉴定书”自从2015年6月12日完成后，侦查人员、公诉人员从未向两名被告人告知，更未征求过任何意见。一份本应公开的鉴定意见，弄得如此神神秘秘，这也是严重的程序违法问题。最高人民法院《刑诉法解释》第84条就规定：“对鉴定意见应当着重审查以下内容：……（十）鉴定意见是否依法及时告知相关人员，当事人对鉴定意见有无异议。”因此，我们特别提醒法庭对于控方的这一证据的合法性进行审查。

此外，对于本案中其他证据合法性问题，也可以结合取证不法将会减损关联性、真实性、证明力的角度，提出有针对性的补充质疑。例如，关于“DB new 文件”，我们指出其存在明显的程序违法之处，包括调取活动中没有制作调取笔录、警方调取前后未能确认该证据的真实性、警方制作的调取证据清单未经××公司的具体员工签字确认、警方没有调取原始的电子证据或存储介质等；关于“新4号订单文件远勘笔录”，我们指出明显违反公安部《计算机犯罪现场勘验与电子证据检查规则》①，主要表现为警方未制作“固定电子证据清单”，也未要求证人李××等人签字确认等；关于“1号鉴定书”“3号鉴定书”，我们指出其检验方法不当、鉴定结果不可靠，违反了司法部《司法鉴定程序通则》。②

六、步骤四：关注核心条款的规则聚焦

规则聚焦涉及适用哪些法律规范、援引什么法律条款的问题。在当下，我国尚未确立针对电子证据的专门性非法证据排除规则，现有电子证据规则大多零散地分

① 其第22条规定：“远程勘验过程中提取的目标系统状态信息、目标网站内容以及勘验过程中生成的其他电子数据，应当计算其完整性校验值并制作《固定电子证据清单》。”第24条规定：“远程勘验结束后，应当及时制作《远程勘验工作记录》。《远程勘验工作记录》由《远程勘验笔录》、《固定电子证据清单》、《勘验检查照片记录表》以及截获的屏幕截图等内容组成。”这里特别强调制作固定电子证据清单的重要性。实践中，往往还要求证据持有人或见证人在固定电子证据清单上面签字确认。

② 其第22条规定：“司法鉴定人进行鉴定，应当依下列顺序遵守和采用该专业领域的技术标准和技术规范：（一）国家标准和技术规范；（二）司法鉴定主管部门、司法鉴定行业组织或者相关行业主管部门制定的行业标准和技术规范；（三）该专业领域多数专家认可的技术标准和技术规范。”

布在部门规章中。这是反驳方运用法律规则的现实困难，故而需要进行“规则聚焦”。在本案中，我们针对具体证据及具体取证的问题，尽可能地整理了相关法律规范，并向法庭提出。

对于绝大多数的电子证据法律规范，法庭表示要求辩方帮助提交，之后又要求辩方帮助解释其中的许多名词。例如，我们主张警方进行远程勘验的具体做法是违法的，援引的法律规范是公安部《计算机犯罪现场勘验与电子证据检查规则》。其第22条规定：“远程勘验过程中提取的目标系统状态信息、目标网站内容以及勘验过程中生成的其他电子数据，应当计算其完整性校验值并制作《固定电子证据清单》。”第24条规定：“远程勘验结束后，应当及时制作《远程勘验工作记录》。《远程勘验工作记录》由《远程勘验笔录》、《固定电子证据清单》、《勘验检查照片记录表》以及截获的屏幕截图等内容组成。”对此，我们就不得不应法庭的要求，对其中的“目标系统状态信息”“目标网站内容”“完整性校验值”“固定电子证据清单”“远程勘验笔录”“勘验检查照片记录表”等术语进行解释。其实，在辩方费力完成解释工作后，法官听进去了多少，根本无从判断。因为法官往往在判决书中不作回应，或者一句带过，或者蜻蜓点水地评价为“警方取证有瑕疵”，仅此而已。

我们在本案中重点援引了最高人民法院《刑诉法解释》。其第84条规定的是“对鉴定意见应当着重审查以下内容：……”第85条规定的是“鉴定意见具有下列情形之一的，不得作为定案的根据……”我们依据这两个法律条款，要求法庭不得将“1号鉴定书”“3号鉴定书”作为定案根据。第93条规定的是“对……等电子数据，应当着重审查以下内容……”第94条规定的是“视听资料、电子数据具有下列情形之一的，不得作为定案的根据……”我们依据这两个法律条款，要求法庭不得将“DB文件”“DB new文件”“1－4号订单文件”作为定案根据。这就实现了现有情势下的“规则聚焦”，试图抓住“牛鼻子”。这样说服法庭的效果，要好一些。或许因为诸如此类的核心争议，本案前后开庭达六次。审判长在庭间甚至有意无意地表示，这两份鉴定书都不能使用了。

2016年5月，一审法院在“1号鉴定书”“3号鉴定书”未被用作定案根据的前提下，判决两名被告人构成破坏计算机信息系统罪，判处被告人姚×有期徒刑5年8个月，判处被告人李××有期徒刑6年。[①] 后来，被告人姚×、李××不服提出上诉。二审法院组成合议庭，于2016年10月作出二审裁定，以“原审判决部分事实认定不清”为由，裁定撤销原判、发回重审。[②] 2018年1月，原一审法院改判两名被告人构成破坏计算机信息系统罪，判处被告人姚×、李××有期徒刑三年三个月。[③] 最终的结果是一个“降档”处理的“无奈”判决。这反映出中国刑事司法的

① 参见天津市××区人民法院刑事判决书（2015）青刑初字第0402号。

② 参见天津市××中级人民法院刑事裁定书（2016）津01刑终408号。

③ 参见天津市××区人民法院刑事判决书（2016）津0111刑初760号。

现实顽疾。①

七、延展讨论：交叉询问强化聚焦式质证

实践证明，电子证据用于办案必然带来各种专门性问题。无论是有关电子证据的鉴定意见如何解读，还是电子证据本身及相关的“来源”笔录如何审查，都需要控辩双方从专业立场上进行回答。他们都要说服外行的法官、人民陪审员相信己方的主张。这一艰巨任务对辩方尤甚，因为中国法庭带有天然的控审“一体”色彩。笔者将这一难题称为网络犯罪之证据辩护的必答题。

网络犯罪案件中辩方开展电子证据辩护也有可利用的资源，那就是案件中的鉴定人和侦查人员。他们往往懂得电子证据的专业知识，若能出庭，那么辩方就可以借他们之口让法庭了解取证、鉴定中的客观情况，进而准确判断相关证据效力。要做到这一点，辩方需要做好充分的准备，更需要在庭上进行有效的提问与交流。对庭上的这个过程，一般可以简称为交叉询问。既然称之为“交叉”，那就一定有需要把握的技巧，即开展带有技巧性质的提问。这些可以简称为交叉询问的艺术。笔者理解，电子证据的交叉询问是聚焦式质证的必要组成部分，也是质证“四步曲”的高级浓缩演练。下面再行以案说法。

【案例 23－4】

××网络科技有限公司提供侵入计算机信息系统的程序罪②

【基本案情】

2016年下半年，时任杭州××网络科技有限公司法定代表人杨××，同黄××利用吕×反向编译的腾讯公司微信数据结果、加密算法等分析结果，安排其公司员工宋×等人开发同名“微信”的聊天软件，由商务主管陈×等人推销，提供给手机厂商安装在功能机（即老年机）上，以供消费者（基本都是老年人）使用，由员工周×杰等人负责软件维护及更新。常州市公安局常州经济开发区分局委托上海××计算机司法鉴定所进行鉴定，鉴定表明，该“微信”软件“利用微信服务器实现微信登录，具有获取微信相关信息、上传设备信息和用户账号密码的功能，这个功能突破了计算机信息系统的安全保护措施，未经授权获取了计算机信息系统的相关信息，属于侵入微信系统的程序”。

江苏省常州经济开发区人民检察院认为，被告人浙江××网络科技有限公司及

① 本案一审法院的两次判决书均使用了“参考鉴定报告”的表述。“参考”某一份证据材料，意味着法庭没有认可其“作为定案根据”的地位，但是可用做“参考”以认定案件事实。这是一种什么样的“神来之笔”？在我国刑事诉讼中，证据辩护任重而道远。

② 本案例同第213页案例，可以关联在一起阅读。

法定代表人杨××、运营主管黄××等六人提供专门用于侵入计算机信息系统的程序，情节特别严重，其行为触犯了《刑法》第285条第3款，犯罪事实清楚，证据确实充分，应当以提供侵入计算机信息系统的程序罪追究刑事责任。公诉机关指控称，××网络科技有限公司自2016年11月18日至2018年4月17日共向消费者提供名为“微信”的自制聊天软件42 182次。

在开庭之前，辩方聘请我国7位著名刑事法学专家就是否构成犯罪等相关问题进行了专门研讨。专家们一致认为，××网络科技有限公司的行为不具有任何社会危害性，不构成提供侵入计算机信息系统的程序罪。具体理由包括：(1)××网络科技有限公司开发“微信”软件并未侵入腾讯公司的微信系统，欠缺“侵入性”。(2)即使认为××网络科技有限公司开发的“微信”软件具有非法侵入计算机信息系统的部分用途，但由于并非属于“专门”用于侵入计算机信息系统的程序，欠缺“专门性”。(3)起诉书查明的事实，也从侧面证明××网络科技有限公司的行为并非提供专门用于侵入计算机信息系统的程序的行为。(4)退一步讲，即使认为××网络科技有限公司实施了提供专门用于侵入计算机信息系统的程序的行为，也无法满足相关司法解释规定的构成本罪所要求的“情节严重”标准。特别重要的是，专家们也普遍认同鉴定意见书存在着检材来源不明、鉴定的过程及方法不符合相关专业的规范要求以及鉴定意见不符合要求等重大问题，根本不能作为定案依据。

之后，笔者和徐菲律师分别接受被告人杨××、被告单位的委托，作为其辩护律师参与诉讼，重点进行证据方面的辩护。徐菲律师是中国人民大学电子证据团队的骨干成员，同时持有律师执照和司法鉴定执照（电子数据司法鉴定专业）。虽然我和她是第一次携手出庭，但我们对于“打”电子证据及相关的鉴定意见有自信。

【质证前准备】

本案该如何进行证据辩护？有效质证是重要手段。按照“四步”聚焦式质证的原理，我们做了如下细致的准备。

1. 第一步的质证聚焦——确定争议事实。我国《刑法》第285条第3款规定：“提供专门用于侵入、非法控制计算机信息系统的程序、工具，或者明知他人实施侵入、非法控制计算机信息系统的违法犯罪行为而为其提供程序、工具，情节严重的，依照前款的规定处罚。”本案的破坏行为是程序本身的“侵入性”，即该程序本身具有侵入计算机信息系统的功能和性质；程序本身的侵入功能必须具有“专门性”。本案可以选择该软件是否为侵入程序作为辩点。如果把有关的鉴定意见书打掉，该案就难以定罪。

根据《刑法》第285条第3款及2011年“两高”《关于办理危害计算机信息系统安全刑事案件应用法律若干问题的解释》第3条的规定，成立提供侵入计算机信息系统的程序罪，要求达到“情节严重”的程度。其中，认定“情节严重”的标准之一就是提供行为要达到“提供20人次以上”。本案中公诉机关认为，“××网络科技有限公司共向消费者提供名为‘微信’的自制聊天软件42 182次”，据此认为达到了“情节特别严重”标准。但是，在功能机上使用该软件42 182次，是指消费者使用该软件的次数（该数额的得出取决于消费者的人数以及消费者使用该软件的次数，甚至可能取决于手机制造商生产此类功能机的数量），而这与鹅鹕公司提供该软件的行为本身的数量，是两个完全不同的概念，这也可以作为另一个辩点。如果把有关的证据打掉，该案也难以定罪。

开庭之前，我们从证据角度选择了应聚焦的两个案件事实问题：一是被告单位开发的计算机软件是否具有侵入的功能？二是被告单位是否对外提供该软件达到20人次（或其5倍）以上？相比而言，第一项是主要的争点，第二项是次要的争点。限于篇幅，下面主要围绕第一项争点展开，至于第二项争点，我们将在章后附加上诉讼中“辩护意见”，供读者评鉴。

2. 第二步的质证聚焦——梳理质证指向的主要证据材料。梳理全案证据，哪些证据是用于证明被告单位的“微信”程序具有侵入的功能呢？从表面上看，这主要是借助一份鉴定意见，即上海××计算机司法鉴定所出具的司法鉴定意见书（以下简称“××鉴定书”），其中载明：“送检程序利用微信服务器实现微信登录，具有获取微信相关信息、上传设备信息和用户账号密码的功能，这个功能突破了计算机信息系统的安全保护措施，未经授权获取了计算机信息系统的相关信息，属于侵入微信系统的程序。”就该争点事实的实质，控方还必须提交用于指控的主要电子证据——“微信”程序，以及相关的“来源”笔录——关于“微信”程序的提取笔录、固定笔录等。这就是要审查完整的“鉴——数——取”证据组合。按照这样的思路开展工作，我们很快遇到了法律障碍，主要是未能从全部案卷中发现所谓的“微信”程序，更谈不上寻找到合格的“来源”笔录。

具体来说，案卷中反映不出警方勘查过被告单位××网络科技有限公司的服务器，也反映不出警方从有关手机厂商调取被告单位××网络科技有限公司给他们提供的“微信”程序，那么，控方指控的所谓提供“专门用于侵入、非法控制计算机信息系统的程序、工具”来自何处呢？我们核查了××鉴定书，发现其列明的检材包括四类：(1) 从嫌疑人周×杰的电脑硬盘里勘验提取其保存的完整微信软件的源码文件通过WinRAR压缩为“Branches.zip”和“weichatV8085.rar”；(2) 四名证人的功能机里提取出的文件通过WinRAR压缩为“weichat1.rar”，“weichat2.rar”，“weichat3.rar”，“weichat4.rar”；(3) 通过侦查实验在××网络科技有限公司的服务端下载了最新的微信并提取，通过WinRAR压缩为“侦查实验1.rar”和“侦查实验2.rar”；(4) 被害人提供了该案的微信文件通过WinRAR压缩为“480800微信apk.rar”，刻录光盘送检，编号2018－40。从字面上看，“××鉴定书”所说的“送检程序”是指这“四类”“九个”文件吗？它们整体上能够等同于被告单位××网络科技有限公司所开发的“微信”程序吗？这时需要通过“来源”笔录进行核对。简单核对发现，警方从嫌疑人周×杰的电脑硬盘里勘验时制作了提取电子证据清单，警方从四名证人的功能机里提取出的“weichat1. rar”等文件时制作了侦查实验笔录，警方获取“侦查实验 1. rar”和“侦查实验 2. rar”时制作了侦查实验笔录，未发现有关“480800 微信 apk. rar”的任何笔录。

3. 第三步的质证聚焦——梳理证据标准方面的主要问题。如前所述，这需要针对相关的证据组合实行重点质证、辅助质证与补充质证的一体化质证。在本案中，指控中用于证明被告单位所提供“微信”程序具有侵入功能的主要证据就是以“××鉴定书”为主构成的证据组合，对该证据组合要重点提出关联性质疑，兼顾对真实性和证明力的质疑，以对合法性进行质疑为补充。当然，这一方案能否顺利实现，还取决于审查该证据组合时能否确实发现这些问题。

(1) 关于关联性的疑点。我们审查发现，××鉴定书所使用的 9 个文件（9 个压缩包）均不能指向被告单位××网络科技有限公司及该公司行为。其中，有的文件（“weichatV8050. rar”“Branches. zip”）声称是源自嫌疑人周×杰电脑硬盘，显然不是鹅鹕公司的服务器，不是被告单位对外提供的软件；有的文件（“480800 微信 apk. rar”）声称是被害人（报案单位）提供的、被告单位的“微信”软件，但没有任何支撑材料（调取证据通知书、调取笔录）表明它来源于被害人（报案单位），跟被告单位没有任何关联性；有的文件（“weichat1. rar”“weichat2. rar”“weichat3. rar”“weichat4. rar”“侦查实验 1. rar”和“侦查实验 2. rar”）属于侦查实验的结果，只能用于证明实验结果的可能性，不能证明跟被告单位的行为有任何关联性。

(2) 关于真实性的疑点。这主要涉及××鉴定书的检材来源不清问题。例如，对于××鉴定书的检材“Branches. zip”“weichatV8085. rar”，鉴定书中载明从证人周×杰硬盘提取得来。但是，核实案卷中的提取笔录（开公网勘［2018］016 号电子数据检查笔录），发现从周×杰硬盘提取的电子证据名称为“Wechat _ kks. rar”，与鉴定书所说的文件名字不一致，且二者的哈希 MD5 值不一致。这就令人产生了实质性的怀疑。就这个问题，我们在庭前会议上正式提出。之后，2019 年 2 月 27 日，公安机关重新进行提取，将提取笔录（开公网勘［2019］050 号电子数据检查笔录）及有关的“情况说明”“光盘说明”一并提交，表明“weichatV8085. rar”来源于周×杰的电脑硬盘，具体位置是“MrpWork/WeiChat/Branches”，表明“Branches. zip”来源于“weichatV8085. rar”与“Wechat _ kks. rar”的再压缩文件。即便如此，这两份文件“Branches. zip”“weichatV8085. rar”仍然存在来源不清的重大嫌疑：1）2019 年 2 月 27 日周×杰的电脑硬盘处于未封存状态（处于封袋内并未封存），完全有可能作为新文件被人为写入；2）现有证据无法判断“weichatV8085. rar”是周×杰的电脑硬盘中客观存在的，还是勘验后压缩的；3）关于“weichatV8085. rar”“Branches. zip”文件的来源一共出现了多种不同的说法。至于“480800 微信 apk. rar”经核实案卷中相关材料，未发现任何有关的调取证据通知书、提交证据的说明或调查笔录等，无法说明“480800 微信 apk. rar”是否为被害人腾讯公司提供的微信文件，亦无法说明其是否受到篡改（无校验值或封存等防篡改方法）。在庭前会议上我们就此提出疑问，控方之后未能提供补充任何佐证。在前述主要检材存在问题的情况下，××鉴定书是否真实进行也令人生疑。这一切疑问的真相都有待于传唤侦查人员、鉴定人到庭解释。

此外，关于证明力、合法性方面的疑点，还是要回到最高法《关于适用〈中华人民共和国刑事诉讼法〉的解释》。本案中，××鉴定书依据司法部司法鉴定技术规范 SF _ Z JD0403002-2015《破坏性程序检验操作规范》进行检验，得出了软件功能性的判断。这就出现了一系列的证明力问题：《破坏性程序检验操作规范》是否是合格的技术标准？此次鉴定是否遵循了该技术规范？此次鉴定是否作出了法律判断？

在做了前述准备之后，我们反复与法庭、侦查机关沟通，并申请传唤侦查人员、鉴定人出庭作证。他们能否出庭，这取决于法庭，辩方也需要说服法庭其出庭的必要性；他们出庭之后，辩方质证的效果如何，则看辩方的质询技巧。

【质询鉴定人及侦查人员】

2019 年 12 月 16 日××鉴定所的鉴定人出庭作证。这是辩方推翻鉴定意见的难得机会。辩方的总策略是要推翻其鉴定意见，这是辩方与鉴定人的立场根本对立之处；与此同时，鉴定人名义上居于专业而“中立”的立场，借他的口可以说出对辩方有利的信息。我们在出庭质询前确定了先询问中性问题、后询问“错误”问题的顺序，并对鉴定意见书的四个组成部分（鉴定检材、鉴定方法、鉴定过程、鉴定意见表述）分别列了以下问题。

开庭之后，质询开始。我按照惯例向鉴定人表示了问候，感谢他的辛勤付出。之后，我问鉴定人能不能将本案提请鉴定的检材明确列举一下？鉴定人表示鉴定书上都写了，拒绝回答。这一反应出乎我的意料。我请求法庭作出裁示，理由是鉴定意见书“送检程序”表述不清，如果鉴定人不回答该问题，那么法庭就难以判断鉴定人针对什么进行的鉴定。法庭指示鉴定人进行回答。鉴定人只好列举了全部检材，也就是前面所说的 9 个文件（9 个压缩包）。至此，第一个问题基本上明确下来，虽经历波折但为后续提问奠定了基础。

我转向了第二个问题，问鉴定人是否知道这 9 个文件（9 个压缩包）的来源。鉴定人回答，检材的来源由委托人（即常州经开区公安机关）负责，鉴定人不管检材来源。这个回答很重要。我请书记员如实记录下来。这就意味着控方有义务说清楚这些检材是否同被告单位有关系。

我和徐菲开始就鉴定过程向鉴定人提问，主要涉及鉴定人是否切实做了鉴定及鉴定过程中的发现。通常而言，这一部分难以抓住鉴定人的明显软肋。但是，我们从本案鉴定书中发现，鉴定人在鉴定书中只描写了对部分送检软件的鉴定过程，对绝大多数送检软件的检验过程基本上是一笔带过，直接写上了“与……代码描述的功能相同”。这就让我们产生了疑问。在事先做过准备的基础上，我向鉴定人提问，

“是否确实做过鉴定”？鉴定人对此问一怔，回答是“当然做过了”。我追问：本案涉及面向功能机的软件开发，请问鉴定人是否是在功能机上做的鉴定？鉴定人回答是针对功能机。我挑出了鉴定书中的几张截图，问这个截图是功能机的截图吗（见图 23－22)？不是智能机吗？鉴定人可能也看出了问题，思考了好一会，说截图就是功能机。其实，这不是一个容易在庭上搞清楚的问题。但是，这一问题的提出暴露出了鉴定人对鉴定过程的生疏。后来的很多问题，鉴定人的回答都是“时间长了”“记不清了”“以鉴定书为准”等等。

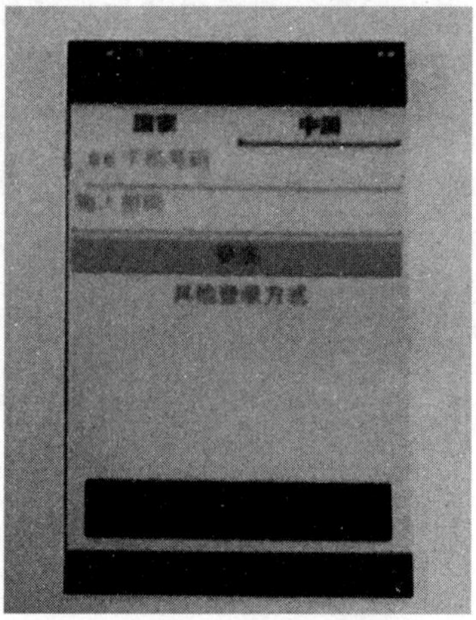

图 23－22

徐菲做了专业上的准备。她接过来询问，请问鉴定人所使用的鉴定软件都在鉴定书中写明了吗？鉴定人说当然。徐菲问：请问鉴定书第 16、17 页所写的软件——MRP 模拟器“simulator. exe”（见图 23－23）在鉴定书中写明了吗？鉴定人只能改口，鉴定过程中使用部分软件没有在鉴定书中写明，但确实做过鉴定实验了。徐菲继续问：那您知道这个软件 MRP 模拟器“simulator. exe”是谁开发的，怎么用的吗？鉴定人不回答。徐菲说，据我们了解，这个软件 MRP 模拟器“simulator. exe”是被告单位开发的，使用起来非常复杂，您怎么可能用它做鉴定？（这点出了关键性的问题，法庭当庭向被告单位核实，确实如此。）鉴定人就有点乱阵脚了……

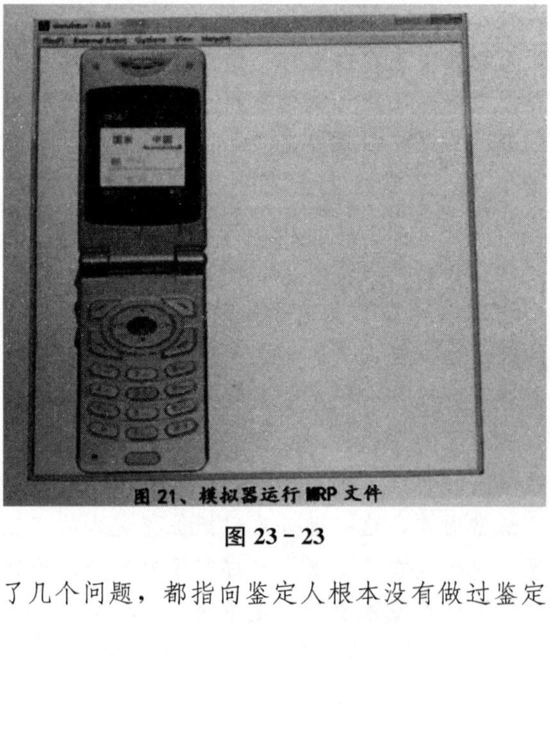

图 23－23

徐菲律师还问了几个问题，都指向鉴定人根本没有做过鉴定。鉴定人在法庭上越来越难以招架。

我接过话题，转向鉴定意见表述。我问：您的鉴定书的结论表述为“送检程序……具有……功能……未经授权获取了计算机信息系统的相关信息，属于侵入微信系统的程序”，这里面有两个关键词“未经授权”“属于侵入……程序”，请问您理解的这两个词是法律意义上的（即《刑法》法条上法律术语含义），还是其他的含义？鉴定人回答，是一般含义，“我不懂法条，我就按照一般意义去理解”。这就出现了戏剧性效果。本来，我准备等鉴定人回答这里是法律术语的含义，然后追问他怎么能够做出法律意义上的判断；但没想到鉴定人直接回答未“一般含义”，这就既出现了鉴定人做出法律判断的问题，也出现了鉴定人背离鉴定规范的问题。

我捕捉到鉴定人思绪已经混乱了。继续追问：请问您鉴定书所说的“送检程序……具有……功能”是指九个送检程序中的哪一个或哪几个送检程序？怎么得出该程序具有这样的功能？（这是一种刨根问底的方式。）结果鉴定人回答，是指所有送检程序合在一起具有这样的功能。

此话一出，法庭哗然。因为送检的 9 个程序部分来源不明，部分是侦查实验结果即模拟程序，它们是不可能合并在一起构成一个程序（即类似于被告单位对外提供的功能机“微信”程序）的。我马上提请书记员记下来，鉴定人说“送检的 9 个程序合起来才具有侵入的功能”。

鉴定人退庭后，我们向法庭表示，这份鉴定书的检材来源不明、鉴定方法错误、鉴定工具不当、鉴定过程失真、鉴定意见表述违法，不能作为认定案件事实的依据；即便作为认定案件事实的依据，也得不出“被告单位开发的计算机软件具有侵入的功能”的结论。

与此类似，我们也努力争取到了法庭传唤侦查人员到庭。我们询问侦查人员的技巧是提出开放性的细节问题，让侦查人员左右为难，不得不把侦查取证过程中存在的违反法律法规、侦查行为不当、事后补救画蛇添足、取证结果不具有关联性等问题暴露出来。可以说，问题提得越细，侦查人员就越难受，案件真相就暴露得越清楚。限于篇幅，此处不做展开。我们将质询侦查人员后制作的部分证据辩护意见附后，以飨读者。

【打折的一审判决】

2020 年 1 月 22 日，一审法院作出一审判决。其中完全否定了鉴定意见的法律效力。判决书写道：“关于辩护人就司法鉴定意见书提出的辩护意见。经查，司法鉴定意见书确实存在仅对部分检材校验了哈希值、鉴定使用的工具有个别未作说明、部分检材来源不明、鉴定结论指向不明等情况，该司法鉴定意见书不应作为定案的根据，故对辩护人提出的相关辩护意见，本院予以采纳。”然而，一审判决认定被告单位构成犯罪，判决法定代表人杨××、运营主管黄××构成提供侵入、非法控制计算机信息系统程序、工具罪，均判处有期徒刑 3 年，缓刑 4 年。

【拓展阅读】

违反法律的“在线取证”丧失证据效力

以下内容，摘录自××网络科技有限公司涉嫌提供侵入计算机信息系统的程序罪案件①中关于“在线提取数据”光盘内文件的辩论意见。

（一）关于该证据来源的说明

开公（网）勘［2018］021号网络在线提取笔录表明，侦查人员自2018年5月17日9时00分至当日9时10分，通过网络在线提取的方式固定了电子数据“微信数据库远程勘验.zip”，该文件的校验值（MD值）为“5B4EABAA0905C1F942B3384B611B3A2”。

其中，具体包括“login.csv”“new_user.csv”两个文件，“login.csv”共导出数据574 390条，“new_user.csv”共导出数据60 147条。

（二）“在线提取数据”光盘内文件不能作为定案的根据

最高法《刑诉法解释》第93条规定：“对电子邮件、电子数据交换、网上聊天记录、博客、微博客、手机短信、电子签名、域名等电子数据，应当着重审查以下内容：……（三）电子数据内容是否真实，有无删除、修改、增加等情形；（四）电子数据与案件事实有无关联；（五）与案件事实有关联的电子数据是否全面收集。”

最高法、最高检和公安部《电子数据规定》第2条规定：“侦查机关应当遵守法定程序，遵循有关技术标准，全面、客观、及时地收集、提取电子数据”；第19条规定：“对侵入、非法控制计算机信息系统的程序、工具以及计算机病毒等无法直接展示的电子数据，应当附电子数据属性、功能等情况的说明。对数据统计量、数据同一性等问题，侦查机关应当出具说明。”第28条规定：“电子数据具有下列情形之一的，不得作为定案的根据：（一）电子数据系篡改、伪造或者无法确定真伪的；（二）电子数据有增加、删除、修改等情形，影响电子数据真实性的；（三）其他无法保证电子数据真实性的情形。”

（三）关于“在线提取数据”光盘内文件如何去重去伪，交由辩方进行说明的指示，不合法、亦不合理

在庭审期间，侦查人员建议，对于“在线提取数据”光盘内文件如何去重去伪，交由辩方进行说明。法庭似乎也认可这样的意见，并作出了相关的指示。这一处理是完全错误的。

迄今为止，类似说法仅在两高《关于办理侵犯公民个人信息刑事案件适用法律若干问题的解释》中有过相关处理。该解释第11条规定：“非法获取公民个人信息后又出售或者提供的，公民个人信息的条数不重复计算。向不同单位或者个人分别

① 本案例同第213页、495页案例，可以关联在一起阅读。

出售、提供同一公民个人信息的，公民个人信息的条数累计计算。对批量公民个人信息的条数，根据查获的数量直接认定，但是有证据证明信息不真实或者重复的除外。”这样的规则显然不适用于本案的罪名。

特别提起注意的是，司法解释制定者的权威解释表明：“推定规则并不意味着举证责任的倒置，公诉机关仍然承担对公民个人信息数量的举证责任。基于此，对于批量公民个人信息仍然应当要求做去重处理，对于明显重复的信息应当予以排除。”

本案不适用于该所谓的“推定”规则，理由如下：(1) 罪名不一样；(2) 本案争议的不是“批量”个人信息问题，而首先是“具体”数据来源问题；(3) 本案控方并未举出有效的日志记录，更没有计算说明；(4) 本案光盘中数据来源明显失真、不合法、无关联；(5) 在缺乏起码源自案件的电子证据及其计算说明的情况下，辩方根本不可能进行有效质证；(6) 如此处理，将违背刑事诉讼法所规定的“证据必须经过庭审查证属实”的基本要求，也背离了以审判为中心的司法改革要求。

(四) 总的意见

××市公安局经开分局网安大队出具的《“开公（网）[2018] 021号”网络在线提取工作记录》的电子证据不属于刑法相关罪名中的“提供人次”，且取证过程存在着明显的违法、失真、无关联问题。该记录及所提取的电子证据不具备证据资格、证明力，不能作为定罪量刑的证据。

第二十四章

电子证据的综合性认证——以 P2P 犯罪等新型案件为主展开

电子证据是一种带有专业性的证据，而司法领域的认证则是裁判者的专属权力，因此对电子证据的认证不能简单地走专业化道路，综合性认证是一种更为现实的选择。本章以新型的 P2P 犯罪案件为主展开，阐述了电子证据综合性认证的三种普适性视角：一是针对电子证据的“鉴——数——取”体系进行综合判定；二是针对不同印证节点进行综合判定；三是针对电子证据相关属性痕迹进行综合判定。实践证明，这三种视角有助于解决普通案件中电子证据的认证难题，也能为应对 P2P 犯罪等新型案件中电子证据的认证挑战提供智慧。实践也昭示，电子证据以其秉性可以强化孤证不能定案的司法经验。

一、实务难点及证据出路

P2P 是指网络借贷（Peer to Peer），即个体（含企业、个人）和个体之间通过互联网平台实现直接借贷的模式。如今其已成为涉众型经济犯罪的主要载体。P2P 犯罪案件往往涉案金额巨大，有时甚至可达成百上千亿元。为了研究该类犯罪的有效治理对策，有必要厘清 P2P 犯罪案件的犯罪行为模式及特点。笔者的团队对中国裁判文书网中的 P2P 犯罪案件进行了梳理，共整理、统计了 674 份 P2P 犯罪案件判决书，其中非法吸收公众存款判决 528 份，集资诈骗判决 146 份。通过整理这些判决书，我们发现，P2P 犯罪案件存在四种典型的行为特点：第一，注册空壳公司，隐藏出资关系；第二，虚构项目，形成庞氏骗局；第三，归集资金，形成资金池；第四，资金自融自用。

从办案情况来看，P2P 犯罪案件司法呈现“三多”的特点：（1）案卷多。例如，“e 租宝”案有 3 000 本案卷，“善心汇”案有 8 000 本案卷。笔者的一名学生到北京市朝阳区人民检察院实习，他说道一起 P2P 犯罪案件的案卷有 1/3 在法院，1/3 在检察院，1/3 在公安，开庭时根本没法看，因为它们都不在一起。（2）涉案人员多。P2P 犯罪案件的涉案人员众多，有的案件判决完了都没有搞清楚到底有多少人涉案。(3) 涉案金额多。例如北京办理的“e 租宝”案，一审判决书披露的信息显示：“通过电视台、网络、散发传单等途径向社会公开宣传，吸收 115 万余人资金共计 762 亿余元，其中重复投资金额为 164 亿余元。二被告单位集资后大部分集资款未用于生产经营、挥霍部分集资款、将部分集资款用于违法犯罪活动，造成集资款损失 380 亿余元”。

P2P 犯罪案件独特的特点给办案带来了重大的挑战。就证据方面而言，司法人员需要学会收集和使用海量电子证据的技巧，尤其是要掌握收集和使用云存储证据（一种特殊的电子证据）① 的能力。本章重点关注如何解决证据难点问题，即怎样通过电子证据的审查认定处理该类案件。

从司法实践来看，P2P 犯罪案件中常见的电子证据主要包括 P2P 网贷平台数据、银行及第三方支付平台数据、手机数据、网站数据四大类。它们对于确认有关资金池、自融行为、主观故意等案件事实具有关键性的证明作用。从理论上讲，司法人员对于其中电子证据的审查认定，同样应当围绕关联性、真实性、合法性的采用标准进行。然而，由于此类案件中电子证据的“数量”大到了难以想象的程度，因此法官在进行认证时遇到的挑战就不仅仅是量变意义上的，更有质变意义上的。这需要电子证据认证的基础理论予以支撑。

二、综合性认证的原理

认证，是指法官在审判过程中对诉讼双方提供的证据，或者自行收集的证据，进行审查评断，确认其证据能力和证明力的活动。简言之，认证就是对证据的认定。早年何家弘教授在《刑事审判认证指南》一书中对司法领域的认证原理进行了梳理。其中，关于认证方式的一种重要分类是分为一步认证和两步认证。前者是指一次性地完成对证据效力（证据资格、证明力）的认定；后者是指分两个阶段，分别对证据资格和证明力进行认定。中国长期以来盛行一步认证。就 P2P 犯罪案件的司法办理而言，现阶段能做到的也是一步认证，今后的理想状态是两步认证。关于认证方式的另一种重要分类是分为单一认证和综合认证。前者是指一证一认，即每次仅对一个证据进行认定；后者通常是指一组一认，即一次对多个证据进行认定。这种类型化分析对于有效办理 P2P 犯罪案件极具价值。

概言之，P2P 犯罪案件办理应当沿着综合认证的方向前行，选择“综合性认证”的模式。原因在于：一方面，此类案件中电子证据甚巨，法官进行“一证一认”是不现实的，对任何主要案件事实的证明都需要依靠证据组合；另一方面，在

① 云存储将大量不同类型的存储设备通过软件集合起来协同工作，共同对外提供数据存储服务。云存储提供的是存储服务，存储服务通过网络将本地数据存放在存储服务提供商（SSP）提供的在线存储空间。周可，王桦，李春花．云存储技术及其应用．中兴通讯技术，2010 (4).

法官群体普遍缺乏认定电子证据的娴熟技能的前提下，推行“单一认证”极有可能导致不合理性的司法处理结果。我们分析当前的一些裁判文书发现，不同的法官对一些具体的电子证据问题存在截然对立的观点。譬如，就举证时是否需要提供电子证据原件，就有完全对立的两种裁判（见表24-1）。在如此基础性的问题上，法官群体尚且存证迥异的观点。可见，“单一认证”模式在当下是行不通的。

表24-1

观点	典型案例		相关裁判观点
要求提交原件或原始载体	刘章胜与宋梦想民间借贷纠纷案（2016）浙0103民初6465号	法院认为微信聊天记录截图不符合有效证据的形式合法性要件。	（2015）长民三（民）初字第1187号，（2017）粤07民终3574号，（2017）鲁02民终7634号，（2017）鲁1481民初1261号，（2017）京02民终9744号，（2015）定民初字第1710号
不要求提交原件或原始载体	王涛与中国人民财产保险股份有限公司泰安市分公司保险纠纷案（2017）鲁0983民初3927号	法院采纳截图打印件认定事实。	（2016）甘民终291号，（2017）苏民申2571号，（2017）苏04民终3103号，（2017）鄂0116民初4926号，（2017）豫01民终14173号，（2016）粤0604民初9729号，（2017）京03民终13111号，（2017）苏12民终2135号，（2017）鄂28民终1676号，（2017）津02民终6649号等。

在我国，对电子证据进行综合性认证并非无源之水，其理论基础即是司法证明中的印证证明理论。“证据相互印证”，指的就是两个以上证据所包含的事实信息得到相互验证的状态。我国强调“证据相互印证，形成完整的证据锁链”，重视“证据之间排除矛盾或者证据矛盾得到合理解释”。换言之，定案应当建立在由若干份证据所构成的一个相互印证的体系之上。对电子证据进行综合性认证离不开“印证体系观”。当下要破解P2P犯罪案件的证据难点，需扩大印证证明理论的适用。这具体可以从三个视角进行综合判定。

三、视角一：针对“鉴——数——取”体系的综合判定

在前文第二十三章，笔者揭示过“电子证据用于定案往往构成一种独特组合或体系”。该体系是由电子证据、“来源笔录”与鉴定意见组成的“三合一”体系。其中，鉴定意见（含广义上的“检验报告”）针对案件中的专门性事实问题；电子证据是形成鉴定意见或检验报告的检材；“来源笔录”是关于电子证据是如何获取的勘验笔录、搜查笔录、扣押笔录、远勘笔录、检查笔录、侦查实验笔录等。控辩双方的举证、质证技巧可以针对该体系展开，同理，法官对电子证据的认定也应当推崇针对此“鉴——数——取”体系进行综合判定。这是电子证据综合性认证的第一个视角。可以说，该视角既是对聚焦式质证的承继，也是顺应电子证据秉性的首选。

在 P2P 犯罪案件中，控方常常以鉴定意见为核心证据来证明犯罪构成要件。这是一种表象，深入挖掘鉴定意见依然可以见着“鉴——数——取”体系的身影。无数个实务案例展示了同样的规律。

（一）P2P 犯罪案件之“鉴”证据

P2P 犯罪案件的司法办理涉及各种专门性问题，如犯罪组织的层级架构、员工职务职责、客观行为、资金去向及款项等等。这些专门性问题所赖以证明的主要证据通常是各种鉴定意见，与电子证据有关的既有名为“电子数据司法鉴定书”的专业鉴定报告，也有以电子证据为检材形成的司法会计鉴定报告、审计报告。以已经审结的 e 租宝案件为例，这两种鉴定报告或鉴定意见就起到了极为重要的证明作用。为了使读者形成直观印象，本章根据公开材料简单列举如下（见表 24 - 2）。①

表 24 - 2

证明对象	主要证据	内容说明
犯罪组织的层级架构	××司法鉴定中心出具的〔2016〕数检字第 568（2）号电子数据检验报告	证明安徽钰诚控股集团、钰诚国际控股集团先后为第一层级公司；钰诚融资租赁公司、金易融公司、安信惠鑫公司为第二层级公司；英途财富公司、英途世纪公司等为第三层级公司……
员工职务职责	××司法鉴定中心出具的〔2016〕数检字第 568（4）号电子数据检验报告；京通法鉴〔2016〕电检字第 264 号司法鉴定意见书	证明刘××等被告人在钰诚集团任职情况及具体职务、职责，以及分管事务、日常业务活动等情况……
客观行为	××司法鉴定中心出具的电子数据检验鉴定报告补充说明	证明李××审批权页面“已办事宜”中，涉及业务管理的已办事项为两项放款通知书的审批……
	××会计师事务有限公司出具的武正会鉴字〔2016〕第 12 号司法会计鉴定意见书	证明齐××购买 e 租宝产品的事实
资金去向及款项	××会计师事务有限公司出具的武正会鉴字〔2016〕第 9 号、第 10 号司法会计鉴定意见书	证明 e 租宝平台于 2014 年 6 月至 2015 年 12 月 9 日间，共发布了 3 280 个借款项目，涉及 1 545 家借款项目公司，项目借款总金额为 7 517 849.73万元……
	××会计师事务有限公司出具的武正会鉴字〔2016〕第 13 号司法会计鉴定意见书	证明 2014 年 7 月 1 日至 2015 年 12 月 9 日间，钰诚集团控制使用的 593 个公司及个人银行账户总进账资金 28 204 639.95 万元，总出账资金 27 853 116.26 万元，共涉及 100 599 个交易账号……

① 以下内容参见北京市第一中级人民法院（2016）京 01 刑初 140 号刑事判决书，http：//www.100ec.cn/detail—6530376.html。

上述专门性证据就是e租宝案件中“鉴——数——取”体系之“鉴”材料。它们虽然在数量上看起来不多，但发挥了极其重要的作用。简言之，此类案件中难以通过口供、证言、书证等解决证明难题，但可尝试通过专门性证据去化解。从司法实践来看，不仅控方重视这样的专门性证据，而且辩方愿意从控方的证据目录中选一些这样的专门性证据作为辩护证据。这就给法官的居间裁断摆出了关键证据。

（二）P2P犯罪案件之“数”证据

在P2P犯罪案件中，用作鉴定意见检材的电子证据很多，比较常见的网贷平台数据、支付机构数据、手机数据与其他网站数据。相比普通犯罪案件而言，这些材料通常具有海量性，对其开展鉴定的过程相当于“提纯”的过程。从证明作用来看，这些材料可以称为P2P犯罪案件之“数”证据。

P2P网贷平台数据就是存储在网贷平台数据库中的借款人、借款项目、借款金额、投资人、投资项目、投资金额、资金走向等各种交易数据，也就是我们常见的通过鉴定或者勘验提取的数据库中的各种Excel表格。一般情况下，P2P犯罪案件中行为人会先租用服务器，在网上搭建P2P网络借贷平台、发布手机App，通过各种渠道对外宣传网站的投资获利功能，然后在平台的网站和手机客户端上发布虚假项目标的，以高利率为诱饵对外吸收公众存款。下图为e租宝案件的网贷平台数据及大致的取证及转化过程。

银行、第三方支付机构数据也能证明犯罪组织架构、犯罪所得。一方面，就犯罪组织架构的证明而言，由于此类犯罪是资金型犯罪，所以控制或经手的钱越多，银行流水越多，越能表明行为人在犯罪组织架构中处于主要位置。这比工商局登记的材料往往更为准确。另一方面，银行、第三方支付机构数据能证明犯罪所得。例如，在e租宝案中，通过调取50多家银行和几百家第三方支付机构的数据，取得了60亿条资金往来数据，通过这些数据可以刻画犯罪组织架构、犯罪所得。

行为人之间与案件相关的短信、微信、QQ聊天记录等手机数据，能够证明犯罪嫌疑人的主观明知。在办理一些P2P犯罪案件时，涉案公司的财务总监、金融主管到案后，都辩解称自己只是普通职工，不知道公司是否存在资金池、是否虚构了项目、是否归集了资金等。此时，手机数据对于认定犯罪嫌疑人的主观明知极为重要。假如行为人在短信、微信等聊天记录中谈到了自己知道项目是虚构的相关事实，则能够证明其具有主观明知。图24-1为e租宝案件的手机数据及大致的取证与转化过程。

其他网站数据还包括OA系统数据和网站宣传视频。如在e租宝案件中，OA系统服务器中存储了钰诚集团的会议纪要、公司文件、会议记录、财务数据等重要电子数据。

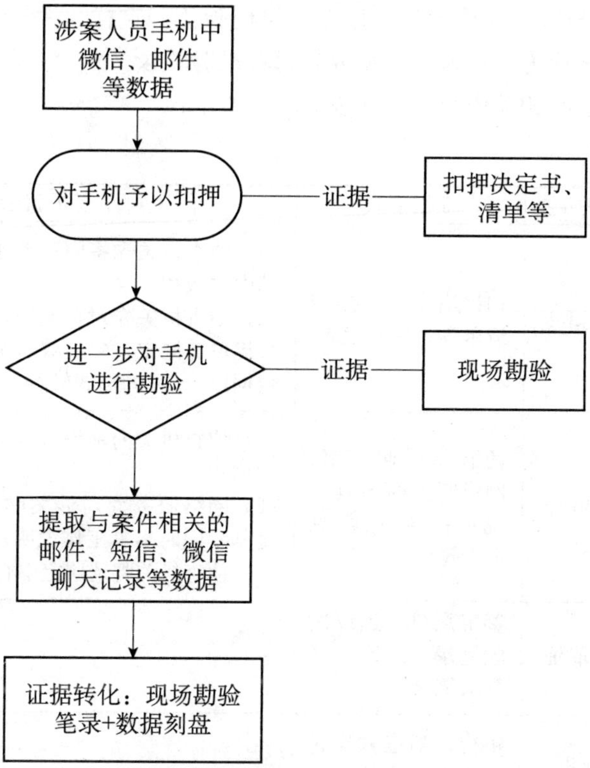

图 24-1

（三）P2P犯罪案件之“取”证据

在P2P犯罪案件中，针对不同电子证据，取证方法也有所差异，相应地会形成不同的“来源”笔录等证据。简单地说，P2P网贷平台数据、其他网站数据的提取可以概括为现场取证、调取和“云取证”这三种；银行、第三方支付机构数据的提取主要是“调取”这一种；手机数据的提取主要是扣押、现场勘验、司法鉴定这三种。其中，最为复杂的取证过程是针对P2P网贷平台数据、其他网站数据的“云取证”。以一起P2P集资诈骗案件为例进行说明：该平台的网站是在阿里云上搭建的，办案时请鉴定机构对平台的交易数据进行了提取、固定。鉴定人先登录取证的计算机，通过取证计算机远程登录阿里云的跳板服务器①，再由跳板服务器登录平台的服务器，最后再通过SQL查询语句②查询相应的交易流水，将交易流水存储为

① 跳板服务器就类似于一道“门”。可以这样理解，平台所有的数据存储在阿里云的内网电脑上，人们无法通过互联网直接登录阿里云的内网电脑，必须通过这道门才能登录。这道门就是跳板服务器，也即内网和外网的连接通道。

② SQL语句仅仅就是一种搜索、提取工具。交易数据存储在服务器的数据库中。数据库可以理解为由无数个Excel表格组成的文件。数据库中的表格太多，如果希望同时查询多个关键词（如“借款人”“投资人”“投资金额”等），就可以使用SQL查询语句，实现对多个关键词的查询，并自动把查询的表格导出。

Excel表格，回传至取证计算机并计算文件的校验值。这样，关于P2P网贷平台数据的提取证据就表现为一份鉴定意见或者远程勘验笔录。

各种取证方法的相关内容归纳如表24-3所示：

表24-3

证据分类	取证方法	证据形式	主要步骤示例
P2P网贷平台数据、其他网站数据	现场取证	扣押决定书、扣押清单等；勘验笔录	(1) 侦查机关先将服务器予以扣押，并冻结其中的数据； (2) 侦查机关先对存储用户的数据库文件进行提取、固定，然后将数据库文件中的重要数据以excel的形式转存。
	调取	调取证据通知书、网络服务商出具的说明；鉴定意见书①等	(1) 侦查机关向网络服务商出具调取证据通知书； (2) 网络服务商对涉案网站数据进行冻结、复制，同时出具工作说明； (3) 侦查机关聘请鉴定中心进行检验、提取。
	“云取证”	鉴定意见、远程勘验笔录、网络在线提取笔录等	
银行、第三方支付机构数据	调取	银行、第三方支付机构出具的说明	
手机数据	扣押	扣押清单、扣押决定书等	
	勘验、检查	现场勘验笔录、检查笔录	
	司法鉴定	鉴定意见书	

无论是上述哪一种取证方法，都必须遵守法律法规的基本要求。特别重要的是，侦查人员不能仅仅将所获取的电子数据“固定”下来刻录在光盘中提交给法庭，这样做不合法，必然不能被法庭所接受。理由很简单，我国现有法律对电子数据的收集、提取已经形成了明确的程序规则：首先，必须要由两名以上侦查人员或者鉴定人完成；其次，为了保证所“固定”数据的客观性和真实性，侦查人员必须严格按照《刑事诉讼法》《电子数据规定》和公安部《公安机关办理刑事案件电子数据取证规则》(以下名称《电子取证规则》)等程序性文件进行，鉴定人则必须依照《刑事诉讼法》《电子数据规定》和相应的司法鉴定规则提取；最后，侦查人员还应以各种笔录的形式、鉴定人则以鉴定意见的方式，记录下“固定”的整个过

① 这个环节的“鉴定意见书”其实是一种收集电子证据的方式，不产生一般意义上的鉴定意见要下专业判断的功能。

程。可见，作为P2P犯罪案件之“取”证据，上述各种“来源”笔录（包括特殊形态的鉴定意见书）均具有重要的佐证价值。

（四）“三合一”体系研判

将“鉴——数——取”作为一个证据体系进行研判，要求不能将该体系中的各个证据割裂起来看待。例如，在e租宝案件中，辩方对一份重要的司法会计鉴定意见提出了质疑①，法庭在判决书中回应如下：“经查：××会计师事务有限公司根据公安机关委托所作的司法会计鉴定意见，所依检材主要有被告单位在阿里云存储平台保存的充值及提现数据、相关第三方支付公司提供的与金易融和英途财富公司的交易资料、e租宝平台和芝麻金融平台上线债权项目调查材料、钰诚融资租赁公司控制使用的公司及个人银行账户清单、银行交易流水、刘××记载的支付项目中介费明细等，上述证据均系公安机关依法调取，相关电子数据的提取过程及证据形式的原始性、内容的真实性已被××司法鉴定中心出具的电子数据检验报告认证，符合刑事诉讼法的相关规定，可以作为定案依据”。这就构成了一个抽象的“鉴——数——取”体系。又如，在朱××等违规出具金融票证罪一案中，指控的主要证据是一份专项审计报告和若干电子证据，审计报告表明被告人朱××通过倒卖无真实贸易背景电子银行承兑汇票从中获利5.06亿元，电子证据主要是银行资金流水，用作审计报告的支撑材料。在该案中，单独审查专项审计报告或电子证据都容易陷入表面化，因此需要将两者及提取银行资金流水的笔录等材料结合起来审查，这样比较容易发现审计报告中关于“资金流向追查”部分完全不属于审计范围、且使用的是所谓“资金穿透”的方式不合法，以及所依据材料及其意见均不具有真实性、关联性等问题。这也构成了一个抽象的“鉴——数——取”体系。

其实，进行“鉴——数——取”体系化研判还应步入精细化阶段，进一步区分为单独审查、比对审查与综合评断三个步骤。

单独审查是针对每一个证据从关联性、真实性与合法性方面进行审查。P2P犯罪案件中的这种判断，同其他案件中的做法大同小异。共性的地方主要是审查的要点、内容都差不多，区别在于具体技巧会有一定的特色。下面以P2P网贷平台数据的审查为例，对单独审查的要点归纳如下（见表24－4）：

表24－4

审查内容	审查技巧	审查要领示例
关联性审查	要确定提取的数据是否来源于有关平台服务器。	主要审查所提取平台数据的IP地址、平台人使用者等信息能不能将数据与平台关联起来。

① 被告人丁×、侯×的辩护人提出，司法会计鉴定意见依据的检材存在不确定情形，不能作为定案依据。

续前表

审查内容	审查技巧	审查要领示例
真实性审查	平台数据在被提取、固定之后，有无被篡改、替换、增删	通过计算校验值，查看数据的校验值有无变化。
	平台数据中记录的借款人、借款金额等是否真实可靠	查看光盘中 Excel 文件的属性信息，特别是“创建内容的时间”（即 Excel 表格生成的时间）、“最后一次保存时间”（即 Excel 表格最后一次修改后被保存的时间）。实践中，可以将这两个时间同鉴定的受理时间或者勘验、检查的具体时间结合起来审查。
合法性审查	取证主体是否合法	对于由鉴定人员进行取证的，需要审查鉴定机构及鉴定人是否具有电子数据鉴定资质①、鉴定意见是否由两名以上鉴定人完成。② 对于由侦查人员进行取证的，需要审查勘验、提取等笔录上是否有两名以上的侦查人员签名。
	取证程序是否合法	对于鉴定过程是否符合程序要求而言，需要审查鉴定意见中取证方法和取证过程，是否与其引用的技术规范相一致。③ 对于侦查人员的取证过程是否符合程序要求而言，需要审查取证行为是否符合《电子数据规定》《电子取证规则》中的程序性要求。
	证据形式是否合法	对于由鉴定人员进行取证的，审查电子证据最终是否转化为鉴定意见；对于由侦查人员进行取证的，审查电子证据是否遵照《电子数据规定》《电子数据取证规则》最终转化为《远程勘验笔录》《网络在线提取笔录》《电子数据现场提取笔录》。

在平台数据的审查中，关联性审查有很多技巧可循。例如，在前述 P2P 集资诈骗案件中，对平台数据的提取过程是先登录 IP 地址为 115.29.96.＊＊的跳板服务器、再通过跳板服务器登录 IP 地址为 118.190.76.＊＊的平台服务器。这就表明，有关平台数据是来源于 IP 地址为 118.190.76.＊＊的服务器。在这种情况下，如果控方没有提取能够证明这个服务器是该平台使用的任何证据，且没有其他证据能够证明该 IP 地址是该平台使用的，那么此平台数据就缺乏与平台的关联性。再举另一起案件，其中的电子证据是由鉴定人员进行取证的，鉴定人在登录网站平台之初，提取了平台使用者的单位名称、网址、办公位置等信息（见图 24－2），这样就

① 审查的方法除了查看鉴定意见所附的资质证明外，还可以登录各地的司法局网站，查看鉴定机构及鉴定人的执业证号、鉴定范围，以及鉴定资格是否有效。假如鉴定人仅具有痕迹鉴定的资质，而出具了电子数据的鉴定意见，那么该鉴定意见必然不具有合法性。

② 审查的方法主要是查看鉴定意见是否有两名以上的鉴定人签字。

③ 比如，对手机中的电子数据进行提取，鉴定人就必须遵照司法部颁布的 GA/T 1069—2013《法庭科学电子物证手机检验技术规范》所规定程序和方法进行提取。

确保了所提取平台数据与相关平台之间的关联性。

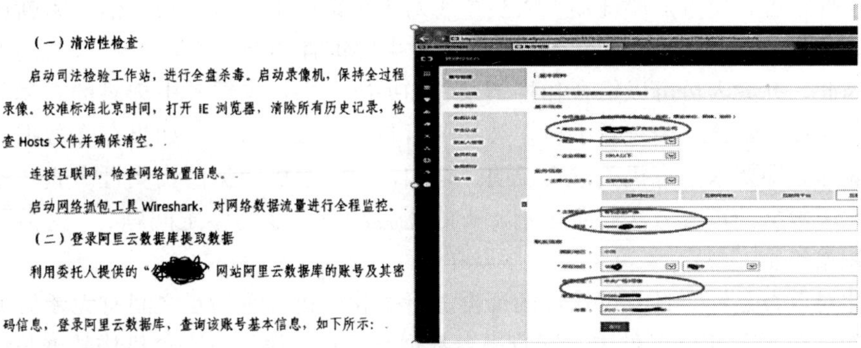

（一）清洁性检查

启动司法检验工作站，进行全盘杀毒。启动录像机，保持全过程录像。校准标准北京时间，打开 IE 浏览器，清除所有历史记录，检查 Hosts 文件并确保清空。

连接互联网，检查网络配置信息。

启动网络抓包工具 Wireshark，对网络数据流量进行全程监控。

（二）登录阿里云数据库提取数据

利用委托人提供的“[redacted]”网站阿里云数据库的账号及其密码信息，登录阿里云数据库，查询该账号基本信息，如下所示：

图 24－2

又如，在一起网络传销案件中，为了证明犯罪的层级启动了电子证据司法鉴定。这时人们需要重点审查送检材料同被指控行为之间的关联性。基本技巧就是审查送检材料的来源，进而确定其同被告人等主体之间的关联性。常用的方法是依靠校验值确认送检材料的来源（见图 24－3），其他特征（比如光盘外观特征、编号等）基本上意义不大。特别是在送检材料不是由承办侦查机关自行取证，而是由其他地方侦查机关取证、再汇总形成光盘的情况下，要做到送检材料来源清楚、关联性强，看似简单，实则是很多案件的证据“命门”。这是单独审查过程中必须特别注意的。

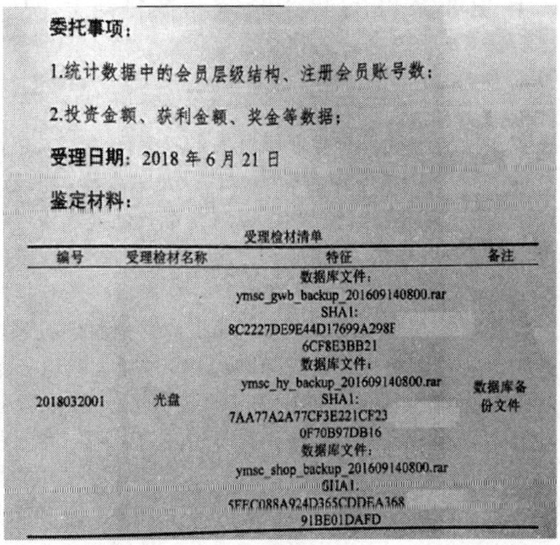

委托事项：

1.统计数据中的会员层级结构、注册会员账号数；

2.投资金额、获利金额、奖金等数据；

受理日期： 2018 年 6 月 21 日

鉴定材料：

受理检材清单

编号	受理检材名称	特征	备注
2018032001	光盘	数据库文件： ymsc_gwb_backup_201609140800.rar SHA1: 8C2227DE9E44D17699A298F 6CF8E3BB21 数据库文件： ymsc_hy_backup_201609140800.rar SHA1: 7AA77A2A77CF3E221CF23 0F70B97DB16 数据库文件： ymsc_shop_backup_201609140800.rar SHA1: 5FEC088A924D365CDDEA368 91BE01DAFD	数据库备份文件

图 24－3

针对支付机构数据、手机数据与其他网站数据的单独审查，同针对平台数据的单独审查在宏观方面一致，在细节和侧重点方面略有不同。例如，关于手机数据的关联性审查，要确定人、机器、账户、数据之间是否有关联。展开来说：第一，要确定扣押的这部手机是犯罪嫌疑人使用的；第二，要确定扣押的手机与鉴定的手机具有同一性；第三，要确认微信账户是犯罪嫌疑人使用的。① 又如，关于手机数据的合法性审查，要重点验证侦查人员是否对手机采取了信号屏蔽、信号阻断或者切断电源等保护措施?② 由于审查手机数据时主要审查的是鉴定意见中提取的电子数据，因此，办案人员可以结合扣押笔录、扣押决定书，查看其中记录的具体扣押时间，而后在鉴定意见中查看手机在被扣押后是否有数据写入。如果存在数据写入情形，应当立即要求侦查机关进行说明。再如，关于手机数据的真实性审查，不同类型的电子数据的审查方法有所区别，有时还会涉及专业的鉴定问题。③ 这需要在实践中积累经验。

比对审查是针对具有可比性的证据进行关联分析，看相互之间有无矛盾或者可否排除。在P2P犯罪案件中，网贷平台数据与银行、第三方支付机构数据是经常可用于比对验证的两种证据，尤其是可以将建立在这两种证据基础上的鉴定意见结合起来判断。常用的技巧是比对侦查机关调取的银行、第三方支付机构的交易数据内容是否与平台数据相一致，比如吸收存款的总金额是否一致、投资人金额是否一致等等。比对过程中，可以重点对主要的交易数据进行比对。如果比对结果一致，那么这两个证据之间形成了印证关系，数据内容真实性的问题得到了有效解答，更有利于法庭准确认定案件事实。

考虑到部分电子证据源于互联网平台，比对审查还可以使用已提取的电子证据与网络平台验证情况进行比对。也就是说，办案人员可以通过上网核对的方式审查侦查人员所提取的电子证据是否符合该网络平台情况，是否存在着异常的疑点等。下面试举一起类似于P2P犯罪案件的非法经营罪案件进行说明。

① 具体的审查方法：一是审查扣押清单是否有犯罪嫌疑人的签名确认；二是审查扣押清单记录的手机型号、颜色、容量、串号（IMEI）是否与鉴定意见一致；三是审查鉴定意见中微信账户注册信息。由于很多人的微信账号是通过手机号码注册的，因此可以结合审查证言、供述等证据中的手机号码，判断其与鉴定意见中的注册信息是否相一致。

② 《电子数据规定》和《电子取证规则》针对手机的扣押、保管、移送等程序提出了要求：第一，必须扣押原始存储介质。第二，必须封存原始存储介质。第三，必须对手机采取信号屏蔽、信号阻断或者切断电源等保护措施。第四，应当以封存的状态随案移送。并且，《电子数据规定》第27条规定了，原始存储介质，如果没有以封存状态移送，那就属于瑕疵证据，必须进行补正或者解释。当前实践中，一些侦查人员电子数据的取证意识极为淡薄，且不说能否做到封存手机，更为恶劣的是还常常会使用犯罪嫌疑人的手机。

③ 此处仅谈及微信、QQ等聊天记录审查判断基本原则：第一，聊天记录若由鉴定人员或侦查人员使用专业取证工具提取，则可靠程度较高，原则上可直接采纳。举例而言，微信聊天记录存储在微信软件的数据库中，取证工具的作用就是在数据库中直接提取数据，一般的篡改方法无法直接更改数据库中的数据。因此，对于使用取证工具提取的聊天记录，原则上可以直接采纳。当然，也不能绝对排除数据库中的数据遭到篡改，这还需结合嫌疑人的教育背景、技术能力进行综合判断。第二，聊天记录截图文件可靠程度不高。在嫌疑人手机中提取的聊天记录截图文件能否直接采纳？一般而言，聊天记录截图文件的可靠性不高，肉眼无法直接识别其真假。聊天记录截图文件的真假评判属于专业问题，需要具有专门知识的人解决。在此仅提醒人们应意识到聊天记录文件的可靠程度并不高。第三，聊天记录打印件。原则上应直接排除，人们一般无法直接根据聊天记录打印件判断手机数据的真假。

【案例 24 - 1】

钱×非法经营案

【基本案情】

2015年10月以来，被告人钱×在张家港市等地，未经国家有关主管部门批准，采用打电话、朋友介绍等方式，利用贝克国际网站（www.bakeimarkets.com）非法经营期货业务。其中2015年11月4日至6日，被告人钱×利用贝克国际网站，通过baker mt4交易软件，为王×等人非法提供期货业务，非法经营数额共计人民币591 496元。[①] 由于高频交易涉嫌违规，上述账户被贝克国际总部冻结，王×等人无法取出获利，于2015年11月12日向有关部门举报钱×在没有获得主管部门审批的情况下，违规经营期货业务。张家港市公安局经济侦查大队于2016年2月2日对钱×非法经营案立案侦查。2016年8月8日钱×向警方投案自首。

本案中用于指控的电子证据主要包括：(1) 证据一：五个账号从2015年11月4日至6日的交易记录，系baker mt4软件显示的交易记录的截屏照片打印件，由举报人王×打印提供；(2) 证据二：举报人王×打印提供的其账户交易记录，其中有“china300”交易记录（“china300”交易属于期货交易）；(3) 证据三：办案人员2016年2月2日制作的贝克国际网站的网页截图照片打印件。那么，针对这些电子证据能否进行体系化审查并作出综合评断呢？

【案件评析】

单独审查发现，这些证据均属于打印件，取证并不规范。要有效地审查这些电子证据，一个技巧是将它们的信息与再登录网站发现的信息进行比对。

遗憾的是，涉案网站贝克国际网站已经被境外所有者关闭，在境内无法再访问。在这种情况下，只能退而求其次，将这些证据所反映的内容信息与网站信息进行比较分析。结果就有很重要的发现：证据三表明，涉案网站具有“模拟盘”功能，可提供“模拟交易服务”。通过“模拟交易服务”产生的相关“模拟”交易服务记录与真实的交易服务记录在格式上是完全一致的（见图24-4）。这就表明，证据一、证据二的内容不排除与“模拟交易服务”相关，而与真实的期货交易无关。更有甚者，有关人员还可能通过“模拟交易服务”伪造形成相关交易记录。以上判

---

① 最高人民检察院、公安部《关于公安机关管辖的刑事案件立案追诉标准的规定（二）》第79条规定：“违反国家规定，进行非法经营活动，扰乱市场秩序，涉嫌下列情形之一的，应予立案追诉：……（三）未经国家有关主管部门批准，非法经营证券、期货、保险业务，或者非法从事资金支付结算业务，具有下列情形之一的：1. 非法经营证券、期货、保险业务，数额在三十万元以上的；2. 非法从事资金支付结算业务，数额在二百万元以上的；3. 违反国家规定，使用销售点终端机具（POS机）等方法，以虚构交易、虚开价格、现金退货等方式向信用卡持卡人直接支付现金，数额在一百万元以上的，或者造成金融机构资金二十万元以上逾期未还的，或者造成金融机构经济损失十万元以上的；4. 违法所得数额在五万元以上的。（四）……”

断，就简单展示了比对审查的价值。

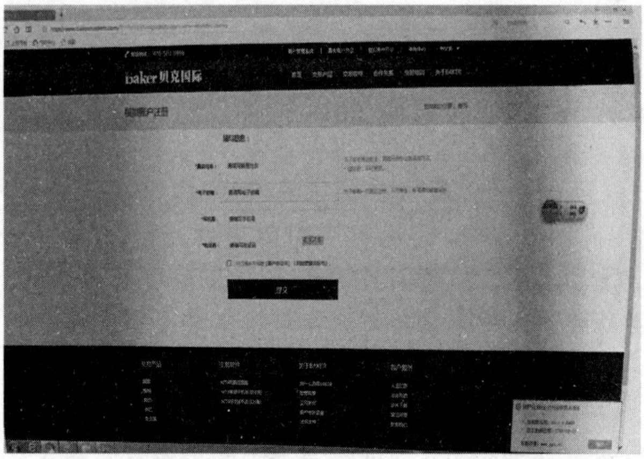

图 24－4

综合评断是将“鉴——数——取”体系中各个部分进行归位，重点查看鉴定意见书对检材的描述同电子证据本身是否一致，也看同“来源”笔录是否对应。评断的标准是将“鉴——数——取”证据聚总到一起，看提取、移送、鉴定电子数据的过程可否验证，可否再现。下面试举一例加以评析。

【案例 24－2】

北京××公司涉嫌组织领导传销案

【基本案情】

为查明××公司涉嫌组织领导传销案的相关事实，内蒙古××市公安局委托上海××计算机司法鉴定所在相关网站上提取××公司会员系统的数据。鉴定人接受委托后，通过犯罪嫌疑人、被告人的账号和密码，进入了××公司在美国的服务器下载相关数据，主要是后台数据，包括后台的办公数据和财务数据。做完这些后刻录了光盘，将这些数据交给会计师事务所进行司法会计鉴定，计算出资金非法所得数额。

【案件评析】

对于该案的证据该如何审查呢？传统做法是分析鉴定意见，人们会依据关于鉴定意见的司法解释等规范性文件，审查鉴定意见在什么情况下应当被排除等等。在此不妨换一种思路，不再仅仅关注鉴定意见本身，而是进行体系化审查。这就要求我们关注鉴定意见背后的光盘及相关的笔录文书。具体来说，本案的“鉴——数——取”体系化审查的材料主要包括：(1) 上海××计算机司法鉴定所出具的司法鉴定检验报告书[①]；(2) 鉴定书所附光盘，含有打包的下载数据“提取数据（×

① 由上海××计算机司法鉴定所出具的司法鉴定检验报告书既是一份独立的鉴定意见书，也是司法会计鉴定意见的检材。本章从前一层含义上进行审查。

×公安）. zip”、下载过程的录像“kk 2017－08－30 04－03－28. avi”；（3）××市公安局《搜查证》、搜查笔录及扣押清单。

通过综合评断，即将三者结合起来分析，很容易发现各种疑点。其一是鉴定的时间异常。本案的鉴定请求是要求鉴定机构从在相关网站上提取××公司会员系统的数据。这其实属于一种远程下载意义上的证据固定行为。鉴定意见书表明该行为发生在 2017 年 8 月 30 日－9 月 1 日。而鉴定意见书所附下载数据“提取数据（××公安）. zip”所反映的鉴定启动时间是 8 月 30 日凌晨 4：41 分（即下载文件所显示的修改时间），且绝大多数文件是凌晨 4—8 点完成的（见图 24－5），这就很不正常了。特别是在一位鉴定人年满 76 岁、另一位鉴定人年满 63 岁这种情况下，就显得尤为异常。有了这个怀疑之后，可以审查该鉴定进行同步录像所形成的录像文件。① 我们发现，

名称	修改日期
拨币管理数据获取	2017年8月30日 上午8:57
财务流水查看-2017之后	2017年8月30日 上午4:43
财务流水查看-2017之前	2017年8月30日 上午4:43
电子币记录2017-04-2017-05	2017年8月30日 上午4:41
电子币记录2017-04之前	2017年8月30日 上午4:42
电子币记录2017-06	2017年8月30日 上午4:42
电子币记录2017-07	2017年8月30日 上午4:42
电子币记录2017-08	2017年8月30日 上午4:43
电子币提现审核	2017年8月30日 上午4:41
福利奖	2017年8月30日 上午4:43
会员列表	2017年8月30日 上午4:41
奖金明细2013-2015	2017年8月30日 上午8:57
奖金明细2016-01-2016-02	2017年8月30日 上午4:41
奖金明细2016-03-2016-04	2017年8月30日 上午4:41
奖金明细2016-05-2016-06	2017年8月30日 上午4:41
奖金明细2016-07-2016-08	2017年8月30日 上午4:41
奖金明细2016-09-2016-10	2017年8月30日 上午4:41
奖金明细2016-11	2017年8月30日 上午4:41
奖金明细2016-12-01-2016-12-15	2017年8月30日 上午4:41
奖金明细2016-12-16-2016-12-31	2017年8月30日 上午4:41
奖金明细2017-01-01-2017-02-28	2017年8月30日 上午4:41
奖金明细2017-03	2017年8月30日 上午4:41
奖金明细2017-04	2017年8月30日 上午4:41
奖金明细2017-05	2017年8月30日 上午4:41
奖金明细2017-06-01-2017-06-23	2017年8月30日 上午4:41
奖金明细2017-06-24-2017-07-03	2017年8月30日 上午4:41
奖金明细2017-07-04-2017-08-31	2017年8月30日 上午4:41
开店管理数据获取	2017年8月30日 上午8:57
升单管理管理数据获取	2017年8月30日 上午8:58
拓店冠军奖	2017年8月30日 上午4:41
体验粉	2017年8月30日 上午4:41
银行卡奖金发放表	2017年8月30日 上午4:44
专卖店发货	2017年8月30日 上午4:41

图 24－5

① 根据 GA/T 756—2008《数字化设备证据数据发现提取固定方法》的规定，对远程数字化设备进行检验，应当首先启动数字摄像机或屏幕录像软件，记录检验设备屏幕上显示的内容。随后，实施发现、提取操作步骤，搜索、分析、截获证据数据。对于启动数字摄像机或屏幕录像软件的，在检验设备屏幕上显示导出的数据文件名称和哈希值并予录像。

本次鉴定在录像上的“掐头去尾”①，使得整个鉴定过程在关键环节上已无法查清。

其二是账号密码异常。审查发现，该鉴定意见书中写明的检材没有注明登录涉案网站的账号密码。这是不符合常理的。那么，这是委托方没有给鉴定机构提供账号密码，是鉴定意见书漏写了这方面的信息，还是其他情形？关键是如何构建涉案网站同被告单位的关系？这就需要结合鉴定意见书的细节和相关笔录材料进行审查。审查发现，该鉴定意见书既未说明账户密码的来源，也未说明账户密码来源的合法性，致使无法查证该网站及其账户密码是否确实是被告人所有；虽然鉴定意见书表明下载数据“提取数据（××公安）.zip”是取自网址“jkm.××jituan.cn”，但是未固定其所对应的IP地址及服务器，亦未显示出取证对象网站或数据是属于“××公司”所有；案卷中的搜查笔录及扣押清单等材料均不能显示“jkm.××jituan.cn”归“××公司”所有，所有被告人的口供中亦无此信息。

综上可见，××公司涉嫌组织领导传销案中“鉴——数——取”证据体系存在着重大问题，突出表现为鉴定意见书所下载数据“提取数据（××公安）.zip”“来源不清”，不能确定是来源于“××公司会员系统”。这是我们综合评断的结论。

实践中，有时进行综合评断不一定能够看到“鉴——数——取”证据体系的全部材料，特别是看不到电子版本的“电子证据”材料。这增加了综合评断的难度，但是司法人员也应当贯彻体系化审查的理念，尽量从现有证据材料中提取“鉴——数——取”的内容，或者想办法补齐相关内容，结合起来进行审查。补齐的方法就是可以突破“鉴——数——取”证据体系，转寻口供、证人证言、书证等其他证据材料。这可以称为拓展式体系审查。

“兴中天”案件是一个典型的例子。该案在立案侦查时，兴中天公司的传销网站资金盘已经停盘，公安机关调取的是该公司为稳定会员情绪开发的网上商城数据。该数据解析后，证明了该公司2017年2—7月发展会员注册ID号42万个，涉及全国34个省份，总共构成59个层级。那么，如何判断该数据的证据效力呢？办案部门专门进行了如下拓展式体系审查：一是将网上商城数据与已调取的部分会员银行交易明细进行比对，发现能够印证、没有矛盾；二是选择一个县的分支机构进行核对，比较该县会员的姓名、住址、身份证号等信息与网上商城数据的信息，发现相关部分的层级关系和会员数量是准确的；三是跟该公司的核心技术人员进行核对，比对和验证其口供，其供述表明网上商城数据就是该公司原始会员数据迁移过来，没有发生过改变；四是对每个被告人所发展的下线进行抽样取证，连取三级，每级取两人，对部分会员数量和层级进行验证。以上做法就是将电子证据同口供、证人证言、书证结合起来进行的体系审查，由此证明了网上商城数据所反映的会员

① 根据该鉴定意见书的“检验过程”描述以及下载录像显示，本次鉴定并非于鉴定开始时启动录像，而是在网页的账户密码登录页面才开始录像。根据该鉴定意见书，本次鉴定将下载的数据打包为“提取数据（××公安）.zip”并计算完整性校验值（哈希值）。对于如此重要的固定过程，鉴定人员却未按照规范予以录像固定，反而选择提前结束录像。

及层级情况符合客观案情，可以用于证明案件事实。

四、视角二：针对不同印证节点的综合判定

马克思主义哲学认为，世界是普遍联系的，通过一系列中介，可以把世界上任何事物联系起来。这要求我们学会用普遍联系的观点看待问题。作为一种整体的认识观，“鉴——数——取”体系的综合判定巧妙地利用了电子证据构成组合时不同材料发挥的作用。这是强调有机联系的一种思路。与此相对应的另一种做法是映射的思路，即利用网络空间电子证据会自然分布在不同节点的规律，选择两处以上节点的电子证据，按照印证的思路进行判断。

其基本原理是：网络是由多台电子设备组成的系统，这些电子设备相对独立，它们之间能够相互传递信息，每台设备可以被视为不同的节点。若司法人员从上述不同节点中获取了电子证据，而且它们相互印证，那就满足了印证的基本要求。这样一种综合判断突出体现为寻找源自不同节点的电子证据，衡量其是否相互印证，进而得出认证结论。

以审查认定一条手机短信为例。大家会注意到一种现象：手机短信往往不是仅仅在一个地方（或设备中）出现，而是多点出现。这就意味着，在网络空间寻找到不同节点的电子证据，就可以进行综合判定。笔者举一个生活中的小例子进行说明。2015 年 5 月的一日上午，我在人大法学院给山东省东营市政法系统讲课，其间有位人大研究生给我发了一条短信，内容大概是：“老师，我想找你签个字，不知你在不在学校？几点到哪找你？”我正在讲课，晃了一眼短信，没时间回复。过了几分钟，我的手机又收到一条短信——我夫人发送的短信，内容大概是：“老师在××教室上课，你可以×点去找他。”这说明学生发给我的短信，夫人的手机也收到了这一条短信，夫人误以为学生发错了，就替我回了这一条短信。我下课后核实处理此事，发现这是一条 iMessage① 短信，由于我和夫人使用的都是 iPhone 手机，且在同一个苹果账号（Apple ID）下，两部手机之间的许多信息可以共享，因此这条 iMessage 短信就同步发送到了夫人的手机上。其实，共享的信息不仅有 iMessage 短信，还有手机照片、手机邮件、位置信息等；这些信息共享的设备不仅包括同一个苹果账号下的不同手机，还可涵盖家庭中使用该苹果账号的 iPad 等设备。这个简单的生活例子表明，网络证据可以分布在不同节点上。之后，我开始改使用华为手机了。于办案而言，如果司法人员能够从以上节点中找到两处以上的共享短信、共享照片、共享邮件、共享位置等信息，就可以构成基于不同节点印证的证据认定。

① iMessage 是苹果公司推出的即时通信软件，可以发送短信、视频等，其拥有非常高的安全性。不同于运营商短信/彩信业务，用户仅需要通过 WiFi 或者蜂窝数据网络进行数据支持，就可以完成通信。

针对不同印证节点的综合判定，既是一种抽象的观念，更是一种具体的实践。当然，在实践中这种做法面临的挑战很多，能否实现要看案件中的客观条件。香港大学邹锦沛教授在人民大学就香港艳照门的证据问题做过讲座。我们以该案如何认定泄密事件的性质及调查始作俑者的情况来做补充说明。

【案例 24-3】

香港艳照门事件①

【事件详情】

2008年1月27日晚上，一张关于陈冠希和 Guillian 的照片被张贴在香港的论坛上。

1月28日下午，一张关于陈冠希和 Bobo 的照片被张贴在许多论坛上，陈冠希和 Guillian 宣布，该照片是恶作剧。

1月29日，5张关于 Guillian 和2张关于 Cecilia 的照片被张贴。

1月30日，4张关于 Cecilia 的照片被张贴。同日，香港警方开始寻求国际刑警的协助。

2月2日，在 Elite 电脑维修店，4名男子和2名女子被逮捕，搜获逾千张艳照。1张愚弄 Cecilia 的照片被张贴。

2月4日，HC Sze 被逮捕。

但是，事情并没有结束。

2月5日，涉及 Guillian，Cecilia，BoBo 和 Rachel 的4张色情照片被张贴。

2月6日，209张照片被一个自称为“奇拿”的人张贴。

2月9日，另外237张照片被“奇拿”张贴，涉及 Guillian，Cecilia，BoBo 和 Vincy。

…………

2月10日第9名嫌犯被捕。

2月21日，“艳照门”的男主角陈冠希在香港国际展览中心召开记者招待会，承认大部分照片都是他拍摄的，他向受害女士公开致歉，并宣布退出香港娱乐圈。陈冠希说：“这些照片是非常隐私的，我从来没有想把这些照片向人展示，这些照片是非法的，是从我这里偷窃的。同时，也没有经过我的同意就流传出去，毫无疑问，那些获取这些照片的人在网上是一种恶意的传播，这个事件已经恶化到使整个社会受到影响，从这方面来讲我非常遗憾。”

该事件涉及一系列问题，如 Elite 电脑维修店是如何被发现的？HC Sze 是如何找出来的？谁是奇拿？照片是如何流传到互联网上的？HC Sze 做错了什么？当然，

① 邹锦沛．电子取证是技术、艺术还是科学//何家弘．证据学论坛：第18卷．北京：法律出版社，2014：134-136.

该事件的核心问题就是两个“第一”问题，即谁是第一个从陈冠希那里拿到照片的人？谁是第一个将陈冠希的照片发布到网络上的人？

【案件评析】

关于第一个“第一”问题，答案是 Elite 电脑维修店的职员 HC Sze。“我们看看这个案件的案例分析。一开始是陈冠希的电脑出了问题，然后他把电脑拿到电脑维修店维修，电脑里面有那些照片。维修的时候，电脑要做一个备份。通常店员会看一看。然后备份的复制件里面就有陈冠希的照片了。所以这就是开始的时候的第一份复制件，这都没有问题。但是在做完备份之后就找来他的同事一起看，先是两个人看过，然后很多人看过。后来 HC Sze 先生去另外一个地方跟另外的人一起看这些照片。然后别人就会说：‘我可以拷一份吗？’通常都是这样的。所以这又有了一份复制件。后来这个人又拿给朋友看，朋友又要求拷贝一份，于是最后就有了很多份复制件。”① 作出这样的认定很简单，因为在陈冠希的电脑、Elite 电脑维修店电脑、HC Sze 的电脑或移动硬盘、光盘以及其他人手中的电脑或移动硬盘中均能找到涉案艳照，构成了一个个良好的印证节点（见图 24－6）。当然，还有言词证据的佐证。

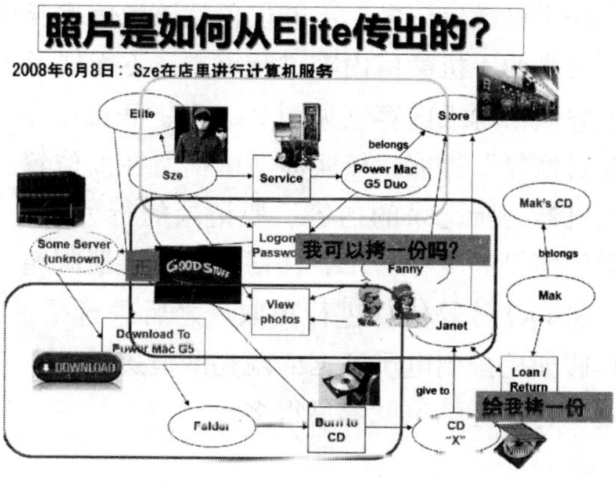

图 24－6

关于第二个“第一”问题，答案是自称为“奇拿”的那个人。“奇拿应该是他们其中一个‘朋友’，这个是很简单的推论。通过数据分发的过程分析，我们知道第一个将陈冠希的照片放到网络上的人就是奇拿。”② 据了解，“奇拿”是使用 Foxy 点对点软件③分享。警察最终要找的人就是“奇拿”，但是最后没有找到。

① 邹锦沛．电子取证是技术、艺术还是科学//何家弘．证据学论坛：第 18 卷．北京：法律出版社，2014：135.

② 邹锦沛．电子取证是技术、艺术还是科学//何家弘．证据学论坛：第 18 卷．北京：法律出版社，2014：135.

③ 无论何时新的相片出现在互联网上，他们传递消息使用代码“赶往 fox”(hurry on bit the fox)，使用关键词“新闪卡”。用户把这些文件命名为新闪卡，放在共享文件夹中分享。这些相片在 Foxy 网络中迅速传播。

我理解，从理论上讲通过上传照片的IP地址可以追踪到作案人，但由于“奇拿”使用了境外服务器通过Foxy点对点软件分享。这给警方调查取证设置了客观的障碍。这一障碍看起来是一个取证方面的障碍，其实也是证据认定方面不能构成良好印证节点的障碍。

五、视角三：针对相关痕迹属性的综合判定

无论是针对“鉴——数——取”体系的综合判定，还是针对不同印证节点的综合判定，都是一种外部印证。由于电子证据的特殊性，其综合性认证还有一种特殊的做法，即借助其属性、痕迹文件进行自我补强的内部印证。这可以称为一种“内省”的思路。尤其适用于审查单机空间的电子证据。其基本原理是：为了认定一份或多份电子证据主文件的法律效力，可以将其附属信息、关联痕迹尽量多地挖掘出来，判断是否构成内部印证关系。

针对相关痕迹属性进行综合判定，源于对实践中单一电子证据审查难的困境之反思。例如，对于一条手机微信记录，不能仅仅就该微信本身的内容进行审查，特别是不能仅仅就打印出来的手机微信内容进行审查。下面展示了一种通过“微信对话生成器”产生的虚假微信聊天内容（见图24－7）。正确的审查方法是，通过对手机微信聊天进行“逻辑恢复”提取，核实涉案微信所在的位置、本机账号、对方账号、发送时间、发送机器、所记录的内容、所记录的行为、是否包含附件等信息，必要时还要对涉案微信账号的昵称、ID、注册头像、注册邮箱、注册手机号、注册性别、注册地点、注册QQ号等信息进行提取，之后进行是否存在异常点的评判。在这一审查过程中，假如挖掘到电子证据的隐秘的痕迹属性，或者挖掘到高度一致的众多痕迹属性，则下肯定性结论就容易得多。

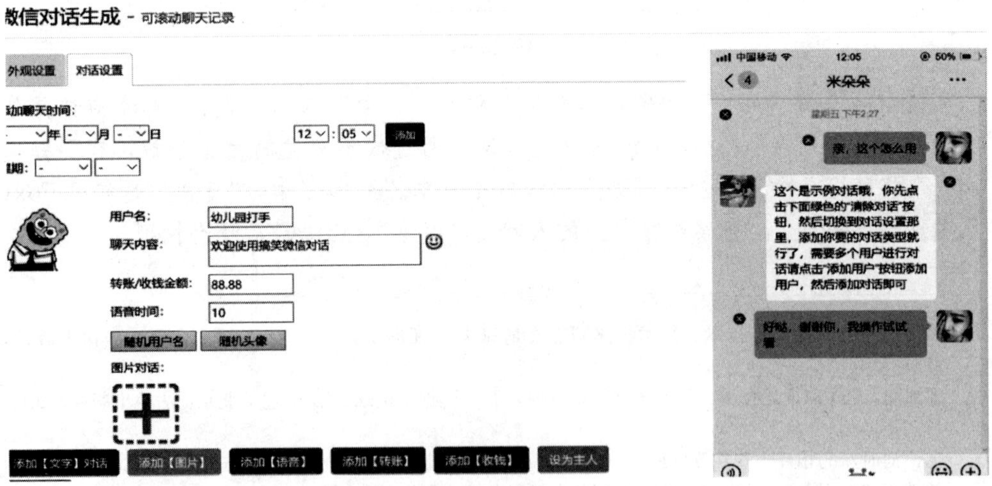

图 24－7

要做好这一工作，司法人员可以学习技术专家的做法，或者寻求技术专家的帮助。香港大学邹锦沛教授团队介绍的下述案件也是一个经典案例。

【案例 24 - 4】

“儿童色情材料”案①

【基本案情】

一个犯罪嫌疑人被捕，并被指控构成“持有儿童色情物品”罪。犯罪嫌疑人提出如下抗辩：儿童色情视频是不小心下载的，自己不知道色情视频的存在，视频文件并没有被打开。在犯罪嫌疑人的家里，发现两个硬盘储存有儿童色情视频。硬盘1中有两个文件，即“Lolita-1. mpg”和“Lolita-1. avi”（见图 24 - 8）。硬盘 2 中有一个文件，即“Lolita-1. mpg”（见图 24 - 9）。本案硬盘 1 和硬盘 2 中的 Lolita-1. mpg 是一样的，Lolita-1. mpg 和 Lolita-1. avi 文件内容相同。从这三个文件的痕迹属性中可以得出什么结论？

Disk-1 文件名称	大小	创建时间 (C time)	修改时间 (M time)	访问时间 (A time)
Lolita-1.mpg	101 MB	2011-06-16 21:15:00	2011-06-13 00:45:00	2011-06-13 00:45:00
Lolita-1.avi	156 MB	2011-06-26 21:00:00	2011-06-26 22:00:00	2012-07-14

图 24 - 8

Disk-2 文件名称	大小	创建时间 (C time)	修改时间 (M time)	访问时间 (A time)
Lolita-1.mpg	101 MB	2011-06-12 23:15:00	2011-06-13 00:45:00	2011-06-12 23:15.00

图 24 - 9

【案件评析】

本案中只有处于单机空间的电子证据，这就需要采取属性痕迹相补强的综合性认证方式。本案根据电子文件的时间规则（Time Model）②，将三个电子文件与其属性痕迹关联起来，主要是与创建时间、修改时间、访问时间及格式差异等关联起来，可得出的分析结论如下。

第一，硬盘 2 中的 Lolita-1. mpg 文件大小为 101MB，其创建时间与访问时间相同，修改时间晚于创建时间和访问时间。这说明 Lolita-1. mpg 文件于 2011 - 06 -

① 邹锦沛．电子取证是技术、艺术还是科学//何家弘．证据学论坛：第 18 卷．北京：法律出版社，2014：132 - 134.

② http：//i. cs. hku. hk/～cisc/forensics/papers/RuleOfTime. pdf（in Proceedings of the Second International Workshop on Systematic Approaches to Digital Forensic Engineering SADFE 2007）.

12 23:15 开始从网络下载，并于 2011-06-13 00:45 下载完成。①

第二，硬盘 1 和硬盘 2 中的 Lolita-1. mpg 文件大小相同，Lolita-1. mpg 文件在两个硬盘中的修改时间相同，但硬盘 1 中 Lolita-1. mpg 文件的创建时间晚于修改时间。这说明 Lolita-1. mpg 文件于 2011-06-16 21:15 从硬盘 2 拷贝到了硬盘 1。

第三，硬盘 1 中的 Lolita-1. mpg 文件及 Lolita-1. avi 文件的内容相同，但 Lolita-1. avi 的修改时间晚于创建时间。这说明 Lolita-1. avi 文件于 2011-06-26 21:00 开始创建，并于 2011-06-26 22:00 创建完成。

最后，香港的专家证人出庭指出：拥有硬盘 1 和硬盘 2 的人于 2011-06-12 23:15 下载儿童色情视频 Lolita-1. mpg 文件，并于 2011-06-13 00:45 完成下载。Lolita-1. mpg 文件于 2011-06-16 21:15 从硬盘 2 拷贝到硬盘 1。Lolita-1. mpg 文件于 2011-06-26 21:00 转换为 Lolita-1. avi，于 2011-06-26 22:00 完成转换。这表明，辩方关于被告人没看过色情视频的抗辩不成立，关于被告人不知道色情视频存在的抗辩也不成立。因为文件不仅被转码过，而且被打开看过。

本案反映的问题在我国法庭上也经常遇到。它带给我们的启发是，对单一电子证据进行高效综合研判有赖于属性痕迹的补强。

六、总结与前瞻

（一）电子证据定案之孤证绝对否定

孤证不能定案，是印证证明模式的基本要义。这不仅是对证据数量的要求，也是对证据质量的要求，即必须借助于两个以上具有“独立信息源”的证据，使它们包含的事实信息环环相扣，共同指向同一犯罪事实。照理说，依靠电子证据定罪同样存在着孤证不能定案的问题；也就是说，如果控方对于案件主要事实只有一份电子证据用于指控，则适用“孤证不能定案”的规则或规律。

然而，这一现象在电子证据时代出现了微妙的变化，那就是虚假的“孤证不能定案”问题。基于电子证据的特性，人们应当注意到看似是孤证的电子证据，其实并非是真正意义上的单一证据。理论和实践均表明，在个案中找到一份电子证据，就应当挖掘其背后的属性痕迹文件，应当在不同节点寻找映射的证据，应当将“鉴——数——取”证据梳理出来构成一个体系，无论是前述哪一种含义都不是孤证。从这个意义上讲，当下依靠电子证据办案应当强化“孤证不能定案”的规则，即确立“孤证一律否定”的铁律。这是电子证据定案的现实性动向。

（二）电子证据定案的客观化采信

当下 P2P 犯罪等新型案件暗流涌动，电子证据在证明案件事实方面起到了巨大

① 硬盘 2 中创建时间与访问时间一致，说明犯罪嫌疑人未在硬盘 2 打开看过该文件，如果看过那么访问时间就会是最后一次观看的时间。

的作用，也呈现出综合性认证的办案规律。如前所述，电子证据的综合性认证有三大视角：一是构建由“鉴定意见＋电子数据＋（来源）笔录”组成证据体系；二是源自网络空间不同节点的电子证据相印证；三是针对单机空间电子证据求助于属性痕迹相补强。这样一种证据认定显然不同于经典意义上的自由心证，而是接受客观约束的证据采信。换言之，电子证据定案的效力在客观框架支撑下得到了基本的保障。

随之而来的一个追问是，电子证据的综合性认证能否再进一步，譬如像指纹、DNA 鉴定那样走上客观化采信之路，或者说概率化采信之路？这是电子证据定案的理论研究新动向。国外学者对电子证据的客观化采信或概率化采信等问题研究较多，我国学者对此研究虽有起步，但遇到了较大的困难。笔者曾撰文提出电子证据的印证公式，并以快播案为例分析了该如何具体适用该公式。① 在不久的将来，我国学界至少还需要围绕下列问题展开讨论：纯粹电子证据如何进行客观化采信？电子证据与传统证据（尤其是与言词证据）相关联时，如何进行客观化采信？由普通人的自由心证转向专家的自由心证是否可行？等等。诚然，这离不开司法实践的探索和支撑。

【拓展阅读】

《民事诉讼电子数据规则》（学者建议稿）②

第一节　基本原则

第一条　电子数据规则基本原则

电子数据具有与传统证据同等的法律地位，不得仅因其为电子形式而被限制或者剥夺可采性或证明力。

本法不鼓励、推荐或排斥、限制、剥夺基于任何技术生成的电子数据作为证据使用的资格。

民事诉讼的当事人可以在平等自愿的基础上，对电子数据作为证据的可采性、证明对象、取证方法、举证时限和证据交换、证据提交方式、举证责任分配等进行约定。有关约定符合公序良俗和公平原则、不违反法律和行政法规强制性规定的，人民法院应当予以认可。

① 刘品新．印证与概率：电子证据的客观化采信．环球法律评论，2017（4）．

② 此稿件由刘品新、王燃、卞嘉虹合作完成。最高人民法院 2019 年版修订《关于民事诉讼证据的若干规定》，对电子证据做了重要修改，主要进步体现在：对电子数据范围作出比较详细的规定，并规定了当事人提供和人民法院调查收集、保全电子数据的要求，同时还规定了电子数据审查判断规则，完善了电子数据证据规则体系。这些条款在很大程度上吸收了实务经验和学术成果，同时也有很多不足。我们特提出《民事诉讼电子数据规则》（学者建议稿），并将有关设想、研究内容、建议条款及创新点单列出来，以供各位方家批评指正。

第二节 电子数据的可采性规则

第二条 电子数据的可采性标准

人民法院在判断电子数据的可采性时，应当结合电子数据的特点，综合审查其关联性、合法性以及客观性。

第三条 电子数据的关联性

电子数据对证明案件事实能够产生一定实质性影响的，人民法院应当认定其具有关联性。

审查电子数据的关联性，应当结合待证事实进行审查，必要时可以通过技术手段加以辅助审查。

第四条 电子数据的合法性

电子数据的获取应当遵守法定的程序。电子数据在获取过程中具有以下情形之一的，则人民法院应当裁定其不具有合法性：

（一）未经当事人同意，秘密登录其电子设备或网络账号获取的；

（二）通过非法搜查、扣押等方式获取的；

（三）通过威胁、欺骗、引诱等取证方式获取的；

（四）违反强制性规定通过非核证程序获取的；

（五）通过非法软件获取的；

（六）具有其他重大违法情形的。

对于不具有合法性的电子数据，可能导致电子数据失真或严重影响司法公正的，当事人应予以补正或作出合理解释；不能作出补正或合理解释的，人民法院对该证据应当予以排除。

第五条 电子数据的客观性

当事人提交的电子数据具有以下情形之一的，人民法院可以认定其具有法律上的真实性，对方当事人有足以反驳的相反证据的除外：

（一）由不利方当事人提交和保管的；

（二）由适格证人出具有效证言的；

（三）有证据证明计算机系统在关键时刻处于正常状态的；

（四）附有电子签名或附加其他适当安全程序保障的；

（五）经鉴定人鉴定未发现篡改的；

（六）正常业务活动中形成的电子数据；

（七）以档案管理方式保管的电子数据；

（八）经公证机关证明其真实性的；

（九）人民法院认可或当事人约定的其他情形。

第六条 电子数据的原件规则

直接来源于案件事实或原始出处的电子数据是原件。电子数据首次固定所在的存储介质是原始载体。

通过电子再录制的方法或者其他相应技术而产生的电子数据的复本是复制件。电子数据复制件所在的新的存储介质是复制载体。

符合下列条件之一的电子数据复制件，可以视作原件：(1) 能够准确地表现电子数据的内容，并可供随时调取查用的；(2) 能够可靠地保证自电子数据最终形成时起，内容保持完整、未发生更改的；(3) 按惯例进行可信的电子化档案管理而形成的。

在原件缺失或难以取得的情况下，满足下列条件之一的，可以提交复制件，但原件真实性存在疑问或采纳复制件可能导致不公平的除外：

（一）双方当事人均无异议的；

（二）经过公证机关有效公证，不利方当事人无反证推翻的；

（三）附加了可靠电子签名或其他安全程序保障的；

（四）该复制件为举证人按合理预期所能得到的最佳证据的；

（五）满足法律另行规定或当事人特别约定的其他标准的。

当事人可以就判断电子数据是否为原件的特殊标准作出约定。

第七条　特殊电子数据的可采性

由当事人陈述、证人证言或其他证据所证实的即时电子交谈，具有可采性。对即时电子交谈予以录制的，该录制资料的可采性标准适用前述规定。

通过秘密技术手段获取的电子数据原则上具有可采性，但违反法律禁止性规定的除外。

用于证明当事人品格和行为倾向性的电子数据具有可采性，但当事人有证据证明上述电子数据或其内容系恶意虚构或伪造的除外。

基于科学方法所收集的大数据证据或作出的大数据分析结果，具有可采性。

第八条　域外电子数据的可采性

向人民法院提供的电子数据系在外国获取的，应当履行中华人民共和国与该所在国订立的有关条约中规定的证明手续；我国与该国之间没有公约或条约的，应当履行其他相关的证明手续。

向人民法院提供的电子数据是在我国香港、澳门、台湾地区获取的，应当履行相关的证明手续。

在境内通过远程取证手段获取处于境外的电子数据，履行与境内取证相同的法律手续。

第三节　电子数据的证明力规则

第九条　电子数据的证明力标准

人民法院在对单个电子数据的证明力进行认定时，应当综合审查其真实性、充分性以及完整性，同时考虑待证事实、证据体系等因素，基于自由裁量原则确定其证明力。

第十条　电子数据的真实性规则

人民法院在认定电子数据的真实性时，应当结合下述所有因素，考虑电子数据的生成、存储、传送与收集等各个环节，审查该电子数据在上述环节是否被增删改，进而作出综合评判：

（一）生成、存储、传递和保存方法的可靠性；

（二）生成、存储、传递和保存的环境要素及相关协议；

（三）电子数据的属性和品质；

（四）用以鉴别发件人方法的可靠性；

（五）可能进入电子系统的人及其对该系统的熟悉程度；

（六）设立密码、电子签名、用户名、账号的电子证据，其密码、电子签名、账号的设立人、使用人、所有人以及该用户名或者账号的使用情况；

（七）传输过程中的解密性；

（八）系统硬件是否完好，软件是否可靠，系统运行是否正常，是否受到过病毒等侵袭，存储的资料是否存在被编辑、修改的可能性；

（九）检验报告或鉴定意见书的内容；

（十）复制件制作的方法是否真实完整地反映了原件记载的内容；

（十一）可能对电子数据可靠性产生影响的其他相关因素。

第十一条　电子数据的真实性推定

当事人提交的电子数据符合以下情形之一的，如果没有足以反驳的相反证据的，人民法院应当推定其具有真实性，法律另有规定或当事人另有约定或推定将导致不公平的除外：

（一）所依赖的计算机系统或其他类似设备，在所有关键时刻均处于正常运行状态，或虽不处于正常状态，但不影响电子数据真实性的；

（二）是由对其不利的一方当事人保存或提供的；

（三）由中立第三方在正常的业务活动中记录或保存的。

对于前款第一项规定的情形，如果对方当事人没有相反证据，人民法院应当推定所依赖的计算机系统或其他设备处于正常运行状态。

第十二条　电子数据的完整性规则

当事人提交的电子数据自形成之时起，其内容一直保持完整和未予改动的，则具有完整性；对电子数据内容进行的必要添加或其他在正常传递、存储和显示过程中发生的变动，并不影响其完整性。

民事诉讼中当事人就所涉电子数据的记录或保存约定了相关标准、程序、方法或惯例的，人民法院在认定其完整性时，也应当依照这些标准、程序、方法或惯例。

第十三条　电子数据的完整性推定

当事人提交的电子数据符合以下情形之一的，如果没有足以反驳的相反证据的，人民法院应当推定其具有完整性，法律另有规定或当事人另有约定或推定将导致不公平的除外：

（一）所依赖的计算机系统或其他类似设备，在所有关键时刻均处于正常运行状态，或虽不处于正常状态，但不影响电子数据完整性的；

（二）由对其不利一方的当事人记录或保存的；

（三）由中立的第三方在正常的业务活动中记录或保存的。

第十四条　电子数据复制件的证明力

在原件灭失或难以取得的情况下，根据本法规定具有可采性的电子数据的复制件具有与原件同等的证明力，但对方当事人举出足以反驳的相反证据的除外。

第十五条　电子文书的真实性规则

向人民法院提交电子文书的当事人，应当通过以下方式之一初步证明其真实性：

（一）证明该电子文书的签署者使用了可靠的电子签名；

（二）证明该电子文书的制作使用了符合法律规定的安全程序；

（三）证明该电子文书的制作使用了人民法院要求的安全程序。

第十六条　电子数据的证明力判断规则

同一案件事实有若干电子数据证明时，人民法院可以参照以下规则来判断其证明力的大小：

（一）经公证获得的电子数据，其证明力一般大于非经公证获得的电子数据；

（二）在正常业务活动中形成的电子数据，其证明力一般大于为诉讼目的而制作的电子数据；

（三）由不利方保存的电子数据的证明力最大，由中立的第三方保存的电子数据的证明力次之，由有利方保存的电子数据的证明力最小；

（四）由专家出具鉴定意见或者检验报告的电子数据具有较高的证明力；

（五）由核证程序等可靠软件产生的电子数据具有较高的证明力；

（六）使用适格认证机构证书进行电子签名的电子证据具有较高的证明力；

（七）由合法认证机构提供的电子证据，其证明力应高于当事人自行提供的电子证据。

第十七条　电子数据的采信公式

在评断电子数据的证明力时，人民法院可以使用证明力计算公式作参照。

第十八条　电子数据的证据体系

审查判断电子数据的证明力，应当从各证据与案件事实的关联程度、各证据之间的联系等方面，综合判断电子数据之间、电子数据与传统证据之间、是否形成完整的证据体系。

第四节　电子数据取证规则

第十九条　电子数据的取证原则

获取、存储和传输电子数据，应当采用不改变电子数据原始状态的方法和程序。

获取电子数据时，应当同时获取电子数据的原始载体或原件。获取原始载体和原件确有困难的，可以以打印、拍照、摄像、拷贝、镜像、刻盘等方式获取能准确反映原件内容、保持完整性并可供随时调取的复制件。

具备条件的，电子数据获取、存储和传输的每一环节都应当记录并存档，以便日后查询。

第二十条　电子数据的取证方法

当事人获取电子数据，可以自行提取，也可以委托律师或聘请专家提取，还可以申请人民法院调取。公安司法机关或行政执法机关合法获取的电子数据，可以直接用于民事诉讼案件中。

当事人自行提取电子数据的，可以对提取过程进行同步录像，具备条件的，可以采取适当的技术手段防止电子数据发生篡改。

当事人委托律师进行电子数据取证工作的，律师可以根据案件需要请求网络服务商进行电子数据的固定和提取、聘请鉴定机构进行电子数据鉴定、申请公证机关进行电子公证或申请有权机关调取或保全证据等。

网络服务商应当在技术和管理上确保电子数据的原始性、安全性、完整性、准确性、真实性，并保证记录数据为自动生成，加盖公章或附加电子签名予以确认。

网络交易数据等电子数据和资料的保存期限由网络服务商与当事人约定。未约定的，网络交易数据和资料从交易完成之日起至少应当保存两年。法律另有规定的，应按照规定执行。

第二十一条　专家协助电子取证

当事人、律师、公安司法机关、行政执法机关等在获取电子数据的过程中，可以聘请或指定具有专门知识的人进行协助。

第二十二条　电子数据司法鉴定

对于如下专门性的电子数据问题，当事人无法达成一致，或人民法院认为有必要的，应当委托具有鉴定资格的鉴定机构和鉴定人进行鉴定：

（一）电子数据内容一致性的认定；

（二）对各类电子设备或存储介质所存储数据内容的认定；

（三）对各类电子设备或存储介质已删除数据内容的认定；

（四）加密文件数据内容的认定；

（五）对计算机程序功能或系统状况的认定；

（六）对电子数据的真伪及形成过程的认定；

（七）根据诉讼需要进行的关于电子证据的其他认定。

不具有鉴定资质的专家对电子数据进行前述检验的，可以出具相关的检验报告。

第二十三条　电子数据的诉前、仲裁前保全

因情况紧急，在电子数据可能灭失或者以后难以取得的情况下，利害关系人可以在提起诉讼或者申请仲裁前，根据案件情况向电子数据载体所在地、被申请人住所地或者对案件有管辖权的人民法院申请保全证据。

第二十四条　电子公证

公证人员进行电子公证时，应当在公证机构或者专业技术服务机构的工作场所、使用公证机构或者专业技术服务机构提供的设备进行，由于技术条件的限制等客观原因无法实现的，应当对公证所用的电脑或其他电子设备、网络环境进行清洁性检查。

公证人员进行电子公证时，应当制作电子数据的副本并以副本为操作对象，同时封存电子数据原件，保证其原始状态。

在公证过程中应当保证电子数据的完整性，保证电脑系统、辅助软件和分析方法的安全可信；同时详细、如实记录整个公证过程，记录的内容应当真实、客观、准确、完整、清晰，记录的文本或音像应当妥善保存。

第二十五条　电子数据的保管

根据法律规定，电子数据需要予以保管的，有效保管至少应当符合以下条件：

（一）其中所包含的信息可供调取，以备在设定期限内查用；

（二）采用了生成、发送或接收时的原始格式，或者能够准确转换成原始格式的其他格式；

（三）所保存的信息应包括正文内容，以及任何其他必要信息，

（四）主管机关规定或当事人约定的其他条件。

第二十六条　电子文书的档案管理

电子文书的保管者应当自电子文书形成时起进行档案化管理，对任何处理和操作进行不间断的登记，并采取可靠的安全防护技术措施，保证电子文书的可靠性和完整性。电子文书的处理和保存应符合国家的安全保密规定。

第五节　电子数据举证规则

第二十七条　电子数据的举证原则

当事人向人民法院提交电子数据，原则上应当一并提交电子数据所在的电子设备或存储介质。因客观原因不能提交电子设备或存储介质的，应当说明理由。

电子数据举证时应当完整、全面地展示数据内容，可以一并提交附属信息、关联痕迹以及系统环境信息等内容。

第二十八条　电了数据的举证方式

电子数据需要当庭展示的，可以根据电子数据的具体类型，借助多媒体设备出示、播放或者演示。必要时，可以聘请有专门知识的人进行操作，并就相关技术问题作出说明和解释。

当事人向人民法院提交电子数据时，可以在提交电子数据及其载体的同时，将电子数据转化成可直接感知的传统证据提交；对无法直接展示的电子数据，应当附有电子数据属性、功能等情况的说明。

转化举证可以采取以下几种方式：

（一）通过计算机打印输出的方法；

（二）通过计算机读取并处理移动存储介质内电子数据的方法；

（三）将计算机系统本身作为证据，以模拟和演示特定条件下计算机的性能证明计算机系统本身的可靠性；

（四）将计算机系统所带硬盘作为证据，通过计算机读取处理硬盘数据，展示硬盘内容作为证据展示；

（五）上述四种方法的结合使用。

案件中涉及的电子数据数量过多或者形式复杂的，人民法院可以组织庭前证据交换。

第二十九条　电子数据的举证责任

在民事诉讼案件中，实行“谁持有，谁举证”为主、“谁主张，谁举证”为辅的举证责任分配原则。电子数据依法或依约定由一方当事人保管的，由该方当事人承担举证责任；由第三方保管的，当事人可以请求第三方协助当事人举证，并支付相关费用。

负有保管责任、或有条件接触第三方所保管的电子数据的当事人无法提供电子数据，或者提供的电子数据不足以证明该方当事人事实主张的，由该方当事人承担不利的诉讼后果。

附录　术语解释

电子数据

电子数据是指借助于电子、光学、磁或者类似信息技术生成、修改、删除、存储、传递、获取等一切形式的数据。主要包括电脑文档、手机文档、电子邮件、即时通讯记录、博客、微博、网页历史记录、IP 地址、手机短信、通话记录、传真记录、信令数据、电子签名、电子痕迹等。

电子设备

电子设备是指由电子元器件组成，且借助一定的处理系统用于生产、修改、删除、存储、传递电子数据的设备，主要包括台式电脑、笔记本电脑、平板电脑、掌上电脑、服务器、手机、数码照相机、数码摄像机、打印机、复印机、传真机、电话机、扫描仪、导航仪、路由器、电视机顶盒、手机基站等。

存储介质

存储介质是指数字化存储电子数据及相关信息的介质，包括硬盘、移动硬盘、光盘、U 盘、记忆棒、存储棒等。

电子文书

电子文书指以电子形式接收、记录、传递、存储、编辑、恢复或生成，可以依赖计算机等数字设备阅读、处理的，据以表明某种法律关系的形成、变更或消灭的法律文书。

即时电子交谈

即时电子交谈指电话交谈、文本消息、聊天室交谈、音频材料、视频材料，以及其他没有记录或保存的电子形式交谈。

附属信息

附属信息是指在电子数据产生过程中，应用软件系统同步产生的信息，如文档的创建时间、修改时间、访问时间、保存者、类型、格式等。

关联痕迹

关联痕迹是指产生电子数据所基于的操作软件系统、文档存储系统同步产生的痕迹，如 Windows 的日志文件、休眠文件、页面文件、删除指针或数据存储规律等。

电子签名

电子签名是指用于识别签名人身份并表明签名人认可其中内容的电子形式的数据。电子签名与手写签名具有同等的法律效力。

核证程序

核证程序是指由法定机关对有关应用软件按一定的标准和步骤进行审核，经审核后符合法律规定的软件即签发相应证书的程序。

非法软件

非法软件是指法律法规规定禁止开发、生产、销售和进口的软件产品，包括：侵犯他人知识产权的、含有计算机病毒的、可能危害计算机系统安全的、不符合我国软件标准规范的、含有法律、行政法规禁止的内容的。

打开未来法治之门的一把钥匙（代后记）

曾几何时，大数据、人工智能等新兴科技开始深度影响各国法治事业。相应地，“法律＋科技”创新也就成了法学研究的热点，面向“新”法学的各种研究基地如雨后春笋般冒出来。这是一股堪称新潮流的“未来法治研究热”。

我亦未能免俗，促成或加入了“智慧检务创新研究院”“未来法治研究院”“智慧法治研究院”“智慧法律科技创新研究中心”等阵地，开设了“大数据智能司法”“大数据反腐”“网络犯罪治理概论”“大数据侦查与大数据证据”“现代科技改变司法”等课程、讲座，撰写或主编了《数据化的统一证据标准》《智慧法治的中国式创新》《电子文件立法的智慧司法面向》《检察大数据》等论著，主持了基于社交大数据反腐败指数构建等项目。这是一种学术重心的自觉调整。

其间，困惑很多。譬如：法学研究应否针对尚未到来的法律现象或问题？未来法治究竟是什么？数据法学、计算法学与人工智能法学等新名词如何才能不算噱头？在这些问题之外，一道个性化的问题是：自己长期钻研的电子证据问题算不算“未来法治”的疆域？

若论缘起，电子证据是诞生于上个世纪中期的老旧事物；若论影响，电子证据是现在和将来办理新型案件的硬核挑战。由此可见，关于电子证据的学科——姑且叫“电子证据法”，是否属于“未来法治”的一个分支，就成了一个逻辑上的难题。我不打算从“旧”电子证据（如单机文件、网聊记录等）与“新”电子证据（如大数据证据、区块链证据等）分型的视角，给出简单的答案。我想，回顾历史总会给人启迪。

二十多年前，伴随着“网络法是否马法”的论战，网络法学始热络！我和当时的许多“青椒”一样，有志于将青葱岁月献给网络法学的研究。我选择了从“小小”的“电子证据”切入，意外地发现这是网络法律问题的“多线”（或“无限”）交叉点：不懂基本的电子证据知识，就难以厘清网络安全事件、网络犯罪案件、电子商务/合同案件、电子政务案件、个人信息保护案件、网络知识产权案件、网络税收监管案件等等的事实问题，就难以避免学术思考坠入云山雾罩之样态。在互联网时代，“小”节点，就是“大”作为。这是小与大的新哲理。

“小”即“大”，应当同样适用于“未来法治”新时代。当下互联网法院、智慧检察院、大数据安全、海量信息保护、大数据犯罪、大数据定量、类案智能推送、穿透式监管、大数据绩效考核、人工智能违法犯罪、机器人判案、智能合同、电子公证等法律产品不断推陈出新，仿佛走马灯。在这一前所未有之“大变局”中，“新”电子证据完全可以充当我们认识现实动态的“新”起点。

法谚有云，无证据即无正义。套用此话下结论，“新”“旧”电子证据必然是打开未来法治之门的一把钥匙！

在本书即将付梓之际，我的内心为油然而生的感恩之情所萦绕。首先要深深感激我的父母、岳父母和夫人、孩子，深深感激恩师何家弘教授和师母任新萍女士，他们给我人世间美妙的亲情、爱情；其次要衷心感谢中国人民大学王利明教授、韩大元教授、杨立新教授、陈卫东教授、四川大学龙宗智教授、中国政法大学樊崇义教授、黄进教授、戴士剑教授、清华大学张卫平教授、北京大学汪建成教授、中国法学会周成奎先生、中科院高能物理研究所许榕生研究员、中国社科院法学所周汉华研究员、香港大学邹锦沛（Chow）教授、最高人民检察院前专职委员陈连福先生、江苏省人民检察院党组副书记赵志刚、检察理论研究所谢鹏程所长和最高人民检察院检察技术信息研究中心赵宪伟处长，感谢“人大电子证据团队”的李学军、唐跃进、石文昌、梁彬、毛自荐、许明、杜春鹏、张佩军、季美君等老师和谢君泽、胡忞、吕宏庆、周迪、郭树正、张杨杨、张洪铭、徐菲、王燃、朱梦妮、胡聪、张艺贞、刘丽娜、秦志超、孙玉龙、卞嘉虹、余龙祥、王耀等同学，也要感谢一路同行的业内专家喻海松、赵庸、张雪峰、徐志强、张璇、杨卫军、麦永浩、高峰、唐万辉、刘政、叶红、陈海鹰、邓昌智、金宏洲、赵运恒、李晶晶、郑佳、江溯、田国宝、何洪辉、沈海洪、赵玮、肖飒、张向晖、李菁菁、游涛、陈兴华，他们给了我各种各样的工作支持；最后要特别感谢陈丽同学，她承担了大部分的整理初审工作，是相当得力的学术秘书。以上致谢难免挂一漏万。我感恩生命中遇到的每一位“贵人”。

需要特别指出的是，本书许多章节是在已发表论文、已提交报告的基础上全面修改而来。这些论文、报告的“原本”主要是由我独立完成的，也有极少数是由我同所指导或协助指导的梁坤、张艺贞、孙玉龙、唐超琰等研究生们合力完成的。这次撰写书稿时我在征得“原本”合作同学同意后，用做基础进行改稿，在此进行特别说明和向他们致谢。在“新写”过程中，我从逻辑结构、体系安排、内容承载等出发，进行了全面的增、删、改。我期望这样能够更好地反映专业发展的现状与规律。这些章节“原本”的主要思想、基本框架均出自我，现有内容的改动部分均由我执笔，因此文责将由我承担。另外，本书中援引用作参考的部分司法鉴定意见书、图片、实验材料、法律文书材料等，饱含有“人大电子证据团队”部分老师同学的辛勤付出，在此一并进行说明和致谢。可以说，没有“人大电子证据团队”全体成员、特别是谢君泽、胡忞、吕宏庆、周迪、徐菲、郭树正、张杨杨、陈丽、毛自荐等骨干成员以及戴士剑等引路合作导师的无私奉献，就没有本书的付梓，也没有我和团队的不断成长。

本书为中国人民大学未来法治研究院跨学科平台建设项目的阶段性成果。我要向给予支持的中国人民大学和法学院相关领导表示感谢！本书编辑出书的任务繁重，我还要向中国人民大学出版社领导和黄丽娟编辑（也是我的同门师妹）等出版工作者表达谢意！

刘品新

2020 年 12 月 22 日于未闲书屋

图书在版编目（CIP）数据

电子证据法/刘品新著．--北京：中国人民大学出版社，2021.1
21世纪法学研究生参考书系列
ISBN 978-7-300-26544-5

Ⅰ.①电… Ⅱ.①刘… Ⅲ.①电子-证据-法律-中国-研究生-教学参考资料 Ⅳ.①D915.13

中国版本图书馆CIP数据核字（2020）第155607号

21世纪法学研究生参考书系列
电子证据法
刘品新 著
Dianzi Zhengjufa

出版发行	中国人民大学出版社		
社　　址	北京中关村大街31号	**邮政编码**	100080
电　　话	010－62511242（总编室）		010－62511770（质管部）
	010－82501766（邮购部）		010－62514148（门市部）
	010－62515195（发行公司）		010－62515275（盗版举报）
网　　址	http://www.crup.com.cn		
经　　销	新华书店		
印　　刷	唐山玺诚印务有限公司		
规　　格	170 mm×250 mm　16开本	**版　　次**	2021年1月第1版
印　　张	34.5 插页3	**印　　次**	2022年5月第3次印刷
字　　数	701 000	**定　　价**	128.00元